rowohlt
BERLIN

JÜRGEN KAUBE

MAX WEBER

EIN LEBEN ZWISCHEN DEN EPOCHEN

ROWOHLT · BERLIN

3. Auflage Februar 2014

Lektorat Bert Hoppe
Satz aus der Arno Pro PostScript,
bei Pinkuin Satz und Datentechnik, Berlin
Druck und Bindung CPI books GmbH, Leck
Printed in Germany
ISBN 978 3 87134 575 3

Für meine Mutter
im Gedenken an meinen Vater
PETER KAUBE (1937–2012)

INHALT

EINLEITUNG

WARUM UNS MAX WEBER INTERESSIEREN SOLLTE

Von Immanuel Kant gibt es den Satz, der Mensch sei «Bürger zweier Welten». Das hieß für Kant, dass wir frei sind und zugleich unfrei. In der einen Welt handeln wir spontan, in der anderen sind wir Ursachen unterworfen: sozialen Bedingungen, Trieben, natürlichen Anlagen. Bürger zweier Welten kann man aber auch historisch sein. Zum Beispiel, wenn man in einer Welt aufwächst, in der dem Bürgertum die Zukunft zu gehören scheint, und als Erwachsener in eine Welt eintritt, in der es seinem vermeintlichen Untergang entgegensieht. Wer das «Bürgertum» als geschichtliche Größe festhält, kommt dann nicht umhin, es zugleich als mächtig und ohnmächtig zu beschreiben. Eine andere Möglichkeit, sich als Bürger zweier Welten zu fühlen, ergibt sich, wenn man in einer Gesellschaft aufwächst, die sich als Nationalstaat definiert und als christliche Kultur versteht, und zwanzig Jahre später der Nationalstaat sozialen Kräften ausgesetzt wird, die keine Rücksicht auf ihn nehmen, und die christliche Kultur bloß noch eine schwache Erinnerung ist. Oder nehmen wir etwas vergleichsweise Privates: Jemand heiratet unter Umständen, in denen Familien nicht mit jeder Ehe neu gegründet werden, sondern in denen die Ehen bereits existierende Familien fortsetzen. Heute würden wir von «arrangierten Heiraten» sprechen. Eheliche Treue gilt als selbstverständlich; wer offensiv von dieser Norm abweicht, hat Anspruch darauf, als Emma Bovary oder Effi Briest in die Literatur einzugehen. Und die unter solchen Umständen heiratende Person gerät nun wenige Jahre darauf in eine Welt, in der Ehebruch erwartbar ist, in der einige das Ausleben sexueller Bedürfnisse sogar zum Programm erheben und in der diese Person ihre eigene Ehe sowohl fortsetzt wie bricht.

Der Jurist, Nationalökonom, Historiker und Soziologe Max Weber war ein solcher «Bürger zweier Welten». Er lebte von 1864 bis 1920 und war der vielversprechendste Gelehrte seiner Generation, ein Exponent der protestantischen, preußischen, großbürgerlichen Elite. Am Ende seines Lebens war von der Welt, in die er hineingeboren wurde, nichts mehr übrig, und er hinterließ ein riesiges Werk – vor allem in Fragmenten, Dutzenden von wissenschaftlichen Aufsätzen, unpublizierten Büchern, Reden, Plänen. Viele sagen, er habe die Soziologie als Fach mitbegründet. Aber aus dem Verein der Soziologen, den er mitgegründet hat, trat er sofort wieder aus. Für viele sind die Worte «Rationalität», «Wertfreiheit» und «entzauberte Welt» mit seinen universalhistorischen Studien verbunden. Für andere war er ein fanatischer Nationalist, ein schillernder politischer Denker, der sich charismatische Führer an der Spitze der Demokratie wünschte und von der «Wiederkehr der alten Götter» in der Nacht der Moderne raunte. Beide Beschreibungen treffen zu. Er lebte im Zeitalter des Nationalstaats und in dem seiner Krise, in der Welt des historischen Gelehrtentums und in der Welt der ästhetischen Avantgarden, in der Welt der Gründerzeit und in der Welt der politischen Extreme.

1864, im Jahr der Geburt von Max Weber, wird Ludwig II. zum König von Bayern proklamiert. Jacques Offenbach bringt in Paris seine «Schöne Helena» heraus. In London wird unter Vorsitz von Karl Marx die «Erste Internationale» gegründet. Der amerikanische Bürgerkrieg tobt, den Konföderierten gelingt der erste erfolgreiche U-Boot-Angriff der Militärgeschichte, und der Begriff «Abnutzungskrieg» kommt zum ersten Mal auf. Jules Verne publiziert seine «Reise zum Mittelpunkt der Erde». In der Enzyklika «Quanta Cura» verurteilt Papst Pius IX. die Religionsfreiheit sowie die Trennung von Kirche und Staat und fügt unter dem Titel «Syllabus Errorum» einen Anhang hinzu, der die Meinungsfreiheit, den Pantheismus, Sozialismus und Kommunismus, Liberalismus und Indifferenz als Irrtümer bezeichnet. In Japan bereitet sich die Meji-Restauration vor, die das Land zurück zum alten Kaisertum bringen will und die Herrschaft des Kriegeradels beendet, damit letztlich aber das Land verwestlichen wird.

1920, im Todesjahr Max Webers, tritt der Friedensvertrag von Versailles in Kraft, gut einen Monat später wird im Münchner Hofbräuhaus die NSDAP gegründet. Im sogenannten Kapp-Putsch versuchen nationalkonservative Kreise die Reichsregierung in Berlin zu stürzen. Der Film «Das Kabinett des Dr. Caligari» von Robert Wiene kommt auf die Leinwand. In Paris erscheinen «Die magnetischen Felder» von André Breton und Philippe Soupault, das erste Werk des literarischen Surrealismus. Die ersten privaten Radioprogramme gehen auf Sendung. F. Scott Fitzgerald veröffentlicht seinen ersten Roman und Sigmund Freud seine Abhandlung «Jenseits des Lustprinzips», über die Macht der Triebe und der Verdrängung. In Antwerpen finden die vierten Olympischen Spiele der Neuzeit statt, Piet Mondrian malt zum ersten Mal in jenem geometrischen Stil, den er fortan nicht mehr aufgeben wird, Greta Garbo wird erstmals auf Zelluloid gebannt, und Lenin hält seine Rede «Den Kapitalismus einholen und überholen».

Diese fast zufällig herausgegriffenen Ereignisse, die mit den Eckdaten des Lebens von Max Weber verbunden sind, illustrieren den Charakter der Epoche, in der sich dieses Leben zugetragen hat. In ihr wird unabweisbar, dass die Welt *eine* Welt ist. Es trägt sich zu, was wir heute «Globalisierung» nennen und irrtümlicherweise für etwas ganz Neues halten. Der Industriekapitalismus erlebt seinen Höhepunkt, technische Innovationen wie der Telegraph, das Dampfschiff ohne Segel und die Nutzung von Elektrizität erschließen Raum und Zeit. «Weiße Flecken» auf den Landkarten gibt es bald nur noch in den Polargebieten. Die großen Ideologien – Nationalismus, Liberalismus, Sozialismus und Kommunismus – werden ausgeformt und technische Utopien formuliert, die Zeitgenossen erleben den Aufstieg der Vereinigten Staaten von Amerika und der Sowjetherrschaft. Der Kapitalismus zeigt sich zusammen mit der Massendemokratie, der in Disziplinen organisierten Wissenschaft sowie der Säkularisierung als bewegende Macht des Weltgeschehens, und sogleich versuchen verschiedene Gesellschaftsentwürfe und intellektuelle «Projekte» sich aus dieser Welt zu verabschieden. Anonyme und dezentrale Kräfte treiben den gesellschaftlichen Wandel voran, was bei vielen das Bedürfnis weckt, die Geschichte gewaltsam wieder in den Griff zu bekommen.

Im selben Zeitraum, zwischen Geburt und Tod Max Webers, hat Deutschland, über dessen Gesellschaft er am meisten nachdenkt, besonderen Anteil an diesen welthistorischen Veränderungen. Als Weber geboren wird, leben knapp siebenunddreißig Millionen Menschen auf dem Gebiet, das wenige Jahre später das Deutsche Reich heißen wird, zwei Drittel davon in Gemeinden mit weniger als zweitausend Einwohnern, nicht einmal zwei Millionen in Städten mit mehr als einhunderttausend Einwohnern. Als er stirbt, ist die Bevölkerung Deutschlands trotz der Verluste im Weltkrieg und der vielen Grippetoten und obwohl im Westen und Osten große Gebiete an Frankreich und Polen abgetreten wurden, auf knapp zweiundsechzig Millionen angewachsen. Mehr als fünfzehn Millionen davon leben in Großstädten, nur noch etwa ein Drittel in Gemeinden unter zweitausend Einwohnern. Die Industrieproduktion des Landes betrug 1864 umgerechnet 492 Millionen amerikanische Dollar (Großbritannien brachte es auf 1,12 Milliarden), 1905 – als Webers berühmteste Schrift «Die protestantische Ethik und der Geist des Kapitalismus» erscheint – liegt sie bei 2,48 Milliarden Dollar (Großbritannien: 2,85 Milliarden Dollar). Der Vergleich zeigt, wie schnell sich Deutschland in jenen Jahren entwickelt und zum Vorreiterland der industriellen Revolution aufgeholt hat. In Webers Geburtsjahr studierten in Preußen ein halbes Prozent der Zwanzig- bis Vierundzwanzigjährigen, in seinem Todesjahr hat sich ihr Anteil vervierfacht: 1864 gab es insgesamt etwa siebentausend Studenten, als Weber selbst das Studium aufnimmt, sind es knapp achtzehntausend, als er stirbt, gut dreiundsechzigtausend.

Zwischen 1864 und 1920 durchläuft das Land überdies einen

massiven politischen und rechtlichen Wandel. Das von liberalen Abgeordneten dominierte Parlament Preußens hatte mit dem Kabinett des Königs von 1859 an den preußischen Verfassungskonflikt über die Frage ausgetragen, wem von beiden das Budgetrecht und damit die Finanzierungshoheit über die Armee zustand. Otto von Bismarck, der im Verlauf dieser Krise 1862 zum Ministerpräsidenten Preußens ernannt wurde, gab die Macht fortan nicht mehr ab; obwohl das Königreich eigentlich eine konstitutionelle Monarchie ist, erkennen manche daher in Bismarck den eigentlichen Souverän jener Jahre. Unter seiner Führung wird 1867 der «Norddeutsche Bund», nach Beitritt von Baden, Bayern, Hessen und Württemberg 1871 das Deutsche Reich gegründet. Im Jahr 1900 tritt das Bürgerliche Gesetzbuch in Kraft. Nach dem Ende der Monarchie im November 1918 wird mancherorts eine Räterepublik, in Berlin die parlamentarische Demokratie ausgerufen, und im Jahr darauf verabschieden die Abgeordneten der Nationalversammlung im beschaulichen Weimar eine neue Verfassung.

Um die Zeit zu verstehen, in der sich dieser epochale Wandel zutrug, ist Max Webers Leben und Werk schon deshalb aufschlussreich, weil er sich mit fast allen diesen Ereignissen und Veränderungen befasst hat. An den Diskussionen über die Industrialisierung Deutschlands beteiligt er sich ebenso wie an den Kontroversen über die Folgen der Politik Bismarcks. Weber denkt über die Voraussetzungen einer deutschen Weltmachtstellung nach und engagiert sich zugleich auf Seiten evangelischer Kreise in der «sozialen Frage». Er überlegt, ob Börsen nur der Finanzspekulation dienen oder eine Funktion für moderne Geldwirtschaften haben, nimmt am «Kulturkampf» zwischen preußischem Staat und katholischer Kirche teil (und schlägt sich auf die protestantische Seite), er fordert eine imperialistische Politik Deutschlands nach außen und eine liberale nach innen. Den Aufstieg des Sozialismus kommentiert er ebenso wie die Russischen Revolutionen. Und die «erotische Bewegung», den Kampf um Frauenrechte, die Rassenlehre, die Massenmedien.

Unter den Wissenschaftlern seiner Zeit ragt Max Weber dadurch hervor, dass er selbst – fast möchte man sagen: manisch – an einer Beschreibung dieser Gesellschaft gearbeitet hat, die während seiner Lebenszeit entstanden war. Dabei durchlief Weber eine ganze Reihe von Kulturen, die zu jener Zeit gehören. Er stammt aus nationalliberaler Familie, übt während des Studiums den burschenschaftlichen Habitus, ist aggressiver Chauvinist und pflegt zugleich eine Hassliebe zum «typisch Deutschen». Mit einem beispiellosen Arbeitswillen wühlt er sich in die Forschungsliteratur hinein und lastet sich bei seinen Studien ein Pensum auf, das unvorstellbar ist. Er steht in Kontakt mit jeder bedeutenden politischen und intellektuellen Bewegung seiner Epoche sowie ihren Repräsentanten, erleidet, sexuell gequält und überarbeitet, alle Formen der «Nervenkrankheit», die um 1900 zur Zeitdiagnose gehörte, ist als Rekonvaleszent jahrelang eine Art europäischer und transatlantischer Gesellschaftstourist. Schon früh beschäftigt ihn, der «Literaten» verachtet, die literarische Avantgarde seiner Zeit, unterhält er Beziehungen zur Boheme. Nach dem Ersten Weltkrieg gehört er für viele zu den Hoffnungsträgern der Weimarer Republik, an deren Verfassungsberatungen er ebenso teilnimmt wie an den Friedensverhandlungen in Versailles.

Weber ist der bekannteste deutsche Sozialwissenschaftler seiner Zeit und zugleich einer, der zu Lebzeiten nur zwei Bücher, seine Dissertation und seine Habilitation veröffentlicht hat. Sein Hauptwerk, «Wirtschaft und Gesellschaft», von dem manche bezweifeln, dass er es als Hauptwerk plante, erscheint erst nach dem Tod. Fast alles, was er gesagt hat, wird bewundert und bezweifelt: Seine Schrift «Die protestantische Ethik und der Geist des Kapitalismus» provoziert die Gelehrten seit ihrem Erscheinen zu endlosen Kontroversen. Max Weber ist der typische deutsche Gelehrte, was seinen Fleiß, seinen Stil und seine Fußnoten angeht – und ein «Wutbürger», stets geladen gegen seine Zeitgenossen, streitsüchtig, herrisch.

Es lohnt, vom Leben und von den Gedanken Max Webers zu erzählen, weil es sich um ein bewegtes, ein buchstäblich merkwürdiges Leben handelte und um Gedanken, mit denen er auf Fragen antwortete, die uns nach wie vor beschäftigen. «Durch die moderne

Zeit, insbesondere, wie es scheint, die neueste, geht ein Gefühl von Spannung, Erwartung, ungelöstem Drängen – als sollte die Hauptsache erst kommen.»[1] Das notierte Webers Kollege Georg Simmel im Jahr 1900 mitten im Übergang zwischen den beiden Epochen, in denen er und Weber lebten, als viele glaubten, es könne nicht einfach so weitergehen wie im letzten Drittel des neunzehnten Jahrhunderts. Es erscheint im Rückblick als ein ebenso beklemmendes wie nachvollziehbares Gefühl, aber auch als eine Art selbsterfüllende Prophezeiung – auf manche seiner Zeitgenossen warteten zwei Weltkriege und zwei Weltuntergänge. Die «heroische Moderne» (Heinz Dieter Kittsteiner) machte sich bemerkbar, in der Intellektuelle und Politiker sich zutrauten, die Weltgeschichte, von der sie meinten, dass sie sich seit mehr als hundert Jahren in die falsche Richtung bewege, durch heroischen Widerstand aus den Angeln zu heben. Denn das ist ja das Merkwürdige an dem von Simmel mitgeteilten Gefühl: Dass am Ende einer Zeit der permanenten Umwälzung und ständigen Neuerung bei vielen weniger das Bedürfnis entstanden war, diese unvertraute Epoche zu begreifen, sondern die Erwartung entstand, die Hauptsache, etwas ganz Großes, mit dem sich der Sinn all dieses Wandels erschließen lasse, stehe noch bevor.

Max Weber umschrieb, als er einmal die Politik Wilhelms II. kommentierte, dasselbe Gefühl etwas anders. «Man hat den Eindruck, als säße man in einem Eisenbahnzuge von großer Geschwindigkeit, wäre aber im Zweifel, ob auch die nächste Weiche richtig gestellt werden würde.»[2] Wer in einem solchen Zug sitzt, für den werden diese nächste Weiche und das Begreifen von Weichenstellungen zur Hauptsache. Weber versuchte in einer Zeit, die viele in Weltanschauungen oder in Resignation gegenüber einem unverständlichen historischen Ablauf hineintrieb, das Denken nicht preiszugeben: Wie lässt sich das gesellschaftliche Leben beschreiben, ohne dabei einer Ideologie oder leichtfertigen Zeitdiagnosen zu folgen? Wir können heute nicht mehr die Antworten wiederholen, die Weber in seiner Zeit auf die Erfahrung ihrer Krisen gegeben hat. Der Sinn einer intellektuellen Biographie wäre aber erfüllt, wenn sich an ihr etwas über die Fragen lernen ließe – die Fragen der Lebensführung und die Fragen der Gesellschaftsbeschreibung, die für dieses Werk und dieses Leben die bedrängendsten waren.

ERSTES KAPITEL

EIN MITGLIED DER BÜRGERLICHEN KLASSEN

> Der Bürgerstand begreift alle Einwohner des Staats unter sich, welche, ihrer Geburt nach, weder zum Adel, noch zum Bauerstande gerechnet werden können.
>
> ALLGEMEINES PREUSSISCHES LANDRECHT, 1794

In der Frage, was einer ist, soll man ihn zuerst selbst hören. «Ich bin ein Mitglied der bürgerlichen Klassen», hat sich Max Weber im Alter von einunddreißig Jahren in seiner Freiburger Antrittsvorlesung als Professor der Nationalökonomie 1895 den Zuhörern vorgestellt, «fühle mich als solches und bin erzogen in ihren Anschauungen und Idealen».[1] Eine so bezeichnende wie merkwürdige Formulierung. Merkwürdig weniger, weil es in jenen Jahren für jemanden, der ersichtlich kein «von» im Namen trug, ziemlich überflüssig war, eigens zu betonen, weder ein Arbeiter- noch ein Bauernkind zu sein. Weber zählt sich nämlich gar nicht «der» bürgerlichen Klasse im Singular zu, wie sie Marxisten vom Proletariat oder Sozialgeschichtler vom Adel und den Bauern unterscheiden würden. Er verwendet den Plural und unterstellt damit, dass es mehrere solcher Bürgertümer gibt und dass nicht nur ihr Unterschied zu anderen Klassen signifikant ist, sondern auch ihre Verschiedenheit untereinander. Doch sich selbst wiederum fühlt er diesem Plural als Ganzem zugehörig; er sieht sich nicht als Mitglied einer bürgerlichen Klasse, sondern als Mitglied ihrer Gesamtheit. Das ist so, als hätte Max Weber gesagt: «Ich bin ein Bewohner der süddeutschen Städte.»

Max Weber war tatsächlich Mitglied der bürgerlichen Klassen. Er war es ökonomisch: Die Familie lebte, vor allem durch das mütterliche Erbe, im Wohlstand. Das Vermögen, so stellt Weber 1910 im Rückblick auf seine Jugend fest, «war nach damaligen Begriffen sehr groß, zumal Papa daneben 12000 Mk Gehalt hatte, also ca.

34 000 Mk Einnahmen».[2] Das mütterliche Erbe, dessen Zinsen also beinahe das Doppelte eines hohen Beamtengehaltes ausmachten, beruhte auf Erträgen aus Handel und Industrie, auf europaweiten Geschäften in der führenden Branche der industriellen Revolution, dem Textilgewerbe. Die Französische Revolution hatte um 1800 zu einer massiven Kapitalflucht nach England geführt und traf dort auf technologische Umstände, die das Rad der Produktion immer schneller antrieben. Ein Urgroßvater Max Webers mütterlicherseits, der aus Frankfurt am Main stammende Cornelius Charles Souchay, nutzte das mit besonderer Fortune und besaß eines der damals erfolgreichsten Unternehmen überhaupt, in dem Herstellung, Vertrieb und Finanzierung zusammenliefen. Er war in Schmuggelgeschäften während der Kontinentalsperre engagiert, der von Napoleon Bonaparte zwischen 1806 und 1814 verfügten Wirtschaftsblockade gegen Großbritannien, und zog als Spekulant Profite aus den europäischen Kriegen jener Epoche. Die hugenottische Familie Souchay zählte zu den reichsten anglodeutschen Handelsdynastien und gehörte zu einem weit verzweigten Familiennetzwerk, das sich über mehrere Imperien erstreckte und dessen Kontakte deshalb nicht nur nach England, Belgien und Holland, sondern auch bis nach Kanada, Südafrika und Indonesien reichten.[3] Max Webers Großmutter war durch ihr Erbe Millionärin.

Väterlicherseits stammen seine Vorfahren aus Bielefeld, waren dort Leinenhändler und Mitglieder der örtlichen Honoratiorenschicht. Anders als das Leben der Souchays scheint das der Webers von einem etwas gemächlicheren Tempo bestimmt gewesen zu sein; Geldverdienen diente hier vor allem der standesgemäßen Lebensführung. Vor elf Uhr mittags, heißt es, erschien der Großvater nicht im Kontor.[4] Darin scheint er keine Ausnahme gewesen zu sein. «Was Bielefeld betrifft», so schreibt der preußische Handelsminister Christian Peter Wilhelm Beuth 1842 dem Sprecher der dortigen Unternehmer, «so habe ich Ihnen meine Meinung oft offen dahin erklärt, dass die Herren dort auf ihren Lorbeeren und Geldsäcken ruhende Kaufleute, aber keine Fabrikanten sind.»[5] Max Webers spätere Frau, Marianne, stammte aus einem Zweig derselben Familie, der aber ins benachbarte Herzogtum Lippe umgezogen war, weil ihr Großvater, der in Spanien ausgebildete Carl David Weber, sich dort dem preußischen Wehrdienst entziehen konnte.[6] Das Vermögen, das Carl David erwirtschaftete, übrigens ebenfalls in der Textilindustrie, war groß genug, um seinen vielen Kindern und Enkeln lange Zeit die finanzielle Unabhängigkeit zu sichern. Max und Marianne Weber konnten also beide auf Erbschaften ihrer Großeltern zurückgreifen, und so verarmte das Paar auch dann nicht, als Weber schon 1899 mit nur fünfunddreißig Jahren aus gesundheitlichen und psychischen Gründen sein Lehramt aufgab und bald danach als Rentier auf eigene Kosten lebte.

Auch dem politischen Bürgertum gehörte Max Webers Familie an: Sein Großvater mütterlicherseits, Georg Fallenstein, war Mitglied des Lützow'schen Freikorps, eines Freiwilligenverbands der preußischen Armee im Kampf gegen Napoleon, und zählte später zum Umkreis der Matadore von 1848, der gescheiterten bürgerlichen Revolution in Deutschland. Friedrich «Turnvater» Jahn gehörte ebenso zu Fallensteins engen Bekannten wie der Historiker und Germanist Georg Gottfried Gervinus, einer der «Göttinger Sieben», die 1837 gegen die Aufhebung der hannoverischen Verfassung durch den König protestiert hatten. Webers Vater wiederum, Max Weber senior, war einer der ersten deutschen Berufspolitiker und saß für die nationalliberale Partei im Preußischen Abgeordnetenhaus wie auch im Reichstag. Max Weber selbst wird sehr viel später ebenfalls, als Mitglied der Deutschen Demokratischen Partei des Nationalliberalen Friedrich Naumann, sich um eine Kandidatur für den Reichstag bewerben. Seiner Ausbildung nach war Max Weber Jurist, er liebäugelte kurz mit einer Karriere als Anwalt und Syndikus der Bremer Handelskammer, wurde aber durch seine historischen und sozialwissenschaftlichen Interessen in die Universität hineingezogen.

Das fügt den bürgerlichen Klassen, denen Max Weber angehörte, eine dritte hinzu, den Gelehrtenstand. Es ist wichtig, diese dritte

Klasse von den beiden ersten zu unterscheiden. Denn die Gesellschaft, in die Weber hineingeboren wurde, ist durch drei ganz verschiedene Revolutionen gekennzeichnet, die alle «bürgerlich» genannt werden: Die politische Revolution zum demokratischen Verfassungsstaat, die ihren deutlichsten Ausdruck zuerst in Nordamerika und Paris fand. Die industrielle Revolution, die von England ausging und deren Symbole die Dampfmaschine, die Schnellpresse sowie der voll mechanisierte Webstuhl sind. Und schließlich die Bildungsrevolution, an deren Ende die durchgesetzte Schulpflicht stehen, die Abschlussprüfungen an höheren Schulen als Zugangsvoraussetzungen zur Universität und die Entstehung der wissenschaftlichen Disziplinen.[7] Vor allem in dieser letzten Revolution war Deutschland führend; weit mehr als ein halbes Jahrhundert lang, von 1850 bis 1920, werden viele wissenschaftliche Standards und solche der höheren Bildung in Deutschland gesetzt, und zwar sowohl in den Natur- und Ingenieurs- wie in den Geisteswissenschaften. Um zu sehen, was eine forschende Universität ist, fuhr man damals als Amerikaner wie Franzose nach Berlin, Bonn, Leipzig oder Heidelberg. Max Weber wächst in einer Zeit auf, in der Gelehrte ein immenses Prestige erwerben konnten. Er selbst war dabei aber nicht nur Forscher, sondern auch Exponent einer bürgerlichen Kultur, die sich durch ihren Bezug auf Bücher und Reisen, die Antike, das Gymnasium und das Zeitunglesen, das protestantische Christentum und den Nationalstaat definierte.

Alle drei Revolutionen hatten für das Bürgertum jedoch einen ambivalenten Charakter, der schon im letzten Drittel des neunzehnten Jahrhunderts erkennbar wurde. Einer Gesellschaft, die unter dem Eindruck des Sturms auf die Bastille und der Abschaffung der Monarchie in Frankreich stand, mochte es zunächst so scheinen, als tauschten im modernen Staat Adel und Bürgertum, der «erste» und der «dritte Stand», bloß die Plätze, als werde nur die Spitze neu besetzt und das Ganze nunmehr nach bürgerlichen Gesichtspunkten regiert. Solche Gesichtspunkte, dachte man weiter, ließen sich vor allem der industriellen Revolution entnehmen, dem bürgerlichen

Interesse an Gewerbe, Handel, Fabrikation – der Entfaltung des Privateigentums also. Und schließlich wurde auch Bildung als eine spezifisch bürgerliche Idee der Vervollkommnung von Individuen aufgefasst. Der «Bildungsroman», jene Gattung, die um 1800 entstand und das europäische Erzählen mehr als neunzig Jahre lang bestimmte, hat diese Idee in seinem Handlungsschema anschaulich gemacht: Der junge, unheroische Held setzt in ihm die Traditionen seiner Herkunft nicht fort, sondern sieht sich einer aufregenden Moderne ausgesetzt, die Erwartungen auf Glück in ihm weckt; erst in der Konfrontation mit der Wirklichkeit lernt er aber, wie viele Illusionen darin lagen. Bürgerlich daran erschien nicht nur das Recht, sein eigenes Glück zu suchen und diese Suche neben Leben und Freiheit wie in der amerikanischen Verfassung zum dritten unveräußerlichen Recht des Individuums zu erklären. Bürgerlich erschien auch die Lösung, die «Bildung» im Konflikt zwischen Glück und Freiheit, Festlegung und Mobilität, Selbstbestimmung und Sozialisation, Ehe und Liebe, Realismus und Romantik zu geben versprach: die Verinnerlichung ihres Widerspruchs, der Kompromiss, die Entsagung.[8]

Doch näher betrachtet lag das eigentlich Umstürzlerische der modernen Revolutionen darin, dass sie nicht einfach nur die Trägerschicht der gesellschaftlich dominanten Einflüsse, Machtpositionen und Kulturen austauschten. Es zogen nicht einfach nur neue Herrschaften in die Beletage der Gesellschaft, die ganze Struktur des Gebäudes änderte sich. Am Ende des neunzehnten Jahrhunderts wurde mit dem Aufstieg der sozialistischen Parteien und anderer Massenbewegungen beispielsweise immer deutlicher, dass die Demokratie nicht an das Bürgertum gebunden ist. Zugleich führten die Funktionalisierung des Eigentums in den großen Aktiengesellschaften, der Aufstieg der Angestellten und der Organisationsbürokratien ebenso wie der entstehende Wohlfahrtsstaat vor Augen, dass sich die moderne Markt- und Geldwirtschaft nicht einfach als das Betätigungsfeld einer «Bourgeoisie» beschreiben lässt, der diesseits des Staates nur das Proletariat gegenübersteht. Schließlich wurde auch die Idee der Bildung dem Bürgertum aus den Händen genommen und einerseits durch das relativiert, was Max Weber später das «Fachmenschentum» nennen wird: Der Spezialist verdrängt den abendländisch orientierten Gesamthumanisten, der selbst natürlich stets nur ein Spezialfall gewesen war. Die bürgerliche Kultur, Oper und Museum, die sogenannte klassische Antike und der an sie angeschlossene Kanon verlieren ihre Verbindlichkeit. Die Kunst löst sich in den Avantgarden seit der Mitte des neunzehnten Jahrhunderts vollends von freundlichen Einstellungen gegenüber der bürgerlichen Sphäre, und viele Künstler finden Unbürgerlichkeit ästhetisch befriedigender, interessanter oder abenteuerlicher. Nach 1914 wird es dann nicht mehr von der Bildung, sondern vom Krieg heißen, dass er kein Individuum unverändert gelassen hat. Aber schon vorher, in den Romanen von Joseph Conrad, die auf Schiffen spielen, in Robert Musils «Törleß» von 1906, für den Jugend keine Öffnung, sondern eine Qual ist, wie in Franz Kafkas «Amerika» (1911 bis 1914) oder im «Porträt des Künstlers als junger Mann» (1904 bis 1914) von James Joyce, ragen die Organisationen so stark in die Biographien der Romanhelden hinein, dass diese nicht mehr die Bürger, sondern gewissermaßen die traumatisierten Angestellten des Romangeschehens sind.

Für die bürgerlichen Klassen, zu denen Weber sich zählte, ergab sich daraus eine paradoxe Lage: die paradoxe Lage einer Schicht nämlich, die zugleich mit ihrem rapiden Aufstieg und ihren Erfolgen die zunehmende Irrelevanz ihrer Identität als Gruppe und ihrer «Kultur» verarbeiten musste. Anders als der Adel, der über Jahrhunderte hinweg alle gesellschaftlichen Bereiche als Familiennetzwerk beherrschte, fächerte sich das Bürgertum sogleich in ein Wirtschaftsbürgertum, die Angehörigen der Professionen (Ärzte, Juristen, Lehrer, Pfarrer), die Gelehrten sowie die Ingenieure und Techniker auf.

Ein Mitglied der bürgerlichen Klassen war Weber also, weil er in jeder dieser Hinsichten – Besitz, politische Stellung, Gelehrtentum, Bildung und Lebensstil – zu den Eliten seiner Epoche zählte. «Bürgertum» war um 1895, als er seinen eigenen Hausstand gründete, in Deutschland ein exklusiver Begriff und keinesfalls mit «Staatsbürger» oder «Einwohner» zu übersetzen. Es war beispielsweise etwas anderes als einhundert Jahre zuvor, als auch einfache Gewerbetreibende noch selbstverständlich zum Stadtbürgertum zählten.[9] Nun waren sie zu «Kleinbürgern» geworden und wie die Angestellten, die sich in Webers Lebenszeit als eigenes Berufsmilieu herausbildeten, keine Mitglieder des Bürgertums als Stand. Jene Bildungs- und Besitzbürger, in deren Welt Weber aufwuchs, machten nicht mehr als fünf Prozent der damaligen Bevölkerung aus. Trotz dieser überschaubaren Größe aber und trotz der Tatsache, dass dieses Bürgertum stets in Städten lebte, bildete es keineswegs eine homogene Gruppe, weil Wohlstand Bildung weder voraussetzte noch automatisch nach sich zog und Bildung ihrerseits weder selbstläufig zu einem Vermögen verhalf noch zu politischer Vollmitgliedschaft in Städten.

Insofern ist die Teilhabe Max Webers an allen diesen Dimensionen von Bürgerlichkeit ein charakteristisches Merkmal seiner Herkunft und seiner Karriere. Er wuchs in einem Verwandtschafts- und Bekanntschaftsnetzwerk von Kaufleuten, Professoren der Geisteswissenschaften, Parlamentariern und hohen Beamten auf. Seine Kindheit und Jugend verbrachte er im politischen und intellektuellen Zentrum des gerade unter preußischer Führung geeinigten Deutschen Reichs. Seine erste Vorlesung, in der er die eingangs zitierte Selbstbeschreibung gab, bestritt er mit Thesen, in denen er sich zum nationalen Machtstaat bekannte und seinen eigenen Klassen vorwarf, zu dessen Aufbau und Stärkung bislang nicht viel beigetragen zu haben. Seine wichtigsten Publikationen galten der Frage, aus welchem «Geist» die bürgerliche Welt entsprungen sei, welche Art von Rationalität man ihr zuschreiben könne und welche Gefahren die Freiheit zu gewärtigen hat, von der sie sich bestimmt sieht. Insofern kann Max Webers Werk als ein Beitrag zum Begriff der bürgerlichen Lebensführung und Politik gelesen werden.

Zu seiner Karriere und Biographie gehört es allerdings auch, dass sich Weber nicht nur in fast allen diesen Dimensionen von Bürgerlichkeit als gescheiterte, oder besser: hinter seinen eigenen Erwartungen zurückbleibende Existenz begreifen musste. Gegen

Ende seines Lebens fragt ihn seine Geliebte Else Jaffé, ob er jemals einen Menschen habe sterben sehen. Er verneint. Und sie daraufhin: «Tod nicht, Geburt nicht, Krieg nicht, Macht nicht – so als ob das Schicksal einen Schleier zwischen ihn und die Realität der Dinge gebreitet habe, – ob das vielleicht sein ‹Stern› sei? Und er, so ein paar Worte vor sich hinflüsternd, – ja, es sei wohl so.»[10] Weber gründete keine Familie, hatte nie mit der Waffe in der Hand für seine Nation gekämpft und besaß nie ein politisches Amt. Die Geliebte hätte ihr schweres Urteil noch ausdehnen können: Das Vermögen, das Weber ererbt und erheiratet hatte, wurde durch ihn nicht vermehrt.

Kein Buch, keine Kinder, kein Krieg, kein Vermögen, kein Einfluss: Dass ein Autor, ein Gelehrter oder ein Künstler zum Zeitpunkt seines Todes oder kurz danach völlig gescheitert scheint, ist nicht so selten. Seltener schon, wenn er an diesem Nullpunkt seiner eigenen Ambitionen und der Erwartungen, die an ihn gerichtet waren, aus der großen Höhe einer gesicherten Existenz und eines vielversprechenden Anfanges angekommen ist. Max Weber, das Mitglied der bürgerlichen Klassen, wird in der kurzen Zeit von sechsundfünfzig Jahren ein Leben durchlaufen, in dem die meisten der Gewissheiten, von denen diese Klassen bestimmt waren, unter dem Druck des sozialen Wandels zersprangen und dann in der Hitze eines Weltkriegs vollends verdampften. Überaus selten aber, dass ein solcher «Abstieg» sich mit der Erarbeitung eines unfassbar variantenreichen, thesenstarken, enzyklopädischen Werkes verbindet, sodass man sagen kann: Je mehr sich dieser Mensch von dem entfernte, was ihn einst begünstigte, desto größer wurden seine Leistungen. Am seltsamsten allerdings, dass die Dimensionen dieses Werkes, das bei seinem Tod in verstreuten Publikationen und einem riesigen Torso vorlag, von dem Moment an, in dem es in Deutschland beinahe vergessen schien, mit jedem Jahr wuchsen und Weber auf den merkwürdigsten ideengeschichtlichen Wegen zu dem nach Karl Marx bekanntesten und nach Luther und Goethe vermutlich meisterforschten deutschen Intellektuellen der wissenschaftlichen Weltliteratur wurde.

ZWEITES KAPITEL

KINDHEIT UND JUGEND – EIN FAMILIENROMAN

Viele Eltern erziehen die Kinder nur für die Eltern.
JEAN PAUL

Der vierzehnjährige Max Weber berichtet Ende Dezember 1878 aus Charlottenburg an seinen Vetter, Fritz Baumgarten, von den Weihnachtsgeschenken, die er gerade bekommen hat: «Da war zuerst ein englischer Shakespeare, von dem ich allerdings vorläufig noch keinen Gebrauch machen kann, aus Mangel an Kenntnis der englischen Sprache. Da ich ja erst seit einem Vierteljahre englischen Unterricht habe. Indessen denke ich, mir bis Ostern so viele Kenntnisse erworben zu haben, um ihn dann einigermaßen verstehen zu können. – Ferner drei Bände Curtius ‹Geschichte der Griechen›, den ich mir hauptsächlich gewünscht hatte und der mich auch ganz besonders interessiert. Ich habe schon vielfach in ihm herumgelesen und kann nur die Schönheit der Sprache und die schöne Form, in der alle Ereignisse mitgeteilt werden, bewundern. Sodann bekam ich noch ein Buch über ‹Cicero und seine Freunde›, eine deutsche Bearbeitung eines französischen Werkes von Boissier. Ich habe in diesem Buche bis jetzt noch nicht viel gelesen, glaube aber, daß es mich in hohem Grade interessieren wird.»[1] Außerdem bekam er noch eine Ausgabe kunsthistorischer Bilderbogen sowie zwei Romane von Walter Scott – «Der Talisman» und «Quentin Durward» –, und er berichtet seinem Vetter überdies, dass er gerade das «schwer zu verstehende» Buch «Kulturpflanzen und Hausthiere in ihrem Übergang aus Asien nach Griechenland und Italien sowie das übrige Europa» des Historikers und Sprachwissenschaftlers Victor Hehn gelesen habe, während er sich sonst mit lateinischen Schriftstellern beschäftige, die «Geschichte Roms» des Livius lese «u. dgl.».

Und dergleichen. Je nach Edition umfassten allein die Weihnachtsgaben etwa viertausend Druckseiten, dazu noch mehr als fünfhundert Seiten Kulturgeschichte der Natur und Livius. Ein ziemlich viel lesender Junge also. «Es ist möglich», schreibt er im selben Jahr, «daß ich ein für Bücher, resp. deren Aussprüche und Deduktionen sehr empfindliches Menschenkind bin.»[2] Selbst für den Fall, dass er gegenüber dem Vetter, der damals gerade Klassische Philologie und Archäologie studierte, die weniger bildungsträchtigen Geschenke weggelassen haben mag, und auch wenn man die Ankündigung, er werde nach einem halben Jahr Englischunterricht die Werke Shakespeares einigermaßen verstehen können, als kleine Angeberei gegenüber dem acht Jahre Älteren deuten darf – dass ihm überhaupt solche Geschenke gemacht wurden, zeigt an, wie der junge Max Weber von seinen Eltern und seiner Umgebung wahrgenommen wurde. Mit elf Jahren erhält er Benjamin Franklins Autobiographie geschenkt, der Zwölfjährige liest Machiavellis «Der Fürst», wirft «einen Blick» in Luthers Werke, wie er seiner Mutter schreibt, beschäftigt sich mit Stammbäumen mittelalterlicher Herrscherhäuser und fragt seine Großmutter, wie denn bei ihnen der Türkenkrieg beurteilt werde.[3] Mit vierzehn zeichnet er eine historische Karte von Deutschland im Jahr 1360. Walter Scotts «Die Kerker von Edinburg» (The Heart of Midlothian) bezeichnet der Fünfzehnjährige als einen der ergreifendsten Romane, die er kenne. Seine Klassenkameraden hingegen läsen lieber «allerhand moderne Bazarnovellen» und Skandalgeschichten, «ganz wie ich mir die Lektüre des vornehmen Roms in der ersten Kaiserzeit denke».[4]

Tatsächlich liest der Knabe nicht nur, er hält auch früh seine Eindrücke beim Lesen fest, was weit über altkluge Bemerkungen zu Homer als «ein Bildungsmittel für alt und jung»[5] hinausgeht. So notiert er zur «Ilias», es fehle ihr die Spannung, auf jede Katastrophe sei man längst vorbereitet. Das ist in seinen Augen allerdings keinesfalls ein Nachteil; man könne die Lektüre darum leichter unterbrechen, und darüber hinaus dürfe das Epos ohnehin nur in geringem Maße «spannen», schließlich habe es den Helden möglichst zu verherrlichen. Weber beobachtet sich früh selbst beim Lesen. Im Zuge dieser kleinen Betrachtung erwähnt und beurteilt der Vierzehnjährige, den sein Vetter aufgefordert hatte, von seinen Vorlieben an Schriftstellern zu berichten, nicht nur die Werke Walter Scotts und Victor von Scheffels, sondern auch die von Herodot, Livius und Cicero. Zwar muss er sich nach seinen Kommentaren zu Letzterem den Vorwurf anhören, er habe seine Meinungen zu Büchern nur aus anderen Büchern, aber dagegen wehrt er sich: Wenn Theodor Mommsen und er übereinstimmten, dann läge das daran, dass die Lektüre der Reden Ciceros eben zu solchen Deutungen führe.

Die Liste der Lektüren, von denen der junge Max Weber in seinen Briefen berichtet, beschreibt gut, welche Art von Bildung hier erfolgte. Die Antike, historische Romane, Geschichtswerke – wir sind im Berlin der Gründerzeit, der Historismus errichtet nicht nur Monumente der Architektur, sondern vor allem solche der Gelehrsamkeit. Das Interesse an Geschichte nimmt ungeheuer zu. Neben den Werken Theodor Mommsens und Heinrich von Treitschkes gehören die vaterländischen brandenburgisch-preußischen Romane von Willibald Alexis – dem «märkischen Walter Scott» (Theodor Fontane) – und Gustav Freytags «Bilder aus der deutschen Vergangenheit» zur bevorzugten Lektüre des jungen Max Weber. Später wird ihm das Abiturzeugnis ein herausragendes Wissen attestieren, das leider ohne Schulfleiß erworben worden sei.[6]

Werfen wir einen längeren Blick auf den Büchertisch Webers an jenem Weihnachten 1878, denn die Geschenke darauf sind sprechend. Ernst Curtius beispielsweise, dessen «Griechische Geschichte» sich Weber gewünscht hatte, ist damals gewissermaßen der diensthabende Gräzist in Berlin. Im Geburtsjahr Webers hält er seine weithin wirksame Vorlesung über Griechische Kunstgeschichte.[7] Sechs Jahre lang der Erzieher des Kronprinzen Friedrich Wilhelm, des späteren «99-Tage-Kaisers» Friedrich III., hatte er zwischen 1875 und 1881 die Ausgrabungen von Olympia geleitet, war Sekretär der Philologisch-historischen Klasse an der Preußischen Akademie der Wissenschaften und Professor an der Berliner

Universität – Professor für Archäologie, aber auch «Professor der Eloquenz», wie es in seiner Ernennungsurkunde von 1868 heißt; ein Titel, den Curtius als letzter Gelehrter der Berliner Universität führte. Die Reden zu den Universitätsfeiern – seit 1849 nicht mehr auf Latein, sondern auf Deutsch – hatte nicht zufällig ein Kenner der sogenannten «klassischen Antike» zu halten. Die Altertumswissenschaften verstanden sich als Teil jener Kräfte, die zur Reichseinigung von 1871 beigetragen hatten: Als Curtius 1869 Bismarck jene «Griechische Geschichte» überreichte, die Jahre später auf Webers Gabentisch lag, soll der spätere Reichskanzler geantwortet haben, den Entwicklungsgang eines Volkes darzustellen, das bei großen geistigen Gaben durch Uneinigkeit der Fremdherrschaft anheimgefallen sei, könne zum nationalen Zusammenhalt der Deutschen beitragen.

Es war üblich, solche großzügigen Bogen zu schlagen. Auf dem Höhepunkt des preußischen Verfassungskonflikts zwischen Monarchie und Parlament hält Curtius 1862 seine Jahresrede über «Die Freundschaft im Alterthum», nicht ohne darin den Geist der Eintracht und des Vertrauens zu beschwören, die in Griechenland «die verschiedenen Elemente zum Dienst des Organismus»[8] gebunden habe. Als Papst Pius IX. 1864, im Geburtsjahr Max Webers, die Enzyklika «Quanta Cura» mit ihrer Forderung, der Staat habe sich der Kirche unterzuordnen, und ihrem Katalog der modernen Irrlehren veröffentlichte, sprach Curtius über die Freiheit, die sich die Griechen gegen theokratische Unterdrückung bewahrt hätten.

Noch schien der klassische Bildungskanon also intakt, noch war das rustikale Wort Wilhelms II. von 1890 nicht ausgesprochen: «Wer selber auf dem Gymnasium gewesen ist und hinter die Kulissen gesehen hat, der weiß, wo es da fehlt. Und da fehlt es vor allem an der nationalen Basis. Wir müssen als Grundlage für das Gymnasium das Deutsche nehmen; wir sollen nationale junge Deutsche erziehen und nicht junge Griechen und Römer!»[9] Max Weber wird in einer Schulwelt groß, in der beides – die klassische Bildung und das Nationale – noch keine Gegensätze bildeten. Noch war nämlich auch die Zeit nicht angebrochen, in der die Antike dem Bürgertum in all ihrer Fremdheit und Archaik, ihren Zumutungen dargestellt wurde. Zwar hatte der Kirchenhistoriker Franz Overbeck – ein Studienfreund von Max Weber sen. und Mitglied derselben Göttinger Burschenschaft – bereits 1873 in seiner Schrift über «Die Christlichkeit unserer heutigen Theologie» einen ähnlichen Abgrund zwischen dem ursprünglichen Christentum der Spätantike und dem der Gegenwart festgehalten wie ein Jahr zuvor Friedrich Nietzsche in seiner Untersuchung über «Die Geburt der Tragödie aus dem Geiste der Musik» zwischen dem Griechentum und der bürgerlichen Welt des neunzehnten Jahrhunderts, die sich sentimental darauf bezog. Doch das Echo dieser Detonationen wurde erst zehn, zwanzig Jahre später laut. Für den jungen Max Weber aber gilt, dass sich das politische und historische Urteilsvermögen in einem Hin und Her des Blicks zwischen der gegenwärtigen Politik und der Antike bildete.

Allerdings sollte es für Weber später stets mehr Rom als Athen sein, das sein Interesse fand, so wie es auch Rom war, «das seine historische Imagination inspirierte, nicht der Nationalstaat der Gegenwart», wie Lawrence Scaff meint.[10] Vielleicht wäre es noch genauer zu sagen, dass Rom für Weber früh den Hintergrund bildet, vor dem die Eigenheiten der Neuzeit wahrgenommen werden. Schon drei Wochen nach dem eingangs erwähnten Weihnachtsfest berichtet er seinem Vetter von der ersten Lektüre des Buches über Ciceros Freunde, an dem ihm die Einleitung über das Briefeschreiben in alter und neuer Zeit «merkwürdig» erscheint, in der Gaston Boissier prognostiziere, «daß man bald nur noch auf dem Wege des Telegraphierens einander schreiben werde».[11]

Auch Boissiers Buch, 1869 auf Deutsch erschienen, macht den vergleichenden Blick deutlich, der sich in der Beschäftigung mit der Antike schulte. «Die Politiker in jener Zeit hatten in weit höherem Grade das Bedürfnis zu schreiben, als es die jetzigen haben.»[12] Max Weber hatte für diese These des französischen Althistorikers und Sekretärs der Académie française auf Lebenszeit die lebendige Anschauung an seinem Vater. Die heutigen Politiker, meinte Boissier, hätten statt des Briefverkehrs die Zeitungen und selbst der private Briefwechsel werde vermutlich abnehmen, weil die Geschwindigkeit der Post es inzwischen entbehrlich mache, noch viel Mühe auf die einzelnen Briefe zu verwenden. «Jetzt, wo man weiß, daß man schreiben kann, wann man will, sammelt man nicht mehr Material [...]; man schreibt nicht mehr vorräthig, ‹man sucht nicht mehr seine Vorrathskammer zu leeren›, man bemüht sich nicht mehr, nichts zu vergessen [...].» «Ohne Zweifel», heißt es an der Stelle, die Weber merkwürdig vorkam, «wird bald an die Stelle der Post der Telegraph getreten sein; wir werden nur noch durch dies rasselnde Instrument, das Bild einer materiellen und eiligen Gesellschaft, und das in dem Stil, den es anwendet, etwas weniger als das Nothwendige zu geben sucht, Mittheilungen machen.»[13]

Dass Weber mit einem Buch über Ciceros Briefwechsel beschenkt wurde, mag auf einen Hinweis seines besagten Vetters Fritz Baumgarten zurückgegangen sein. Mehr als drei Monate vor jenem Weihnachtsfest hatte sich Max Weber bei ihm über Cicero beschwert. «Ich habe bisher fast in jedem Buche über Cicero, das ich gelesen habe, ihn gelobt gefunden. Aber ich weiß wirklich nicht, worauf sich dieses Lob gründet.» Weber interessiert die politische Haltung des römischen Anwalts und Konsuls, dessen erste Anklagerede gegen den Verschwörer Catilina für ihn «eigentlich nur ein langes Gewimmer- und Klagelied» ist, das den Verschwörer seiner Sache nur desto sicherer habe machen müssen, vor allem da Cicero ihn bitte, die Stadt zu verlassen. «Konnte er ihn nicht in der Stadt festhalten und abmurksen lassen? Die Verschwörung war ja offenkundig. Keiner hätte es ihm verdacht, er sagt es ja selbst.» Nein, Cicero sei schwankend, schwach, ohne Energie und ohne das Vermögen, den richtigen Moment abzuwarten. Durch Boissiers Buch konnte er sich bestätigt fühlen, wird Ciceros eigentliche Begabung darin doch als die natürliche Eitelkeit dessen bezeichnet, der um des Gefallenwollen willens sich stets zum Zuschauer dessen macht, was er erzählt, und der durch diese Bereitschaft, sich von allem beeindrucken zu lassen, um es lebendig wiederzugeben, zu einem mittelmäßigen Politiker wurde. Wir werden Webers Art, vom Politiker Entschlusskraft und Eindeutigkeit zu fordern, in seinen politischen Einlassungen noch oft finden. Einstweilen übt er zunächst noch grimmige Entschlossenheit beim Lesen. Er habe es auf sich genommen, heißt es im August 1879 an den Vetter, sämtliche vierzehn philippischen Reden Ciceros durchzulesen, auf der Suche «nach einem Beispiel für eine bestimmte Art hypothetischer Sätze».[14] Der junge Max Weber muss die Freude oder besser vielleicht: der freudige Schrecken seiner Lateinlehrer gewesen sein.

Schlagen wir nun noch ein letztes und womöglich das wichtigste Buch auf, das der Vierzehnjährige im Winter 1878 las, Victor Hehns Buch über die Wanderung der Kulturpflanzen und Haustiere in Europa, das 1870 erschienen war und in den folgenden Jahren in rascher Folge immer wieder aufgelegt wurde. Weber hat es geliebt, es stand am Beginn seines lebenslangen Interesses für die landwirtschaftlichen Grundlagen der Zivilisation. Er wird sich über historische Agrarverhältnisse habilitieren, seine Professur erwirbt er sich durch eine Untersuchung zur Lebenssituation ostelbischer Landarbeiter, als er 1904 in den Vereinigten Staaten einen Vortrag halten soll, wählt er als Thema die Agrarverfassung Deutschlands und der Vereinigten Staaten, und noch 1909 verfasst er einen langen Artikel über «Agrarverhältnisse im Altertum».

In Victor Hehns Buch, das in den Jahren von 1855 bis 1864 entstand, in denen sein Autor Oberbibliothekar der öffentlichen Kaiserlichen Bibliothek in St. Petersburg war, begegnete Weber der These, dass die Natur ein Zivilisationsprodukt ist. Hehn ist einer der ersten Ökologen und Landschaftshistoriker. Der Historismus vollendet sich in dieser These: Nicht nur ist die Geschichte von keinerlei Naturkonstanten, anthropologischen Gesetzmäßigkeiten bestimmt, vielmehr ist, was uns als Natur erscheint, seinerseits Resultat von Geschichte. «Die Natur gab Polhöhe, geologische Formation des Bodens, geographische Lage: das Übrige ist ein Werk der bauenden, säenden, einführenden, ausrottenden, ordnenden, veredelnden Kultur.» Hehn hält ein Plädoyer gegen den Kulturpessimismus, wonach früher alles kräftiger gewesen sei, die Böden ergiebiger, die Natur vielfältiger, deren gestörte Ordnung wiederhergestellt werden müsse. «Solchen Stimmungen und Phantasien gegenüber gibt es jetzt Widerlegungsgründe, die den ältesten Zeiten nicht zu Gebote standen, nämlich die Zahlen der Statistik und die Rechnungen der Naturwissenschaft.» Zugleich trägt er aber ganz trocken vor, was die Naturgeschichte dem Europäer mitzuteilen hat, nämlich die Begrenztheit seiner Fortschrittsphantasien durch die ökologischen Umstände, unter denen die Ausbeutung der Pflanzen- und Tierwelt sich vollzieht. «Was die Städte verzehren, ist dem Lande entzogen und kommt ihm gar nicht oder in geringem Maße wieder zu.»

Wir sind in einer Zeit, in der man sich der Probleme bewusst wird, die mit der Entwicklung der modernen Gesellschaft einhergehen, und auch jene Bedingungen allmählich in den Blick kommen, die sich nicht vom Menschen beeinflussen lassen: «Auch England wird keinen Weizen mehr tragen, wie einst auch sein Kohlen- und Eisenvorrath erschöpft sein wird; dann wird Mexico noch fruchtbar sein, für welches aber auch der Tag der ewigen Ruhe kommen wird; und so weiter durch alle Länder beider Hemisphären durch. Und was der Mensch durch seine Nutzung nur beschleunigt, das muss auch auf dem Wege des natürlichen Pflanzenlebens, auch wenn es nie einen Menschen gegeben hatte, als letzte Folge sich ergeben. Dann wird auch, setzen wir noch hinzu, alles Gebirge auf Erden durch die Kraft der Wasser und Winde und der Verwitterung geebnet sein und die Sonne, die immerfort Wärme abgiebt, ohne dass ihr die verlorene durch irgend Etwas, so viel wir wissen, ersetzt wird, todt und kalt sein und mit ihr die Erde und der Mensch. Glücklicher Weise können wir die Zeit, in der dies Alles sich vollziehen wird, auch nicht annähernd berechnen und haben unterdes Muße abzuwarten, ob in unserer Schlusskette sich nicht irgend ein Glied als unhaltbar erweist und damit die ganze Voraussage trügerisch und zur hypochondrischen Chimäre wird.»[15] Nach dieser in ihrem Realismus wie in ihrer Skepsis gegen sich selbst eindrucksvollen Einleitung folgen bei

Hehn akribische Einzelstudien über das antike Wissen vom Pferd, vom Weinbau und von der Aufzucht beispielsweise von Lauch, Feigen und Buchweizen, von der Gewinnung von Butter, Honig und Bier. Welche Bedeutung hatten Katzen, welche Blumen in der Zivilisationsgeschichte, wie verfuhr man bei der Obstzucht, wann kam Senf auf? Noch heute teilt sich die Faszination dieses Werkes mit, das dem vierzehnjährigen Weber vor Augen geführt haben dürfte, wie sich das Alltägliche über historische und philologische Studien erschließen lässt und wie viel Geschichte in dem steckt, was dinghaft vor einem steht. Und umgekehrt: dass Geschichte mindestens so sehr die Geschichte der Flachsgewinnung und des Anbaus von Reis ist wie die Geschichte der Staatsaktionen.

Was der junge Leser bei Hehn aber auch finden konnte, waren Überlegungen zum Untergang der antiken Zivilisation. Einer ihrer Grundfehler, schreibt der Historiker, sei die unwirtschaftliche Konstruktion der Gesellschaft und des Staates gewesen «und die damit zusammenhängende Abwesenheit realistischen-technischen Sinnes bei den Menschen». Der habgierige Soldatenstaat habe verzehrt, was erwirtschaftet wurde, Zölle, Staatspachten und Handelsverbote hätten den Verkehr und die Reichtumsbildung gehemmt, der Sinn von Zins und Arbeitsteilung sei unbegriffen geblieben, es habe «Gleichgültigkeit gegen reelle Naturkenntnis» geherrscht. Man könnte auch sagen: Für Hehn kannten die Römer nur räumliche Eroberung, keine intellektuelle, technische, wissenschaftliche. Ihr Staat sei nur im Recht und im Krieg leistungsfähig gewesen und diese Sphären hätten vor «dem Hauch» des ebenfalls gegenüber Naturerkenntnis gleichgültigen «neuen christlichen Geistes ihren Halt und ihre tragende Kraft» verloren.[16]

Solche Beschreibungen haben den jungen Max Weber angesprochen: In den wenigen Lebenszeugnissen, die es von ihm aus diesen Jahren gibt, tritt uns fast immer eine Person mit außerordentlich realistischem Sinn entgegen, die buchstäblich «down to earth» dachte. Seine freie Zeit wendet er zu großen Teilen an das Studium schwieriger und gelehrter Texte, die er als Prüfungen seiner Leistungsfähigkeit begreift – «hauptsächlich aber lese ich Treitschkes vortreffliches Buch über die deutsche Geschichte im 19. Jahrhundert [...], übrigens ist das Buch in manchen Teilen sehr schwer, man muß sich gehörig anstrengen, um den Zusammenhang zu verstehen»[17] –, er exzerpiert, was ihm wichtig erscheint, und korrespondiert über das Gelesene. Von Tätigkeiten, die er mit Erwachsenen nicht hätte teilen können, ist in den vorliegenden Jugendbriefen – siebzehn Stück hat Marianne Weber ausgewählt, um Auszüge aus ihnen 1933 zu veröffentlichen – kaum die Rede.

Der Eindruck drängt sich auf, dass Max Weber sehr früh als junger oder besser: als gar nicht mehr so junger Mann behandelt worden ist und sich selbst auch so vorkam. «Es liegt, glaube ich, etwa in meiner Natur, daß ich meine Gefühle selten anderen mitteile, es kostet mich oft Überwindung, es zu tun. Ich genieße in der Regel jede Freude für mich allein, aber deshalb sind meine Gefühle doch nicht geringer, es wird mir, wie gesagt, schwer, mich zu andern darüber auszusprechen. Auch das, worüber ich nachdenke, behalte ich gewöhnlich für mich, auf die Gefahr hin, überhaupt nicht für nachdenkend gehalten zu werden. Aus demselben Grunde bin ich auch ein schlechter Gesellschafter und, wie mir schmerzlich bewusst ist, ganz untauglich in der Unterhaltung.»[18] Auch dies die Sätze eines Vierzehnjährigen, der sich wohl nur über die Gefahr täuschte, «nicht für nachdenkend» gehalten zu werden, denn Kinder, für die das gilt, beschenkte auch damals niemand mit Sekundärliteratur zu Cicero. Dafür kann er mit fünfzehn immer noch nicht schwimmen, trotzdem er im Sommer zuweilen täglich baden geht. Seine Mutter hält 1880 fest, Max bekomme immer mehr das Aussehen eines angehenden Studenten, dass er neuerdings fechte, sei insofern gut, als er sonst jeder anderen «körperlichen Ausbildung» abhold sei.[19] Er übt Klavier, spielt auch mit Nachbarjungen, aber einen Bericht vom Schneemannbauen schließt er so ab: «Sonst passiert hier nichts gerade Besonderes, und die Tage vergehen wie immer über Essen, Wachsein und Schlafen.»[20] Ein halbes Jahr später heißt es, «man schläft, isst, trinkt, arbeitet, die Zeit vergeht einem unter den Händen wie Butter», und wenn ihn doch einmal Langeweile erfasse, lerne er «Herrn von Varnbühlers Zolltarif» auswendig.[21] Karl von Varnbühler, Abgeordneter der Deutschen Reichspartei im Reichstag und insofern Kollege von Max Webers Vater, hatte im Jahr zuvor Bismarck eine Denkschrift zur Zoll- und Steuerreform vorgelegt – keine ganz typische Lektüre für einen Fünfzehnjährigen, selbst wenn es nur ein Scherz unter Verwandten gewesen sein sollte. Man muss sich den jungen Max Weber als Knaben vorstellen, der früh ernst und arbeitsam geworden ist und vor den Blicken der Älteren, die er auf sich ruhen sieht, durch Wissen und Urteilsfähigkeit bestehen will.

Max Weber kommt am 21. April 1864 in Erfurt zur Welt. Sein Vater, von dem er den Vornamen bekam, hatte dem Textilgewerbe seiner Vorfahren und Ostwestfalen den Rücken gekehrt – er war der jüngste Sohn und damit nach alter Sitte zum Studium frei –, hatte Jurisprudenz studiert und seine Frau, Helene Fallenstein, in Berlin kennengelernt, als er vierundzwanzig war. Als Max Weber in Erfurt geboren wird, ist sein Vater dort hauptamtlicher Stadtrat. Er hat nach dem Studium und einer kurzen Tätigkeit als Redakteur des «Preußischen Wochenblatts», eines Organs aus den Reihen des gemäßigt konservativen preußischen Kulturministers Moritz von Bethmann Hollweg, die politische Verwaltungskarriere eingeschlagen. Sie führte ihn 1861 zu einer unbesoldeten Tätigkeit in der Berliner Stadtverwaltung, im Jahr darauf nach Erfurt und 1869 wieder zurück in die baldige Reichshauptstadt, wo er als Beamter in, wie er sagte «eine der größten Kommunalverwaltungen der Welt»[22] eintrat; von 1868 an nahm er ein Mandat im Preußischen Abgeordnetenhaus wahr und von 1872 an zusätzlich das im Reichstag. In der Verwaltung war nur eine schwache Arbeitsteilung durchgesetzt: Webers Vater leitete in der Bauabteilung den Tiefbau, arbeitete in der Armendirektion, beaufsichtigte die Stadtkasse und hatte zeitweilig den Vorsitz über das städtische «Erleuchtungswesen», das sich um die Gaslichter der Großstadt kümmerte.

Max Weber sen. gehörte zu jener nationalliberalen bürgerlichen Elite, die unter der Monarchie Demokratie darstellte und das Personal für die rasch wachsende Exekutive abgab, während der Monarch unter Bismarck Kaiser sein durfte. In einer Wahlrede, die Weber sen. 1872 in Coburg, seinem damaligen Wahlkreis, hielt und in der er von sich sagte, schon in seinen jungen Jahren «Politik gleichsam als Beruf» ins Auge gefasst zu haben, in dieser Rede begründete er auch, weshalb er die Arbeit im Rathaus von Erfurt einer universitären Laufbahn vorgezogen habe: «[E]s schien mir, als ob heutzutage, wo wir der Lösung sehr realer, nüchterner Aufgaben gegenüberstehen, nicht mehr vorzugsweise die Professoren zur politischen Tätigkeit berufen seien, wie es zu einer Zeit der Fall war, als es sich noch hauptsächlich um die Verarbeitung und Verbreitung politischer Ideen handelte. Eine praktische Tätigkeit mit einem festen Wirkungskreis erschien mir die bessere Basis für den Beruf zu sein, der mir vor Augen stand.»[23]

«Politik gleichsam als Beruf»: Die verblüffende Nähe der Formulierung von Weber sen. zu einem der berühmtesten Vorträge seines Sohnes – «Politik als Beruf» von 1919 – liegt auf der Hand. Die kleine Abweichung des «gleichsam» zeigt jedoch an, dass fünfzig Jahre zuvor es eben noch nicht selbstverständlich war und mit Einschränkung deklariert werden musste, die Lebensführung aus einer politischen Tätigkeit zu bestreiten, anstatt diese auf der Grundlage einer gesicherten Lebensführung zu ergreifen. Der Schwager Hermann Baumgarten hatte 1866 noch aus dem gleichen Befund – «Politik ist ein Beruf wie Jurisprudenz und Medicin, und zwar der höchste und schwierigste Beruf, dem sich ein Mann widmen kann»[24] – geschlossen, dass eigentlich nur der Adel die Zeit dafür habe. Allerdings gab es gar nicht genug Adelige, um die Aufgaben zu bewältigen, die sich der politischen Verwaltung einer Weltstadt in jenen Jahren zu stellen begannen.

Der Haushalt, in dem Weber groß wird, ist von diesen vielfältigen Amtsgeschäften des Vaters geprägt, nämlich einerseits von seiner ständigen Abwesenheit, der Parlamente, der Verwaltung und der

Wahlreisen wegen, und andererseits von der politischen Nutzgeselligkeit, die er pflegt, Einladungen von Abgeordneten, Beamten, Gesinnungsfreunden und so weiter. Zunächst wohnt man zur Miete in Tempelhof, dann wird 1872 ein Haus gekauft, in der Leibnizstraße 19 in Charlottenburg – heute mitten im «alten Westen», damals aber und bis 1920 noch nicht zu Berlin gehörig: «In Berlin und außerhalb Charlottenburgs bin ich noch gar nicht wieder gewesen», heißt es in einem Jugendbrief.[25] Die «Villa Helene», wie sie in der Familie genannt wurde, verfügt über einen Garten, der etwa zweieinhalbtausend Quadratmeter groß gewesen sein muss. Fast wie auf dem Lande, erinnert sich Marianne Weber,[26] sei man dort aufgewachsen. «Eine Ritterburg im Duodezformat» traf Ida Baumgarten, Max Webers Tante, bei ihrem ersten Besuch an, vier Stockwerke inklusive zweier Türmchen, acht Zimmer, «für Gäste, Mann und Kinder reizend [...], für die Hausfrau mit kleinem Kind furchtbar beschwerlich».[27] Nicht nur der vielen Treppen halber, denn Helene Weber leidet unter der Abwesenheit des Mannes, der vielen Arbeit im Haus, die sie aber auch nur ungern delegiert, der ungeliebten Rolle als Gastgeberin für die Kreise, in denen sich ihr Gatte bewegt, sowie unter den Sorgen, die sie sich ständig um die Kinder macht und am meisten um Max.

Das Leben Helene Webers, geb. Fallenstein, war eine einzige Abfolge von Sorgen, es lagen mehrere Schatten auf ihm. Sie war sechzehn, als sie im September 1860 ihren späteren Gatten kennenlernte, und verlobte sich schon kurz darauf mit ihm. Das war völlig ungewöhnlich in einer Zeit, in der solche Entscheidungen in der großbürgerlichen Schicht, mit der wir es zu tun haben, sorgfältig abgesprochen und vorbereitet zu werden pflegten, zumal wenn es sich um eine Verlobung zwischen so jungen Personen handelte. Es heirateten schließlich nicht nur zwei Personen, sondern in jenen Kreisen stets auch zwei Vermögen, zwei Erbschaftsansprüche, zwei, wenn man so sagen darf, Knotenpunkte im Netzwerk hochrangiger sozialer Beziehungen. Das sollte nicht einfach dem Zufall momentaner Gefühle überlassen werden. Das Vokabular der reinen Liebesheirat war zwar schon durchgesetzt, aber eben nur als Vokabular, das den Betroffenen vorschrieb, sich zuerst zu verlieben, dann aber ordnungsgemäß und nach Absprache das passende Gegenüber zu heiraten.

Helenes Vater, Georg Fallenstein, freilich fiel als denkbare Instanz der Eignungsprüfung des Verlobten aus; er war schon 1853 verstorben. Nur ihre Mutter, Emilie Fallenstein, geb. Souchay, die den Reichtum und das weitgespannte Elitennetzwerk repräsentierte, lebte noch. An die Stelle des Vaters hatte sich informell dessen Freund und Biograph, Georg Gervinus, gesetzt.[28] Der Historiker war in Fallensteins Todesjahr kurzzeitig aufgrund seiner «Einleitung in die Geschichte des neunzehnten Jahrhunderts» wegen demokratischer Publikation als Hochverräter verurteilt worden, was zwar nicht rechtskräftig und von einem Oberhofgericht aufgehoben wurde, ihn aber dennoch die Lehrberechtigung der Universität Heidelberg kostete. Als Privatgelehrter arbeitete er weiter an seinen historischen Forschungen, in die er Hermann Baumgarten einspannte, der auf diese Weise im Hause Fallenstein seine spätere Frau Ida kennenlernte, Helenes sieben Jahre ältere Schwester. Gervinus erteilte den Töchtern Fallensteins, Ida, Henriette und Helene, Unterricht in Literatur, alten Sprachen, Musik und Geographie und drängte sich dabei, fünfundfünfzig an Jahren, der minderjährigen Helene sexuell auf, was die Familie allmählich mitbekam. Ob es bis zu einer Vergewaltigung ging, ist unklar, aber zum Beweis der Nötigung genügt es, aus einem Brief zu zitieren, den Helene im Januar 1861 an Ida schrieb, nachdem Gervinus Hausverbot erhalten hatte: «Er hatte mich nicht lieb, wie man ein Kind lieb hätte, sondern wie eine Geliebte, aber er machte mir Zumutungen, die ein Liebender seiner Geliebten nicht machen darf, und sein Weib war und bin ich doch nicht. [...] Ich ekelte mich manchmal vor mir selber und dachte oft, dass es besser wäre ich spränge in den Neckar als dass es so fortginge. [...] Dann sagte er immer wenn ich geistig mit ihm recht zusammen wachse, so würde er mich mit dem anderen in Ruhe lassen.»[29]

Die schnelle Verlobung Helenes mit Max Weber sen. mag darum

auch aus dem Bedürfnis entsprungen sein, diese ungeheure Verstörung loszuwerden und den Ort, an dem sie stattfand, hinter sich zu lassen. Was blieb, war eine fortdauernde Entfremdung gegenüber der Sexualität. Jedenfalls sieht das der Sohn so. «Gervinus war Mamas schwärmerisch verehrter Lehrer, der berühmte Historiker. Mama hatte mit ihm das furchtbare Erlebnis, daß er sich in plötzlicher Gier an ihr zu vergreifen suchte. Das wurde für Mamas ganzes späteres Empfinden gegenüber dem sinnlichen Leben bestimmend», schreibt Max Weber 1910 an seinen Bruder Arthur, um ihm zurückliegende Familienkonflikte zu erklären.[30] Doch auch Helene Weber spricht sich darüber aus: «Ich komme ja aus der Zeit, wo der Körper nur als Träger der Seele sein Recht haben sollte, und ach, wie oft, gerade in der Ehe, war mein Flehen, ach wäre ich, wäre <er> ihn doch los oder verstände Herr darüber zu sein. Es ist dies auch vielleicht noch ein besonders starkes Erbteil der Mutter und religiös puritanischer Abstammung von beiden Eltern.»[31] Beide Mitteilungen zeigen, was wir später auch an Webers eigenem Leiden sehen werden, dass noch die intimsten biographischen Details innerhalb der Familie ausgiebig debattiert wurden. Sexualität beispielsweise war alles andere als tabu, sondern unter Verwendung bestimmter Sprachkonventionen ständiges Thema.

Das machte die psychische Belastung der Beteiligten unter Umständen jedoch nicht geringer, sondern größer. Es waren Formen zu wahren; Gervinus etwa wurde nicht angezeigt oder völliger Missachtung überantwortet, aber auf der Hinterbühne wurden Briefe über das Vorgefallene ausgetauscht, und es verbreitete sich das Wissen davon, was der Mutter in ihrer Jugend geschehen war, auch bei den Kindern. Zur Wahrung der Form gehörte dabei, dass die sexuell Schockierte sofort in eine Ehe flüchtete, von der sie wissen musste, und dann auch erfuhr, dass ihr dort Sexualität abverlangt werden würde. Was aber hätte sie auch stattdessen tun sollen? Das Leben konnte in der zweiten Hälfte des neunzehnten Jahrhunderts insbesondere für Frauen wie eine Falle erscheinen. Helene Weber bekommt zwischen 1864 und 1880 fast alle zwei Jahre ein Kind. Und dennoch interpretiert sie diese Falle als Pflicht, als Aufforderung, sich zu opfern. Zugleich leitet sie aus dem Opfer, das sie bringt, auch die Erwartung ab, dass andere das Weltbild bestätigen, dem zufolge solche Opfer mit moralischen Prämien vergolten werden. Doch während der Vater Max Webers die Anforderungen genießt, die sein Beruf an ihn stellt und auch zu Hause nur Erwartungen anmeldet, die volle gesellschaftliche Deckung besitzen – das funktionierende Heim, die geselligkeitsfähige Gattin, die Reproduktion der Familie –, muss die Mutter ihre Erwartungen gewissermaßen privat durchsetzen. Als überprivate Ressource dient ihr dabei eine Religion, die das Opfer in den Mittelpunkt stellt. Das erklärt auch den Moralismus ihrer Erziehung; es liegt nahe für eine sehr junge Frau, die ein ganzes Haus zu führen und viele eigene Kinder aufzuziehen hat, Prinzipien zuzuneigen.

Max Weber ist das erste von acht Kindern, wird als Stammhalter angesprochen und später oft die Rolle dessen annehmen, der für seine Geschwister spricht. Zwei Geschwister sterben früh, Anna 1866 direkt nach der Geburt, Helene 1877 vierjährig; Weber ist dreizehn und erlebt den Tod der Schwester also bei schon wachem Bewusstsein und Erinnerungsvermögen. Seine Tante Ida, die engste Vertraute seiner Mutter, hatte im Jahr seiner Geburt zwei Kinder verloren, darunter ihre erste Tochter, die einjährig nicht einmal drei Wochen vor Maxens Geburt starb. Von Idas insgesamt ebenfalls acht Kindern wurden nur vier älter als sieben Jahre. Das war damals keine Seltenheit, Helene Fallensteins Onkel, Eduard Souchay, verlor mit seiner Frau sechs von neun Kindern.[32] Helene selbst fiebert im Kindbett, Max wird als Säugling von einer Amme ernährt, einer Tischlerfrau, die kurz zuvor niedergekommen ist. Im Alter von zwei Jahren erkrankt er an Gehirnhautentzündung, die damals noch nicht medikamentös heilbar, ja nicht einmal dem Erreger nach identifiziert ist, und die, so berichtet die Mutter, Spuren der Ängstlichkeit an ihm hinterlässt. Es ist der Auftakt zu einer langen Krankheitsgeschichte. Zugleich erfährt Max von Beginn seiner Kindheit an bis ins Erwachsenenalter eine immense Zuwendung seiner Mutter. «Jedem leichten Genießen», schreibt sie, «war ein Ende gemacht, mir dafür aber auch die tiefinnerste Freudigkeit gegeben, meinen Mutterpflichten mit Hintanstellung alles anderen genügen zu wollen.»[33]

Helene und ihre Schwester Ida waren mit Traktaten der angelsächsischen Theologen William Ellery Channing und Theodore Parker aufgewachsen, die ihre Mutter Emilie mit ihnen las. Diese waren in der ersten Hälfte des neunzehnten Jahrhunderts dem strengen Calvinismus ihrer amerikanischen Umgebung entgegengetreten, der Gott als eine ausschließlich zu fürchtende, strafende Macht predigte. Gott erkenne man durch die eigene Seele, erklärte Channing, was beweise, dass es zwischen ihr und Gott eine Ähnlichkeit geben müsse: «Die Idee Gottes, erhaben und achtungsgebietend wie sie ist, ist die Idee unseres eigenen geistigen Wesens, gereinigt und erweitert ins Unendliche. In uns selbst sind die Elemente der Gottheit. Gott unterhält also keine bloß metaphorische Ähnlichkeit zum Menschen. Es ist vielmehr die Ähnlichkeit zwischen einem Elternteil und einem Kind, die Ähnlichkeit eines verwandten Wesens.»[34]

In diesen Schriften fanden die Schwestern später Motive, sich mit dem Tod ihrer Kinder abzufinden. So wahrscheinlich nämlich der Kindstod damals noch immer war, bei der Geburt oder in jungen Jahren, so wenig wurde er mehr als Schicksalsschlag hingenommen, auf den man mit eingeübten religiösen Übergangsriten oder stoischen Durchhalteformeln reagierte. Womöglich hat das auch damit zu tun, dass auf allen möglichen Gebieten Fortschritte erkennbar waren, die Säuglingssterblichkeit sich aber im Verlauf des neunzehnten Jahrhunderts nur wenig veränderte; in Deutschland nahm sie zwischen 1850 und 1875 sogar zu, während sie in England – wo sie ohnehin deutlich geringer war – zwischen 1840 und 1900 praktisch gleich blieb. Der englische Premier William Gladstone, dem 1850 ein vier Jahre altes Töchterchen an Meningitis stirbt, notiert in sein Tagebuch, es sei eine schwere Prüfung, mit anzusehen, «wie dieses kleine Geschöpf, das niemals ‹gegen etwas Ähnliches wie Adams Übertretung gesündigt› hat, die Strafe für unser Geschlecht bezahlt», und man spürt geradezu, wie die religiöse Deutung kurz vor dem Einsturz steht. Fast möchte man in der Jahrhundertmitte eine Schwelle erkennen, ab der sich allmählich metaphysischer Protest gegen den Tod von Kindern anzumelden beginnt – beispielsweise im Klaviertrio g-moll op. 15 von Bedřich Smetana, dem zwischen 1854 und 1856 drei von vier Kindern im Alter von zwei und vier Jahren starben. Bezeichnend für den entstehenden Riss zwischen «praktischer Theologie» und familiärem Erlebnis ist die Unterscheidung einer Mutter aus einer der prominentesten anglikanischen Pfarrersfamilien, den Bickersteths, die nach dem Tod ihres neugeborenen Sohnes 1854 schreibt, «bei Dingen, die mich an mein Baby erinnern, wage ich gelegentlich nicht, mir selbst zu trauen. Ich kann an mein Kind im Himmel denken, aber nicht an mein Baby, das ich verloren habe; es lässt mich zu sehr danach sehnen, eine solche Quelle der Freude wieder zu erlangen.»[35]

Die Religiosität der Schwestern Helene und Ida, und somit auch die im Haushalt der Webers, diente noch dazu, solche unerträgliche Gefühlskonflikte aufzufangen. Mitunter wird diese Funktionalität auch ganz offen formuliert. Als ihr gerade das zweite Kind unter Qualen gestorben war, schreibt Ida Baumgarten an Max Webers Mutter, wie wichtig für sie die Überzeugung sei, «dieses furchtbare Ringen habe auch einen Zweck bei meinen beiden armen Kindern gehabt, sie für ein höheres Leben der Seele auszubilden und vorzubereiten. Dies ist die Hoffnung, mit der ich bis jetzt die Welt überwunden habe.»[36] Auch Helene Weber trägt die Last dieser Erfahrung, zumal ihr Leben noch lange mit den Sorgen über die Krankheiten der lebenden Kinder überschattet wird. Es gibt keine Hinweise darauf, dass ihr Mann darin ein großer Trost für sie war.

Vielmehr scheint es so, dass Max als dem ältesten Sohn früh diese Rolle zukam; infolge seiner intellektuellen Frühreife wird er bald als kleiner Erwachsener behandelt. Er ist aus dem emotionalen Zuwendungshorizont früh herausgetreten und stellt nur noch ein «moralisches Sorgenkind» dar, von dem die Mutter hofft, dass es sich auf ihre religiös-soziale Lebenseinstellung und die seiner Tante einlässt und nicht wie sein Vater wird. Helene pflegt das Choralsingen vor dem Frühstück, den sonntäglichen Kirchgang, die Bibellektüre, vor allem aber das Reden über Religion und das Lesen religiöser Schriften.[37] Während für ihren Mann und seine politischen Gesinnungsfreunde solche Engagements nichts zählen – «In unsrem Haus hat freilich das Interesse gerade für ‹religiös-sozialreformerische Dinge› besondere Schwierigkeiten», schreibt Max Weber später an seine Braut, das Freidenkertum der älteren Generation sei von bornierter Intoleranz begleitet, in jedem Pastor vermute man einen «zum Heuchler mindestens veranlagten Menschen»[38] –, verwirklicht seine Mutter diese Einstellungen mit einer alle anderen überfordernden Beharrlichkeit. Max Weber wird im Rückblick ein eigenes Wort bilden, um zu bezeichnen, was für ihn von der Hast und allgegenwärtigen Leidensfähigkeit seiner Mutter ausgegangen sei: «Ungetrostheit».[39]

DRITTES KAPITEL

BERLIN, DER LIBERALISMUS UND DIE GELEHRTE KULTUR

> Die Anziehung der Metropole geht auch darauf zurück, dass jedes Individuum hier das moralische Milieu findet, das durch Reizung seine ureigenste Natur zu freier und voller Entfaltung bringt.
>
> ROBERT EZRA PARK

In einem Brief an seine Mutter zu deren siebzigstem Geburtstag im April 1914 schreibt Max Weber zurückblickend von der «Verpflanzung in die Berliner Atmosphäre», die bei ihm «viel von all den Problemen und all dem schweren, was nachher gekommen ist», bewirkt habe, «namentlich nach dem all die Freunde der ersten Zeit, Fritz Eggers, Julian Schmidt, Friedrich Kapp, einer nach dem anderen gegangen und die Hobrechts älter geworden waren». Weber ruft hier die Familienfreunde aus dem Umkreis der Nationalliberalen auf: den Anwalt Friedrich Kapp, der die Revolution von 1848 als politischer Journalist begleitet hatte, danach in die Vereinigten Staaten ausgewandert war, 1870 infolge einer Amnestie nach Deutschland zurückkam und erst Stadtverordneter von Berlin war, dann Mitglied des Reichstags;[1] den Kunsthistoriker Friedrich Eggers, einen Freund Theodor Fontanes, der zuletzt im preußischen Kultusministerium für bildende Künste zuständig war; den Literaturhistoriker Julian Schmidt, der zusammen mit Gustav Freytag den literarischen Realismus propagierte. «Denn diese versunkene und vergessene Generation des Bürgertums, deren Geschichte nie geschrieben werden wird, war wert gekannt zu werden und trug auch eine Gesinnung ins Haus, die ein Gegengewicht bildete gegen das Entfremdende der Großstadtatmosphäre – die doch auch auf das Verhältnis der Kinder, mindestens der Söhne zu den Eltern stark zurückwirkte, wenn die Kinder, wie wir es fast Alle waren, nervöse, leicht beeinflußbare und zur Verschlossenheit neigende Jungen sind.»[2]

Das Entfremdende der Großstadtatmosphäre – Weber wächst an ihrem Rand auf, fast im Grünen, mit großem Garten hinter dem Haus, seine Eltern wohnen im Berliner Westen, den Alfred Kerr «diese elegante Kleinstadt» nennt, «in welcher alle Leute wohnen, die etwas können, etwas sind und etwas haben und sich dreimal so viel einbilden, als sie können, sind und haben».[3] Doch das war schon zu einer Zeit, als Max Weber, der kein Beispiel für solche Einbildungen sein wird, das Haus seiner Eltern verlassen hat. Charlottenburg wächst in seinen Jugendjahren unter allen späteren Berliner Bezirken am stärksten. Als Weber sieben Jahre alt ist, leben dort zwanzigtausend Einwohner, aber er kann der Urbanisierung praktisch zuschauen: Als er einundzwanzig ist, sind es zweiundvierzigtausend, im Jahr 1893, als er das Haus seiner Eltern verlässt, wohnen in Charlottenburg mehr als hundertzwanzigtausend Menschen, 1914 ist es dann die elftgrößte Stadt des Deutschen Reichs.

Dieses Wachstum resultiert weniger aus den steigenden Geburtenüberschüssen, sondern vielmehr aus dem erheblichen Zuzug aus den ländlichen Provinzen, vor allem aus Brandenburg, West- und Ostpreußen sowie Schlesien. Die Zahl der in der Stadt Geborenen sinkt in Webers Jugendzeit auf deutlich unter die Hälfte. Weber erlebt den Übergang von einer kleinstädtischen Umgebung zur Metropole mitsamt Verelendung und ständiger Umwälzung der urbanen Physiognomie. Auch Heinrich Zille wohnt damals in Charlottenburg; in seinen Fotografien dokumentiert er diese Umbrüche. Es ist die Zeit, als in Berlin die Mietskasernen aus dem Boden schießen. 1911 schreibt Werner Hegemann schon für die Jahre kurz vor Webers Geburt, als die erste Berliner Volkszählung stattgefunden hatte, von Wohnungen, «in denen jedes beheizbare Zimmer von 4 bis 13 Menschen belegt ist». Die Wachstumsphase der Stadt charakterisiert Hegemann als einen Kampf zwischen dem Versuch, «die Möglichkeiten und Notwendigkeiten der Zeit segensreich zu gestalten, gegen die dumpfe Trägheit der Masse, dargestellt durch die den Tag beherrschenden Gewalten der Interessenpolitik, des Bureaukratismus und des wohlfeilen privaten Augenblicksgewinns, dargestellt auch durch die hygienisch und kulturell so verhängnisvolle Anspruchslosigkeit einer halbkultivierten Masseneinwanderung und durch die noch schärfer zu verurteilende kulturelle Anspruchslosigkeit der sogenannten gebildeten Klassen».[4] Die Hälfte der Stadtverordnetensitze war den Hausbesitzern vorbehalten, und die machten gerade mal ein Prozent der Bevölkerung Berlins aus.

Dass Weber in der Generation der liberalen Gelehrten, die in seinem Elternhaus ein und aus gingen, ein Gegengewicht zur entfremdenden Großstadtatmosphäre sieht, ist aufschlussreich. Zum einen, weil es andeutet, wie ausschließlich Max Weber in seiner Jugend auf den Haushalt seiner Familie bezogen war. Dauerhafte Freundschaften aus seiner Schulzeit sind nicht überliefert, er wird lebenslang überhaupt nur einen einzigen Duzfreund haben. Wenn Jugend mehr heißen soll als nur ein bestimmtes Alter, nämlich eine bestimmte Sozialisationsphase, dann war die Webers ziemlich merkwürdig. Denn einerseits erlebt auch er durch die häufige Abwesenheit des Vaters die Trennung von Beruf und Haus, die als typisch für bürgerliche Erziehung angenommen wird und die dazu führt, dass junge Menschen jenseits der Schule keine außerfamiliären Vorbilder mehr erleben. Andererseits aber sind die häufigen Geselligkeiten im Hause Weber, mit Vaterfiguren von 1848 und 1871 – dem Versuch einer bürgerlichen Revolution und der Etablierung des deutschen Nationalstaats – bevölkert. Zugleich ist es für Weber schwierig, diese Generation in ihrer Bürgerlichkeit, durch die sie sich definierte, als erfolgreich oder gescheitert wahrzunehmen. Zwar ist etwa sein Vater in das Wachstum der Stadt beruflich involviert, ob jedoch das Bürgertum, dem er sich zugehörig fühlt, als Gewinner dieser ungeheuren urbanen Expansion betrachtet werden kann, ist keineswegs ausgemacht. Es empfindet sich jedenfalls nicht so, trotz Kapitalrenten, politischem Wahlrecht und Karrieren in der Verwaltung und an den Universitäten. Das bedarf der Erklärung, denn tatsächlich ist Berlin, in den empörten Worten Bismarcks, damals von einem liberalen «Fortschrittsring» umgeben. Das Bildungsbürgertum aber identifiziert sich gar nicht mit der Großstadt. Lübeck gilt als geistige Lebensform, ja, aus der Ferne scheinen Weimar, Athen oder Basel Fixpunkte der Gelehrsamkeit zu sein, bewunderte Geisteszentren sind Göttingen, Jena, Heidelberg und Tübingen. Hätte Berlin nur aus den Museen am Lustgarten, der Königlichen Bibliothek, Akademie und der Friedrich-Wilhelms-Universität sowie den Gartenvorstädten bestanden, das wäre es gewesen – aber nicht das deutsche Chicago, in das sich die Stadt allmählich verwandelte. «Als Regel steht mir fest», schreibt Theodor Fontane 1884 zu jener Atmosphäre, «die große Stadt macht quick, flink, gewandt, aber sie verflacht und nimmt jedem, der nicht in Zurückgezogenheit in ihr lebt, jede höhere Produktionsfähigkeit. [...] Die große Stadt hat nicht Zeit zum Denken, und was noch schlimmer ist, sie hat auch nicht Zeit zum Glück. Was sie hunderttausendfältig schafft, ist nur die ‹Jagd nach dem Glück›, die gleichbedeutend ist mit dem Unglück.»[5]

Fast möchte man sagen, dass nicht nur die Mutter Webers und ihr evangelisches Gewissen, das sie sich über die soziale Frage macht, sondern auch die intellektuellen Kreise seines Elternhauses den tiefsitzenden Verdacht repräsentieren, die «Modernisierung» sei auch für die eigene Schicht ein gemischter Segen. Max Weber jedenfalls wird groß in einer Zeit, in der das Bürgertum bei gleichzeitigem Aufstieg zur kommunalen und intellektuellen Trägerschicht in Zweifeln lebt. Die eigenen Leistungen können es nicht sein, die sie aufkommen lassen: Die in der Reichshauptstadt versammelte Wissenschaft, die wesentlich vom Bürgertum getragen wird, steht in Weltgeltung, wirtschaftlich ist Berlin ein Zentrum, die Stadtverwaltung stemmt ein großes Infrastruktur-Vorhaben nach dem anderen. Von 1867 bis 1871 etwa wird die Ringbahn gebaut, und in den Folgejahren beginnt ein ganzes Eisenbahnsystem die Stadt zu durchziehen, 1884 wird das erste städtische Elektrizitätswerk gegründet und 1888 die erste Straße mittels Strom beleuchtet, von 1895 an verschwinden allmählich die Pferde aus dem Stadtbild, die Straßenbahn wird elektrifiziert. An materiellen und statusbezogenen Entlohnungen mangelte es dem Bürgertum nicht.

Die Frage war wohl nur, ob es sich in all dem auch als Bürgertum wiederfand. War es wirklich eine «Klasse für sich», wie Karl Marx behauptete? Was hatte denn das städtische Handwerk mit den Professoren, was die Großunternehmer mit den Fachbeamten und diese mit den Ärzten oder Anwälten gemeinsam, über die nicht sehr kulturbildende Tatsache hinaus, dass man sie als «Mittelstand» ansprechen konnte? In dem Maße, in dem der Adel Funktionsverluste erlitt und die Arbeiterschaft an ihrer Spitze selbst verbürgerlichte, verblassten die Abgrenzungen zu den anderen «Ständen».[6] Stattdessen traten die großen Differenzen innerhalb des Bürgertums hervor; es bildeten sich eine ganze Reihe von Bürgertümern heraus, die sich von der Dynamik der modernen Gesellschaft betroffen sahen.

Für die Jugendzeit Max Webers liegt es nahe, das am Gymnasium und der Universität zu veranschaulichen. Nicht zuletzt hier, im Durchgang durch diese Bildungswelt, lag ja ein gemeinsamer Ausgangspunkt vieler Bürgertümer. «Der Mittelstand», hatte Heinrich von Treitschke, einer der scharfsinnigsten und von Weber früh studierten Historiker jener Epoche, 1859 festgehalten, sei «die Gesamtheit jener Bürger, welche im Besitze einer höheren Bildung sind und wirtschaftlichen Beschäftigungen obliegen, die ihnen Sinn und Muße übrig lassen für geistige Interessen und besonders politische Tätigkeit.» Der Mittelstand suche den Frieden, der die Voraussetzung für seine kulturellen und ökonomischen Interessen ist, er wende sich gegen scharfe ständische Abgrenzungen, beuge sich gern unter einen politischen Adel, sofern dieser sich nicht abschließe, kämpfe meist durch die Macht der Meinung und hänge an keiner bestimmten, nicht einmal der liberalen Gesinnung. Aber: «Hinsichtlich der Bildung allein wird es schwer sein, ihn als ein Ganzes aufzufassen.»[7] Denn die hat naturgemäß nicht nur eine Tendenz, sich zu universalisieren, sondern auch das Bürgertum selbst empfindlich für Differenzen in seiner eigenen Schicht zu machen. Jacob Burckhardt hatte da schon seinen berühmten Ausruf «O diese verfluchte universelle Bildung, die man alle Tage in den Himmel erheben hört!» getan und als einer der Ersten die Macht des «allgemeinen Stempels» verhöhnt, mit dem die Bildungsanstalten die Bürger als «Bildungsphilister» ins moderne Leben entließen. Als Leute also, die gar nicht verstehen, dass Bildung – im Unterschied zu Ausbildung und Einbildung könnte man mit Reinhart Koselleck[8] sagen – eine Frage der tätigen Aneignung und nicht der Ausstattung mit Zertifikaten ist. «Vor Zeiten war Jeder ein Esel auf seine Faust, und ließ die Welt in Frieden; jetzt dagegen hält man sich für gebildet, flickt eine ‹Weltanschauung› zusammen und predigt auf den Nebenmenschen los. Lernen will niemand mehr, schweigen noch weniger, einen Andern in seiner Entwicklung anerkennen am allerwenigsten.»[9] Dreißig Jahre später, ziemlich genau zu Max Webers Jugendzeit also, wird Friedrich Nietzsche diese Impulse in seiner Kritik des humanistischen Gymnasiums, der Massenbildung durch populäre Sachbücher und Zeitungen sowie der Gleichsetzung von «Bildung» mit «Wissen» aufnehmen.[10]

Wenn Adel verpflichtet, mochte sich das Milieu Webers sagen, dann verpflichtet analog auch Bildung.[11] Vom «alten Adel unserer gelehrten Bildung» sprach Heinrich von Treitschke nicht nur metaphorisch, denn tatsächlich bildeten die Gelehrten jener Zeit ein Netzwerk, das demjenigen der Aristokratie in vielen Hinsichten ähnelte.[12] Max Weber wird noch 1917 erklären, dass die Universität selbstverständlich eine geistesaristokratische Angelegenheit für wenige sei. Dass sie einander kooptierten, vielfach mit einander verwandt waren, einen eigenen Ehrenkodex pflegten, sind weitere Merkmale, die im Bildungsbürgertum das Gefühl nährten, es sei das geistige Pendant zum politischen Adel. Bildung also verpflichtet. Aber wozu verpflichtet sie? Und welche Bildung überhaupt? 1879 wurde in Berlin die Technische Hochschule gegründet, die Physikalisch-Technische Reichsanstalt entsteht 1887, es kommen also Bildungswelten auf, die nichts mehr mit klassischen Idealen verbindet. Ulrich von Wilamowitz-Moellendorff wollte noch 1897 das Denkmal für den Physiker Hermann von Helmholtz – der

Gräzist schrieb «Helmholz» – vor der Friedrich-Wilhelms-Universität entfernen lassen, weil es sich für die Naturwissenschaften nicht schicke, einen Herrschaftsplatz sich anzumaßen.[13] Das aber war bereits ein Rückzugsgefecht; die Beschwörung von klassischer Bildung als Distinktionsmerkmal nimmt zunehmend einen defensiven Charakter an.

In einem seiner wenigen Romane, in denen er fast ausschließlich Bürgerliche auftreten lässt, in «Frau Jenny Treibel» von 1892, zeigt Fontane deren Berliner Welt genau in jenen achtziger Jahren und lässt dabei Bildungs- und Besitzbürgertum wechselseitig aneinander scheitern: die Welt der Gymnasiallehrer und die der Farbenfabrikanten. Die standesbewusste Frau Kommerzienrat hat hinaufgeheiratet und will es nun nicht zulassen, dass ihr nachgetan wird: Intrigant verhindert sie die Heirat ihres Sohnes mit der Tochter des langjährigen Freundes der Familie, Gymnasialprofessor Wilibald Schmidt. Die Väter, der eine amateurhaft mit Politik beschäftigt, der andere reflexiv-quietistisch, warten derweil ab. Fontane schildert ebenso bissig den Drang zum Höheren des Wirtschaftsbürgertums und dessen Imitation des Adels wie die etwas komische, etwas sentimentale Gutmütigkeit der Gesellschaft der «Sieben Waisen Griechenlands», in der einige höhere Schullehrer unter Hochlebenlassen der Bildung ihren wöchentlichen Schoppen nehmen. Dort kommt es zu einem Gespräch über den sozialen, vor allem aber den gesellschaftlichen Wandel. Man sehe «den kategorischen Imperativ immer mehr hinschwinden», meint der emeritierte Schuldirektor Friedrich Distelkamp, beim Horaz sei die Klasse einst ganz leise gewesen und es habe sich noch gelohnt, Lehrer zu sein. Schmidt hingegen – «wenn ich nicht Professor wäre, so würd' ich am Ende Sozialdemokrat!» – begrüßt es, dass auf den bloßen Glauben an das Hergebrachte nicht mehr viel gegeben wird. «An die Stelle dieser veralteten Macht ist die reelle Macht des wirklichen Wissens und Könnens getreten.» Seine Tochter, die der Fabrikantengattin mit Aufstiegssinn nicht gut genug war, heiratet zuletzt ihren Cousin, einen Archäologen, der mit einem Stipendium zu den Ausgrabungen

Schliemanns in Mykenä fährt. Die Einheit von Bildung und reeller Macht des wirklichen Wissens sucht man in der praktischen Aneignung der Antike. Das war Realismus auf dem Gebiet der Wissenschaft.

Max Weber wirft sich in seiner Zeit auf dem Kaiserin-Augusta-Gymnasium ebenfalls auf die Geschichte. Mit dreizehn Jahren verfasst er einen Aufsatz über «Die Römische Kaiserzeit. Die Zeit der Völkerwanderung. [...] Von 337–955. [...] Nach vielen Quellen» und einen zum «Hergang der deutschen Geschichte im Allgemeinen namentlich in Rücksicht auf die Stellung von Kaiser und Pabst», sechzig Seiten insgesamt.[14] Für ihn ist die Vergangenheit das Gegengewicht zur Großstadtatmosphäre und zu den Nervositäten der Jugend. Es ist das Alter, in dem er den Tod seiner zweiten, 1872 geborenen Schwester erlebt. Weber beschäftigt sich in erster Linie nicht mit Literatur, sondern mit der politischen Vergangenheit. Eine überschwängliche Begeisterung für Romane und Gedichte, Musik oder Philosophie hat ihn in jungen Jahren offenbar nicht ergriffen. Die Zeilen Ossians «Hinter dir steht dämmernd der Tod / Gleich wie die finstre Hälfte des Mondes / Hinter seinem wachsenden Licht» werde er nicht leicht vergessen, schreibt der Fünfzehnjährige – und schließt Überlegungen zu den verschiedenen Arten an, wie in Griechenland, Italien und im Norden der Tod aufgefasst werde.[15]

Er liest, nach allem, was wir bislang wissen, nichts, worüber sich seine Eltern Sorgen machen müssten, und er gibt ihnen auch sonst keinen Anlass, sich über ihn wenigstens zu ärgern. In den gesamten publizierten Jugendbriefen gibt es nicht das leiseste Anzeichen einer Adoleszenzkrise, eines Versuchs, sich den Eltern offen entgegenzustellen. Wenn die Mutter ihn ihr moralisches Sorgenkind nennt, dann nicht, weil sie an ihm etwas erkennt, das ihr nicht gefällt, sondern weil er sich ihr entzieht. Dass er sich früh gegenüber religiösen Gefühlsbekundungen verschließt, ist das einzige Moment von Widerwillen in dieser Jugend.

Was er ganz für sich hat, ist vor allem die sehr entschlossene Aneignung historischer Machtkonstellationen und der immense Fleiß, mit dem er sie betreibt. So liest er mit vierzehn Jahren Wilhelm Drumanns «Geschichte Roms in seinem Übergange von der republikanischen zur monarchischen Verfassung», eine Art kommentierte Geschlechterliste der damals tonangebenden Römer. Dieses Werk mag ihn früh mit der Technik der Fußnote vertraut gemacht haben: Schon auf Seite neun hat der Gelehrte die hundertste gesetzt, weswegen er dort den Zähler auf eins zurückstellt, vielleicht damit der Leser am Schluss des Buches nicht buchstäblich bei der fünftausendsten Fußnote angelangt ist. Max Weber hat also sehr früh, überfrüh einen Eindruck von dem erhalten, was die Gelehrsamkeit des neunzehnten Jahrhunderts darstellt, und wühlt sich in sie hinein wie in eine zweite Welt, die ihm nicht zum Phantasieren dient – man kann mit Drumann nur sehr schwer ins Phantasieren kommen –, sondern zum Wissenserwerb und dem Durchdenken historischer Situationen. «Das Denken wird so flüchtig wie die Empfindung», hatte Heinrich von Treitschke die Epoche charakterisiert, «mit unersättlicher Neugierde hastet dies ohnehin durch die Arbeitslast des großstädtischen Lebens nervös aufgeregte Geschlecht von einem Eindruck zum anderen, und schließlich entsteht aus der Ueberbildung eine neue Form des blinden Glaubens, welche kaum höher steht als die Blindheit des Barbaren, der in abergläubischer Scheu unverstandene Zauberformeln und Orakel nachspricht.»[16] Dass sich das Bürgertum im letzten Drittel des neunzehnten Jahrhunderts in Deutschland so auf die Geschichte konzentrierte, rührte nicht zuletzt daher, dass dies eine Beschäftigung mit etwas war, das sich nicht bewegte, von dem man also bei allen Kontroversen sagen konnte «so war es», während man in der Gegenwart kaum einmal in der Lage war, von etwas zu sagen «so ist es».

Doch was hat es nun mit jener «versunkenen und vergessenen Generation des Bürgertums, deren Geschichte nie geschrieben werden wird», auf sich, an die Weber sich als den prägenden Faktor jener Epoche vierzig Jahre später erinnert? Über Friedrich Kapp, den Revolutionär von 1848, der sich nach seiner Rückkehr ins wenige Monate später vereinigte Deutschland bis zuletzt über die Politik aufregte, schreibt Weber kurz nach dessen Tod 1884, er habe es bei seinen wöchentlichen Besuchen in seinem Elternhaus durch seine jugendliche und oft derbe Ausdrucksweise vermocht, «alle die alten Herren, die mit ihm anwesend waren, noch einmal in ihre Studienzeit zurück» zu versetzen.[17] Tatsächlich handelt es sich um eine Generation, die mindestens so sehr zurück- wie um sich oder vorausblickte, wenn sie sagen musste, wer sie war. Sie hatte die große bürgerliche Zeit vor 1848 erlebt, sie lebte nun in großen bürgerlichen Gründerzeiten – und beides stand in Dissonanz zueinander.

Das wichtigste Dokument für diesen Wandel und zugleich einer der bleibenden Lektüreeindrücke des jungen Max Weber ist die Schrift zur Selbstkritik des deutschen Liberalismus seines Onkels Hermann Baumgarten.[18] An ihn schreibt Weber zwischen 1884 und 1893 die interessantesten und längsten seiner Briefe, an Baumgartens Gedanken zur politischen Lage und Geschichte Deutschlands schult er die seinen, wie vielleicht sonst nur noch an den Schriften Heinrich von Treitschkes. Der Onkel nimmt an seinen historischen Seminaren Anteil, der Neffe an den Kontroversen und Lektüren des Älteren. Mit ihm diskutiert er die preußische Tagespolitik und das Geschichtsbild seiner Zeit. Baumgarten nämlich hatte das Leiden des deutschen Nationalliberalismus an sich selbst in Worte gefasst, ein Leiden, das zugleich die Verlorenheit der Bildungswelt betraf, die Form gewaltiger Gelehrsamkeit, die für Weber von früh an Ausdruck bürgerlicher Kultur wurde.

Als junger Student war Baumgarten wegen politischer Betätigung zeitweise aus der Universität geworfen worden, nahm als Zaungast am bürgerlichen Revolutionsversuch von 1848 teil und hatte danach als Redakteur bei der «Deutschen Reichszeitung» gearbeitet, die eine moderierend liberale Haltung einnahm. Sich selbst schrieb er in jenen Jahren einen «verständigen Radikalismus» zu. Unter dem Einfluss von Gottfried Gervinus wurde er nach 1851 vom Lehrer und Journalisten zum Historiker. Baumgartens Schrift zur Selbstkritik des Liberalismus erscheint Ende 1866, als Bismarck im Konflikt mit dem Preußischen Abgeordnetenhaus die Machtfrage im Inneren längst entschieden und durch den soeben errungenen Sieg über Österreich auch die Frage der Dominanz in Mitteleuropa zugunsten Preußens beantwortet hatte. Das Parlament in Berlin hatte immer wieder die Gesetzwidrigkeit des Handelns der preußischen Regierung kritisiert – und die hatte sich nicht darum gekümmert. Der Aufstand wurde wegen Konfliktscheu abgesagt und blieb Protest. Dagegen zu sein und trotzdem weiter mitzumachen schien ein zentraler Bestandteil der liberalen Haltung zu sein. «Wenn die Wähler eines großen Staates wiederholt in ihrer Mehrheit ein Regiment für verfassungswidrig, staatsverderblich erklären und es dabei bewenden lassen, daß diese Erklärung keinen Effekt hat», kommentierte Baumgarten voller Bitterkeit, «so fügen sie der öffentlichen Moral einen schlimmeren Schaden zu, als wenn sie resignieren, mit einem solchen Regiment ein leidliches Abkommen zu treffen.»[19]

Durch die nach den Kriegen mit Dänemark und Österreich erfolgten preußischen Annexionen war dann der Norddeutsche Bund geschaffen worden. Die Entstehung eines deutschen Nationalstaats, das Ziel des nationalliberalen Bürgertums, rückte nun in greifbare Nähe, aber nur unter Führung Preußens und damit auf Kosten der vollen politischen Beteiligung eben dieses Bürgertums. Einen tatsächlichen Verfassungsstaat würde es unter solchen Bedingungen kaum geben. Erst Einigkeit, dann Recht und dann vielleicht Freiheit – die Einigkeit kam 1871, das Bürgerliche Gesetzbuch als Symbol des Rechts im Jahr 1900, die Demokratie aber ohne Dreiklassenwahlrecht, zumindest in Preußen selbst, nicht vor 1918. «Freiheit im politischen Sinne haben die Deutschen mit der Gründung des Reiches schon erreicht»,[20] schreibt Max Weber zwar 1895, doch in diesem Punkt wird er seine Ansicht noch stark ändern. Für die Nationalliberalen galt als ausgemacht, dass man die Freiheit nur über die Einheit erreichen würde. Die Demokraten waren da skeptischer – Ceterum censeo esse Borussiam delendam, «Im Übrigen glaube ich, dass Preußen vernichtet werden muss», hatte Ludwig Pfau in Anlehnung an Cato gesagt –, und entsprechend hatten sich die meisten von ihnen aus dem liberalen Nationalverein weitgehend zurückgezogen. Die verbleibenden Stimmführer warfen den Dissidenten vor, bei ihnen zeige sich der «Bankrott des Partikularismus» (Theodor Mommsen), ein Schimpfwort für die liberale Minderheitenmeinung, das sogar Wilhelm Busch zu einer Bildgeschichte anregte.

Die Entscheidung für die Einheit Deutschlands war auch eine für den Wirtschaftsraum, die Konstituierung einer «Nationalökonomie», eines Binnenmarktes. Insofern wurde nicht nur deutlich, dass Einigkeit und Recht und Freiheit mitunter auf Kosten voneinander realisiert werden, auch der Freiheitsbegriff selbst fächerte sich auf. Die Freiheit der Wirtschaftsbürger und die Freiheit der Bildungsbürger war nicht immer dieselbe.[21] In der Abschaffung der Grundherrschaft fielen beide Momente zusammen, allerdings waren die Bürger im Unterschied zu Landarbeitern längst nicht mehr «beherrscht» und konnten das somit kaum als Fortschritt interpretieren, der für sie relevant war. Sie waren im besten Fall hin- und hergerissen zwischen der Bewunderung Bismarcks als Dompteur der Nation und der Einsicht, dass sich ihre eigenen Interessen allmählich stark verengt hatten. «Ein Volk, das täglich reicher wird», so interpretierte Baumgarten diese Entwicklung, «macht keine Revolution.»[22] Man könnte auch sagen, dass die Bildungsbürger ihre Interessen nicht auf die Politik verengen wollten. Denn der zollfreie Binnenmarkt, die Verwaltungsreform von 1872 bis 1880, die das lokale Verwaltungshandeln dem privilegierten Zugriff der Adelsschicht entzog und einer gerichtlichen Kontrolle unterwarf, die kulturelle «Nationsbildung» über die Schulen und Universitäten – das alles kam den verschiedenen Bürgertümern ja durchaus ebenfalls entgegen. Zugleich aber dachte man nach wie vor, dass Politik und insbesondere politische Beteiligung das Kernstück gesellschaftlicher Anerkennung sei. Und so manövrierte sich das Bürgertum unter friedlichen Umständen bei prosperierender Wirtschaft wie Wissenschaft in ein schlechtes Gewissen hinein.

Hier setzt Baumgartens Schrift an. Sie führt das liberale Dilemma auf den Sonderweg der Deutschen zurück, die in der religiösen

Reformation zum letzten Mal als Nation gehandelt hätten, ohne aber, anders als Engländer und Niederländer, Schweizer, Dänen und Schweden, der religiösen eine politische Neuordnung zur Seite gestellt zu haben. «Wir allein ließen uns nur unser Seelenheil angelegen sein», meint Baumgarten, und später die Ideale einer ästhetisch-philosophischen Kultur; deren Blüte sei in Deutschland mit der Abwendung von der Politik teuer erkauft worden. Wilhelm von Humboldt etwa, der auf eine Begrenzung der Staatstätigkeit als eines notwendigen Übels drängte, habe der politischen Wirklichkeit einfach die kalte Schulter gezeigt. Die Deutschen hätten sich in einer «durchaus von privaten Interessen, von häuslichen, wirtschaftlichen, wissenschaftlichen, poetischen, religiösen Bestrebungen erfüllten Existenz» behaglich eingerichtet. Erst durch Preußens Aufstieg zur Großmacht und erst jetzt, 1866, sei Deutschland «in das Weltleben» eingetreten.[23] Die politische Passivität der Deutschen geht für Baumgarten aus der Soziologie ihrer Schichtungslage hervor: Zur Politik berufen sei der Adel, alle modernen Staaten jedoch beruhten auf wirtschaftlicher, wissenschaftlicher Intelligenz, auf bürgerlicher Arbeit mithin, und das bedinge den Einfluss des Bürgertums auch in der Politik. Allerdings sei Politik ein Beruf wie jeder andere, den man, wir würden sagen: nicht auf dem zweiten Bildungsweg und nicht nebenher, nicht neben unternehmerischer Tätigkeit beispielsweise ausüben könne, ohne zum Dilettanten zu werden. Außerdem führe die bürgerliche Existenz zu Mentalitäten, die Baumgarten für politisch nicht vorteilhaft hält: reine Sachorientierung, Individualismus, das Bedürfnis nach Unabhängigkeit, technischer Verstand. Insofern sind die Deutschen für ihn idealtypische Bürger, denn: «Der Bürger ist geschaffen zur Arbeit, aber nicht zur Herrschaft, und des Staatsmannes wesentliche Aufgabe ist zu herrschen.»[24]

In diesen Worten findet Max Weber sein Lebensthema zum ersten Mal formuliert. Und zwar durchaus widersprüchlich, denn dem niederländischen, Schweizer oder amerikanischen Bürgertum war es ja offenbar doch möglich, die Nation zu repräsentieren und zu «herrschen». Es gab also neben dem schichtungsbezogenen auch kulturelle, nationenspezifische Gründe für das liberale Dilemma. Weber konnte sie durchaus persönlich nehmen, denn Baumgarten formuliert so, als ob er dessen Vater im Blick habe, wenn er davon spricht, dass das Bürgertum gewiss zur Politik auf kommunaler Ebene befähigt sei, wenn es etwa darum gehe, «dem Wahlbezirk eine Chaussee zu verschaffen oder eine Eisenbahnstation». Auf nationaler Ebene aber versage es. Hier genüge es nicht, «dem Buchstaben des Gesetzes oder der Instruction» zu folgen, weil Herrschaft immer «diplomatisch», indirekt, repräsentativ sei. Der Bürger könne Stadtrat werden, Mitglied einer Honoratiorenpartei oder Beamter eines Ministeriums, er könne ein solches aber nicht führen.[25]

Baumgarten stand mit diesen Eindrücken nicht allein. Im selben Jahr schreibt Friedrich Engels an Karl Marx über Bismarcks Verhältnis zum Bürgertum: «Es wird mir immer klarer, daß die Bourgeoisie nicht das Zeug hat, selbst direkt zu herrschen, und daß daher, wo nicht eine Oligarchie wie hier in England es übernehmen kann, Staat und Gesellschaft gegen gute Bezahlung im Interesse der Bourgeoisie zu leiten, eine bonapartistische Halbdiktatur die normale Form ist; die großen materiellen Interessen der Bourgeoisie führt sie durch selbst gegen die Bourgeoisie, lässt ihr aber keinen Teil an der Herrschaft selbst. Andererseits ist diese Diktatur selbst wieder gezwungen, diese materiellen Interessen der Bourgeoisie widerwillig zu adoptieren. So haben wir jetzt den Monsieur Bismarck, wie er das Programm des Nationalvereins adoptiert.» Die Einschätzungen freilich schwankten, ob der Monarchist Bismarck das gemäßigte liberale Bürgertum adoptierte oder dieses ihn. Baumgarten, der die Niederlage des Liberalismus gegen den späteren Reichskanzler als Sieg dessen interpretierte, was der Liberalismus wollte, diagnostizierte jedenfalls auch für den einzigen Fall einer erfolgreichen liberalen Politik im europäischen 19. Jahrhundert, den er kennt, die Nationalstaatsbildung Italiens, dass auch dort «die Vielen» sich dem aristokratischen Einen, Camillo Benso Graf von Cavour, dem ersten Ministerpräsidenten des Landes, untergeordnet hätten. Der demokratische Charakter der Zeit mache national interessierte Adelige umso unentbehrlicher.[26]

Das Verhängnis der Deutschen sei darum, so Baumgarten, dass ihr Adel sich nicht mit der Nation identifiziere, sondern den Partikularismus ebenso wie den monarchisch-bürokratischen Absolutismus vorziehe: «Diese adelige Scheinsouveränität aber stand in unversöhnlichem Widerspruche mit allen großen nationalen Tendenzen, und dieser Widerspruch prägte allmählich unserem Adel einen ganz volksfeindlichen Charakter auf.» Der Adel sei nur in Deutschland gegen Selbstverwaltung und zugunsten einer bürokratischen Regierung von oben nach unten eingestellt. 1848 wiederum, als das Bürgertum seine Stunde gekommen sah, habe der Liberalismus gemerkt, dass er bislang nur durch die gemeinsame Gegnerschaft gegen den Absolutismus vereint war, die einzelnen seiner Richtungen in ihren Forderungen jedoch weit auseinanderlagen. Die lange politische Passivität des deutschen Volkes rächte sich nun durch seine Empfänglichkeit für radikale Utopien einerseits, nach verrauchtem Konflikt durch sein «Rivalisieren mit den üblen Gewohnheiten des Adels» andererseits.[27]

Es war dieser Eindruck, dass bürgerliche Politik dilettantisch betrieben werde und am Hofe nur Gegner habe, die den Gelehrtenstand ins Spiel brachte. In den «Preußischen Jahrbüchern» etwa boten Heinrich von Treitschke und später mit ihm zusammen der Historiker Hans Delbrück dieser Gelehrtenpolitik ein Forum, und im «Verein für Sozialpolitik» organisierten sich von 1872 an die Nationalökonomen und Staatswissenschaftler, um die Politik nach der errungenen Einheit in Sachen «soziale Frage» zu instruieren. Die «Wissenschaft als Verfassungsfaktor»[28] schien die Lösung des bürgerlichen Dilemmas zu bieten – eine von Bildung bewirkte, auf staatswissenschaftlicher, juristischer und historischer Kenntnis beruhende, und durch Realismus qualifizierte Macht. Die wahre bürgerliche Revolution sollte auf dem Gebiet der Wissenschaften erfolgen. Der Beitrag des Bürgertums zur Nation schien in politischem Rat, der Erziehung der Beamten, der Professionalisierung der Parteien und in öffentlicher Meinungsführerschaft sowie Volksbildung zu bestehen. «Unsere Sache wird zuletzt so sicher siegen, als in der Entwicklung der Menschheit die höheren Gefühle über die niedrigen, der Verstand und die Wissenschaft über die Leidenschaften und Interessen immer wieder gesiegt haben!», rief Gustav Schmoller noch 1897 vor dem «Verein für Socialpolitik» aus. Baumgarten aber polemisiert auch gegen solche Gelehrtenphantasien und schlägt ein weiteres Lebensmotiv Max Webers an: «Wissenschaftliche Leistungen setzen wesentlich andere Geisteseigenschaften voraus als politische Handlungen.» Das «in der Theorie großgewordene Volk» schiebe die Pflicht gerne von sich ab, «in Zuständen tätig zu werden, die es als höchst kläglich erkannt hat».[29]

Damit sind die intellektuellen Umstände skizziert, die Max Weber als «Mitglied der bürgerlichen Klassen» früh in seinem Milieu vorfand: ein Bürgertum, das über die Grundlage seines politischen Einflusses unsicher war und das sie einerseits im Beamtentum, andererseits in Bildung und Wissenschaft suchte, ohne jedoch angeben zu können, inwiefern diese einen Machtfaktor und nicht nur eine Dienstleistung für die Monarchie darstellten. Hier brachen die politischen Interessengegensätze zwischen Bildungs- und Wirtschaftsbürgertum auf, zumal die historisch-politische Gelehrtenkultur vor der Frage stand, was Realismus in den Geisteswissenschaften überhaupt heißen könnte. Baumgarten fasste diese Lage 1866 in seiner Forderung zusammen, der Liberalismus müsse aufhören, Opposition zu sein: «Der Liberalismus muss regierungsfähig werden.»[30] Außerordentlich früh treten solche Debatten an den jungen Max Weber heran und spiegeln sich in seiner Beschäftigung mit antiker Politik, deutscher Geschichte und den Regierungsumständen Preußens. Nachdem er Treitschkes «Deutsche Geschichte im 19. Jahrhundert» mit fünfzehn Jahren durchgearbeitet hat, verfolgt er als Achtzehnjähriger die Kontroverse seines Onkels Hermann Baumgarten mit Treitschke über den zweiten Band dieses Werkes. Es ist nicht übertrieben zu sagen, dass Max Weber in den gedanklichen Konflikten des deutschen Bürgertums aufwächst.

Ein Zug an Baumgartens Liberalismus- und Deutschenkritik muss im Zusammenhang dieses Aufwachsens zuletzt noch unterstrichen werden. Die Frage, ob das Bürgertum regierungsfähig sei, berührt im Kern auch das damalige Verständnis von Männlichkeit. Die Politik der moralischen Bedenken habe «jene erbärmliche Kleinstaaterei» geschaffen, so Baumgarten, «welche nur Raum gewährt für den Familienvater, aber den Mann, den Bürger tötet [...]. Sie hat dem Staat das männerbildende Mark ausgesogen.» Zum partikularistischen Sonderweg schreibt er: «Damit ein Mann im Staate wirken könne, muß er vor allem einen Staat haben; alle jenen einzelnen deutschen Länder aber, auf welche der Liberalismus durch die Resignation Preußens sich beschränkt sah, waren keine Staaten.» Über die Jahre nach 1848: «Wir krochen in die kleine Privatexistenz zurück, schrieben und lasen wieder unzählige Bücher und gingen unseren sonstigen Geschäften nach. Unendlich klägliche Zeiten für Jeden, der Mannesstolz in sich trug.» Gegen die Beschränkung auf Kritik: «Der Himmel hat es noch nie mit Lamentationen, sondern stets mit männlichen Taten gehalten.»[31]

Das war gewiss teils Rhetorik, teils einfacher Ausdruck der Tatsache, dass für bürgerliche Frauen keine Berufstätigkeit vorgesehen war. Und doch war es auch mehr. In der Politik geht es, diesem Vokabular zufolge, nicht einfach nur um Macht und kollektiv verbindliche Entscheidungen. Es geht in ihr zuletzt um Ehre und hier darum, ob eine Schicht, die Leistungen vorzuweisen hat, sich sehen lassen kann oder hinter anderen zurückzustehen hat. Diese Männlichkeitsemphase wird Max Webers politisches Leben begleiten.

VIERTES KAPITEL

UNTER ROTHÄUTEN, EXTREMEN CHRISTEN UND FELDWEBELN – DIE STUDENTENZEIT

> Die deutsche Universität begehrt keinen anderen Fleiß, als welcher aus dem eigensten persönlichen Entschlusse des Studierenden erwächst.
>
> Heinrich von Sybel

Jüngst», schreibt Max Weber, Matrikel Nr. 273, Student der Jurisprudenz, aus seinem zweiten Semester an der Universität Heidelberg im November 1882, «war ich beim alten R.-M. und hörte ein, wie behauptet wurde, für seine Verhältnisse ziemlich ruhiges Kolleg an. Er erschien erst lange nach halb – abgesehen von Apostrophen wie die folgenden. Er tritt auf das Katheder und hustet: ‹Meine Herren! Sie sehen, ich bin krank, ich huste.› – o! o! Allgemeines Bedauern – ‹He, werden die Pfaffen schrein, das geschieht dem Kerl recht, dem Hunde, dem Atheisten, verfluchten› – lebhafter Applaus, pfui! und sonstige Rufe. – ‹Aber meine Herren, das ist ganz egal! Es wird dort fortgemacht!› – ‹Fortgesoffen! Bravo›, brüllt ein altes Bierskelett neben mir. – ‹Meine Herren! Sie haben soeben Veranlassung genommen, mir Bravo zuzurufen – lassen Sie mich Ihnen dafür auch Bravo! Und Bravo! zurufen.› – ‹Meine Herren, Sie lachen doch nicht über *mir*?? Ich wollte zu Ihnen von Politik sprechen, mein Herz hängt am Vaterlande und an Bismarck, ich habe geglaubt, Sie seien auch patriotisch!› Sprach's und rannte hinaus. Die Vorlesung war zu Ende, nachdem sie zehn Minuten gedauert hatte. Die Achtung vor den Professoren wird durch dergleichen nicht gesteigert, wohl aber die Rohheit unter den Studenten, welche sich allmählich daran gewöhnen, zusammen mit all dem Pöbel, der in dieses Kolleg läuft – es waren über 250 Hörer da – einen alten Mann zu verhöhnen.»[1]

In dieser feuerzangenbowlenhaften Szene sind viele Motive des Studentenlebens versammelt, das Max Weber seit gut einem halben Jahr in Heidelberg führte. Zunächst: Die Professoren und Dozenten sind alte Männer, und Weber unterstreicht das auch. Er ist achtzehn, die Vorlesungen und Seminare, die er besucht, werden fast durchweg von Veteranen gehalten, die ihre Hauptwerke vor seiner Geburt und in seinen Kindertagen verfasst haben. Der Philosoph Kuno Fischer – «etwas äußerlich und mit Effekthascherei und überflüssigen ‹alten Witzen›, die ich schon in seiner Geschichte der Philosophie gelesen hatte» – ist achtundfünfzig Jahre alt, der Römischrechtler Ernst Immanuel Bekker – «ein gemütlicher, witziger, alter Junggeselle und Hypochonder, mit dem zu trinken entschieden das beste ist, was man mit ihm anfangen kann» – steht in seinem fünfundfünfzigsten Jahr, der Wirtschaftshistoriker Karl Knies, bei dem sich Weber zunächst langweilt, ist einundsechzig. Doch wer ist für einen Achtzehnjährigen nicht alles ein alter Mann: Der «alte R.-M.» etwa, es handelte sich bei ihm um den Privatdozenten Cuno Maria Alexander Freiherr von Reichlin-Meldegg, bei dem Weber eine Vorlesung «Darstellung und Kritik der Schopenhauer'schen Philosophie mit besonderer Berücksichtigung ihrer Bedeutung für die Gegenwart» hören wollte, war damals sechsundvierzig![2]

Das «Bierskelett» und der Zwischenruf «Fortgesoffen!» im Bericht über die seltsame Vorlesung des Professors R.-M. deuten auf ein zweites Motiv, das sich durch Webers Beschreibungen seiner Studienzeit zieht. «Ein Student, der sich nicht besaufen kann? Unmöglich!» So soll Heinrich von Treitschke als Dekan der Berliner Philosophischen Fakultät der später ersten deutschen Doktorandin, Hildegard Wegscheider, geantwortet haben, als sie Mitte der 1890er Jahre um Zulassung als Gasthörerin bat. Schon Webers erster Brief aus Heidelberg über die zweitägige Fahrt von Berlin zu seinem Studienort setzt mit der Entschuldigung ein, er sei «infolge unvermeidlichen kontinuierlichen Kneipens in zweifelhaftem Zustande» und könne daher keinen ausführlichen Reisebericht verfassen. Es folgen Mitteilungen über die Qualität des Biers – «dünn und schlecht, freilich auch ziemlich unschädlich» –, die Polizeistunde um zwölf Uhr – «Eine ganz ausgezeichnete Einrichtung, die getrost noch etwas früher angesetzt sei könnte» – und die Versuche zahlreicher Burschenschaften und Corporationen – Alemannen, Rhenanen, Frankonen, Vandalen –, den neuen Studenten an sich zu binden. Den Frankonen hält Weber zwar zugute, dass sie nur zweimal in der Woche offiziell kneipen. Doch das sind Mitteilungen, mit denen er die Eltern beruhigen will; später macht er aus seiner erheblichen Trinkfestigkeit und seiner Hingabe an die «männliche Erziehung des Couleurstudenten» keinen Hehl, zu der es nun einmal gehöre, bei ständiger Alkoholzufuhr nicht die Haltung zu verlieren. Alsbald schließt er sich den Alemannen an, bei denen schon sein Vater Mitglied war, und übt sich täglich in der Mensur, die ihn insbesondere nach Kuno Fischers Vorlesung erfrische, bei der alles genau so einleuchtend sei wie das Gegenteil. Als er das erste Mal nach Berlin zurückkehrt, ohrfeigt ihn seine Mutter spontan in das aufgedunsene und von Säbelhieben gezeichnete Gesicht.[3] Er selbst schreibt sich im Sommer 1885 eine «etwas nach Nero und Domitian ausschauende Feldherrenphysiognomie» zu.[4]

Studieren war damals auch eine Männlichkeitsprobe, eine Statuspassage, die im Zeichen einer Einheit von Wissenschaft und nationaler Selbstbehauptung vollzogen wurde. Die Studenten, die intellektuell und sozial noch nicht «satisfaktionsfähig» waren, verschafften sich so Ersatzkonflikte. «Unsere Universitäten sind Männeruniversitäten», ließ der Jurist Otto von Gierke 1897 wissen, ein allgemeines Frauenstudium würde eigene Frauenuniversitäten voraussetzen, andernfalls wäre die alte Universität «nicht mehr die hohe Schule männlicher Geisteskraft, nicht mehr die wehrhafte Kämpferin, die den geistigen Primat unserer Nation zu erkämpfen half.»[5] Gerade gegen Ende des neunzehnten Jahrhunderts kam es zu einem regelrechten «Fechtkult» an deutschen Universitäten, und die Verbindungen erlebten einen besonders hohen Zulauf. Dies auch, weil die Studierendenzahlen deutlich angestiegen waren. Weber notiert, die Zahl der Immatrikulationen sei «diesmal eine unerhört große, es werden 900–1000 Studenten hier sein», womit er die Gesamtzahl der Studierenden meint; 478 neue Einträge verzeichnet das Matrikelbuch der Universität im Sommer 1882.[6] Zwanzig Jahre zuvor waren es nur 235 gewesen. Und weil sich das universitäre Leitideal der Gelehrsamkeit um die Erziehung der Studenten unbekümmert zeigte, übernahmen die Burschenschaften die Sozialisation der außer Haus lebenden Elite. Außerdem sortierten sie, da die Mitgliedschaft Kosten verursachte, die Neuzugänge entsprechend ihrer Herkunft, denn im Zuge der steigenden Zulassungen kamen immer mehr Studenten aus Familien des Mittelstands diesseits hoher Beamtenhäuser. Als «Stand des Vaters oder der Mutter» verzeichnet das Matrikelbuch des Jahrganges von Max Weber zwar nach wie vor ziemlich viele Söhne von «Räthen»: Oberkirchenräte, Kammergerichtsräte, Kommerzienräte, Regierungsräte, Geheimräte. Genauso oft ist die Bezeichnung «Rentier», «Fabrikant» oder «Besitzer» zu lesen: Fabrikbesitzer, Brauereibesitzer, Rittergutsbesitzer. Aber daneben finden sich nun auch Söhne von Bäckermeistern, Landwirten, Metzgern, Zimmermeistern, Lehrern und Hausverwaltern. Der Adel stellte nicht einmal fünf Prozent, aus dem Ausland kamen deutlich mehr als zehn Prozent aller Heidelberger Studenten, die meisten davon aus den Vereinigten Staaten, der Schweiz und Russland.[7]

Die studentischen Verbindungen unterstrichen durch kostspielige Lebenshaltung – Weber hat seine Ausgaben gegenüber den Eltern mehrfach zu erklären – und «männliche» Rituale wie Kampftrinken, Fechten, öffentliche Krawalle den ernstzunehmenden Status ihrer Mitglieder. Jahre nach seinem Studienabschluss wird sich Weber bei einem Jubiläum seiner Burschenschaft zu Wort melden: Manche Korporation habe mit dem Hinweis zu werben versucht, dass sie mittels der «Geheimen Räthe und Excellenzen» unter ihren Mitgliedern den Jungen zu Stellungen verhelfen könne. «Das sei», wird Weber zitiert, «der Grund gewesen, weshalb er dort nicht eintrat», und er hoffe, die Burschenschaften würden «dem giftigen Reptil des Strebertums» einen unüberwindlichen Wall entgegensetzen. Damit betonte er gerade die symbolische Funktion des Burschenschaftlertums, sich von der erwachsenen Umwelt abzugrenzen.[8]

Ganz ähnlich hat Mark Twain, der vier Jahre zuvor Europa bereist hatte, das Leben an der Heidelberger Universität geschildert: Der Student unterliege scheinbar keinerlei Beschränkungen und könne sich frei entscheiden, ob er sich nun der Arbeit oder dem Vergnügen widmen wolle. Auf dem Gymnasium sei der junge Mensch neun Jahre lang gezwungen gewesen, wie ein Sklave zu arbeiten, weswegen er als Absolvent über eine umfassende Bildung verfüge, Latein und Griechisch nicht nur lese, sondern auch spreche. Ausländische Studenten gingen zur Universität, «um ein Mansardendach über ihrer ganzen Allgemeinbildung zu errichten; aber der deutsche Student hat schon sein Mansardendach, darum geht er hin, um ein Türmchen in Gestalt irgendeines Spezialfaches hinzuzufügen. [...] Deshalb besucht dieser Deutsche nur diejenigen Vorlesungen, die seinem erwählten Fachgebiet entsprechen, und den Rest des Tages hindurch trinkt er sein Bier. [...] Er hat so lange in strenger Knechtschaft gelebt, dass die großzügige Freiheit des Universitätslebens genau das ist, was er braucht», bevor er, wie Twain abschließt, in die neuerliche Sklaverei des Beamten- oder Berufslebens eintrete.[9]

Für die Universität bedeutete diese Auslegung der akademischen Freiheit, dass es keine Pflichtstunden gab und die Anwesenheit auch nicht kontrolliert wurde. Gerüchteweise soll es an einer deutschen Universität eine Verbindung gegeben haben, die ihren Mitgliedern die Teilnahme an Lehrveranstaltungen sogar untersagte. Stattdessen, notiert ein amerikanischer Student über seine Zeit in Berlin, gebe es Clubs für alles, «von Philosophie bis Schach und von der Judenmission bis zum Bergsteigen». Der Nationalökonom Gustav Schmoller erregte im August 1893 öffentliches Aufsehen, als er am Ende einer Vorlesung ausdrücklich nur denen dankte, die sie auch gehört hätten und nicht nur in die letzte Sitzung gekommen seien, um sich ihren Leistungsnachweis abzuholen.[10]

Während also viele Verbindungsstudenten in der Geselligkeit den eigentlichen Schwerpunkt ihres Studiums fanden,[11] lädt sich

Weber ein ebenso umfassendes wie spezielles Lernprogramm auf. Der Stundenplan seines ersten Semesters sah so aus: Am Dienstag, Mittwoch, Donnerstag und Freitag von sieben bis acht Uhr morgens die Vorlesung «Logik und Metaphysik oder Wissenschaftslehre» des Philosophen Kuno Fischer. Die Zeit zwischen acht und neun Uhr verbringt Weber auf dem Fechtboden. Bei Ernst Immanuel Bekker hört er täglich – auch samstags findet Lehre statt – von neun bis zehn Uhr «Institutionen des römischen Rechts», anschließend von zehn bis elf Uhr dessen «Römische Rechtsgeschichte». Von zwölf bis ein Uhr geht er dann viermal wöchentlich zum Historiker Bernhard Erdmannsdörffer, der über die «Geschichte des Revolutionszeitalters (1789 bis 1815)» liest. Macht zwanzig Stunden Unterricht, die alle vormittags genommen werden. Twain schildert, wie in Heidelberg eine Vorlesung der anderen auf den Fersen folgt, weswegen jene Studenten, die ihren Tag nicht in der Kneipe verbringen, ständig im Trab laufen, die Hörsäle sich in großer Geschwindigkeit füllen und leeren und die Professoren – von «R.-M.» einmal abgesehen – äußerst pünktlich beginnen und schon auf dem Weg von der Tür zum Katheder mit der Vorlesung einsetzen.

Zu Beginn des Semesters besucht Weber noch andere Vorlesungen, wie die von Karl Knies über «Nationalökonomie», die ihn anscheinend aber bald nicht mehr interessiert. Bis zwei Uhr wird Skat gespielt, dann werden die Mitschriften durchgesehen, nachmittags liest Weber unter anderem Friedrich Schleiermachers «Reden über die Religion», die ihn wenig beeindrucken, und abends zusammen mit seinem Cousin Otto Baumgarten den «Mikrokosmos» des Philosophen Hermann Lotze, dessen System er aber als «Wust» bezeichnet.[12] In all diesen Werken konnte Weber die Versuche seiner Zeit studieren, der Spannung zwischen Glauben und Wissen, Teleologie und Materialismus, Religion und aufgeklärtem Rationalismus Rechnung zu tragen. Man lebte in dem, was man eine «christliche Kultur» nannte, der Protestantismus war ein festes Moment im Selbstverständnis der dominanten preußischen Schichten. Selbst dort, wo das Christentum abgelehnt wurde, wie etwa in den vitalistischen Strömungen, die ihre intellektuellen Impulse aus den Schriften Darwins und später denen Nietzsches bezogen, war es der Bezugspunkt aller Debatten. Weber verweigert sich früh der Parteinahme in diesen Dingen; jedoch wird seine spätere und vielzitierte Bemerkung, er sei «religiös unmusikalisch», zumeist unvollständig wiedergegeben, nämlich nur deren erster Teil. «Denn ich bin zwar religiös absolut unmusikalisch», heißt es da, «und habe weder Bedürfnis noch Fähigkeit, irgendwelche seelischen ‹Bauwerke› religiösen Charakters in mir zu errichten – das geht einfach nicht, resp. ich lehne es ab. Aber ich bin, nach genauer Selbstprüfung, weder antireligiös *noch irreligiös.*» Doch dann fährt Weber so fort: «Ich empfinde mich auch in dieser Hinsicht als einen Krüppel, als einen verstümmelten Menschen, dessen inneres Schicksal es ist, sich dies ehrlich eingestehen zu müssen, sich damit – um nicht in romantischen Schwindel zu verfallen – abzufinden, aber [...] auch nicht als einen Baumstumpf, der hie und da noch auszuschlagen vermag, mich als einen vollen Baum aufzuspielen.»[13]

Was Weber dem entgegensetzt, ist nicht Abwendung von der Religion, sondern die Hinwendung zu dem, was an ihr erforschbar ist. Schließlich hatte sich das philologische, ethnologische und historische Wissen im Verlauf der zurückliegenden einhundert Jahre derart vermehrt, dass es keiner antireligiösen Impulse bedurfte, um an die Religion ernsthafte Fragen nach ihren Grundlagen zu stellen. Die Leben-Jesu-Forschung etwa hatte die Evangelien durchkämmt: nach Widersprüchen zwischen den Quellen, nach Hinweisen darauf, ob sie überhaupt auf Augenzeugenberichten beruhen, nach Motiven, die in ganz ähnlicher Form schon in älteren Texten vorkommen und darum vermuten lassen, dass sie nicht einem tatsächlichen historischen Geschehen entspringen, sondern Literatur sind. Weber interessiert sich früh für derlei Untersuchungen. Seinem Bruder Alfred schreibt er drei Jahre später, als dieser sich begeistert über «Das Leben Jesu» von David Friedrich Strauß äußert, einen aufschlussreichen Brief über seine ersten Eindrücke von dessen Denken und diesem Buch. Strauß hatte in seinem skandalmachenden Werk von

1835 versucht, die Wunder Jesu und andere «Zumutungen» nicht als faulen Zauber oder Illusion zu denunzieren, sondern sie als Elemente einer «absichtslos dichtenden Sage» interpretiert, deren Inhalt die Idee der Menschlichkeit Gottes sei. In seinem zweiten Buch, «Der alte und der neue Glaube», ließ Strauß das Christentum dann ganz hinter sich. Letztlich lasse sich der Ursprung aller Religion aus dem Gefühl der Abhängigkeit des Menschen vom Universum zurückführen; dieses allerdings sei ganz naturwissenschaftlich erklärbar. Max Weber kritisiert, dass Alfred die urchristliche Erfahrung als «Mythos» bezeichnet – hier liege eine Begriffsverwirrung vor. Man kann die Klarheit der Unterscheidung, die er macht, für einen Einundzwanzigjährigen nur erstaunlich finden. Mythen seien die Produkte langer Zeiträume und der dichterischen Phantasie eines Volkes, schreibt Weber seinem Bruder, «aber die ersten Christen hatten Wichtigeres zu tun, als sich mit der dichterischen Ausgestaltung religiöser Naturanschauungen auf dem Wege der Phantasie zu befassen». Hier habe nicht ein religiöser Gedanke eine Erzählung hervorgebracht, vielmehr seien evidente Erfahrungen lange danach in religiöse Gedanken umgesetzt – Max Weber wird später einmal sagen: «rationalisiert» – worden. Die Begebenheiten im Neuen Testament seien keine Dichtung: «Es ist im Gegenteil die volle Prosa der Existenz, in welche die Erzählung versetzt.» Die Erzählungen der meist heimatlosen, mit dem elendesten Schmutz kämpfenden und aus aller Herren Länder zusammengewürfelten ersten Christen könne man nicht mit den Mythen eines sesshaften hochbegabten Volkes wie etwa des der antiken Griechen vergleichen – das sei «ebenso, als wenn man einem Zeitungsredakteur, welcher das Elend der arbeitenden Klassen und die Folgen des Schnapsgenusses an der Hand der Statistik schildert und daran wohlwollende, vielleicht auch polemische oder satirische Betrachtungen über diese Zustände [...] knüpft, auf eine Linie stellen wollte mit dem Menschen, der im gleichen Augenblicke selbst mit der bittersten Not sich herumzuschlagen hat, und mit den Betrachtungen und Phantasien, die ihm dabei im Kopfe herumgegangen sind».[14]

In solchen Beobachtungen kann man schon den Religionssoziologen erkennen, gewiss aber den Leser von Werken der religionsgeschichtlichen Schule des neunzehnten Jahrhunderts, der es ebenfalls widerstrebte, historische Unterscheidungen einer philosophischen Polemik zu opfern. Wenn die heutige Kinderfrau, so Weber, glaube, in der Tinte stecke der Satan, wenn Luther mit dem Tintenfass nach dem Teufel werfe oder die Menschen früherer Zeit gegen vermeintliche Hexen Prozesse führen, so handele es sich zwar jedes Mal um Aberglauben, er habe aber eben nicht jedes Mal dasselbe zu bedeuten.

Für die eigene religiöse Herkunft heißt diese Art von Historisierung allerdings auch, dass ihre Ursprünge umso fremder werden, je besser man sie versteht. Denn während der Zeitungsredakteur zwar vom Gegenstand seiner Beschreibung durch einen Klassenabstand geschieden ist, so gehören beide doch derselben Gesellschaft an; für den Religionsgeschichtler und das Thema seiner Forschungen gilt das nicht. Früh wird Max Weber mit der Tatsache konfrontiert, dass sich der unmittelbare Glaube mittels der Wissenschaft nicht zurückgewinnen lässt. Niemand hat dieses Problem besser formuliert als Albert Schweitzer 1906 am Ende seiner Darstellung philologisch-historischer Bemühungen um das Neue Testament und der Kontroversen, die David Friedrich Strauß darüber in Gang gesetzt hat: «Es ist der Leben-Jesu-Forschung merkwürdig ergangen. Sie zog aus, um den historischen Jesus zu finden, und meinte, sie könnte ihn dann wie er ist, als Lehrer und Heiland in unsere Zeit hineinstellen. Sie löste die Bande, mit denen er seit Jahrhunderten an den Felsen der Kirchenlehre gefesselt war, und freute sich, als wieder Leben und Bewegung in die Gestalt kam, und sie den historischen Menschen Jesus auf sich zukommen sah. Aber er blieb nicht stehen, sondern ging an unserer Zeit vorüber und kehrte in die seinige zurück.»[15] Dieses Problem, wie historische Forschung die Gegenwart informieren soll und ob sich ihr mehr abgewinnen lässt als die Kenntnis vergangener Abläufe, wird Max Weber begleiten und von der Geschichte zur Soziologie führen.

Es werden damals nicht viele Juristen die «Christliche Dogmatik» des Züricher Theologen Aloys Emanuel Biedermann durchgearbeitet haben, der die christliche Lehre auf der Grundlage der Logik Hegels darstellen wollte, oder Otto Pfleiderers «Paulinismus», eine fünfhundertseitige Darstellung der These, Paulus habe das Christentum begründet. Später ist mitunter vermutet worden, Max Weber habe erst nach seiner Lebenskrise Ende der 1890er Jahre zu den wichtigsten Motiven seines Werkes gefunden. Das trifft insoweit zu, als der Weg zu seiner Art von Soziologie ziemlich weit war, er lange keine Form und zunächst nicht einmal ein konkretes Thema gefunden hatte, an dem er demonstrieren konnte, was ihn intellektuell beschäftigte – Weber war kein virtuoser Frühbegabter, der seine geistige Welt sofort überblickt hat. Doch die spezifischen Erkenntnisinteressen zeichnen sich von Beginn seines Studiums an sehr klar ab: die Antike, die Religions- und die Universalgeschichte.

Was ihm an Freizeit bleibt, wird zunächst in der Verbindung verbracht – nach den ersten Semestern erfolgen darüber keine Berichte an die Eltern mehr – oder bei Einladungen ins Haus von Professoren. In Webers Fall sind dies teilweise zugleich Verwandtenbesuche; so bekleidete etwa sein Onkel Adolf Hausrath in Heidelberg den Lehrstuhl für Neues Testament und Kirchengeschichte. Hausrath bewohnte mit seiner Familie die Fallenstein-Villa, in die auch Weber später einziehen wird und in der auch Webers Doktorvater, Levin Goldschmidt, Untermieter war. Als religiöser Freidenker – und Antisemit – zieht Hausrath gern vom Leder, wenn er den jungen Studenten bei sich hat; unter dem Pseudonym George Taylor schreibt er zudem historische Professorenromane und muss überhaupt ein ziemlich mitteilungsfreudiger Zeitgenosse gewesen sein. In Straßburg leben die Baumgartens; wenn Weber sie an den Wochenenden besucht, geht es deutlich ernster zu als in der Villa Fallenstein – im Familienkreis seines Onkels Hermann liest man gemeinsam den «Hamlet», bei den Hausraths ist es «Was ihr wollt».[16]

Ungeachtet des Eifers, mit dem sich Max Weber in die Vorlesungen stürzt: Von einer Begeisterung am akademischen Studium selbst ist in seinen Briefen nicht viel zu bemerken. Er ist zufrieden, nicht mehr. An der Römischen Rechtsgeschichte vermisst er die Geschichte, die ihn mehr interessiert als die dogmatische Begriffslogik. Der Historiker Erdmannsdörffer wiederum ist ihm zu pathetisch, obwohl Weber zu den drei Studenten gehört, die seine Vorlesung durchstehen. Kuno Fischer, dessen Kritik Schopenhauers er bewundert, geht ihm als Person mit seiner Theaterspielerei gegen den Strich. Dagegen geben ihm Bekkers Vorlesungen über die römischen Institutionen «das Bewusstsein, hier etwas Reales zu lernen». Weber, muss man sich hier erinnern, ist achtzehn Jahre alt, seine Urteile sind, ohne rhetorisch aufzutrumpfen, die eines Kopfes, der im Umgang mit gelehrten Darstellungen geübt ist und sich nichts vormachen lässt.[17]

Insgesamt ernähren ihn intellektuell die Gespräche mit Baumgarten sowie Lektüren, die er unabhängig von seinen Vorlesungen pflegt, mehr als die Veranstaltungen an der Universität. Im vierten Semester wird Webers Studium durch das Pflichtjahr beim Militär unterbrochen, das er von Oktober 1883 an in Straßburg ableistet. Man kann es, trotz farbigster Schilderungen der Tristesse und des Geschundenwerdens, kurz machen: Er führt die «Stall- und Reitbahnexistenz eines Pferdes, das eingeritten werden soll», siebenstündige Märsche, geschwollene Fußgelenke, nächtliches Bewachen von Pulverschuppen, Sehnenscheidenentzündungen, unablässige Schießübungen, Drill, Schikanen, Gewichtsverluste, vor allem aber – und darüber klagt Weber am meisten – vollendeter Stumpfsinn, die Unfähigkeit, einen einzigen Gedanken zu fassen, und «endloser Zeittotschlag» durch «millionenmalige Wiederholung der vielen rein mechanischen Künste». Man muss an seine frühe Neigung denken, sich lieber mit dem Auswendiglernen von Steuertarifen zu befassen, als einfach nur in die Luft zu schauen. Später wird er das repetitive Durchrechnen von Tatsachen in selbstquälerischer Leistungsstimmung – «und was schließlich herauskommt, ist oft blutwenig» – als die unabdingbare Grundlage wissenschaftlicher Erkenntnis beschreiben.

Das Wort «stumpfsinnig», so notiert Weber, beschreibe recht genau seine Tätigkeit beim Militär, und es sei charakteristischerweise gerade erst erfunden worden; er reagiert mit Galgenhumor und beschreibt in seinen Briefen die absurden Szenen des Militärdienstes, wie etwa die ersten Exerzierübungen der frisch Einberufenen. «Heiliges Rattenbeefsteak», wird der Einjährige angeraunzt, «Ihr Seitengewehr hängt Ihnen ja hinten herunter wie der Schwanz von einem weißen Elefanten.» Der von Feldwebel, Unteroffizier und Gefreiten malträtierte Soldat macht, so Weber, einen stillergebenen Ausdruck, «als wenn er in dieser Not der biblischen Verheißung gedächte, dass böse Menschen zwar seinen Leib vertilgen, nicht aber seine Seele ausrotten können».[18] Weber schreibt dies an die Mutter, deren Ergebenheitsvokabular stark ausgeprägt war. Dass er gerade ihr diese Szene und noch dazu in diesen Worten schildert, geschah mit Absicht, denn im selben Brief geht er auch zum ersten Mal sehr diplomatisch und zugleich sehr deutlich auf Distanz zu den religiösen Rigorismen, zu denen Helene Weber und ihre Schwester Ida Baumgarten neigten. In der Zeit seines Studiums entwindet er sich immer mehr dem Weltbild, das ihm die beiden Frauen nahelegen: dass eine kompromisslose Beurteilung jedweder Lebensführung vom Standpunkt eines opferbereiten Christentums mit naturreligiösem Einschlag dem «weltlichen» Leben moralisch überlegen sei. Sein Vetter Otto Baumgarten hatte Anfang 1883 seine acht Jahre ältere Cousine Emily Fallenstein geheiratet, die als hellseherisch begabt, spiritualistisch und überirdisch religiös galt. Weber bezeichnet das, was er im Hause Baumgarten auf der weiblichen Seite und bei seinem Cousin vorfand, als einen «extremen Christianismus» – «denn Christentum kann ich diese fanatische Anschauung nicht nennen». Er ist bereit, sich für das Vaterland und für die Gelehrsamkeit quälen zu lassen, aber nicht moralisch und nicht von seinem Gewissen, wenn es nur gedankliche «Unklarheit» ist, die zu solchen Fanatismen führt.[19]

Eine besondere Lektüre des Studenten Max Weber muss noch erwähnt werden. Während er seinen Militärdienst als «ein ziemlich uhrenmäßiges» Leben beschreibt und festhält, kaum zum Arbeiten zu kommen, erhält er von Hermann Baumgarten das Buch «La Société de Berlin» – und ist beeindruckt. Es basiert auf einer Artikelserie mit sehr bissigen Geschichten über die politischen Physiognomien der preußisch-deutschen Hofgesellschaft, die ein Jahr zuvor in der Pariser «La Nouvelle Revue» erschienen war, einer von der fanatischen Bismarckhasserin Juliette Adam herausgegebenen Zeitschrift, in deren Salon das ganze intellektuelle Paris verkehrte. Die Autorin war Prinzessin Catherine Radziwill. «Sie ist hübsch und elegant, aber wie viele ihrer Landsmänninnen affektiert, hochmütig und kokett mehr mit dem Kopf als dem Herzen», heißt es über sie in ihrem eigenen Buch, das unter dem Pseudonym Comte Paul Vasili erschien. «Sie liebt niemanden und wird auch nicht geliebt», und es sei berechtigt, sie für «eine Null» zu halten. Kein Wunder, dass null Verdacht auf sie fiel und ihre Autorschaft bis zum Erscheinen ihrer «Confessions of the Czarina» 1918 unbekannt blieb, als sie sich selbst erklärte.[20]

1858 als Tochter eines polnischen Grafen in St. Petersburg geboren und mit sechzehn dem polnisch-preußischen Fürsten Wilhelm Radziwill verheiratet, führte die Prinzessin in ihrem Palais am Brandenburger Tor einen Treffpunkt der Berliner Gesellschaft, der die dichte Anschauung des Werkes erklärt. Oberflächlich gelesen, hechelt es in fingierten Briefen an einen Diplomaten, die ihn auf Berlin vorbereiten sollen, einfach das adelige und bürgerliche Personal rund um den Kaiser und Bismarck durch, mit giftigen Urteilen wie solchen: «Eine der beiden Palastdamen, die Gräfin Adelhaid Hocke, ist bucklig und ohne den Geist zu besitzen, welcher gewöhnlich diese Gattung von Menschen auszeichnet, besitzt sie doch ganz die Bosheit derselben.» Oder über den Herzog von Sagan: «Ehemals hatte er Erfolg bei dem schwachen Geschlechte, und er frequentiert noch immer die Theaterkulissen: Im Grunde ist er ein offenherziger aber charmanter Egoist, immer der Ansicht desjenigen, mit dem er gerade spricht.» Weber kommentiert in seinen Briefen an die Eltern vor allem solche Passagen. Das Werk sei ungerechterweise von der Presse als Schmähschrift verschrien worden, schreibt er ihnen, enthalte es doch bei allen boshaften Stellen «eine Fülle der interessantesten Urteile über alle Persönlichkeiten Berlins, vom Kaiser und den Prinzen bis zu Wilhelm Busch herunter, Urteile, die teilweise von einer frappierenden Richtigkeit sind». Einen Monat später kommt er noch einmal auf das Buch zu sprechen, das «in vieler Beziehung ganz vorzüglich [ist] und jedenfalls so gemäßigt, wie man es einem Franzosen nicht zutrauen sollte». Wenn das Buch etwa die Kaiserin affektiert und intrigant nenne, so spreche es nur aus, was «man bei uns auch denkt, aber nur im Kämmerlein ausspricht». Zweifel am Beobachtungsvermögen des Verfassers befallen Weber nur angesichts des Urteils über Prinz Wilhelm, den späteren Kaiser Wilhelm II. – Radziwill hatte ihn als neuen Friedrich den Großen geschildert und gemeint, in ihm erwachse Deutschland vielleicht ein Genie ersten Ranges.[21]

Was Weber an diesem Buch jedoch vor allem angezogen haben muss, sind jene Abschnitte, die er seinem Vater nur andeutet, weil sie Max Weber sen. gewiss weniger gefallen hätten, die sich aber in Übereinstimmung mit vielem befinden, was er selbst politisch dachte und wenig später auch formulieren wird; etwa die Charakterisierung Bismarcks als eines Politikers, der – zynisch und skeptisch zugleich – alles breche, was nicht er selbst sei, der die Menschen verachte und darum stets sofort ihre schwachen Punkte erfasse, der sich selbst durch keinerlei Meinungen binde, sondern sich lieber auf die Beobachtung nützlicher Umstände verlege. Bismarck herrsche und regiere zugleich – eine Anspielung auf die Formel «le roi règne, mais ne gouverne pas» (Der König herrscht, aber er regiert nicht), mit der die eingeschränkte Souveränität der Monarchen in konstitutionellen Monarchien umfasst wird. Deutschland, so Radziwill, werde teuer für diesen Kanzler und das «unfähigste Parlament der Welt» bezahlen. Die Nationalliberalen hätten einen Moment lang die Macht berührt, aber «unglücklicherweise liegt zwischen Berühren und Festhalten ein Abgrund», die Parteien hätten soziale Träume, der Deutsche aber erlaube nur politische; man dürfe hier wie Werther nach dem Ideal schmachten, aber nicht an das Volk denken, an diejenigen, die leiden und arbeiten. «Der Deutsche denkt allgemein wenig an alles, was mit Politik zusammenhängt. Er ist stolz auf die Erfolge seines Landes, aber stolz auf die brutale Art einer Rothaut, die sich an der mehr oder weniger großen Anzahl erbeuteter Skalpe erfreut. [...] Sein einziger Wunsch besteht darin, überall seine Suprematie etabliert und gesichert zu sehen. Darüber hinaus weckt nichts seine Leidenschaft, interessiert ihn nichts, vermag ihn nichts von seinen Alltagsdingen abzulenken.»[22]

Von all dem wird man später ein Echo in Max Webers Schriften finden, und noch fast dreißig Jahre später wählt er Formulierungen, die denen der polnischen Prinzessin nicht unähnlich sind: «Im ganzen neigen die Menschen hinlänglich stark dazu, sich dem Erfolg oder dem jeweilig Erfolg Versprechenden innerlich anzupassen, nicht nur – was selbstverständlich ist – in den Mitteln oder in dem Maße, wie sie ihre letzten Ideale jeweils zu realisieren trachten, sondern in der Preisgabe dieser selbst. In Deutschland glaubt man dies mit dem Namen ‹Realpolitik› schmücken zu dürfen.» Radziwill hatte einen Nerv bei ihm getroffen. Was sich in der Studienzeit bei ihm ausbildet, ist ein Sinn für die politische Lage des deutschen Bürgertums, das aus seinen Niederlagen 1848 und 1862 den Schluss gezogen zu haben schien, es sei besser, gar keine politischen Ideale mehr zu verfolgen. Weber kritisiert, dass die Liberalen stattdessen einer Art Bismarckreligion beigetreten seien, die auf eine «fanatische Vertretung seiner Person wie eines Dogmas», mithin die blinde Verehrung von Macht hinauslaufe, und sich ansonsten auf wirtschaftliche und soziale Fragen beschränkten, um sich darüber zu zerstreiten. Weber geht es zunehmend um die Formulierung der politischen Interessen seiner Schicht und darum, ob und wie das protestantische, liberale, städtische, wirtschaftsnahe und gebildete Bürgertum sich als Machtfaktor in der modernen Gesellschaft zu behaupten vermag. Realpolitik schien ihm geboten als taktische Wahl der Mittel zugunsten eines anders nicht erreichbaren Zwecks. Was er in seiner Umgebung aber beobachtete, war die taktische Wahl von Zwecken nach dem Gesichtspunkt ihrer augenblicklichen Erreichbarkeit.[23]

FÜNFTES KAPITEL

DIE OFFENE HANDELSGESELLSCHAFT UND DIE RÖMISCHE IMMOBILIENBÖRSE – DER JUNGE GELEHRTE

> Der Mensch, welcher kein Latein versteht, gleicht Einem, der sich in einer schönen Gegend bei nebligem Wetter befindet.
>
> ARTHUR SCHOPENHAUER

Im Wintersemester 1885/86, seinem siebten, wechselt Max Weber an die Universität Göttingen, um sich dort auf sein Staatsexamen vorzubereiten, und hat dort eine Erscheinung: «Ich ging zur gewöhnlichen Besuchsstunde hin, das Mädchen wies mich, ohne mich anzumelden, direkt nach seinem Zimmer, ich klopfte an, und als ich eintrat, trat mir aus einem Klumpen von Folianten, Büchern, Papieren und Papierfetzen, welche Tisch und Boden bedeckten, eine lange Gestalt entgegen, umwogt von einem annähernd gelben Schlafrock übrigens in höchst primitivem Kostüm, welche mich mit unverhohlenen Anzeichen einer derartig enormen Verblüfftheit anstarrte, daß ich nahe daran war, trotz der mir immerhin nicht angenehmen Situation, laut aufzulachen. Ich stellte mich indessen vor, erläuterte den Grund meines Kommens und dieses unvorhergesehen Überfalls.» Während der Professor, denn es ist einer, seinen Schlafrock zuknöpft, denn der steht noch offen, enteilt er ins Nebenzimmer, denn dort liegen seine Kleider, und kommt schließlich in «etwas weniger gespensterhaftem Exterieur» wieder, um den Besucher seiner Frau vorzustellen, «so daß ich nolens volens auch sie vollkommen überfiel, was aus ihrer ebenfalls noch nicht sehr vollkommenen Toilette hervorging».[1] Voilà: Ulrich von Wilamowitz-Moellendorff und seine Gattin Marie.

Wilamowitz, ein Gutsbesitzersohn aus Pommern, war der aufsteigende Stern am Himmel der Altphilologie, hatte mit vierundzwanzig Jahren 1872 einen ziemlichen Lärm verursacht, als er den vier Jahre älteren Professor Friedrich Nietzsche wegen dessen Buch über «Die Geburt der Tragödie aus dem Geiste der Musik» heftig attackierte, und strebte nun über Göttingen ins Zentrum seines Fachs, an die Berliner Universität, wohin ihn sein Schwiegervater haben wollte, Theodor Mommsen. Dessen Frau hatte Max Weber angeraten, die beiden zu besuchen. So nämlich wurde man etwas in den Geisteswissenschaften: Man folgte der Weisung, «den müssen Sie besuchen». Das heißt nicht, dass den jungen Herren der Karriereweg schon bereitet war; eine solche Vorauswahl erleichterte aber doch vieles, zumal im Vergleich zu Söhnen, die auf eine weniger vorteilhafte Herkunft blicken konnten, weil ihre Väter katholisch, jüdisch, keine Rittergutsbesitzer, Professoren oder Spitzenbeamte waren. So war auch die Begegnung mit dem klassischen Gespenst, das gerade an der Grenze zur Überlastung zwei Vorlesungen und zwei Seminare pro Woche hielt,[2] gewissermaßen ein Besuch unter Familienmitgliedern der Geistesaristokratie. Denn Weber hatte als Student weder mit Wilamowitz zu tun noch mit Mommsen, der als nationalliberaler Gelehrtenpolitiker aber im Haus seines Vaters aus und ein ging. Der Althistoriker wird, fast siebzigjährig, bei Webers Doktorexamen trotzdem die vielzitierten Worte sprechen, er könne sich nicht in allem Webers Thesen anschließen, aber wenn er einmal «in die Grube fahren» müsse, «so würde ich keinem lieber sagen: ‹Sohn, da hast du meinen Speer, meinem Arm wird er zu schwer›, als dem von mir hochgeschätzten Max Weber.»[3] Allerdings hatte Mommsen auf dem Gebiet, das Weber in seiner Doktorarbeit erschloss, gar keine Waffen zu verteilen. Max Weber wurde mit einer Studie zum mittelalterlichen Handelsrecht promoviert. Der Spruch muss folglich übersetzt werden mit: «Der gehört zu uns.»

Zu seinem Promotionsthema war Weber ebenfalls über familiäre Bekanntschaftsbahnen gekommen. Das Angebot des Rechtshistorikers Ferdinand Frensdorff, Spezialist für mittelalterliches Stadtrecht und Studienfreund seines Vater, bei ihm zu promovieren, lehnt er freundlich mit der Begründung ab, er wolle das deutsche

Recht zugunsten des römischen zurückstellen – sein Gedächtnis reiche für beides nicht aus. Dabei interessiert sich Weber gerade für die damals rechtspolitisch bedeutsame Unterscheidung zwischen «deutschem Recht», das Frensdorff vertrat und das vor allem auf mittelalterlichen Quellen beruhte, und «römischem Recht». Bevor nämlich im Jahr 1900 das Bürgerliche Gesetzbuch in Kraft trat, beruhte die deutsche Rechtsprechung auf einer sehr heterogenen Menge an Normen, die teils dem durchgearbeiteten System der römischen Rechtskultur entstammten, teils aus Rechtsregeln «germanischer» Herkunft. Das römische Recht galt dabei nicht nur als das systematischere, sondern auch als das weniger «kommunitäre»: Es war stärker an den Rechtspositionen von Einzelnen orientiert, während das deutsche Recht oft um Fragen des Gemeineigentums und genossenschaftlicher Vertragsverhältnisse kreiste. Das römische Recht stand im Zentrum der Historischen Rechtsschule, die es entbehrlich fand, für den Verkehr unter Privatleuten überhaupt Gesetze zu erlassen; es genüge die systematisch-begriffliche Durchdringung und fallweise Anwendung der sogenannten Pandekten, einer vielbändigen Sammlung römischer Rechtsmeinungen, die Kaiser Justinian 533 n. Chr. zusammenstellen ließ und die seitdem als eine Art Gesetzbuch galten. Der Jurist sollte die Führung im Rechtsbereich besitzen, nicht der «Souverän». Im deutschen Recht hingegen hatte man es mit viel disparateren Rechtsquellen zu tun – z. B. Stammesrechten, königlichen Erlassen, dem «Sachsenspiegel», Lehnsrechten, Stadtrechten –, die es nötig machten, gesellschaftsgeschichtliche und herrschaftliche Hintergründe von Normen zu erkunden, um ihren Sinn zu bestimmen. Der typische «Romanist» entwickelte seine Rechtsauffassung aus Begriffen, mit denen bei der Verarbeitung von Dissens gute Erfahrungen gemacht worden sind, der typische «Germanist» fragte nach der rechtserzeugenden Gemeinschaft.[4]

Weber ist sich laut eigenem Bekunden zwar angeblich unsicher, ob er überhaupt Wissenschaftler werden will – «Ein eigentlicher Gelehrter [...] bin ich nun einmal nicht», sagt er noch nach der

Habilitation[5] –, interessiert sich jedoch wenig für Fragen des geltenden Rechts. Nachdem er 1886 in Celle das Erste Staatsexamen abgeschlossen hat, wählt er für seine vierjährige Referendarszeit in Berlin ein historisches Thema, das an der Grenze beider Quellenbereiche liegt: Die Entstehung der offenen Handelsgesellschaft im Hochmittelalter. Die Betreuung der Arbeit übernimmt der Berliner Handelsrechtler Levin Goldschmidt; auch er hatte in seiner Heidelberger Zeit als Privatdozent fast neun Jahre lang in der Villa Fallenstein gewohnt. Goldschmidt, der den ersten Band seiner «Universalgeschichte des Handelsrechts» wiederum Theodor Mommsen widmete, womit sich für dieses Kapitel der Kreis schließt, vertrat das Handelsrecht nicht nur, sondern hat es in seiner modernen Fassung begründet und die Rechtswissenschaft dieser Materie zu einer Teildisziplin dessen machen wollen, was wir heute als Betriebswirtschaftslehre bezeichnen. Für die Frage, wie Max Weber vom Juristen und Rechtshistoriker zum Ökonomen werden wird, ist das nicht ohne Belang. Gegenüber anderen Rechtsmaterien betonte Goldschmidt nicht nur den praktischen Charakter des Handelsrechts, das demjenigen, der es erforsche, auch Sachkunde beispielsweise von Schiffen, Nachrichtentechnik oder des Messwesens abverlange. Er hob vor allem seine Beweglichkeit hervor, die sich den vielerlei Bedürfnissen im Geschäftsverkehr schneller anpasse, als es staatliche Gesetzgebung könne, und territoriale Gesichtspunkte in den Hintergrund treten lasse. Außerdem habe sich das Handelsrecht «unter dem vorherrschenden Einfluß wie überwiegend nach den Interessen der wirtschaftlich am meisten geschulten und weitsichtigsten Bevölkerungsklassen» entwickelt: den Interessen der Großindustriellen, Fernhändler, Reeder und Bankiers.[6]

Im römischen Recht allerdings existierte ein Handelsrecht kaum. Obwohl von Rom, so Goldschmidt, die erste historische Formation des Welthandels ausging, etwa mit Rohstoffen, Sklaven oder massenhaft produziertem Geschirr, habe dem damaligen juristischen Abstraktionsgeist der Gedanke widerstrebt, für den Handel besondere Regeln entwickeln zu sollen.[7] Also stellte sich noch im neunzehnten Jahrhundert die Frage, aus welchen Quellen denn das Handelsrecht stattdessen entsprang. Weber verfolgt diese Frage an einer bestimmten Geschäftsform: der offenen Handelsgesellschaft. In ihr haften die Gesellschafter nicht nur mit ihren Einlagen, sondern auch mit ihrem gesamten Privatvermögen für die Verbindlichkeiten der Firma – und damit auch für jede Transaktion, die eine im Namen der Firma handlungsberechtigte Person durchführt. Das ist eine für die Beteiligten riskante Gesellschaftsform, deren Ursprung im oberitalienischen Mittelalter Weber nachgeht. Wie kooperierten Kaufleute damals, insbesondere diejenigen, die im Seehandel tätig waren, der im Unterschied zum Handel über Land besonders konkursanfällig war? Wie kommt es zur Figur des «Gesellschaftsvermögens», anstatt weiter nur das Vermögen der einzelnen Gesellschafter im Blick zu behalten? Für Weber ist es in erster Linie die Ausweitung des «germanischen» Gedankens familiärer Gütergemeinschaft auf nichtverwandtschaftliche Produktions- und Handelseinheiten, die um 1400 zum Rechtsgrundsatz führen, dass, wer zur Firma gehört, auch für deren Geschäfte einzustehen hat. Die offene Handelsgesellschaft sei kein Partizipationsverhältnis, in dem Gewinne und Verluste aus Geschäften geteilt werden, die durch Kapitaleinlagen ermöglicht wurden, sondern eine Personengemeinschaft.[8]

Seinem Doktorvater wollte Webers Untersuchung nicht so recht gefallen – er gab nur ein «magna», kein «summa cum laude», und Weber schreibt, er sei mit einem blauen Auge davongekommen[9] –, doch wenn man den Fortgang kennt, lassen sich in ihr schon die Erkenntnisinteressen des Nationalökonomen und Wirtschaftssoziologen erkennen. Denn was Weber hier vorführt, ist eine Analyse der historischen Voraussetzungen kapitalistischer Firmengründung. Die Firma entwickelt sich aus gemeinsamem Wohnen und gemeinsamer Werkstatt. Ihre Rechtsform ergibt sich aus dem Bemühen, kreditwürdig zu sein, also für den Konkursfall Vorkehrungen getroffen zu haben und haften zu können: Das Vermögen der Gesellschaft selbst wird von dem persönlichen Vermögen der Gesellschafter unterschieden und deren Haftung auf die firmenbezogenen Handlungen ihrer Kompagnons eingeschränkt. Das wiederum macht es wahrscheinlich, dass sich auch Nichtverwandte als Gesellschafter auf das Prinzip der Solidarhaftung einlassen. Und weil das, was die Firma erwirtschaftet, nicht der Arbeit ihrer Teilhaber zugerechnet wird, sondern dem gemeinsamen Vermögen, «entwickelt sich der Kapitalbegriff», wie Weber in einer seiner letzten Vorlesungen lakonisch notiert.[10]

Kaum hat Weber sein Dissertationsverfahren im Sommer 1889 beendet, weiß er auch schon, dass und worüber er sich habilitieren möchte: über römische Agrarverhältnisse. Er tut es binnen anderthalb Jahren 1891 bei dem Berliner Statistiker und Nationalökonomen August Meitzen mit einer Arbeit über die «römische Agrargeschichte in ihrer Bedeutung für das Staats- und Privatrecht», deren Argumentation gedanklich wohl nur ganz nachvollziehen kann, wer selbst Bodenrecht, Vermessungswesen und Steuergesetze der Antike durchdrungen hat. Kein Biograph also. Wie so oft in seinem Leben erprobt Weber seine intellektuellen Kräfte und seine Ausdauer an einem Thema, das bislang nur wenig bearbeitet worden ist, daher ein hohes Lesepensum erfordert, und das am Ende eine immense Fachkenntnis des Bearbeiters unter Beweis stellen wird. Es sind keine ins Allgemeine gehenden Fragen, die er sich vornimmt, geschweige denn intellektuelle Herzensangelegenheiten. Entsprechend hat sich Weber in seinen Briefen, soweit diese bekannt sind, kaum über seine wissenschaftliche Arbeit geäußert. Er ist fast schon auffällig unmitteilsam, was die Plackereien angeht, denen er sich unterzieht, diskutiert mit der Literatur, aber bis zur Veröffentlichung so gut wie nie mit Zeitgenossen, und wenn dieser Wille, «I did it my way» sagen zu können, vielleicht ein allgemeines Symptom geistes- und sozialwissenschaftlicher Heroen an ihren Schreibtischen ist, so prägt Weber deren Merkmale doch ungeheuer stark aus.

Weber hatte schon im Wintersemester 1886/87 in Berlin erneut Veranstaltungen zum römischen Recht besucht, darunter nun doch eine Theodor Mommsens. Das Interesse an Agrargeschichte wiederum mag auch durch seine Ausflüge während der Militärzeit in

Posen geweckt worden sein, wo ihn ein örtlicher Landrat auf Fragen der Siedlungspolitik und des landwirtschaftlichen Wandels aufmerksam gemacht hatte. Zudem ist August Meitzen selbst Spezialist für die preußischen Agrarverhältnisse und für germanische sowie slawische Siedlungsgeschichte. Zwar berichtet Weber schon im Herbst 1887, dass er «gelegentlich in eine Gesellschaft junger Nationalökonomen, natürlich meist in erster Linie manchesterfeindlich» hineingekommen sei.[11] Der Kapitalismus aber, den er bis dahin am besten kennt, ist der antike.

Die Arbeit selbst wirkt wie der Versuch, die Wirtschaftsgeschichte Roms aus der Perspektive eines Kataster- und Finanzamtes zu schreiben. Weber untersucht, wie es sich auf die Verteilung und Besteuerung von Ackerland auswirkt, wenn die römische Seemacht dazu übergeht, Kolonien zu erobern. Wie ändern sich die Gesetze über den Landerwerb, die Kategorien der Flächenerfassung und der Bodenqualitäten, die Zuordnung der Bodentypen zu Steuerarten, das Entstehen von Ackerbürgerparteien, deren Kampf mit ihren patrizischen Kreditgebern, die Verpfändungsfähigkeit von Grundstücken, der Übergang von einer Gutswirtschaft mit vielen Sklaven zu einer Kleinpächterökonomie und so weiter. Weber neigt mitunter fast dazu, ganz Rom als einen einzigen Kampf um Bodenbewirtschaftung darzustellen. Den Fluchtpunkt seiner erschöpfenden Beschreibungen bildet die Beobachtung, dass das republikanische Rom zuletzt die «Immobilienbörse der Welt» geworden sei, in der das ursprüngliche Gemeineigentum schrittweise in Privatbesitz umgewandelt wurde.[12] Weber wird dieses Thema des antiken Kapitalismus und der vergleichenden Agrargeschichte lange nicht loslassen, weil ihn beschäftigt, weshalb die Antike nicht zu modernen Wirtschaftsverhältnissen führte und wie die Moderne die Landwirtschaft industrialisierte.

Der Wissenschaft seiner Zeit fiel das Werk, das Weber im Oktober 1891 in Berlin einreichte, um nach der Ende 1890 bestandenen Zweiten Staatsprüfung «nun endlich mein voraussichtlich letztes Examen auf dieser Erde absolviert zu haben», gewissermaßen senkrecht vor die Füße. Die Rezensenten zeigen sich von seiner Sachfülle genauso erschlagen, wie es jedem Leser seitdem ergehen musste. Sie registrierten aber auch die Vielfalt an unbewiesenen Hypothesen, sein Desinteresse an einer Entwicklungsgeschichte und Chronologie, die sich aus dem ungeheuren Tempo ergeben, in dem Weber diese Arbeit verfasst hat – er schrieb sie teilweise in den Ruhepausen der Militärübungen, zu denen er als Reservist einberufen wurde.[13] Sowohl das anfallartige Schreiben wie das stärkere Interesse an typologischen, begriffsbildenden Darstellungen als an einer Erzählung von Abfolgen und Übergängen wird die Arbeit Webers bis zum Schluss prägen.

Lebensgeschichtlich blickt er jetzt auf eine Zeit zurück, die ihn an ein verhasstes Referendariat in der «Verbrechergegend der Jurisprudenz» bei der Berliner Staatsanwaltschaft und am Kammergericht gefesselt hatte, von dem er sich völlig unausgelastet fühlte. Er hat das Warten satt, will praktisch tätig werden, schreibt auch die Habilitation mehr, um in eine Stellung zu kommen, als weil ihm viel daran läge, dicke Bücher zu verfassen. Die Lehrtätigkeit ist für ihn die erfreulichere Aussicht als die Forschung – «wissenschaftliche Tätigkeit ist für mich zu fest mit dem Begriff einer Ausfüllung der Mußestunden verbunden» –, und er gibt von 1892 an Veranstaltungen an der Friedrich-Wilhelms-Universität: «In den Übungen sechzehn, im Privatkolleg drei! Zuhörer.» Die Vorstellung aber, nun vom unbesoldeten Assessor zum unbesoldeten Privatdozenten zu werden, stößt ihn ab. Max Weber ist siebenundzwanzig, wohnt noch zu Hause und kommt sich nur innerlich erwachsen vor. In einem Brief fällt in Bezug auf Wilhelm II. das Wort, man habe «die Empfindung, als ob man auf einem mit großer Geschwindigkeit dahinsausenden Zuge säße auf einer Bahnstrecke, die neu angestellte Weichensteller hat».[14] Er selbst aber ist noch immer Sohn, Nachwuchs, im Wartestand. Es geht für ihn also privat alles zu langsam, gesellschaftlich alles zu schnell.

SECHSTES KAPITEL

DER HAFEN DER RESIGNATION UND DIE STURMFLUT DER LEIDENSCHAFTEN – MAX WEBER WIRD GEHEIRATET

People don't get married because it makes sense.
RITA BENNETT

In den Sonntagsbeilagen der «Vossischen Zeitung» vom 3. und vom 10. Juni 1894 konnte Max Weber einen Essay des Berliner Philosophen Georg Simmel lesen. Er behandelte die Frage, weshalb die dauerhafte Beziehung zwischen Mann und Frau gesellschaftsgeschichtlich nur einen Fall so gut wie ausschließe: Man finde Monogamie und weibliche wie männliche Polygamie, es gebe Gesellschaften, in denen Exogamie, also die Heirat über Stammesgrenzen hinweg, vorgeschrieben sei, und andere, die streng endogam seien. Mal müsse für die Braut ein Preis gezahlt werden, mal erhalte die Familie des Bräutigams eine Mitgift. Fast jede Form der Ehe kenne auch ihr historisches Gegenteil. Verworfen werde jedoch so gut wie überall – die Ehe zwischen sehr nahen Verwandten.[1]

Worin liegt der Grund für die fast universelle Scheu vor Ehen enger Verwandter? Bewusste Furcht vor ihrem ungünstigen Einfluss auf die Nachkommenschaft schließt Simmel aus. Er glaubt nicht, dass solche Einsichten in biologische Tatsachen als Motiv für die jahrtausendealte strenge Regulierung der Verwandtenehe in Betracht kommen. Allenfalls, schreibt er, könne man sich vorstellen, dass im Zuge der Evolution diejenigen Stämme, die aus irgendeinem zufälligen Grund die Verwandtenehe verboten, bessere Überlebenschancen gehabt hätten und am Ende das, was sie nicht praktizierten, auch mit Widerwillen betrachtet hätten. Doch auch eine solche Erklärung hält Simmel für «äußerst luftig».

Statt einer biologischen Deutung erscheint ihm vielmehr eine soziologische schlüssig. Das Eheverbot zwischen Mitgliedern derselben Wohngemeinschaft diene der sozialen Ordnung, indem es Übergriffe zwischen eng Zusammenlebenden von vornherein für «unmöglich» erklärt. Es räume besonders naheliegende Versuchungen aus dem Wege: «Der Grundgedanke dabei ist also der, dass Zucht und Sitte innerhalb des engen Kreises der Zusammenlebenden aufrecht erhalten werden muss, wenn nicht jegliche soziale Ordnung zerstört und ein unübersehbares Chaos in allen sittlichen und rechtlichen Verhältnissen entstehen soll.» Simmel fügt hinzu, dass die Ehe auch den modernen Zeitgenossen noch immer «keineswegs als eine bloße Privatsache der Eheschließenden gilt, sondern die beiderseitigen Familien daran entweder durch Förderung oder durch Herabsetzung interessiert sind». Die Restriktionen, die auf Verwandtenehen liegen, sind für ihn also soziale Verbote, die dem «privat» Naheliegenden gelten: dass sich sexuelles und erotisches Verlangen auf das richtet, was einen umgibt. Sinnliches Begehren nach Mitgliedern der eigenen Familie werde, anders als allgemein angenommen, durch die große Nähe von frühester Kindheit nämlich nicht verhindert. «Das intime Beisammenleben wirkt keineswegs nur abstumpfend, sondern in vielen Fällen gerade anreizend, sonst würde die alte Erfahrung nicht gelten, dass die Liebe, wo sie beim Eingehen der Ehe fehlte, oft im Laufe derselben entsteht; sonst würde nicht in gewissen Jahren gerade die erste intimere Bekanntschaft mit einer Person des anderen Geschlechts so sehr gefährlich sein.» Das Verbot der Verwandtenehe ist für Simmel also im Grunde eine Anweisung, sich Geschlechtspartner aktiv zu suchen und sich nicht einfach nur an die zu halten, die im nächsten Umkreis zu finden sind.

Knapp ein Jahr vor dem Erscheinen dieses Essays, am 20. September 1893, hatte Max Weber seine Bielefelder Cousine zweiten Grades, Marianne Schnitger, geheiratet. Im Familiennetzwerk der Webers war diese Form der Verwandtschaftsehe genauso üblich wie im gesamten Großbürgertum des neunzehnten Jahrhunderts. Darwin selbst etwa hatte seine Cousine geheiratet. Auch in der Romanliteratur, von Emily Brontës «Sturmhöhe» bis zu Theodor Fontanes schon erwähntem Roman «Frau Jenny Treibel», der ein Jahr vor Webers Heirat erschienen war und im Hause Webers vorgelesen wurde,[2] sind Cousinenheiraten ein geläufiges Motiv.

Dem rein ökonomischen Interesse daran widerspricht die Vorstellung, dass sich im neunzehnten Jahrhundert zumindest beim Bürgertum das Ideal der romantischen Liebe durchgesetzt habe. Ein Bürgertum, das für Liebesheiraten geradezu disponiert sei. Schließlich müssen die Bürger nicht repräsentieren, sind also zu Innigkeit fähig, die ihr häusliches Leben auch nicht weiter stört.[3] Sie lesen und nehmen insofern «Ideale» auf. Ihr Berufsleben ist von dem ihrer Eltern oft unterschieden, sie gründen eine Familie oft nicht in stabile Ordnungen hinein, sondern machen selbst einen neuen Anfang. Die bürgerlich Heiratenden sehen sich also immer mehr der Erwartung gegenüber, sich vorher ineinander verliebt zu haben und als Individuen, nicht nur als soziale Personen, zueinander zu passen. «Die Ehe ist eine durch den Geschlechtstrieb begründete vollkommene Vereinigung zweier Personen, die ihr eigner Zweck ist», heißt es schon 1796 bei Johann Gottlieb Fichte,[4] über den Marianne Weber ihre erste wissenschaftliche Arbeit schreiben wird. Fichte meint allerdings, die Begründung durch das Verlangen könne auch wegfallen, ohne den Zweck zu gefährden, zumal die Frau ohnehin nur Liebe, aber nicht den Geschlechtstrieb gestehen vermöge: «Das Weib gibt, indem sie sich zum Mittel der Befriedigung des Mannes macht, ihre Persönlichkeit; sie erhält dieselbe und ihre ganze Würde nur dadurch wieder, dass sie es aus Liebe für diesen Einen getan habe.»[5] Die Frau gegen ihren Willen zu verheiraten oder überhaupt bloß der Konvention halber eine Ehe zu schließen, ist damit ausgeschlossen. Ehe und Liebe sind dasselbe.

Jedenfalls im Ideenhimmel. Die Heirat Max Webers zeigt, zu welchen Schwierigkeiten solche Erwartungen führen können, wenn sich historisch beide Ordnungen überlagern, wenn also die Liebesheirat als bürgerliche Norm schon durchgesetzt ist, die Ehe aber noch immer nicht als Familiengründung, sondern als Fortsetzung einer bestehenden Familie aufgefasst wird. Die Schwierigkeiten verschärfen sich, wenn es – wie im Fall Webers – für diese Fortführung einer Familientradition eigentlich keinen materiellen Grund gibt, etwa in Form einer existierenden Firma, eines Landbesitzes oder einer politischen Machtposition der Familie. Vor allem aber verschärfen sie sich, wenn der Mann gar kein Verlangen zeigt, sich eine Frau zu suchen. Das Drama von Webers Eheschließung war das eines gar nicht mehr so jungen Sohnes, der keinerlei Anzeichen einer Suche nach ehelicher Liebe zeigte und sich verhielt wie ein Adeliger – nur dass ihm der Sinn nicht nach Jagen oder Regieren oder Affären, sondern nach wissenschaftlicher Arbeit stand, und für den schließlich die Mutter und ihre Schwester eine Partnerin ausgesucht hatten. Diese Pläne aber wurden durch eine verliebte Frau aus seiner Verwandtschaft durchkreuzt, die er sich zur Gattin nahm, weniger weil er sie begehrte, als vielmehr weil er sie kannte, sie mit ihm leben wollte und ihm das genügte. Sofern es zu seinen Bedingungen geschah. «Free Choice», heißt es 1884 in einem amerikanischen Wälzer über jedweden Aspekt der Liebe, «by no means always implies Love.»[6]

Doch der Reihe nach. Marianne Schnitger wird 1870 in Oerlinghausen geboren. Max Webers Vater ist der Bruder ihres Großvaters, Carl David Weber, Max Weber selbst somit ihr Onkel zweiten Grades. Ihr Vater – die Mutter starb an der Geburt ihrer ebenfalls nicht überlebenden Schwester, als Marianne nicht einmal drei Jahre alt war – ist ein argwöhnischer, lebensängstlicher, psychisch labiler Arzt. Er kümmert sich nicht sehr um sie. «Ich wurde ein fröhliches Straßenkind, verwahrloste, hatte schweren Keuchhusten, blieb anfällig und litt dauernd an Asthma», notiert sie in ihren Erinnerungen.[7] Die Großmutter und Tanten übernehmen die Erziehung, der wohlhabende Großvater steht im Hintergrund. Von der Höheren Mädchenschule in Lemgo geht es in ein Pensionat nach Hannover, wo sie «aus einem unbefangenen heiteren Wesen zum reflektierenden, schwer ringenden Menschen»[8] wird und vor allem darunter leidet, dass ihr Lerneifer als Geltungssucht ausgelegt wird.

Sie liest Karl Büchners «Kraft und Stoff», Ernst Haeckels «Welträtsel» und Julius Langbehns «Rembrandt als Erzieher», die populären Sachbücher einer Epoche, die sich an den Gegensätzen von Materialismus und Idealismus, Optimismus und Pessimismus, Industrie und Lebensreform abarbeitet.[9] Marianne Weber gerät in die Schwierigkeiten von jemandem, dem die eigene Epoche Aussichten bietet, ohne dass schon vorgesehen wäre, dass sich die betreffende Person an ihnen im Alltag tatsächlich orientiert. Nach Lemgo zurückgekehrt, umschreibt sie ihre damalige Situation so: «Meine Freundinnen blieben fast sämtlich unverheiratet – das Leben ging an ihnen vorüber und ließ sie mit leeren Händen stehen. Auch Berufserfüllungen waren damals noch spärlich. Etwas anderes als Lehrerin oder Krankenschwester zeigte sich in der Kleinstadt nicht. Wer nicht dazu genötigt war, blieb als Haustochter bei den Eltern hängen, saß nachmittags am Fenster und machte Handarbeiten. Nur Einzelne fanden die Energie, sich in der größeren Welt umzusehen und zu bewähren.»[10] Ein Elternhaus hatte sie nicht mehr, der Reichtum des Großvaters machte einen Beruf nicht dringlich, die Heiratsaussichten waren gering. Abstauben unbenutzter, blanker Räume und Topfpflanzen, Klavierspiel, Kleinkinderhüten, unverbindliche Gespräche, Romanlektüre – die zwanzigjährige Marianne Schnitger «langweilt sich einfach halb krank».[11]

Blieb die Möglichkeit, sich «in der größeren Welt umzusehen». Im Frühjahr 1891 laden ihre Berliner Verwandten, Max Weber sen. und Helene Weber, die Großnichte ein, für sechs Wochen in die Hauptstadt zu kommen. Und hier ist auf einmal alles da, was ihr bislang fehlte: eine Frau, Helene, die sich muttergleich um sie kümmert; ein volles, tätiges, belebtes Haus; Bildungsbürgerlichkeit, Gespräche, Theaterbesuche. Vor allem aber: ein heiratsfähiger Mann, was sich aber erst herausstellen musste. Denn noch heißt es nur: «Der Assessor Max führt sie auf ihren ersten Ball und beonkelt sie wohlwollend.»[12] Schon Jahre zuvor war der dreiundzwanzigjährige Max Weber von einer Cousine als «eine entzückende ‹älteste Tochter›» des Hauses beschrieben worden, als eine Person also, die den richtigen Zeitpunkt eigener Familiengründung schon verpasst hat.[13] Demgegenüber erscheint sein jüngerer Bruder, Alfred, als der glücklicher veranlagte, weniger nüchterne, schwärmerischere, obgleich oberflächlichere Mann – so jedenfalls hat Max Weber ihn seinerzeit geschildert.[14]

Die Frage, weshalb es dann nicht Alfred Marianne angetan hat, beantwortet sich insofern leicht, als sie die Aufnahme in eine von ihr bewunderte Welt suchte und nicht Wagnisse darin. Max erscheint ihr als «machtvoller Mann», ein korpulenter Koloss mit mensurgezacktem Schädel, der sich trotzdem anmutig bewegt und «ritterliche Güte» ausstrahlt.[15] Vor allem aber fasziniert sie, was Max Webers Schwester Klara als seine «Gabe des Belehrens»[16] bezeichnet hat. In einer Zeit, in der Bildung hieß, den Widersprüchen zwischen Realismus und moralischem Pathos, «Emanzipation» und tradierten Lebensmustern ausgesetzt zu sein, mochten die umfassenden Auskünfte eines jungen Gelehrten und sein «eigentümliches Für-sich-sein»[17] durchaus wettmachen, was ihm an Attraktivität fehlte.

Ein Jahr später, im April 1892, Max ist gerade habilitiert und durch die Nähe zur Professur mit achtundzwanzig Jahren allmählich ökonomisch heiratsfähig geworden, kommt Marianne zum zweiten Mal nach Berlin zu einem Besuch, der nun schon im Zeichen der biographischen Weichenstellung steht. Max Weber unterhält zwar seit seiner Straßburger Militärzeit im Frühling 1887 eine verlobungsähnliche Beziehung zu seiner Cousine Emmy Baumgarten, ob er aber tatsächlich vorhat, diese Frau zu heiraten, der er angeblich versprochen oder jedenfalls eng verbunden ist, bleibt ungewiss; er hat sie seit fünf Jahren nicht gesehen. Dokumente einer Verliebtheit, ja auch nur einer anhaltenden Neigung, fehlen, was auch die beiden Mütter monieren, die diese Verbindung gerne sähen. Dasselbe gilt allerdings auch gegenüber Marianne. Dass er ihr im Sommer 1892 mitteilt, zu große Klugheit der Frau sei kein Ehehindernis für ihn, war so gönnerhaft wie informativ und dürfte wohl auch so gemeint gewesen sein. Andererseits hält sie in ihren Tagebüchern auch manche Ansicht seiner kalten Schulter fest. Der Mensch benötige

Glücksgefühle, um seinen Naturzweck zu erfüllen, gibt Weber im zweisamen Gartengespräch zum Besten.[18] Um sie geworben hat er also nicht.

Helene als moralisches Oberhaupt der Familie Weber hatte ohnehin andere Pläne für Marianne. Der Theologe Paul Göhre – von gleichem Alter wie Max Weber und der erwähnte einzige Duzfreund – bemühte sich um Marianne. Göhre gehörte zu den jungen protestantischen Sozialpolitikern jener Zeit und hatte gerade von sich reden gemacht: Drei Monate lang war er täglich elf Stunden unerkannt als Arbeiter in einer Chemnitzer Werkzeugmaschinenfabrik tätig gewesen, um den Proletariern Christus zu predigen, und war zu dem Schluss gekommen, dass man zuerst ihre Lage verbessern müsse, bevor sie bereit wären, das Evangelium zu hören. Sein Bericht, eine dichte und heute noch lesenswerte Ethnographie der deutschen Arbeiterschaft, ihrer Lebens- und Berufsumstände sowie ihrer politischen, moralischen und religiösen Ansichten, löste heftige Diskussionen in der evangelischen Kirche aus. Die Arbeiterfrage, so Göhre, sei nämlich «keine bloße Magen- und Lohnfrage, sondern auch eine Bildungs- und religiöse Frage», und die Arbeiter neigten vor allem deshalb der SPD zu, weil diese auf ihre Lebensverhältnisse mit dem «Ton der vollendeten Hoffnungslosigkeit» reagiere und Wert, Inhalt und Zweck des Daseins in Frage stelle. Dieser Erfolg der organisierten Arbeiterbewegung aber sei nur möglich geworden infolge der «Vernichtung des überlieferten Christentums» durch die Amtskirche. Es gelte zu verhindern, «dass die Sozialdemokratie das vollendete Antichristentum» werde.[19]

Der wackere Göhre hat das Placet von Helene Weber, die ohnehin versucht, Mariannes künstlerische Neigungen durch Sinn für karitative Engagements zu ersetzen. Nur «das Schaffen für andere mit Selbstverleugnung» könne «Befriedigung geben».[20] Am 11. Januar 1893 versucht sie dann bei Marianne eine Entscheidung zugunsten Göhres zu erzwingen. Das führt zu einer unglaublichen Szene, die es mit der gesamten Eheliteratur von Fontane, Ibsen und Strindberg bis zu Ingmar Bergmans filmischen Melodramen aufnehmen kann.[21]

Göhre selbst hatte Marianne von seinen Absichten nicht unterrichtet. Er wartet in einem der oberen Stockwerke des Charlottenburger Hauses der Webers, während Helene die herbeizitierte Marianne mit ihren Aussichten bekannt macht. Marianne ist perplex und wehrt das Heiratsersuchen entsetzt ab. Daraufhin bekommt sie Vorhaltungen – wie könne sie nur, sehe sie denn nicht, wie Göhre sie liebe? Sie versetzt, wie könne die Tante ihrerseits, sie wisse doch … Aber die Tante weiß nicht. Marianne bekennt ihre Liebe zu Max. Helene ist außer sich, wird zornig, Marianne wisse das «mit Emmy» doch. Das mit Emmy aber erschien Marianne abgeschlossen: In Webers Bericht von einem Besuch in Straßburg im Herbst 1892 hatte sie kein Anzeichen fortdauernder Verbundenheit zu seiner Cousine gefunden. Helene Weber hält ihr vor, immer wieder nach Berlin gekommen zu sein. Noch diese denkbar schwache Form der Initiative ist der Patriarchin zu viel. Zwischen den Vorwürfen betet sie laut in Anwesenheit ihres Opfers und geht dann ab, um Göhre die Zurückweisung mitzuteilen. Kurz darauf kehrt sie jedoch zurück, um Marianne ins Bett zu bringen.[22] Die steht aber wieder auf. Nun soll sie einen Brief an Göhre schreiben. Eine sofortige Begegnung mit Max muss jedenfalls verhindert werden: «Er darf's ja nicht wissen, Kind», legt seine Mutter fest.[23] Dabei ist Max offenbar gar nicht zu Hause. Helene zeigt Marianne zum Beweis sein leeres Zimmer, geht selbst nochmals zu Göhre und besucht am selben Abend weitere Bekannte, von denen aus sie nach Oerlinghausen an Mariannes Familie schreibt, um die Deutungshoheit zu wahren. Von dort treffen denn auch bald vorwurfsvolle Briefe an Marianne ein, währenddessen diese weiter von Helene zweideutig – «Wir wollen dich jetzt ganz zu uns nehmen» – bearbeitet wird.

Vorhang. «Der Mann kann freien; das Weib nicht», hieß es bei Fichte,[24] hier aber warb nicht der Mann, der war ja nicht anwesend, sondern die Frau. Doch das konnte sie nur passiv tun, indem sie sich den Plänen widersetzte, die andere für sie geschmiedet hatten. Die Beteiligten hatten die Liebe nicht gelernt, eigentlich waren sie nur älter geworden und liefen nun hilflos auf eine Situation zu, in der ein

Bund fürs Leben drohte oder ein Versprechen war. Untereinander verständigt hatten sich die prospektiven Eheleute nicht.

Eine knappe Woche später, am 17. Januar 1893, ist Max Weber wieder nicht da, als man Marianne in das Charlottenburger Haus bittet, wo ihr Helene einen Brief ihres Sohnes überreicht, dessen Inhalt die Mutter schon kennt. «Lies diesen Brief, Marianne», setzt Webers Schreiben an, «wenn Du gefaßt und ruhig bist, denn ich habe Dir Dinge zu sagen, welche zu hören Du vielleicht nicht vorbereitet bist. Du glaubst – denke ich – wir seien miteinander am Ende, und ich würde Dich auf den stillen und kühlen Hafen der Resignation verweisen, in welchem ich selbst seit Jahren vor Anker gelegen habe. Aber dem ist nicht so.» Doch es wird noch einige Absätze dauern und ist eigentlich auch am Ende dieses Verlobungsbriefes nicht ganz klar, inwiefern Weber seiner Braut mehr als Resignation anbietet. Er brauche nicht zu sagen, heißt es dann, dass er niemals die Hand «einem Mädchen» zu bieten wagen werde «wie ein freies Geschenk» und auch die Hand eines Mädchens nur fordern und annehmen werde, «wenn ich selbst unter dem göttlichen Zwang der vollen bedingungslosen Hingabe stehe». Diese Liebeserklärung, wenn es denn eine ist, wird mit einer ethischen Maxime und Selbstverpflichtung eingeleitet, in der die Angesprochene als Beispiel eines Mädchens vorkommt, auf das die Regel Anwendung findet. Dann: Marianne kenne ihn nicht, sie solle seine Mutter fragen – die wisse, wie er mühsam die elementaren Leidenschaften seiner Natur zu zügeln versuche. Außerdem teilt er Marianne mit, das Wort «Liebe» dürfe erst über seine Lippen, wenn Göhre sie «ohne das Gefühl des Verzichts» an seiner Hand sehen könne. Dasselbe gelte für Emmy Baumgarten, «auch von ihr könnte ich einen kühlen Verzicht, Resignation, nicht annehmen; ich darf nicht tot für sie sein, wenn ich für eine andre leben soll, und deshalb muß ich ihr ins Auge sehen und erkennen, ob ihr Herz lebendig mitschlägt, wenn ich das Lebensglück [...] von einer andren empfange.»[25]

Mit anderen Worten: Weber macht seine Liebeserklärung davon abhängig, ob ihm andere versichern, dass er damit kein Unglück bewirkt. Später wird er Emmy Baumgarten gegenüber erklären, er habe eine gegenseitige Beziehung zwischen Göhre und Marianne vermutet und sei sich seiner Gefühle erst nach der «Katastrophe» bewusst geworden.[26] Das Ergebnis dieser Gefühlswendung aber wird der möglichen Braut als Erwartung auferlegt, «denn gehst Du mit mir, so trägst Du nicht Deine Last allein, sondern die meine mit, und Du bist es nicht gewohnt, solche Wege zu gehen. Darum prüfe uns beide.» Er werde sie nicht schonen, sagt derjenige, der sich noch zu keiner liebevollen Geste hat hinreißen lassen. Der bislang ganz Passive schiebt der Frau die Entscheidung zu, als habe er das Seinige längst getan, indem er auf die Schwierigkeiten hingewiesen hat, die ihrer Verbindung entgegenstehen. Von diesen Schwierigkeiten hat sie freilich nicht eine einzige sich selbst zuzurechnen; Weber aber spricht davon, als ließen sich aus ihnen Forderungen an Marianne ableiten: «Komm mit mir, mein hochherziger Kamerad, aus dem stillen Hafen der Resignation, hinaus auf die hohe See, wo im Ringen der Seelen die Menschen wachsen und das Vergängliche von ihnen fällt. Aber bedenke: im Kopf und Busen des Seemanns muß es klar sein, wenn es unter ihm brandet. Keine phantasievolle Hingabe an unklare und mystische Seelenstimmungen dürfen wir in uns dulden. Denn wenn die Empfindung Dir hoch geht, mußt Du sie bändigen, um mit nüchternem Sinn Dich steuern zu können.»

Kamerad, Ringen der Seelen, klar in Kopf und Busen, Bändigung, nüchterner Sinn – was das eigene Branden angeht, so verweist Weber die Braut an seine Mutter und schreibt kurz darauf scherzhaft, dass Marianne eigentlich nicht ihn, sondern Helene heirate, wovon die Schwiegermutter in spe prompt unterrichtet wird.[27] Was aber Mariannes eigene Leidenschaften und Empfindungen betrifft, so verbittet sich Weber unklare Stimmungen. Euphorisiert sieht sie in dem Brautbrief jedoch vor allem eines: den Durchbruch zur Ehe. Sie spricht von einem «Geschenk», das ihr gemacht worden sei. Ein individuelles Geschenk war es allerdings nicht; in Webers Brief kommt das Individuum Marianne gar nicht vor, kein Wort verliert er darüber, was er an ihr mag. Wer dem Brief etwas über die Adressatin entnehmen wollte, ginge leer aus.

Selbst dem so häufig von der Familie abwesenden Max Weber sen. erscheint das doch etwas unterkühlt. Nach einem Gespräch mit seinem Sohn schreibt dieser kurz darauf: «Mein Vater hat eben andre Vorstellungen von einem Bräutigam und dessen Wesen, als er in mir verkörpert findet.»[28] Selbst Helene Weber, die sogleich beginnt, Marianne auf ein Leben vorzubereiten, das «möglichst nützlich und wohltätig für andere» zu gestalten sei,[29] selbst die stets auf Opferbereitschaft fixierte Mutter also notiert, wie wenig man beim Anblick der beiden – wenn er in Lektüre vertieft ist und sie, daneben sitzend, Umfragebögen der Lohnarbeiter-Enquête in Tabellenform bringt – den nahen Hochzeitstermin anmerke.[30] «Denn wenn die Empfindung Dir hoch geht, mußt Du sie bändigen» – um Schreibarbeiten verrichten zu können? Max Weber jedenfalls ändert offensichtlich nicht eine einzige Gewohnheit seines Lebens als Folge jener Sturmflut der Leidenschaften, über die er schreibt, als habe er von ihr gelesen.

«Der Mann liebt das Lieben, die Frau liebt den Mann», fasst Niklas Luhmann das ursprüngliche Geschlechterschema der romantischen Liebe zusammen.[31] Es ist offenkundig, dass in Webers Fall nur der zweite Teil des romantischen Begriffs erfüllt wird. Ob er sein eigenes Lieben liebt, ist aus seinen Äußerungen nicht zu erschließen, ja zweifelhaft: «Nun mein Kind, komm an mein Herz – die erste, an deren Liebe ich mich frei und ganz freuen kann und darf», schreibt Weber im März 1893 an seine zukünftige Frau. Er betonte den Altersabstand zu seiner Frau nicht nur, indem er sie ständig als «Kind» ansprach, obwohl er nur sechs Jahre älter war, er beschrieb sich auch als «alten Junggesellen» und einen «über die Jahre hinaus gealterten Bräutigam».[32] Max und Marianne werden sich außerdem durch ihre Liebe auch im weiteren Zusammenleben nicht von seiner Familie absondern. Über Jahre hinweg wird seine Mutter von ihm, aber mehr noch von ihr zur Zeugin von allem gemacht, was das Paar betrifft.

Es blieb, nach Gesprächen mit Göhre und nachdem aus Straßburg die befreiende Nachricht kam, man habe auch dort nicht mehr mit einer Verbindung gerechnet, die offizielle Verlobung. Sie erfolgte zu Pfingsten 1893. Und es blieb, einen Ehevertrag zu schließen. Der emotionalen Schubumkehr, die Weber mit seinem Brautbrief vollzog, folgte die juristische. Marianne hatte das Verlangen und das Vermögen, er keines von beidem. Zu Webers Empörung regeln das die Alten – Mariannes Großvater und sein Vater, die Bielefelder Brüder – weitgehend unter sich. Die Verfügung über Mariannes Finanzen geht, so wie es auch bei Max Weber sen. der Fall war, vollständig an den Gatten. Am 20. September 1893 heiraten Max und Marianne Weber.

SIEBTES KAPITEL

LANDARBEITER, BÖRSIANER UND DAS «POLITISCH UNERZOGENE SPIESSBÜRGERTUM»

«Herr Professor, Sie sind ein Edel-Imperialist! Sie phantasieren von einer friedlichen Weltherrschaft. Sie müssten doch wissen, wie Weltherrschaft erobert wird.»

BERTA LASK

Schon im Januar 1891 drängte es Max Weber voller Ungeduld dazu, endlich aus dem Zwischenstadium des halb erwachsenen, halb abhängigen Nachwuchses herauszukommen. «Ich gestehe, dass ich nur mit Überwindung – so sehr mir sonst der wissenschaftliche Beruf naheliegt – daran denke, vom abwartenden unbesoldeten Referendar und Assessor zum ebenso abwartenden und unbesoldeten Privatdozenten überzugehen».[1] Die Wissenschaft aber war ein Wartesaal. Weber stellte sich vor, eine Berufstätigkeit aufzunehmen, die es ihm nebenbei erlauben würde zu forschen. Doch die wenigen Bemühungen darum, der Versuch etwa, Syndikus der Hansestadt Bremen zu werden, verliefen im Sand. Dafür verwirklicht Weber in den Forschungen selbst, die er an die akademischen Qualifikationsarbeiten anschließt, seine «außerordentliche Sehnsucht nach einer praktischen Tätigkeit».[2] Hat er sich bis dahin mit entlegenen Themen wie der Antike und ihrer Feldmessordnung oder den Handelsgesellschaften des Mittelalters beschäftigt, so wendet er sich nun der Gegenwart und insbesondere dem zu, was er später als die «schicksalsvollste Macht unseres modernen Lebens»[3] bezeichnen wird: dem Kapitalismus.

Wenn heute vom Kapitalismus des neunzehnten Jahrhunderts, von der Industrialisierung und von der späteren Gründerzeit um 1870 die Rede ist, denkt man unwillkürlich an das Ruhrgebiet und an Manchester, an Chicago, Berlin und London, also an Fabriken und Eisenbahnen, Banken und Börsen. Schon 1848 hatten Karl Marx und Friedrich Engels in ihrem «Kommunistischen Manifest» den modernen Kapitalismus – den sie noch nicht so nannten – am Stadt-Land-Verhältnis so charakterisiert: «Die Bourgeoisie hat das Land der Herrschaft der Stadt unterworfen. Sie hat enorme Städte geschaffen, sie hat die Zahl der städtischen Bevölkerung gegenüber der ländlichen in hohem Grade vermehrt und so einen bedeutenden Theil der Bevölkerung dem Idiotismus des Landlebens entrissen. Wie sie das Land von der Stadt, hat sie die barbarischen und halbbarbarischen Länder von den civilisirten, die Bauernvölker von den Bourgeoisvölkern, den Orient vom Occident abhängig gemacht.»[4] Die Träger der kapitalistischen Entwicklung sind Fabrikanten, Handelshäuser, Hafenstädte, Metropolen.

Weber aber betrachtete sein späteres Lebensthema, den Kapitalismus und die Rationalisierungsprozesse der modernen Gesellschaft, zunächst aus einem ganz anderen Blickwinkel, von der Landwirtschaft her. Dazu war er nicht nur durch seine Studien zur römischen Agrarverfassung vorbereitet. Das legte ihm auch der einfache Gedanke nahe, dass sich der soziale Wandel mindestens so gut an der Veränderung von etwas Hergebrachtem beobachten lässt wie am Wachstum des Neuen. Von Beginn seiner Forschungen an beschäftigt Max Weber eine Frage, die Geschichte und Soziologie verbindet: Ob nämlich die gegenwärtige Lage einer Gesellschaft nicht am besten durch das Studium jener historischen Prägungen zu erkunden sei, die ihr gerade verloren gehen. Wer Zeuge einer Epochenschwelle sein möchte, heißt das mit anderen Worten, tut gut daran, jeweils ein Bein dies- und jenseits dieser Schwelle stehen zu haben. Die Industrialisierung, hieß das für Weber, studiert man am besten auf dem Lande.

Tatsächlich lebten noch 1871 zwei Drittel der deutschen Bevölkerung in Orten mit weniger als zweitausend Einwohnern; nimmt man kleine Landstädte mit bis zu fünftausend Einwohnern hinzu, so waren drei Viertel aller Deutschen Landbewohner. Zum Vergleich: Heute sind das etwa fünfzehn Prozent, und die wenigsten davon, nämlich etwa vier Prozent aller Beschäftigten, arbeiten in der Agrarwirtschaft. Sieben Millionen Landarbeiter gab es 1914 noch in Deutschland, 1871 waren es achteinhalb Millionen gewesen, heute sind hierzulande lediglich zweihunderttausend Menschen in dieser Branche tätig.[5]

Der sinkende Anteil der Landbewohner an der Gesamtbevölkerung war schon für die Zeitgenossen des späten neunzehnten Jahrhunderts ein Indikator ersten Ranges für den gesellschaftlichen Wandel. Bis 1875 ging dieser Anteil auf einundsechzig Prozent zurück, 1885 betrug er nur noch sechsundfünfzig Prozent, und in den neunziger Jahren, als Max Weber sich mit der Agrarverfassung Deutschlands zu beschäftigen beginnt, fällt er erstmals unter fünfzig Prozent – in jedem Jahr seit 1871 hatte der Anteil der Landbevölkerung mithin um etwa einen Prozentpunkt abgenommen. Vor allem in den Gebieten des Deutschen Reichs östlich der Elbe war diese Landflucht zu bemerken – zwischen 1880 und 1900 zogen von dort fast zwei Millionen Menschen fort[6] –, und als die Gutsbesitzer den so entstandenen Kräftemangel zunehmend durch den Einsatz polnischer Saisonarbeiter auszugleichen versuchten, warnten viele vor einer schleichenden Slawisierung der Ostprovinzen. Hinzu kam der Verfall der Weizenpreise: Diese waren bereits in den Jahren zwischen1882 und 1889 um ein Viertel gesunken,[7] und nun wollte Bismarcks Nachfolger Leo von Caprivi – der alte Reichskanzler war 1890 zurückgetreten – die Schutzzölle für den Import landwirtschaftlicher Produkte gänzlich abbauen, um damit die Exportchancen der deutschen Industrie zu fördern. Das brachte die Lobbyisten des Agrarsektors, die vor allem in den östlichen Gebieten ihre Hausmacht hatten, gegen Berlin auf. Sie warnten davor, sich einseitig an den Interessen der Exportwirtschaft zu orientieren, und wurden dabei von manchen Nationalökonomen unterstützt. Die Trennung von Produzent und Konsument mache vom Ausland abhängig, das Bevölkerungswachstum erzwinge eine landwirtschaftliche Basis, Konzentration auf den Export erzwinge Billiglöhne und «Niederhaltung der Konsumtionskraft der Massen im Land».[8] Eine solche Entwicklung berge nicht zuletzt die Gefahr, dass die Sozialdemokratie und der Sozialismus immer attraktiver würden.

Vor diesem Hintergrund veranstaltete der «Verein für Socialpolitik», eine Vereinigung von Forschern und Praktikern, die an politischen und ökonomischen Problemen interessiert waren, im Jahr 1890 eine Umfrage unter mehr als dreitausend deutschen Gutsbesitzern über die «Verhältnisse der Landarbeiter in Deutschland». Auf diese Weise wollte man ermitteln, wie es in den von der Landflucht betroffenen Gebieten in der Realität aussah. Als einer von sechs Berichterstattern sollte Max Weber die sechshundertfünfzig Fragebögen auswerten, die aus den ostelbischen Gebieten zurückkamen, wobei er deren Formulierung allerdings nicht selbst hatte beeinflussen können. Wie es zu dem Einsatz des achtundzwanzigjährigen Juristen Weber kam und ob dieser politisch gewollt war, weil er als Anhänger der inneren Kolonisation galt und sein Vater einer entsprechenden Kommission des Preußischen Abgeordnetenhauses angehört hatte, ist umstritten.[9] Mit den Problemen der preußischen Ansiedlungspolitik war Weber 1888 bekannt geworden, als während seines militärischen Pflichtdienstes sein Regiment von Straßburg nach Posen verlegt worden war. Ein dortiger Landrat hatte ihn zu den «mit Staatsmitteln angekauften Rittergütern» mitgenommen, auf denen versucht wurde, «deutsche Bauerndörfer zu gründen».[10] 1892 legt er nun auf fast neunhundert Seiten seine erst im Februar desselben Jahres begonnenen Auswertungen und Schlussfolgerungen zur Landarbeiterfrage im Osten vor und kommt danach in mehreren Aufsätzen immer wieder auf die Ergebnisse zurück. Auf dieser Arbeit, die heute nur noch Spezialisten vertraut ist, gründete damals der Ruf Max Webers, sie machte ihn bekannt.

Für Weber ist die ostelbische Landwirtschaft – er spricht von «wir im Osten» – durch eine «straffe, pflichtgemäße, das ganze Leben umspannende Anspannung der Arbeitskräfte» charakterisiert.[11] Während sich der Tagelöhner in Hessen, in Württemberg und im Rheinland seinem Selbstverständnis nach nicht vom Bauern unterscheide und arbeite, weil es ihm beliebe, herrsche in Preußen das Gefühl der «verdammten Pflicht und Schuldigkeit». Zudem führe die Eigentumsordnung im Osten – wie auch in Westfalen und Niedersachsen – dazu, dass selbst die besten ländlichen Arbeiter sich niemals zu einem selbständigen Landwirt emporarbeiten und emporsparen konnten. Deswegen wanderten von dort so viele Familien aus, und zwar, wie Weber notiert, gleich «über das große Wasser» in die Vereinigten Staaten, weil man dem Heimatgedanken am besten durch einen großen Sprung entfliehen könne.

Während für den Westen Deutschlands der kleine und mittlere Gutsbesitzer typisch war, der saisonal auf Dorfbewohner zurückgriff, die entweder selbst Bauern waren oder zumindest Wohn- und Landeigentum besaßen, war der Osten von großen Gütern, schlechteren Böden und dem Einsatz von Tagelöhnern geprägt. Alte Typen von Arbeitsverhältnissen, in denen beispielsweise ganze Familien eingestellt worden waren, wurden dagegen zunehmend unüblich, und es nahm auch die Zahl der sogenannten Instmänner ab, die gegenüber dem Gutsherrn verpflichtet waren, selbst lohnabhängige Arbeiter beizubringen, wodurch sie Untertanen und Arbeitgeber zugleich waren. Solche älteren Vertragsformen hatten Ertragsbeteiligungen vorgesehen, oder es hatte die Überlassung von Land und Vieh zum Lohn gehört, es waren Jahreslöhne festgelegt, Dreschanteile und «Deputate» in Nahrungsmitteln waren ein Bestandteil des Kontrakts. Diese institutionalisierte Vermischung von Pflichten und Rechten, Familienleben und Ökonomie, Unterordnung und Selbständigkeit schwand mit der Industrialisierung der Landwirtschaft.

Stattdessen nahmen reine Geldlohnverträge zu, die über einen bestimmten Zeitraum abgeschlossen wurden. An ihnen beobachtet Weber zweierlei: Sie legen dem Arbeiter den Vergleich mit den Löhnen und Preisen in anderen Erwerbszweigen nahe, vor allem mit jenen in den Städten, und sie lassen bei ihm erst gar nicht «den Gedanken einer Standesehre des landwirtschaftlichen Betriebes»[12] aufkommen, mit dem er aufgrund der Saisonarbeit ja auch nicht dauerhaft verbunden ist, da er weder die Interessen des Gutsherrn teilt, noch darauf hoffen darf, selbst Landwirt zu werden.

Die Ursachen für diesen Wandel der Arbeitsverhältnisse sieht Weber in der Einführung der Dreschmaschine und der Zuckerrübe. Die Dreschmaschine, die sich seit der Mitte des neunzehnten Jahrhunderts nicht zuletzt aufgrund internationaler Konkurrenz und fallender Getreidepreise verbreitet hatte, verkürzte die Phase, die zur Gewinnung des Korns nötig war, von der Zeit zwischen Herbst und Frühjahr auf wenige Wochen nach dem Ende der Ernte. Zugleich wurde der Dreschanteil abgeschafft, also die Entlohnung des Arbeiters durch sein Produkt, die einen Leistungsanreiz für ihn setzte. Für den Anbau der Zuckerrübe wiederum, die nur auf sehr nährstoffreichen Böden gedeiht, dort sehr ertragreich ist, aber auf demselben Boden in der nächsten Vegetationsperiode nicht wieder angebaut werden kann, werden Wanderarbeiter benötigt, die für ihre Arbeit nur mit Geld entlohnt werden können, und damit, so Weber, bringt diese neue Frucht allmählich das landwirtschaftliche Proletariat hervor: «Die patriarchalische Organisation ist nach alledem der Umwandlung in eine kapitalistische verfallen», resümiert er seine Auswertungen der ostelbischen Gutsbesitzerumfrage.

Dabei kommt es ihm entscheidend darauf an, dass sich der Wandel nicht einfach nur aus ökonomischen Gründen vollzieht. Die wirtschaftlichen Interessen der preußischen Junker, die sich von Patriarchen mit mehr politischer als geschäftlicher Intelligenz in Unternehmer verwandelten, lagen auf der Hand. Die Großgrundbesitzer griffen nicht auf ausländische Saisonarbeiter zurück, weil deren Lohn geringer war, sondern weil er eindeutiger auf die Einzelleistung zugerechnet werden konnte. Der Gutsherr ging ihnen gegenüber keine weiteren Verpflichtungen ein, hatte nicht auch im Winter für sie zu sorgen, war nicht ihr «Herr», sondern nur ihr Vorgesetzter. Außerdem, so Weber, bestand eine «größere Fügsamkeit der prekär gestellten Fremden»,[13] die man bei jeder Unbotmäßigkeit sofort wieder über die Grenze zurückschicken konnte.

Die Entscheidungen der Arbeiter hingegen sind weniger deutlich durch ökonomische Motive beeinflusst. In ihrer Stellung als «Instleute» mag es ihnen wirtschaftlich zwar mitunter insgesamt bessergegangen sein, als Tagelöhner erhalten sie ihren Lohn aber bar ausgezahlt – lieber lassen sie sich also in der Fremde und ohne langfristige Arbeitsgarantie kasernieren, als in der Heimat in gesicherter Abhängigkeit vom Gutsherrn zu leben: «Es ist ein kartoffelessendes Proletariat entstanden aus einer Bevölkerung, welche sich nährte von Zerealien und Milch.»[14] Das Leben als Tagelöhner, heißt das, war ärmlicher, wurde aber von denen, die es ergriffen, oft als selbständiger und freier empfunden.[15] Bei dieser Art von Freiheit, notiert Weber, handele es sich oft «um eine grandiose Illusion» – denn tatsächlich wird nur eine Unfreiheit gegen eine andere eingetauscht –, aber wie der Mensch, so lebe auch der Landarbeiter nicht vom Brot allein.

Der Übergang zur freien Lohnarbeit – und die Auswanderung, die er oft bedeutete –, beruhen also nicht einfach nur auf Zwang, was den Begriff der «freien» Lohnarbeit sinnlos machen würde, sondern auf Entscheidungen, die ihrerseits nicht nur auf Versorgungsgesichtspunkten beruhen. «Alles Ständische und Stehende verdampft, alles Heilige wird entweiht, und die Menschen sind endlich gezwungen, ihre Lebensstellung, ihre gegenseitigen Beziehungen mit nüchternen Augen anzusehen.»[16] So hatten es Marx und Engels im «Kommunistischen Manifest» festgehalten. Weber macht an der Nüchternheit keine Abstriche, widerspricht aber an dieser Stelle trotzdem. Denn die «entweihte» Arbeit hat für Weber ihr eigenes Pathos, und wenn der Übergang zu ihr auf einer grandiosen Illusion beruht, dann ist diese eben doch sehr wirksam. Der Arbeiter ist für Weber nicht nur der Exponent einer Klasse, sondern kann auch Angehöriger eines selbstbewussten Standes sein.

Die Gegenprobe auf diese These macht Max Weber kurz darauf, indem er nachzuweisen versucht, dass ausgerechnet diejenige Tätigkeit, die als Kapitalismus in Reinform gilt, die Waren- und Aktienspekulation nämlich, ebenfalls auf ständischen Voraussetzungen beruht. Weber publizierte seine Überlegungen 1894 unter dem lakonischen Titel «Die Börse».[17] In dieses Thema hat er sich außergewöhnlich schnell eingearbeitet. Im November 1893 war er zum außerordentlichen Professor des Handelsrechts und deutschen Rechts an der Universität Berlin ernannt worden. Sein Doktorvater, Levin Goldschmidt, hatte einen Schlaganfall erlitten und Weber, dem ein Ruf nach Freiburg winkte, sollte in Berlin gehalten werden, um Goldschmidt zu vertreten.[18] Anfang 1894 befasst er sich in seinem Handelsrechtspraktikum erstmals mit der Börse, im Sommer 1894 sitzt er schon – den Ruf nach Freiburg auf eine Professur für Nationalökonomie und Finanzwissenschaft hat er Anfang April doch angenommen – an seinen ersten Schriften dazu. Erneut gehen sie aus einer ungeheuren Ochserei hervor: Weber wertet hierfür die auf beinahe fünftausend Druckseiten dokumentierten Ergebnisse der «Börsenenquête» aus, einer vom Reichskanzler eingesetzten Kommission. Danach ist er in allen Details des Börsenhandels bewandert, gilt auf diesem Gebiet als einer der wichtigsten Experten in Deutschland und wird zu politischen Beratungen über das neue Börsengesetz herangezogen.[19]

Anders als in der Landarbeiterfrage schien Weber für eine Analyse des Warentermin- und Aktienhandels völlig unvorbereitet. Während seiner juristischen Referendarszeit hatte er zwar Vorlesungen von Adolph Wagner gehört, dem Geld- und Bankenfachmann unter den «Kathedersozialisten», jenen Professoren, die man so nannte, weil sie vom akademischen Pult herab den Staat zu mehr Sozialpolitik aufforderten. Wagner streifte in seiner 1901 gedruckten «Sozialökonomik»-Vorlesung, um die es sich gehandelt haben dürfte, die Börsenfrage nur.[20] Webers eigentlicher Lehrer Goldschmidt jedoch war in Fragen des Börsenrechts hoch engagiert gewesen: Schon 1859 hatte er im inzwischen berühmten Fall der Lucca-Pistoja-Aktiengesellschaft ein Gutachten verfasst. Dabei war es um eine Eisenbahnlinie zwischen den beiden toskanischen Städten gegangen, zu deren Finanzierung ein Frankfurter Bankhaus Aktien vermittelt hatte, ohne in seinem Prospekt zu erwähnen, dass die Bürgschaft der toskanischen Regierung für diese Aktien an sehr enge Bedingungen gebunden war. Eine heftige Kontroverse entstand, welche Informationspflichten Banken gegenüber ihren Kunden haben. Goldschmidt vertrat eine liberale Position: Wer Aktien aus dritter Hand beziehe oder erst von einer Bank kaufe, sie dann mit Gewinn verkaufe, um sie schließlich wieder zurückzukaufen, könne sich nicht auf unklare Angaben im ursprünglichen Aktienprospekt berufen, um das Bankhaus, das sie in Umlauf gebracht hat, in Regress zu nehmen.[21] Kurz und grob zusammengefasst: Wer sich auf Spekulation einlässt, kann sich nicht an deren ungutem Ende als betrogen darstellen. Um ganz ähnliche Fragen ging es auch Weber. Bei seiner umfangreichsten Arbeit zur Börse handelt es sich zwar um eine «Börsenfibel», die erklärtermaßen keinerlei Kenntnis voraussetzen möchte, aber ihre volksaufklärerische Absicht, Vorurteilen gegen den Börsenhandel entgegenzutreten, geht mit dem Bestreben einher, an einem scheinbar rein *ökonomischen* Geschehen zu zeigen, auf welchen *nichtökonomischen* Voraussetzungen es beruht.

Weber hatte dabei die Vorwürfe vor Augen, die Börsen seien Spielcasinos oder Lotterien. Zwar plädiert er ebenfalls dafür, die Ausbeutung des Publikums durch die Händler gesetzlich zu verhindern, aber man müsse sich hüten, so warnt er, «immer die stärksten Schreier auch für die bewährtesten Kritiker zu halten»,[22] zumal es darunter welche gebe, die durchaus von dem profitierten, was sie angriffen. Weber denkt hier an die schon erwähnten Landbesitzer, die für ihn die Träger der agrarischen Industrialisierung waren und die nach 1890 lautstark eine Regulierung der Warenbörsen forderten. Diese hatten sich erst im letzten Drittel des neunzehnten Jahrhunderts aus Gütergroßmärkten entwickelt, als man dort von bestimmten Handelsobjekten zu abstrakten, standardisierten und «vertretbaren» Gütern überging: von einer Charge Roggen bestimmter, durch Stichproben überprüfbarer Qualität zu einer Mindesthandelsmenge Roggen – in Berlin damals fünfzig Tonnen – standardisierter Art mit unterstellten Qualitäten: «gut, gesund, trocken, frei von Darrgeruch, 712 Gramm auf einen Liter».[23] Die Nachverhandlungen über mögliche Abweichungen des tatsächlichen Roggens von dieser fiktiven Ware, für die der Preis gebildet wurde, überließ man denen, die schließlich das reale Gut untereinander austauschten. Die Börse selbst kümmerte sich nur um den erwartbaren Durchschnittspreis.

Der fiktive Charakter der an Warenbörsen gehandelten Objekte steigerte sich noch, als Termingeschäfte wichtiger wurden, also der Handel mit Waren, die noch gar nicht produziert worden sind. Das berühmte «Chicago Board of Trade», die 1848 gegründete Rohstoffbörse der Vereinigten Staaten, verzeichnet standardisierte Warentermingeschäfte seit dem Jahr 1865.[24] Derartige Transaktionen stellten nicht nur eine ökonomisch-juristische Herausforderung, sondern für viele auch eine moralische Zumutung dar. Thomas Mann hat sie in den «Buddenbrooks» schön dargestellt, als er das Handelshaus im Jahr 1868 einem seiner Spielsucht halber verschuldeten mecklenburgischen Junker einen Vorschuss auf die Ernte geben lässt, soll heißen: die Firma Buddenbrook ihm die noch ausstehende Ernte «auf dem Halm» um den halben Preis abkauft.[25] Thomas Buddenbrook lässt sich auf das Geschäft ein, trotz des Wuchers, den es bedeutet, weil er glaubt, sich kaufmännische Härte schuldig zu sein und moderne Praktiken der überlieferten Scheu vor Spekulation vorzuziehen habe. Sein Einsatz aber geht mit der Ernte im Hagelschlag unter. Ökonomisch gesprochen, hatte Buddenbrook dem Produzenten das Mengenrisiko über einen massiven Preisabschlag abgekauft, wohingegen an Terminbörsen allein Preisrisiken gehandelt werden, das Risiko, nicht liefern zu können, aber bei demjenigen bleibt, der zu liefern versprochen hat.

Solcher Verkauf der Ernte vor ihrer Einbringung zu börsenermittelten Preisen war, als Max Weber über die Börse schrieb, schon keine Seltenheit mehr. Das nährte die Ansicht, die Börse entscheide über den Wohlstand der Erzeuger. Die «Agrarier» meinten, an den fallenden Getreidepreisen sei eine Börse mitschuldig, die es erlaube, auf fallende Getreidepreise zu wetten, und die Abweichungen nationaler von Weltmarktpreisen sofort ausgleiche. Außerdem hatte es im ganzen neunzehnten Jahrhundert eine rechtswissenschaftliche Diskussion darüber gegeben, ob «Differenzgeschäfte», also solche, bei denen es nur darum ging, Preisunterschiede auszunutzen, überhaupt einklagbare Verträge darstellten oder nicht vielmehr Wetten, die nur zu «Ehrenschulden» führen.[26] Das war vor allem darum eine wichtige Frage, weil an den deutschen Börsen nicht nur Kaufleute mit besonderen Lizenzen zugelassen waren: Wenn die Börsenhändler einen geschlossenen Club bilden, spielt es keine große Rolle, ob ihre wechselseitig eingegangenen Verpflichtungen wirklich «gerichtsfest» sind – die Drohung, bei Nichterfüllung aus dem Club ausgeschlossen zu werden, sollte genügen, um Erfüllung zu gewährleisten. In dem Augenblick jedoch, in dem sich viele und einander Unbekannte am Börsengeschehen beteiligen, werden Rechtsfragen mangels anderer Sanktionsmittel wichtig.

Modernes Wirtschaften, so setzt Weber ein, heißt für andere wirtschaften. Es wird absichtlich mehr produziert, als der Produzent für sich selbst benötigt, und so entsteht Handel. Märkte sind Orte, an denen solche Überschüsse von eigens darauf spezialisierten Personen, Kaufleuten, angeboten werden; Orte, die Zeit ersparen, weil man erwarten kann, an ihnen das zu finden, was man sucht, und Orte, die Vergleiche erlauben, also Information konzentrieren. Börsen nun sind Märkte, an denen Waren gehandelt werden, die weder präsent sind noch bereits produziert sein müssen, und sie werden auch nicht gehandelt, um dem Bedarf der Käufer zugeführt zu werden, sondern um sie weiterzuverkaufen: Devisen, Wechsel, Staatsschulden, Rohstoffe, Firmenanteile. Weber nennt sie «verbriefte Tributberechtigungen»[27] und führt ihre Existenz auf die Verflochtenheit des modernen Wirtschaftsverkehrs zurück, in dem jeder dem anderen etwas schuldet, weil er von ihm etwas bekommen hat, ohne das er selbst nicht produzieren könnte. Es sei menschlich vom Unternehmer zu glauben, das Produkt sei seines, der Gewinn seiner, die Fabrik seine – aber ohne die gesamte Gemeinschaft könnte er nicht wirtschaften.

Die Börse nun informiert die Produzenten darüber, was ihre Produkte wert sind, an ihr organisiert sich die Konkurrenz der Anbieter und Käufer. Gäbe es sie nicht, wüsste die Landwirtschaft nicht, welche Gewinnspannen der Handel ansetzt, wenn er ihr ein Preisangebot macht. In England und Amerika erfolge das dieser Information dienende Börsengeschehen in Clubs von Zugangsberechtigten zur Börse, hier «ist also die Börse offen als Monopol der Reichen organisiert»,[28] in Frankreich als staatlich lizenzierter Handel, in Hamburg als frei zugänglicher Handelsplatz, in Berlin konzessioniert mit großen Vermögensunterschieden zwischen den Maklern. Das Motto im Wappen der Londoner Börse «Dictum meum pactum», das Wort sei meine Verpflichtung, wurde zwar erst 1923 formuliert, bringt aber Webers Hinweis auf die nichtökonomischen Grundlagen der Ökonomie gut zum Ausdruck. Erstens: «Auf die Personen kommt es an.»[29] Zweitens: Die Größe des Vermögens ist noch kein Grund zum Misstrauen. Drittens: Ehre als Grundlage von Vertrauen und Selbstkontrolle entwickelt sich nur in homogenen Kreisen. Darum seien Zugangsbeschränkungen zur Börse geeignet, die Kontrolle des Geschäftsgebarens überhaupt erst zu ermöglichen.

Schon 1890 hatte Max Weber festgestellt, er sei «im Lauf der Zeit ungefähr zu einem Drittel Nationalökonom geworden».[30] Kurz darauf war er es ganz, der Rechtshistoriker und Handelsrechtler hatte sich innerhalb von knapp zwei Jahren in einen Volkswirt verwandelt. Und seinem Titel nach blieb er es zeit seines Lebens. In Heidelberg, wo er 1896 seinen zweiten Lehrstuhl bezog, wurde er Professor für Nationalökonomie und Finanzwissenschaften, in Wien und München, wo er 1917 und 1919 die Lehre aufnahm, handelt es sich ebenfalls um nationalökonomische Professuren, in München ergänzt um Gesellschaftswissenschaft und Wirtschaftsgeschichte.

Wie war es dazu gekommen? Jedenfalls sehr plötzlich. Das erste Mal erwähnt Weber seine Beschäftigung mit der Börse in einem Brief an seinen Professorenkollegen Gustav Schmoller, als er sie schon aufgenommen hat, im Februar 1894. Drei Monate zuvor hatte er demselben Adressaten noch ganz andere Pläne seiner künftigen Forschungen entwickelt, nämlich die Ausdehnung seiner

Studien zum mittelalterlichen Handel.[31] Dazwischen liegt zum einen die Publikation des statistischen Materials der Börsenenquête. Wie im Fall der Landarbeiterumfrage und wie später noch oft, so reagiert Weber auch hier auf Anregungen von außen, Aufträge und Anfragen. Er hat zu Beginn seiner wissenschaftlichen Laufbahn kein «Lebensthema» und keine Fragestellung, die es ihm erlaubt hätte, sich das Material zu ihrer Beantwortung selbst zu suchen, sondern er beweist sich, hierin ganz ein Zögling der Historischen Schule, an Datenmengen, die bereits vorliegen, aber ungeordnet sind. Er stößt durch Forschung auf das, was ihn umtreibt, und erforscht nicht umgekehrt, was ihn innerlich beschäftigt.

Zum anderen drängt es Weber in das politische Beratungsgeschäft. Er möchte wirken, engagiert sich für bürgerliche Sozialreformen, beim «Verein für Socialpolitik» und im «Evangelisch-sozialen Kongreß», für den er, zusammen mit seinem Freund Paul Göhre, noch eine weitere Landarbeiterumfrage organisiert, bei der nicht nur Gutsbesitzer, sondern auch Dorfgeistliche nach der Lage der Beschäftigten gefragt werden. Die Börsenreform war insofern bloß ein weiteres Betätigungsfeld des Nationalliberalen Weber, der sich nicht auf die Wissenschaft beschränken wollte. Die Wirtschaft sowie die gesellschaftspolitischen Folgen ihrer Dynamik begannen im letzten Drittel des neunzehnten Jahrhunderts die politische Praxis mehr und mehr zu beherrschen. Entsprechend verlor die ältere Unterscheidung zwischen dem Staat und der bürgerlichen Gesellschaft als dem «System der Bedürfnisse» (Hegel), in der dem Staat die Wahrung der höheren Gesichtspunkte gegenüber den bloßen Interessen zukam, allmählich an Plausibilität. Die «Arbeiterfrage» und die «soziale Frage», die Konstruktion von Sozialversicherungen und die Entwürfe zu einem Bürgerlichen Gesetzbuch, das 1900 verabschiedet wurde, leiteten Webers politische Ambitionen hin zur Beschäftigung mit aktuellen Wirtschaftsthemen.

Schließlich war Weber auch aus Gründen seiner beruflichen Laufbahn gehalten, sich der Gegenwart und ihrer Wirtschaftsverfassung zuzuwenden. Denn sowohl seine außerordentliche Professur in

Berlin wie der in Aussicht stehende Ruf aus Freiburg brachten ihn in die Verlegenheit, mit seinen bisherigen Schriften gar nicht recht auf die betreffenden Stellen zu passen. Die Übergänge in Disziplinen, die sich mit Politik, Recht und Ökonomie befassten, waren noch fließend. Adolph Wagner etwa behandelt in seiner «Grundlegung der politischen Ökonomie» von 1894 neben dem Privateigentum, Kapital, Arbeit und Boden auch das Eherecht und die Einwanderung.[32] Es seien, schreibt der Nationalökonom Wilhelm Roscher 1862, «die Gegenstände, welche von der Rechts- und von der Wirtschaftslehre behandelt werden, fast durchaus dieselben»,[33] nur die Gesichtspunkte seien andere: hier das «menschliche Verkehrsbedürfnis», dort das «Missfallen am Streit». Dann wieder verhält sich für Roscher die Ökonomie zum Recht wie die Chemie zur Medizin.[34] Seine eigenen Beiträge zur Volkswirtschaftslehre umfassen Studien über die geographische Lage großer Städte, die Standorte von Industriebetrieben, englischen Ansichten über Bauern, Beamtenwohnungen und über Gewerberechte. Methodisch handelte es sich vor allem um die Einbettung statistischer und sozialkundlicher Befunde in eine historische Erzählung. Und um eine Art Sachkunde der Güterproduktion und -konsumtion, die Regelmäßigkeiten wie diese beobachtet: «Zwischen Bier und Branntwein ist in Bezug auf den Standort ihrer Fabrikation vornehmlich der Unterschied, dass jenes am liebsten in der Stadt, dieser hingegen auf dem platten Lande verfertigt wird», um sie durch die größere Lagerbeständigkeit und Transportfähigkeit des Branntweins zu erklären.[35]

Eigenständige ökonomische Theorien, die zu studieren gewesen wären, gab es also kaum. Von England, Österreich und Frankreich aus hatte sich zwar im neunzehnten Jahrhundert ganz allmählich eine «politische Ökonomie» auf mathematischer Grundlage verbreitet, eine Art moralische Arithmetik und soziale Physik. «Was einem Kopernikus zur Erklärung des Zusammenseins der Welten im Raum zu leisten gelang, das glaube ich für die Erklärung des Zusammenseins der Menschen auf der Erdoberfläche zu leisten.»[36] So setzte der verkannt gebliebene Hermann Heinrich Gossen in der Mitte des Jahrhunderts als erster Ökonom der «Grenznutzenschule» bei seinem Versuch ein, eine mathematische Theorie des Tauschs und der Preisbildung zu entwickeln. Aus der angeblichen Natur des Menschen, nach Glück im Sinne von Lustgewinn zu streben, und aus den technischen Voraussetzungen der Wirtschaft wurden optimale Ergebnisse wirtschaftlichen Handelns, vor allem des Tauschs, aber auch der Produktion abgeleitet.

Ein Jahrzehnt später formulierten in diesem Sinne unabhängig voneinander der englische Logiker William Stanley Jevons («The Theory of Political Economy», 1871), der österreichische Jurist und Staatswissenschaftler Carl Menger («Grundsätze der Volkswirthschaftslehre», 1871) sowie der französische Mathematiker, verkrachte Ingenieur und Ökonomieprofessor Léon Walras («Éléments d'économie pure ou théorie de la richesse sociale», 1874) eine Wirtschaftstheorie, die sich als strenge, überhistorische Wissenschaft präsentierte. Doch selbst für den Engländer Alfred Marshall, der 1890 mit seinen «Principles of Economics» das prägende Lehrbuch verfasste, dauerte es bis 1903, als er den ersten Lehrstuhl für dieses Fach an der Universität Cambridge erhielt. Sein Kollege Francis Y. Edgeworth war in Oxford ein wenig früher dran, hier war der Lehrstuhl für Politische Ökonomie schon 1825 eingerichtet worden und wurde nun 1891 zum ersten Mal mit einem Vertreter der neuen «neoklassischen» Schule besetzt, der zehn Jahre zuvor sein Hauptwerk unter dem sprechenden Titel «Mathematical Psychics» vorgelegt und darin formuliert hatte: «Die Anwendung von Mathematik auf die Welt der Seele wird von der Hypothese getragen [...], dass Vergnügen ein Begleitumstand von Energie ist.»[37] Das entsprechende Kapitel trug den Namen «Hedonimetrie», Lustmessung. Auch hier war also die Naturwissenschaft, waren Sätze über Energieumwandlung und -erhaltung das Modell für die Ökonomie, die nur noch dem Namen nach eine Politische Ökonomie war. Die Wirtschaftswissenschaft untersuche die Arrangements unter Akteuren, von denen jeder ein Maximum an Nutzen für sich erstrebe.

Diese Art der Nationalökonomie war in Wahrheit eine Internationalökonomie. Sie analysierte das ökonomische Handeln von Individuen und Organisationen (Firmen, Bürokratien, Genossenschaften) als den Versuch, knappe Mittel möglichst effektiv einzusetzen, um lieber mehr als weniger der eigenen Wünsche zu verwirklichen. Der rationale Akteur bildet Erwartungen, vergleicht Güterbündel (Äpfel mit Äpfeln und Äpfel mit Birnen), berechnet und plant ziemlich viel, opfert Gegenwart für Zukunft (durch Ersparnis) und Zukunft für Gegenwart (durch Konsum), je nachdem wie er seine Ertrags- und Konsumchancen einschätzt. Dazu begibt er sich auf Märkte, tauscht und arbeitet, um etwas zum Tauschen zu haben.

Derlei abstrakte Zugriffe auf Wirtschaftsfragen kamen für Max Weber nicht in Betracht. Für ihn stand das Wirtschaftshandeln im Kontext von Recht, Politik und dem, was er später «Lebensführung» nennen wird. Sein Lehrer Levin Goldschmidt bezeichnete das Handelsrecht beispielsweise zusammen mit Warenkunde, kaufmännischem Rechnen, Handelsgeographie als Teil jener Kenntnisse, «welche für den Betrieb des Handels bedeutend sind» und die er «Handelswissenschaft im weiteren Sinne» nennt.[38] Heute hieße das, das Handelsrecht als Teil der Betriebswirtschaftslehre zu verstehen. Die Pointe dieser Zuordnung erkennt man, wenn man die Frage stellt, welches denn die wichtigsten Quellen des Handelsrechts sind, denn hierauf hat Goldschmidt eine alles andere als selbstverständliche Antwort: Man vergleiche, fordert er auf, den Landmann, Handwerker, Baumeister oder Fabrikanten mit dem in Getreide spekulierenden Kaufmann oder gar dem Bankier – während bei Ersteren die tatsächliche Seite ihrer Erwerbstätigkeiten im Vordergrund stehe, sei es beim Kaufmann die rechtliche. Anders formuliert: Für den Kaufmann ist das Recht die maßgebliche Technik, «weil jeder erhebliche Handelsakt zugleich ein Rechtsakt zu sein pflegt».

Im Handelsrecht fasst der staatliche Gesetzgeber für Goldschmidt – und so für Max Weber – demnach nur in Sätze, was unter Kaufleuten ohnehin gilt und sich aufgrund praktischer Erwägungen durchgesetzt hat. Es interessierte Weber nicht, ob der Kapitalismus und eine an seinen Belangen ausgerichtet Politik für mehr ökonomische Effizienz im Sinne eines «Tauschgleichgewichts» sorge, in dem sich niemand mehr besserstellen kann, ohne einen andern schlechter zu stellen. Genauso wenig ging es ihm um den nationalen Wohlstand und die Steigerung der Güterversorgung durch freie Marktwirtschaft. «Eine starke Börse kann eben kein Club für ‹ethische Kultur› sein, und die Kapitalien der großen Banken sind so wenig ‹Wohlfahrtseinrichtungen› wie Flinten und Kanonen es sind. Für eine Volkswirtschaftspolitik, welche *diesseitige Ziele* erstrebt, können sie nur eins sein: Machtmittel in jenem ökonomischen Kampf.»[39]

Am 13. Mai 1895, in seinem zweiten Semester an der Universität Freiburg, hält Max Weber seine Antrittsvorlesung «Der Nationalstaat und die Volkswirtschaftspolitik», in der er das Resümee aus seinen Landarbeiter- und Börsenstudien zieht. Die Volkswirtschaftspolitik, sagt er dort, gelte vielen als ein «Sinnen über Rezepte zur Beglückung der Welt». Abwechselnd habe die Volkswirtschaftslehre das Problem der Gütererzeugung und das der Güterverteilung, der «sozialen Gerechtigkeit» in den Vordergrund gerückt. Sobald jedoch von der bloßen Analyse zur Volkswirtschaftspolitik übergegangen wird, fordert Weber statt einer kosmopolitischen Ökonomie eine Nationalökonomie, die nach der Qualität der Menschen fragen müsse, die durch bestimmte soziale Umstände «herangezüchtet» würden. Überall seien ökonomische Betrachtungsweisen im Vormarsch, aber deren wahrer Charakter findet er verkannt. Denn auf die Frage, was denn nun geschehen soll, wenn die polnischen Arbeiter auf deutschem Terrain Boden gewinnen, weil es auch im Interesse einer absteigenden Klasse von Junkern liegt, die auf dem Weltmarkt anders nicht mehr bestehen können, gibt ihm die herrschende Lehre keine zufriedenstellende Antwort. Für sie ist die Wirtschaft ein Gebiet harmonischen Interessenausgleichs oder staatlicher Gerechtigkeitsideale. Für Weber aber ist sie nur eine andere Form von Politik und vielleicht die wichtigste Form von Politik, die unter den Umständen einer Weltwirtschaft getrieben werden muss: Kampf,

Verdrängung, Ausdehnung von Besitzansprüchen, Verbreitung einer bestimmten nationalen Kultur durch Wachstum.

Wie sind diese überaus aggressiven Thesen zu verstehen? Weber rechnet eins und eins zusammen: Am ostelbischen Junkertum war zu sehen, dass die alte, aristokratische Herrschaftsform versinkt und der Kapitalismus aus Gutsbesitzern Industrielle macht, die unehrlicherweise noch den alten Anschein erwecken, um als national bedeutsam subventioniert zu werden. Also ist das Maß der Politik nicht mehr die alte Sozialstruktur, sondern die ökonomische Konkurrenz – und zwar um so mehr, als ihre Ergebnisse in Gegensatz zu nationalen Interessen geraten können. Für Weber liegt das Dilemma Deutschlands dabei im Bürgertum, das als der natürliche Träger kapitalistischer Expansion nicht reif sei, auch die politische Herrschaft zu übernehmen. Worin zeigt sich diese Unreife? In seinen unpolitischen, rein merkantilen und an Macht desinteressierten Einstellungen. Man fürchtet die Massen und die Sozialdemokratie, hofft sorgenvoll, dieser Gefahr werde ein Nachfolger Bismarcks Herr, und schwärmt feudale Zustände an. Genau darum nennt er sich in jener Rede ein «Mitglied der bürgerlichen Klassen», weil ihn die Selbstverleugnung des deutschen Bürgertums empört, das aus seiner ökonomischen Vorrangstellung keine politischen Folgerungen zieht, sondern am liebsten in Ruhe von seinen Zinsen leben würde.

ACHTES KAPITEL

«DER NERVÖSESTE MENSCH DER ERDE» – MAX WEBERS OBSESSIONEN UND SEIN ZUSAMMENBRUCH

«Kinder, ich hab eine glänzende Idee für ein Stück: Junger Mann, verliebt sich in seine Mutter. Erschlägt seinen Vater, heiratet die Mutter. Merkt, dass es gar nicht seine Mutter ist, bringt sich um.»

Franz Molnár

Nicht wie die Menschen der Zukunft sich befinden, sondern wie sie sein werden, ist die Frage, die uns beim Denken über das Grab der eigenen Generation hinaus bewegt.»[1] Max Webers Erkenntnisinteresse galt der – heute würde man sagen: sozialpsychologischen – Frage, durch welche Faktoren ganze Gruppen von Menschen so werden, wie sie sind. Noch verwendet er Worte wie «Qualität der Menschen», als handele es sich um so etwas Ähnliches wie Roggen, er spricht von «emporzüchten» und fällt Urteile über das «Kulturniveau» ganzer Nationen. Das wird er bald sein lassen, vielleicht auch, weil ihm deutlich wurde, dass es nicht sehr stimmig ist, sich einerseits über die zweifelhaften Eigenschaften der eigenen Nation bitter zu beschweren, ihre «Qualität» aber andererseits anderen Nationen gegenüber für überlegen zu erklären. Auch stellt er sich der Einsicht seiner historischen Studien, dass beispielsweise, «je weiter zurück man in der Geschichte geht, desto ähnlicher die Chinesen und ihre Kultur (in den hier für uns wichtigen Zügen) dem erscheinen, was man auch bei uns findet», und das, was man zuweilen als ihre «Rassequalitäten» anspreche, einer sehr viel späteren Entwicklung entspringe.[2] Und schließlich wird ihm schon im Zusammenhang mit den Studien zu den ostelbischen Landarbeitern klar, dass ethnische Herkunft gewiss nicht der zentrale Faktor ist, wenn es darum geht, sozial typisches Verhalten zu erklären. Wenn Weber 1905 beispielsweise die autoritäre Organisationsform der Montanindustrie attackiert, weil sie die Arbeiter zu «Kanaillen» mache, nämlich «depravierend und charakterschwächend»[3] wirke, dann liegt es auf der Hand, dass solche Beobachtungen nicht mehr in einer Anthropologie untergebracht werden können.

Der Psycho-Lamarckismus seiner frühen Jahre, die Vorstellung also, kulturgeschichtlich erworbene Eigenschaften einer Nation vererbten sich als Rassemerkmale ihrer Mitglieder, tritt damit jedenfalls völlig zurück. Genauer: Weber geht zu Formulierungen wie derjenigen über, dass er, was die Formen der Rationalität in bestimmten Regionen angeht, «persönlich und subjektiv die Bedeutung des biologischen Erbgutes hoch einzuschätzen geneigt ist»,[4] aber derzeit keinen Weg sehe, sie verlässlich zu bestimmen. «Es steht zu hoffen», schreibt er 1904, «daß der Zustand, in welchem die kausale Zurückführung von Kulturvorgängen auf die ‹Rasse› lediglich unser Nichtwissen dokumentierte – ähnlich wie etwa die Bezugnahme auf das ‹Milieu› oder, früher, auf die ‹Zeitumstände› –, allmählich durch methodisch geschulte Arbeit überwunden wird.»[5]

Das aber konnte kaum die Aufgabe von Sozialwissenschaftlern sein. Stattdessen wird Weber zunehmend die Frage stellen, nicht wie Menschen *sind,* sondern wie sie typischerweise *handeln,* und er wird beispielsweise am «Charisma» zeigen, dass das Wesen von Menschen auf spezifischem Handeln beruht: Was tun Charismatiker, und vor allem was tun diejenigen, die solche Qualitäten an Charismatikern wahrnehmen? Damit erledigen sich dann auch alle Vorstellungen von Züchtung und Erblichkeit, und der Übergang von der Psychologie oder Anthropologie zur Sozialwissenschaft ist vollzogen. Der Begriff, den Weber dann für das verwenden wird, was ihn zunehmend beschäftigt, lautet «Lebensführung».

Wie aber führte Max Weber selbst sein Leben, in jenen Jahren seiner jungen Ehe, seines akademischen Aufstiegs und seiner öffentlichen Wirksamkeit? Wie hätte man ihn selbst «charakterologisch» –

«um das modische Wort zu gebrauchen»[6] – zu beschreiben? Für eine Antwort ist es hilfreich, zuerst umgekehrt zu fragen: Wie führte er es nicht? In seiner «Wirtschaftsethik der Weltreligionen» wird Weber eine intellektuelle und praktische Einstellung zur Welt beschreiben, die seiner eigenen am denkbar weitesten entgegengesetzt ist – den Konfuzianismus –, und vergleicht sie mit einer anderen, die ihm von allen die größte Bewunderung abgerungen hat – dem Puritanismus.[7] Der Konfuzianer ist für Weber in allen Belangen das, was er selbst nicht ist: Er verzichtet auf jegliche naturwissenschaftliche Kenntnis, weswegen er in einem «Zaubergarten» positiver Magie zu leben vermag, in dem überall Energiefelder, Akupunkturpunkte, geomantisch oder hydromantisch beeinflussbare gute Natureigenschaften existieren, die technisch-medizinisch genutzt werden können. Unruhe ist dem Konfuzianer fremd, Pessimismus ist für ihn Zeitverschwendung, sich in die Natur zu fügen, leuchtet ihm am meisten ein. Das Individuum soll ausgeglichen sein, eine «harmonisch ausbalancierte Persönlichkeit». Also weder ein Spezialist noch ein Fanatiker. Dem Konfuzianer geht es nicht um sein Seelenheil, sondern um seine Gesundheit. Sünden gibt es für ihn nur als Unbotmäßigkeit gegenüber Autoritäten. Er folgt einer «Ethik der unbedingten Weltbejahung und Weltanpassung». Worin sich die äußert? Weber unterstreicht «die auffällige Abwesenheit von ‹Nerven› in dem spezifischen Sinne des Worts, den der Europäer heute damit verbindet, die grenzenlose Geduld und beherrschte Höflichkeit, die Zähigkeit des Haftens am Gewohnten, die absolute Unempfindlichkeit gegen Monotonie und die pausenlose Arbeitsfähigkeit, die Langsamkeit der Reaktion auf ungewohnte Reize, speziell auch in der intellektuellen Sphäre».

Auch diese Eigenschaften sind jeweils das genaue Gegenteil von dem, was Max Weber zeit seines Lebens ausmachte. Nervös, ungeduldig, unbeherrscht, abrupt, extrem reizbar, speziell auch in der intellektuellen Sphäre, teils verbohrt in, teils angeekelt von Monotonie und in pausenlose Arbeit mehr flüchtend als ihr gelassener Herr. Denn wie führte der junge Max Weber sein Leben? «Er setzt die straffe Arbeitsdisziplin fort, regelt sein Leben nach der Uhr, teilt sich den Tageslauf für die verschiedenen Gegenstände in genaue Abschnitte, ‹spart› auf seine Weise, indem er sich abends auf seiner Bude mit einem Pfund gehackten rohen Rindfleischs und vier Spiegeleiern beköstigt. Die letzte Stunde des Tages gehört dem Skat», heißt es über sein letztes Studiensemester 1885/86 in Göttingen.[8] Im März 1894 schreibt er an die Gattin aus Posen, wo er stationiert ist, dass man dort «als meine einzige ins Gewicht fallende Eigenschaft meine Konsumfähigkeit in Bezug auf alkoholische Getränke schätzte und schätzt».[9] Man sieht ihn dort eben nicht arbeiten. Joachim Radkau, der Webers (Miss-)Verhältnis zu seinen Trieben ins Zentrum der Biographie stellt, hat das exzessive Verhalten des Gelehrten ausführlich dokumentiert. Im Herbst desselben Jahres heißt es beispielsweise in einem Brief Webers an Marianne: «Nachdem das ersehnte eingetreten und ich nach jahrelangen Qualen widerwärtigster Art endlich von innen heraus zum Gleichmaß gekommen war, fürchtete ich eine Depression schwerster Art. Sie ist nicht eingetreten, aber ich glaube, weil ich das Nervensystem und das Gehirn durch anhaltende Arbeiten nicht zur Ruhe kommen ließ. Deshalb u. a. auch – ganz abgesehen von dem Naturbedürfnis nach Arbeit – lasse ich so sehr ungern eine wirklich fühlbare Pause in der Arbeit eintreten.»[10] Die Gattin ihrerseits schreibt an die Schwiegermutter im Februar 1895 aus Freiburg: «Max hat sich natürlich noch viel mehr als ich geödet – und behauptet, mindestens 40 Butterbrote aus Rache und etwa 20 Bier vertilgt zu haben, so daß er sich hernach einer boa constrictor ähnlich fühlte», zumal er sich noch sechs Berliner Pfannkuchen einverleibt habe.[11] «In später Stunde wettet Weber auf sein Gewicht von zwei Zentnern und verpflichtet sich, für jedes Pfund weniger sein Glas leeren zu wollen. Er wird mit Hallo auf der Ortswaage gewogen, hat die Wette verloren und muß es nun ausbaden»,[12] verträgt aber die zusätzliche Betankung am besten und läuft nach Hause, während die anderen einen Leiterwagen nehmen. In Freiburg erregt seine Trinkfestigkeit jedenfalls «ebensoviel Erstaunen wie die sonstigen Leistungen». Auch Marianne Weber schwankt zwischen Bewunderung – ihr erscheint der Ehemann wie ein «Recke aus den Wäldern Germaniens, dem eine unkriegerische Epoche statt des Speeres die Feder in die Hand gedrückt hat» – und der Sorge, dass es neben der Feder vor allem das Bierglas ist, mit dem er sein geselliges Leben ausficht: Den «vierfachen Bierjungen» habe er zum Erstaunen der Studentenschaft einem Burschen «abgewonnen», also vier hintereinander um die Wette getrunkene Gläser. Er sei wochenlang unter Sprit wie ein Anatomiepräparat gewesen, heißt es einmal von Marianne an die Schwester Klara.[13]

Dabei sind es zunächst nicht in erster Linie gesundheitliche Zweifel, die sie bewegen. «Da Du diesen Brief allein lesen wirst», heißt es erneut von der Gattin an die Schwiegermutter, «kann ich es Dir sagen, daß es mir manchmal unheimlich ist, daß er hier so viel Gelegenheit zum Kneipen hat, jetzt regnet es z. B. Einladungen zu den verschiedenen Verbindungscommersen etc. etc. Ich weiß ja, daß es ihm nicht schadet und daß es ihn nie beherrschen wird – aber, es ist mir so unsympathisch, ich kann mir nicht helfen; ich gönne ihm ja die Erholung, aber wenn's oft wöchentlich drei- bis viermal vorkommt und dann auch noch vor Tisch, wenn er von 12–1 Uhr (aus)richten ließ (daß) ein Frühschoppen gemacht wird mit irgendjemand, dann macht es mich innerlich traurig.»[14] Während des Urlaubs 1895 in Schottland notiert die Gattin: «Das Essen, das ihn immer ergötzte, war in kürzester Zeit getan – nie konnte man ihn abhalten sehr schnell zu essen, und wenn Gäste da waren, die gern bei Tisch behaglich plauderten, so litt er heimlich Qualen der Ungeduld, so daß auch ich meist auf Nadeln saß oder er aß, aß – immer noch einmal.»[15] Es hat Züge bitterer unfreiwilliger Komik, wenn Marianne Weber diese Beschreibungen der ersten Freiburger Zeit im Begriff des «gefüllten Daseins» zusammenfasst.[16] Max Weber stopft sein Leben und sich voll, mit Terminen, Lektüren, Aufträgen, Arbeiten, Essen, Bier. Daran ändert sich nichts, als er 1894 in Freiburg zum Professor berufen wird; die Gehetztheit des Gelehrten war also keineswegs Ausdruck seiner Ambition auf eine Stelle.

Was das Arbeiten anbelangt, so stellen sich Webers Schriften in den zehn Jahren zwischen 1889 und 1899 quantitativ so dar: gut viertausend Druckseiten zur Rechtsgeschichte, Landarbeiterfrage, Börse und dem antiken Agrarwesen. Fünf Bände Vorlesungen, von denen die drei bis zum heutigen Tage publizierten Bände gut eintausendfünfhundert Seiten umfassen. «Zirka 19 Stunden Kolleg und Vorlesungen», zählt Marianne Weber im Rahmen der Berliner Vertretungsprofessur, bei der noch die Teilnahme an den juristischen Staatsprüfungen hinzukommt. Er habe «seine alten Angewohnheiten, des Nachts bis 2–3 Uhr zu arbeiten wieder aufgenommen», berichtet die Mutter Anfang 1894, als Weber die Börsenfrage in Angriff nimmt.[17] Er arbeitet dem Evangelisch-sozialen Kongress zu, unterrichtet für diesen auch wissenschaftliche Laien, leistet Reservedienst beim Militär, schreibt unablässig Briefe, reist viel und absolviert vor allem ein gigantisches Lesepensum. «Denke Dir, der Max ist eine Stunde mit mir im Tiergarten spazieren gegangen, es war ihm ein wirkliches Opfer, und doch hat's ihm nachher auch Freude gemacht.»[18]

Als seine Frau ihm ihre Besorgnis ob seines Arbeitspensums mitteilt, erwidert er ihr, er glaube nicht riskieren zu dürfen, «die eintretende Nervenruhe – denn die genieße ich mit dem Gefühl eines wirklich neuen Glücks – in Erschlaffung sich verwandeln zu lassen, solange ich nicht unzweideutig erkenne, daß das Rekonvaleszentenstadium definitiv überwunden ist».[19] Dies, die Bekämpfung von Depression durch Arbeit, dürfte sie kaum beruhigt haben.

Anlässe, um noch mehr zu arbeiten, finden sich leicht. In Freiburg, wohin die Webers im Herbst 1894 umgezogen sind, holt er erst einmal nach, was er zur Vertretung seines Faches an Kenntnissen benötigt. Er hält zwölf Stunden Vorlesung, bestreitet zwei Seminare, übernimmt im zweiten Semester Pflichten eines Kollegen, der im Urlaub ist. Derselbe Kollege notiert, Weber «arbeitet stark und trinkt noch stärker».[20] Allein die Bibliographie zu einer Vorlesung über Allgemeine Nationalökonomie, die er später auch in Heidelberg halten wird, umfasst dreiundzwanzig Seiten mit weit mehr als dreihundert Titeln. Noch schlägt sich diese Lebensweise nicht in gesundheitlichen Problemen nieder, das geschieht erst ab Herbst 1896: Schlaflosigkeit, eine Gesichtsneuralgie. Noch lange behilft er sich allerdings mit der These, «nervöse Käuze bleiben wir allesamt, daran ist nichts zu ändern»,[21] wofür er aus seinem familiären Umkreis wie aus der akademischen Welt ja tatsächlich auch viele Belege hatte.

Hinzu kommt eine zunehmende Gereiztheit. Er regt sich leicht auf: über Berufungsverhandlungen von Kollegen, deren Dummheit, die Politik, die Zeitungen, die Situation in seiner Familie. Immer wieder heißt es in Briefen, zum Glück beruhigten sich seine Nerven gerade wieder. Jahrelang hatte Weber sich so beschrieben, wie er auch seiner Umwelt vorkam – zurückhaltend, in sich gekehrt, seine Konflikte und seine tief empfundenen Ablehnungen nicht oder nur diplomatisch mitteilend. An die Cousine schreibt er 1899, «meine Gehemmtheit in der Wiedergabe dessen, was ich empfinde, ist durch meinen Gesundheitszustand noch gesteigert».[22]

In der Sprache der Entwicklungspsychologie könnte man auch sagen: Jahrelang kommt es zu keiner Adoleszenzkrise bei Weber, schiebt sich die Abtrennung von der Welt des Elternhauses immer wieder hinaus. «Ich habe es seit Jahren mit unendlicher Bitterkeit empfunden, dass ich nicht zu einer mich selbständig nährenden Stellung zu gelangen vermochte; irgendeinen Respekt vor dem Begriff des ‹Berufs› habe ich nie gehabt, da ich zu wissen glaubte, dass ich in eine ziemlich große Zahl von Stellungen einigermaßen hineinpasste. Das Einzige, was mich reizte, war das eigne Brot, und dass es mir versagt blieb, machte mir das Elternhaus zur Pein.»[23] Doch die Zumutungen, die damit verbunden waren, dass er noch über seine Heirat hinaus dort lebte, die Verwandten seine Braut examinierten, sein Vater und sein Onkel über seinen Kopf hinweg die Mitgift für Marianne aushandelten, vermochten nicht, ihn zu einem offenen Konflikt zu bewegen. Erst im Alter von zweiunddreißig Jahren schlägt sich sein aufsteigender Zorn vor allem im Verhältnis zu seinem Vater nieder. Ursprünglich standen sich in der Familie die Religiosität der Mutter und der in dieser Hinsicht völlig indifferente

Vater gegenüber. Helene Weber sympathisiert mit der evangelischen Sozialbewegung und erwägt sogar, ob nicht erst der Verlust des Vermögens, das wesentlich von ihrer Seite her stammte, die Familie moralisch bessern könne. Der Vater hingegen untersagt es, den Kindern auch nur den Kirchenbesuch zur Pflicht zu machen, und «spottet vor allen Kindern über den inneren Beruf» und die Unterordnung des Lebens unter Gemeinschaftszwecke, wie sein Neffe Otto Baumgarten zu berichten weiß.[24] Dessen Kritik, im Hause von Max Weber sen. herrsche anstelle christlicher Pflichtgesinnung der Geist der Zerstreuung, des Schwadronierens, des belletristisch-journalistischen Debattierens, der Fauteuilrede und der Zügellosigkeit, dürfte der Junior nicht geteilt haben – zumal Baumgarten auch bei ihm und seinem Bruder Alfred «wenig Ehrgeiz, viel Behagen und Hinwegsehen über Noten in Fleiß und Betragen» erkannt zu haben glaubte.

Zehn Jahre später will Weber nicht mehr in der Familie vermitteln zwischen dem Recht, das er den mütterlichen Positionen zubilligt, und dem Pragmatismus des Vaters wie der materialistischen «Männerwelt». Einerseits hatte er jahrelang gegen die Religiosität Helene Webers sowie Ida und Otto Baumgartens eingewandt, nicht alles könne an ethischen Höchstwerten gemessen werden. Andererseits sah er, dass sein Vater ebendiesen Einwand dazu nutzte, der Familie seine eigenen Bedürfnisse aufzunötigen. Nicht zuletzt empfand Weber die Bonhomie und das Saturierte, das seinen Vater auszeichnete, schon lange als einen unterschwelligen Vorwurf oder zumindest als den denkbar größten Gegensatz zu seiner gedankenbeschwerten, erwartungsbeladenen und überhaupt nicht «realpolitischen» Einstellung zum eigenen Leben. Der nationalliberale Vater hatte seinen Frieden mit der politischen Welt des Bismarckreichs gemacht – sein Sohn wählt, als er 1888 zum ersten Mal dazu berechtigt ist, ausdrücklich konservativ. Der Vater ist Kommunalpolitiker, Wahlkreispolitiker, Verwaltungsbeamter – der Sohn wird Politik als Kampf definieren und die Bürokratie mitsamt ihrer «technischen Überlegenheit» überall dort verachten, wo sie Politik begrenzt. Dem Vater war der Sohn auf der beruflichen Laufbahn zu langsam vorangekommen – er selbst hatte mit zweiundzwanzig promoviert und besaß wenig Sinn für das Gelehrtentum. Dem Vater war die Art der Eheschließung des Sohnes merkwürdig – er selber hatte Hals über Kopf eine heftig umworbene Sechzehnjährige geheiratet, und drei Jahre später war das erste Kind auf der Welt.

Kurz: Der Vater, der überhaupt wenig Sinn für den komplizierten Charakter des begabten Sohnes gehabt haben dürfte, ging diesem zunehmend auf die Nerven. Im Sommer 1897 kommt es in Heidelberg zu einem heftigen Zusammenstoß. Max Weber sen. sah sich dem Wunsch seiner Gattin nach einer veränderten Eheführung gegenüber, mit mehr Freiheiten für diese und vielleicht auch mit Verzicht auf sexuelle Ansprüche. «Max und Marianne möchten die Helene am liebsten ganz ausschließlich und allein haben, wenn möglichst kein anderer Verwandter hier ist», schreibt Max Weber sen. kurz nach dem Konflikt, den er allerdings weit weniger dramatisch schildert, als er sich seinem Sohn und vor allem dessen Frau darstellte, die den 14. Juni 1897 einen «Gerichtstag» nennt, den der Sohn über den Vater gehalten habe.[25]

Der Anlass für den Streit erscheint denkbar gering: Der Vater versucht, seine eigenen Reisepläne durchzusetzen und dabei auch Festlegungen für seine Gattin zu treffen, wann sie nämlich «frei» habe und wann er ihre Anwesenheit an seiner Seite wünsche. Weber stellt seinen Vater zur Rede, verlangt von ihm, die Rechte seiner Gattin zu akzeptieren, wirft ihm vor, allein aus Motiven der Eifersucht zu handeln, kündigt an, mit allen Geschwistern zu brechen, die das nicht genau so sähen, und komplimentiert seinen Vater zur Tür hinaus. Der fährt nach Berlin zurück und macht sich von dort aus auf den Weg zu einer politischen Reise ins Baltikum, wo er überraschend am 10. August 1897 in Riga an einer Herzlähmung stirbt.

Das alles festzuhalten könnte nun eine ebenso müßige wie indiskrete Mitteilung sein. Und zwar indiskret, weil müßig. Was sollte auch das Essverhalten eines Gelehrten, seine Zubettgehgewohnheiten oder seine Familienkonflikte mit dem zu tun haben, wodurch er uns interessant ist? Die willkürlichen Deutungen, die beispielsweise Webers Familienkonflikt erfahren hat, sprechen zusätzlich gegen das psychologische Verfahren. Da heißt es, der junge Max Weber habe sich selbst misstraut und verachtet, «weshalb er sogar körperlich einen massigen und groben Eindruck erweckte».[26] Selbstzweifel, also Gewichtszunahme? Da wird Weber vom Historiker Friedrich Meinecke als Orest, seine Mutter als Iphigenie bezeichnet, zu deren Gunsten er gegen den Vater eingegriffen habe, wozu Guenther Roth berechtigterweise anmerkt, dass Orest seine Mutter und nicht seinen Vater erschlagen habe.[27] Dann wieder heißt es, Weber habe eigentlich seine Mutter zerstören wollen, ihr gälten die größten Feindseligkeiten seiner Jugendbriefe. Also ein Ödipus, der Vater und Mutter ablehnte? Oder es wird jener «Gerichtstag» fälschlicherweise auf den Hochzeitstag der Eltern datiert, damit der nicht mehr ganz junge Ödipus seinen Vater auch symboltermingerecht vor die Tür setzt.[28] Joachim Radkau wiederum findet, Webers Mutter habe ihm, weil sie ihn bei sich behalten wollte und nicht «hinaus» drängte, «die Chance zur Regression in den wohligen Zustand kindlicher Umsorgtheit» geboten. Außerdem sei sie die mächtigere Persönlichkeit als der Vater gewesen, «und ein Max Weber unterwarf sich am liebsten einer mächtigen Frau».[29] *Ein* Max Weber.

Wäre es angesichts all dessen nicht besser, die griechische Tragödie, die erstens nichts beiträgt und zweitens ihren Benutzern gar nicht bekannt zu sein scheint, aus der Biographie ebenso fernzuhalten wie den kinderpsychologischen Mischmasch, bei dem ein Vierunddreißigjähriger, der gerade seine zweite Professur antritt und daran arbeitet, aus der Historischen Nationalökonomie eine Sozialwissenschaft zu machen, wie ein unmündiges Wesen behandelt wird? Wäre es nicht denkbar, dass Max Weber einfach gereizt war und darüber hinaus ganz bewusste Gründe hatte, auf seinen Vater wütend zu sein wie auch seine Mutter schlicht im Recht zu finden? Und zwar fand er sie *in diesem Konflikt* um ihre Freiheit gegenüber dem Gatten im Recht, in anderen nicht. Im Übrigen kann auch keine Rede davon sein, dass er sich seiner Mutter gern unterworfen hat.

«Es wäre ungewöhnlich», heißt es an einer Stelle über Max Webers Beziehung zu seinen Eltern, «wollten wir uns in solchen Fällen nicht der Sprache der Mythen und der Psychoanalyse bedienen. Wir dürften es hier mit einem Ödipuskomplex zu tun haben.»[30] Vermutlich schon mangels der Kenntnis anderer Krankheitsbilder bei Vater-Sohn-Konflikten. Aber Psychoanalyse ist bereits bei Lebenden nicht ganz einfach. Der biographischen Aufdringlichkeit ist überall dort zu danken, wo sie die Quellen erschlossen hat, doch die Triebmarionetten, zu denen sie ihre Protagonisten macht, denen sie vermeintlich ins Unterbewusste schaut, haben mit diesen Quellen nichts zu tun.

Dass Weber den Tod seines Vaters «verursacht»[31] hat, lässt sich genauso wenig belegen wie die Behauptung, dass dessen Tod und der vorangegangene Konflikt mit der entscheidenden Wendung in Webers eigenem Leben zusammenhingen, die ein Jahr später erfolgte: dem allmählichen und dann kompletten nervlichen Zusammenbruch des Gelehrten. Diese Zäsur ist es, die es diesseits historischer Neugier und psychologischer Schlüssellochinteressen nahelegt, seine Lebensführung in die Betrachtung seiner intellektuellen Biographie einzubeziehen. Aber nicht, weil der Zusammenhang zwischen Lebensführung, Nervenkrise und Werk klar – und gar: kausal bestimmbar – wäre, sondern gerade weil er es nicht ist und Weber selbst vor einem unauflösbaren Problemknäuel im eigenen Leben stand. Was wir wissen, ist: Einer extrem anstrengenden und angestrengten Weise des Lebens seitens eines in vielen äußeren und inneren Konflikten stehenden Mannes folgten von 1898 bis 1903 fünf Jahre seines nahezu vollständigen Rückzugs aus der Welt gelehrter wie universitärer Kommunikation, Jahre, in denen er sich mitunter dem Irrewerden nahe fühlte, Jahre, in denen er mitunter weder lesen noch Besuch empfangen oder das Haus verlassen konnte, noch gar die geringste Arbeit zu leisten vermochte. Was wir außerdem wissen: Als Weber allmählich aus diesen Qualen wieder herauskommt – die Symptome seiner Krankheit ziehen sich bis ins erste Jahrzehnt des neuen Jahrhunderts –, beginnt fast schlagartig jene Produktion, die ihn berühmt machen wird, und in vielen Hinsichten scheint der genesende Weber in einer neuen Epoche angekommen. Sein biographisches Moratorium wirkt im Rückblick wie eine Zeitschleuse.

Das mit den Nerven aber kam so: Zunächst mochte Weber die eigene Nervosität, seine gehetzte und überarbeitete Existenz als bloße Teilhabe an einer Zeiterscheinung vorgekommen sein. Denn das Zeitalter selbst wurde damals als «nervös» charakterisiert, die Nervenschwäche und der Nervenzusammenbruch galten als «die Krankheit unserer Zeit».[32] Gemeint waren Folgeerscheinungen der industrialisierten, urbanisierten und technischen Zivilisation, die zu Reizüberflutung, Termindruck, beschleunigter Kommunikation, Verzettelung im Alltag und «tierischer Arbeitsamkeit» (Robert Musil) geführt habe. 1870 hatte der amerikanische Psychiater George M. Beard den Begriff der «Neurasthenie» für nervliche Schwächezustände geprägt, die angeblich aus all dem hervorgingen, elf Jahre später publizierte er eine Abhandlung über die «American Nervousness», in der er dieses Krankheitsbild als das entscheidende Merkmal seiner Zeit charakterisierte. Der entsprechende Verlust an Nervenstärke zeige sich vor allem in den nördlichen und östlichen Regionen der Vereinigten Staaten, wo die Dampfmaschine, das Zeitungswesen, die Telegraphie, die Wissenschaften und die geistige Tätigkeit («mental activity») von Frauen Unruhe in die Gesellschaft und über die Individuen gebracht habe. Von allen «Tatsachen der modernen Soziologie», formulierte Beard, «ist dieser Aufstieg und diese Zunahme der funktionalen Nervenstörungen im nördlichen Amerika, am erstaunlichsten, komplexesten und eindrücklichsten». Ihr Rätsel zu lösen heiße, «das Problem der Soziologie selbst» zu lösen.[33]

Das zentrale Bild dieser Beschreibungen sind die «Nerven». Seit der schottische Arzt Robert Whytt sie 1765 als «diese dünnen Fäden, die dem Hirn und dem Rückenmark entspringen und sich über den ganzen Körpers verteilen»,[34] definiert und selbst schon aus pathologischem Interesse ihre Funktion bekannt gemacht hatte, dem Körper «Gefühl und Kraft der Bewegung» zu kommunizieren, wurden den Nerven alle möglichen Fähigkeiten und Anfälligkeiten zugeschrieben. Man muss nur die Metaphern «Nervenkostüm», «Nervenschwäche» und «Nervenzusammenbruch» nebeneinanderstellen, um zu sehen, dass mit diesem Begriff sehr heterogene Sachverhalte eingefangen werden sollten: Ein Kostüm, das aus Schwäche zusammenbricht, wäre eine zumutungsreiche Vorstellung. Lange schien das Hauptproblem die Abstumpfung der Nerven, also die zu geringe Reizbarkeit der Melancholiker und Hypochonder. Für die Zeit ab 1880 hingegen ist das Gefühl typisch, die Nerven seien von dem ihnen Abverlangten überfordert.

Im März 1898 – also mehr als acht Monate nach dem Zerwürfnis mit seinem Vater – wird bei Weber Neurasthenie aufgrund von jahrelanger Überarbeitung diagnostiziert. Er leidet unter massiver Schlaflosigkeit und hat Hemmungen, öffentlich zu sprechen, sodass ihm die Vorlesungen schwerfallen und er sich in die Seminare schleppen muss. Noch vor Semesterende beantragt er Urlaub, um in Kur zu gehen; es wird bis zum endgültigen Abschied vom Heidelberger Lehrstuhl nicht das letzte Urlaubsgesuch bleiben, und alle werden genehmigt.

Dem Aufenthalt in einer Nervenheilanstalt am Bodensee folgen weitere. Weber bricht im Winter erneut zusammen. Von Sommer 1899 an fühlt er sich durch jegliche Tätigkeit überlastet. «Ich wünsche nur, dass Ihr nun glaubt, dass es nicht psychische Apathie ist, wenn ich in gewissen Übermüdungsstadien alle sogenannten ‹Anregungen› ablehne, und wenn ich jetzt Urlaub genommen habe – die Sprechunfähigkeit ist rein physisch, die Nerven versagen, und mir vergehen dann beim Blick auf mein Kollegheft einfach die Sinne.»[35] Die Krankheit, die von Migräneanfällen begleitet ist, fährt ihm in die Beine, selbst Spaziergänge werden unmöglich, bald sitzt er zuweilen nur noch da und «stumpft» vor sich hin.[36] Selbst vorgelesen zu bekommen erschöpft ihn, von eigener Lektüre ganz zu schweigen. Ein kurzes Diktat genügt, um ihn maßlos gegen seine Frau aufzubringen, die seine Worte zu Papier bringt – es werfe ihn doch um Wochen zurück.[37] Er reagiert überaus empfindlich auf Besuche. Sein Zustand, so heißt es, schließe jeden geselligen Verkehr aus. Wobei festzuhalten ist, dass Marianne Weber das auch dann noch so mitteilt,[38] als längst der deutliche Beweis dafür angetreten war, dass Weber sich wieder unter Menschen bewegen konnte. Jahrelang jedenfalls will er mit niemandem sprechen, der nicht zum engsten Kreis gehört. Der Tiefpunkt der Krise scheint im Herbst 1900 zu liegen, aber erst im Sommer 1901 ist Weber so weit, dass er keine Ärzte mehr sehen möchte.

Das freilich ist für sich genommen noch kein Zeichen der Besserung. Weber wird therapiert mit: kaltem Wasser, lauwarmen Bädern, Packungen, frischer Luft, Ruhe, Diät, Hypnose, elektrischem Reizstrom, Anregung des Stoffwechsels, Ermunterung zum ehelichen Geschlechtsverkehr, Beruhigungspillen gegen Erektionen, Tonmodellieren, Alkoholverbot, Gymnastik, Tiefenatmung, Massage, Brom, Trional, Veronal, Heroin und «Opiumsalbe». Man beruhigt und man reizt, regt an und entspannt, will vom Problem ablenken und aufs Problem konzentrieren. Und warum so gegensätzlich? Weil es für die Heilwirkung des Entgegengesetzten jeweils eigene Theorien gibt. Oder sagen wir besser: eigene Vokabulare, denn Weber selbst wird später schreiben, die Nerventherapie entbehre vorerst jeder Theorie und sei «nun einmal vorerst eine auf rein empirisches Probieren angewiesene Kunst für jeden einzelnen Fall».[39] Das entspricht fast wortgenau der These von George M. Beard, dessen Schriften Weber gelesen haben mag: «Each case of neurasthenia is a study of itself.»[40]

Doch so empirienah es klingen mochte, jeden Einzelfall als solchen zu behandeln – die Unsicherheit darüber, *welcher* Fall denn nun vorliegt, konnte die Therapie zu einem reinen Wechselbad machen. Es gebe eine Zeit für Ruhe und eine Zeit für Arbeit in der Neurasthenietherapie, heißt es beispielsweise bei Beard,[41] was praktisch für den Patienten heißen konnte, dass mit ihm eben beides versucht wurde; mal sehen, um welchen Fall es sich handelte. Mal galten die Nerven als erschlafft und der Stärkung bedürftig, mal als überspannt, weshalb man sie schonen musste. Mal hieß Gesundheit

Steuerung der Nerven durch den Willen, mal entspannte Dezentralität aller Sinne.[42] Die nicht vermeidbare Metapher, bei den Nerven handele es sich um so etwas wie feine, vibrierende Stränge, eine Art psychischer Muskeln – später wird Weber den Sexathleten und Ideologen der freien Liebe Otto Gross einen «Nervenprotz» nennen –, die einerseits durch den Körper laufen, andererseits offene Enden haben, an denen sie gereizt und abgestumpft werden können, dieses Bild verlangt im Wechselbad der Therapien sein Opfer: den Patienten, der am Ende, wie Weber, ständig beides ist, erregt *und* erschöpft.

Was hat es mit der Neurasthenie auf sich? Beard stellte eine ganzen Katalog an Symptomen zusammen, die von Schlaflosigkeit und Druck auf dem Kopf über Ohrgeräusche, Schweißhände, Inkontinenz und Lichtempfindlichkeit bis zu allen Formen von Furcht («Furcht vor offenen oder geschlossenen Räumen, Furcht vorm Alleinsein oder vor Gesellschaft, Furcht vor Ansteckung, Furcht vor der Furcht») und allen Formen von Schmerz reicht. Beard greift ganz unwillkürlich zu einer ökonomischen Metapher. Der Nervöse leide an einem «Nerven-Bankrott», denn so wie in der Geldwirtschaft Millionäre stets im Plus leben, so gibt es für Beard auch «Nerven-Millionäre», die so viel arbeiten und verarbeiten können, wie sie wollen, und sich doch nie überarbeitet und erschöpft fühlen. Der nervöse Mensch hingegen sei einer, der sein Konto leicht überziehe. Das leuchtet Weber ein. Noch 1908 spricht er vom «Nerven-‹Capital›»,[43] das man genauso aufzehren könne wie das ökonomische.

So oder so kommt «nachts die Quittung».[44] In den Briefen von Marianne Weber werden beispielsweise nächtliche Pollutionen und «die so sehr gehassten verqueren Traumvorstellungen»[45] notiert. Also gibt es einerseits quälende Schlaflosigkeit, mit der Weber glaubt, alltägliche Anstrengungen – zum Beispiel: Sprechen[46] – *bezahlen* zu müssen, anderseits aber auch Angst *vor* dem Schlaf und dem, was er an bizarren Bildern bringt. Jahrelang wiederum hatte Weber, seiner Vorstellung zufolge, diese Gespenster gerade durch rastlose Arbeit von sich abgehalten. «Die im Süden gebändigten

Dämonen», heißt es 1901, als er aus Rom nach Grindelwald gereist ist, «rütteln an ihren Ketten: Schlaflosigkeit, Erregung, Unruhe, alle Plagegeister brechen los.»[47]

Das alles ist Verzweiflung, oder in den Worten Marianne Webers: «Höllenfahrt»,[48] wenn gar nicht mehr klar ist, ob man sich vor einem Sachverhalt (beispielsweise dem Schlaf) fürchten soll oder vor seiner Abwesenheit. Wenn die «Dämonen» mal Wunsch, mal Ursache des schlechterdings nicht Wünschbaren sind. Im selben Sinne erscheint für Weber Anstrengung als Grund wie als Folge und als denkbare Therapie der Krankheit. In dieser Unfähigkeit, auch nur festhalten zu können, was Ursache, Symptom, Nebenfolge und Gegengift ist, lag vermutlich das quälendste Moment seines Zustands. Nicht, dass Webers spätere Ausführungen zur Kulturgeschichte der Rationalisierung wie zur wissenschaftstheoretischen Bedeutung von Zweck-Mittel-Relationen mit seinem Leiden zusammenhängen würden – dass aber sowohl die Ärzte als auch er selbst daran scheiterten, sein Leiden wenigstens begrifflich zu fassen, zeigt einen besonders schmerzhaften Fall von misslingender Zurechnung. Das Konzept der Neurasthenie nahm diese Schwierigkeit, eine Ursache für die Krankheit festzuhalten, von vornherein in sich auf. Die Neurasthenie war gewissermaßen die zur Krankheit gesteigerte, mit körperlichen Symptomen ausgestattete, quälend und bedrohlich gewordene Laune. Im Alltagspsychologischen, schreibt ein Zeitgenosse, pflege man «grade dort mit der Bezeichnung ‹Laune› besonders reichlich umzugehen, wo wir keine Erklärung für gewisse psychische Prozesse finden».[49]

Ein paar Erklärungen, oder besser: Suchrichtungen, drängten sich Weber und seiner Frau allerdings auf. Offen wird über die «sexuellen Schwächezustände» Webers und seine Angstträume korrespondiert, und zwar sowohl in den Briefen zwischen den Ehegatten wie in denen zwischen Ehefrau und Schwiegermutter.[50] Marianne Weber notiert das, was er ihr an «nächtlichen Störungen» mitteilt, fast wie auf einem Patientenblatt: nach fünfwöchentlicher Pause auch heute wieder vier Pollutionen.[51] Doch was hätte sie auch tun sollen? In den privaten Dokumenten, die uns erstaunen, weil wir selbst es zumutungsreich finden, dass die Gattin der Schwiegermutter über die Frequenz der unfreiwilligen Samenergüsse ihres Sohnes berichtet, begegnet uns der ebenso hilflos tatsachengetreue wie mitteilsame Versuch, mit einem unverstandenen und vielleicht auch gar nicht erklärbaren Schicksal irgendwie zurande zu kommen. Wenn es die sexuelle Not wäre, die ihn in die Erschöpfung treibt, fragt Marianne Weber, wie war es dann möglich, dass er in der Zeit nach der Heirat «nervös gesund» war, ohne sexuell durch sie «affiziert» gewesen zu sein? Die Diagnose eines Arztes, eine krankhafte Anlage sei schuld an Webers Zustand, kehrt sie um: Die krankhaften Erscheinungen und eigentümlichen Phantasien seien «Folge der moralischen Selbstüberwindung»[52] – also des Verzichts auf Sexualität, nach der ihm der Sinn stand? Auch hier dreht sich alles um die Frage, ob sich in der sexuellen Hemmung unterdrückte Wünsche äußern – vermutungsweise masochistischer Art[53] – oder ob sich in den Wünschen eine Hemmung äußert. Ob also die Überarbeitung aus dem Versuch resultiert, sich vom Trieb abzulenken, oder ob die Fixierung auf die körperlichen Zustände eine Folge der Überarbeitung ist. Dass noch 1909 ernsthaft erwogen wird, ob Weber sich nicht kastrieren lassen soll, deutet, um es vorsichtig zu formulieren, das Ausmaß der Ratlosigkeit an.[54]

Was die Ärzte angeht, so badet der Patient in solchen Qualen auch den Stand der Forschung aus. Die einen bestehen darauf, dass es die Funktion der Nerven sei, erregbar zu sein, und meinen sogar, je erregbarer, desto effizienter: «to be excitable is their business».[55] Tatsächlich war die Hypothese, zu viel Erregung der Nerven führe zu Erschöpfung, durch eine neue Annahme ersetzt worden. Ursächlich sei in erster Linie fehlende Energieversorgung aufgrund von Überarbeitung, Vergiftung oder Stoffwechselstörungen; Ruhe und ausgewogene Ernährung fülle die fehlende Energie wieder auf. Der Champion dieser Therapie, der amerikanische Arzt und Schriftsteller Silas Weir Mitchell, verdiente sich damit den Namen «Doctor Diet and Doctor Quiet».[56] Neurasthenie wird zunächst vor allem bei Männern aus höheren Schichten diagnostiziert, gewissermaßen als Gegenstück zur Hysterie, gern aber auch darum, weil man die Therapie in privaten Kurkliniken anstrebte. Schließlich sollte es ja keine Geisteskrankheit sein. Vor allem in Deutschland und den Vereinigten Staaten war die Ruhekur das Mittel der zeitgenössischen Wahl zwischen 1870 und 1910, die Diagnose einer organischen Ursache wahrte das Gesicht der Patienten, es ließ sich gut daran verdienen. Erst als sich die Klassenlage der Patienten verbreiterte – ziemlich genau in den Jahren, in denen es mit Max Weber wieder langsam bergauf geht –, nahm auch die Attraktivität der Diagnose ab. Das Konzept der Neurasthenie wird medizinisch aus dem Verkehr gezogen, und Konzepte wie «Depression» und «Angst» treten allmählich an ihre Stelle.[57] Man ging nun zur Psychotherapie über und beteiligte den Patienten aktiv am Versuch, ihn zu heilen: zum Beispiel dadurch, dass er aufgefordert wurde, über seine Wünsche zu reden, wie abnorm immer sie ihm vorkommen würden.

Was Max Weber angeht, so hält das Paar in den Höllenfahrten, in denen Ursachen und Wirkungen, Gründe und Folgen nicht unterschieden werden können, vor allem an einem fest: an sich. Es gibt Differenzen, Ungeduld miteinander, wütenden Protest gegen die Verfahrenheit der Situation, aber es gibt kein Dokument, in dem auch nur Zweifel am Sinn ihrer Ehe angemeldet würde oder daran, dass sie im Licht der Krankheit die falschen füreinander seien. Das wird, wie wir sehen werden, kommende Krisen dieser Ehe nicht ausschließen, deren seelische Kosten vor allem Marianne Weber zu tragen haben wird. Das schloss auch in dieser ersten gemeinsamen Lebenskrise beider «tausend Enttäuschungen» vor allem auf ihrer Seite nicht aus.[58] Sie trug einen Großteil der Anpassungslasten, und zwar unter Umständen, die ihre eigene Sexualität und die Rolle als Gattin betrafen. Doch das pathetische Bild von den Bewahrungsproben der Ehe auf «hoher See», das Weber in seinem Brautbrief verwendete, löste sich auf eine Weise ein, die ihm damals nicht vor Augen gestanden haben mag.

NEUNTES KAPITEL

WELTMACHT DURCH ASKESE – ROM UND DIE GEBURT DER PROTESTANTISMUSTHESE

> Der Mittelweg ist der einzige,
> der nicht nach Rom führt.
> ARNOLD SCHÖNBERG

Nichts geht mehr. Max Weber hat 1899, in seinem zweiten Krankheitsjahr, Schwierigkeiten, auch nur einen Brief zu diktieren, ohne darüber in Rage und anschließende Erschöpfung zu geraten. Schlaflosigkeit sucht ihn heim, die Anwesenheit Dritter erträgt er nicht, schon wenn ihm etwas vorgelesen wird, fühlt er sich überfordert.[1] Vom Sommersemester an hat er keine Lehrverpflichtungen mehr, er versucht trotzdem, weiter zu unterrichten, ein Jahr später bricht er sein letztes Seminar mitten im Semester ab. Auf jede kleine Erholung, etwa an bayerischen Seen oder in Venedig, folgt – fast möchte man sagen: natürlich – wieder ein Zusammenbruch: Die Probleme, die zu seiner Krankheit führten, hatte Weber ja nicht am Eibsee unterhalb der Zugspitze oder auf der Giudecca, sondern in einem Leben, von dem er keinen Urlaub nehmen konnte. Krisen des Alltags können allenfalls *am* Sonntag gelöst werden, aber nicht unter der Voraussetzung, dass immer Sonntag ist.

Diese Voraussetzung herzustellen, waren Nervenkrankheiten allerdings geeignet. Wer krank ist, fehlt entschuldigt. Wer nicht zur Arbeit kommt, seiner Familie viel zumutet, Kontakte abreißen lässt, wirtschaftlich unterstützt werden will, hat als besten Grund: krank zu sein. In Heidelberg aber und selbst in Deutschland kann sich einer damals nicht verbergen, der wie Max Weber als akademische Hoffnung prominent wurde und in Kontakt zur gesamten preußischen Bildungselite seiner Zeit steht. Man muss sich klarmachen, dass nicht nur die Zahl der Universitäten und Lehrstühle eines Faches damals viel kleiner war als heute. Die Elite selbst war hochintegriert, wer ihr angehörte, musste sich viel stärker beobachtet, mit viel mehr Erwartungen konfrontiert fühlen, als das heute für einen Professor der Volkswirtschaftslehre in Heidelberg der Fall wäre. Liest man die Beschreibungen, die Marianne Weber von den Zerrüttungszuständen ihres Gatten gibt, so findet man genau das in ihnen: Er fühlt sich von seinen Lebensumständen erdrückt, und noch die kleinste Aufgabe wächst sich ihm ins Unerträgliche aus. In Vorlesungen, so wird kolportiert, befällt ihn die Vorstellung, ihm werde eine Affenmaske aufgepresst.[2] Bald kommt ihm der Gedanke «auszusteigen»: «Max hat selbst Lust ganz nach Italien zu gehen», schreibt seine Frau im Mai 1900 und ergänzt, «es fragt sich ja nur, wie ein derartiges Klima auf die sexuellen Zustände wirken würde.»[3] Denn auch die nimmt er mit.

Ihren Haushalt in Heidelberg lösen die Webers im Herbst 1900 auf. Das Ministerium gewährt ihm unbegrenzten Urlaub, nachdem es verstanden hat, dass Weber die Universität nicht verlassen will, um einer anderen Tätigkeit nachzugehen. Erst drei Jahre später allerdings, im Oktober 1903, wird er aus dem Hochschuldienst ausscheiden und dann bis 1918 an keiner Universität mehr tätig sein. Am Ende wird er, der zu seiner Zeit als die größte Hoffnung in den Sozial- und Geisteswissenschaften galt, nur sechs seiner fünfundzwanzig Jahre als Professor auch gelehrt haben.

Für Max Weber und seine Frau beginnt nun eine Zeit unablässiger Reisen. Die meisten davon führen das Ehepaar zu Sanatorien oder in südliche Erholungsgebiete. Noch später, als die schlimmsten Zustände ausgestanden sind, schreibt er seiner Schwester, Reisen sei «das Einzige, was mir zu helfen pflegt».[4] Er reist so, wie er zuvor gearbeitet hat: fast manisch. 1898 schon waren die Webers an den Genfer See und an den Bodensee gefahren – «Schön haben wir Verrückten es hier», heißt es in einem Brief aus dem «Konstanzer Hof», wie sich die Heilanstalt vornehm und diskret nennt –, im Jahr darauf reisen die Webers nach Venedig, 1900 besucht Weber allein – «Der

Tiefpunkt ist erreicht», notiert Marianne Weber – eine Heilstätte in Urach, dann geht es nach Rom und Ajaccio auf Korsika. 1901 erneut nach Rom, Neapel und Sorrent, dann wieder Rom, Grindelwald und Zermatt, schließlich ein viertes Mal Rom. 1902 hält sich Weber in Rom, Florenz und im Dezember allein in Nervi an der Riviera auf, 1903 kehrt er noch einmal nach Rom zurück, um später Holland und Belgien zu bereisen. Im selben Jahr wünscht sich seine Frau verständlicherweise: «Also, *reisen* so wenig wie möglich.»[5]

Diese Jahre sind die am schlechtesten dokumentierten in Webers Leben, mitunter ist nicht einmal die Dauer seiner einzelnen Aufenthalte bekannt, geschweige denn, womit das Ehepaar seine Zeit verbrachte. Wer leidet, verbirgt sich auch schriftlich. Nicht mehr als ein halbes Dutzend Briefe ist überliefert, und die Erinnerungen Marianne Webers gelten fast nur dem Gesundheitszustand des Gatten. Zwischen Spätherbst 1900 und Frühsommer 1902 bleibt Weber ganz in Südeuropa, nach Deutschland kehrt er erstmals zu seinem achtunddreißigsten Geburtstag zurück; erste Anzeichen für eine Erholung sind da schon wahrnehmbar. Weber reist, mit anderen Worten, mit seiner Krankheit in den Süden und taucht aus ihr allmählich wieder auf, indem er sich gen Norden bewegt. Die große Amerikareise von 1904 ist dann auch das Gegenteil einer Erholungssuche.

Was die «Leerstelle» der Jahre zwischen 1899 und 1903 in der Biographie Max Webers so bemerkenswert macht, ist die Tatsache, dass genau in dieser Zeit der gemütskranke, zu keinerlei öffentlicher Kommunikation oder anhaltender Arbeit fähige Reisende das Werk entworfen haben muss, das ihn weltberühmt machen sollte: seine Studie über den historischen Zusammenhang zwischen protestantischer Berufsethik und modernem Kapitalismus. Die reformatorische Theologie, so kann man ihre Hauptthese hier schon einmal kurz zusammenfassen, hat ihren Anhängern die Möglichkeit verwehrt, durch gute Werke wie Almosen, Gebete oder Abgaben an die Kirche etwas für ihr Seelenheil zu tun. Gottes Entschluss, wen er verdamme oder erlöse, sei völlig unerforschlich. Weil in all dieser Ungewissheit ökonomische Erfolge als Zeichen göttlicher Zuneigung gedeutet wurden, förderte dies als unbeabsichtigte Nebenfolge asketische Einstellungen, einen Berufsfleiß und eine systematische Disziplin der Lebensführung, die zu den Voraussetzungen des Industriekapitalismus gehörten.

Ausgerechnet ein nervlich völlig Erschöpfter also, der zum Opfer seiner hemmungslosen Lebensführung wurde, hat sich an das Studium der asketischen Berufsethik gemacht, und zwar an ein Studium, von dem ganz unklar ist, wie es seinen Erträgen nach, den Tausenden von Fußnoten aufgrund voluminöser Lektüren in den verschiedensten Forschungsgebieten – von der Theologie- und der Kirchengeschichte bis zur Wirtschaftsgeschichte –, angesichts seiner Erschöpfung überhaupt möglich war. Und ausgerechnet in Rom, im Herzen der katholischen Welt, wurde ein Werk vorbereitet, das erklärte, wesentliche Züge der modernen Welt seien aus dem Protestantismus hervorgegangen![6]

Die oft zu lesende Behauptung, Weber habe sich in Rom nur erholt, muss falsch sein. Als er den Winter vom Oktober 1901 bis März 1902 gemeinsam mit seiner Frau in der italienischen Hauptstadt verbringt, kommt Weber allmählich ohne Schlafmittel aus, vermag spazieren zu gehen, mischt sich unter Leute. Er scheint passabel Italienisch gesprochen zu haben. Sie leben, wie er später schreibt, «in Künstlerkneipen», vermutlich vor allem im Caffè Aragno in der Via del Corso – es ist jedenfalls «fast das einzige, wirklich großstädtische Lokal der Hauptstadt», wie ein deutscher Zeitgenosse notiert, «der Mittelpunkt des eleganten und politischen Roms, das sich nach Landessitte, nicht etwa bei Bacchus- und Gambrinus-Libationen über Wohl und Wehe des Landes und des lieben Nächsten unterhält, sondern bei einem Täßchen Kaffee zu 25 Centesimi (mit Trinkgeld 30), was zu mehrstündigem Aufenthalt in diesem Eldorado, zur Lektüre der fremden Zeitungen, Einleitung zahlloser (meist erfolggekrönter) Flirts u.s.w. berechtigt».[7] Ihren Wohnsitz nehmen die Webers in der Via Cicerone, Ecke Via Ennio Quirino Visconti, unweit des Vatikanpalastes, wo sie sich bei einer italienischen Familie eingemietet haben.[8]

Wissenschaftliche Texte scheint er in dieser Zeit nicht geschrieben zu haben. Doch er konnte wieder lesen und nutzte dazu unter anderem die Bibliothek des Königlich-Preußischen Historischen Instituts in Rom, unter deren dreitausendsechshundert Büchern sich zahlreiche Titel zum Themengebiet der Reformation und Gegenreformation befanden. Sie war im zweiten Stock des Palazzo Giustiniani untergebracht, der den Freimaurern gehörte, die im ersten Stock residierten, was einen Kardinal nicht daran hinderte, seinen Wohnsitz im dritten Stockwerk zu nehmen. Außerdem lieh sich Weber Bücher aus der Bibliothek des Deutschen Künstlervereins in Rom und pflegte Kontakte zu ortsansässigen Forschern wie den Historikern Karl Schellhass und Johannes Haller, die er beide schon vorher gekannt hatte.

Wie soll man sich nun den Zusammenhang zwischen dem Aufenthalt samt der allmählichen Besänftigung seiner Krankheit in Rom und dem Ursprung der Protestantismusthese Max Webers vorstellen? Dass er in Rom auf anschaubare Religionsgeschichte blickte, jene «Reliquien übereinander geschichteter Jahrtausende»,[9] liegt auf der Hand. Doch Weber, der von der Dachterrasse seiner Wohnung aus die Kuppel des Petersdoms sehen konnte, ist dort auch auf die machtvolle Gegenwart einer Konfession gestoßen. Die katholische Kirche erlebt eine Periode außergewöhnlicher Kontinuität an ihrer Spitze: Während Webers Zeit in Rom geht gerade das drittlängste Pontifikat in der Geschichte der katholischen Kirche zu Ende, dasjenige Papst Leos XIII., der seit 1878 auf dem Heiligen Stuhl saß. Kein Papst wurde älter; er stirbt im Juli 1903, kurz nach Webers letztem Aufenthalt in Rom, mit dreiundneunzig Jahren. Die Amtszeit seines Vorgänger Pius IX. war mit einunddreißig Jahren gar die längste aller Päpste seit Anbeginn der Kirchengründung. In dieser Zeit ist von Rom aus vor allem an der Festigung der Organisationsmacht der katholischen Kirche gegenüber einer Moderne gearbeitet worden, die den katholischen Prinzipien in allem feindselig zu sein schien. Zu den Irrmeinungen, die Pius IX. im Anhang seiner Enzyklika «Quanta Cura» von 1864 aufführt, den berüchtigten

«Syllabus Errorum», findet sich beispielsweise der «Irrtum» zu glauben, man könne als Protestant gottgefällig leben, der «Irrtum», es sei lobenswert, in katholischen Ländern den Mitgliedern anderer Religionen Gottesdienste zu erlauben, und der «Irrtum», das öffentliche Schulwesen sei in erster Linie Sache des Staates. Das unter Pius' Leitung stattfindende Erste Vatikanische Konzil von 1869/70 verkündet das Dogma von der Unfehlbarkeit des römischen Bischofs, nach der Annexion des Vatikanstaats durch Italien im Jahr 1874 verbietet er den Katholiken Italiens in der Bulle «Non Expedit» die Teilnahme an den demokratischen Wahlen. In Webers Lebenszeit stehen sich katholische Kirche und jener Machtstaat, als dessen wissenschaftlicher Diener sich der Freiburger Nationalökonom vorgestellt hatte, erbittert gegenüber. 1874 führt Preußen die obligatorische Zivilehe ein, nachdem schon 1871 Geistlichen bei Strafe untersagt worden war, von der Kanzel herunter den Staat zu kritisieren, und man im Jahr darauf die staatliche Aufsicht auch über Konfessionsschulen etabliert hat. Den Jesuiten wird verboten, in Deutschland Niederlassungen zu gründen, der Staat beansprucht, die Ausbildung der Geistlichen zu kontrollieren, der katholischen Kirche werden staatliche Zuwendungen entzogen, die diplomatischen Beziehungen zum Vatikan werden abgebrochen.

Als Max Weber in Rom weilt, ist dieser «Kulturkampf», wie ihn 1873 der große Mediziner und Abgeordnete im Preußischen Landtag Rudolf Virchow während der Beratungen zum Gesetz «über die Vorbildung und Anstellung der Geistlichen» nannte, schon längst Geschichte. Bismarck hatte 1878 einen neuen Gegner entdeckt, die Sozialisten, und fand darüber im politischen Arm der deutschen Katholiken, der Zentrumspartei, einen neuen Verbündeten. Als der Konflikt mit der Kirche durch die sogenannten «Friedensgesetze» 1887 offiziell beendet wird, bedauert der junge Max Weber, dass «man heute sagt, der Kampf habe nur ‹politische› Gründe von unserer Seite aus gehabt» – damit gestehe man den Katholiken, die stets auf ihr Gewissen als zentrales Motiv verwiesen hätten, einen moralischen Sieg zu und der wiederum verhindere, den Kampf jemals «wieder so aufzunehmen wie er aufgenommen werden muß, wenn er zum Sieg führen soll».[10]

Weber zählte sich also selbst zu den Kulturkämpfern, und zwar zu jenen, die nicht aus rein machtpolitischen Erwägungen antikatholisch waren, sondern aus Gewissensgründen. Warum er den Kulturkampf am liebsten wiederaufgenommen hätte, ist noch seinem 1905 publizierten Aufsatz «Die protestantische Ethik und der ‹Geist› des Kapitalismus» zu entnehmen. Der Geist des Kapitalismus habe, schreibt er dort,[11] vor allem den «Traditionalismus» niederringen müssen, womit eine katholisch geprägte Mentalität gemeint war. Aus Webers Sicht wurde in diesem Konflikt also um die Durchsetzung oder die Zurückweisung des modernen Leistungsethos und moderner Rationalität gerungen, um eine gesellschaftliche Lebensform mithin, die er zweifelsohne als «höherwertig» betrachtete als jene, die ihm unter Prämissen des katholischen Glaubens möglich schien.

Nun hatte sich aber einerseits seine eigene Lebenslage derart geändert, dass ihm auch an dem «katholischen, echt menschlichen Auf und Ab zwischen Sünde, Reue, Buße, Entlastung, neuer Sünde oder von einem durch zeitliche Strafen abzubüßenden, durch kirchliche Gnadenmittel zu begleichenden Saldo des Gesamtlebens»[12] etwas einleuchten mochte. Und andererseits lebte Max Weber in Rom, dem Zentrum einer jahrtausendealten Organisation, die einen ihm fremden, seinem Begriff der Freiheit widerstrebenden Typ von Rationalität repräsentiert. Den Satz des Zentrumspolitikers Hermann Mallinckrodts, dass die Freiheit des Katholiken darin bestehe, dem Papst gehorchen zu dürfen, wird Weber später als These «von universeller Geltung»[13] bezeichnen, weil er das Prinzip der «Anstaltsgnade», also die durch eine Organisation vermittelte Erlösung, auf den Punkt bringe.

In seinen Überlegungen zur «formalen Gehorsamsdemut» der Katholiken klingt noch etwas von der Verachtung dessen nach, der Bürokratien gerade dann für freiheitstötend hielt, wenn sich diese um die Verwaltung des Seelenheils kümmerten. Aus ihnen lässt sich aber auch die Bewunderung von bürokratischer Rationalität heraushören, der ihren Amtsträgern eine systematische Lebensführung nicht absprechen konnte. Methodische Lebensführung, Askese im Dienst der Heilsverwaltung, das Mönchstum als «Elitetruppe der religiösen Virtuosen innerhalb der Gemeinschaft der Gläubigen»,[14] die Verrechtlichung der Beziehung zu Heilsgütern: Weber findet vor allem in den Klöstern, im Jesuitenorden und im Amtscharisma – also in der überpersönlichen, an die Organisation gebundenen Autorität – viele Elemente einer spezifischen Rationalität. In der spätesten Fassung von «Die protestantische Ethik und der ‹Geist› des Kapitalismus» sowie in den Diskussionen um seine These wird Weber sogar die christlichen Mönche als die ersten nach Regeln lebenden Berufsmenschen mit rationaler Lebensführung überhaupt bezeichnen, deren Methode das Ziel hatte, «den Status naturae zu überwinden, den Menschen der Macht der irrationalen Triebe und der Abhängigkeit von Welt und Natur zu entziehen, der Suprematie des planvollen Wollens zu unterwerfen, seine Handlungen beständiger Selbst*kontrolle* und *Erwägung* ihrer ethischen Tragweite zu unterstellen und so den Mönch – objektiv – zu einem Arbeiter im Dienste des Reiches Gottes zu erziehen, und dadurch wiederum – subjektiv – seines Seelenheils zu versichern».[15]

«Max ist auf einer Bibliothek, er liest sehr vieles über die Organisation von Klöstern und Orden», schreibt Marianne Weber am 28. Februar 1902 aus Rom.[16] Die Historiker im Umkreis der Bibliotheken, die Weber frequentierte, arbeiteten an Quellen aus den erst 1881 für die Wissenschaft geöffneten Vatikanischen Archiven; Johannes Haller etwa nutzt sie für sein Werk über «Papsttum und Kirchenreform», Karl Schellhass für seine Studien zur Geschichte der Gegenreformation. Der damalige Direktor des Königlich-Preußischen Historischen Instituts, der katholische Schlesier Aloys Schulte, sitzt an einem Buch über «Die Fugger in Rom: 1495 bis 1523». Auch hier also wurde Weber aus vielerlei Richtungen ein Blick auf den katholischen Glauben nahegelegt, der sich von den Stereotypen des Kulturkampfes freimachte. Die religionspolitische Lage unterstützte das. Im selben Jahr, in dem Bismarck um der «Sozialistengesetze» willen seinen Streit mit der katholischen Zentrumspartei beizulegen begann, war Pius IX. gestorben, und sein Nachfolger Leo XIII. beginnt vorsichtig, den Konflikt zwischen Kirche und Moderne zu entschärfen; er wird auch der erste Papst sein, dessen Stimme aufgezeichnet und der gefilmt wurde. Sein Interesse sind die Neogotik, das Mittelalter als Idee und die katholische Soziallehre. Stefan George schreibt auf ihn ein Gedicht, das er 1907 in seinem Band «Der siebente Ring» veröffentlicht. Die Schlussverse dieses Gedichts deuten an, dass ein Papst, der so gefiel, nicht mehr in Konkurrenz zu Staaten trat: «Wenn angetan mit allen würdezeichen / Getragen mit dem baldachin – ein vorbild / Erhabnen prunks und göttlicher verwaltung – / ER eingehüllt von weihrauch und von lichtern / Dem ganzen erdball seinen segen spendet: / So sinken wir als gläubige zu boden / Verschmolzen mit der tausendköpfigen menge / Die schön wird wenn das wunder sie ergreift.»

Vor lauter Wundern schön zu Boden zu sinken, gar mit einer Menge zu verschmelzen wäre nicht Max Webers Sache gewesen. Doch wie konnte eine solche weltliche Präsenz, wie konnten «Prunk und göttliche Verwaltung» eigentlich aus einer in ihren Anfängen weltablehnenden Religion, dem Christentum, entstehen? Dass das spätantike, originale Christentum einen Fall von radikaler Weltablehnung darstellt, hatten insbesondere protestantische Kirchengeschichtler am Ende des neunzehnten Jahrhunderts nachgewiesen: Die Urgemeinde, so Rudolph Sohm, wollte keine sichtbare Kirche im Sinne einer rechtlich verfassten Institution sein. Weber selbst war in einer Familie aufgewachsen, die eine klare Unterscheidung nahelegte: Die Religion gehört zur Innerlichkeit, zum Bereich der Familie, Frauen sind religiös, der «Geist» ist etwas Privates, er betrifft das Individuum in seinen außeralltäglichen Rollen. Religion war gewissermaßen der Kommentar, den die Frauen zu den Folgeproblemen der Moderne machten: dass etwas fehlt, dass man den Opfern des Fortschritts sozialpolitisch aufhelfen muss, dass der Materialismus eine primitive Ideologie ist. Im Alltag hingegen dominieren Machtfragen und Wirtschaftsfragen, Politiker sind Männer, Unternehmer auch. Wie war aber der Katholizismus einzuordnen? Max Weber muss klargeworden sein, dass seine einstige Konzentration auf die polnischen Landarbeiter und die Überzeugung seines Milieus, der Katholizismus sei eine rückständige Glaubensform, in die Irre führte.

Die Antwort auf die Frage, wie aus Weltablehnung weltliche Macht, ökonomischer Erfolg und eine blühende Kultur entstehen konnten, lautete: durch ungeplante Nebeneffekte. Die Geschichte der Klöster und Orden, die Weber in Rom studierte, ist ein einziger Beleg dafür. Die religiös motivierte Keuschheit der Mönche und der ihr nachempfundene Zölibat führten dazu, dass sich die katholische Kirche nicht in den Familien- und Erbschaftsnetzwerken des europäischen Adels auflöste; ihre Armut wiederum führte – um es volkswirtschaftlich zu formulieren – als Konsumverzicht zwingend zu Ersparnisbildung oder Investitionen und legte damit in Kombination mit dem auferlegten Fleiß die Grundlage für das ökonomische Prosperieren der Klöster. Was die Zeitgenossen als Folge göttlichen Segens der Mönche interpretiert hätten, sei letzlich «im stärksten Maße Folge ihrer rationalen Wirtschaft» gewesen.[17] Die angestrebte Unabhängigkeit des mönchischen Lebens von der «Welt» schließlich führte zur Entfaltung einer Sonderkultur methodischer Selbstbeobachtung. Erkenntnis gewinnt immer vom Rückzug. Max Weber mochte darin sogar Trost für seine eigene Situation finden.

Doch was er dann schrieb, war keine Geschichte der paradoxen Erfolge des Mönchstums und der Weltmächtigkeit einer Religion, an deren Ursprung radikale Weltablehnung stand. Stattdessen formuliert er eine These, die es ihm erlaubt, seine eigenen kulturkämpferischen Impulse zu bewahren, ohne blind zu sein für alles, was gegen sie spricht. Sie läuft darauf hinaus, dass der Protestantismus den Katholizismus an paradoxen Nebenfolgen noch übertroffen und die eigentliche Nachfolge des christlichen Mönchstums angetreten hat.

Die katholische Kirche hat gewissermaßen die Askese, aus der Weber überhaupt alle Kulturleistungen hervorgehen sieht und die für ihn eine notwendige Bedingung für Kultur darstellt, für ihre

Gläubigen übernommen und dem Klerus sowie dem Mönchstum als Berufsgruppe zugewiesen. Hieraus erklärt sich für Weber, dass das alltägliche Leben der Katholiken in «größerer moralischer Genügsamkeit» geführt wird.[18] Diese Deutung war selbst liberalen Katholiken jener Zeit nicht fremd: «Es bedarf für den Katholiken gar keiner persönlichen Gewissensprüfung der Dinge, die er glauben und auf die er sein zeitliches und ewiges Heil stellen soll; diese Sorge nebst der Gefahr des Irrens nimmt ihm der unfehlbare Papst von vornherein ab: – allerdings um einen hohen Preis: der Verzichtleistung auf die eigene Geistesbethätigung in den höchsten und wichtigsten Dingen! Führt ein solches sacrificium intellectus nicht *unabwendbar* zur geistigen Inferiorität?», fragte der von Weber in der «Protestantischen Ethik» zitierte Theologe Hermann Schell 1897.[19]

Für Max Weber verschränkten sich in Rom also zwei Motive seines Denkens: die kulturkämpferische Überzeugung von der Unterlegenheit der katholischen Lebensführung (die ein katholisches Land allerdings gerade zur geeigneten Ruhezone für protestantische Leistungsvirtuosen im Zustand des Nervenzusammenbruchs machte) und der Gedanke, dass alle Kultur auf Entsagung beruht, was die Religionsgeschichte des Christentums zweimal unter Beweis gestellt habe – zunächst in der katholischen Kirche und sodann im Kapitalismus als einer anfänglich religiös bedingten Verhaltensweise. Max Weber wollte diese beiden Motive nicht trennen, und er konnte es auch nicht. «Weber will Krankheit und Erdenschwere versenken in das gewaltige Meer der Eindrücke. [...] Jeder alte Stein der großen Stadt spricht zu seiner historischen Phantasie und regt ihn kräftig an; das ist besser als alle Therapie», schreibt Marianne Weber.[20] Was folgte, war eine der größten historischen Phantasien in der Geschichte der modernen Sozialwissenschaften: Max Webers Studie über den vermeintlichen Ursprung des kapitalistischen Geistes aus der Heilsungewissheit von Puritanern und Calvinisten.

ZEHNTES KAPITEL

DER IROKESENSTAAT, DER SCHNEIDER FRIEDRICH WILHELMS IV. UND DIE OBJEKTIVITÄT VON GOETHES LIEBESBRIEFEN

> Fragmentarisch ein besserer Mensch werden zu wollen, ist ein vergeblicher Versuch.
>
> IMMANUEL KANT

Im Verzeichnis der Schriften Max Webers finden sich auch Einträge für die Jahre von 1898 bis 1902. Aber die sind kaum der Rede wert: kaum eine Handvoll Vorbemerkungen zu Büchern anderer Autoren, eine Umarbeitung der «Agrarverhältnisse im Altertum», neun Seiten pro Jahr. An welcher Arbeit sitzt er nun, als im Herbst 1902 erste vorsichtige Zeichen der Erholung spürbar sind? An etwas Vertrautem aus dem Spektrum seiner agrarpolitischen Interessen, seiner schlafwandlerischen Kenntnis der antiken Sozialordnung oder der Beiträge zur Funktion der Börse? An etwas, das ihm in der Zeit der Rekonvaleszenz zufiel, aus den Lektüren etwa, die er in Rom pflegte, zum Mönchstum oder zur Reformation? Oder setzte er die Kontroversen fort, die ihn mit der politischen Lage des deutschen Reichs verbanden? Wer derart krank war, ist frei darin, womit er sich wieder meldet: mit Leichtem, Liegengelassenem, inzwischen Erfahrenem, Beiträgen zur Krise selbst, die das Kranksein war, oder mit etwas, das durch Zugänglichkeit für den Wiedereintritt des entschuldigt Abwesenden wirbt.

Weber tut nichts von alledem. Kaum dass er sich wieder für längere Zeit am Schreibtisch halten kann, schreibt er stattdessen als Allererstes einen unsagbar trockenen Aufsatz über methodologische Probleme im Werk zweier deutscher Nationalökonomen. Mit «Roscher, Knies und die logischen Probleme der historischen Nationalökonomie» quält er sich geraume Zeit und vermutet sogar, das Stück koste ihn die Kraft, die eventuell für ein Universitätskolleg ausgereicht hätte. Schließlich erscheint es in drei Teilen: 1903, 1905 und 1906 und hat insgesamt hundertvierzig Seiten. Dazwischen schreibt Weber einen weiteren Aufsatz zur Wissenschaftstheorie, «Die ‹Objektivität› sozialwissenschaftlicher und sozialpolitischer Erkenntnis», der fünfundsechzig Seiten umfasst. Knapp darunter liegen mit vierundsechzig Seiten die 1906 veröffentlichten «Kritischen Studien auf dem Gebiet der kulturwissenschaftlichen Logik», während die methodologische Auseinandersetzung mit Richard Stammler, den heute niemand mehr kennt, siebenundfünfzig Seiten umfasste. Innerhalb von sechs Jahren schreibt er also mehr als dreihundert Seiten zur Wissenschaftstheorie der Sozialwissenschaften, für die es kaum Leser gab. 1906, in dem Jahr, in dem er gleich zwei solcher Beiträge vorlegt, notiert er die unablässigen Klagen der Leser des «Archivs für Sozialwissenschaft und Sozialpolitik» über seine methodologischen Exerzitien, die ihn nun nötigten, eine längere Pause zu machen.[1]

Die Fragen, die in all diesen Texten aufgeworfen werden, kann man so umreißen: Weber denkt über die Unterschiede zwischen Natur-, Geistes- und Sozialwissenschaften nach, und zwar so, dass darüber ihre Einheit, nämlich Wissenschaften zu sein, nicht vergessen wird. Er orientiert sich dabei an der damals verbreiteten Unterscheidung zwischen Gesetzes- und Wirklichkeitswissenschaften. Heute könnte das als merkwürdige Begriffswahl erscheinen, denn auch die Physik, an die Weber denkt, wenn er von «Gesetzeswissenschaft» spricht, befasst sich ja mit Wirklichkeiten. Doch Weber unterstreicht, dass die strengen Naturwissenschaften durch quantitative und funktionale Betrachtung sowie das Abstrahieren von konkreten Qualitäten mit ganz «unwirklichen» Trägern von Kausalabläufen operieren: Sie interessieren sich nur für das Wesentliche an der Materie, für den typischen Blutkreislauf, für H_2O und nicht für empirisches, also unreines Wasser, für die gegenüber allen anderen Einwirkungen isolierte Flugbahn eines Körpers. Weber versucht zu klären, ob sich die Sozialwissenschaft ihrerseits mit singulären Erscheinungen zu beschäftigen hat oder mit typischen. Strebt der Sozialwissenschaftler danach, Gesetzmäßigkeiten zu ermitteln? Aber wie könnten solche Gesetze aussehen in einer Welt, die man zugleich vom Handeln freier Akteure bestimmt sieht? Erscheint der freie Wille der Handelnden in der Geschichte für den Historiker als das Zufallsmoment des historischen Geschehens, weil er unberechenbar ist? Hier wird Weber, wie überhaupt mitunter in diesen Aufsätzen, schneidend: «Spezifische ‹Unberechenbarkeit›, gleich groß – aber nicht größer – wie diejenige ‹blinder Naturgewalten›, ist das Privileg des – Verrückten.»[2] Er fragt, was eine «gesetzmäßige Entwicklung» im sozialen Wandel sein könne, welche Voraussetzungen ein historischer Vergleich, beispielsweise unterschiedlicher politischer Akteure oder unterschiedlicher Zivilisationen, hat und welche Vorgänge überhaupt «historisch» zu nennen sind.

Alles philosophisch sehr interessante, lohnende Fragen, und tatsächlich widmet sich Weber in der Folgezeit verstärkt seinen philosophischen Lektüren. Aber wer daraus schlösse, diese Probleme hätten für ihn einen hohen Reiz in sich gehabt, ahnt nicht, wie sie von Weber behandelt werden. Nämlich quälend. Es gibt in «Roscher und Knies» einen Satz mit zehn Substantiven, der fünf Fußnoten hat! Wir zitieren einen anderen aus einer etwas späteren methodologischen Schrift, den man einem Mitmenschen laut vortragen möge, um zu verstehen, wie Weber denkt und wie er zuweilen schrieb und an wen er dabei ganz gewiss nicht dachte: an den Leser. Worum es in diesem Satz geht, ist ganz nebensächlich, man überlasse sich nur seiner Länge:

«In der Hauptsache richtig geschieden wird dann auch 1. dieser kausale Begriff des ‹Zufalls› (der sog. ‹relative Zufall›): – der ‹zufällige› Erfolg steht hier im Gegensatz zu einem solchen, welcher nach denjenigen kausalen Komponenten eines Ereignisses, die wir zu einer begrifflichen Einheit zusammengefaßt haben, zu ‹erwarten› war, das ‹Zufällige› ist das aus jenen allein in Betracht gezogenen Bedingungen nach allgemeinen Regeln des Geschehens nicht kausal Ableitbare, sondern durch Hinzutritt einer ‹außerhalb› ihrer liegenden Bedingung Verursachte (S. 17–19), – von 2. dem davon verschiedenen teleologischen Begriff des ‹Zufälligen›, dessen Gegensatz das ‹Wesentliche› ist, sei es, daß es sich um die zu Erkenntniszwecken vorgenommene Bildung eines Begriffes unter Ausscheidung der für die Erkenntnis ‹unwesentlichen› (‹zufälligen›, ‹individuellen›) Bestandteile der Wirklichkeit handelt, sei es, daß eine Beurteilung gewisser realer oder gedachter Objekte als ‹Mittel› zu einem ‹Zweck› vorgenommen wird, wobei dann gewisse Eigenschaften als ‹Mittel› allein praktisch relevant, die übrigen praktisch ‹gleichgültig› werden (S. 20 bis 21).»[3]

Wie also erklärt sich dieser Neubeginn, mit derlei abstrakten, komplizierten und von Weber nicht gerade vereinfacht dargelegten Fragen? Gewiss, Weber war um jenen Beitrag über Wilhelm Roscher und seinen eigenen Lehrer und Lehrstuhlvorgänger, Karl Knies, für eine Festschrift gebeten worden. Den Abgabetermin dafür verpasst er aber über der «verfl … Arbeit», wie er brieflich stöhnt, und keiner der nachfolgenden Aufsätze ist eine Auftragsarbeit. Schaut man sich wiederum seine Schriften vor dem Zusammenbruch an, so finden sich dort kaum Einlassungen zur Methode. Und wer vermutet, Weber habe sich mit diesen Untersuchungen gewissermaßen die Instrumente anfertigen wollen, mit denen er danach an Phänomene wie Kapitalismus, Religion, Staat oder Recht herantrat, den mag seine Bemerkung ernüchtern, die Methodologie sei «sowenig Voraussetzung fruchtbarer Arbeit, wie die Kenntnis der Anatomie Voraussetzung ‹richtigen› Gehens. Ja, wie derjenige, welcher seine Gangart fortlaufend an anatomischen Kenntnissen kontrollieren wollte, in Gefahr käme zu stolpern, so kann das Entsprechende dem Fachgelehrten bei dem Versuche begegnen, auf Grund methodologischer Erwägungen die Ziele seiner Arbeit anderweit zu bestimmen.»[4]

Eine kleine Stelle in Webers Auseinandersetzung mit der Schrift «Zur Theorie und Methodik der Geschichte» des Berliner Althistorikers und Ägyptologen Eduard Meyer gibt den entscheidenden Hinweis. Weber bezeichnet Meyers erkenntniskritische Überlegungen als «Krankheitsbericht nicht des Arztes, sondern des Patienten selbst, und als solcher wollen sie gewürdigt und verstanden werden». Weber, der das zu seinem eigenen Programm erklärt, teilt hier mit, er selbst sei nicht nur durch eine psychosomatische, sondern auch eine wissenschaftliche Krise gegangen. Darum sind seine Methodenaufsätze gar kein aufwendiges Putzen des Erkenntnisbestecks, sie sind vielmehr die Ursachenforschung und der Genesungsbericht eines Rekonvaleszenten, der sich aus einer Erkenntniskrise selbst herausschrieb und eben deshalb einen so ungeheuren, kräftezehrenden Aufwand damit trieb.[5]

Um was für eine Krise kann es sich – jenseits der geschilderten persönlichen – gehandelt haben? Zunächst war es die Krise eines Gelehrten, der in keinem der Fächer, die er studiert hatte und danach in der Lehre vertrat, und in keiner Schule mehr zu Hause war. Weber war kein Jurist mehr, aber die historische Forschung war auch nicht das, was ihm vorschwebte. In der Wirtschaftswissenschaft neigte er den Lehrmeinungen, vor allem aber dem Wissenschaftsverständnis einer Schule zu, die sich in offenem Konflikt zur «Historischen Schule der Nationalökonomie» befand, in der er universitär großgezogen worden war. Zugleich vertrat er wirtschaftspolitische Ansichten, die wiederum mit denen über Kreuz lagen, die seine methodologische Sympathie hatten: Er verstand sich als politischer, und das hieß für ihn: nationalpolitischer Ökonom und nicht als kosmopolitischer Verfechter der Wohlfahrt von Konsumenten. Die Soziologie wiederum, zu der er sich nun langsam hinarbeitete, existierte als Fach noch gar nicht, und das, was es an stabilen Traditionen in ihr schon gab, die französische Linie des Herausfindens «sozialer Gesetze» und ihre Umsetzung in Gesellschaftssteuerung, die von Auguste Comte herkam, und die englische Linie der sozialen Evolutionstheorie, die Herbert Spencer vertrat, lehnte er weitgehend ab. Man kann sich Gelehrte vorstellen, die auf weniger einsamem Posten stehen.

Der Grund aber, weshalb Weber den Eindruck hatte, zwischen allen Linien gelandet zu sein, war eine von ihm wahrgenommene Wissenschaftskrise. Die Historische Schule der Nationalökonomie etwa erwies sich bei näherer Betrachtung als eine ungeheure Ansammlung wirtschaftsgeschichtlicher Informationen, die mittels völlig undurchdachter Begriffe und Methoden zu einem politischen Weltbild verarbeitet worden waren. Man sprach von Naturgesetzen der Wirtschaft, widersetzte sich aber abstrakter Begriffsbildung. Man ließ die Volkswirtschaft aus dem Volk hervorgehen, das besondere Anlagen und Triebe habe, klärte aber nicht, woraus sich diese ergeben. Jedes Volk durchlaufe Entwicklungsstadien, hieß es weiter, so wie es auch biologische Wesen von ihrer Entstehung bis zu Reife, Altern und Untergang tun, doch es blieb unklar, worauf sich diese These gründete. Für das Handeln der wirtschaftlichen Akteure wiederum machte man zwar ein ganzes Bündel von Motiven verantwortlich – vom Eigennutz, der Liebe Gottes, der Gerechtigkeitsidee und dem Wohlwollen, bis hin zum Drang nach innerer Freiheit –, von anderem als dem Eigennutz war in den ökonomischen Betrachtungen dann aber doch nicht die Rede; das Wohlwollen und die Gerechtigkeit wurden an den Staat delegiert.

Vor allem aber strebte die Historische Schule «Totalität» an. Da zum Wirtschaften auch Technik, Rechtsprechung und Gesetzgebung, die verschiedenen Bevölkerungsgruppen, die Geographie der Standorte und die Verkehrswege, Gebäude, Rohstoffe und erlernte Fertigkeiten gehörten, habe das alles und noch viel mehr in die ökonomische Betrachtung einzugehen. Gustav Schmollers Lehrbuch der Volkswirtschaftslehre von 1900 setzt mit Abschnitten über Ehe, Siedlung, Schrift, Sprache, Öffentlichkeit und die «Bildung einheitlicher Bewusstseinskreise» ein, also mit Völkerpsychologie. Es finden sich Sätze in ihr wie: «Der Mensch kann nicht bloß essen und lieben, er muß seine Zeit und seine Seele mit anderem erfüllen»,[6] weil natürlich auch die Gefühle, die Kindererziehung und das Freizeitverhalten für die Entstehung wirtschaftlicher Bedürfnisse bedeutsam sind.

Schon zwanzig Jahre vor Weber hatte der österreichische Ökonom Carl Menger 1883 einen Streit mit der Historischen Schule und besonders mit Schmoller vom Zaun gebrochen, in dem es um genau diesen Eindruck einer disziplinlosen Disziplin ging, die keine Grenzen kannte und theoretische Spezialisierung verweigerte. Menger vertrat die Ansicht, wissenschaftlicher Erkenntnisgewinn bedeute, für einen Gegenstand zu ermitteln, unter welchen Gesetzen er stehe. Ganz analog der Naturwissenschaft gehe es auch in der Ökonomie darum, aus den konkreten Sachverhalten nur das herauszulösen, was immer wieder anzutreffen ist, anstatt sich in konzeptionsloser Detailfreude zu verlieren: «Die Fleischpreise von Elberfeld! Von Pforzheim! Von Mühlheim! Von Hildesheim! Von Germersheim! Von Zwickau! usf.», so parodierte Menger die Sammelwut der Historischen Schule. Tatsächlich hätten das Titel von Dissertationen aus ihrem Umkreis sein können; man denke an den der nationalökonomischen Doktorarbeit von Theodor Heuss, die 1905 bei Webers Münchner Kollegen Lujo Brentano geschrieben wurde: «Weinbau und Weingärtnerstand in Heilbronn am Neckar».

Auf diesem Wege, so schimpfte Menger, komme man auch in Äonen nicht zu einer Wirtschaftstheorie. Es gehe in der Sozialwissenschaft nicht um die Erfassung aller Aspekte einer Sache, sondern um Kriterien dafür, was wichtig ist, um die «Typen und die typischen Relationen der Menschheitserscheinungen».[7] Weber formuliert das zwanzig Jahre später so: Nicht die sachlichen Zusammenhänge der *Dinge,* sondern die gedanklichen Zusammenhänge der *Probleme* führen zu wissenschaftlichen Arbeitsgebieten.[8] Entsprechend war für Menger die Annahme, beim wirtschaftlichen Akteur handele es sich um einen eigennützigen *homo oeconomicus,* vor allem eine Festlegung, die widersprüchliche Handlungsnormen ausschaltet: Nur wenn man sich den Menschen bei seinen wirtschaftlichen Handlungen stets vom selben Motiv geleitet denkt und überdies darüber hinwegsieht, dass er sich regelmäßig irrt, lassen sich exakte Aussagen über sein Wirtschaftshandeln unter gegebenen Umständen machen.

Weber teilte die Ansicht Mengers, dass Wissenschaft Typisierung und also Vereinfachung heißt und dass keine Theorie um Kausalhypothesen herumkommt. Weshalb aber stand er dann unter dem

Eindruck einer lähmenden Krise der Wirtschafts- und Sozialwissenschaften seiner Epoche? War die Historische Schule die Krankheit, dann hätte die Heilung doch nahegelegen: Übergang zur österreichischen Schule der Ökonomie und zu dem, was uns heute als Modellbildung mit rationalen Wahlhandlungen bekannt ist.

Doch für Weber war die Krise viel ernster, und die «Gesetzeswissenschaft», zu der Menger die Sozialwissenschaften machen wollte, war seiner Meinung nach ein Teil davon.[9] Denn Weber empfand die Preisgabe von Geschichte zugunsten von ökonomischer Theorie als ein Opfer, das er nicht bringen wollte. Er hält sich fast wörtlich an Formulierungen Mengers, was den Kampf gegen das unentschiedene Blumenpflücken in der Vergangenheit angeht. Doch aus dem Lob der bewussten Einseitigkeit des wissenschaftlichen Interesses folgt für ihn nicht schon, von welchen Aspekten an einer Handlung abgesehen werden soll. Warum soll die Logik des ökonomischen Handelns den Eigennutz ins Zentrum stellen und nicht etwa das Imitationsverhalten? Weber, der dem *homo oeconomicus* als Modellathleten der modernen Wirtschaft gar nicht abgeneigt war, hätte hier gerne ein Argument und nicht nur eine Setzung.

Vor allem aber: Im Verlauf des neunzehnten Jahrhunderts waren mehrere Theorien aufgetreten, die jedwede historische Erscheinung erklären wollten, indem sie diese jeweils auf einen Faktor zurückführen: den Klassen- oder den Rassenkampf, das Ressentiment oder das Unbewusste, die Physiologie der Akteure oder ihr Milieu, den Volksgeist und so weiter. Der Eigennutz war hier also nur ein Faktor unter vielen, auf den das soziale Handeln reduziert wurde. Weber setzt dem entgegen, dass jede Wirklichkeit in einer Unendlichkeit von kausalen Bezügen steht, alles tausend Ursachen hat: «Wir ständen, selbst mit der denkbar umfassendsten Kenntnis aller ‹Gesetze› des Geschehens, ratlos vor der Frage: wie ist kausale Erklärung einer individuellen Tatsache überhaupt möglich?, – da schon eine Beschreibung selbst des kleinsten Ausschnittes der Wirklichkeit ja niemals erschöpfend denkbar ist.»[10] Schon seine Studien über die ostelbischen Landarbeiter oder die antike Agrargeschichte hatten

Weber gelehrt, dass wirtschaftliche Handlungen keineswegs allein von wirtschaftlichen Umständen abhängen. Dementsprechend will er nicht nur ökonomische Vorgänge in die sozialökonomischen Untersuchungen einbeziehen, sondern auch wirtschaftlich relevante (wie Gesetzgebung, Mentalität, Technik) und wirtschaftlich bedingte Tatbestände (etwa alles, was finanziert werden muss). Weber glaubt auch nicht, dass die Wirklichkeit aus Gesetzen abgeleitet werden kann. Kausalgesetze sind für ihn nur ein Erkenntnismittel, kein Erkenntniszweck: Aus einem Gesetz geht niemals die Bedeutung des unter ihm befassten Vorganges hervor, soziale Tatsachen aber sind bedeutungshaltig. Selbst die Entscheidung eines Menschen, sein wirtschaftliches Handeln an seinem Eigennutz auszurichten, ist historisch bedingt – sie hätte genauso anders ausfallen können und ist darum verstehbar (oder aber erklärungsbedürftig). Und auch der Wissenschaftler, der beschließt, sich auf die Untersuchung des Eigennutzes zu konzentrieren, trifft diese Entscheidung nicht aus eigennützigen, sondern aus disziplinären, erkenntnistheoretischen oder thematischen Erwägungen: «Was aber für uns Bedeutung hat, das ist natürlich durch keine ‹voraussetzungslose› Untersuchung des empirisch Gegebenen zu erschließen, sondern seine Feststellung ist Voraussetzung dafür, daß etwas Gegenstand der Untersuchung wird.»[11] Webers Argument ist ganz einfach: Bedeutung hat für uns ein historischer Vorgang nicht in dem, was er mit allen anderen vergleichbaren Vorgängen teilt, sondern durch das, was ihn besonders macht. Und zwar: *für uns* besonders macht.

Ein Beispiel, das Weber selbst andeutet und das schon auf seine späteren Studien hinweist: Die Marktwirtschaft zu erforschen heißt für ihn selbstverständlich, der Logik des Tauschs und der Zahlung nachzugehen – doch wie es die Marktwirtschaft zu ihrer in der Moderne beherrschenden Rolle gebracht hat und weshalb sie sich hier anders als in der Antike entfalten konnte, wo schließlich ebenfalls eigennützig getauscht wurde, das geht aus den ewigen Tauschgesetzen für egoistische Güterbesitzer nicht hervor. «Für die exakte Naturwissenschaft sind die ‹Gesetze› um so wichtiger und wertvoller, je allgemeingültiger sie sind; für die Erkenntnis der historischen Erscheinungen in ihrer konkreten Voraussetzung sind die allgemeinsten Gesetze, weil die inhaltleersten, regelmäßig auch die wertlosesten.»[12] Denn die historische Sozialwissenschaft hat es mit Einmaligem und für Weber mit dem Wert des Einmaligen zu tun.

Die Sozialwissenschaft, deren Krankheitsbericht Weber in seinen methodologischen Aufsätzen schreibt, ist also deshalb in eine Krise geraten, weil sie in Begriffe ohne Anschauungen und Anschauungen ohne Begriffe zerfiel. In Exaktheit, die an der Geschichte vorbeigriff, und in historische Kenntnis, mit der aufgrund ihrer Ziellosigkeit nichts anzufangen war und die darauf hinauszulaufen schien, dass es von der Geschichte überhaupt keine Wissenschaft gibt, sondern nur mehr oder weniger beliebige Erzählungen. Die Wirklichkeit selbst liefert keine Gesichtspunkte für den Forscher, davon ist Weber zutiefst überzeugt, sondern nur ein strukturloses «Chaos» an Tatsachen, und sie gibt Erkenntnis erst her, wenn man mit Begriffen an sie herantritt. Doch wie verhindert man, dass diese Begriffe willkürlich gebildet werden?

Die Antwort gibt Webers berühmte Lehre von der «Idealtypenbildung», die in seinem medizinischen Bild die durchschlagende Therapie jener Wissenschaftskrise darstellt: Mit einem Gegenwartsinteresse, beispielsweise dem Interesse an der Frage, welche Motive den frühneuzeitlichen Menschen dazu brachten, zu kapitalistischer Berufsarbeit überzugehen, tritt der Forscher an die historischen Quellen heran. Dieses Interesse selbst kann nicht wissenschaftlich begründet werden, und bezeichnenderweise setzt Weber das Wort «Objektivität» im wichtigsten Aufsatz seiner Krisenbewältigung in Anführungszeichen. Was er sich in seinen Aufsätzen aufwendig und angestrengt erkämpft, könnte man als *begrifflich kontrollierte Subjektivität* oder *subjektive Begriffskontrolle* bezeichnen. Worin aber liegt dann der Wert eines historisch einmaligen Phänomens, wenn sich daraus keine Gesetzmäßigkeiten ableiten lassen?

Weber illustriert seine Antwort an der These seines Kollegen, des Wissenschaftsphilosophen Heinrich Rickert, wonach die Weigerung Friedrich Wilhelms IV., die ihm vom Paulskirchen-Parlament angetragene deutsche Kaiserkrone anzunehmen, ein historisches Ereignis war, der Schneider der königlichen Röcke hingegen historisch bedeutungslos sei. Dem hatte Eduard Meyer als Historiker widersprochen: Nur für die politische Geschichte sei der Schneider irrelevant, für andere historische Erkenntnisinteressen aber, etwa solche der Mode- oder der Handwerksgeschichte, sei er es womöglich nicht.[13] Für Weber lässt diese Antwort den grundsätzlichen Unterschied im Unklaren zwischen Ereignissen, die historisch bedeutsam sind, weil sie erhebliche Folgen zeitigten, und solchen, die es sind, weil sie Beispiel für etwas Typisches sind. Am Staat der Irokesen könne man eventuell Entscheidendes über Staatenbildung lernen, obwohl dieser Staat für die Weltgeschichte von ungemein geringer Bedeutung blieb. Dagegen wirkten sich manche Entschlüsse des Themistokles, des Siegers der Seeschlacht von Salamis gegen die Perser, zwar noch bis in die Gegenwart aus (Weber hat ein sehr weites Verständnis historischer Kausalketten und stellt sich vor, was alles anders gekommen wäre, hätten die Perser gesiegt), für die historische oder psychologische *Begriffsbildung* aber seien sie ganz bedeutungslos gewesen.

Die Irokesen kommen also der Soziologie des Staates zugute, die Befehle des griechischen Feldherrn werden in ihrem Folgenreichtum den Historikern überlassen. Für eine Geschichte der Mode wäre der Schneider Friedrich Wilhelms IV. darum vermutlich ebenfalls «von ganz geringer kausaler Bedeutung» – es sei denn, ausgerechnet dieser Schneider hätte etwas über den Körper des Königs hinaus Wirksames geschneidert. Als Erkenntnismittel für den Begriff der Mode um 1848 hingegen eignet sich der Rock unabhängig von seiner historischen Wirksamkeit.

Man sieht: Das Einmalige, die historischen Individuen um die es Weber geht, sind nicht nur und nicht in erster Linie Personen. Auch Städte, Befehle, Ehen, Texte, Kleider sind historische Individuen. Der Forscher, der sich nicht bloß dafür interessiert, wie sie zeitlich in der historischen Verkettung sozialer Ursachen verortet sind, entnimmt ihnen «typische» Züge und fragt, was an ihnen beispielhaft ist, worin gewissermaßen die Pointe ihrer Existenz liegt. Er konzentriert sich dabei aufgrund subjektiver Entscheidungen auf eben diese Merkmale und konstruiert daraus, was Weber einen «Idealtypus» nennt. Aus dem Staat der Irokesen oder anderer Stämme kann dann beispielsweise «der primitive Staat» werden – ja, «Staat» und «Stamm» sind selber Idealtypen. Oder es gehen Züge der irokesischen Herrschaftsform, die Häuptlinge und Magie voraussetzt, in den Idealtyp «Herrschaft durch Charisma» ein. Im Idealtyp sind Merkmale einer sozialen Tatsache aus ihrer empirischen Mischung mit allen anderen Merkmalen herausgelöst, um ein Erkenntnisinstrument zu gewinnen, mit dem Vergleiche angestellt werden können: Vergleiche mit anderen Staaten, mit staatenloser Herrschaft, mit Herrschaft ohne Magie und so weiter. Oder es werden idealtypische Entwicklungen konstruiert: Woran scheitern typischerweise Stammesgesellschaften, und in was transformieren sie sich dann? Oder: Was geschieht mit dem Schneiderhandwerk, wenn die Textilindustrie aufkommt?

Was an diesen uns heute vielleicht selbstverständlich erscheinenden Argumenten Webers alles hängt, wird erkennbar, wenn er sich an einer Stelle Goethe und dessen Briefwechsel mit der geliebten, aber (vermutlich) nicht eroberten Charlotte von Stein zuwendet. Warum sollte sich ein Literaturhistoriker dafür interessieren? Beispielsweise deshalb, weil die «mit einer unerhört gewaltigen Leidenschaft verbundene Askese jener Jahre» im weiteren Leben Goethes historisch wirksam geworden ist – und zwar «auch als er unter dem Himmel des Südens sich wandelte», wie Weber formuliert (bei dem Leidenschaft, Askese und Wandel im Süden eine etwas andere Dimension hatten). Doch selbst wenn diese vermutlich entsagungsvolle Begegnung Goethes mit Charlotte von Stein beider Leben später nicht beeinflusst hätte, so Weber, läge die Bedeutung dieses Erlebnisses womöglich darin, die «Lebensführung und Lebensauffassung» des Dichters zu exemplifizieren: Es könne dem Historiker immer noch als «Symptom» für die Zeit oder für Goethes

Kreise erscheinen; dann wäre der «geistige Habitus jener Kreise» das kausal wirksame kulturgeschichtliche Moment. Und schließlich könnte es noch sein, dass selbst das nicht zutrifft und Erlebnisse wie diejenigen Goethes in vielen Kulturen oder sogar zu allen Zeiten gemacht werden. Dann könnte immerhin noch ein Kulturpsychologe etwas mit ihnen anfangen oder ein Nervenarzt und «sie als ‹idealtypisches› Beispiel für bestimmte asketische ‹Verirrungen› unter allerhand ‹nützlichen› Gesichtspunkten ebenso abhandeln».[14]

Dieser Gang durch die vier bis fünf Möglichkeiten, Goethes Liebesbriefe wissenschaftlich auszuwerten, ergibt für Weber aber noch einen zusätzlichen Sinn. Es sind die Briefe Goethes, und es sind Briefe, die, selbst wenn wir ihren Autor nicht kennten, Briefe einer bestimmten Qualität sind. Weber findet, man könne ihre Kombination aus Leidenschaft und Entsagung als Anhänger einer engen oder einer sehr weiten Sexualmoral ablehnen, aber das mache Interpretationen dieser Briefe selbst für solche Positionen nicht wertlos. Denn solche Interpretationen, die eine historisch verwirklichte Möglichkeit zeigen, wie ein Leben geführt werden konnte, können das eigene Leben «wertempfindlicher» machen.

Wir haben uns dieses Referat einer längeren Passage aus Webers Methodenschriften nicht nur erlaubt, weil es seine Denk- und Schreibweise zeigt, die stets bemüht ist, bloß keinen Unterfall dessen auszulassen, was er behandelt. Weber ist mit dem Begriff der «Wertempfindlichkeit» auch an einem Punkt angekommen, der für ihn die Grenze dessen bezeichnet, was geistes- und sozialwissenschaftlich möglich ist. Oder besser: der für ihn den eigentlichen Sinn seiner eigenen wissenschaftlichen Tätigkeit bezeichnet. Die Befreiung, die es für ihn darstellte, sich über die methodischen Grundlagen seiner weiteren Arbeit klargeworden zu sein, war eine Befreiung durch das Gefühl, einen spezifischen Sinn für sie gefunden zu haben; in der Bewältigung historischer Stoffe oder dem Ermitteln historischer Regelmäßigkeiten, unabänderlicher Gesetze gar, konnte er diesen Sinn nicht mehr erkennen. Der Sinn seiner Arbeit sollte nun vielmehr sein, die Gegenwart durch die Analyse historischer Lebenserscheinungen und ihrer Bedeutung, durch Verstehen also, empfindsamer für die Relevanz menschlicher Werte zu machen, konkret: für die Gesichtspunkte und Ideen, denen der Leser in seiner eigenen Lebensführung folgt oder von denen er sich distanziert. Weber schreibt in einer Zeit, in der die alte Vorstellung erschüttert worden ist, die Geschichte – etwa der Antike, aber auch des Christentums oder der Nationen – könne als lehrreiches Beispiel dienen. Sie ist erschüttert worden durch das Gefühl, in einer Gesellschaft zu leben, die immer weniger mit allen vorhergehenden verbindet. Und durch Theorien, für die Geschichte auch beispielhaft war, die aber in gewaltiger Umwertung sagten: Sie ist ein Beispiel für das Negative, für Sinnlosigkeit, für zwanghafte Kausalabläufe, für blinde Evolution. Daraus ergibt sich folgerichtig ein nur berechnendes, auf Anpassung und Ausnutzung fokussiertes Leben. Max Weber widmet das Werk, das er nach seinem Zusammenbruch beginnt, dem Nachweis, dass das nicht die einzige Möglichkeit ist, sondern dass die «okzidentale» Kultur samt dem Kapitalismus und der Moderne, die sie hervorgebracht hat, etwas ist, das bestimmten Wertideen folgt und einen «Geist» hat. Oder dass man diese Kultur zumindest so für sich konstruieren kann, als ob sie einen solchen Geist hätte. Die Gründerfiguren des Kapitalismus, an deren idealtypischer Darstellung Weber arbeitet, während er seine Methodenlehre schreibt, sollten seine eigene, wertunempfindliche Gegenwart daran erinnern, dass es nicht Fatalismus, Eigennutz und Hedonismus waren, aber auch nicht Fortschrittsfreude und Aufklärung, die am Beginn dieser Epoche standen.

ELFTES KAPITEL

WAHLVERWANDTE ANTIPODEN – SOMBART UND SIMMEL

Half the financial operations they follow deal with things that do not even exist; for in that sense all finance is a fairy tale.

GILBERT K. CHESTERTON

Kein Gelehrter seiner Generation hatte biographisch wie intellektuell mehr Gemeinsamkeiten mit Max Weber und unterschied sich zugleich stärker von ihm, als der nur ein Jahr ältere Werner Sombart. 1899 nennt beider Lehrer, Adolph Wagner, Sombart den «wohl genialsten» und «neben Max Weber vielleicht bedeutendsten der jüngeren Nationalökonomen Deutschlands».[1] Auch Sombarts Vater war Nationalliberaler, auch die Sombarts waren calvinistisch-hugenottischer Herkunft, wenngleich das beträchtliche Einkommen der Familie nicht aus der Industrie, sondern aus einem Rittergut stammte. Werner Sombart, der «in agrarpolitischer Atmosphäre» aufwuchs, wie ein Rezensent seiner Dissertation bemerkte, studierte wie Weber außer bei Wagner auch bei August Meitzen und Gustav Schmoller, fühlte sich allerdings früh schon zum Kathedersozialismus des Ersteren hingezogen. Im Haus seines Vaters verkehrten die zukünftigen wirtschaftspolitischen Gegner Max Webers in der Frage der ostelbischen Agrarverhältnisse – darunter auch jener Rezensent, Sombarts Studienfreund Karl Oldenberg, der als Ökonom einer der heftigsten Streiter für Schutzzölle und gegen den Umbau Deutschlands zum Industriestaat wurde.

Sombarts Dissertation wiederum handelte von der Geschichte der Landwirtschaft in der römischen Campagna, er hatte in Italien studiert und wollte am Modellfall eines «Konflikts zwischen Sozial- und Privatinteresse» zeigen, was sozialpolitisch ungeeignet war und was geeignet sein könnte, die «Entvölkerung des platten Landes» sowie die «gänzliche Verproletarisierung der ländlichen Bevölkerung» aufzuhalten.[2] Die Ähnlichkeit zu Max Webers ersten Forschungsthemen war kein Zufall – in Sombarts Vaterhaus waren diese Probleme gewissermaßen Alltag. Netzwerke entstehen durch Bekanntschaften, aber auch durch gemeinsame Geschichten, in denen man sich und einander sofort wiedererkennt. Die von Sombart in Aussicht gestellte Agrargeschichte des römischen Umlandes legte seinerseits drei Jahre später Max Weber vor, der kurz darauf in seinen Studien zur Landarbeiterfrage den Reformprojekten von Sombarts Vater Lob zollte, die auf «innere Kolonisation» der östlichen Provinzen des Reichs durch Ansiedlung kleiner Grundbesitzer zielten.

Sombart war immer etwas schneller, Weber immer sehr viel gründlicher. Sombart wurde Syndikus der Bremer Handelskammer, mit sechsundzwanzig Jahren außerordentlicher Professor in Breslau, und «dieser noch sehr jugendliche Herr», wie eine empörte Zeitung schrieb, erregte Aufsehen mit seinen Arbeiten über die Hausindustrie der schlesischen Weber, deren Elend gerade durch das Drama Gerhart Hauptmanns zu einem öffentlichen Thema geworden war. Man bezeichnete ihn als Sozialdemokraten, was beinahe genügte, um ihm jede Chance auf eine Verbeamtung zu nehmen. Sombarts Temperament focht sein Ruf als Unternehmerfeind und die lange akademische Wartestellung jedoch nicht sehr an. Er pflegte einen entspannten Lebensstil, tanzte publizistisch auf vielen Hochzeiten, auch weil er das Geld brauchte, und setzte ein Kind nach dem anderen in die Welt. Daneben unterhielt er ein, wie sein Biograph schreibt, «ausgedehntes außereheliches Liebesleben» und arbeitete sich in den Jahren, in denen Weber Nationalökonom wurde, immer mehr in die Werke von Karl Marx ein, um eine eigene Art von Sozialismus zu entwickeln, der ihm als das Gebot des Tages erschien: «Der Naturalismus in der Literatur, das Pleinair in der Kunst: ist es etwas Anderes, liegen ihm andere Leitmotive zu Grunde als jene, die zum Realismus in der Gesellschaftslehre geführt haben: der Drang aus der Düsseldorferei» – gemeint ist die romantische Historienmalerei der Düsseldorfer Akademie – «und der Gartenlaubenatmosphäre hinaus in die frische Luft?»[3]

Das sind Formulierungen, die Weber nicht nur deswegen nicht über sich gebracht hätte, weil sie sehr eingängig sind; er zog zeit seines Lebens Sätze vor, die man im Deutschen liest, als ob es lateinische wären. Ihm waren viel mehr noch der Vergleich wissenschaftlicher Arbeit mit Kunst sowie der Wunsch, auf soziale Bewegungen einzuwirken, völlig fremd. Weber suchte stets die elitäre Öffentlichkeit, selbst wenn er Zeitungsartikel verfasst, werden sie ihm zu Abhandlungen. Sombart hingegen genügte Popularität. «Unter 4 Augen ist er mir der angenehmste Mensch, den ich kenne», schreibt Weber über ihn, «aber schon 6 Augen sind für ihn ‹Publikum›.»[4] Ein Publikum, das er Zeit seines Lebens zu gewinnen suchte und auch gewann. Sombarts Züricher Vorträge über Sozialismus von 1896 beispielsweise, in denen er die Geschichte als eine Abfolge von Klassenkämpfen *und* Konflikten zwischen Nationen darstellte und daher den Nationen eine Lösung der sozialen Frage und den Sozialdemokraten einen nationalen Standpunkt empfahl, waren ein überaus großer Erfolg mit fünfstelliger Auflage. Der Versuch, Sombart auf den 1897 von Max Weber geräumten Freiburger Lehrstuhl zu berufen, den Weber wie andere Kollegen unterstützte, scheitert aus denselben Gründen. Es sollte bis zum Ersten Weltkrieg dauern, dass Sombart eine ordentliche Professur erhielt.

Die Publikation, die entscheidend ist, um die Unterschiede zwischen Sombart und Weber zu verstehen, erscheint 1902 in zwei materialreichen Bänden: «Der moderne Kapitalismus». Erst Sombart definiert den Kapitalismus als eigenständige wirtschaftsgeschichtliche Epoche, die das Zeitalter der nicht kaufmännisch geführten Handwerksbetriebe ablöst. Das Handwerk – verstanden nicht als Handarbeit, sondern als Organisationstyp und Stand – möchte nach Sombart selbständig tätig sein, der Kapitalismus unterscheidet früh zwischen Eigentum und Weisung, denn in seinen Betrieben kann der Eigentümer schon aufgrund ihrer Größe unmöglich an allen Entscheidungen beteiligt sein.[5] Das Handwerk hängt an seinen Produktionsumständen und -traditionen, der kapitalistische Unternehmer hingegen wählt die Sachzwecke so, dass sie der Verzinsung seines eingesetzten Vermögens dienen. Zweck einer kapitalistischen Stiefelfabrik – Sombart wählt das Beispiel so, als kennte er die Firmengeschichte von Nokia, die bislang von Papier über Gummistiefel zu Mobiltelefonen und demnächst vermutlich in eine weitere Branche führt – sei «niemals die Anfertigung von Stiefeln, sondern immer nur die Erzielung von Profit».[6] Dieser Zweck ist «abstrakt und darum unbegrenzt», der Unternehmer ist somit nur der Repräsentant seines Vermögens, er wird ersetzbar, man kann Eigentum an der Firma und Kontrolle in ihr trennen, irgendwelche Bedürfnisse von Personen spielen für die kapitalistische Organisation keine maßgebliche Rolle; eine Firma verzichtet zum Beispiel nicht auf Gewinnchancen, weil der Eigentümer schon ein Zweitboot hat. Der Profit bedarf keiner besonderen psychologischen Motive, sondern tritt denen, die ihn organisieren, als objektive Notwendigkeit gegenüber.[7]

«Wie ist Kapitalismus möglich?», fragt Sombart und antwortet: Es braucht Vermögen, die Möglichkeit, es in Geldbesitz zu überführen, also Liquidität, und es bedarf eines «kapitalistischen Geistes» des Besitzers, worunter Sombart versteht: Gewinnstreben, kalkulatorischer Sinn, ökonomischer Rationalismus. Für ihn ist die Entstehung der modernen Wirtschaftsform also nicht nur an Techniken wie die doppelte Buchführung oder an Voraussetzungen wie großen Vermögensbesitz gebunden, sondern auch an Motive, all dies zu nutzen. Also doch Motive!

Das entsprach wirtschaftshistorisch dem, was Georg Simmel als Absicht seiner 1900 publizierten Untersuchung zur «Philosophie des Geldes» formuliert hatte: dem historischen Materialismus «ein Stockwerk unterzubauen», um die wirtschaftlichen Formen als das Ergebnis «psychologischer, ja metaphysischer Voraussetzungen» zu erkennen. So wie Astronomie angewandte Mathematik sei, so sei Geschichtswissenschaft angewandte Psychologie, hatte Simmel schon 1892 in seinen «Problemen der Geschichtsphilosophie» geschrieben. Doch auch Simmel erkennt, dass zahllose Handlungen gar keiner besonderen Motivation bedürfen, um durchgeführt zu werden. «Diese Frage, ob überhaupt hinter der Handlung ein mit Worten auszudrückender bewusster Seelenvorgang steckt», so schreibt er dazu, «wird insbesondere bei denjenigen Vorgängen schwierig, die die Zweckmäßigkeit ihrer Form und den Impuls ihrer Ausführung in bestimmten Lagen zwar wirklich einem Bewusstsein verdanken, dieses aber eingebüßt haben, indem sich die Handlung allmählich in eine bloß reflektorische und instinktive umgebildet hat.»[8] Kurz gesagt: Jemand mag eine Firma gründen, weil er sein Seelenheil davon abhängig macht, aber den Operationen der Firma und sogar seinen eigenen in ihr mag man das nicht mehr ansehen. Man findet hier also überall ein Schwanken zwischen dem Bedürfnis, Motive, Mentalität und «Kultur» als Grundlagen des Kapitalismus ernst zu nehmen, aber zugleich die Macht des Kapitalismus gerade in seiner Unbedürftigkeit an besonderen Motiven zu erkennen, an seiner Fähigkeit, sich allen möglichen Kulturen aufzudrängen.

Wie aber kommt es nun zum Kapitalismus? «Kapital» ist dafür nur eine notwendige, aber keine hinreichende Voraussetzung, wie Sombart ausführt: Große Vermögen hätten ja auch Könige, Fürsten und Bischöfe, Klöster und Orden aufgehäuft, ohne sie aber Profitinteressen zuzuführen.[9] Den Protestantismus als mentale Disposition für Handel und Industrie streift Sombart als bekannte Vermutung, gibt aber zu bedenken, dass man es auch genau umgekehrt sehen könne und den Aufstieg des Protestantismus als Effekt der modernen Wirtschaftsgesinnung deuten. Es liegt nahe, Webers Vorstellung, man habe aus religiösen Gründen auf eine bestimmte Weise gewirtschaftet, dieser Gegenprobe auszusetzen: Ist hier möglicherweise ein bestimmtes soziales Verhalten, das ursprünglich als «unsozial» galt, einfach nur in einer neuen religiösen Sprache legitimiert worden? So gesehen, wären nicht aus radikalen Protestanten Kaufleute geworden, sondern Kaufleute hätten allen Grund gehabt, Protestanten zu werden.

Doch Sombart lenkt sein Augenmerk ganz von der Religion weg. Gegen Ende des Mittelalters, im dreizehnten und vierzehnten Jahrhundert, sei in Europa ein allseitiger Geldbedarf aufgekommen, teils durch den Finanzierungsumfang der Kreuzzüge, teils durch die Ausraubung des Orients, die mit ihnen einherging, wodurch ein gesteigertes Bedürfnis nach Luxus entstanden sei. Die Urbanisierung habe diese Sehnsucht auf die Geldwirtschaft verwiesen, zugleich habe die Edelmetallgewinnung zugenommen, man wandte sich dem Goldgräbertum wie der Alchemie zu, die Machthaber ersannen neue Steuern, andere raubten. Es seien, so Sombart, in dieser Situation Leute niederen Standes gewesen, «nüchterne Naturen ohne rechten Schwung der Seele», denen es – insbesondere wenn sie mit Kreditgeschäften vertraut waren – einfallen konnte, dass auch die normale wirtschaftliche Tätigkeit eine Möglichkeit sei, sich solchen Reichtum zu beschaffen und aus Geld mehr Geld zu machen. «Also unter den besseren Krämern, in den Kreisen der Winkelwucherer haben wir die Menschwerdung des kapitalistischen Geistes zu vermuten», schließt Sombart: bei den Juden.[10]

Sombart wird diese These 1911 in einer eigenen Abhandlung, «Die Juden und das Wirtschaftsleben», ausführen. Hier fällt zunächst zweierlei auf: einmal das antisemitische Aroma, das weniger Sombarts Befund als die Art ausströmt, wie er ihn aufschreibt. Im Mangel an Seelenschwung, den er den Geldverleihern attestiert, mag man schon seine spätere Unterscheidung vorgebildet finden, die er im Ersten Weltkrieg zwischen deutschen «Helden» und westlichen «Händlern» trifft.[11] Dass er die Juden den «Massen» zuordnet, die das «Gefüge der aristokratischen Welt erschüttern», ist noch kurioser, zumal er kurz darauf selbst notiert, dass in Genua während des zwölften Jahrhunderts ganze zwei jüdische Familien wohnten und nur in Venedig um 1152 eine Gemeinde von immerhin tausendachthundert Seelen dieser Konfession gezählt wurde. Ausgerechnet jüdischen Bankiers die Erschütterung der europäischen Adelswelt in die Schuhe zu schieben war genau so infam wie die Wortwahl, ihr Erwerbstrieb wirke «zerstörend vor allem dadurch, dass er wie eine ansteckende Krankheit rasch um sich greift und bald sämtliche Kreise einer Bevölkerung, auch die vornehmeren, erfasst».[12]

Wir rekapitulieren: Die vornehmeren Kreise haben im Zuge und in der Folge der Kreuzzüge gesteigerten Geschmack an Luxuskonsum gefunden, das brachte bessere Krämer auf den Gedanken, der Erwerbstrieb als solcher sei eine feine Sache, womit sie, eine drangsalierte Minderheit in oberitalienischen Ghettos, rasch alle anderen angesteckt haben, auch die vornehmeren Kreise. Die Rückfrage, die man schon 1902 haben konnte, lautet schlicht, wie solch eine Ansteckung denn stattgefunden haben soll, die dann ja wohl der entscheidende Mechanismus gewesen wäre, um kapitalistische Gesinnungen über alle Stände hinweg zu verbreiten? Dazu aber schwieg der Epidemienhistoriker vorerst.

Das heißt nun allerdings nicht, dass sich Werner Sombarts Überlegungen nur aus Ressentiments gespeist hätten. Interessant ist vielmehr, dass er schon im folgenden Kapitel seines Buches eine ganz andere Vorbedingung des Kapitalismus dokumentiert und als dessen Geburtsjahr 1202 angibt: das Jahr, in dem der Mathematiker Leonardo Fibonacci in seinem «Liber Abaci» neben anderen nützlichen Rechenarten die Grundlagen für die «partita doppio», die doppelte Buchführung, als Grundlage jeder exakten Kalkulation vorstellte, die sich in Florenz und Venedig bei Kaufleuten und in Genua in der Gemeindeverwaltung durchgesetzt hatte. Für Sombart verkörpert die doppelte Buchführung insofern die erste echt kapitalistische Denkform, als sie das Kapital personifiziert; das Unternehmen erscheint zum ersten Mal als ein System, dem gegenüber der Eigentümer selbst Fehler begehen kann und in dem all sein Vermögen zugleich als Verpflichtung und Schuld gegen sich selbst, jedes Haben als ein Soll dargestellt wird.[13]

Sombart selbst schließt an die Feststellung, genau hier sei der ökonomische Rationalismus entstanden, Hinweise auf die Feldmesskunst, die Zeitmessung und die Gewichtseichung an, die sich im selben Zeitraum ebenfalls stark entwickelt hätten. Und er beendet seinen Abschnitt über diesen Ursprung der modernen Wirtschaft aus dem Geist der Finanzmathematik mit einem Satz von Jakob Fugger, mit dem der Augsburger Kaufmann einem Kollegen antwortet, der ihn überreden wollte, nach den vielen Gewinnen von seinen Geschäften auch einmal abzulassen: «Er hätte viel einen anderen Sinn, wollte gewinnen, dieweil er könnte.»[14]

Auf seine Frage, wer der Träger und Verbreiter des kapitalistischen Geistes gewesen sei, gibt Sombart also nicht weniger als vier Antworten: die Juden und andere Krämer, dann «Stadtfremde», was die mittelalterlichen Juden einschließt, aber auch andere wirtschaftlich aktive Außenseitergruppen wie die Humiliaten in Florenz, eine genossenschaftlich organisierte Armuts- und Bußbewegung, oder die Hugenotten in Berlin, schließlich die Mathematik des frühen dreizehnten Jahrhunderts sowie die Praktiker der Buchhaltung und Messkunst des späten vierzehnten. Diese Vielfalt an Antworten erscheint aus Sicht Webers als das Ergebnis einer nicht klar genug begrenzten und nicht geduldig genug verfolgten Frage. Man kann darin aber auch einen Hinweis darauf erkennen, dass der Kapitalismus eben aus dem Zusammentreffen sehr verschiedener, nicht zusammenhängender und vor allem nicht voneinander abhängender Faktoren entstand: technischer Innovationen, demographischer Tatbestände, ökonomischer Verschuldungslagen, Kriege, materieller Verdichtung (Wachstum von Städten), intellektueller Horizontöffnungen. Max Weber aber lag eine solche Sicht auf strukturbildende Zufälle fern. Er war auf der Suche nach einem kapitalistischen Geist, dem sich eindeutige Figuren, klar konturierte Träger zuordnen lassen sollten. Man kann es auch so sagen: Er war auf der Suche nach einem heroischen Anfang des modernen Kapitalismus.

War Webers Protestantismusthese also eine Antwort auf die Herausforderungen Sombarts? Zumindest ist sicher, dass Weber zunächst versuchte, den Münchner Wirtschaftshistoriker Lujo Brentano für eine Rezension des «Modernen Kapitalismus» zu gewinnen, und sich erhoffte, dieser würde dabei die Literatur über den Puritanismus aufarbeiten. Doch Brentano lehnte ab, sodass die Aufgabe bei Weber selbst verblieb. Dass seine eigene Konzentration auf ein einziges Motiv der Ursprungsfrage, das calvinistische, sich aus Webers damals eingeschränkter Arbeitsfähigkeit erklärt,[15] erscheint angesichts der Lektüremengen, die in seine Arbeit eingegangen sind, als eine eher kuriose arbeitspsychologische Vermutung. Vielmehr versuchte Weber im Unterschied zu Sombart, Begriffe wie «Geist», «Kapitalismus», «Rationalität» oder «Fremdheit» nicht nur mit historischen Zitaten zu illustrieren, sondern argumentativ zu entwickeln und in einen Gedankengang einzubringen. Max Weber ging es also nicht nur um eine andere Lösung des gestellten Problems, sondern auch um einen anderen Lösungsweg – eine andere, theoretisch belastbarere Form der historischen Argumentation.

Vor allem aber suchte Weber den Ursprung des kapitalistischen Geistes in einer anderen Region. Schon der amerikanische Soziologe und politische Ökonom Thorstein Veblen hatte sich in einer Besprechung von Sombarts Studie über den Kapitalismus verwundert gezeigt, wie man denn auf die Idee kommen könne, dieser sei in Italien und Deutschland entstanden. Ihm schien es offenkundig, «dass die Verbindung der gegenwärtigen Situation mit der Vergangenheit, was das kontinuierliche Wirtschaftswachstum angeht, in englischsprachigen Gesellschaften zu suchen ist».[16] Weber wird das tun, aber zugleich der deutschen Tradition treu bleiben, zwischen Kapitalismus und Industrialisierung zu unterscheiden – er schaut nach England und in die Vereinigten Staaten, jedoch nicht in deren neunzehntes Jahrhundert, sondern – wie Sombart – in die Frühneuzeit, als Dampfmaschinen noch nicht einmal in der Phantasie existierten, sich aber die Mentalität schon herausbildete, die ihren Einsatz ermöglichte.

Auf eine ganz andere Weise beeinflusste Georg Simmel die Fragestellungen Max Webers. Mit Sombart teilte dieser Soziologe nur die Fähigkeit, Vortragssäle zu füllen, sowie die Schwierigkeiten, auf einen Lehrstuhl berufen zu werden. Erst 1914 erhielt er eine Professur in Straßburg. Simmel stand allerdings nicht unter Sozialismusverdacht, seine Berufung scheiterte vor allem an antisemitischen Ressentiments und Neid. Der 1858 geborene Sohn einer zum katholischen Christentum konvertierten Berliner Kaufmannsfamilie war durch eine Erbschaft wirtschaftlich unabhängig und folgte ganz seinem philosophischen Genie. Er entbehrte der Kontakte in das politische und akademische Establishment des preußischen Deutschland und zeigte in seinen Schriften wenig politisches Engagement. Undenkbar, dass er Studien über ostelbische Landarbeiter publiziert hätte.

Aber gelesen hat er darüber, denn Weber lässt Simmel als vermutlich erste Kontaktaufnahme im August 1895 die Druckversion seiner Freiburger Antrittsrede zusenden, was dieser mit der sehr vorsichtigen Bitte an den Philosophen Hugo Münsterberg beantwortet, «Prof. Weber» seine «moralphilosophische Silhouette» von Nietzsche zu geben oder sich zu erkundigen, «ob das etwa nicht angeht». 1897 spricht Simmel dann schon von Weber als einem Freund.[17] Die Temperamentsunterschiede beider drücken sich in ihren Werken aus, die nicht unterschiedlicher hätten sein können. Als Weber die Agrarpolitik durchdringt, schreibt Simmel gerade über Probleme der Geschichtsphilosophie, als Weber sich der Methodenproblematik zuwendet, schreibt Simmel über «Die Großstädte und das Geistesleben», verfasst eine «Soziologie der Konkurrenz» und eine «Philosophie der Mode». Sie kommen ebenso wie seine vielhundertseitigen Hauptwerke fast ganz ohne Fußnoten aus, Simmel entwickelt fast jedes Problem ohne Bezug auf gelehrtes Wissen. «So sehr ich Simmels Überlegenheit anerkenne, und so sehr ich es psychologisch verstehe, wie er zu dieser geschmacklosen Selbstverherrlichung gekommen ist, so kann ich doch diese Manie nicht zu den erfreulichen Seiten seines Wesens rechnen», schreibt Heinrich Rickert, als ihm Simmel zum wiederholten Male auf einen zugesandten Sonderdruck mit der Wendung antwortet: «Über die Sache selbst kann ich nach flüchtigem Durchblättern nichts sagen.»[18]

Dabei ist er mit seiner immensen Produktion nicht minder einflussreich als Weber oder Sombart. Der Philosoph Hans Blumenberg hat einmal bemerkt, dass in der Zeit nach 1900 niemandes Gedanken häufiger und schamloser ausgeplündert worden seien als diejenigen Simmels und es niemandem weniger entgolten wurde. Als im Jahr 1908 Simmels lange erhoffte und von Weber unterstützte Berufung nach Heidelberg erneut scheitert, kann der Fünfzigjährige zwölf Bücher und fast hundertfünfzig Aufsätze vorweisen. Die Stadtsoziologie, die Soziologie der Konflikte und die soziologische Deutung der Geselligkeit sind ohne seine Einsichten gar nicht denkbar. Wie bei Sombart führten die wissenschaftspolitisch unerwünschten Merkmale der Person, die seine universitäre Karriere hemmten, nicht dazu, dass die Wissenschaft ihn ignoriert hätte. Sein Rang war weithin anerkannt.

Simmels Ruf gründete vor allem auf seinem ganz eigentümlichen Verständnis von Soziologie. Hierin lag auch seine Bedeutung für Max Weber, der sich allmählich diesem Begriff als Bezeichnung für die Forschungsrichtung näherte, die ihm vorschwebte. Und da sie noch nicht als universitäres Fach bestand, konnte über ihren Sinn noch ausgiebig nachgedacht werden. Simmel interessierte sich nämlich nicht in erster Linie für Wirtschaft, Politik, Religion oder Recht, um dann, wie andere Soziologen, deren Abhängigkeit untereinander, von kulturellen Faktoren oder von sozial dominanten Gruppen nachzuweisen. Was Simmel beschäftigte, waren demgegenüber vor allem *soziale* Verhaltensweisen und Tatbestände wie Tausch, Hierarchie, Konflikt, Fremdheit, Individualität, Geheimhaltung, Nachahmung, Kooperation, Geselligkeit oder Konkurrenz, die überall im gesellschaftlichen Leben vorkommen.[19] Getauscht wird nicht nur in der Wirtschaft, Unterordnung gibt es nicht nur in Organisationen, gestritten wird nicht nur in der Politik oder in Familien, konkurriert nicht nur um Liebespartner oder Sporttrophäen. Und umgekehrt besteht die Wirtschaft nicht nur aus Tausch oder Konkurrenz, sondern auch aus Kooperation und Geheimhaltung und Nachahmung, sind Organisationen nicht einfach Kooperationen, um gemeinsame Zwecke durchzusetzen, sondern bestehen auch, um Tauschaktionen durchzuführen, Konflikte auszutragen, Hierarchien durchzusetzen oder schlicht aus Gründen der Geselligkeit. Die Analyse solcher Sozialformen, die er in glänzenden Studien beispielsweise über den

Schmuck und die Armut, den Streit und die Diskretion, die Feindschaft und den Adel vorführte – das war für Simmel Soziologie.

Das hieß für ihn freilich auch, dass die anderen Sozialwissenschaften nicht sehr viel zur Soziologie beitragen konnten und er nicht viel zu ihnen: Bei ihm gibt es keine politische Soziologie, keine Rechtssoziologie, keine Religionssoziologie und keine Wirtschaftssoziologie. An seiner «Philosophie des Geldes», die er als eines seiner beiden Hauptwerke im Jahr 1900 vorlegte, lässt sich das gut erkennen. Simmel verwirklicht dort gewissermaßen das Gegenteil von dem, was Sombart als Antwort auf die Frage nach dem Geist des Kapitalismus lieferte – eine von historischer Forschung fast unabhängige, reine Begriffsanalyse der Geldwirtschaft. Man kann den Gedankengang knapp so wiedergeben: Wirtschaft setzt voraus, dass Dinge für wertvoll gehalten werden. Ihr Wert ist aber keine ihrer objektiven Eigenschaften – er beruht allein darauf, dass sie begehrt werden. Wird dieses Begehren sozial, wollen also die einen, was die anderen haben, und umgekehrt, dann entsteht Wirtschaft. Sie führt zu einer Art Objektivität und zugleich Relativität, denn wo getauscht wird, dort wird der Wert von Verschiedenem als gleich festgestellt. Genauer noch: Jeder der beiden Tauschenden findet den Besitz des jeweils anderen besonders schätzenswert, darum tauschen sie ja. Das Geld ist der reinste Ausdruck dieser Art von Wertobjektivierung, weil es erlaubt, die subjektiven Wertschätzungen zu vergleichen, und damit die Tatsache symbolisiert, dass Menschen in ihrer Wunschbefriedigung voneinander abhängig sind. Simmel weist zugleich auf die ausschließlich soziale Funktion des Geldes hin: Es taugt nur als Maß dessen, was man aufzugeben bereit ist, um etwas anderes dafür zu bekommen, ist aber ein «ganz sinnloses Gebilde», sobald es auf ein Individuum beschränkt bleibt.[20] Man kann hier an Robinson Crusoe denken, der mit allem, was er aus seinem Schiffswrack auf die Insel rettet, etwas anzufangen weiß, nur nicht mit den Goldmünzen.

Für Simmel entsteht die moderne Wirtschaft also dort, wo sich das Geld selbst von seinem Substanzwert (dem des Edelmetalls, aus dem es hergestellt wird) löst und reine Geldgeschäfte getätigt werden, wo Papiergeld aufkommt, Banken zentral werden, die Wirtschaft sich zu einem System von Gläubigern und Schuldnern entwickelt. Der Händler, der zwischen Produzent und Kunde steht, und das Geld, das zwischen den Tauschobjekten steht, nehmen bei Simmel dieselbe soziale Funktion wahr. Wenn das Mittel Geld zum Zweck wird, dann tritt sein sozialer Sinn am deutlichsten hervor: Menschen in Austausch miteinander, zur Einfühlung ineinander und in Wechselwirkung untereinander zu bringen. Das zum Zweck gewordene Mittel erlaubt zugleich, ein Maximum an Unabhängigkeit zu verwirklichen: Wer Geld besitzt, hängt nicht an Objekten und nicht einmal an seinen eigenen Wünschen, weil er auch diese jederzeit ändern kann. Sombart, der Simmels «Philosophie des Geldes» gelesen hatte, fügt diesen Überlegungen im Grunde nur den Begriff «Kapitalismus» hinzu: «In der Überwindung der Konkretheit der Zwecke liegt die Überwindung ihrer Beschränktheit eingeschlossen. Die Zwecke der kapitalistischen Unternehmung sind abstrakt und darum unbegrenzt.» In Simmels Formulierung trennt das Geld die Verbindung zwischen Haben und Sein, indem es aus allem, was ist, den Wert, der ihm verliehen wird, herausabstrahiert. Wer dagegen ein Landgut, eine Gemäldesammlung oder einen Rennstall besitze, der sei in seinem Sein nicht mehr vollkommen frei, weil der Besitz von Verschiedenem ein verschiedenes Besitzen sei.[21]

Wo kommt in diesem Bild der Kapitalismus vor? Simmel verwendet den Begriff selbst durchaus, spricht aber von «kapitalistischer Differenzierung» und meint damit die innerbetriebliche Arbeitsteilung zwischen der Produktion und dem, was wir heute Management nennen würden: In der kapitalistischen Epoche stellt der einzelne Arbeiter weder das ganze Produkt her, noch organisieren die Produzenten die Produktion, und wenn sie sich in Besitz des von ihnen Hergestellten bringen wollen, müssen sie es kaufen, sind also auf Geld angewiesen. Für Simmel ist Kapitalismus ein Fall von Geldwirtschaft, der besonders deutlich zeigt, dass sich im Geld Freiheit und Entfremdung zugleich objektivieren.

Insofern ist die Geldwirtschaft für ihn aber gerade kein «stahlhartes Gehäuse», wie Weber über den Kapitalismus schreiben wird, sondern sie betreibt die ständige Verflüssigung aller Gegebenheiten, die sich danach wieder verfestigen, um erneut aufgelöst zu werden. Die Repräsentanten der modernen Wirtschaft sind für Simmel darum auch nicht Unternehmer und Fabrikanten, sondern Bankiers und Börsianer, die nicht an lokale Umstände gebunden sind, sowie die Konsumenten als diejenigen, die das Geld ausgeben, um damit ihr subjektives Glück zu fördern. Geld, so Simmel, macht Personen unabhängiger von bestimmten Anderen, um sie desto abhängiger von unpersönlichen Tatsachen zu machen. Und er gibt ein Beispiel, das sich mit Webers Landarbeiter-Studien berührt: «Die Schwankungen der Preise, unter denen der Geldlohn empfangende Arbeiter ganz anders als der in Naturalien entlohnte leidet, haben so einen tiefen Zusammenhang mit der Lebensform der Freiheit, die dem Geldlohn ebenso entspricht, wie die Naturalentlohnung der Lebensform der Gebundenheit.» Allerdings enthält sich Simmel eben hier des Weber'schen Zusatzes, diese Freiheit sei eine Illusion. Für ihn war es keine.[22]

Der andere Gedanke, der Simmel von Weber trennt: Für Simmel befindet sich die moderne Gesellschaft in einem Kontinuum mit ihrer Vorgeschichte und mit den Motiven, die an ihrem Ursprung stehen. Das moderne Leben steigere nur bestimmte Eigenschaften, die das Geld schon immer hatte, eröffne aber keine Geschichtsepoche, die sich grundsätzlich von allen vorigen unterschiede. Webers Kritik an Simmel, der zufolge das Streben nach Geldgewinn nichts mit einer besonderen Epoche der Zivilisationsgeschichte und gar nichts mit dem Kapitalismus zu tun hat,[23] weil es sich zu allen Zeiten, in allen Schichten und in allen Berufen findet, hätte Simmel vielleicht nicht einmal widersprochen.

Worin bestand dann aber die Bedeutung von Simmels «Philosophie des Geldes» für Weber? Simmels «Philosophie des Geldes» schließt mit einem langen Kapitel über den Stil des Lebens unter geldwirtschaftlichen Bedingungen. Es ist die ausführlichste zeitgenössische Äußerung zu dem, was Weber als «Kulturdasein» im Zeichen der Wirtschaft angesprochen hat. So fragt Weber etwa danach, wie sich der Kapitalismus «charakterologisch» auf die Menschen auswirkt, und stellt dem Kapitalismus später die alle Lebensbereiche erfassende Rationalisierung als zweite Macht zur Seite. Simmel spricht von einer gegenwärtigen «Rationalistik», die den Einfluss des Geldwesens sichtbar mache, und hält der hochentwickelten Geldwirtschaft vor, sie führe zusammen mit der Intellektualisierung des Weltverhältnisses zu einer «gewisse(n) Charakterlosigkeit» des modernen Menschen. Charakter bedeute, dass jemand sich individuell festlege. Weder der Intellekt aber, der «indifferente Spiegel der Wirklichkeit», noch das Geld wüssten etwas von entschiedenen Festlegungen, die dort getroffenen werden, wo etwas aus Dankbarkeit, Pflichtgefühl oder Ehre, Gewissen oder Tradition getan wird. Für Simmel ist der Rationalismus «die Schule des neuzeitlichen Egoismus und des rücksichtslosen Durchsetzens der Individualität geworden». Wird jemand «berechnend» genannt, kann beides gemeint sein: die intellektuelle wie die gewinnorientierte Charakterlosigkeit. Der moderne Mensch, heißt das, reagiert eher kognitiv als normativ – und protestiert zugleich dagegen, weil ihm das selbst als Gefühlsverflachung vorkommt.[24]

Die Individuen bleiben in dieser Gesellschaft kulturell hinter den Dingen zurück. In der Produktion sind sie Spezialisten, getrennt vom Ganzen dessen, was sie herstellen und absorbiert durch einseitige Tätigkeiten. Im Konsum führt die Massenhaftigkeit der Warenherstellung dazu, dass sich immer weniger die Gelegenheit zu subjektiv differenzierten Erfahrungen ergebe, denn je unpersönlicher ein Produkt sei, für desto mehr Menschen sei es geeignet. Simmel kann sich allerdings nicht entscheiden, ob die moderne Warenproduktion nun zu einer immer größeren Kultivierung der Objekte führt oder ob die Dinge, da nicht für bestimmte Kunden angefertigt, immer belangloser werden. In seiner Beschreibung vermischt sich das Erstaunen über den ungeheuren Komfort, den die Geldwirtschaft hervorgebracht hat, mit Reserven gegenüber der industriellen Herstellung dessen, was einst dem Handwerk oblag.

Das sind Motive jener Kulturkritik, die in Bezug auf die industrielle Welt schon früh in England bei John Ruskin und William Morris laut wurde und darauf drängte, die Arbeitsteilung rückgängig zu machen: Die Kunstwerke und das Handwerk zeigten, dass nur der ganze Mensch es vermöge, Objekte zu «durchseelen» – oder, wie John Ruskin es in seiner Kritik der liberalen Ökonomie formulierte, dass Reichtum nur vorliegt, wo Güter auch gut genutzt werden, dass Reichtum also «der Besitz von Wertvollem durch Wertungsfähige» (*the possession of the valuable by the valiant*) ist.[25] Diese wechselseitige Steigerung von Geldwirtschaft und Arbeitsteilung bestimmt für Simmel den modernen Lebensstil.

Der Mensch der Gegenwart lebe in einem «Kosmos der modernen, an die technischen und ökonomischen Voraussetzungen mechanisch-maschineller Produktion gebundenen, Wirtschaftsordnung», schreibt Weber an anderer Stelle, die «heute den Lebensstil aller einzelnen, die in dies Triebwerk hineingeboren werden – nicht nur der direkt ökonomisch Erwerbstätigen –, mit überwältigendem Zwange bestimmt und vielleicht bestimmen wird, bis der letzte Zentner fossilen Brennstoffs verglüht ist».[26] Es ist für Weber der Lebensstil, über den der Kapitalismus eine Wirkung entfaltet, die weit über die Wirtschaft hinausgeht. Die Soziologie aber, die den Begriff des modernen «Lebensstils» entfaltet hatte, war diejenige Georg Simmels.

«Die Produktion, mit ihrer Technik und ihren Ergebnissen», so heißt es bei diesem, «erscheint wie ein Kosmos mit festen, sozusagen logischen Bestimmtheiten und Entwicklungen, der dem Individuum gegenübersteht, wie das Schicksal es der Unstätheit [sic] und Unregelmäßigkeit unseres Willens tut.»[27] Man muss diesen Satz nur neben denjenigen Webers halten, um zu sehen: Den Soziologen Simmel kritisierte Weber aus methodischen wie historischen Gründen, die Formulierungen des Zeitdiagnostikers jedoch übernahm er fast wörtlich.

ZWÖLFTES KAPITEL

WO EIN WILLE IST, IST AUCH EIN HELD – DIE PROTESTANTISCHE ETHIK

Consider this diem carped.
AUFSCHRIFT EINES AMERIKANISCHEN T-SHIRTS

Es ist das berühmteste Buch Max Webers. Aber es erschien zunächst nur in englischer Sprache; erst vier Jahre danach, 1934, wurde «Die protestantische Ethik und der ‹Geist› des Kapitalismus» auch in einer deutschen Ausgabe publiziert. Zu Webers Lebzeiten war sie nur eine Abfolge von Aufsätzen. Doch auch die hatte ihren Autor schon berühmt gemacht: Er war jetzt kein Professor mehr, er war ein intellektueller Maßstab. Denn jetzt hatte er eine These vorgetragen und auf dem Niveau damaliger Gelehrsamkeit mit Argumenten und im Wortsinne endlosen Fußnoten ausgestattet, die ins Herz der Gegenwart traf. Alle durften sich attackiert sehen: die Anhänger der marxistischen Lehre, die Vertreter der preußischen Staatsreligion, die kulturelle Elite Preußens, die deutschen Geschichtswissenschaftler und die Freunde der Geldwirtschaft. Und wie man das damals machte, wenn man es konnte, erfolgte diese Attacke, indem eine Spezialuntersuchung von Zeiten vorgelegt wurde, die schon lange her waren. Im Fall Webers dreihundert Jahre lang her.

Eine Kurzversion von Webers These lautet so: Streng asketische Protestanten, die jede Hinwendung zur Welt als Kreaturvergötterung ablehnten, haben im sechzehnten und siebzehnten Jahrhundert vor allem in der angloamerikanischen Welt jenen Lebensstil hervorgebracht, ohne den der moderne Kapitalismus nicht hätte entstehen können. Schon auf den ersten Blick ist diese These merkwürdig. Denn wie sollte ausgerechnet eine Mentalität der Weltablehnung die Wirtschaftsform herbeigeführt haben, die als Inbegriff materialistischer Orientierungen gilt, in der Zeit Geld ist und der Kunde König? Als Weber seine These aufstellte, traten in Deutschland gerade die zuweilen als «Warentempel» gefeierten Kaufhäuser ihren Siegeszug an. Weltablehnung durch Geschäftemachen? Merkwürdig war Webers Behauptung aber auch durch die vertrackte Begründung, die er dafür lieferte, und schließlich blieb sie merkwürdig dadurch, dass das Buch als soziologischer Klassiker selbst bei denen gilt, die kein Wort davon glauben, und dass es von denen zitiert wird, die keinen Satz davon gelesen haben. Es hat alle seine Widerlegungen überlebt.

Max Weber entwickelt seine These in mehreren Anläufen. Im November 1904 stellt er im «Archiv für Sozialwissenschaften und Sozialpolitik» zunächst zwei Probleme vor. Das erste lautet: Wie kommt es, dass in den Berufsstatistiken «eines konfessionell gemischten Landes» – er meint das eigene und bezieht sich auf eine bei ihm angefertigte Doktorarbeit von 1901 – die Protestanten überproportional unter den Kapitalbesitzern, Unternehmern, Facharbeitern und dem hochqualifizierten technischen und kaufmännischen Personal zu finden sind? Katholiken, die Abitur machen, so ein weiterer Befund, legen es eher an humanistischen Gymnasien ab als an solchen, die mathematisch-naturwissenschaftlich ausgerichtet sind. Protestanten wechseln häufiger aus dem Handwerk in die Industrie als ihre katholischen Mitchristen. Zwischen Konfession einerseits, wirtschaftlichem Ehrgeiz und beruflicher Karriere andererseits schien es also einen Zusammenhang zu geben. Aber welchen?[1]

Den Zusammenhang selbst hätte damals kaum jemand bestritten, genauso wenig wie den auffälligen Wirtschaftserfolg protestantisch geprägter Länder und Regionen. Die Erklärung schien auf der Hand zu liegen. «What else is alive but protestantism?», fragte der schottische Historiker Thomas Carlyle schon 1846. Galt doch die Reformation ganz allgemein als Eintritt in eine Moderne, die Gott gibt, was Gottes ist, aber Markt und Staat und Kunst und Wissenschaft, was ihnen gebührt. «Was sich nach Freiheit und Aufklärung sehnte, das begrüßte begeistert den Reformator», schrieb der Theologe Adolf von Harnack über Luther; dieser habe den elitären und frivolen Aufbruch der Renaissance ins Populäre und Sittliche verwandelt. «Der bürgerliche Beruf, die schlichte Tätigkeit in Haus und Hof, in Geschäft und Amt» sei von da an nicht mehr «die misstrauisch beurteilte, weil vom Himmel abziehende Beschäftigung» gewesen, «sondern der rechte geistliche Stand, die Sphäre, in welcher sich die Gesinnung und der Charakter zu bewähren hat». Die Reformation ließ, so Harnacks Lehrer Albrecht Ritschl, das katholische Lebensideal des Mönchstums in Armut, Keuschheit und Gehorsam hinter sich und ersetzte es, in den Worten der Augsburger Konfession von 1530, durch das «Vertrauen zu Gottes hülfreicher Vorsehung, in Gebet und in der treuen Erfüllung des Berufs». In der Wertschätzung der weltlichen Berufe äußere sich ein Christentum, das «nicht als weltflüchtig, sondern als welterfüllend und weltdurchdringend aufgefasst wird».[2]

Wen aber sollte es wundern, dass ein Christentum, das keine Armutsideale hatte, der Wirtschaftstätigkeit günstiger war als der katholische Glaube? Individualismus, Bildung, Wissenschaft, Stadtleben – das alles wurde zumindest in Webers Kreisen als Erbe der Reformation begriffen. Diese habe, so hatte schon Heinrich von Treitschke geschrieben, der Kirche die Gesetzgebung über «Staat und Volkswirtschaft, Wissenschaft und Kunst, alle Berufe der Menschen» entwunden und erklärt, dass diese nach eigenen Gesetzen handelten. Mit anderen Worten: Der Protestantismus hält die Säkularisierung für religiös erwünscht.[3]

Max Weber hätte auch ganz leicht den Anteil der Protestanten an seinem eigenen Stand, der Professorenschaft, anführen können, um seine These zu untermauern. Dass er es nicht tat, lag an zweierlei. Zum einen wollte er gar keine soziologische Studie darüber erstellen, wie die jeweilige Konfession Karrieren beeinflusste. Es dürfte ihm klar gewesen sein, dass dafür weder das Datenmaterial noch die Analysetechniken zur Hand waren. Wie hätte er beispielsweise trennscharf unterscheiden sollen, ob für die Schul- und Berufswahlentscheidungen seiner Untersuchungsgruppe deren eigene Religiosität ausschlaggebend war oder die Konfession des Elternhauses, der Erziehungsstil oder der Beruf des Vaters, die Einkommensverhältnisse oder Stadt-Land-Unterschiede, die mit konfessionellen Verteilungen einhergingen? Was Weber vorhatte, war vielmehr eine historische Studie über die Ursprünge einer bestimmten Sorte von Bürgertum.

Zum anderen hatte er gar keinen weltsinnigen Protestantismus vor Augen, als er über die Anfänge der kapitalistischen Wirtschaft sprach. Er dachte nicht an deutsche Lutheraner, sondern vor allem an englische, niederländische und amerikanische Puritaner und Calvinisten, die Religion und Alltagsleben ganz gewiss nicht als streng voneinander getrennte Sphären sahen. Es waren starrsinnige, normativ orientierte Leute, an die er dachte, die moralisieren und reglementieren wollten, weil sie das Leben als einzige Abfolge von Pflichten auffassten und als Abfolge von Versuchungen, pflichtvergessen zu sein – Leute also, die in der Welt wenig Anlass zur Freude sahen. Das ist das zweite Problem: Wie komme es dazu, fragt Weber, dass gerade in den ökonomisch weitentwickelten Ländern die wirtschaftlich aufsteigenden Mittelklassen eine solche «puritanische Tyrannei» nicht nur über sich ergehen ließen, «sondern in ihrer Verteidigung ein Heldentum entwickelten, wie gerade bürgerliche Klassen als solche es selten vorher und niemals nachher gekannt haben: ‹the last of our heroisms›, wie Carlyle nicht ohne Grund sagt?»[4]

Den «kapitalistischen Geist» aber entnimmt Weber zwei kurzen Texten ganz unheroischer Figuren. Benjamin Franklin, der amerikanische Tausendsassa der Aufklärung, der Drucker und Journalist, Erfinder, Projektemacher, Sachbuchautor und Politiker war, steht bei Weber für eine kapitalistische Mentalität, der alle heldenhaften Züge verloren gegangen sind. Und diesem aus der Mitte des 18. Jahrhunderts stammenden Geistbeleg stellt er das schon von Werner Sombart zitierte Wort des alten Jakob Fugger gegenüber, der einem Geschäftsfreund auf den Rat, er solle sich doch endlich zur Ruhe setzen, antwortete, er sei anderen Sinnes und «wollte gewinnen, derweil er könnte».

Fuggers Antwort zeugt für Weber nicht von einer kapitalistischen Mentalität, sondern von kaufmännischem Wagemut. Bei Franklin dagegen wird einem jungen Mann die Regel eingeschärft, Zeit sei Geld; wer auch nur geringste Beträge «morde», zerstöre das Einkommen, das sich aus ihnen hätte erwirtschaften lassen, Geschäftstätigkeit beruhe auf Kredit im Sinne von Vertrauen, das man sich wiederum nur durch ständiges Bewirtschaften des Vermögens, Sparsamkeit, minutiöse Kalkulation bis auf den Pfennig und rastlose Arbeit verdiene. Was Weber hierin erkennt, ist die kapitalistische Gesinnung nicht als Wirtschaftspraxis, sondern als Prinzip einer Lebensführung, die von materiellen Bedürfnissen absieht, sondern erwirbt, um zu erwerben, und als Mittel, sich als ehrbar zu erweisen. Geldwirtschaftliches Handeln erscheint in Franklins Worten nicht als Technik, sondern als Pflicht gegen sich selbst und als Mitteilung an andere.

Weber fragt in seiner ganzen Untersuchung darum weniger, was die historischen Akteure tun, sondern zumeist, was sie sagen, lesen und glauben. Die frühneuzeitlichen Anfänge des Kapitalismus, lange vor Franklin und kurz nach Fugger, interessieren ihn ganz offenkundig deshalb, weil das kapitalistische Handlungsmuster damals gewollt werden musste. Eigenartig nur, dass Weber nicht mitteilt, in welchem Kontext jene Ermahnungen bei Franklin erfolgen – nämlich von einem erfahrenen Geschäftsmann an einen jungen, der sich gerade bei Freunden verschuldet hat und daran erinnert wird, dass auch das bloße Verrinnen der Zeit für ihn Kosten bedeutet, monetäre und solche der Reputation, weil sein Ruf davon abhängt, seine Gläubiger nicht zu enttäuschen. Bei Franklin findet man kein Wort davon, dass diese «Ethik» den «Erwerb von Geld und immer mehr Geld» als Selbstzweck anstrebe und ihr das persönliche Glück wie der Nutzen des Individuums dagegen als etwas «gänzlich Transzendentes und schlechthin Irrationales» erscheint. Aber nicht nur das. Zuletzt hat der österreichische Soziologe Heinz Steinert in seinem ziemlich kompletten und ziemlich grantigen Katalog der Einwände, die gegen Webers Protestantismus-These sprechen, beanstandet, dass Weber sein Franklin-Zitat vor dem letzten Absatz des Originals abbricht, in dem es heißt: «Kurz, der Weg zum Reichtum, falls du danach strebst, ist so offenkundig wie der Weg zum Marktplatz» – falls, das klingt schon weniger nach einem unbedingten Sollen.[5]

Solche Einschränkungen kann Weber nicht gebrauchen. Das dünne Kettenglied Franklin, das die Gegenwart mit den Anfängen des Kapitalismus verbinden soll, wird als Prediger und Propagandist des Gelderwerbs um seiner selbst willen dargestellt, der er nicht war. Fugger wiederum, der die Staaten seiner Epoche finanzierte, wird ohne jeden Blick auf sein Verhalten der kapitalistische Geist abgesprochen, er war für Weber ein politischer Unternehmer. Aber gibt es Geschäftsleute, die darauf verzichten, ihr Handeln durch politische Kontakte abzusichern?

In diesem Zusammenhang kommt Weber auf seine These zu sprechen, dass der kapitalistische Geist gegen «traditionales» Verhalten durchgesetzt werden musste, die er mit dem bereits erwähnten Beispiel des Landarbeiters erläutert, der weniger arbeitet, nachdem sein Akkordlohn heraufgesetzt worden ist. Fugger lehnte, so wie Weber ihn zitiert, genau dieses Verhalten ab und bezeichnete den Gewinn, den er gar nicht konsumieren will, als Selbstzweck. Tatsächlich fiel die Äußerung Fuggers allerdings in einer Diskussion darüber, ob ein ganz bestimmtes Geschäft aussichtsreich sei oder zu riskant. Es bedeutete also nur, dass der Bankier gute Chancen witterte.[6]

Doch Weber geht es eben gar nicht um einen Kapitalismus, der sich durch unterschiedlich motivierte Wirtschaftsaktivitäten beweist. Kapitalismus kann es seiner Meinung nach auch ohne kapitalistischen Geist geben: Er weiß aus der eigenen Familie, dass sich manche Unternehmer noch im neunzehnten Jahrhundert in einer Marktnische mit «gemächlichem Lebenstempo» eingerichtet haben. Und es gibt kapitalistischen Geist ohne Kapitalismus, wenn etwa schon 1632 im von protestantischen Sekten dominierten Neuengland über «Erscheinungen profitsüchtiger Rechenhaftigkeit» geklagt wird, als dort von Industrie noch nicht die Rede sein konnte. Weber trennt auf diese Weise Organisationsform und Geist des Kapitalismus und schickt die Marxisten samt ihrer Vorstellung, der Geist folge der Produktion, mit einem Handstreich nach Hause. Diese Argumentation zwingt Weber allerdings zu gewagten begrifflichen Manövern. So behauptet er beispielsweise, ausgerechnet große Banken und Handelshäuser seien keine Protagonisten des Kapitalismus gewesen; sie seien vielmehr «in streng traditionalistischem Geiste» geführt worden, weil sie auf staatlichen Privilegien und politischen Netzwerken beruhten und monopolistisch handelten. Weber interessiert sich also nicht für profitorientierte und kalkulationsbewusste Unternehmer als solche, sondern für die Mentalität, die den Konkurrenzkampf bejaht, der solche Idyllen beendet, wie sie noch in den «Buddenbrooks» beschrieben sind, weil ihr an Behaglichkeit oder sicheren Konsumaussichten gar nichts liegt.[7]

Wachsende materielle Bedürfnisse oder der Wille, durch Reichtum Ansehen zu erringen, bringen also für sich genommen kein rücksichtsloses Unternehmertum hervor. Weber stellt sich vielmehr idealtypisch eine Kultur vor, in der rastlose Berufsarbeit als unwürdig, Sparsamkeit als Geiz, Kostenrechnung als Pedanterie und Konkurrenz als unsolidarisch empfunden wird – und fragt nun, wie all diese Werte umgewertet werden konnten. Dazu stellt er sein historisches Fernrohr so ein, dass er nur jene bürgerlichen Mittelklassehelden sieht, die sich ganz der Selbstdisziplin, dem Berufsfleiß und dem Konsumverzicht verschrieben haben und das auch noch ehrbar finden. Man meint, er habe den erbarmungslos hartherzigen Mr. Scrooge aus der «Weihnachtserzählung» von Charles Dickens vor Augen und suche nach dessen historischen Vorgängern: Welche anderen Motive mag sie angetrieben haben als jene, die sich aus der Ideologie der Nützlichkeitserwägungen herleiten lassen?

Im Frühjahr 1905 liefert Weber diese Motive – und er findet sie bei den Puritanern, im Puritanismus. Zwar hat er zuvor noch in einem begriffsgeschichtlichen Exkurs erklärt, dass das Wort «Beruf», in dem sowohl Berufung (calling) wie Arbeit (business), mithin die Berufung zur Arbeit gemeint ist, aus Luthers Bibelübersetzung stammt. Doch bei Luther müsse der Einzelne sich dort bewähren, wo Gott ihn hingestellt habe – also war nach Protestanten zu suchen, die den ökonomischen Akteur laufen lassen, wohin ihn sein Streben führt.

Weber verwendet die Bezeichnung «Puritaner» einerseits freigiebig – nämlich für alle ethisch rigorosen Sekten, von den Täufern über die Pietisten bis zu den Methodisten. Selbst Benjamin Franklin erscheint bei ihm unter den großen Gestalten des Puritanismus, wie auch der humanistische Mystiker Sebastian Franck, der sich darüber gewiss gewundert hätte. Sobald Weber protestantische Askese feststellt – also ein Ideal rationaler Lebensführung, das theologisch begründet wird –, hat der betreffende Autor eine gute Chance, in seinen Idealtyp eingearbeitet zu werden. Andererseits aber behandelt Weber diesen gewissermaßen selbstgebauten Puritanismus wie ein historisches Gebilde. In seiner «Wirtschaftsethik der Weltreligionen» wird er einen zentralen Abschnitt mit «Konfuzianismus und Puritanismus» überschreiben – der Idealtyp tritt als eigene Weltreligion auf.[8]

Wie aber gelang es nun dem so herbeikonstruierten Puritanismus, den Kapitalismus mit anzuschieben? Die tiefste Gemeinschaft mit Gott, zitiert Weber einen seiner wichtigsten Zeugen, werde bei den Puritanern nicht in sozialen Zusammenhängen gefunden, sondern in den Geheimnissen des einsamen Herzens. Jegliche Heiligkeit der Kirche, schrieb der andere Historiker des Puritanismus, dem er viel verdankte, leiteten sie von der individuellen Mitgliedschaft der Gläubigen in ihr ab. Der radikale Individualismus, den sich die Wirtschaft zunutze machen sollte, entsprang somit dem religiösen Unwillen, zwischen dem Einzelnen und Gott irgendwelche Vermittlungsinstanzen, Autoritäten oder Rituale zu dulden: Die Welt helfe einem nicht, wenn man erlöst werden will, so dachten sie, denn man will ja gerade von ihr erlöst werden. Damit aber entstand für die Puritaner, denen alles Irdische gleich unwichtig zu sein hatte, das Problem, woran sie sich denn dann halten sollten. Wenn alles unter dem Vorbehalt der Gnade Gottes steht, diese aber unerkennbar ist, dann droht die Ununterscheidbarkeit von Gut und Böse.[9]

Weltablehnung und Heilsungewissheit als solche jedoch führen noch nicht zu ökonomischer Aktivität. Mit seinem Gott kann man gegebenenfalls auch zu Hause allein sein. Wodurch also wurden aus individualisierten Heilssuchern jene Kostenrechner, die hart gegen sich wie gegen andere waren und den kapitalistischen Geist in die Welt trugen? Durch Askese, lautete Webers Antwort, also durch die systematische Einübung von Selbstkontrolle als dem einzigen Mittel, sich gottwohlgefällig zu zeigen: Harte Arbeit habe als «Präventiv» gegen irdische Ablenkungen gedient und der Erfolg harter Arbeit sei als Anzeichen dafür gewertet worden, dass man jedenfalls alles Menschenmögliche getan hat – auch wenn Gott sich natürlich auch durch verlässliche Werkzeuge nicht zwingen lässt, Gnade walten zu lassen, und einen am Ende vielleicht doch verwirft. Erst wenn man nicht mehr kann, ist der Gottesdienst zu Ende – jener Gottesdienst, der für die Puritaner das ganze Leben ist, weil sie fürchten, was danach kommt.

«[D]er Zweck, das asketische Leben aus den Mauern der Klöster in die Gesellschaft der Weltleute zu übertragen, ist den Bestrebungen der Reformatoren des 16. Jahrhunderts gänzlich ungleich», hatte Albrecht Ritschl, der die Frage der Lebensführung wiederholt aufgreift, im Blick auf Heiligen Franziskus von Assisi formuliert. Weber kehrte diesen Satz um: Die christliche Askese «schlug die Türe des Klosters hinter sich zu, und unternahm es, gerade das weltliche Alltagsleben mit ihrer Methodik zu durchtränken, es zu einem rationalen Leben in der Welt und doch nicht von dieser Welt oder für diese Welt umzugestalten».[10]

Die Frage, inwiefern das dem Kapitalismus zugute kam, ist nun nicht mehr schwer zu beantworten. Weber selbst hat es darum auch gar nicht getan. Ihm genügte der Nachweis, dass die Puritaner in ihrer religiösen Not in Disziplin, alltäglicher Frömmigkeit durch Pflichterfüllung sowie Abwehr von irdischen Versuchungen eine Lösung fanden. Da haben wir etwas für euch, sagte die Wirtschaft. In den Schriften des puritanischen Erbauungsschriftstellers und Moraltheologen Richard Baxter erkennt Weber eine Art Vorbereitungsprogramm für künftige Unternehmer: Reichtum als solcher ist ein Ärgernis, weil er zu Untätigkeit verführt – also Kapitalbildung, also reinvestieren. Arbeit ist das ganze Leben, denn sie rühmt Gott, Unlust dazu ist dagegen ein Zeichen mangelnden Gnadenstandes, und die schlimmste Sünde ist ohnehin Zeitvergeudung – also nicht nur Anwesenheit am Arbeitsplatz, sondern Leistung. Und so geht es weiter – eine beispiellose Ausdehnung religiöser Erwartungen an das Alltagsleben und gewissermaßen die Abschaffung des Sonntags wie aller anderen zeitlichen, sachlichen und sozialen Sonderzonen des Glaubens.

Freilich blieb die moralische Korruption durch den Reichtum laut Weber auch bei den Puritanern nicht aus. Auch sie hätten sich an Komfort gewöhnt. Es war wie bei den Klöstern: Besitz verweltlicht, der Geist entweicht aus der Organisation. Das gute Gewissen beim Gelderwerb aber und das Gefühl einer Pflicht zur Berufsarbeit, das die Puritaner späteren Jahrhunderten vererbten, das sei geblieben.

Was ist nun von dieser Geschichte zu halten, die Weber über die Anfänge des Kapitalismus erzählt? Dutzende von Einwänden sind gegen sie vorgebracht worden.[11] Lassen sich Auffälligkeiten der badischen Berufsstatistik um 1900 durch den Habitus englischer Puritaner um 1600 oder amerikanischer Quäker um 1700 erklären? Grundsätzlich gefragt: Hat Weber eine Kausalität von Ideen nachgewiesen? Oder hat er mit ihr nur kokettiert, um sich anschließend auf eine «Wahlverwandtschaft» zwischen Rationalasketen und Fabrikbesitzern herauszureden? Und wenn schon Kausalität, wie steht es dann mit der Gegenprobe? War am Ende nicht den Protestanten das Kaufmannsdasein gemäß, sondern den Kaufleuten die protestantische Gesinnung?

Webers Argumentationstechnik ist mitunter atemberaubend. So führt er etwa den Pietismus an, um zu belegen, dass gerade die innerlichsten Christen oft aus der Kaufmannswelt kamen – und teilt in einer Fußnote mit, das schließe natürlich nicht aus, dass der offizielle Pietismus sich dem Übergang von der Hausindustrie zum Fabrikwesen «aus patriarchalischen Stimmungen heraus» widersetzt habe:

«Es ist eben das, was eine religiöse Richtung als Ideal erstrebte und das, was ihr Einfluß auf die Lebensführung ihrer Anhänger faktisch bewirkte, scharf zu scheiden.» Hätte er nicht genauso gut sagen können, dass das Ideal keinen Einfluss hatte und die pietistischen Kaufleute mehr Kaufleute als Pietisten waren? Die Lebensführung selbst aber kommt bei Weber kaum vor. Hat er sich am Ende zu sehr an Moraltraktate gehalten und das reale Leben darüber aus dem Blick verloren?[12]

Für seine Leser war Webers empirische Zuverlässigkeit allerdings meist zweitrangig; sein Argument und seine virtuose Konstruktion sind vielmehr gerade durch die vielen Fragen, die beide aufwarfen, so lange lebendig geblieben. Zwei dieser Fragen führen zurück zu Franklin und Fugger. Und zu Adam Smith. Der hatte einst festgestellt, wir erwarteten unsere Mahlzeit nicht vom Wohlwollen der Metzger und Bäcker, «sondern von ihrer Bedachtnahme auf ihr eigenes Interesse»; nach Webers Ansicht dokumentiert dieser Satz eine Umstellung von Pflicht auf Erfolg als leitender Einstellung in der Geschichte der bürgerlichen Lebensführung. Franklin orientiere sich am Ideal des kreditwürdigen Ehrenmannes, der die Kreditbedienung als Pflicht begreift. Fugger hingegen begreift die Ablösung des Kredits als etwas, was er kann – was er also auch lassen könnte, wenn ihm danach ist. Franklin predigt eine Ethik, Fugger demonstriert eine Fähigkeit. Wer Franklins Maxime nicht folgt, handelt unehrenhaft, würde Fugger dem Gewinn nicht nachstreben, handelte er unklug.[13]

Aber wie kann man aus Texten handlungsleitende Motive herauslesen? Ist Franklins Ethik vielleicht, wie Weber selbst einen Moment lang argwöhnt, nur eine raffiniertere Form von Klugheit, nämlich so zu tun, als handele man aus Pflicht, weil das die Kreditwürdigkeit erhöht? Zwecke und Werte sind gleichermaßen uninformativ, wenn sie sich nicht auch im Alltag niederschlagen. Man hätte von Weber gerne mehr Beispiele für eine puritanische Ethik in konkreter betrieblicher Aktion bekommen.

Das führt zur zweiten Frage: Wie wichtig sind solche Motivkonstruktionen überhaupt? Angesichts der Unwahrscheinlichkeit des Gebildes «moderner Kapitalismus» – zu dessen Durchsetzung es ja auch bestimmter Rechtsformen bedurfte, technologischer Voraussetzungen, wissenschaftlicher Kenntnisse und politischer Umstände, von geographischen und klimatischen Bedingungen ganz zu schweigen – ist das spezifische Gewicht einer sehr überschaubaren Gruppe von Handwerkern und mittleren Unternehmern, von denen ein Teil protestantisch war und wiederum ein Teil jener Protestanten Puritaner, nicht leicht abzuschätzen. Wie viel «Geist» brauchte der Kapitalismus? Und war es ausreichend, wenn dies ein Geist war, der nur in der Produktion wirksam wurde?

Aber vielleicht gehen solche Fragen an Webers eigenen Zwecken vorbei. Denn wie seinem Kollegen und Mitstreiter Ernst Troeltsch war auch ihm vor allem an einer Deutung der Moderne gelegen, die deren Ursprünge nicht ausschließlich in der Aufklärung sah, sondern auch im Protestantismus – und zugleich den Protestantismus nicht mit dem Luthertum identifizieren wollte. Nicht das Jahr 1789 markierte für sie deshalb die Epochenschwelle; was ihre Gegenwart ausmachte, entsteht für sie viel früher, mit den protestantischen Sekten.

Weber und Troeltsch wurden eine Zeitlang in dieser Sache wie eine «Firma» wahrgenommen. Merkwürdig genug gibt es keine erhaltenen Briefe zwischen ihnen und auch keinen Text Webers, der in nennenswertem Umfang sich zu Troeltschs Forschungen äußert. Dieser pflegte einen sehr viel weniger dramatischen Stil als Weber, war weniger wertungsfreudig und besaß die größere Bereitschaft zum Geltenlassen. Aber von wem aus der Generation Webers würde das im Vergleich zu ihm nicht gelten? Die thematische Nähe beider «im Heidelberger Welterklärungslabor» war jedenfalls groß. 1901 hatte sich Troeltsch in einem Vortrag über den Unterschied zwischen altem und neuem Christentum geäußert: Die alte Religiosität, so erklärte er, nehme noch eine spezifisch christliche «Wunder-Kausalität» in Anspruch, um heiliges von profanem Geschehen zu trennen; Magie setzt Troeltsch somit ebenso wie Weber mit dem Ausweichen vor Wirklichkeit gleich. Den alten Protestantismus wiederum, den für ihn das Luthertum repräsentiert, habe «eine religiöse Grundstimmung des Gottvertrauens und des Misstrauens gegen menschliches Machen und Treiben» zu konservativen Gesinnungen geführt, zur Verherrlichung des Gegebenen, zur Duldung des Schlechten. Den Neuprotestantismus verkörperten daher nicht die Staats-, sondern die Freikirchen und Sekten. Dort, wo der lutheranische Glaube herrschend war, trieb der merkantilistische Staat – beispielsweise durch Ansiedlung von reformierten oder pietistischen Migranten – und nicht ein selbstbewusstes Wirtschaftsbürgertum die Gesellschaft in Richtung Moderne: «Die Leidsamkeit des Luthertums bringt es mit sich, daß es der jeweils herrschenden Macht anheimfällt.»[14]

Gegen diese Beschränkung der religiösen Ethik auf die «privaten, kleinbürgerlichen Beziehungen» werden die Puritaner als Vorbild für die Zeitgenossen in Stellung gebracht. Hart, klar, nüchtern – das sind Vokabeln, mit denen Weber auch beschreiben will, welche charakterlichen Anforderungen er an seinesgleichen stellt: In seiner Freiburger Antrittsrede hatte er «die harte und klare Luft» beschworen, in der «die nüchterne Arbeit der deutschen Politik» gedeihe, und die Puritaner werden dafür gelobt, dass sie «*nüchtern* und *stetig*, scharf und völlig der Sache hingegebene Männer mit streng bürgerlichen Anschauungen und ‹Grundsätzen›» waren. Ein Zweck seiner Abhandlung über die protestantische Ethik war insofern auch die Errichtung eines Heldenmahnmals, das dem deutschen Bürgertum zeigen sollte, was selbstbewusste Bürgerlichkeit einmal war und in welchen Traditionen Nationalstaaten stehen, in denen das Bürgertum eine angemessene politische Rolle spielt. Es waren die antiautoritären Traditionen des protestantischen Sektentums, die er bewunderte und an den Lutheranern, ja den Deutschen überhaupt vermisste. «So turmhoch Luther über allen anderen steht», schreibt er im Februar 1906 an Adolf von Harnack, «– das Luthertum ist für mich, ich leugne es nicht, in seinen historischen Erscheinungsformen der schrecklichste der Schrecken.»

Kein Deutscher und kein Professor könne selbst «Sekten-Mensch» sein, die Zeit der Sekten sei auch vorbei, aber dass die deutsche Nation ihre harte Schule des Asketentums nicht durchgemacht habe, sei «der Quell all desjenigen, was ich an ihr (an mir selbst) hassenswerth finde».[15]

Hier steht Weber auf der Linie der schärfsten zeitgenössischen Kritiker jenes Christentums, das seinen Frieden genauso mit der Kultur gemacht hat wie das deutsche Bürgertum den seinen mit dem autoritären Staat: weil beide nicht zur Askese gegenüber dem behaglichen Leben bereit waren. «Für Bismarck ist das Christenthum, was dem englischen Boxer der Alkohol, mit dem er für seine Kraftleistungen seine Glieder einreibt», notierte 1899 der Kirchenhistoriker Franz Overbeck, Studienfreund von Webers Vater, und das vielzitierte Wort des Pastors Lorenzen aus Theodor Fontanes «Stechlin» über englische Geschäftemacher zeigt, dass nach damaliger Ansicht sich nicht nur die Politik mit Religion einrieb: «Sie sagen ‹Christus› und meinen Kattun.»[16] Webers pathetische Schlussabsätze der «Protestantischen Ethik» enthalten eine verzweifelte Zeitdiagnose: Er schildert darin eine Gesellschaft, in der Spezialistentum und Konsum, die Sorge um äußere Güter und eine nur noch im Munde geführte Moral die Führung übernommen haben. Der Fortschritt ist ein Verlust an Freiheit, die Arbeitsteilung ist einer an Geist, die Kultur eine Heuchelei, und das Berufsleben wird nicht mehr aus innerem Antrieb geführt, sondern weil es nicht anders geht. Der historische Blick in die entlegenen Anfänge der Gegenwart verschafft Weber das Gefühl, alles sei anders gemeint gewesen, aber jetzt könne man nichts mehr ändern. Es sei denn, man wäre ein Held, ein Prophet, also jemand, der um der Herrschaft willen zu Verzichten bereit ist.

In seinen rhetorisch unglaublich virtuosen Vorlesungen über das Heldentum hat Thomas Carlyle die Vorstellung einer «believing nation», einer auf Glauben gegründeten Nation an Schottland, seiner eigenen Nation, und an dem calvinistischen Theologen John Knox erläutert. «Der Held als Priester» war dieser Abschnitt bei ihm überschrieben. Weber, der Carlyle an jener Stelle zitiert, an der er seine eigene Fragestellung formulierte, erweckt dabei den Eindruck, der schottische Historiker haben den Puritanismus als «the last of our heroisms» bezeichnet. Aber das stimmt nicht. Der Satz von der letzten Form des Heldentums bezieht sich bei Carlyle auf den Herrscher, den König, den Despoten: Er sei die Summe allen Heldentums. Die Beispiele sind Cromwell und Napoleon. Auch Max Weber träumt insgeheim von einem rationalen Herrscher – rational soll er sein, und zugleich muss er mit allem brechen, was rational zu sein behauptet. Darum teilt sich auch ihm das Paradox mit, auf das schon Carlyle hinwies: Es sei die tragische Rolle des Helden, an Revolutionen mitzuwirken, denn sein Auftrag sei Ordnung, «we are all born enemies of Disorder», seine Wirkung aber sei Bilderstürmerei.[17] Max Weber dürfte dieses Paradox als dasjenige seines eigenen Lebens empfunden haben.

DREIZEHNTES KAPITEL

DER TRANSATLANTISCHE GESELLSCHAFTS-TOURIST – MAX WEBER IN AMERIKA

Die Griechen bei den Römern.
SPRICHWORT AUS PRINCETON ÜBER EUROPÄISCHE PROFESSOREN IN AMERIKA

Der «Daily Oklahoman» vom 29. September 1904 wusste Merkwürdiges zu berichten. Unter der Überschrift «Blieb lieber nicht. Besuch eines deutschen Professors in Guthrie plötzlich abgebrochen» wurde der Mitwelt von Guthrie und Oklahoma City unter Berufung auf Fred Van Dyne, den Eigentümer des örtlichen «Hotel Royal», eine echte Filmszene beschrieben. Mit dem Elf-Uhr-Vierzig-Zug von Santa Fe, hieß es nämlich, sei ein Professor van Webber aus Heidelberg mit einem Haufen Gepäck eingetroffen, habe sich im Hotel registriert und mitgeteilt, eine Woche bleiben zu wollen, um dann in die Indianerreservate weiterzureisen. Er sei ein Professor der Ökonomie, habe van Webber behauptet, und reise durch die Vereinigten Staaten, um entsprechende Gebiete zu besuchen. Eine Stunde lang sei er auf seinem Zimmer gewesen, dann sei er plötzlich herausgestürmt und habe angeordnet, seine Koffer sofort nach Frisco zu verbringen, er selbst fahre augenblicklich nach Muskogee. In Muskogee wohnten die Indianer. Van Webber habe erklärt, er sei im Besitz eines Empfehlungsschreibens an den hiesigen Chefredakteur des «Oklahoma State Capital» gewesen, aber dieser habe während ihres Treffens den Redakteur einer anderen Zeitung erblickt, des «Oklahoma State Register», der sein Intimfeind sei, und daraufhin sofort eine Pistole gezogen. Beide hätten, heißt es in den Berliner Zeitungen, die davon Wind bekamen, wild aufeinander geschossen, um ihre Meinungsverschiedenheiten zu klären. Das aber leuchtete dem

Professor nicht ein. Wer schieße, sei kein «shentleman», er, Professor van Webber, reise darum ab und zurück in die Zivilisation. Keiner der Redakteure, versichern uns die Zeitungen, sei verletzt worden.[1]

Immer gern in der Nähe eines Duells: Max Weber im Wilden Westen. Denn niemand anderer als er war jener Professor van Webber, über den der «Daily Oklahoman» mit gewissen Übertreibungen berichtete: Die Pistolensache zwischen den Zeitungsleuten hatte einen Tag vor Webers Anreise stattgefunden; dieser nahm, nachdem er davon gelesen hatte, die Verabredung mit dem Chefredakteur nicht wahr und zog weiter.

Vom 29. August bis zum 19. November bereiste Weber mit seiner Frau die Vereinigten Staaten von Amerika. Schon 1893 hatte er mit seinem Freund Paul Göhre einen Besuch der Weltausstellung von Chicago geplant, es dann aber vorgezogen, die Verlobung mit seiner späteren Ehefrau zuzulassen. Anlass für die jetzige Reise bot erneut eine Weltausstellung, dieses Mal die von St. Louis in Missouri vom 30. April bis 1. Dezember 1904, die ursprünglich als Hundertjahrfeier des Ankaufs der französischen Kolonie Louisiana durch die Vereinigten Staaten im Jahr 1803 geplant gewesen war. In ihrem Rahmen fand auch eine Art Weltkongress der Künste und Wissenschaften statt, zu dem Delegationen aus aller Herren Länder erwartet wurden. Max Weber stand zunächst nicht auf der Einladungsliste – auf der sich der Philosoph Ferdinand Tönnies, der Theologe Adolf von Harnack sowie Webers Hassobjekt unter den Historikern, Karl Lamprecht, und Werner Sombart fanden –, wurde dann aber auf Vermittlung des Psychologen Hugo Münsterberg und seines Heidelberger Kollegen Georg Jellinek doch zu einem Vortrag gebeten. Weber ist vierzig Jahre alt, die Reise bildet so etwas wie den offiziellen Abschluss seiner Krankheitsgeschichte, zumindest ihres schlimmsten Teils. Am 20. August 1904 schifften sich die Webers in Bremen auf dem Luxusliner «Deutschland» zusammen mit Ernst Troeltsch für die Atlantikpassage ein.

Weber hatte sich mit Amerika bis dahin denkbar wenig beschäftigt. Die Kapitalismusdebatten in seinem gelehrten Umfeld hielten sich an Beispiele aus England, Deutschland, Italien und Frankreich, bestenfalls noch Holland. Fast machten sie darum mitunter den Eindruck, als wende sich die Intelligenz einer Region, die soeben ihren Rang als ökonomisches und politisches Zentrum der Welt einzubüßen begann, wie unbewusst den Entstehungsumständen dieser bald nicht mehr greifbaren Größe zu. Amerika war Weber lediglich durch Friedrich Kapp präsent, der ihm die Erinnerungen Benjamin Franklins geschenkt hatte, den Weber dann so prominent als Puritaner und reinsten Repräsentanten des kapitalistischen Geistes in der «Protestantischen Ethik» darstellen sollte. Ferdinand Kürnbergers ebenso unterhaltsamer wie pathetischer und ressentimentgeladener Roman «Der Amerikamüde» von 1855, den Weber im selben Zusammenhang heranzieht, um eine unerträglich ökonomistische Lebenseinstellung und «Philosophie der Gier» auszumalen, wird man ebenfalls nicht als brauchbare Reisegrundlage bezeichnen wollen. Weber selbst jedenfalls war weder vor noch während oder nach seiner Reise amerikamüde.

Und er war auch nicht der Mann für großartige Projektionen. Von Hugo Münsterberg, der seit 1897 in Boston lehrte und ein großes experimentelles Labor unterhielt, war im Sommer desselben Jahres 1904 eine zweibändige Monographie «Die Amerikaner» herausgekommen. Weber kannte sie. Darin fordert Münsterberg, Nordamerika nicht mit einem einzelnen anderen Land zu vergleichen, sondern mit den «veruneinigten Staaten von ganz Europa» – und zeigt sich vor diesem Hintergrund erstaunt über die überraschende Gleichheit der aus allen möglichen Weltgegenden stammenden Amerikaner. Man müsse dieses Volk aus seinem Wollen und seinen Ideen begreifen. «Das Volk der Amerikaner in seiner Geisteseinheit versteht nur, wer begreift, daß Druckerschwärze noch dicker als Blut ist.»[2] Tatsächlich aber waren es vor allem europäische Besucher, die Amerika durch Bücher, Ideen und kulturelle Stereotypen wahrnahmen. Dass sie sich am Beginn des «amerikanischen Jahrhunderts» befanden, konnten die Zeitgenossen nicht wissen. Aber viele redeten so, als könnten sie es, und fanden Amerika geprägt von Materialismus, Unbildung, Geschichtslosigkeit, Mangel an Staatlichkeit, sinnlosem Optimismus, blindem Fortschrittsglauben und so weiter. «Freilich eine große Quote» der Weltkultur, meinte beispielsweise Jacob Burckhardt schon 1868, «sind die amerikanischen Kulturmenschen, welche auf das Geschichtliche, d.h., die geistige Kontinuität großenteils verzichtet haben und Kunst und Poesie nur noch als Formen des Luxus mitgenießen möchten.»[3] So mussten sich die Amerikaner, die vermeintlich unhistorisch Denkenden, also gar nicht richtig Denkenden, sondern bloß Mitgenießenden, von den Europäern sagen lassen, in welchen historischen Bezügen sie denn stehen – und das nicht nur im Bereich von Kunst und Poesie.

In Bezug auf Amerika herrschte am Ende des neunzehnten Jahrhunderts eine Art Zwang zur zeitdiagnostischen Großdeutung, in der das Land entweder als Kontrastfall behandelt wurde, um die höhere Legitimität der europäischen Lebensweise zu untermauern, oder in der es als unausweichliche Zukunft der ganzen Welt erschien. Neben vielen verdüsterten Beschreibungen gab es in dieser Hinsicht durchaus auch affirmative Fassungen. 1902 hatte der englische Journalist William Thomas Stead die «Americanization of the World» als den Trend des zwanzigsten Jahrhunderts ausgerufen: Im Aufstieg dieser Weltmacht allein durch ökonomische Kraft ohne imperiale Politik sah er das Versprechen, dass Größe mit Frieden einhergehen könne. Dabei bezeichnete er die Preußen der Jahre um 1800 als «Amerikaner ihrer Zeit», weil sie damals jung und unternehmerisch gewesen seien, meinte nun aber das Zentrum des zeitgenössischen Widerstandes gegen eine Amerikanisierung Europas in Berlin zu erkennen. Zwar gebe es keine in ihrer nervösen Energie, ihrem Wachstum und ihrer Geschwindigkeit stärker amerikanisierten Städte als Hamburg und Berlin, doch «the Kaiser» versuche zusammen mit dem russischen Zaren, die Alte Welt gegen die Neue Welt zu organisieren.[4]

Mit dieser Einschätzung wäre Stead bei Weber sicher auf Zustimmung gestoßen – nur bezüglich der Möglichkeit eines friedlichen Imperialismus hätte ihm dieser widersprochen –, doch er war unter den Intellektuellen eine Ausnahme. Die meisten hegten tiefe Vorbehalte gegen das, was ihnen als amerikanischer Lebensstil vorkam und eng mit dem Konzept einer angeblichen Massengesellschaft verbunden war. In Julius Langbehns «Rembrandt als Erzieher», dem Musterkatalog des antiliberalen, kulturpessimistischen Motivhaushalts, wird Berlin ebenfalls als «nordamerikanisch» bezeichnet und Nordamerika umgekehrt als «niederdeutsche Siedlung nach Westen»: rastlose Geschäftigkeit, Raubbau an der Kultur, rationalistisch und mechanisch – «Die Überkultur diesseits und die Unkultur jenseits des Ozeans begegnen sich in ihren Mitteln; leider aber auch in ihrem Erfolg.»[5] Werner Sombart wird in seiner wirkungsvollen Schrift «Warum gibt es in den Vereinigten Staaten keinen Sozialismus?», die er 1906 als sein Mitbringsel von der Reise nach St. Louis vorlegt, in dasselbe Horn stoßen: Die «Gleichförmigkeit der amerikanischen Volksseele» bestehe im mangelnden Sinn «für den Duft des Individuellen», einer Versessenheit auf Quantitäten, einer Hochwertung des Erfolges, einem rücksichtslosen Wettbewerb, einer Überbewertung des Wirtschaftlichen.[6] Karl Lamprecht wiederum fand: «Wenn die heutige amerikanische Zivilisation verschwände: was würde für die menschliche Ewigkeit übrigbleiben? So gut wie nichts.» Die Amerikaner hätten der Welt lediglich ein neues Verständnis des Staates und der menschlichen Freiheit gegeben – und selbst dieses sei im Grunde ein Mitbringsel der Einwanderer aus Europa, «ein Geschenk vor allem der Reformation, der religiösen Entwicklung von anderthalb Jahrtausenden».[7]

Weber sieht das ganz anders. Er ärgert sich über Mitreisende, die schon nach anderthalb Tagen über New York stöhnen.[8] Der sagenhaft geschwätzige Karl Lamprecht – «every prejudice published», könnte man über seine Reisebetrachtungen aus Amerika schreiben – weiß schon nach dieser Frist: «Nur Komfort des Verstandes, nicht des Herzens und alter Kultur. Daher extreme Arbeitsteilung: niemand kümmert sich um den anderen, und der Mensch [gleicht einer] Maschine»[9] – eine Sequenz, die fast mehr Fehler als Wörter enthält, aber gut dokumentiert, mit welcher Selbstzufriedenheit gedankenlos dahingeredet werden konnte. Dass sich bei extremer Arbeitsteilung niemand um den anderen kümmert, wird aber gerade durch die großen Hotels widerlegt, an denen Lamprecht solche Beobachtungen meinte machen zu können: Die Arbeitsteilung erlaubt dort erst das Kümmern. Weber, dem Kulturpessimismus durchaus nicht fremd war, fand demgegenüber keine Ursache, sich dieser Neigung ausgerechnet in Amerika hinzugeben. Er wirkt wie ausgetauscht. Über seinen Besuch in den Indianergebieten bei Muskogee – Weber ist nach seiner überstürzten Abreise aus Guthrie tatsächlich dorthin gefahren – notiert er sogar, so lustig wie dort sei er seit seinen ersten Studiensemestern nicht mehr gewesen.[10]

Der Ausflug nach Amerika war für ihn keine Reise in die Zukunft. Zu behaupten, die Welt amerikanisiere sich, lag ihm fern. Im Gegenteil nimmt er an, Nordamerika sei gerade im Begriff, sich zu europäisieren. Er verstand darunter ganz konkret die Folgen der Einwanderung von Europäern, und für eine der wichtigsten dieser Folgen hielt er die rückläufige Bedeutung des protestantischen Gemeindelebens. Die ethnische Vielfalt war für ihn, zusammen mit der Entdogmatisierung älterer Konfessionen und der Lebendigkeit neuer Religionen wie der «Christian Science», ein Zeichen für die Abnahme kirchlicher Religiosität. Unter der Europäisierung Amerikas verstand er aber schon damals auch den Abschied vom Ideal der egalitären Selbstgenügsamkeit und des armen, aber freien Lebens in der Peripherie zugunsten des Aufbaus großer Organisationen, des Stadtlebens, der Abhängigkeit vom Staat und der Aufstiegskarrieren. Was er in Amerika zu sehen glaubt, ist ein dramatischer sozialer Wandel, der die Gesellschaft in Gegensatz zu ihrer Gründungsmentalität bringt, und das heißt für Weber auch: in Gegensatz zu dem Freiheitswillen, aus dem sie hervorgegangen ist.

Obwohl Weber nach seiner Rückkehr seiner Protestantismus-Studie einen dritten Teil hinzufügen wird, die seine Erfahrungen in Amerika verarbeitet, gibt es also keinen Anhaltspunkt dafür, dass Max Weber im Land des entfalteten Kapitalismus nach Belegen für die Protestantismus-These suchen wollte. Eine wichtige Pointe der

These war ja außerdem, dass der zeitgenössische Kapitalismus allenfalls noch Spuren von den Motivlagen seiner Ursprünge zeige. Amerika war also allenfalls ein Wahrnehmungsfeld für die gegenwärtige Lage – studieren konnte man hier nur das stahlharte Gehäuse, nicht mehr die stahlharten Puritaner. Als Weber an der Brown University (Rhode Island) nach Büchern über den Baptismus fragte, in dessen Geist die Universität 1764 gegründet worden war, wurde ihm mitgeteilt, vom sektiererischen Erbe habe man sich getrennt. Man sammle absichtsvoll nicht einmal gegenwärtige Forschungsliteratur zur Religion der Universitätsgründer.[11] Insofern zeigt sich Weber mitunter geradezu überrascht, wenn er noch deutliche Zeichen – «survivals» in der Sprache der Evolutionstheorie, funktionslos gewordene Reste – der religiösen Vergangenheit findet.

Wir haben dieses Kapitel mit der Western-Szene nicht nur begonnen, weil sie so hinreißend ist. Sie dokumentiert auch, dass Weber sich denkbar unterschiedlichen Amerikas aussetzte und das Land nicht mit einem gelehrt entwickelten Plan bereiste, sondern mit großer Neugier und einer fast völkerkundlich zu nennenden Aufmerksamkeit. Teils war seine Route von eigenen Familien- und Bekanntschaftsnetzwerken vorgegeben, teils ergab sie sich aus Einladungen und Empfehlungen, die er während der Reise erhalten hatte, stets aber folgte sie seinem Interesse an fast allem. Die Briefe und Reisenotizen belegen, dass die Webers so gut wie keinen Aspekt der amerikanischen Zivilisation unbesichtigt gelassen haben: Die ärmlichen Wohnungen religiöser Reformgemeinden und die Wolkenkratzer – man kam aus Heidelberg und wohnte in New York gegenüber Park Row und St. Pauls! –, die sie schwanken lassen, ob solche Häuser grotesk seien oder eine eigene Schönheit und Würde hätten, die Universitäten und die Schlachthöfe von Chicago, das Landleben in den gerade erst kolonisierten Gebieten und die Großstädte, die Elite und die ethnischen Minderheiten, die Erziehung der Schwarzen und das «Yankeetum».

Für einen Gelehrten, der zwei Jahre zuvor mitunter nicht einmal für seine nächste Umgebung ansprechbar war, mutete er sich nun ein immenses Reise-, Besuchs- und Gesprächspensum zu. Weber macht Station – in dieser Reihenfolge und um nur die Orte zu nennen, in denen er übernachtete – in New York, Niagara Falls, North Tonawanda, Chicago, Evanston, St. Louis, Guthrie, Muskogee, Memphis, New Orleans, Tuskegee, Knoxville, Asheville, Mount Airy, Richmond, Washington D. C., Philadelphia, Baltimore, Haverford, Boston, Cambridge. Das sind einundzwanzig Städte und Gemeinden sowie dreizehn Bundesstaaten in zweiundachtzig Tagen. Das Ehepaar Weber legte in dieser Zeit mehr als siebentausend Kilometer mit der Eisenbahn zurück, absolvierte insgesamt also, nach historischen Schätzungen der Bahngeschwindigkeit und alle Besuche rund um die Stationen miterwogen, mindestens einhundertfünfzig Stunden Bahnfahrt.

Diesem Reiseexzess entspricht die Absorptionslaune Webers. Er führt Buch über den Jahreslohn eines ungelernten Arbeiters in den Schlachthöfen von Chicago und das Einkommen von Pastoren (Letzteres beträgt durchschnittlich eintausend Dollar im Jahr, Weber bekommt für seinen Vortrag in St. Louis fünfhundert Dollar, den Jahreslohn eines ungelernten Schlachthofarbeiters in Chicago, und vergleicht das Pfarrersgehalt wohl auch deshalb lieber mit der Million, die J. P. Morgan damals jährlich verdient),[12] er interessiert sich für die Integrationschancen von Migranten und notiert mit Erstaunen, dass deutsche Pfarrer vom ansässigen Bürgertum nicht als Geistliche, sondern als Deutsche behandelt werden, und er denkt nach Gesprächen mit dem Verwaltungswissenschaftler Edmund James, der einst die berühmte «Wharton School of Finance and Economy» in Philadelphia geleitet hatte und gerade Präsident der Universität von Illinois geworden war, über die Eigenart der amerikanischen Colleges nach, weniger wissenschaftlich gebildete Spezialisten als charakterlich abgerundete, unabhängige und als Geschäftsleute selbstbewusste «gentlemen» hervorzubringen. Ihn frappiert in diesem Zusammenhang, dass amerikanische Studenten vor die Wahl gestellt wurden, entweder an Gottesdiensten teilzunehmen oder ersatzweise eine Vorlesung mehr zu hören. Ihm fällt auf, dass in St. Louis eine Zeitung erscheint, deren Morgenausgabe strikt republikanisch gesinnt ist, während die Abendausgabe von anderen Redakteuren ganz auf demokratische Linie gebracht werde, was Bände über das amerikanische Parteiensystem spreche, in dem es nur um das Erlangen von Ämtern gehe, und über seinen prinzipienlosen Charakter. Weber nimmt an Landauktionen und an Gottesdiensten teil – «Außer in den Negerkirchen – und seitens jener Berufssänger, die sich jetzt die Kirchen als ‹attractions› (Trinity Church in Boston 1904 für 8000 $ pro Jahr) engagieren – hört man auch in Amerika meist nur ein für deutsche Ohren unerträgliches Gekreisch als ‹Gemeindegesang›»[13] –, er spricht mit Immobilienmaklern, Sozialreformern und Zeitungsherausgebern, trifft den Philosophen William James, mit dem er sich über Religionspsychologie austauscht, sowie den Soziologen und Bürgerrechtler William E. B. Du Bois, dessen «Souls of Black Folk» von 1903 er bewundert und über den wir bald noch Näheres erfahren werden, er besucht Schulen für Schwarze und ein Footballspiel zwischen den Universitätsmannschaften von Harvard und Philadelphia (11:0 für Penn State), hört sich Quäkerpredigten an, informiert sich bei Indianervertretern, arbeitet in Bibliotheken und liest während der langen Bahnfahrten dazwischen. Es wäre ein eigenes Kapitel, was die Ideengeschichte der Eisenbahn verdankt, den ausgedehnten Pausen vom Alltag im Alltag und dem beruhigenden Gefühl, bewegt zu werden.

Es ist angesichts dieser Buntheit von Webers Eindrücken nicht leicht, seiner Reise ein Thema oder ein Leitmotiv zuzuordnen. Doch an fast allen seinen Stationen artikuliert sich das Interesse an einer spezifischen Umbruchssituation des bereisten Landes. Weber traf die Vereinigten Staaten an einer nationalen Epochenschwelle an. Durch die Volkszählung von 1890 war festgestellt worden, dass es keine nach Westen vorrückende Grenze der amerikanischen Landnahme mehr gab. Die unbesiedelten Gegenden Nordamerikas bildeten keinen einheitlichen Raum mehr. Drei Jahre später zog der Historiker Frederick Jackson Turner aus diesem Verschwinden der vorrückenden Grenze den Schluss, dass sich von nun an die

Entwicklung Amerikas nicht länger als Kolonisation beschreiben lasse.[14] Ihm ging es allerdings weniger um die abnehmende Wanderungsbewegung als solche, sondern um das Ende einer Epoche, die zwei Dynamiken besaß: die «normale» Entwicklung von einer schwach zu einer stark arbeitsteiligen Gesellschaft einerseits, ihre permanente Ausdehnung und die Umwandlung von Wildnis in Stadtleben andererseits: Während an der Ostküste jener Fortschritt zu beobachten war, der auf sich selbst aufbaut und bei dem sich Demokratie, Wirtschaft und Kultur schrittweise ausdifferenzieren, habe die soziale Entwicklung an der ständig vorrückenden westlichen Grenzlinie ständig neu und ständig von vorne beginnen müssen. «Der Kolonist», so Turner, «findet in der Wildnis seinen Meister. Sie trifft ihn als Europäer an, was seine Kleidung, Techniken, Werkzeuge, Fortbewegung und Gedanken angeht. Sie nimmt ihn aus dem Eisenbahnwagen und setzt ihn in ein Birkenkanu. Sie streift ihm die Gewänder der Zivilisation ab und kleidet ihn in ein Jagdhemd und Mokkasins. [...] Kurz: an der Grenzlinie ist die Umwelt zunächst zu stark für den Menschen. Er muss ihre Bedingungen akzeptieren oder untergehen, und so passt er sich den indianischen Rodungsgebieten an und wandelt auf indianischen Wegen. Schritt für Schritt verwandelt er die Wildnis, aber was dabei entsteht ist nicht das alte Europa»[15] – sondern etwas genuin Amerikanisches.

Wenn sich die Amerikaner von den Europäern nun aber hauptsächlich durch Grenzlanderfahrung unterschieden hatten, konnte nach 1890 berechtigterweise gefragt werden, ob das Land sich mit deren Verblassen nicht tatsächlich (re)europäisiere. Weber glaubte beispielsweise, dass eine Verknappung von Landressourcen zur Bildung von Bodenmonopolen führe und dann auch die Entstehung einer politischen Aristokratie nicht fern sei. Freien Wettbewerb konnte er sich ohnehin nur als Übergangsstadium vorstellen; die Wirtschaftsgeschichte des Industriezeitalters lief seiner Meinung nach auf Monopole, Kartelle, Syndikate und staatswirtschaftliche Organisationen zu. Die Epoche der Pioniere aber und der Aneignung «freien» Landes war in den Vereinigten Staaten nun zu Ende, oder besser: ging gerade zu Ende. Kein Wunder, dass Weber, der sich bis zur Erschöpfung mit den Transformationen der alten römischen und der zeitgenössischen deutschen Agrarwelt beschäftigt hatte und über dieses Thema zu seinen Leitfragen nach der Sozialpsychologie des Kapitalismus fand, sich dafür interessierte, wie vergleichbare Prozesse in Amerika abliefen.

Es ist zwar unbekannt, ob Weber die Untersuchungen Turners kannte. In ihrem Versuch, aus den Umständen der Landnahme, ihrer Wirtschaftsweise und ihrer Techniken die Mentalität der Kolonisatoren zu entwickeln, waren sie aber ganz von jenem historischen Sinn, den Weber besaß. Dass Turner den von Weber so verehrten Kulturhistoriker Victor Hehn zitierte, um die Bedeutung des Salzes für Siedler zu unterstreichen, ist nur ein kleiner Hinweis auf ihre Perspektivenähnlichkeit. Ähnlichkeit, nicht Identität. Turner schrieb: «Die amerikanische Demokratie wurde nicht aus dem Traum eines Theoretikers geboren; sie wurde weder von der ‹Sarah Constant› nach Virginia noch von der ‹Mayflower› nach Plymouth gebracht. Sie kam aus den amerikanischen Wäldern, und sie gewann jedes Mal an neuer Stärke, sobald sie an eine neue Grenze stieß. Nicht die Verfassung, sondern freies Land und ein Überfluss an natürlichen Ressourcen, der sich einem fähigen Volk darbot, schufen den demokratischen Gesellschaftstyp Amerikas.»[16] Für Weber bildeten die sozialen Traditionen und die neuen Lebensumstände der Siedler keinen Gegensatz, für ihn waren vielmehr die Lebensmaximen der eingewanderten Puritaner, die auf Gewissensfreiheit bestanden, das mentale Gegenstück zur kolonialen Situation. Schließlich gibt die Geschichte des Kolonialismus ja auch keinen Hinweis darauf, dass er allein schon die Entwicklung der Demokratie gefördert habe.

Eine der wichtigsten Anschauungen, die Weber in Nordamerika erhielt, war die der protestantischen Sekten. Er kam aus einem Land, das seit langem schon eines von Kirchen geworden war, und die Unterscheidung dieser beiden religiösen Organisationsformen wurde zu einem Leitmotiv von Webers Religionssoziologie. Schon in seinem «Objektivitäts»-Aufsatz von 1904 hatte er an ihrem Beispiel erklärt, was er unter «Idealtypen» verstand, indem er die jeweils wesentlichen, weil ursächlich wirkenden Eigenschaften dieser Gebilde herausarbeitete. Im Unterschied zu Kirchen als Anstalten zur hierarchischen Verwaltung von Gnade sind Sekten laut Weber Vereine religiös motivierter Personen, die diesen Organisationen freiwillig beigetreten sind, aber fortan beständig auf ihre religiöse Qualifikation hin geprüft werden. Für ihn sind es vor allem der Egalitarismus dieser Gemeinschaften sowie das Moment der ständigen religiösen Bewährung, die den Idealtypus «Sekte» ausmachen, weil er darin die Ursachen für deren «Kulturbedeutung» – konkret: ihren Beitrag zu einer asketischen Wirtschaftsethik – zu erkennen glaubt.

Dieser entscheidende Beitrag lag für Weber in der freiwilligen Disziplin. Es sei, schreibt er schon im zweiten Teil der «Protestantischen Ethik», der große Unterschied zu beachten, «welcher zwischen der Wirkung der autoritären Sittenpolizei der Staats*kirchen* und der auf freiwilliger Unterwerfung ruhenden Sittenpolizei der *Sekten* bestand. Daß die Täuferbewegung in allen ihren Denominationen grundsätzlich ‹Sekten›, nicht ‹Kirchen› schuf, kam jedenfalls der Intensität ihrer Askese ebenso zustatten, wie dies – in verschieden starkem Maße – auch bei jenen calvinistischen, pietistischen, methodistischen Gemeinschaften der Fall war, die *faktisch* auf die Bahn der voluntaristischen Gemeinschaftsbildung gedrängt wurden.»[17] Selbstzwang ist für Weber nicht nur härter als Fremdzwang, sondern schafft überhaupt erst die Grundlage für eine sich selbst tragende, nicht ständig von außen kontrollbedürftige Wirtschaftsmentalität, deren Träger nicht unablässig zu wirtschaftsfreundlichem Handeln angehalten werden müssen.

Gleich zu Beginn seiner Tour besuchte Weber, zusammen mit Ernst Troeltsch und anderen deutschen Anreisenden nach St. Louis, die deutsche Reformgemeinde in North Tonawanda, nahe den Niagarafällen. Ihren Pastor, Hans Haupt, fragten die Professoren nun voller Neugier über das Gemeindeleben aus, auch wenn Haupt später mit hochgezogenen Augenbrauen zu Protokoll gab, Weber und Troeltsch hätten auf jede ihrer Fragen immer selbst schon die Antwort gehabt. Weber zeigte sich immerhin erstaunt über die hohen freiwilligen Beiträge der Gemeindemitglieder, fast acht Prozent vom Jahreseinkommen, «während jeder weiß, daß schon ein kleiner Bruchteil dieser finanziellen Zumutung bei uns Massenaustritte aus der Kirche zur Folge gehabt haben würde».[18] Der Pastor hatte eben kein Amt, sondern wurde für seine persönlichen Qualitäten von Leuten bezahlt, die ihn gewählt hatten.

Weber verfügt demnach, als er in die Vereinigten Staaten reist, schon über das Konzept, mit dem er den Zusammenhang zwischen den charakteristischen Organisationsformen von Sekten und der ebenso disziplinierten wie im Vergleich zu Kirchen demokratischen Lebensführung ihrer Mitglieder erläutern will. Er verwendet dieses Konzept jedoch erst einige Zeit nach seiner Rückkehr im abschließenden Teil seiner «Protestantischen Ethik», der dicht von Erlebnissen seiner Amerikareise geprägt ist – und irgendwie auch vom Stolz des Gelehrten, dort gewesen und aus erster Hand informiert worden zu sein. Die Bedeutung der Sekten im Protestantismus liegt für ihn unter anderem darin, dass das soziale Leben in den Vereinigten Staaten aus einer Vielzahl solcher Organisationen zu bestehen schien; auch in der Form von Clubs oder politischen Parteien herrsche noch immer der alte Sektengeist der Gruppenbildung qua Entschluss und nicht qua Tradition. Die Sekten und ihre nichtreligiösen Ableitungen ordnete er der «kühlen Sachlichkeit der Vergesellschaftung» zu – im Gegensatz zur «Gemütlichkeit», ohne die sich Deutsche eine Gemeinschaft gar nicht vorstellen könnten.[19]

Eine ähnliche Unterscheidung von autonomem und abhängigem Leben tritt Weber völlig außerhalb jedes religiösen Kontextes entgegen, als er die Indianerterritorien von Oklahoma besuchte, die damals im Zentrum einer politischen Debatte über lokale Autonomie standen. Weber, der die Region als den bei weitem interessantesten Ort bezeichnete, den er auf seiner Reise gesehen habe,[20] unterhielt sich dort mit einem Repräsentanten der Indianer, dem mütterlicherseits von Cherokee abstammenden späteren Senator Robert Latham

Owen, der 1913 das amerikanische Zentralbanksystem auf den Weg brachte und 1918 amerikanischer Finanzminister wurde. Owen war ein Verteidiger des Autarkiegedankens, kämpfte für einen Indianer-Bundesstaat und gegen den Paternalismus aus Washington, der die indianischen Stammeskulturen zu schützen suchte und den Indianern deswegen beispielsweise Landverkauf nur zu bestimmten Konditionen erlaubte. Was Weber daran fasziniert haben muss, war die Möglichkeit – erneut anhand von Fragen des Landbesitzes und der Agrarwirtschaft –, den Übergang einer alten Gesellschaftsordnung in die Moderne mit all den sich dabei überkreuzenden Interessen zu beobachten. Hier standen sich nicht Junker, Tagelöhner und Industrielle sowie Deutsche und Polen gegenüber, hier wurde auch nicht darüber gestritten, ob Amerika ein Agrarstaat oder eine Industrienation werden wolle – und doch bot sich in Muskogee ein ganzes Feld widerstreitender Interessen samt zugehöriger Gesellschaftsentwürfe. Sozialer Kampf war Webers Sache. Hier standen sich gegenüber: weiße Grundbesitzer, Bodenspekulanten, Eisenbahngesellschaften, indianische Bauern, Schwarze, denen Landkauf ermöglicht wurde, staatliche Wohlfahrtsbehörden und politische Parteien.[21] Vor allem im Zusammenspiel von Grundstückshandel und staatlicher Regulation ging die Hoffnung auf lokale Autonomie der Indianer unter. «Schade», schreibt Weber, «in Jahresfrist sieht es hier aus wie in Oklahoma, d.h. wie in jeder andern Stadt Amerikas. Mit geradezu rasender Hast wird alles, was der kapitalistischen Kultur im Wege steht, zermalmt.»[22]

Das war kein lederstrumpfartig-romantischer Seufzer, sondern das Bedauern darüber, dass eine Art von Lebensführung verschwand, die vom Staat ganz unabhängig war. Weber hatte ein feines Gespür für die Chancen von Individuen, sich aufgrund ihres Willens unter schwierigen Bedingungen – Wildnis, Armut, Diaspora – mittels Zwecksetzungen zu behaupten und soziale Verbindungen einzugehen, ohne in ihnen unterzugehen, also zum bloßen Anhang von etwas zu werden. Die bittere Ironie des Zusammenhangs von Protestantismus und Kapitalismus sah Weber deshalb darin, dass ein solcher Geist eine Welt geschaffen hatte, die mit dieser Form von Freiheit kurzen Prozess machte – ökonomisch und bürokratisch. Schon in seinen Studien zu den ostelbischen Landarbeitern hatte er deshalb den merkwürdigen Vorschlag gemacht, den Übergang Deutschlands zum Industriestaat mit der Ansiedlung von Landwirten im Gebiet Posen und in Ostpreußen zu flankieren, die dort nicht für den Markt, sondern nur für sich selbst produzieren sollten. Hat Weber in diesen Bauern, so mag man von der Amerikareise her zurückblickend fragen, gewissermaßen ostelbische Indianer gesehen, denen er in den Ostprovinzen ihr Reservat einrichten wollte? Oder werden hier einfach die Widersprüche offensichtlich, in die Weber von seinem Willen hineingetrieben wird, an der Möglichkeit heroischen Verhaltens und einer heroischen Verzichtsmoderne festzuhalten?

Während seiner langen Bahnfahrten konnte Weber stundenlang auf die amerikanische Landschaft blicken, etwa die am Arkansas River, aber was er dort sah, war nicht die einzige Wildnis, deren Weber auf seiner Reise ansichtig wurde. Zuvor war er in einem urbaneren Urwald gewesen. Hier lohnt ein längeres Zitat aus Webers Reiseberichten besonders, deren Schilderungen auch hier so viel plastischer sind als die soziologischen Texte jüngerer Zeit. «Chikago ist eine der unglaublichsten Städte. Am See liegen einige behagliche und schöne Villenviertel, meist Steinhäuser schwersten und lastendsten Stils, direkt dahinter liegen alte Holzhäuschen, genau wie sie in Helgoland sind. Dann kommen die tenements der Arbeiter und ein wahnwitziger Straßenschmutz, kein Pflaster, oder miserable Chaussierung außerhalb der Villenviertel, in der City zwischen den skyscrapers vollends ein haarsträubender Straßenzustand. Dabei wird Weichkohle gebrannt. Wenn nun der heiße trockene Wind aus den Wüsten des Südwestens durch die Straßen fegt, dann ist der Anblick der Stadt, zumal wenn die Sonne dunkelgelb untergeht, ein phantastischer. Man sieht am hellen Tage nur drei Straßenblocks weit, – alles ist Dunst, Qualm, der ganze See mit einer violetten Rauchatmosphäre turmhoch bedeckt, aus der die kleinen Dampfer plötzlich auftauchen, und in dem die Segel der auslaufenden Schiffe rasch verschwinden. Dabei eine endlose Menschenwüste. Man fährt aus der City durch die – ich glaube 20 engl. Meilen lange – Halsted-street in endlose Fernen, zwischen Blocks mit griechischen Aufschriften, ‹Xenodochien› usw., dann anderen mit chinesischen Kneipen, polnischen Reklamen, deutschen Bierhäusern, – bis man an die Stockyards gelangt. Soweit man von dem Uhrturm der Firma Armour u. Co. sehen kann, nichts als Herden von Vieh, Gebrüll, Geblöke, endloser Dreck. Am Horizont aber rundum – denn die Stadt geht noch Meilen und Meilen weiter, bis sie sich im Heer der Vorstädte verliert – Kirchen und Kapellen, Elevator-Speicher, rauchende Schlote (jedes große Hôtel hat hier seinen dampfenden Elevator) und Häuser jeden Formats. Meist kleine für höchstens zwei Familien (daher die ungeheuren Dimensionen der Stadt) und je nach den Nationalitäten differenziert in der Sauberkeit. Der Teufel war los gewesen in den Stock yards: ein verlorner Streik, massenhafte Italiener und Neger als Streikbrecher: täglich Schießereien mit Dutzenden von Toten auf beiden Seiten, ein Trambahnwagen umgestürzt und dabei ein Dutzend Frauen zerquetscht, weil ein Non-union-man darauf gesessen hatte, Drohungen mit Dynamit gegen die Elevated Railway, von der richtig ein Waggon entgleiste und in den Fluß herabstürzte. Dicht bei unserm Hotel Mord eines Zigarrenhändlers am hellen Tage, wenige Straßen davon in der Dämmerung ein Raubanfall von drei Negern auf einen Tramwagen usw. – eine eigentümliche Kulturblüte alles in allem. Rasend ist das Durcheinander der Völker: die Griechen putzen, Straße auf Straße ab, den Yankees die Stiefel für 5 Cts. Die Deutschen sind ihre Kellner, die Iren besorgen ihnen die Politik, die Italiener die schmutzigsten Erdarbeiten.» Von den besseren Wohngebieten abgesehen, so schließt Weber, gleiche die Stadt «einem Menschen, dem die Haut abgezogen ist, und dessen Eingeweide man arbeiten sieht. Denn man sieht alles – abends z. B. in einer Nebenstraße in der City die Dirnen ins Schaufenster bei elektrischem Licht gesetzt nebst Preisangabe! Charakteristisch ist hier wie in New York die Behauptung einer eigenen jüdisch-deutschen Kultur. Theater spielen in Judendeutsch, ‹der Kaufmann von Venedig› (wobei aber Shylok Recht behält) und eigene Judenschauspiele, die wir uns in New York ansehen wollen.»[23]

Zwanzig Jahre später wird aus Beobachtungen wie diesen in Chicago eine ganze «sozialökologische» Schule der Stadtsoziologie entspringen. Die Großstadt mache öffentlich, so postulieren ihre Anhänger, die Schüler Georg Simmels waren, was andernorts verborgen sei, denn die Stadt führe die Verhaltensweisen und Lebensläufe ins Extreme, sie erlaube individuelle Sonderarten und den meisten ihrer Bewohner sei es gleichgültig, wenn andere von ihrem eigenen Lebensstil abwichen. Weber selbst allerdings wird den Aufsätzen Georg Simmels über «Die Großstädte und das Geistesleben» und den «Fremden» keine eigenen soziologischen Studien zur Stadt der Moderne zur Seite stellen. In Chicago nimmt er aber den «Ozean von Blut», der in den Schlachthöfen von Packingtown floss, selbst in Augenschein, geführt für fünfzig Cent von einem Jungen und dem Schwein schrittweise «vom Stall bis zur Wurst und zur Dose» folgend.[24] Es ist eine reizvolle Vorstellung, dass Weber dabei die Wege von Upton Sinclair gekreuzt haben könnte – der recherchierte just im Herbst 1904, kurz nach Webers Besuch, sieben Wochen lang inkognito über die Zustände in der Fleischindustrie von Chicago und verarbeitete seine Erlebnisse in dem skandalmachenden Roman «Der Dschungel» über die «Lohnsklaven der Beef-Trusts», der von Februar 1905 an zunächst als Fortsetzungsgeschichte in einer sozialistischen Zeitschrift erschien. Webers lakonische Bemerkung, die Fleischfirmen nähmen die jährlich vierhundert Toten und Schwerversehrten auf dem Schlachthof in Kauf, obwohl sie pro Toten fünftausend Dollar und pro Versehrten zehntausend Dollar zahlen müssten, weil Sicherheitsmaßnahmen noch teurer seien, ergänzt sich gut mit dem Befund Sinclairs in seinem Roman: «Der Ort, der hier Dschungel heißt, ist nicht Packingtown, noch Chicago, noch Illinois, noch die Vereinigten Staaten – es ist die Zivilisation.»[25]

Und der Kapitalismus? War er mit dieser Zivilisation identisch? Die Schlachthöfe von Chicago sind die einzige Fabrik, wenn man sie denn so nennen will, die Weber während seiner Reise besucht hat. Aber das ist nicht erstaunlich, denn selbst bei seinen Besuchen in England, 1895 und 1910, ist er nicht einmal in die Nähe einer Fabrikhalle gekommen, auch dort hat ihn allein die Agrarordnung interessiert.[26] In dem Vortrag, den Weber während der Weltausstellung von St. Louis hielt, beschäftigte er sich mit der modernen Wirtschaft dementsprechend nur im Hinblick auf den ländlichen Kapitalismus.[27] Ein Gutsbesitzer, erklärt er darin, handele heute genauso wie jeder Geschäftsmann – er wäre gerne «landlord», aber er müsse kommerzieller Unternehmer und Bourgeois werden.[28] In den Vereinigten Staaten hätten vor allem der Bürgerkrieg und die Sklavenbefreiung diese «feudalen» Bastionen zu Fall gebracht, kurz nachdem auch in Preußen um 1850 der Kapitalismus im Zuge der «Bauernbefreiung» ins Landleben eingedrungen sei.

Dieser Wandel war inzwischen jedoch, so Weber, von einem anderen überlagert worden: Neben den *self-made-man* der Sekten und Clubs trat der Typus des Erben, erkennbar an dem «Jr.» hinter seinem Namen. Es sei in Amerika «nicht etwa nur – wie bei uns geglaubt wird – eine rohe Plutokratie des Besitzes» entstanden, «sondern außerdem eine ständische Aristokratie».[29] Politische Demokratisierung bedeute eben nicht schon gesellschaftliche Demokratisierung. Hier muss man ergänzen, dass Weber dabei eine städtische Aristokratie im Blick hatte: Die «Pflanzer-Aristokratie» des Südens sei im amerikanischen Bürgerkrieg nämlich zugunsten eines Farmerkapitalismus untergegangen.

Für Weber ergab sich hieraus die Schlüsselfrage, ob die Kombination aus politischer Herrschaft und ökonomischer Überlegenheit, die der alte Feudalherr realisiert hatte, auch im Kapitalismus eine Analogie besaß, ob auch hier der Wirtschaftsmacht eine Herrschaftschance aus demselben «Geist» korrespondierte. In St. Louis sprach Weber davon, dass die deutschen Junker, solange sie noch Rentiers und nicht Agrarindustrielle gewesen seien, genug Zeit gehabt hätten, um auch Politiker zu sein; die Anspielung auf Bismarck war deutlich. Der kapitalistische Unternehmer hingegen werde von

Politikern ergänzt, die nicht *für* die Politik leben, sondern *von* der Politik. Die alte Frage Hermann Baumgartens, ob das Bürgertum überhaupt politikfähig sei, wenn es sich doch um seinen Lebensunterhalt kümmern müsse, beantwortet die Moderne, indem sie den Berufspolitiker hervorbringt. Desto näher liegt dann die Frage, ob der Kapitalismus – so wie der «Feudalismus» – selbst eine Form von Herrschaft ist.

Dieses Problem konnte Weber zum Zeitpunkt seiner Amerikareise nur erkennen, nicht lösen. Es war im ersten Teil der «Protestantischen Ethik», der mit einer konfessionellen Berufsstatistik einsetzte und von der asketischen Berufsauffassung handelte, implizit schon vorhanden. Denn sind nicht schließlich alle Berufe Wirtschaftsberufe, und heißt Berufstätigkeit nicht einfach «Produktion für den Markt»? Wenn sich also beispielsweise auch unter den deutschen Beamten, den Lehrern, den Offizieren oder den Dichtern besonders viele Protestanten fanden, was sollte das mit der asketischen Wirtschaftsmoral des siebzehnten Jahrhunderts zu tun haben? Weber sah auch in Amerika zusammen mit der Wirtschaft den Staat, das politische Parteiensystem und die Bürokratien wachsen. Nicht nur der Kapitalismus bedurfte also keiner religiösen Motive mehr, um Geschäftsorientierung, Arbeitsdisziplin und Sparsamkeit durchzusetzen, auch die moderne Kultur im angeblich hemmungslos entwickelten Kapitalismus Amerikas bestand bei weitem nicht nur aus Ökonomie. In dem Vortrag, den Weber mit nach St. Louis brachte, steht der Kapitalismus noch ganz im Zentrum einer Beschreibung des gesellschaftlichen Wandels, den er mit der Entstehung der ersten Volkswirtschaften einsetzen lässt und über die Entwicklung der römischen Agrarordnung sowie der feudalen Landherrschaft bis zur Rohstoffindustrie nachverfolgt. Er wird einer der letzten Texte sein, in dem «Kapitalismus» für Weber das dominante Motiv der modernen Zivilisationsentwicklung ist. Er wird die «Protestantische Ethik» noch ergänzen, gerade um die amerikanischen Erfahrungen. Er wird erbitterte Kontroversen über seine These ausfechten. Und er wird noch den einen oder anderen Beitrag zum Verständnis der kapitalistischen Wirtschaft schreiben. Doch die Jahre von 1890 bis 1904, in denen sowohl das Ende der feudalen Herrschaft wie die moderne Wirtschaftsmoral die treibenden Motive seines Denkens sind, bilden eine abgeschlossene Periode. Was für eine Ironie: Ausgerechnet nach seiner Amerikareise beginnt Weber, sich vom Kapitalismus als seinem Lebensthema abzuwenden und sein Interesse daran in einen größeren, universalgeschichtlichen Zusammenhang zu stellen – den einer politischen Herrschaftsgeschichte.[30]

VIERZEHNTES KAPITEL

DER GENTLEMAN, DR. LOTH UND DIE RASSENFRAGE

> Talente beruhen nicht auf dem Besitz eines besonderen Gehirntheils.
>
> AUGUST WEISMANN

Im Anschluss an seinen Vortrag auf dem Weltkongress trifft Max Weber Ende September 1904 in St. Louis zum Frühstück mit einem Kollegen zusammen, der von 1892 bis 1894 in Berlin und Heidelberg studiert und dabei auch an Lehrveranstaltungen des Privatdozenten Weber teilgenommen hatte. Inzwischen war er in Harvard über die Entwicklung der Landwirtschaft in den amerikanischen Südstaaten promoviert und in Atlanta zum Professor für Geschichte und Ökonomie berufen worden: William Edward Burghardt Du Bois, zumeist W. E. B. Du Bois genannt. Er gehörte zu den wenigen Amerikanern, die damals ungefähr einschätzen konnten, wer Weber war, und er war auch der einzige US-Bürger, den Weber für eine Publikation in seinem «Archiv der Sozialwissenschaften» gewinnen konnte.

Das Besondere an diesem Kollegen: Er war der erste schwarze Soziologe überhaupt. Wie es die Laune der Ideengeschichte wollte, stammte er wie Max Weber von Hugenotten ab, in seinem Fall von einem Kolonialherrn auf den Bahamas, der die Sprösslinge seiner Affäre mit einer mulattischen Sklavin einst zum Schulbesuch nach Connecticut geschickt hatte. Deren Nachkommen, Du Bois' Großeltern und Eltern, waren keine Sklaven mehr, sondern Kleingewerbetreibende – über den Großvater schrieb er selbst: «Er war kein ‹Neger›; er war ein Mann!» Du Bois durchläuft die Schulen, kommt an die private Fisk University für Afroamerikaner in Nashville, bewirbt sich von dort aus in Harvard, wird angenommen und studiert bei dem Philosophen George Santayana, um sich schließlich im Alter von zweiundzwanzig Jahren ein Stipendium für Deutschland zu erkämpfen.[1] In Berlin stürmt eine völlig unbekannte Welt auf ihn ein: Er hält die Sozialdemokraten für Rechte, weil Sozialismus für ihn Staatsmacht bedeutet, und wundert sich, dass die Arbeiter sich dafür begeistern können. Andererseits ist er ergriffen davon, dass sie am Kaisergeburtstag die deutsche Nationalhymne singen, was ihm in seinem Land, das ihn nicht als vollständigen Bürger anerkennt, unmöglich wäre. Die Parallelen und Unterschiede zwischen den Afroamerikanern und der deutschen Arbeiterklasse, zwischen der sozialen und der Rassenfrage, nimmt Du Bois mit zurück nach Amerika und beginnt dort, die «Negroes» so zu erforschen, wie er es bei Schmoller und aus Paul Göhres Fabrikarbeiterstudie für andere Bevölkerungsgruppen gelernt hatte.[2]

Dieses kurze Wiedersehen mit Max Weber wäre für sich genommen nun nicht weiter erwähnenswert. Doch dieser folgt nicht nur dem Rat von Du Bois, einen Umweg über Alabama zu machen und das dortige «Tuskegee Normal and Industrial Institute» zu besuchen, die erste Berufsschule für Schwarze in den Vereinigten Staaten. Die Bekanntschaft mit Du Bois wirft auch ein Licht auf Wandlungen im Denken Max Webers zwischen dem Beginn seiner akademischen Karriere und den Jahren, in denen er Soziologe zu werden beginnt. Denn so merkwürdig es im Rückblick erscheint, spielten der Begriff der «Rasse» und die Frage nach dem Sinn ethnischer Unterscheidungen in Webers Werk lange Zeit eine große Rolle – die Geschichte der Soziologie ist auch die eines Abschieds vom Sozialdarwinismus.[3]

In seiner Freiburger Antrittsrede von 1895, die er knapp zwei Jahrzehnte später als «vielfach unreif» bezeichnen sollte,[4] hatte Max Weber schon im zweiten Satz angekündigt, «die Rolle zu veranschaulichen, welche die physischen und psychischen Rassendifferenzen zwischen Nationalitäten im ökonomischen Kampf ums Dasein spielen».[5] Das klingt im Rückblick nicht so, als rede hier der Gründervater einer Soziologie, die dem interessegeleiteten

Handeln Einzelner den Vorrang einräumt. Und auch im weiteren Fortgang seiner Vorlesung tat Weber wenig, um dem Eindruck entgegenzuwirken, er sei Anhänger einer ethnischen Rassenlehre. Er fragte beispielsweise nicht, welchen Schichten Deutsche und Polen angehören, sondern umgekehrt, welche sozialen Schichten «Träger des Deutschtums und des Polentums» seien. Doch wieso überhaupt «-tum»? Sollten Deutschen und Polen etwa jeweils spezifische Eigenschaften eigen sein, die sich vererben lassen? Tatsächlich argumentierte Weber noch deutlich schärfer. Man sei versucht, so erklärte er seinen Hörern, «an eine auf physischen und psychischen Rassenqualitäten beruhende Verschiedenheit der Anpassungsfähigkeit der beiden Nationalitäten an die verschiedenen ökonomischen und sozialen Existenzbedingungen zu glauben.» Mit anderen Worten: Es liege den Polen im Blut, sich auf karge Verhältnisse einzustellen und im Unterschied zu den Deutschen kaum Ambitionen auf soziales Fortkommen zu entwickeln. In dieser unterschiedlichen Anpassungsfähigkeit sah Weber die Ursache für die Verschiebung der ethnischen Zusammensetzung in den ostdeutschen Provinzen: «Der polnische Kleinbauer gewinnt an Boden, weil er gewissermaßen das Gras vom Boden frißt, nicht trotz, sondern wegen seiner tiefstehenden physischen und geistigen Lebensgewohnheiten.»

Die eine «Rasse» verdrängt die andere, was die Besorgnis dessen erregen muss, der findet, dass die verdrängte Rasse auf diesen Boden gehört und nicht etwa in ein anderes Soziotop, auch wenn ihr dieses mehr zu bieten vermag als bloß die armseligen Anreize des Grasfressens. Weber ergänzt den Sozialdarwinismus somit um die paradoxe Einsicht, dass die Höherstehenden den Schwächeren weichen, weil Schwäche Anspruchslosigkeit heißt und Stärke Ambition, wobei es für ihn zwei Arten von Stärke gibt: «Kultur» und Anpassungsfähigkeit. «Die Menschengeschichte kennt den Sieg von niedriger entwickelten Typen der Menschlichkeit und das Absterben hoher Blüten des Geistes- und Gemütslebens, wenn die menschliche Gemeinschaft, welche deren Träger war, die Anpassungsfähigkeit an ihre Lebensbedingungen verlor, es sei ihrer sozialen Organisation oder ihrer Rassenqualitäten wegen.»

Zugleich hält Weber die katholische Konfession, die manche Deutschen in den Ostprovinzen mit den Polen verband, für stärker als die nationale Zugehörigkeit: Unter dem Einfluss einer polnischen Mehrheitsbevölkerung und mangels eines «deutsch erzogenen Klerus» gingen die katholischen Deutschen «der nationalen Kulturgemeinschaft verloren». War somit doch Erziehung nötig, um «Rassequalitäten» zu erhalten? Was meinte Weber dann aber damit, wenn er davon sprach, man müsse in den Menschen «diejenigen Eigenschaften (...) emporzüchten, mit welchen wir die Empfindung verbinden, daß sie menschliche Größe und den Adel unserer Natur ausmachen»? Erziehung also gar als Zucht? Unbeantwortet bleibt freilich die Frage, wie denn anerzogene Verhaltensweisen zu natürlichen, vererbbaren Eigenschaften werden können – und weshalb zwar katholische Deutsche zu Polen herabsinken, wenn sie nicht unter preußischer Observanz bleiben, umgekehrt aber die Erziehung der Polen zu Deutschen gar nicht in Betracht gezogen wird. Wir haben es hier mit einem Neo-Lamarckismus zu tun, wie er um 1890 durchaus weit verbreitet war.[6]

Die unterschiedlichsten Forscher haben sich an diesen Stellen laut geräuspert. Man müsse das Pathos verstehen: Der einunddreißigjährige Weber sei sehr bedrückt über das Epigonentum seiner Generation gewesen, er formuliere scharf und schroff und habe auch schon damals gern schockiert. Die Hörer seien entsetzt gewesen, weil Weber die Politik als einen unerbittlichen Machtkampf dargestellt und sich dabei einer nationalistischen Sprache voller sozialdarwinistischer Begrifflichkeit «bedient» habe. Ja, es gibt sogar die Deutung, Weber habe in dieser Rede seinen Nationalismus als persönliche Wertung relativiert, die Pointe des Textes ziele mithin nicht auf die Politik, sondern die Wissenschaftstheorie, weil er letztlich nur zeigen wolle, dass Sein und Sollen nicht dasselbe seien.[7]

Nun, Weber hatte sich nicht einer Sprache bloß bedient, er dachte so. Er formulierte nicht nur schroff, sondern derart, dass man es auch schon damals als schockierend widersprüchlich empfinden konnte. Andererseits ist es in jener Zeit durchaus üblich, unter anderem Nationen als Rassen anzusprechen. Die Polen als tiefstehende Rasse zu bezeichnen mag manchen seiner Zuhörer empört haben, den wissenschaftlichen Common Sense hat Weber damit nicht verletzt. Das galt nicht nur im Rahmen eines biologischen Rassebegriffs, wie ihn etwa der Mediziner und damals bekannteste «Rassenhygieniker» Alfred Ploetz vertrat, der aus demographischen Daten Urteile gewann über «sinkende Rassen» («Franzosen, Yankees»), «aufsteigende Rassen» («Westarier», «Germanen», «Europäische Juden») und «die besten Rassen» (erneut Westarier und Juden; der spätere Nationalsozialist empfahl seinerzeit noch aus erbbiologischen Gründen, die beiden Gruppen sollten ineinander aufgehen).[8] Auch für Intellektuelle, die sich einem solchen Durcheinander von Kriterien und Klassifikationen nicht anschlossen, war «Rasse» ein gängiges Synonym für Kulturgemeinschaft. Der Heidelberger Romanist Karl Voßler, den Weber im Zusammenhang mit seiner Suche nach ausschlaggebenden Faktoren der Kultur zitierte, fand beispielsweise die Unterschiede zwischen dem italienischen Dichter Ludovico Ariost und dem französischen Schriftsteller Jean de La Fontaine, was ihre Motivwahl – hier Ritter und Zauberer, dort Tiere und Pflanzen – und ihr Temperament angeht, «durch Milieu und Rasse fast genügend erklärt».[9] Der französische Philosoph und Literatursoziologe Hippolyte Taine, den Voßler seinerseits aufruft und dessen «sämtliche Bände» zu dem «fabelhaften Gemisch» gehörten, das Weber 1902 in Rom in sich hineinlas,[10] wurde geradezu mit der Erklärung literarischer Werke durch «Rasse, Milieu, Moment» identifiziert, ohne dabei «Rasse» als biologischen Begriff zu verwenden, sondern vielmehr als Äquivalent von «Nationalcharakter».[11]

Allerdings lässt Weber 1895 die nationalen Charaktere miteinander im Kampf ums Dasein stehen und weckt auch sonst wenig Zweifel daran, dass er sich die Kultur irgendwie als biologisches Wesen vorstellt. Bei Lester Frank Ward, einem der Begründer der amerikanischen Soziologie und gleichfalls ein Anhänger des Neo-Lamarckismus, findet man das so ausgedrückt: Gerade die beeindruckende Forschungsstärke der deutschen Gelehrten beweise, dass erworbene Eigenschaften in einer Nation vererbt würden, denn die Germanen seien im Mittelalter barbarische Horden gewesen, aus deren Keimplasma nie und nimmer jene Fähigkeit zur Wissenschaft hätte selektiert werden können, wie sie bei der «modernen Rasse deutscher Spezialisten» anzutreffen sei, obwohl sie im Kampf ums Dasein gar keinen Vorteil darstelle.[12] Kollektive Merkmale, heißt das, sind der Rasse zuzuschreiben, und indem sich kollektive Merkmale als «nationale Kultur» über Generationen hinweg stabil halten, muss es sich um einen Vorgang der Vererbung handeln. Zugleich unterscheiden sich Weber wie Ward von Evolutionisten wie dem englischen Sozialphilosophen Herbert Spencer dadurch, dass sie die Vervollkommnung der Gesellschaft nicht einfach dem Lauf der Natur überlassen wollen. Der Kampf ums Dasein – und um jene Kollektivmerkmale – will gesteuert werden. «So seltsam es klingt: Man hat die Starken immer zu bewaffnen gegen die Schwachen», notiert Nietzsche 1888 in einem nachgelassenen, Weber also nicht bekannten Fragment.[13] Später wird Weber dieses Motiv mit bitterem Herrenwitz gegen die Rassenhygieniker wenden: Sozialpolitik sei nicht zwingend ein Mittel, um Schwache zu begünstigen, sondern könne durchaus den physisch und geistig Starken, aber im Portemonnaie Schwachen die Möglichkeit zur Fortpflanzung geben.

Obwohl Weber das Konzept der Kulturzüchtung 1895 noch als so zentral erachtete, hat er sich kaum bemüht, es analytisch zu durchdringen oder auch nur empirisch zu stützen. Ob er sich einmal mit den Schriften von August Weismann beschäftigt hat, dessen Freiburger Kollege zu werden er mit diesen Sätzen sich gerade anschickte und dem der Spott Wards gegen die deutschen Gelehrten galt? Spuren davon finden sich in Notizen über «Allgemeine Nationalökonomie», die seit 1894 seinen Vorlesungen zugrunde lagen. Dort gibt es einen ganzen Abschnitt über «Biologische und anthropologische Grundlagen der Gesellschaft» und darin den Hinweis auf Weismanns Theorie: «verneint die Vererblichkeit aller erworbenen Eigenschaften».[14] Weber geht den Implikationen dieser Verneinung aber nicht weiter nach und ist skeptisch. Ihm erscheint fraglich, «ob thatsächlich nur aus der Auslese und Züchtung» ein Typus entstehe, und er hält fest: «Durch Änderung der Wirtschafts-Verhältnisse gewaltige Verschiebung – Bruch des Traditionalismus, Streben nach Gewinn. Nicht in erster Linie Rasse. Aber allerdings: auch – und auch Klima.»[15]

Der Biologe Weismann hatte schon 1883 in einem berühmt gewordenen Freiburger Vortrag die Vorstellung zurückgewiesen, Anpassungsleistungen eines Organismus an seine Umwelt würden vererbt. Im Jahr von Webers Antrittsrede stand er in einer Kontroverse mit Herbert Spencer, den er darüber belehrte, dass die Verkümmerung der kleinen Fußzehe beim Menschen weder von langwährendem Stiefeldruck noch von der funktionalen Geringfügigkeit dieses Körperteils – Spencer hatte von der «Vererbung der Wirkungen des Nichtgebrauchs» gesprochen – herrühre.[16] Die Vorstellung, dass Arbeitsmoral oder zivilisatorischer Ehrgeiz sich in Nationen als anthropologisch erfassbare Qualitäten einer Bevölkerung vererben, kollidierte also schon mit dem, was damals über Vererbung bekannt war und mindestens Vorsicht beim Gebrauch des Begriffes nahegelegt hätte. Den Einwand, dass «Slawentum» im Übrigen ein ziemlich kompakter Begriff für eine ganze Bevölkerung wäre, in der es, von nationalen Unterschieden ganz abgesehen, ebenfalls Oberschichten, Bürger, Industrie, Handel und Universitäten gibt, machte sich Weber genauso wenig zueigen.

Etwas anderes lässt ihn allmählich auf Distanz zum Rassebegriff gehen und Ausschau nach Ersatzkonzepten halten: Weber merkt, dass biologische Zuschreibungen seinem Bedürfnis widersprechen, die Verhaltensideale in Nationen als Gegenstand sozialer Konflikte darzustellen. «Den Engländern des 17. Jahrhunderts einen einheitlichen ‹Volkscharakter› zuzuschreiben», schreibt er 1904, «wäre einfach historisch unrichtig. ‹Kavaliere› und ‹Rundköpfe› empfanden sich nicht einfach als zwei Parteien, sondern als radikal verschiedene Menschengattungen, und wer aufmerksam zusieht, muß ihnen darin recht geben. Und andrerseits: ein charakterologischer Gegensatz der englischen merchant adventurers gegen die alten Hanseaten ist ebensowenig auffindbar, wie überhaupt ein anderer tiefergehender Unterschied englischer von deutscher Eigenart am Ende des Mittelalters zu konstatieren ist, als er sich durch die verschiedenen politischen Schicksale unmittelbar erklären läßt.» Und er fügt als Fußnote hinzu, «die ganze Zeit seit der Reformation» könne «als ein Kampf der beiden Typen des Engländertums miteinander aufgefaßt werden».[17] Er selbst wünscht sich einen Kampf der beiden Typen des Deutschtums, des einen, den er in seinen Schriften entwarf, und des anderen, den er mehr und mehr in Deutschland vorzufinden meinte.

Im selben Jahr kritisiert Weber, dass sich die zunehmende Schärfe der politischen und handelspolitischen Konflikte zwischen den Nationen auch auf die sozialwissenschaftliche Forschung auswirke und in dieser zunehmend auf anthropologische Kategorien zurückgegriffen werde.[18] In dieser Beobachtung ist es der Nationalismus, der den Rassegedanken aufbringt, und schon nicht mehr die Rasse, die das Nationale trägt. Zugleich unterstreicht Weber noch einmal, wie sehr für ihn «Rasse» und «Nation» kongruent sind, während der Soziologe und Ökonom Friedrich Hertz schon damals festhält, dass der Rassegedanke in einer Zeit «märchenhafter Entwicklung des Weltverkehrs», in der Nationalismus wie Sozialismus Gemeinschaftsgefühle betonten, «Klüfte zwischen Nachbarn und zwischen Teilen eines Volkes aufgetan» habe.[19] Dass die biologisch denkenden Rassetheoretiker sich unter den «Trägern des Deutschtums» nicht alle deutschen Staatsbürger vorstellten, mochte der jüdische Sozialwissenschaftler besser gespürt haben als Weber.

Dieser verabschiedet den Rassebegriff auch nicht, sondern bezeichnet ihn nur als einstweilen nicht hilfreich: «Es steht zu hoffen, daß der Zustand, in welchem die kausale Zurückführung von Kulturvorgängen auf die ‹Rasse› lediglich unser Nichtwissen dokumentierte – ähnlich wie etwa die Bezugnahme auf das ‹Milieu› oder, früher, auf die ‹Zeitumstände› –, allmählich durch methodisch geschulte Arbeit überwunden wird.»[20] Erst wenn konkrete Ereignisse einem solchen Faktor zugerechnet werden könnten, sei Rassebiologie hilfreich. Noch in seiner 1920 verfassten Vorbemerkung zu den gesammelten religionssoziologischen Aufsätzen unterstreicht er, die Bedeutung des Erbgutes hoch einzuschätzen, nur könne man den Anteil dieses «derzeit noch» unbekannten Faktors an den unterschiedlichen zivilisatorischen Entwicklungsverläufen nicht exakt erfassen, sodass es geboten sei, erst einmal andere zu erforschen.[21] Das schreibt Weber, obwohl er zuvor schon mehrfach auf Merkwürdigkeiten im Begriff der Rasse gestoßen war und beispielsweise davor warnte, den Mangel an Anmut und Würde im deutschen Adel auf die Rasse zurückzuführen – dem Deutschösterreicher fehlten diese Qualitäten jedenfalls «trotz gleicher Rasse» nicht, «welches auch immer seine sonstigen Schwächen sein mögen».[22]

In den Vereinigten Staaten beschäftigt er sich nun also mit dem, was dort als «Rassenfrage» bezeichnet wurde und wovon er glaubte, dass es den Süden Amerikas mehr präge als dessen ökonomische Situation: die Spannung zwischen dem amerikanischen Gründungsideal der Ablehnung von Privilegien, die auf Geburt beruhen, und der Existenz einer sozialen Gruppe, die mehr einer Unterkaste gleicht denn einer Unterschicht. Hugo Münsterberg hatte in seinem Buch über die Amerikaner notiert, dass die «seelische Gleichheit» dieses Volkes, wir würden heute sagen: die homogene Mentalität der Amerikaner, die ja aus allen Welthimmelsrichtungen dorthin gekommen sind, all denjenigen zu denken geben müsse, die alle Geschichte auf Rassenunterschiede zurückführen wollten. Im Zentrum jener Mentalität aber stehe die Selbstbestimmung, nicht von irgendjemandem anderen abhängig zu sein.[23] Das Gegenteil von Selbstbestimmung ist Sklaverei. Umso bemerkenswerter musste der Widerspruch sein, dass ausgerechnet in dieser Gesellschaft Rassismus derart manifest und derart strukturbildend geworden war.

Weber korrespondierte damals mit Booker T. Washington, dem Leiter der Schule von Tuskegee. Seine Lehranstalt für Schwarze sei der einzige Ort im Süden, an dem er überhaupt Enthusiasmus gefunden habe, schreibt ihm Weber, die Weißen dieser Region hingegen seien völlig ziel- wie hoffnungslos. Der schwarze Bürgerrechtler favorisierte mit seinen Schriften über «Charakterbildung» einen moderaten Kurs im Konflikt zwischen Weißen und Afroamerikanern. Sein berühmtes, sprichwörtlich gewordenes Bild aus einer Rede von 1895 «Cast down your bucket where you are» – die Aufforderung, das Wasser dort zu schöpfen, wo das Schiff gerade liegt und nicht nach Wasser auszufahren – empfahl den Schwarzen, eine vorsichtige, von offensiven Forderungen absehende Haltung einzunehmen; soziale Fortschritte seien eher mittels Weiterbildung ihrer Fähigkeiten zu erzielen als durch politische Repräsentation oder rechtliche Gleichbehandlung. Das mochte angesichts der Gespräche, die Weber damals mit Weißen über die Rassenfrage führte, realistisch gewesen sein: Selbst diejenigen, berichtet er, die Booker T. Washington als den größten Amerikaner seit Thomas Jefferson und George Washington bezeichneten, hielten Gleichheit, ja auch nur sozialen Verkehr zwischen Weiß und Schwarz für auf ewig ausgeschlossen.[24]

Demgegenüber hielt es W. E. B. Du Bois für völlig ausgeschlossen, dass ökonomische und berufliche Entwicklung ohne volle Bürgerrechte möglich sei. Charakterbildung aber noch viel weniger. In «The Souls of the Black Folk» von 1903, das Weber mit großer Anteilnahme liest, schildert Du Bois die Lage der Schwarzen in Amerika so, dass sich der deutsche Nationalliberale fast an sein eigenes Bürgertum erinnert fühlen konnte: Man lebe in einer Zeit außergewöhnlicher wirtschaftlicher Entwicklung, so Du Bois, weswegen Booker T. Washington den Schwarzen das Evangelium der Arbeit und des Geldes predige, die höheren, politischen und rechtlichen Gesichtspunkte des Lebens gerieten für sie auf diese Weise aber aus dem Blick. Infolge des amerikanischen Bürgerkriegs und seines Ausganges seien die Rassen einander nähergekommen, das Rassengefühl mache das jedoch nur intensiver, und die Vorurteile gegenüber Negern («Negroes») nähmen zu. Unterordnung zu empfehlen ist für Du Bois daher widersinnig: «In der Geschichte fast aller Rassen und Völker galt in Krisen die Predigt, männliche Selbstachtung sei wichtiger als Haus und Hof und dass ein Volk, das freiwillig auf solche Selbstachtung verzichtet oder aufgibt, nach ihr zu streben, es nicht wert ist, zivilisiert zu werden.»[25] Diese Formulierungen hätten auch von Weber stammen können.

Sechs Jahre später erinnert sich Weber öffentlich an die Begegnung mit Du Bois – und zwar um Ideologen des Rassebegriffs zu widersprechen. Auf dem ersten deutschen Soziologentag in Frankfurt kommt es 1910 zur Diskussion über einen Vortrag jenes Alfred Ploetz, der den Begriff «Rassenhygiene» erfunden und 1904 das «Archiv für Rassen- und Gesellschaftsbiologie» mitgegründet hatte, die unter dem Motto steht: «Die Gesellschaft ist ein Teil der Rasse, die das Ganze ist.»[26] Ploetz war schon als Schüler voller Sorgen um die Ertüchtigung der Rasse und stand in Breslau einem studentischen Kolonialverein namens «Pacific» vor, der sozialistischen und pangermanischen, also die Vereinigung aller ethnischen Deutschen anstrebenden Utopien anhing, wofür Ploetz sogar in den Vereinigten Staaten die Möglichkeiten einer kolonialen Gemeinschaftsbildung erkundete. Auf Grundlage der Sozialistengesetze Bismarcks wurden die Mitglieder des Vereins 1887 – in Abwesenheit von Ploetz, der sich in die Schweiz geflüchtet hatte – angeklagt. Der Schriftsteller Gerhart Hauptmann, auch er früher ein Mitglied bei «Pacific», setzte sowohl diesen Ideen seiner Jugend wie auch Alfred Ploetz im Drama «Vor Sonnenaufgang» von 1889 in der Figur des sozialistischen Volkswirts Alfred Loth ein zweideutiges Denkmal. Loth nämlich verkörpert den Rigorismus einer lebensreformerischen Weltbeglückung, die ihren Prinzipien naturalistischer Gesundheitsethik die humane Regung opfert, weil sie jede Handlung danach beurteilt, ob sich in ihr Stärke oder Schwäche zeigt. Und Stärke zeigt man am besten gegenüber den Schwachen.[27] In einem zu Alkohol und Promiskuität neigenden ländlichen Milieu scheitert die Liebe des Abstinenzlers Loth zur Bauerstochter Helene Krause – er empfiehlt ihr statt der «Leiden Werthers» den «Kampf um Rom» von Felix Dahn –, nachdem er ihre Zugehörigkeit zu einer

Familie von Trinkern herausfindet. Weil er Alkoholismus für erblich hält, schließt das für ihn eine reproduktive Zukunft mit ihr, also jegliche aus, woraufhin sie sich das Leben nimmt.

Mit Loth schilderte Hauptmann den typischen Vertreter einer um 1900 stark verbreiteten, aber bis heute lebendigen Weltanschauung, die zu einer fanatischen Vereinfachung in Lebenshinsichten neigt, auf die es nicht ankommt – Ernährung, Kleidung, Ökonomie –, um zugleich in dem, worauf es ankommt – Denken, Liebe, Gemeinschaftsleben –, ziemlich kompliziert zu werden. Völker werden leichthin als Ganze charakterisiert und bewertet, und ob einer Cognac trinkt oder nicht, davon soll seine Achtbarkeit abhängen. Aber wenn es darum geht, das Mädchen festzuhalten, werden genau so schwierige Grenzerfahrungs-Metaphysiken ausgepackt wie in der Frage der Nächstenliebe. «Es liegt mehr Einfachheit in einem Menschen, der aus einem Impuls heraus Kaviar isst», merkte Gilbert K. Chesterton dazu an, «als in jemandem, der aus Prinzip Traubenkerne zu sich nimmt.»[28]

Alfred Ploetz also, der aus Prinzip um die Gesundheit des Volkes bekümmert war, sprach auf dem Frankfurter Soziologentag als Mitglied des Vorstands der Deutschen Gesellschaft für Soziologie. Seine Aufnahme in denselben hatte Weber selbst empfohlen, seinen Auftritt auf dem Gründungskongress ausdrücklich begrüßt.[29] Ploetz referierte, worüber Rassenhygieniker am liebsten, wenn nicht sogar ausschließlich referierten: über die Folgen der Reproduktion «schwach beanlagter Individuen» für die Gesellschaft, für die er die Nächstenliebe und damit das Christentum mitverantwortlich machte. Weber entgegnet dem in der Aussprache zunächst nur mit vernehmbar sarkastischen Bemerkungen über die von der Fortpflanzung ausgeschlossenen Menschen «von physisch und geistig nicht geringen Qualitäten» in mittelalterlichen Klöstern und Ritterorden, ergänzt um den Hinweis, der Calvinismus wiederum habe mit seinem harten Urteil über Arme und Arbeitslose der Nächstenliebe keine Stätte geboten. Er bezweifle ferner, dass die Entwicklung der jüngeren Zeit einen Weg eingeschlagen habe «der ein Überhandnehmen grade der Menschenliebe innerhalb unserer Gesellschaft zu einer dringlichen Gefahr werden ließe».[30] Das Protokoll verzeichnet «Heiterkeit».

Dann aber wird Weber persönlich und nichts macht den Abstand zu seiner Antrittsvorlesung deutlicher als die Art, wie er persönlich wird. «Meine Herren, würde man unter ‹Rasse› hierbei das verstehen, was der Laie darunter üblicherweise sich denkt: in Fortpflanzungsgemeinschaften gezüchtete erbliche Typen, dann wäre ich in ganz persönlicher Verlegenheit; ich fühle mich nämlich als Schnittpunkt mehrerer Rassen oder doch ethnischen Sondervolkstümer und glaube, es gibt in diesem Kreis sehr viele, die in ähnlicher Lage wären. Ich bin teils Franzose, teils Deutscher, und als Franzose sicher irgendwie keltisch infiziert. Welche dieser Rassen – denn man hat auf die Kelten die Bezeichnung ‹Rasse› angewendet – blüht denn nun in mir, resp. muß blühen, wenn die gesellschaftlichen Zustände in Deutschland blühen, resp. blühen sollen?»[31] So hätte er sich 1894 seinem Publikum niemals vorgestellt: als Hugenotten-Enkel mit englischen Einkreuzungen, der sich das Erblühen Deutschlands jedenfalls nicht von den erblichen Qualitäten der Deutschen verspricht. Auch für den zwei Jahre später gegebenen, so lakonischen wie schlagenden Hinweis darauf, dass die Deutschen jemanden als den Ihren bezeichneten, der «kaum einen Tropfen deutsches Blut» habe «(z.B. Treitschke)»,[32] bedurfte es eines Soziologen, der sich von den Undurchdachtheiten der Kulturemporzüchtungsambition längst gelöst hatte.

In den Vereinigten Staaten, so Weber, habe er keinerlei Art von «Instinkten» gefunden, auf denen die dortigen Rassenziehungen beruhten. Der ungewaschene Weiße rieche genau so wie der ungewaschene Schwarze. Vielmehr zeichne den Indianer vor dem Neger in den Augen der Weißen aus, dass er kein Sklave gewesen sei, worin sich die Verachtung der Arbeit zeige, zu der man die Schwarzen gezwungen hatte. Weber sah den amerikanischen Rassismus als einen Europäisierungsprozess, dessen Vertreter unter dem Einfluss von Darwin, Nietzsche und vielleicht Dr. Ploetz annehmen, aristokratisch sei man, wenn man eine Personengruppe verachte. Und was die vermeintliche Minderwertigkeit der schwarzen Rasse angehe, so sei nichts dergleichen erwiesen: «Ich möchte konstatieren, daß der bedeutendste soziologische Gelehrte, der in den amerikanischen Südstaaten überhaupt existiert, mit dem sich kein Weißer messen kann, ein Farbiger ist – Burckhardt Du Bois.» Hätte ein Gentleman aus den Südstaaten an dem Frühstück der Webers mit Du Bois teilgenommen, «der hätte ihn natürlich intellektuell und moralisch minderwertig gefunden: wir fanden, daß er sich betrug wie irgend ein Gentleman.»[33]

Soll man es irritierend finden, dass Weber unmittelbar nach dieser entschiedenen Antwort auf das Rassengerede während der Vorstandssitzung der Soziologengesellschaft Ploetz fragte, was er von der Gründung einer «gesellschaftsbiologischen» Sektion halte, die Werner Sombart angeregt hatte? Irritierend, dass er auch für den zweiten Soziologentag anmahnte, das Problem «Nation und Rasse» zu diskutieren, weil hier Begriffsklärung nötig sei? Irritierend, dass er vorschlug, sich dafür einen Referenten von Ploetz vorschlagen zu lassen?[34] Es ist gewiss keine Beschönigung seiner Position, wenn man annimmt, dass er, selbst von der Ertraglosigkeit der rassenbiologischen Erkenntnisansprüche überzeugt, deren Sprecher nicht ins Abseits drängen wollte, um ihre Konfusionen und leeren Behauptungen attackieren zu können.

Die Annahme «einer kollektiven Psyche», erklärte Werner Sombart in seiner Schrift über «Die Juden und das Wirtschaftsleben» von 1911, sei «für den sozialen Theoretiker eine Denknotwendigkeit», auch wenn Völkerpsychologie leicht der dilettantischen Laune anheimfalle.[35] Am Ende des Weges von Webers Antrittsvorlesung über sein Interesse an nationalen Mentalitäten und Kulturen der Lebensführung bis zur Abwendung vom Rassebegriff unter dem wissenschaftspraktischen Vorbehalt «bis auf Weiteres» steht die umgekehrte Einschätzung: Wenn nicht mehr als Dilettantismus herausspringt, ist mit der Völkerpsychologie nicht viel anzufangen. Weber rückte seinen eigenen Vorurteilen mit Kriterien zuleibe, die er in seinen wissenschaftstheoretischen Schriften um 1905 entwickelt hatte, um die historische Forschung von nicht analysierten Begriffen freizuhalten. Das bringt ihn dazu, von den Rassetheoretikern die Auskunft einzufordern, worin denn genau die Rassen in ihren Reaktionen auf gegebene Situationen verschieden reagieren, «denn nicht Kulturinhalte unseres Bewusstseins, sondern der psychophysische Apparat ist Objekt der Vererbung».[36] Ihm lag in einer Situation, in der die Genetik noch in ihren Anfängen stak und dort noch metaphysische Konzepte ventiliert wurden, an einer Klärung der Erblichkeitsvermutung. Immer deutlicher umschrieb er darum das Erklärungsprogramm, das sie hätte abarbeiten müssen, nur war sie davon meilenweit entfernt. Weber selbst aber wandte sich einer soziologischen Bestimmung von Begriffen wie «Nation», «Ethnie» und «Rasse» zu: Nicht was ein Volk ist, sondern was es bedeutet, wenn es sich als eines bezeichnet; nicht was ein Schwarzer ist, sondern was es bedeutet, wenn er als solcher und nicht als «Gentleman» wahrgenommen wird, das war hier die Frage.

FÜNFZEHNTES KAPITEL

DAS WELTDORF UND SEIN GESELLIGES GEISTESLEBEN – DER INNENSEITER VON HEIDELBERG

Gibt es unter uns noch Religion? Nein! Was es in Wahrheit allein nur noch gibt, ist ‹religiöse Bewegung›.

Franz Overbeck

Bürger wohnten, solange es keine Automobile gab, in Städten. Max Webers geistige Lebensform war knapp zwanzig Jahre lang eine Kleinstadt. Als er 1896 in Heidelberg Professor wird, leben dort rund dreißigtausend Einwohner, die Außengemeinden schon mit eingerechnet. Zehn Jahre später sind es fünfzigtausend. Bei nicht mehr als hundertfünfzig Professoren und drei- bis vierhundert Studenten pro Semester kommt damit immer noch ein deutlich geringerer Akademikeranteil an der Gesamtbevölkerung als heute zustande. Doch das hieße, die Köpfe nur zählen, nicht gewichten. Nehmen wir einen besonders auffälligen Kopf: Über den akademischen Platzhirsch Heidelbergs, den bereits erwähnten Kuno Fischer, bei dem der junge Weber 1882 mit gemischtem Vergnügen seine ersten philosophischen Vorlesungen gehört hatte, gibt es die Anekdote, wie vor seinem Haus, Ecke Rohrbacher- und Bahnhofsstraße, einmal Arbeiter die Straße aufrissen. Fischer tritt auf den Balkon seines Palastes und ruft hinunter: «Wenn der Lärm nicht sofort aufhört, nehme ich den Ruf nach Berlin an!» Der Lärm hört auf, die Bauarbeiten werden auf die Semesterferien verschoben. «Exzellenz Dr. Kuno Fischer Wirklicher Geheimer Rat Professor dahier», wie er in der Ehrenbürgerliste stand, lehrte fast fünfunddreißig Jahre lang in Heidelberg. Noch zu seinen Lebzeiten wird dort eine Straße nach ihm benannt.

Die Anekdote hätte Fischer selbst als «charakterisierenden

Witz» bezeichnen müssen.[1] Sie kennzeichnet die von Weber – und zwanzig Jahre später fast in denselben Worten von Karl Jaspers – festgehaltene Eitelkeit des nicht nur in Heidelberg weltberühmten Philosophen genauso gut wie die Stellung, die ein Akademiker damals dort beanspruchen konnte. In jener Ehrenbürgerliste, die vier Namen umfasste, firmierten zwei Universitätsrektoren, Fischer und der Römischrechtler Ernst Immanuel Bekker. Heidelberg hatte also keine Universität, die Universität hatte Heidelberg. Das Großherzogtum Baden stattete seine Professoren gut aus, in Heidelberg konnten sie es, was ihren Status anging, weit einfacher als andernorts mit höfischen Beamten, Fabrikanten oder Militärs aufnehmen, innerstädtische Begegnungen mit armen Unterschichten waren am Neckar vergleichsweise selten. Wer nach Heidelberg kam, ging darum auch so leicht nicht wieder weg. Dem Altphilologen Albrecht Dieterich, der von einem anderen Temperament war als Fischer, wird der Satz zugeschrieben, von hier aus werde er nur noch den letzten Ruf annehmen, den niemand ablehnen könne.[2] Die durchschnittliche Verweildauer der Lehrenden in Heidelberg betrug in der Zeit des Kaiserreichs durchschnittlich siebenundzwanzig Jahre. Das geistige Klima galt als liberal – Baden hatte sei 1818 eine parlamentarische Verfassung –, der Anteil an ausländischen Studenten war mit mehr als zehn Prozent zwischen 1879 und 1914 vergleichsweise hoch. 1905 werden gut tausendfünfhundert in der Stadt wohnhafte Ausländer gezählt, darunter mehr als hundertsechzig aus «fremden Weltteilen», also Nichteuropäer.[3]

«Versucht man, die Stadt rein ökonomisch zu definieren», schreibt Max Weber in seiner «Typologie der Städte», «so wäre sie eine Ansiedlung, deren Insassen zum überwiegenden Teil von dem Ertrag nicht landwirtschaftlichen, sondern gewerblichen oder händlerischen Erwerbs leben.»[4] Diese Feststellung ließ sich an Heidelberg jener Jahre leicht verifizieren. Die Stadt wurde durch eine Atmosphäre gediegenen Handwerks, Handels und Honoratiorentums geprägt, und sollte sie in Rauchschwaden gehüllt gewesen sein, so wurden diese nicht primär von Industrieschloten ausgestoßen:

Es gab in Heidelberg damals mehr Zigarrengeschäfte als Kohlenhändler. Auch mehr Buchhandlungen als Anwaltskanzleien, mehr Schreibbüros, mehr Brauereien sowie Bierhandlungen – «Milch und Flaschenbier» – als Apotheken. Zu beinahe einhundert Bäckern kamen noch mehr als zweihundertfünfzig Lebensmittel-, Delikatesswaren-, Wild-, Geflügel- und Fischhandlungen, Letztere von fünfundzwanzig Fischern beliefert. Die Zeit der Kaufhäuser war noch nicht angebrochen, die Gewerbe waren nicht konzentriert, der Kapitalismus erschien in Heidelberg noch näher an seinen mittelständischen Ursprüngen, die Weber so hervorhob. Asketisches Verhalten allerdings verlangte allenfalls die Herstellung der Waren: Die meisten ortsansässigen Industrien produzierten Konsumgüter – Sodawasser, Essig, Möbel, Schirme, Gelatine und eben Zigarren – oder Baustoffe und Schulbänke. Eine «Produzentenstadt» im Sinne von Webers Stadtsoziologie war Heidelberg also nicht. Was von der deutschen Kleinstadt um 1800 – der Modellfall war Weimar – gesagt wurde, gilt auch für das «Weltdorf Heidelberg»[5] um 1900: dass es Erfahrungsmuster des überschaubaren und harmoniefähigen Lebens waren, die in die Vorstellung von bürgerlicher Gesellschaft eingingen.[6] Aber eben auch das Wissen davon, dass diese Gesellschaft nur eine von vielen war, die auf demselben Territorium existierten. Heidelberg war das Paradox einer Peripherie inmitten von Deutschland, eines randständigen Zentrums.

Ein überschaubares und harmoniebedürftiges Leben führt nun auch Max Weber. Als er allmählich wieder zu Kräften gekommen ist, stellt es sich für ihn neu dar: Er hat in Heidelberg, wohin er 1902 an seinem achtunddreißigsten Geburtstag zurückgekehrt war, keine Lehrpflichten mehr, ist Honorarprofessor ohne Promotionsrecht und arbeitet als Privatgelehrter. Doch nicht nur die Lehre entfällt, infolge des Nervenzusammenbruchs sind vor allem auch die politischen und politikberatenden Ambitionen Webers kein Thema mehr. Bis zum Ersten Weltkrieg wird Weber hier und da einen «gelehrtenpolitischen» Beitrag und zwei fulminante Analysen der Russischen Revolution von 1905 liefern, aber die Nähe zur tatsächlichen

Politik, die er in den Kontroversen um die Landarbeiter und die Börsengesetze besaß, ist dahin. Wolfgang Mommsens großartiges Buch «Max Weber und die deutsche Politik. 1890–1920» hätte als Untertitel mit gleichem Recht auch «1890–1898 und 1915–1920» haben können. Weber ist diese Zäsur bewusst. Mit dem «Archiv für Sozialwissenschaft und Sozialpolitik», das er zusammen mit Edgar Jaffé, der es finanziert, und Werner Sombart herausgibt, schafft er sich ein Publikationsorgan, das ihm zwar viel Arbeit macht, über die er ständig klagt, aber der Form seiner Produktivität am besten entspricht. Gelehrte Aufsätze, die so lang sind wie Bücher, kann er dort ebenso veröffentlichen wie Texte beinahe journalistischen Zuschnitts. Zugleich lebt Weber in großer Nähe zur Universität, korrespondiert in Berufungsangelegenheiten, empfiehlt, rät ab, nimmt informell Einfluss. Einen akademischen Außenseiter kann man ihn nicht nennen; mitunter scheint er nun die Vorteile von Dabeisein und entschuldigt Fehlen zu kombinieren, indem er je nach Lage der Dinge ein Rekonvaleszent oder einer ist, der sich wieder erholt hat. Angeblich kann er beispielsweise noch lange nicht öffentlich sprechen, aber schon 1905 wird von einem nahezu einstündigen, nach spontaner Aufforderung gehaltenen Vortrag über seine Erfahrungen in Amerika berichtet. Lebhafter Beifall.[7]

Genau in dieser Zeit veröffentlicht Georg Simmel seinen Aufsatz über die «Die Großstädte und das Geistesleben», in dem er ein kulturelles Profil der modernen Metropole skizziert, dem sich dasjenige der universitären Kleinstadtexistenz zwanglos als Gegenbild entnehmen lässt.[8] Denn die Anstrengungen der Individuen, sich gegenüber der Gesellschaft zu behaupten, die Simmel als typisch urbanen Tatbestand bezeichnet, verschiebt sich in der Kleinstadt ins Literarische. Von der Geschwindigkeit der Lebensveränderungen erfuhr man dort mehr durch die Zeitung als auf der Straße. Noch gibt es nur zwei Automobilhandlungen in Heidelberg: Haussmann und die Gebrüder Mappes, die aber vor allem Fahrräder führen. 1901 fährt Karl Jaspers – der hier Jurist werden will, dann Medizin studiert und zuletzt als Philosoph einer der größten Verehrer Max

Webers sein wird – noch mit der Pferdebahn vom Bahnhof in die Innenstadt. Die Besuchsentfernungen zwischen den Haushalten sind derart gering, dass die von Simmel unterstrichene großstädtische Nötigung, ständig das eigene Zeitbudget zu kalkulieren und alles mit Terminen zu versehen, im Weltdorf entfällt. Einen privaten Telefonanschluss haben damals noch sehr wenige, ein paar Anwälte und Ärzte, Fabrikbesitzer und Bankdirektoren, der städtische «Leichenordner» und der Lohnkutscher, auch Immanuel Bekker, aber Kuno Fischer selbstverständlich nicht. Dafür leben die Gelehrten fast alle auf Ruf- und Spaziergangsweite. Oder in Cafés, sortiert nach philosophischen Anhängerschaften.

Konfessionell betrachtet ist die Heidelberger Universität ein Milieu der Ähnlichen. Mehr als drei Viertel der Hochschullehrer sind Protestanten, gut zehn Prozent Katholiken, sieben Prozent Juden – das bleibt so mehr oder weniger bis 1932.[9] Was die politischen Einstellungen betrifft, so findet man hingegen alle möglichen Orientierungen, wobei das gemeinsame Merkmal bei vielen Professoren ein gewisser mentaler Abstand zur preußischen Kultur ist. Aber Heidelberg ist kein Dorf, sondern verwirklicht genau denjenigen Zug einer Stadt, der kompensiert, dass ihre Bewohner füreinander zunächst Unbekannte sind: die Entwicklung von Subkulturen in einer ausreichend großen Zahl, um es jeder Art von Individuum zu erlauben, wie es Robert Ezra Park formuliert hat, «dem Kriminellen und Bettler wie dem Mann von Genie, ebenbürtige Gesellschaft zu finden».[10] Die prominenteste Subkultur Heidelbergs ist die Universität, denn nicht nur durch die studentischen Verbindungen, auch durch das Standesbewusstsein der Professoren ist die Vorstellung lebendig, hier würde die Elite der Nation erzogen. Die prominenteste Subkultur der Universität in den Jahren 1903 bis 1914 wiederum bilden die Geisteswissenschaftler, insbesondere die Gelehrten der Religionsgeschichte und Mythologie. Wir kommen gleich auf sie zurück.

Zuvor aber ein Blick auf die akademische Geselligkeit der Kleinstadt. Sie änderte sich in jenen Jahren.[11] Traditionell luden nämlich die Ordinarien einander zum Abendtisch, was einen Teil des elaborierten Delikatesswarenhandels erklärt. Sie taten es nicht als Leute, die an derselben Sache arbeiteten, sondern als Inhaber bedeutender gesellschaftlicher Positionen. Die Anwesenheit war obligat, sie hatte auch Vorfahrt vor Seminaren, die bei Terminkollision eben abgesagt werden mussten; das Diner war, anders als in Freiburg, ein «Kultakt».[12] Mitunter begann der mit dreistündigen Essen, von acht bis zehn Gängen wird berichtet, die auch dann bei Kerzenlicht und geschlossenen Läden eingenommen wurden, wenn draußen die Sonne schien. Es herrschte Konversationspflicht, die an der Tischnachbarin zu erfüllen war, was den spezialisierten Fachgelehrten nicht immer leichtfiel. Als Beihilfe gab es reichlich Champagner. Anschließend «Rauchzimmerzusammenkünfte» der Oberhäupter zum akademischen Gespräch. Künstler, Politiker, Geschäftsleute oder ungelehrte Beamte – keine.

Den jüngeren Gelehrten leuchtet zwar die funktionsspezifische Geselligkeit ein, alles andere aber schon nicht mehr. Sie stehen unter dem Eindruck, weniger Zeit zu haben, sie pflegen eine weniger pompöse Interpretation ihrer Berufsrolle, und sie sind einander nicht bloß verbunden, weil sie Lehrstühle innehaben. Man ist inzwischen mehr Forscher als Kulturrepräsentant. Gerade die zunehmende Spezialisierung aber legt der Forschung mehr Kontakte zu angrenzenden Gebieten nahe. Mancher Heidelberger Professor steht wie Weber auf verschiedenen Grenzlinien: Ernst Troeltsch auf denen von Theologie, Religionsgeschichte und Religionsphilosophie, Georg Jellinek auf denen von Staatsrecht, politischer Ideen- und Religionsgeschichte. Die Philosophie selbst hilft nicht mehr viel bei der Verarbeitung der Forschungserträge, sondern verlegt sich weitgehend auf erkenntnistheoretische und methodologische Fragen. Insofern sehen sich die Gelehrten genötigt, Syntheseleistungen, die erneute Zusammenführung des spezialistisch Erwirtschafteten, weitgehend auf eigene Faust zu unternehmen.

Außerdem hat sich die Organisation des geisteswissenschaftlichen Erkenntnisgewinns allmählich verändert. Im neunzehnten Jahrhundert waren wissenschaftliche Schulen die prägende Form.

Je nach Studienfach und -ort wurde der wissenschaftliche Nachwuchs Mitglied einer «Göttinger religionsgeschichtlichen Schule», «Leipziger Schule der Indogermanistik», «Marburger Schule des Neukantianismus» oder «Tübinger Schule der Theologie». Die Schulen hatten ein oder mehrere Oberhäupter, sie machten mit bestimmten Theorien und Methoden vertraut, die im Gegensatz zu denen anderer Schulen oder des gewöhnlichen akademischen Unterrichts entwickelt worden waren, und von ihnen aus wurde universitäre Stellenpolitik betrieben. Diese Form der Schulbildung war zwar kein exklusives Merkmal, aber typisch für die deutsche Geisteswissenschaft im neunzehnten Jahrhundert. Im zwanzigsten nahmen hingegen immer mehr die «Ismen» oder die später sogenannten «Paradigmen» diese Rolle ein: Marxismus, Strukturalismus, Existentialismus, Positivismus, Kritischer Rationalismus, Behaviorismus, Funktionalismus, Sozialgeschichte, Diskursanalyse und so weiter. Alle diese Ismen bezeichnen großflächige Theoriezusammenhänge, die mehr auf Lektüre denn auf lokaler akademischer Erziehung beruhen. An der Kultivierung solcher Theoriefelder beteiligen sich viele Wissenschaftler, die einander oft gar nicht persönlich kennen und die oft schon deshalb in keinem Lehrer-Schüler-Verhältnis zueinander stehen, weil sie ganz verschiedenen Disziplinen angehören.

Zwischen den Schulen und den Theoriefeldern aber existiert eine dritte Vergesellschaftungsform der Wissenschaft, die im Übergang vom neunzehnten zum zwanzigsten Jahrhundert eine große Rolle spielte: der Kreis. Die Gelehrten gruppieren sich um Zeitschriften wie das «Archiv für Sozialwissenschaften und Sozialpolitik», das «Archiv für Religionswissenschaften» oder «Logos», ein kulturphilosophisches Organ «südwestdeutscher» Prägung, sie gründen Vereine wie 1910 die Deutsche Gesellschaft für Soziologie, die keine existierende Disziplin oder Schule vertreten, sondern offene Diskussionen fördern sollen. Und die Gelehrten tauschen sich am Universitätsort über Disziplinengrenzen hinweg mündlich aus und kombinieren Geselligkeit mit gegenseitiger Information über die von ihnen gerade bearbeiteten Fragen. Die Konstellation war dafür in Heidelberg besonders günstig. Hierhin waren um die Jahrhundertwende herum nämlich eine ganze Reihe von Professoren mit verwandten Forschungsmotiven berufen worden. Der Theologe Adolf Deissmann, ein Experte für die Sprachgeschichte des Neuen Testaments, und Albrecht Dieterich, der Volkskundler unter den Altphilologen,[13] initiierten etwa im Januar 1904 den «Eranos-Kreis», der eben jene Gemeinsamkeit nutzte.

Bei diesem Kreis handelte es sich um eine Art Arche Noah der geisteswissenschaftlichen Disziplinen.[14] Jeweils ein oder zwei ihrer Vertreter wurden gebeten, monatlich an einem sonntäglichen Treffen teilzunehmen. Dies war reihum von den Mitgliedern auszurichten und begann mit einem Vortrag des Gastgebers zu einem religionswissenschaftlichen Thema. Anschließend «parlamentarisch geordnete» Diskussion, «einfaches Mahl» und nach Tisch «Fortsetzung des wissenschaftlichen Austausches in freier Weise», wie es in den Statuten hieß.[15] Gegenüber der alten Wortbedeutung von «ἔρανος» – bei diesen antiken Freundschaftsmahlen mussten die Teilnehmer sich an der Verpflegung beteiligen – brachten die Gäste aber nur sich selber und ihre Urteilskraft mit, keine Zigarren, Kuchen oder geistigen Getränke, aber auch keine vorab verfassten Reden. Unter den zehn Gründungsmitgliedern befanden sich neben Weber auch Ernst Troeltsch, der Staatsrechtler Georg Jellinek, der Kulturhistoriker Eberhard Gothein, der Historiker Erich Marcks – ein Schüler Heinrich von Treitschkes und Hermann Baumgartens – sowie der Ökonom Karl Rathgen, Webers Lehrstuhlnachfolger, der später Gründungsrektor der Universität Hamburg wurde und ein Spezialist für die japanische Zivilisation war.

Knapp dreißig Sitzungen fanden zwischen Januar 1903 und Januar 1909 statt. Der Gattin des jeweiligen Gastgebers war die Rolle zugewiesen, das Essen zu organisieren, was Marie Luise Gothein, die einschlägig publizierte hatte, zu Recht enttäuschend fand; der Titel des Professors zählte nach wie vor mehr als das Argument, weswegen nicht nur Frauen, sondern auch andere Begabungen unterhalb des Lehrstuhls ignoriert wurden.[16] Der etwas später etablierte Heidelberger «Janus-Kreis» zur Diskussion naturwissenschaftlich-philosophischer Fragen, dem Weber ebenfalls angehörte, war hinsichtlich der Frauen offener. Die Eranos-Vorträge selbst handelten beispielsweise vom Christentum der ältesten Germanen, von Simmels 1908 gerade erschienener «Soziologie», von den Anfängen der chinesischen Religion oder vom Kaisertum in Altjapan. Zu Max Webers eigenem Vortrag über protestantische Askese gab es «Schinken in Burgunder».[17] Ob die «bürgerlichen Klassen» tatsächlich jemals den Freuden der Gegenwart gegenüber indifferent waren, wie manche behaupten, die in dieser Lebensführung zudem eine Ursache für Webers Zusammenbruch sehen,[18] steht dahin. Für diese Heidelberger Bürger galt es jedenfalls nicht – und für Weber umso weniger.

Aber was lockte Max Weber an diesen Vorträgen eigentlich, die selten Themen berührten, die ihn in seiner Forschung beschäftigten und bei denen er mehr über die Triumphzüge der alten Römer oder die Bedeutung obszöner Yamswurzelfeste der Indianer erfuhr?[19] Oder anders formuliert: Wie lösten sie das ungeheure Interesse aus, das er fortan an religionshistorischen Fragen nehmen wird, weit über den Motivationsbeitrag hinaus, den die puritanische Heilsnot zum Berufsfleiß geleistet haben soll? Es gibt mindestens zwei Antworten auf diese Frage. Zum einen liefen viele Forschungen an «heiligen» Texten darauf hinaus, sie aus philologischer und historischer Konsequenz auch soziologisch in den Blick zu nehmen. Deissmann beispielsweise hatte in seiner großen, äußerst anschaulichen und heute noch mitreißenden Studie «Licht vom Osten» nachgerade detektivisch dargestellt, dass die Sprache des Neuen Testaments eine der Unterschichten war; es wurde in einem «Weltgriechisch» verfasst, der volkstümlichen Umgangssprache jener Epoche, um es möglichst breiten Bevölkerungsschichten zugänglich zu machen. Erst später kam dies den «Gymnasiumsgriechen» merkwürdig vor, als sie die Bibel mit den klassischen Texten verglichen. Die Texte des Urchristentums sind für Deissmann auch keine Bücher im Sinne durchgeformter Erzählungen, die Sendschreiben des Paulus keine Kunstbriefe. Vielmehr stünden sie Geschäftsbriefen, Postkarten oder Eingaben von ihrer Form her näher als einer Epistel Senecas oder einem platonischen Dialog. «Diese ganze literarische Entwicklung», fasst er seine Sprachspurenlese zusammen, «spiegelt den großen historischen Prozeß wieder, den wir die Urgeschichte des Christentums nennen. Deutlich sehen wir den Werdegang unserer Religion von den Bruderschaften zur Kirche, von den Ungelehrten zu den Theologen, von der unteren und mittleren Schicht zur oberen Welt. Ein großer Abkühlungs- und Erstarrungsprozeß ist dieser Werdegang gewesen. Wenn wir über die Jahrhunderte hinweg immer wieder auf das Neue Testament zurückgreifen, so wollen wir damit das erstarrte Metall wieder in Fluß bringen.»[20] Indem Deissmann etwa ermittelt, welche juristischen, politischen und kultischen Vokabeln Paulus zur Verfügung standen, als er seine Idee von Christi «Stellvertretung» formulierte, wendet er letztlich sozialwissenschaftliche Methoden an.

Weber hat für seine Lehre vom typischen sozialen Handeln aus solchen Argumenten mehr lernen können als aus den meisten Büchern, die damals in ihrem Titel den Begriff «Soziologie» trugen – und mehr, als er selbst mitunter geneigt war, durch Quellenverweise anzugeben.[21] Alles, was im Eranos-Zirkel vorgetragen wurde, rief nach historischen Vergleichen oder war selbst solchen Vergleichen entsprungen, die sich mit voneinander unabhängigen Kulturen befassten und insofern zur Typenbildung aufforderten. Zeit seines Lebens entzündete sich Webers Denken an solchen konkreten, materialreichen, aber zu anspruchsvollen Urteilen drängenden Forschungen, deren Begriffe über das jeweilige Material hinausreichten. Auch wenn er ständig betonte, das Schicksal des modernen Menschen wie des modernen Forschers sei das «Fachmenschentum», lieferte er selbst nach der Jahrhundertwende vor allem Forschungssynthesen, die aus der Facharbeit anderer Gelehrter destillierte, was er dort an historischen Mustern und der Möglichkeit zu guten Begriffsbildungen fand.

Wer umgekehrt glaubt, Weber habe zur Soziologie in erster Linie durch die kulturtheoretischen Studien seines wackeren Kollegen Heinrich Rickert gefunden oder beim Nachdenken über Kant, Hegel oder die «Werttheorie», stellt sich die Ideengeschichte zu steril vor. Gewiss wollte Weber auch methodologisch immer Recht haben, und sicherlich suchte er, der mit allem Schritt halten wollte, auch das Gespräch mit den Rennpferden des Neukantianismus wie Emil Lask. Aber daraus wurde noch keine soziologische Erkenntnis. Die philosophische Rüstung ist im Kampf weder die Beute, um die es geht, noch die Fahne, zu der einer steht, noch das Schwert für den entscheidenden Streich. Webers Erklärung, «Wirklichkeitswissenschaft» treiben zu wollen, grenzte sich gegen das reine Bauen von Modellen der analytischen Ökonomen ebenso ab wie gegen Philosophie. Oder friedlicher formuliert: Gute Wissenschaft ist nicht in erster Linie gut begründet – Gründe finden sich nachher immer, Klassiker als Zeugen sowieso –, sondern gut gemacht. Was Max Weber um 1900 las und womit er in äußerst dichten, lokalen Kontakt kam, war gutgemachte Forschung eines Typs, der sich methodologischen Regieanweisungen entzog.

Nehmen wir die Abhandlung, die ein anderes Gründungsmitglied des Eranos-Kreises, der Altphilologe Albrecht Dieterich, im Februar 1904 in Heidelberg bei dessen erster Sitzung vortrug und in der er sich mit der weitverbreiteten mythologischen Aufladung des Erdreichs beschäftigte:[22] Der Boden, so berichtete Dieterich, werde durchgängig mit mütterlichen Eigenschaften ausgestattet, es gebe die Vorstellung, die Kinder kämen aus der Erde, weshalb Frühverstorbene selbst dann begraben werden, wenn die Religion eigentlich Feuerbestattung vorsieht, und alle Vorstellungen von Wiedergeburt werden an die Erde geknüpft. Mit dem Arbeitsethos früher Kapitalisten hatte das erkennbar so wenig zu tun wie mit Fragen der Industrialisierung Deutschlands. Doch Weber konnte bei Dieterich sehen, wie sich die praktizierten Riten als Schlüssel zum Verständnis der Mythen verwenden ließen. Das ging in seine eigene Theorie ein, Religion an typisiertes Handeln zu binden und alle religiösen Weltbilder aus der formalisierten Überwindung von Handlungsnöten, also Krisen, hervorgehen zu lassen.[23] Er konnte auf diese Weise auch Hinweise auf den – paradoxerweise – antimagischen Charakter mancher Religionen finden. Das magische Bewußtsein, so Dieterich, kennt nämlich keine Schöpfung aus dem Nichts, es kennt nur Metamorphosen des bereits Vorhandenen, Vertauschungen (Metathesen) und Metaphern. Für die magische Religiosität sei am Anfang eben nicht alles «wüst und leer» gewesen, wie es am Beginn des Alten Testaments heißt, und der Geist schwebte auch nicht über den Wassern, sondern es gab «eine zusammenhanglose Fülle von Wundern», und die Seele stieg aus der Erde auf, um in sie zurückzukehren.[24]

Hier war eine gewaltige Pointe für den Protestantismus-Forscher zu entdecken: Als den entscheidenden Unterschied zwischen Katholizismus und Protestantismus erkennt Weber nun die Abkehr von jeglicher Zeremonie und das verlorene «Vertrauen auf Heilswirkungen magisch-sakramentaler Art». Den Begriff der «Entzauberung», den er 1913 erstmals verwendet und der zu einem Schlüsselbegriff für sein Konzept der «Rationalisierung» von Wertsphären und Handlungsfeldern wird, fügt er in die Buchfassung seiner «Protestantischen Ethik» von 1920 gleich viermal ein – immer im Bezug auf die magiefeindlichen Einstellungen der Puritaner, die zuletzt sogar das Weihnachtsfest als abergläubisch bekämpft hätten.[25] Rationalität, hieß das, ist antirituell, antimagisch (die Rituale der Rationalität, etwa die der Dauerreformen, der Unternehmensberatung oder des wissenschaftlichen Tagungsbetriebs, standen Weber noch nicht in voller Pracht vor Augen). Sollte der Ursprung der Rationalität somit etwas mit Religionen zu tun haben, die sich Schöpfung aus dem Nichts vorstellen konnten?

Die Erstfassung der «Protestantischen Ethik» von 1905 stand demgegenüber noch stärker unter dem Eindruck von Überlegungen, wie sie sich in Karl Büchers «Arbeit und Rhythmus» fanden. Der Leipziger Volkswirt war anhand sogenannter Naturvölker der Frage nachgegangen, wieso Menschen, die ein Leben führen, «das keinen äußeren Zwang kennt, keinen Beruf, keine sociale Pflicht und in welchem jeder seine Tätigkeit lediglich nach den eigenen unmittelbar sich geltend machenden Bedürfnissen einrichtet», überhaupt arbeiten wollen – und dies sogar dann freudig tun, wenn diese Arbeit überflüssig ist. Büchers Antwort: Die notwendige Motivation wird durch protoästhetische Mittel und Automatismen erzeugt, vor allem durch rhythmisches, von Gesang begleitetes Arbeiten.[26] Die ökonomische Rationalisierung der Berufsarbeit hat dieser Sicht zufolge die tradierten Rhythmen, die Unlust und die natürlichen Affekte gegen Arbeit über den Eigenbedarf hinaus zu überwinden, jene «Unbefangenheit des triebhaften Lebensgenusses» von Menschen, die sich nicht aus eigenem Willen zur Arbeit entschließen, sondern nur durch – und sei es choreographische – Außenführung.[27]

Unter dem Einfluss der religionswissenschaftlichen Literatur aber, für die Dieterich hier nur exemplarisch steht, tauscht Weber diesen Gegensatz und damit den Gegner im welthistorischen Konflikt aus: Er sieht nun nicht mehr Gewohnheit und Wille einander gegenüberstehen, sondern unterschiedliche handlungsleitende Weltbilder. Die Rationalität wird nicht in erster Linie gegen Trägheit, Unkonzentriertheit oder Bedarfsorientierung durchgesetzt, sondern gegen magisches Bewusstsein, denn eine von Magie und magischer Religiosität bestimmte Welt ist eine Welt der Ausnahmen. Etwas gilt – aber nur nach jedem dritten Sonnenuntergang, nur für Dinge, die dem König gehören, nur wenn man es zuerst in die rechte Hand nimmt, nur nach Rücksprache mit dem Priester. Mit all diesen Bedingungen darf nicht experimentiert werden, die Gültigkeit des Rituals wird nicht durch offene Variation getestet – vielleicht regnet es ja auch, wenn Frauen mittanzen oder wenn gar nicht getanzt wird; besser also, man probiert es nicht aus. Magie verhindert Lernen.

Da Gott selbst nur sehr selten direkt kommuniziert, werden in primär magisch und von Ideen tradierter Heiligkeit bestimmten Gesellschaften eigene Schalter für Rückfragen geöffnet, an denen Zauberer, Medizinmänner, Priester, kurz: Intellektuelle sitzen. Die entwickeln zwar durchaus eine eigene Rationalität im Umgang mit solchen Fragen. Aber von bestimmten Festlegungen darf eben, soll der Zorn der Überwelt vermieden werden, unter keinen Umständen abgewichen werden. Das festigt Traditionen, man kann sich an die so gegebene Welt und ihren Normenkosmos dann nur anpassen. Sind hingegen «letztlich unerforschliche Ratschlüsse eines überweltlichen Gottes» maßgebend, folgt daraus die «absolute Unheiligkeit der Tradition».[28] Es könnte dann auch alles anders möglich sein.

Durch die volkskundlich, ethnographisch und altphilologisch informierte Religionsgeschichte seiner Kollegen wurde Weber jedenfalls darauf gestoßen, dass diese von ihm neun Jahre später so genannte «Entzauberung» der Welt durch Religion etwas Altes war. Wenn Gott aus dem Nichts schafft, dann wirkt er nicht nur in, sondern steht auch über der organischen Welt. Und Weber konnte sich zur Frage geführt sehen, was denn antimagische Religiosität ausgerechnet für die unteren Volksschichten (*vulgus* und *populus*) attraktiv gemacht haben konnte, die doch eigentlich die Träger mythologischer («abergläubischer») Überlieferung sind. Webers Antwort: Nicht die Aufklärung der Ungebildeten vertrieb den Zauber, sondern die Beharrlichkeit, mit der die mittleren Schichten ein Leben ohne privilegierten Heilszugang einforderten, das nicht sonntags euphorisch priester-, sondern alltags illusionslos gottwohlgefällig ist.

Das führt zu einer zweiten Antwort auf die Frage, was Weber an den religionswissenschaftlichen Diskussionen des «Eranos»-Zirkels schätzte. Die Theologen und klassischen Philologen schlugen sich damals mit einem Problem herum, das für die Geisteswissenschaft jener Jahre typisch war, dass sie nämlich erklären mussten, welche Bedeutung etwa die Einbettung der heiligen Bibeltexte in die historische Welt des Orients für das Leben «in einem einsamen Pfarrhause im Westerwald oder auch in den Mietsstuben des Großstadtpredigers» habe.[29] Die Sicherheit der Gelehrten, dass die Kultur, mit der sie sich befassen, fraglos gilt und die Wissenschaft ebenso fraglos einen zentralen Beitrag zu dieser Geltung liefert, ist verloren. An der Religion stellte sich das Problem besonders scharf. Denn was blieb von ihr übrig, wenn die Welt tatsächlich restlos entzaubert war, außer einer durch sie geprägten Ethik und ihrer Vergangenheit, für die sich im Zweifelsfall nur noch die Reflexionseliten interessierten? Kulturkritik, Religionswissenschaft und das Nachdenken der Intellektuellen über ihre eigene Lage gingen um 1900 eine enge Verbindung ein. Weber will die Beweislast nun gewissermaßen umkehren: Eben jene Gesellschaft, die sich in weiten Teilen gegenüber Religion zunehmend indifferent zeige, sei ganz wesentlich von religionsgeschichtlichen Entwicklungen hervorgebracht worden – und hänge nach wie vor von jenen Energien ab, die in Religionen eingegangen sind. Sein Übergang vom Juristen zum Historiker, Staatswissenschaftler und Nationalökonomen zum Soziologen, der sich in diesen Jahren vollzieht, hat nicht zufälligerweise Religion zum Katalysator. Denn wer in jener Epoche die Ökonomie oder den Nationalstaat für die ausschlaggebende soziale Größe hielt, setzte sich dem Verdacht aus, nur das wissenschaftliche Sprachrohr der Wirtschaft oder der gerade geltenden politischen Herrschaftsordnung zu sein. Wer hingegen mit der These hervortrat, Wirtschaft wie Politik seien gar nicht zu verstehen und gar nicht existent ohne religiöse Grundlagen, bot einen Erklärungsansatz der modernen Lebensumstände an, der nicht einfach als deren Rechtfertigung abzutun war.

Wir haben uns, zugegebenermaßen, weit entfernt von Heidelberg, so weit wie die Gelehrten, deren Aufgabe es ja ist, sich von dem zu entfernen, was vor aller Augen liegt. Max Weber hatte eine besondere Position unter ihnen gefunden. Es war zum einen die Position dessen, der ein Leben als Rentier und Privatgelehrter führte und selbst definierte, was für eine Sorte Gelehrsamkeit das sei. Eine ziemlich ungewöhnliche Sorte: fachlich unbestimmt, alles verwertend und in Aussicht stellend, die abendländische Kultur als solche in den Blick zu bekommen, mithin die Kombination des Entgegengesetzten, von Universalismus und Spezialistentum.

Von 1910 an finden in der Villa Fallenstein, die die Webers gerade bezogen haben, sogenannte «jours» statt, die von 1912 an auf

Sonntag sechzehn Uhr festgesetzt werden. Nach anfänglichen Einübungsschwierigkeiten beim geselligen Betragen wird Weber die Rolle des Gastgebers kultivieren. Die intellektuellen Interessenten kommen nun zu ihm, der mit einigen Publikationen inzwischen ja auch das Spektrum seiner Zuständigkeit umrissen hat. Weber wird als informelles Zentrum attraktiv, bei ihm finden sich nun auch Studenten und mitunter sogar Personen ein, die nichts mit der Universität zu tun haben. Es hat sich herumgesprochen, dass da in Heidelberg jemand ist, der zu fast allem kulturell Bedeutsamen etwas zu sagen hat und der nicht Hof, aber sein Haus offen hält. Marianne Weber beschreibt ihren Mann als Geschichtenerzähler im Kreis einer Großfamilie, die um ihn herumsitzt «wie um einen Weisen, Heiligen und Pojaz in einer Person».[30] Manche Berichte sprechen von zweistündigen Monologen Webers und davon, dass wahre Geselligkeit und Vorlesungston sich eigentlich doch ausschließen.

Fast ist man nun versucht, Webers Situation mit derjenigen von Hans im Glück zu vergleichen: Nach Jahren härtester Arbeit tauscht er sein intellektuelles Vermögen zunächst von der politischen Praxis, in die er will, in historische Gelehrsamkeit um, diese dann in ein Fach, das er gar nicht studiert hat, aber lehren muss, die so erreichte Position schließlich in ein Nichts von Zukunft – und kommt dabei mit jedem dieser Schritte seiner eigentlichen intellektuellen Heimat näher, die er erreicht, nachdem er die nützliche, aber beschwerliche Nationalökonomie weggeworfen hat: mit leeren Händen, aber frei – das erste Mal in seinem Leben nicht mit etwas befasst, das ihm von außen zugetragen wurde. Die Kleinstadt Heidelberg erlaubte eine solche Freiheit auch deshalb, weil sie, wie Camilla Jellinek in ihren Erinnerungen festhielt, «als solche der Entwicklung der Individualität günstig» ist.[31] Um 1900 kommt unter vielen jüngeren Professoren eine erhebliche Toleranz für Abweichungen hinzu, Abweichungen im Verhalten – wir werden auf die Ehebrüche noch zu sprechen kommen –, Abweichungen im Forschungsstil, Abweichungen in der weltanschaulichen Einstellung. Nur als Georg Lukács ein paarmal Ernst Bloch mitbrachte, der sich laut in Szene setzte, waren die

Grenzen der Gemeinschaft berührt: nicht durch die apokalyptische Gesinnung, die Lukács ebenfalls hatte, sondern durch unbürgerliches Benehmen. Freiheit ist nicht dasselbe wie Frechheit.

«Die okzidentale Stadt war», heißt es in Webers Stadtsoziologie, «ein Ort des Aufstiegs aus der Unfreiheit in die Freiheit.»[32] Ein Kapitel über Webers Lebensort kann ohne einige Sätze zu dieser These nicht schließen. Denn die Stadt, genauer: manche Stadttypen gehörten für Weber zu den vielen untergegangenen Formen der Freiheit. In seinem Manuskript über «Wirtschaft und Gesellschaft» findet sich die Stadt unter der merkwürdigen Überschrift «Die nichtlegitime Herrschaft» abgehandelt. Dieser Begriff unterscheidet zwischen einem Machtgebrauch, dem ein Glaube der Beherrschten an die Vorbildlichkeit der Herrschaftsordnung zugrunde liegt, und einem nichtlegitimen Machtgebrauch, der sich nur auf die Furcht oder die Interessen der Beherrschten stützen kann. Doch was hat das mit Städten zu tun? Weber nimmt für einzelne Erscheinungen der Stadtherrschaft an, dass sie entstanden sind, als sich einzelne Adelsfamilien mit dem Volk verbündeten und in Städten anstelle der feudalen Verhältnisse eine Art populistische Tyrannei errichteten. «Ein solcher Herrscher», hatte er in den Berliner Politikvorlesungen Heinrich von Treitschkes hören können, «der nur durch sein Genie und durch sein gutes Schwert, durch Glück und Geld emporgekommen ist, steht ganz auf sich selbst allein», was die Wahlverwandtschaft der großen Renaissancekünstler mit den stadtadeligen Tyrannen Oberitaliens begründet habe: souveräne Egomanen. «In den Tyrannen tritt uns das Individuum in seiner Größe wie in seiner himmelstürmenden Frechheit entgegen.»[33]

Meinte Weber mit Freiheit diese Frechheit einiger weniger, die sich – immer nur eine Zeitlang und immer nur im engen Rahmen einer Kommune, wie Treitschke betont, weil nur auf «Glück und Volksgunst» zählend – in der Herrschaft über eine Stadt verwirklichte? Zunächst meint er etwas anderes: die ökonomische Freiheit, die Städte historisch als Marktorte und geldwirtschaftlich bestimmte Siedlungen verwirklichten. Wirtschaftlich handele es sich um

Städte, wenn die ortsansässige Bevölkerung ihren Alltagsbedarf auf einem örtlichen Markt im Wesentlichen durch Erzeugnisse decke, die in der Stadt und ihrem Umland für die Stadt erzeugt oder erworben worden sind. Historisch erfreuten sich die den Markt beliefernden Kaufleute eines besonderen Schutzes, es herrschte Marktfrieden, der mit intensiver und stehender werdendem Handel sich zum Stadtfrieden eines privilegierten städtischen Gerichtsbezirks entwickelte. Insofern machte Stadtluft frei, und der Begriff des Bürgers, der die Mitglieder eines Schutzverbandes bezeichnete, die im Kriegsfall «Burgbewohner» sein durften, beschränkte sich nun auf Stadtbewohner im Unterschied zu Bauern und Adeligen.[34] Webers Geschichte der Stadtherrschaft ist ein Beispiel für die politische Ökonomie, die ihm vorschwebte: Er untersucht das Zusammenwirken der ökonomischen Vorteile, die eine Struktur bot, und ihrer politisch-rechtlichen Form daraufhin, welche lokalen Handlungsspielräume sie welchen Personengruppen bot.[35] Variationen ergeben sich hier je nachdem, ob es sich um Küstenstädte oder solche im Binnenland handelt, auf welchem Stand die Technik – sowohl die der Produktion wie die des Militärs – ist und wo, geographisch wie sozial, die jeweiligen Machtzentren liegen. Führt man sich die beiden erwähnten Freiheitsbegriffe vor Augen, so wird deutlich, dass sie einander fast entgegengesetzt sind: Der freche Kapitän, der sich in adeliger Dissidenz erprobt, und der freie Bürger im Kaufmanns- oder Handwerkerstand als Vorbote von Demokratie, treten nicht zu einer Figur zusammen.

Auffällig ist aber eine Gemeinsamkeit, die Weber an den frühen Städten fast romantisch bewundert: ihre Kombination aus dem Versuch lokaler Selbststeuerung und faktischer Unkontrollierbarkeit. Für Weber war tatsächliche Freiheit nur in einer vergleichsweise kleinen Stadt möglich; im Wachstum von Organisationen lauert seiner Meinung nach die Gefahr, dass die befreiende Rationalität in «Versteinerung» umschlägt. Wie immer bei Weber: Das Gute ist zugleich das Schlechte. Die «Größe» eines nationalen Flächenstaats wie Deutschland hebt diesen zwar im Rang und in den «Kulturaufgaben» von kleinen politischen Gebilden ab, sie zwingt ihn aber auch zu Bürokratisierung. So ist es der Gegensatz gegen die flächenstaatlichen wie die megametropolitanen Großverwaltungen, was für ihn die denkbar entgegengesetzten urbanen Mentalitäten und Herrschaftsprogramme der städtischen Tyrannen von Florenz oder Ferrara mit denen von Hansekaufleuten oder der Schweizer Gemeindemokratur verbindet. Die Tyrannen Roms, die oberitalienischen Demagogen, der souverän diktierende Bürgermeister von Zürich und die amerikanischen Wahlbeamten bilden für Weber in seiner Herrschaftssoziologie einen Zusammenhang. Und zwar deshalb, weil sie für ihn «keine bureaukratische Figuren»[36] sind und als politische Kämpfer Anzeichen für existierende Freiheitsspielräume darstellen. Dass sie ohne Bürokratie auch nichts wären, erscheint in diesem Bild dann vor allem als Moment einer zyklischen Gesellschaftsgeschichte, in der sich Versteinerung und Verflüssigung ständig abwechseln.

SECHZEHNTES KAPITEL

ALFRED, KAFKA UND DIE APPARATE

Die Bureaukratie, über welche itzt so schwere Klagen geführt werden, ist nichts anderes als die Uebertreibung der Staatsidee.

Robert von Mohl

Was im Oktoberheft der Zeitschrift «Neue Rundschau» von 1910 beschrieben wurde, war unheimlich. Ein riesenhafter «Apparat», war dort zu lesen, erhebe sich in unserem Leben und lege sich über ursprünglich freie Teile unserer Existenz, um sie in seine Kammern, Fächer und Unterfächer einzusaugen. Es strahle ein Gift der Schematisierung von diesem Apparat aus, ein Gift der Ertötung alles ihm fremden, individuellen Eigenlebens. An die Stelle dieses Eigenlebens setze er ein riesenhaftes rechnerisches Etwas. «Und wenn sie sich dann sagen, daß man ja imstande sei, sich von dieser neuen Daseinsform doch innerlich zu distanzieren», dann sähen die Leute «mit Entsetzen, wie die Psyche der Bevölkerung sich diesem ‹Apparate› anpasst, wie sie in seine Kammern, Fächer und Unterfächer einkriecht, sich dort als in bequemen, warmen Plätzchen häuslich festsetzt, wie sie die Leitern aufkriecht, die von einem zum andern warmen Plätzchen führen, wie sie mit anderen Worten einschrumpft zu der Sehnsucht nach Versorgtsein aus dem und Streben nach Karrieremachen in dem Apparat.» Das neunzehnte Jahrhundert hatte Frankensteins Kreatur hervorgebracht, die Spaltung von Doktor Jekyll und Mr. Hyde sowie die Vampire zu neuem Leben erweckt, aber das war ein bislang unbekanntes Monstrum: ein schrankförmiger Apparat, eine Art untote Registratur, die Seelen aussaugt, die Kollektivpsyche zum Schrumpfen bringt und alles individuelle Leben tötet.

«Es ist ein eigentümlicher Apparat», beginnt vier Jahre danach, im Oktober 1914, die Erzählung eines Versicherungsangestellten, der jenen Aufsatz kannte. In ihr wird ein Reisender Zeuge der Exekution eines Soldaten, der seinen Vorgesetzten beleidigt hatte. Es ist eine Exekution durch ein Objekt, das in der Erzählung zunächst fünfundzwanzigmal als «Apparat», danach aber zweiundzwanzigmal als «Maschine» bezeichnet wird. In jenem Aufsatz stand «Apparat» noch in Anführungszeichen, in der Erzählung sind sie weggefallen, und es vollzieht sich wörtlich, was 1910 noch bildlich gemeint war: die Abtötung alles dem Apparat fremden, individuellen Eigenlebens. Auch diesen tief in die Erde eingebauten Apparat kann man nur mittels einer Leiter ganz betrachten. Auch er bedarf keiner Handarbeit, sondern arbeitet «ganz allein». Und auch er vollzieht ein Urteil über den ihm Unterworfenen, indem er ihm die Anweisung «Ehre deinen Vorgesetzten!» beibringt – nämlich in die Haut schreibt.

Der Aufsatz von 1910 heißt «Der Beamte». Die Erzählung von 1914 heißt «In der Strafkolonie». Ihr Autor war Franz Kafka, der bis 1906 an der Prager Karlsuniversität Jurisprudenz studiert hatte und zur Zeit der Niederschrift seiner Erzählung bei der «Arbeiter-Unfall-Versicherungsanstalt für das Königreich Böhmen» arbeitete. Den Aufsatz von 1910 hatte sein Doktorvater verfasst, der 1904 nach Prag berufen worden war und dort bis 1907 lehrte, als er einen Ruf an die Universität Heidelberg erhielt – es war Alfred Weber, der Bruder Max Webers.[1]

Jener Aufsatz über den Beamten und die Bürokratie, der noch in andere Werke Kafkas hineinwirkte, war zugleich diejenige Schrift Alfred Webers, mit der er auch seinen Bruder am meisten beeindruckte – oder vielleicht sollte man besser sagen: die einzige Schrift, mit der er ihn überhaupt beeindruckte. Ein Jahr zuvor hatte Alfred Weber die entsprechenden Gedanken in etwas weniger poetischer Sprache bei der Jahrestagung des Vereins für Socialpolitik vorgetragen, und in der anschließenden heftigen Diskussion hatte Max Weber seinen Beitrag mit den Worten eingeleitet: «Wenn wir auch in manchen Dingen verschiedener Meinung sind, in diesem Punkte kann ich nur sagen, ist die Übereinstimmung vollkommen.»[2]

Die Brüder waren ihr Leben lang nur selten einer Meinung, genauer: Max war fast nie derjenigen Alfreds und fand es daher nötig, Ausnahmen von dieser Regel ausdrücklich festzuhalten. Dabei wuchsen sie nicht nur im selben Milieu und derselben Zeit auf, sondern neigten auch denselben nationalliberalen Ansichten zu, ergriffen denselben Beruf, zogen wissenschaftspolitisch am selben Strang, hatten sogar dieselbe Geliebte.

Vier Jahre jünger als Max, hatte Alfred Weber zunächst Archäologie und Kunstgeschichte, dann Jurisprudenz und Nationalökonomie studiert, 1897 in Berlin bei Gustav Schmoller mit einer Doktorarbeit über Niedriglohnbetriebe («sweat-shops») in der Konfektionsindustrie promoviert und sich 1900 mit einer thematisch eng verwandten Arbeit habilitiert. Seine zu Lebzeiten Max Webers veröffentlichten Schriften umfassten eine ökonomische Standorttheorie, wirtschaftspolitische Aufsätze, vor allem zu Kartellfragen und zur Sozialpolitik, und eine Broschüre über Religion und Kultur. Zugleich schwebten Alfred Weber stets umfassende Theorien vor. Die Mühen der Statistik und der sozialwissenschaftlichen Philologie lagen ihm weniger. Was sein Bruder als Primärtugenden der Erkenntnis betrachtete, erschien Alfred Weber stets sekundär.

Entsprechend entwickelte sich die Beziehung des Brüderpaares. Max Weber war stets so etwas wie ein zweiter Erzieher und jedenfalls aufmerksamer Beobachter seines jüngeren Bruders gewesen. Das fing früh an. Als sich seine Mutter beispielsweise Sorgen über einen zu strengen Konfirmationsunterricht macht, schreibt ihr der zwanzigjährige Max, ein liberalerer Lehrer nütze nur dann, wenn Alfred von sich aus schon mit selbständigem Denken begonnen habe – andernfalls werde auch der liberale Pfarrer nicht mehr als Autorität wahrgenommen und der Bruder sei auf eigenes Denken angewiesen, «ohne vorher überhaupt eine Idee gehabt zu haben, daß und wie ungefähr man auf eigenen Füßen gehen könne».[3] Exemplarisch für das Verhältnis der beiden sind zwei Briefe, die sich die Brüder im August 1887 schrieben. Alfred Weber beklagt sich beim Bruder darüber, dass dieser im Zwiegespräch freundlich auf alle Fragen eingehe, sobald aber ein Dritter anwesend sei, «absprechend und nichtachtend» über alles hinweggehe, was er sage. Er, Alfred, sei auf diesem Weg «glücklich zu nichts andrem als zur absoluten Verzweiflung an mir selber gekommen», alles Nachdenken ende bei ihm im «Zerwühlen meines eigenen Innern», er gehe oft ins Bett mit dem Wunsch, nicht wieder aufstehen zu müssen. Worauf Max Weber zurückschreibt, er sehe gar keinen Grund zur Verzweiflung. «Daß Jemand, der nicht von der Ewigkeit der Höllenstrafen oder dgl. ausgeht, um theoretischer Anschauungen willen sich ernstlich der Meinung hingeben wollte, er könne nicht existieren, oder das Leben sei ihm eine Last, ist entschieden absurd, wenn man die Sache genau ansieht.» Wer mit seinem Denken nicht im Reinen sei, dem könne nur die Praxis darüber hinweghelfen, fand Weber, und da sei Arbeit, aber auch ein «frisches studentisches Leben» viel wert. Den Vorwurf, vor Dritten unfreundlicher zu sein als im Zwiegespräch, weist er als akustische Einbildung zurück, die darauf beruhe, dass Alfred sich nur vorstelle, er werde vom Bruder ausgelacht.

Vermutlich war es eher noch schlimmer. Das Gefühl, hinter dem Bruder nicht nur zurückzubleiben, sondern selbst von der Mutter als im Vergleich zu Max nicht so ganz gelungener Fall – als Sohn, Student, Ökonom, Intellektueller – zurückgesetzt zu werden, hat Alfred Weber lange begleitet. Tatsächlich erteilt Max Weber ausgiebig Zensuren, findet einen Mangel an Klarheit des Denkens bei seinem Bruder, ärgert sich über dessen Goethe-Verehrung, hält ihm «stundenlange Predigten und zwar meist des Abends», weil er meint, alle Schwierigkeiten des Jüngeren selbst ja schon durchlaufen zu haben, und nutzt sogar Geburtstagsglückwünsche dazu, den nun Zwanzigjährigen zu ermahnen, «daß man einen Beruf am besten nicht im voraus daraufhin untersucht, welche mehr oder minder wichtige Rolle er für die Erreichung des allen gemeinsamen Zieles: der Förderung der Gesamtheit, zu spielen scheint».[4] Alfred möchte das Studienfach wechseln – Max: «Warum denn eigentlich?» Alfred möchte in München studieren – Max: «An sich ist es gewiß schade, schon nach einem Semester die Universität zu wechseln.»

Alfred schläft mit einer verheirateten Frau – Max schreibt der Mutter, Entsagung sei moralisch geboten, aber «wer von uns heutigen Menschen, welche, in der Großstadt aufgewachsen, schon in früher Jugend ungezählte ‹Gedankensünden› über uns kommen fühlen, – wer von uns will behaupten, er würde das können, wenn einmal die Leidenschaft so weit gekommen ist.»[5] Was immer Alfred Weber tut und sagt, er muss damit rechnen, dass Max ein Fragezeichen oder ein «nicht befriedigend» an den Rand setzen wird. Und wenn Max Weber für den Ehebruch seines Bruders mit Else von Richthofen gegenüber der Mutter jene Entschuldigungsgründe urbaner Sozialisation aufbrachte, dann vermutlich auch deshalb, weil er es damals für möglich hielt, selbst mit ihr Ehebruch zu begehen.

All das sagt noch nichts darüber, ob die Bewertungen über Alfred Weber zutreffen. Wer sein Werk studiert, wird in den Ermahnungen seines Bruders, Alfred solle nicht ständig an Gesamtziele, Theorien und das Ganze denken, eine erstaunliche Vorahnung finden. Denn hierin liegt der größte Unterschied der beiden Brüder. Während sich Max Weber durch Bücher fräst und versucht, Begriffe für historische und sozialwissenschaftliche Forschungen zu entwickeln, die sich politisch einsetzen ließen, ist Alfred Weber stets auf dem Sprung zu Emphasen und Synthesen und neuesten Erklärungen und versäumt es darüber, Zusammenhänge zu erkunden. Ein 1928 publiziertes Buch Alfreds etwa zerfällt in zwei Teile mit den bezeichnenden Überschriften «Prinzipielles» und «Ideensplitter». So musste er seinem Bruder erscheinen, stets prinzipiell und auf «Ganzheit» orientiert, aber im Ergebnis zerstreut.

Viel stärker als Max Weber setzte sich Alfred der intellektuellen Stimmung aus, wie sie am Ende des neunzehnten Jahrhunderts in Deutschland herrschte, in der man Welträtsel löste, «Grundlinien einer neuen Lebensanschauung» entwarf oder an Kulturkreislehren arbeitete. «Nach der neuesten Theorie», erklärte er als Student dem Vater einmal seinen Bedarf an Extraausgaben, «verbraucht man nämlich beim Denken Gehirnmasse, die sich immer durch starkes Essen ersetzen muss, woraus folgt, daß die klügsten Leute immer den größten Hunger haben.»[6] So kurios und vielleicht auch unernst diese Bemerkung ist, sie führt zu einer solchen Theoriestimmung, die seinem Bruder Max besonders auf die Nerven ging: dem Hang zu naturalistischen Deutungen. Alfred Weber verstand sich als «evolutionistischer Soziolog», ganz im Sinne der damaligen Begeisterung für die Anwendung der «Deszendenztheorie», also Darwins auf die Gesellschaft: Der Zivilisationsprozess, so erklärt er 1912, sei «nichts weiter als eine Fortsetzung der biologischen Entwicklungsreihe der Menschheit» und der Kulturprozess bestehe darin, «im ewigen Strom des Daseins [zu] versuchen, dies Leben immer neu zu einer von uns gefühlten über ihm stehenden und doch in ihm liegenden Ewigkeit und Absolutheit zu erheben».[7] Das war die Art Bombast kombiniert mit begrifflicher Ohnmacht, die Max Weber vor allem dann nicht ausstehen konnte, wenn sie sich als Ausdruck von gesundem Vollmenschentum gab. Nicht, dass ihm Pathos fremd gewesen wäre. Aber die Verherrlichung des Großen widerstrebte ihm. Genau dies war auch sein früher Einwand gegen den Goethe-Kult seines Bruders. Der übersehe nämlich, dass Goethe «das Nichtswürdige nur als solches empfand, wenn es zugleich das Hässliche und Kleine war», dagegen «keine Empfindung davon hatte, wenn es ihm unter der Form gewisser schönen Gefühle» entgegentrat wie etwa in den «Wahlverwandtschaften».[8] Max Weber reagierte früh sehr empfindlich auf die Verwechslung des Wahren mit dem Schönen und dem Guten sowie auf die Anwendung von Kategorien wie «schön» oder «großartig» auf historische und moralische Lebensumstände.

Was Weber an der Übertragung naturwissenschaftlicher Konzepte auf Geschichte und Gesellschaft störte, artikulierte er 1909 besonders deutlich in seiner scharfen und fast satirischen Auseinandersetzung mit der «Energietheorie» des Chemikers Wilhelm Ostwald. Dieser hatte in den Jahren nach 1880 durch seine Forschungen zu Elektrolyten die physikalische Chemie («Elektrochemie») mitbegründet und erhielt für seine Forschungen über katalytische Prozesse 1909 den Nobelpreis für Chemie. Daneben entwickelte er, von 1906 an als freier Forscher auf einem Landsitz namens «Energie» nahe Leipzig lebend, eine eigene Philosophie zur Gesamtwelterklärung. Webers Verriss setzt mit der Bemerkung ein: «Die Umstülpung des ‹Weltbildes› einer Disziplin in eine ‹Weltanschauung› ist ja heute eine ganz allgemeine Gepflogenheit.» Mit diesem Eindruck stand Weber nicht allein, der Philosoph Fritz Mauthner notierte ein Jahr später, kein Wort sei so im Schwang wie «Weltanschauung» und es «müsste schon ein ganz armseliger Tropf sein, wer heutzutage nicht seine eigene Weltanschauung hätte». Tatsächlich hatte der Begriff der Weltanschauung eine erstaunliche Karriere gemacht, seit Immanuel Kant ihn 1790 in seiner «Kritik der Urteilskraft» beiläufig eingeführt hatte, um die paradoxe Fähigkeit des Bewusstseins zu bezeichnen, sich etwas Unendliches, das nicht sinnlich gegeben ist, die Welt als Gesamtheit aller Erscheinungen, doch vorstellen zu können.

Um 1900 dokumentierte die Verwendung von «Weltanschauung» hingegen vor allem die Bereitschaft, mittels einiger weniger Schlüsselworte zu behaupten, eine Übersicht über das Weltganze zu besitzen und dabei lästige Unterscheidungen wie «Natur und Gesellschaft» oder «Verstand und Gefühl» oder «Glauben und Wissen», vor allem aber das Spezialwissen der jeweils einschlägigen Disziplinen hinter sich gelassen zu haben. In Ostwalds Buch «Energetische Grundlagen der Kulturwissenschaft» fand Weber das entsprechende Bedürfnis, «ein möglichstes Maximum alles Geschehens überhaupt zu Spezialfällen ‹energetischer› Beziehungen einzustampfen». Alles erklärte sich für Ostwald aus Energie, Energietransformation, Energieerhalt. Das führte zur unfreiwilligen Komik von Thesen wie der, das Recht sei dazu da, Energievergeudung durch Konflikte zu verhindern – so als würde Recht nur Konflikte lösen und nicht auch zu Konflikten fähig machen –, oder derjenigen, die besten Stoffe für Dichter lägen in den Vorgängen der Energieumwandlung. Weber quittiert dies mit der sarkastischen Bemerkung, dann seien die besten Bilder wohl solche wie eine Farbskizze Wilhelms II., die «zwei Panzerschiffe mit kolossaler Pulverdampfentwicklung» zeige.[9]

Das waren Kuriositäten, über die Weber spotten konnte, die

politischen Folgen solcher dilettantisch-naturalistischen Weltdeutungen hingegen betrachtete er mit Sorgen, ebenso die Evolutionslehre, die auf die Gesellschaft übertragen wurde und die rassehygienischen Spekulationen seiner Tage. Es handelte sich für ihn dabei um Theorien, die zu jener blinden Verehrung der Stärke und des Gegebenen führten, die ihn an seinen Schichtgenossen im deutschen Bürgertum so aufbrachte. Die Besten überlebten? Die Evolution ein Fortschrittsprinzip? Die Gesellschaft sei nach Energiegrundsätzen einzurichten? Das Effizienteste wird sich durchsetzen? Dann war ja alles in Ordnung. Ein «Apostel der ‹Ordnung› und der Vermeidung ‹energievergeudenden› Echauffements für andere als technologische Ideale, wie es Ostwald ist und konsequenterweise sein muß», so zürnte Weber, verbreite «unvermeidlich eine Gesinnung der Fügsamkeit und Anpassung gegenüber den gegebenen sozialen Machtverhältnissen, wie sie den matter-of-fact-men aller Epochen gleichmäßig eigentümlich war». Die puritanischen Heiligen, denen er soeben ein ideengeschichtliches Denkmal gesetzt hatte, waren das gerade Gegenteil davon. Ihre «Härte», die er immer wieder bewundernd ansprach, kam nicht aus Stärke, sondern, wenn man so will, aus Schwäche. Als Christen zogen sie ihre gesellschaftsverändernde Kraft für Weber gerade aus Zweifeln, Sorge und Demut. Die moderne Naturwissenschaft verdanke ihre Anfänge gerade nicht den praktischen Zwecken der Naturbeherrschung, schrieb Weber an Ostwald gewandt, sondern dem Streben danach, Gottes Weisheit auch noch in der Anatomie einer Laus nachzuweisen.[10]

Das führt zurück zu Alfred Weber. Auch dessen Aufsatz über den Beamten attackierte in erster Linie das Lob des bloßen Funktionierens, das damals insbesondere dem preußischen Beamtenapparat gesungen wurde, und das Zurückdrängen von Freiheit zugunsten des effizienten Krafteinsatzes. Allerdings kann Alfred auch hier nicht ganz seines vitalistischen Vokabulars entsagen. «Kräfteabsorption durch einen toten Mechanismus» schreibt er dem Apparat zu, die Bürokratie sieht er einen älteren «gewachsenen» Zustand gesellschaftlicher Beziehungen überformen. Wo sein Bruder später traditionale Herrschaft von rationaler unterscheiden wird, neigt Alfred Weber viel stärker dazu, organische und mechanische Sozialität, eine alte «Kleinorganisiertheit der Gesellschaft» und neue «Riesenmechanismen» einander entgegenzusetzen.[11]

Doch wieso waren eigentlich jene «matter-of-fact-men», ob sie nun rational agierende Beamte oder kurios philosophierende Chemiker unter Energiesparbeleuchtung waren, für die Brüder Weber der prägende «Persönlichkeitstypus» ihrer Gegenwart? Hätte es nicht viel nähergelegen, die Arbeit im gegenwärtigen Kapitalismus zu analysieren? So erhellend etwa die ethnographischen Berichte Paul Göhres aus den Chemnitzer Metallfabriken von 1891 auch waren, so konnten sie doch keine Soziologie der Industriearbeit ersetzen. Anders gefragt: Ist es nicht erstaunlich, dass Max Weber, der ständig Dissertationen zu den Wirtschaftsverhältnissen seiner eigenen Epoche betreute, nach seinen Landarbeiter-Studien und den Texten zur Börsenverfassung selbst nur noch wenig zur Empirie der kapitalistischen Wirtschaft forschte und ihre Soziologie vor allem als die Herkunftsgeschichte ihrer Mentalität betrieb?

Dem kann man die einzige direkte Zusammenarbeit zwischen Max Weber und seinem Bruder entgegenhalten. Kaum war Alfred Weber nämlich 1908 nach Heidelberg berufen, begannen sie auch schon ein gemeinsames Projekt, eine zuletzt auf sieben Bände anwachsende Studie über die psychischen und physischen Belastungen in der Großindustrie. Max Weber hielt sich zwar von den empirischen Untersuchungen fern, schrieb aber die methodische Einleitung und einen eigenen umfangreichen Text «Zur Psychophysik der industriellen Arbeit». Auch hier also hieß den Kapitalismus zu erforschen zunächst nicht, seine Organisationsstrukturen zu analysieren, sondern zu untersuchen, wie die industrielle Produktion den Lebensstil der Arbeiter prägt: Führt die industrielle Produktion zur Differenzierung oder zur Uniformierung der Arbeiterschaft? Und führt die Spezialisierung der Maschinen zu einer «Vermannigfaltung der Eigenart der Arbeiter» oder zur Ausbildung generalistischer, vielfältig einsetzbarer Arbeiter?[12]

Mit solchen Fragen konnte Weber an die Prämisse sowohl seiner Landarbeiter-Studie wie der «Protestantischen Ethik» anschließen, dass Anreize zur Arbeitssteigerung nur dann greifen, wenn zugleich eine bestimmte «Berufsgesinnung» hinzutritt, die ihrerseits nicht einfach durch Lohnerhöhungen nahegelegt oder durch die «Hungerpeitsche» erzwungen werden kann, weil beispielsweise eine besondere Qualität der Arbeitsleistung erwünscht ist, keine vollständige Kontrolle über den Arbeitseinsatz möglich ist. Weber befand sich mit diesen Erwägungen in Gegensatz zu den Vorstellungen des «Scientific Management», die in denselben Jahren Frederick Winslow Taylor entwickelte, für den es auf der Hand lag: «Was Arbeiter von ihren Arbeitgebern vor allem anderen wollen, sind hohe Löhne, und was Arbeitgeber von ihren Beschäftigten am meisten wollen, sind geringe Herstellungskosten.»[13] Ja, hätte Weber dem entgegnen können, wenn man sie fragt, schon, wenn man aber beobachtet, was in den Betrieben geschieht, reicht es nicht aus, die Beteiligten einfach als ökonomische Nutzenmaschinen zu beschreiben.

Dass diese Frage nach den sozialen Grundlagen und Folgen der Industriearbeit von Max Weber unter dem Titel «Psychophysik» verfolgt wurde, muss dann allerdings irritieren. Denn war das nicht genau ein Begriff, der eine naturalistische Untersuchungsmethode belegte? Tatsächlich beschäftigt sich Weber seitenlang mit den Erschöpfungsmessungen des Heidelberger Psychiaters Emil Kraepelin, der 1898 bei ihm Neurasthenie aufgrund von Überarbeitung diagnostiziert hatte. Kraepelin stand an der Spitze einer Bewegung, die im letzten Drittel des neunzehnten Jahrhunderts den arbeitenden Körper experimentell vermaß. Je mehr die Physiologen über Muskeln herausfanden, desto mehr erschien der Körper als ein biologischer Motor, dessen Leistungskurve mittels spezieller Gerätschaften aufgezeichnet werden kann.[14] Die Abhandlung «La Fatica» des italienischen Mediziners Angelo Mosso machte 1891 weithin von sich reden; sie war auch Weber bekannt. Ihre Befunde beruhten auf Messungen mittels eines «Ergographen»: Eine Hand steckte dabei so in einem Handschuh, dass nur ein Finger noch beweglich war, dessen Muskel damit isoliert und seine Erschöpfung durch Gewichte, die an jenem Finger hingen, aufgezeichnet und vermessen werden konnte. Aus den Zahlenkolonnen, die sich so – oder aus Messungen ähnlicher Apparate wie des Aesthesiometers (Hautempfindlichkeitsmesser) oder des Plethysmographen (Atemschreiber) – ergaben, glaubte man die Gesetze der Erschöpfung ermitteln zu können. Mossos Studien standen im Kontext damals weitverbreiteter Dekadenzdiagnosen, die Ermüdung war eine fixe Idee des fin de siècle.[15] Mosso folgerte aus seinen Beobachtungen an Bergsteigern, dass die Ermüdung nicht messbarer Arbeit folge, vielmehr streike das Gehirn, lange bevor die Muskeln erschöpft seien. «Die Ermüdung wächst schneller als die Arbeit», hieß es. Das passte zu der merkwürdigen Mischung aus Materialismus und dem damals verbreiteten Glauben an geheimnisvolle Wirkmächte. Der Mensch ist keine einfache Maschine, sondern ein Nervenwesen – eben das aber sollte durch maschinelle Aufzeichnungen zu beweisen sein.

Kraepelin, mit dem sich Weber in großem Respekt auseinandersetzt, hatte ebenfalls zahlreiche Experimente zu Ermüdungswirkungen durchgeführt[16] und studiert, wovon beispielsweise die unterschiedliche Geschwindigkeit menschlicher Rechenleistungen abhängt. Dabei war er, wen wundert's, nicht nur auf eine stattliche Zahl an Faktoren gestoßen – z. B. Übung, Schlaf, Ermüdbarkeit, Ablenkbarkeit, Pausen, Nahrungsaufnahme –, die sich dann selbst wieder fast beliebig zerlegen ließen: Qualität des Schlafs, Länge und Inhalt der Pause, Art der Nahrung. Er musste auch die entgegengesetzten Wirkungen desselben konstatieren: Nach Pausen ist die Addierleistung einerseits höher, wegen der Erholung, andererseits geringer wegen des Neuanfangs und wegen des «Schlussantriebs», der bei Aufgaben, die zeitlich terminiert sind, in den letzten Minuten die Ermüdungswirkungen und die Langeweile kompensiert. Seiner Meinung nach waren Muskeln durchaus kleine Maschinen, weswegen der Arbeiter sich psychisch wie physisch dem Rhythmus der Maschine anpassen lassen sollte. Dazu schien es Kraepelin nötig, die subjektiven Gefühle (Müdigkeit) von den messbaren Tatbeständen (Ermüdung) zu unterscheiden. Ermüdung setze sofort nach Arbeitsaufnahme ein, auch wenn dem keinerlei Müdigkeit entspreche, und umgekehrt sei hohe Leistung bei subjektivem Müdigkeitsgefühl möglich. Seinen Messungen entnahm er dann, dass die moderne Industriearbeit dadurch gekennzeichnet sei, dass sie immer kleinere Muskelgruppen anspreche, weil der größte Kraftaufwand von Maschinen geleistet werde und die Arbeiter immer kleinteiligere, präzisere Bewegungen auszuführen hätten. Das wiederum lasse beim geschulten Arbeiter die Ermüdungskurven flacher werden. Auch Kraepelin landet so bei der Energieersparnis als Prinzip sowohl der maschinellen wie der menschlichen Arbeit.

Max Weber seinerseits scheut keine Verausgabung, wühlt sich, wie immer, durch all diese Studien – und kann sich des Eindrucks nicht erwehren, dass es so nicht geht. Die Ergebnisse der Laborexperimente erweisen sich als sehr abhängig davon, welche Testpersonen gewählt wurden, und die Vorstellung, im Arbeiter rängen verschiedene Muskel- und Nervenkräfte miteinander, befremdet ihn. Auch die Abwertung der Psyche als bloßer «Erscheinung» gegenüber den biochemischen Vorgängen erscheint ihm fragwürdig. Vor allem aber stört ihn an der psychologischen Arbeitswissenschaft, dass sie weder das tatsächliche Organisationsgeschehen noch den Lebenszusammenhang der Arbeiter berücksichtigt.[17] Weber deutet an, dass man beispielsweise Fragen nach der Leistungsfähigkeit nicht ohne Rücksicht auf die Art der Arbeit selbst beantworten kann: Auf dem Bau stellen sie sich anders dar als in einem Stahlwerk oder an Webstühlen und je nach Alter, Geschlecht und Familienstand der Arbeiter wieder anders. Das Forschungsprogramm, das Weber hier skizziert, ist das einer Industriesoziologie anstelle einer Industriephysiologie.

Allerdings bleibt es bei einer Skizze; eine Schlüsselstellung nimmt die Industriearbeit in seinem Interessenfeld offenkundig nicht ein. Die methodische Einleitung schreibt er unter anderem, um seinem Bruder, der das Projekt leiten soll, die «großen (und wohl unübersteiglichen) Schwierigkeiten» klarzumachen, die es haben würde, industrielle Leistungsfähigkeit auf psychophysische, biologische Eigenschaften der Arbeiter zurückzuführen. Alfred Weber verweigert dem Text, der an alle Mitarbeiter ausgeteilt wurde, seine Unterschrift. Die Ergebnisse der gemeinsam initiierten, aber so unterschiedlich gemeinten Forschungen fasst Alfred 1910 und 1912 in seinem Beamtenaufsatz zusammen: Da sei auf der einen Seite «der kapitalistische Apparat», die wirtschaftlichen Organisationen also, und auf der anderen Seite der «lebendige Strom von Menschen», den diese Arbeitshierarchie «jung und unverbraucht» in sich hineinsauge, um ihn «ausgenutzt und alt als bloße Arbeitskraftmasse» später wieder auszustoßen, wenn die Arbeiter ihren Leistungshöhepunkt überschritten hätten.[18]

Max Weber hingegen wird pathetisch und spricht von der Organisation als Maschine in erster Linie, wo es um die Bürokratisierung geht, nicht bei den Arbeitern. Zwar hält er trocken fest, dass die Leistungsfähigkeit eines Arbeiters genau so durchkalkuliert wird, wie die Rentabilität irgendeiner Kohlensorte oder einer Maschine. Aber der Arbeiter könne durch Streik oder «Bremsen» den Preis seiner Arbeit verändern. Für die von ihm so hartnäckig verfolgte Frage, welchen «Persönlichkeitstypus» der Kapitalismus hervorbringt, zieht er die Industriearbeiter jedoch nicht heran. Zwar stellt er fest, dass «die moderne Werkstatt mit ihrer amtlichen Hierarchie, ihrer Disziplin, ihrer Kettung der Arbeiter an die Maschinen» durchaus «ihr eigentümliche spezifische Wirkungen» auf die Menschen und ihren Lebensstil habe, diese Perspektive aber für empirische Studien über die Industriearbeiter nicht in Betracht komme.[19] Warum nicht? Und weshalb fand stattdessen «Der Beamte» bei ihm ein so großes Echo?

Die Antwort lautet lapidar: Weil es hier um das Berufsleben von seinesgleichen ging, viel mehr aber noch, weil die Beamten für die politischen Einstellungen des deutschen Bürgertums relevant waren, die Industriearbeiter dafür aber bestenfalls in indirekter Weise. Der Beamte ist für ihn ein «Persönlichkeitstypus»[20] im Kreis der politisch und kulturell prägenden Eliten, der durch den modernen Staat gefördert wird. «Die Bueraukratisierung der Gesellschaft ist ja

Ego, Alter und Alter Ego: Max Weber um 1917, mit dreiundfünfzig Jahren: Er, der von sich damals sagt, niemals richtig jung gewesen zu sein, holt durch Else Jaffé etwas von seiner Jugend nach und kommt sich doch zugleich als alter Mann vor.

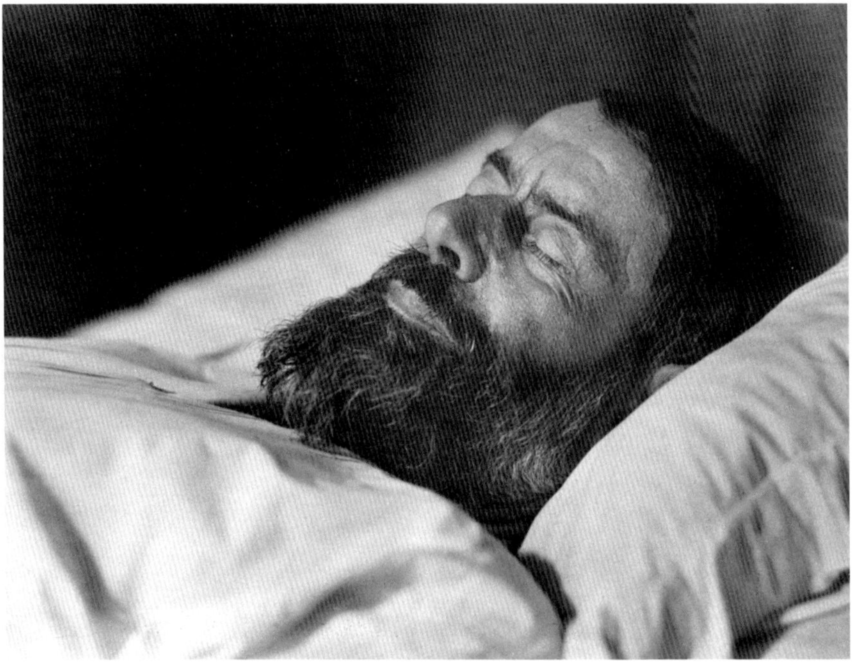

«Der Bauer konnte ‹lebenssatt› sterben wie Abraham. Der feudale Grundherr und Kriegsheld auch. Denn beide erfüllten einen Kreislauf ihres Seins, über den sie nicht hinausgriffen», schreibt Max Weber in der «Zwischenbetrachtung» seines Werkes über die Weltreligionen, «aber der nach Selbstvervollkommnung im Sinne der Aneignung oder Schaffung von ‹Kulturinhalten› strebende ‹gebildete› Mensch nicht. Er konnte zwar ‹lebensmüde›, aber nicht im Sinne der Vollendung eines Kreislaufs ‹lebenssatt› werden. Denn seine Perfektibilität ging ja prinzipiell ebenso ins Schrankenlose wie diejenige der Kulturgüter.» Max Weber auf dem Totenbett.

nichts anderes als Verwandlung ihrer oberen Schichten in Beamte», lautet der für Max Weber entscheidende Satz seines Bruders.[21]

Im Werk und im Leben Max Webers sind wir hier an einem entscheidenden Punkt. Bislang war der Kapitalismus sein Hauptthema. Nun rückt er allmählich in den zweiten Rang und wird abgelöst durch die Beschäftigung mit politischer Herrschaft, Bürokratie und Rationalisierung sowie von der Frage, was diesen entgegenzusetzen sei. Den Begriff der «Bürokratie» bei Weber darf man dabei nicht missverstehen. Er ist nicht einfach das Symbol von Beschwerden über Ämter, Formulare und ein Übermaß an Gesetzen und Vorschriften. So kommt er nur um 1800 durch liberale Autoren ins Spiel. Webers Bürokratiebegriff richtet sich nicht speziell auf eine Kritik staatlicher Verwaltungen, denn er versteht unter «Beamten» genauso die Angestellten von Banken und in der Großindustrie oder sogar die bezahlten und weisungsgebundenen Assistenten an amerikanischen Universitäten. Seine Frage lautet also nicht, ob es zu viel Staatstätigkeit gibt, sondern was aus der Kultur wird, wenn ihre Träger, für die er die Oberschichten hält, sich von Selbständigen – oder im Fall der Universitäten «Geistesaristokraten» – in Befehlsempfänger verwandeln.[22]

Die Deutschen seien auf eine solche Situation besonders schlecht vorbereitet, weil sie erstens bis ins neunzehnte Jahrhundert hinein eine kleinteilige Organisation des Daseins gepflegt hätten, in Behaglichkeit und Enge, auf Sicherheit mehr denn als auf Freiheit hinlebend und ohne Distanz zum «Apparat des heutigen Lebens». Zweitens aber falle in Deutschland, das autokratisch regiert werde, die Verwaltung stärker mit der Regierung zusammen, was den Beamten einen ganz anderen Nimbus gebe. Und schließlich speise sich das Ansehen des deutschen Beamten viel stärker aus seiner Berufsrolle: «Er wird angeredet nur mit seinem Titel, rangiert nur nach seiner Stellung, estimiert nach seinem Rang; das Leben kennt ihn gar nicht anders.» Die bloße Zahl der Beamten in Deutschland – in Frankreich ist ihr Anteil an der Bevölkerung deutlich höher, in den Vereinigten Staaten nur wenig niedriger[23] – ist also nicht das Entscheidende. Alfred Weber zitiert seinen Bruder, es gebe in Deutschland geradezu eine «Metaphysik des Beamtentums» und eine Verklärung großer Organisationen, von denen der Staatsapparat eine zentrale, aber eben nur eine ist.[24]

Alfred und Max Weber hatten 1909 auf der Jahrestagung des Vereins für Sozialpolitik in Wien für einen heftigen Konflikt gesorgt, als sie diese Attacke auf das Beamtentum eröffneten. «Bei allen rechts Stehenden ist die Entrüstung über die Webers groß», schrieb Gustav Schmoller an einen Prager Kollegen, teilte die Entrüstung aber nicht und entschuldigte die Brüder so: «Sie sind mal nervenkrank; aber sie sind der Sauerteig und die Belebung unserer Tagungen; sie sind ehrliche Leute und ganz große Talente.» Der Streit war durch den Vortrag Alfred Webers ausgelöst worden, in dem er den Rückgang an bürgerlicher Selbständigkeit beispielhaft mit der Politisierung von Personalfragen in kommunalen Betrieben illustrierte, bei denen die Mitgliedschaft in der sozialdemokratischen wie der alldeutschen Partei ein Grund für Nichteinstellung sein könne.[25]

In der Diskussion ergreift auch Max Weber das Wort, es ist seine erste ausführliche Äußerung zur bürokratischen Herrschaft. Die Bürokratie ist für ihn eine «Menschenmaschine»; wer eine Verwaltungssache technisch präzise erledigt haben will, tut für ihn gut daran, sich ihrer zu bedienen. Es ist also nicht die Ineffizienz der Bürokratie, die Weber stört. Im Gegenteil übertreibt er deren Perfektion und schildert sie im Anschluss an seinen Bruder als eine Organisationsform, in der ein humanoides Rädchen ins andere greift, alles vollkommen unpersönlich zugeht und der Mensch als bloßes Mittel in einem Zweckverband entmenschlicht wird. Weber will seine Zeitgenossen, die ihre prägenden Erfahrungen noch im neunzehnten Jahrhundert gemacht haben, mit dieser Überspitzung darauf hinweisen, dass die Entfremdung des Arbeiters dem entspricht, was wir heute «Dienstleistung» nennen. Doch nur gegen die «Manchesterlehre» von der Produktivitätssteigerung durch Technisierung hätten die Kathedersozialisten in Deutschland protestiert, den Beamtenstaat aber, der demselben Gedanken der Technisierung huldige, bete man an. Max Weber konstatiert hier nichts weniger als den Ruin der Unterscheidung von Markt und Staat, von Kapitalismus und Sozialismus. In beiden Gebilden wird für ihn der Ordnung geopfert: «Daß die Welt nichts weiter als solche Ordnungsmenschen kennt – in dieser Entwicklung sind wir ohnedies begriffen, und die zentrale Frage ist also nicht, wie wir das noch weiter fördern und beschleunigen, sondern was wir dieser Maschinerie entgegenzusetzen haben, um einen Rest des Menschentums freizuhalten von dieser Parzellierung der Seele, von dieser Alleinherrschaft bureaukratischer Lebensideale.»[26]

Das unheimliche Licht, in das Max Weber das Beamtentum tauchte, erklärt sich nicht aus konkreten Sorgen. Seine maßlose Rhetorik setzte er vielmehr ein, weil er sich mit seiner Bürokratiekritik primär weder auf soziologischem noch sozialpolitischem Gebiet bewegte, sondern auf dem der Staatsform Deutschlands und der Art, wie es regiert wurde. Das ist auch der Grund für die bleibende Einseitigkeit seiner Bürokratieanalysen, die vorzugsweise in Kritik an staatlichen Verwaltungen mündeten. Dort lag einfach der Angriffspunkt Webers, nicht in wirtschaftlichen Großorganisationen. Der Gegensatz zum Beamten ist für ihn nicht der Unternehmer oder der Angestellte in der Wirtschaft, sondern ein funktionsfähiges Parlament mit «echten» bürgerlichen Politikern, die in Webers Darstellung mitunter selbst Züge von idealisierten Unternehmern annehmen: eigenverantwortlich, für Entscheidungen haftend, konfliktbereit, kalkulierend, ihrer Zwecke bewusst.

Für Weber ist die Bürokratisierung, die er «zum Verzweifeln» findet, insofern eine Komplementärerscheinung zur cäsaristischen Politik im deutschen Kaiserreich. Das wird er aber erst 1917 in seiner Artikelserie «Parlament und Regierung im neugeordneten Deutschland»[27] erläutern. Darin liefert er eine politische Zeitdiagnose nach, die seine dramatische Verwendung des Bürokratiebegriffs und seinen so negativen Begriff des Beamtentums erklärt. Deutschland sieht er in diesen Zeitungsbeiträgen beherrscht von einem persönlichen Regiment zunächst Bismarcks, dann Wilhelms II., das mittels einer völlig entpolitisierten Beamtenschaft und ungestört durch ein entmachtetes Parlament seine Vorstellungen verwirklichte. Aus den Parteien und dem Bürgertum wachse eben darum kein politisches Führungspersonal heraus. Die Leistungsfähigkeit der Verwaltung war für Weber also nur die Vorderseite ihres politischen Versagens – die Kehrseite der deutschen Bürokratie zeigte sich für ihn in der Bereitwilligkeit, mit der sie sich zum Ausführungsorgan der Irrationalitäten des Hofes machen ließ. Sogar eine Demokratie mit korrupten Beamten – so wurde im damaligen Deutschland vor allem der französische Beamtenstaat dargestellt – sei einem autoritären Staat mit hochmoralischen vorzuziehen.

Allerdings sind es nicht nur innenpolitische Differenzen, die Weber hier austrägt, als er sein Missfallen daran artikuliert, dass Deutschland kein parlamentarischer Staat sei und sich die Parteienherrschaft «als ein Wechsel der Hofmoden unter dem Druck dynastischer und aller möglichen anderen Interessen» vollziehe. Ebenso stößt er sich an der politischen «Volkseigenart» der Deutschen, «sich von institutionellen Mächten [...] mehr imponieren zu lassen, als von der Meinung eines einzelnen». Daran trug für ihn das orthodoxe Luthertum ebenso Schuld – es sei aufgrund seiner Staatsverklärung und seines Obrigkeitsglaubens der «schrecklichste der Schrecken» – wie das Versagen des Liberalismus.[28] Sein Bruder schrieb, christliche Askese habe nicht nur den «Moloch» des kapitalistischen «Apparats» und der «äußeren Mittel» hervorgebracht, sondern auch den Apparat der absoluten ethischen Normen, der zusammen mit dem «Apparate der intellektuell geformten Vorstellungen und Begriffe» das Lebendige beherrsche. Das stand so in Alfred Webers Flugschrift «Religion und Kultur» von 1912, deren Motto «Bei allem, was Du sprachst / stand hinter Dir ein andrer, / Du bist, was Du auch wagst, / Nur neben ihm ein Wandrer» sich wie eine Selbstdeutung in Bezug auf den Bruder liest. Den Verstandesapparat aber wollte Max Weber sich keinesfalls nehmen lassen, die protestantischen Asketen hatten in seiner Sicht gerade mit dem Molochhaften des Spätkapitalismus nichts zu schaffen. An den

Deutschen im wilhelminischen Kaiserreich, insbesondere an seinen Eliten, stellte er eher einen Mangel als ein Übermaß an Selbstdisziplinierung fest. Die Rationalität und das «Durchschnittsmenschentum» im Namen des Lebens und der Triebbefriedigung zu attackieren sowie den Kapitalismus und die Moral zum Feind zu erklären, wie dies sein Bruder Alfred tat, hätte Max Weber bei jedem anderen Kontrahenten dazu verleitet, ihn als «Literaten» zu bezeichnen.[29]

Was Franz Kafka, der 1914 aus dem «Apparat» einen tatsächlichen Apparat gemacht hatte, aus der Beschreibung der Beamten machen würde, hat Max Weber nicht mehr erlebt. Zwei Jahre nach seinem Tod verfasst Kafka seinen Roman «Das Schloß», in dem sich alles um eine Behörde dreht. Nicht, dass er sich aufdrängt, organisationssoziologisch gelesen zu werden. Aber die dort für den Landvermesser K. zuständige Verwaltung und ihre Beamten zeigen keinerlei maschinenhafte Züge, sind vielmehr nicht einmal in der Lage zu klären, ob jemand den Landvermesser bestellt hat, und wirken bedrohlich mehr durch Worte als durch Taten, mehr durch Nichthandeln als durch Steuerung. Nur an einer einzigen Stelle des Romans wird die Behörde als Apparat angesprochen: «Und nun komme ich auf eine besondere Eigenschaft unseres behördlichen Apparates zu sprechen. Entsprechend seiner Präzision ist er auch äußerst empfindlich. Wenn eine Angelegenheit sehr lange erwogen worden ist, kann es, auch ohne daß die Erwägungen schon beendet wären, geschehen, daß plötzlich blitzartig an einer unvorhersehbaren und auch später nicht mehr auffindbaren Stelle eine Erledigung hervorkommt, welche die Angelegenheit, wenn auch meistens sehr richtig, so doch immerhin willkürlich abschließt. Es ist, als hätte der behördliche Apparat die Spannung, die jahrelange Aufreizung durch die gleiche, vielleicht an sich geringfügige Angelegenheit nicht mehr ertragen und aus sich selbst heraus, ohne Mithilfe der Beamten, die Entscheidung getroffen. Natürlich ist kein Wunder geschehen, und gewiß hat irgendein Beamter die Erledigung geschrieben oder eine ungeschriebene Entscheidung getroffen, jedenfalls aber kann, wenigstens von uns aus, von hier aus, ja selbst vom Amt aus nicht festgestellt werden, welcher Beamte in diesem Fall entschieden hat, und aus welchen Gründen.»[30] Das Unheimliche der Bürokratie liegt hier nicht in ihrer Präzision, sondern in ihrem Gerede. Die Geschichte der Organisationssoziologie wird es in diesem Punkt mit Kafka halten. Denn sie wird, von Max Weber angestoßen, eine einzige Kritik seiner Maschinenanalogie und seines Bildes hierarchischer Steuerung sein.

SIEBZEHNTES KAPITEL

ALLE WELT BESPRICHT EROTISCHE PROBLEME

Gib mir Keuschheit und Selbstbeherrschung, aber jetzt noch nicht.

AUGUSTIN

Wenn man von jemandem außerhalb eines Klosters sagt, er lebe wie ein Mönch, dann will das nicht heißen, dass er sich der kapitalistischen Erwerbsarbeit hingibt. Wenn man von jemandem sagt, er sei ein Puritaner, dann bezeichnet das heute sittenstrenge, lustfeindliche Einstellungen gegenüber Sexualität. Die Puritaner wiederum waren keine Mönche. Die praktizierte Weltablehnung sowie aktive Selbstbeherrschung, schreibt Max Weber, sei ihr entscheidendes Lebensideal gewesen. Dass dieses Ideal auch diesseits des Wirtschaftsleben und des demokratischen Gemeindewesens galt – in der Ehe etwa und in der Sexualität –, deutet er nur an. Vermutlich wollte Weber das Opfer betonen, das die «stahlharten» ersten Kapitalisten zugunsten ihrer wirtschaftlichen Tätigkeit brachten. Für ihn waren die Puritaner Asketen, die Faulheit, Feiern und überhaupt allen «weltlichen» Vergnügungen bestenfalls skeptisch gegenüberstanden.

Wie verhielten sich Webers historische Helden tatsächlich zur Sexualität? Die Puritaner hielten die Ehe hoch: Am römischen Katholizismus befremdete sie am meisten, dass man jemandem gehorchen soll, der unverheiratet ist, also keine Verantwortung für eine Familie trägt und eine wesentliche Lebenserfahrung nicht gemacht hat. Außerdem verachteten sie die gesellschaftliche Doppelmoral, in der die Askese der Mönche die Hemmungslosigkeit der Fürsten kompensieren sollte. In der Geschichte der rationalisierten Lebensführung waren die Puritaner ebendeshalb für Max Weber so wichtig: Sie unterstellten die ganze Gesellschaft und die ganze Woche denselben Idealen. Keine Ausnahmen für Hochrangige, keine Freihandelszonen herabgesetzter moralischer Tarife, keine Sonderausschüttungen von Heil.

Weber hielt die Puritaner für sinnenfeindliche Menschen, die mit dem Hohelied Salomos nichts anfangen konnten. Ihre sexuelle Askese entspreche im Grunde klösterlichen Prinzipien, sie sei sogar weitreichender als jene der Mönche, da für die Puritaner der Geschlechtsverkehr selbst in der Ehe «nur als das von Gott gewollte Mittel zur Mehrung seines Ruhmes, entsprechend dem Gebot: ‹Seid fruchtbar und mehret euch›, zulässig» sei.[1] Später, so Weber, werde diese rationale Einstellung durch die «fachmenschliche» medizinische abgelöst, für die Geschlechtsverkehr in erster Linie gesundheitlich wünschenswert sei.

Tatsächlich aber bejahte der Hauptstrom dieser religiösen Bewegung mit der Ehe – denn es war «nicht gut», dass Adam allein war – auch das Vergnügen der Eheleute aneinander, das seelische und moralische wie das körperliche. Und zwar nicht um höherer Zwecke willen, sondern als gerechtfertigt an sich.[2] Ihr eigentliches Ideal nämlich war der wechselseitige Trost, den sich die Eheleute bieten, zu dem auch die Sexualität gehöre, sofern sie mit Beständigkeit einhergehe. Askese war für sie weder ein Selbstzweck, noch ein Ausdruck von Weltablehnung. Gegen Theaterbesuche wandten sich die Puritaner beispielsweise nicht, weil das Theater Vergnügen bot, sondern weil es dort regelmäßig zu Prügeleien kam.

So sahen die meisten Puritaner auch die Liebesleidenschaft. Daniel Rogers, der Autor eines der populärsten puritanischen Benimmbücher der Zeit, drückt sich so aus: «Angenommen, du hättest anfangs Gründe, deine Gefährtin zu lieben; was dann? Meinst du, diese Klinge bleibt scharf, wenn du sie nicht täglich wetzt?» Zwar kamen auch er und die Seinen nicht um das Problem herum, dass die Ehe nicht aus verstetigten Höhepunkten bestehen kann. Aber wenn die puritanischen Eheratgeber das «gegenseitige Herumspielen um des Vergnügens willen» (mutual dalliances) bejahten oder den Vergleich vortrugen, dass ja auch trinken soll, wer von der Arbeit durstig wurde, sprach das nicht gerade für den Willen zur «Vernichtung der Unbefangenheit des triebhaften Lebensgenusses». Moderierte Leidenschaft mache zufrieden, während Exzesse zum Überdruss führten.[3]

Weber betrachtete die puritanische Sexualmoral hingegen von der blinden, rücksichtslosen Leidenschaft aus. Wer sie umstandslos bejaht, für den schneiden die Puritaner dann allerdings streng und vergleichsweise asketisch ab. Webers Blick war der eines Forschers, der ohnehin exzessiven Begriffsbildungen zuneigte und gerne alles mit dem möglichen Extremfall konfrontierte. Vor allem aber war es der Blick des achtzehnten und neunzehnten Jahrhunderts auf die Ehe. Bis ins siebzehnte Jahrhundert hatte sich nämlich – aus antiken wie biblischen Quellen belegt – die Vorstellung gehalten, die Frauen seien das lüsterne Geschlecht, wohingegen den Männern die Wahrung der moralischen Normen wie der kognitiven Standards übertragen sei. Der Puritanismus stach durch seine Versuche hervor, das ausgeglichener zu sehen und beiden Ehepartnern sowohl Vergnügen wie Stetigkeit zu empfehlen. Erst vom achtzehnten Jahrhundert an wurden Frauen als der sexuell antriebsschwächere Teil beschrieben, der seine Sittlichkeit zu verteidigen habe. Die Doppelmoral fiel auf die Seite der Männer. Noch ließ man die Frauen zwar nicht an den Universitäten zu, aber sie begannen das lesende Geschlecht zu werden, ihre Bildungsaufgaben in den Familien wuchsen schrittweise. Man könnte auch sagen: Die Männer konnten damals umso leichter auf dem Ideal der sexuellen Selbstbeherrschung bestehen, als es die Frauen waren, die es zu erfüllen hatten. In gewisser Weise war die alte Rollenverteilung im Bereich der Geschlechter wiederhergestellt – die Frauen waren die spirituelleren Wesen mit der höheren Moral, die Männer deutlich geerdet mit der größeren Durchsetzungsfähigkeit.[4]

Damit sind wir wieder beim Familienroman Max Webers angelangt und bei den Motiven, die das Eheleben seiner Eltern belasteten: Auf der einen Seite die Gattin, die nach strengen Moralmaßstäben erzieht und sich opfert, auf der anderen der Gatte, der seine sanguinischen Bedürfnisse auslebt – und dazwischen der Sohn, der sich in diesem Konflikt zugunsten der Mutter entscheidet. Seine eigene Partnerschaft mit Marianne Weber wiederum scheint zehn Jahre lang alle Merkmale einer «Gefährtenehe» getragen zu haben. Sie war eine Zweierbeziehung, in der die Frage der Familiengründung und der sexuellen Gleichheit recht bald unerheblich wird. Man kann es der Forschung überlassen, ob die beiden überhaupt miteinander schliefen und was aus der Beantwortung dieser Frage folgt. Die Leitmotive ihrer Ehe waren stattdessen Bildung und Emanzipation der Frau, die Intelligenz, Karriere und Krankheit des Mannes sowie die Bereitschaft, angesichts der Probleme des gemeinsamen Lebens «sich gleichsam für therapeutische Einsätze bereitzuhalten».[5]

Diese Bereitschaft und die Moral der ehelichen Beständigkeit waren in den Jahren nach dem Wiederauftauchen Webers aus seiner biographischen Quarantäne auch erforderlich. Im Mai 1907 geht es Weber gesundheitlich offenbar wieder so schlecht, dass er einen Heidelberger Neurologen aufsucht, für den er im Juni desselben Jahres einen dreißigseitigen Bericht mit dem Titel «Pathologische Veranlagung, Entstehen u. Verlauf der Krankheit» abfasst. Karl Jaspers, der diesen Bericht gelesen hat, zitiert daraus Webers Mitteilung, in seiner Jugend sei er erstmals durch Schläge eines Dienstmädchens erregt worden. Die nächtlichen Angstträume und sexuellen Nöte, deren masochistischer Charakter manchen Kommentatoren unabweisbar scheint, lassen in Weber offenbar den Gedanken an eine Abhilfe durch Kastration aufkommen. Der Arzt rät ab.[6]

Marianne Weber, die sich seit der Jahrhundertwende immer stärker in der Frauenbewegung engagiert, Aufsätze schreibt und Vorträge hält, verfasst zur selben Zeit einen Beitrag über «Sexualethische Prinzipienfragen». Sie wiederholt darin alle Urteile ihres Mannes über die puritanische Geschlechtsmoral und lobt diese insofern, als damit auch die Männer der Disziplinierung unterworfen worden seien und damit überhaupt erst «die sichere Basis für unbefangene, rein menschliche Kameradschaftlichkeit zwischen den Geschlechtern» ermöglicht wurde. So weit, so nachvollziehbar. Dann aber ergänzt Marianne Weber mit einem erheblichen historischen Sprung dieses Lob der Monogamie und der männlichen Zurückhaltung um eine Beschreibung, bei der es schwerfällt, sie nicht als Argument in eigener Sache zu lesen: dass es nämlich die puritanischen Askeseforderungen waren, die «jene Ritterlichkeit, welche die im Mittelalter auf dem Boden der Erotik erwachsene Galanterie nur außerhalb der Ehe kannte, auch auf die ehelichen Beziehungen übertrug».[7] Soll das heißen, dass die sexuell inaktiv bleibende Werbung des mittelalterlichen «Minnedienstes» durch den Puritanismus ins Verhältnis von Ehegatten übernommen wurde? Dass sich diese Form der Ritterlichkeit im Bürgertum aus der «rationalen Deutung der geschlechtlichen Beziehungen» bei den Puritanern entwickelt habe, ist jedenfalls ein Zitat aus der «Protestantischen Ethik». Weber schreibt dort, die «Blüten ehelicher Ritterlichkeit» hätten sich aus der asketischen Deutung des Ehezwecks ergeben, die «im Gegensatz zu dem patriarchalen Brodem» stehe, «der bei uns bis in die Kreise der Geistesaristokratie noch in oft sehr fühlbaren Rückständen vorhanden ist».[8] Heißt es, zu viel in diese Textstelle hineinzulesen, wenn man ihren Hinweis auf erotische Ritterlichkeit ohne geschlechtlichen Vollzug als eine ganz konkrete Assoziation versteht?

Man muss auf diese Fragen keine endgültige Antwort haben, um doch festhalten zu können, dass Lebensprobleme Webers in jenen Jahren auch außerhalb des engsten Familienumkreises zum Thema werden. Geheiratet hatte Weber noch in der Welt von «Effi Briest» und Henrik Ibsens, in der abweichendes Verhalten gleich zu einem öffentlichen Skandal führte. Jetzt, ein gutes Dutzend Jahre später, lebt Weber in der Welt von Frank Wedekind und Karl Kraus – der eine drei Monate, der andere zehn Jahre jünger als Weber –, in der Sexualität fast schon ein Pflichtthema für Intellektuelle geworden war. «Frühlings Erwachen» (1906) und «Die Büchse der Pandora» (1904) kamen auf die Bühne: vorehelicher Geschlechtsverkehr und Prostitution. Auf der «Zusammenstellung soziologischer Probleme», die vor der Gründungstagung der Deutschen Gesellschaft für Soziologie im Dezember 1908 versendet wurde, findet sich eine ganze Liste entsprechender Themen, die – was für eine Reihenfolge! – mit «Soziologie des sexuellen Lebens» beginnt und über «Die Prostitution in den verschiedenen Gesellschaftsformen» zu «Die Formen der Ehe» und «Die Familie» führt. Seit 1899 schon gab Magnus Hirschfeld das «Jahrbuch für sexuelle Zwischenstufen» heraus, 1904 hatte Max Marcuse in einer Flugschrift gefragt: «Darf der Arzt zum außerehelichen Geschlechtsverkehr raten?», 1907 veröffentlicht der Sexualforscher Iwan Bloch die Ergebnisse seiner Befragung «gebildeter Frauen», die durchgängig der Behauptung von ihrer «geringeren geschlechtlichen Sensibilität» widersprachen. Sein Buch erreicht binnen eines Jahres sechs Auflagen mit vierzigtausend Exemplaren. Und 1908 erscheint Sigmund Freuds Studie über «Die ‹kulturelle› Sexualmoral und die moderne Nervosität» mit ihrem Hinweis darauf, dass manche sexuellen Störungen Erziehungsfolgen sind, sowie der gegen die Rechtspraxis in Geschlechtskonflikten gerichtete Band «Sittlichkeit und Kriminalität» von Karl Kraus mit dem Satz: «Wahrlich, ich sage euch, es wird noch viel Wasser in das Bassin des Centralbades fließen, ehe sich die Erkenntnis Bahn bricht, daß kein Staatsbürger für die Richtung seiner Nervenwünsche verantwortlich gemacht werden kann!»[9]

Das «Immer daran denken, niemals davon sprechen» der sexuellen und ehemoralischen Normabweichung löst sich in hohem Tempo auf. An der öffentlichen Debatte über die Sexualität und den sozialen Sinn sexueller Normen beteiligen sich nun auch Gelehrte, die zwanzig Jahre zuvor allenfalls im Traum daran gedacht hätten. Und wenn Marianne Weber in besagtem Aufsatz die These vertritt, dass ein «nicht geringer Bruchteil unserer legalen Ehen [...], nach ihren Motiven gewertet, nicht über der Prostitution» stehe, ist daran schon allein beachtlich, dass die Gattin eines in Heidelberg weltberühmten Professors (a. D.) so etwas schreibt. Entsprechende Wortmeldungen der Ehefrauen Mommsens, Diltheys oder Kuno Fischers wären jedenfalls schlechterdings undenkbar gewesen, so wie es auch ihren Gatten nicht eingefallen wäre, sich zu solchen Fragen und derart zu äußern. Weber hingegen, dem es fünfzehn Jahre zuvor auch noch nicht eingefallen wäre, ermutigte seine Frau in diesen Dingen. Wenn man seinem Nervenzusammenbruch einen grundlegenden Wandel seiner Einstellungen zuordnen möchte, dann wird man ihn hier suchen müssen. Das Leiden machte hier am Ende gesprächig.

Dabei ist es nicht allein die Sexualität, die umwegloser angesprochen wird. Für die Bildungseliten wird «um das Jahr 1910, als alle Welt die erotische Problematik besprach»,[10] «Erotik» zu einem Schlüsselwort. Die Feministin Gertrud Bäumer, von Marianne Weber sehr bewundert, schreibt 1904, dass die Menschen in der jetzt anbrechenden Epoche auf «das Mitschwingen der sinnlichen Energien in der Lust oder dem Schmerz des Lebensgefühls» aufmerksam geworden seien und die Erotik «eine viel höhere, eine lebensentscheidende Bedeutung» gewonnen habe. Das sieht sie durchaus kritisch: Die Liebe stehe nun im «Mittelpunkt eines unruhigen Interesses, das all ihre mystischen Dunkelheiten ins Helle zerrt, ihren Erregungen bis in die letzten Schwingungen nachspürt und ihre Macht durch solche immer gesteigerte Autosuggestion vervielfacht».[11] Den Frauenrechtlerinnen war vor allem nicht ganz wohl dabei, dass die «Frauenfrage» von männlichen Reflexionsvirtuosen mit besonders viel spekulativer Verve und Phantasie aufgegriffen wurde, sobald es um Sexualität und Erotik ging.

Max Weber selbst beteiligt sich schriftlich zunächst nicht an den entsprechenden Debatten. Die Aufsätze seiner Frau sind aber nahe genug an seinem eigenen Vokabular, um hier eine innereheliche Arbeitsteilung samt Amtshilfe anzunehmen. In die Richtung einer Soziologie der Geschlechterdifferenz treibt vor allem Georg Simmel das Thema. Die Frau, notiert er 1906, sei das einheitlichere Wesen, die Männer dagegen seien stärker in die Arbeitsteilung hineingezogen. Aus ihrer Teilhabe an voneinander getrennten Lebenszusammenhängen – etwa als Wähler, Haushaltsvorstand, Eigentümer oder Berufstätiger – ergebe sich aber auch eine größere «Objektivität». Darum sei die Sexualität für den Mann auch nur ein Interesse unter vielen, während sie für die Frau eines unter wenigen darstelle und für sie insofern eine viel größere Bedeutung habe. «Man könnte sagen: die Männer sind sinnlicher, die Frauen sexueller – denn Sinnlichkeit ist doch wohl die ins Bewusstsein erst aufsteigende, zu Einzelerregungen sich erst kondensierende Sexualität.»[12] Das führe zur Ungerechtigkeit, dass der Ehebruch der Frau ihr als «viel totalere Sünde» angerechnet werde als der des Mannes, es führe aber auch dazu, dass die Frau das sinnliche Gebiet mehr adele als der Mann, der vielleicht das Geistige in sich höher steigen, aber das Sinnliche in sich auch tiefer sinken lassen könne – weil es ihn nicht als ganze Person betreffe.

So weit die Theorie.

ACHTZEHNTES KAPITEL

ELSE UND DER KONFUSIONSRAT

Der Unmoralprotz ist dem Moralprotzen verwandter als die Unmoral der Moral.

KARL KRAUS

Else von Richthofen lebte 1910 schon seit mehr als zehn Jahren im Gesichtskreis Max Webers und seiner Frau. 1874 als Tochter eines preußischen Offiziers geboren, der nach dem Deutsch-Französischen Krieg in Metz eine Stelle als Bauinspektor gefunden hatte, dessen Spielschulden und kostspielige Affären die Familie aber fast in den Ruin stürzten, verfügte sie über keine andere Mitgift als ihre aparte Erscheinung, intellektuelle Wachheit und die Beachtlichkeitsprämie des prominenten Adels. Also wurde sie Lehrerin und bereitete sich zugleich auf ein Studium vor, in Freiburg. Dort traf sie die Webers zum ersten Mal, in der Wohnung des Philosophen Alois Riehl, der wiederum der Onkel ihrer besten Freundin, Frieda Schloffer, war. In den maßgeblichen Kreisen und der «guten Gesellschaft» waren die Bekanntschaftswege kurz.

In Heidelberg studierte sie dann von 1897 an zwei Semester lang bei Max Weber, der Eindruck auf sie gemacht zu haben schien. Das galt offenkundig auch umgekehrt: Im Jahr darauf ging sie nach Berlin, wo sie aufgrund einer Ausnahmegenehmigung studieren durfte, die Weber bei seinem einstigen Lehrer Gustav Schmoller anregte. «Sie ist von recht klarer, nüchterner Auffassungsgabe, nicht ungewöhnlich, aber gut, begabt ohne den häufigen persönlichen Ehrgeiz studierender Damen», den Weber bei studierenden Herren wohl nachsichtiger behandelt hätte, «von großem rein sachlichen Eifer, im Übrigen wird, glaube ich, die Persönlichkeit für sich selbst sprechen.» In der Reichshauptstadt wird Else Vorsitzende des

«Vereins für studierende Frauen», folgt den Empfehlungen ihres Mentors – «Was ich hörte, hatte mir jedes Mal Max Weber an Hand des Vorlesungsverzeichnisses geraten: Bürgerliches Gesetzbuch bei Eck, Staatsrecht bei Gierke (davon hatte ich viel), Verwaltungsrecht bei Kahl, Schmoller, Sering (Schmollers Seminar), Simmel (viel zu hoch für mich)» – und lernt Edgar Jaffé sowie Alfred Weber kennen. Beide verlieben sich in sie.[1]

Jaffé ist der Sohn einer Hamburger Kaufmannsfamilie. Er hatte seine Lehrjahre in Paris, Barcelona und Manchester durchlaufen, wurde in Berlin Immobilienhändler, um sich bald aber dem Geschäftsleben zu entfremden und – er war Mitte dreißig und ohne Abitur – an der Friedrich-Wilhelms-Universität das Studium der Ökonomie und Philosophie aufzunehmen. Gustav Schmoller und Max Sering unterstützten ihn dabei, denn sie waren an seiner Kenntnis der Baumwollindustrie aus erster Hand interessiert. Er aber wollte in eine geistige Welt hinein und die Baumwollindustrie möglichst weit hinter sich lassen. Alfred Weber wiederum sitzt gerade an seiner Enquête über Hausindustrie und Heimarbeit – und Else von Richthofen kann nicht finden, dass es den Frauen, die durch Heimarbeit etwas dazuverdienen, so schlechtgeht, «wie er es, theoretisch, sozusagen für erforderlich hielt».[2]

Die gewitzte und begabte Baronesse promoviert bei Max Weber – 1901 «Über die historischen Wandlungen in der Stellung der autoritären Parteien zur Arbeiterschutzgesetzgebung und die Motive dieser Wandlungen» –, als er seinen Lehrstuhl noch hat, aber schon entschuldigt fehlt. Parallel dazu bemüht sie sich um eine Stelle als badische Fabrikinspektorin. Es sieht gut aus für sie, der zuständige Beamte ist ihr gewogen, doch sie fürchtet, dass ihre Verlobung mit einem jüdischen Arzt herauskommen könnte: Verheiratete Frauen aus guten Kreisen sind nicht für Berufe vorgesehen. Im August 1900 aber, die Verlobung mit dem Arzt ist aufgelöst, wird sie die erste deutsche Staatsbeamtin überhaupt und begutachtet von Karlsruhe aus Arbeitsordnungen, genehmigt Überstunden, prüft Bauanträge. Als sie die Erfahrungen ihres ersten Berufsjahrs in einem Vortrag vor der «Gesellschaft für soziale Reform» schildert, erhält sie das Lob des Kaisers dafür.

Doch schon bald, um 1902, fällt ihr die Arbeit zur Last, sie ist niedergeschlagen, weiß nicht, wohin sie mit ihrem Leben will. Sie will jedenfalls ein Kind, was Marianne Weber sehr bedauerlich findet – wozu denn dann die ganze Bildung? Doch Else erhört kurz darauf die Werberufe Jaffés, zum Erstaunen ihrer Mitwelt, die von ihrer Erscheinung auf einen interessanteren Ehemann hochgerechnet hatte. Mit Jaffé kommt es unter umgekehrten geschlechtlichen Vorzeichen zur damals nicht untypischen Ehe zwischen verarmtem Adel und jüdischem Geld. So mag es aber bestenfalls von außen erscheinen, denn die Korrespondenz der beiden zeigt, dass Else von Richthofen keine «Vernunftehe» zur finanziellen Sanierung schloss und Jaffé gewiss nicht glaubte, damit in Adelskreise hineinzuheiraten. Vielmehr trifft die Feststellung ihres Biographen Martin Green, Else von Richthofen habe in Wirklichkeit Heidelberg geheiratet, ihre Motivlage sehr viel besser: Sie wollte in einer ihrer intellektuellen Wachheit wie ihren Geselligkeitsbedürfnissen entsprechenden Umgebung eine zentrale Rolle spielen.[3]

Das Zusammensein der beiden Frischvermählten wird denn zunächst auch vor allem durch die intellektuellen Erwartungen bestimmt, die sie an ihn richtet. Wille, Vernunft und Sympathie, lässt sie ihn wissen, seien nicht genug. Jaffé versucht dem zu entsprechen, schließt kurz nach der Verlobung im Sommer 1902 seine Dissertation über das englische Bankwesen ab, exponiert in Briefen an die Gattin ein künftiges Lebenswerk, das weit über die Wirtschaftswissenschaft hinausgehen soll, wird von Weber und dessen Kollegen Karl Rathgen auf die Bahn zur Habilitation in Heidelberg gelenkt, absolviert sie auch – und enttäuscht. Im Dezember 1904 schreibt Marianne Weber an Helene über «Jaffé's Antrittsvorlesung, die sich auf philosophisches Gebiet gewagt hatte und unter dem anspruchsvollen Titel ‹Die methodischen Aufgaben der Nationalökonomie› nur ein ziemlich verdünnter und unklarer und teilweise missverstandener Aufguss von Maxens Aufsatz war».[4] Er wird überredet, das Stück nicht in den Druck zu geben. Bis zum Ersten Weltkrieg publiziert Edgar Jaffé keinen einzigen Aufsatz im «Archiv für Sozialwissenschaft und Sozialpolitik», das er ein gutes Jahr zuvor erworben hat, um es zusammen mit Werner Sombart und Max Weber herauszugeben, während diese selbst in fast jedem Jahrgang dieser Zeitschrift mit ihren Texten vertreten sind.

Im Sommer 1903 zeigt sich Marianne Weber aber noch ganz entzückt von dem jungen Paar, dessen erstes Kind kurz darauf zur Welt kommt, während Max Weber Else gelegentlich mit der Bezeichnung «enveloppe» belegt, was sie zeit ihres Lebens erinnern wird: Hülle, Umschlag. Vielleicht wollte er damit sagen, dass ihm unklar war, was alles noch in ihr steckte, womit er Recht behalten hätte. Zunächst ist sie eine der Frauen an den Schaltstellen des Heidelberger Ideennetzwerks im ersten Jahrzehnt des neuen Jahrhunderts. Ein zweites Kind (Marianne!) folgt, und 1906 zieht die Familie in eine neuerbaute repräsentative Villa, «Unter der Schanz 1». Aber es lag kein Familiensegen auf diesem Haus. Else Jaffé beginnt Ende 1905 eine Affäre mit einem Assistenzarzt des Heidelberger Universitätsklinikums, dem Chirurgen Friedrich Voelcker, die erste in einer ganzen Reihe von außerehelichen Beziehungen und von allen offenbar die einzige rein sexuelle.

Im Frühjahr darauf besucht Else in München ihre Jugendfreundin Frieda Schloffer, die seit drei Jahren mit dem Psychiater Otto Gross verheiratet ist. Damit tritt die vielleicht extremste Figur der «erotischen Bewegung» der Jahre um 1900 in ihr Leben und bald darauf auch in dasjenige Max Webers. Denn Gross lebt so ziemlich alles aus, womit die Boheme damals den bürgerlichen Verhaltenskanon in Frage zu stellen suchte. Als Schiffsarzt war er in Südamerika früh auf den Kokaingeschmack gekommen, Morphinist war er überdies und in Abständen Insasse von Entziehungskliniken. Er assistierte bei Emil Kraepelin, publizierte über Nervenkrankheiten, habilitierte sich, erhält eine Professur in Graz und trifft auf seinen verhassten und ihn hassenden Vater, der dort seit 1905 den Lehrstuhl für Strafrecht bekleidet. In den Schriften Sigmund Freuds, der bald seinerseits auf Otto Gross aufmerksam wird, findet er den Schlüssel zum gesamten Leiden der Menschheit. «Die Psychologie des Unbewussten ist die Philosophie der Revolution», erklärt Gross. Er will das Individuum zunächst durch eine Revolution des Geschlechterverhältnisses befreien – konkret: durch die Niederlegung aller Hemmschwellen, insbesondere jener auf dem Gebiet der Sexualität. Das Übel schlechterdings nämlich – die verinnerlichte Autorität – erkenne man an sexuellen Verboten und moralischen Reserven. Gross fordert ein Ende der «Nebenzimmererotik», also des Ausschlusses von Kindern aus der Sexualität, die «Zertrümmerung der Monogamie und ihrer noch kränkeren Form, der Polygamie». Warum denn auch nicht gleich alle Strukturen ablehnen, wenn man schon einmal dabei ist. Zwischen seinen eigenen Zertrümmerungen besucht Gross zu Entzugszwecken die gemüsebasierte Naturheilanstalt auf dem Monte Verità bei Ascona, die dort im Jahr 1899 gegründet worden ist und seitdem das Zentrum der europäischen Lebensreform- und Aussteigerszene bildet. Vegetarismus, Okkultismus, Ausdruckstanz und Anarchismus – wer damals auf den Wahrheitsberg fuhr, konnte sicher sein, dort irgendeinem intellektuellen Weltverbesserungsathleten in kurzen Hosen zu begegnen. Man hat Ascona treffend das «Dorf der religiösen Abnormitäten» und die «Hauptstadt der psychopathischen Internationale» genannt.[5]

1906 taucht er dann im Weltdorf der Erforschung religiöser Virtuosen auf, schwängert Else Jaffé – «Der kleine Peter entsteht», notiert sie dazu –, woraus aber keine tiefen Verstimmungen zu ihrer intimen Internatsfreundin Frieda Gross entstehen, die den Ansichten ihres Gatten, was Hemmschwellen anging, beipflichtete und selbst mehrere Nebenmänner hatte. Ein Jahr zuvor hatte sie Gross bereits einen Sohn geboren, der ebenfalls Peter genannt wurde. Gross hat darüber hinaus noch eine Affäre mit Else Jaffés Schwester, die – wie es der Zufall will – auch Frieda heißt und damals in England verheiratet ist. Ein weiterer Peter entstand dadurch aber nicht. Edgar Jaffé jedenfalls weiß von allem, die Webers wenig später auch – in

Heidelberg wäre es selbst zwischen weniger eng Vertrauten kein Geheimnis geblieben.

Die Beziehung Else Jaffés zu Otto Gross kühlte jedoch im Verlauf des Jahres 1908 ab, als sie ihm mitteilte, auf Besuche des Chirurgen auch weiterhin nicht verzichten zu wollen. Das war dem Ekstatiker seitens seines Lustsubjekts dann doch zu viel: ein rein physisches Interesse, theoretisch unanspruchsvoller Sex also, und noch dazu mit einem Mann, «der das demokratische Prinzip in Person ist», womit Gross wohl meinte, dass es sich nicht um einen Nietzsche-Leser handelte. Nichts gegen Seitensprünge, sagte der Ehebrecher zur Geliebten, aber mit wem, das bestimme immer noch ich. Gross fühlt sich als Erzieher verraten, so war das nämlich mit den Frauenrechten nicht gemeint, dass ihre Ausübung auch darin bestehen konnte, sich an Unwürdige zu verschenken.

Die so Gemaßregelte erkennt das Missverständnis in großer Klarheit, wenn sie zurückschreibt: «Jetzt hat der Prophet gewissermaßen den letzten Rest vom Menschen Otto ganz in seinem Feuer verbrannt, hat ihm auch die Fähigkeit genommen, einen Menschen, ein Individuum individuell, dessen Eigenart angepasst, zu lieben.»[6] Tatsächlich waren die Individuen in der Religion der Erotik ja nur Mittel zu letztlich geistigen Zwecken: Es sollte nicht miteinander geschlafen werden, um Vergnügen aneinander zu haben, sondern um zu zeigen, dass das geht, und um ein Prinzip zu bekräftigen. Else Jaffé aber wollte keine Mustergenossin in einem Kampfbund für erotische Menschheitsumwälzung sein; sie war – soll man sagen: einfach nur? – eine ungewöhnlich selbstbewusste Ehefrau, die sich nach der Heirat auf Affären unter verschiedenen Gesichtspunkten einließ.

Was aber hat das alles mit Max Weber zu schaffen, über seine Zeugenschaft im Heidelberger Bekannten- und Klatschnetzwerk hinaus? Zum einen zeigt die Affäre um Else Jaffé, die sich noch weiter auswachsen wird, einen Wandel der bürgerlichen Welt an, der Weber zugehörte. Eingangs hatten wir auf die drei Dimensionen des Bürgerdaseins im letzten Drittel des neunzehnten Jahrhunderts hingewiesen: Besitz, politische Teilhabe und eine Bildung, die sich auf Wissenschaft und Gelehrsamkeit gründete. Die besonderen Umstände der Heirat und die «Gefährtenschaft» zwischen Max und Marianne Weber, die sich in den Krisen dieser Biographie zu bewähren hatte, lassen eine vierte Dimension der bürgerlichen Existenz hervortreten – die unter moralischer Observanz und Liebeserwartung stehende Ehe. Die traditionellen Normen, auf denen sie bislang beruhte, lösen sich jetzt aber unter dem Einfluss lebensphilosophischer Stimmungen zunehmend auf. Teile der gebildeten Kreise diskutieren sich gewissermaßen an die Lizenz zum erotisch motivierten Überschreiten der Moral heran. Die Achse Heidelberg–München war dabei nicht zufälligerweise von zentraler Bedeutung: Während sich, einer Beobachtung des Wirtschaftswissenschaftlers Edgar Salin zufolge, in Berlin die akademische Elite konzentrierte, die den Wilhelminismus bejahte, fanden sich in Heidelberg viele derjenigen, die ihn ablehnten, und in München schließlich jene, die aus ihm ausstiegen. Aus der bedeutenden Stellung der Frauen im Heidelberger Geselligkeitsnetzwerk und der Dauerpräsenz der Debatten über die «sexuelle Frage» ergab sich eine Atmosphäre, die Max und Marianne Weber zunächst wie eine kollektive Willensschwäche erschien – schließlich waren beide überzeugt, dass das Triebleben selbst keine ethischen Normen erzeugen könne. «Niemand ‹verzichtet›, sondern jeder nimmt sich so viel Blumen, Sonne als ihm der andere gestattet», seufzt Marianne Weber 1910. Sie fürchtet, ihr Ethos sei «durch die Dinge der letzten Jahre futsch gegangen», jedenfalls habe sie die Kraft verloren, von anderen noch etwas zu fordern, von dem sie nicht wisse, ob sie es in derselben Situation selbst zu leisten vermöge. Später hält sie fest, Else Jaffé habe ihr «die Unbefangenheit zum Ethos genommen». Das galt am Ende auch für Max Weber, und es war nicht allein das Beispiel der Else Jaffé, die Menschen, die sich bislang moralisch gefestigt sahen, dazu brachte, sich als befangen zu fühlen.[7]

Die Ehekrise im Hause Jaffé war nämlich kein Einzelfall. Von heute aus gesehen, machen manche der damaligen Heidelberger den Eindruck, als wollten sie den Begriff «Jugendstil» für ihre Lebensführung geradezu wörtlich nehmen. Das Adressbuch der Universitätsstadt aus dem Jahr 1912 zeigt allerdings auch die Größenordnungen, um die es sich hier handelte: Lebten 1880 neun geschiedene Männer und sechzehn geschiedene Frauen in Heidelberg, so waren es bei stetigem Anstieg 1910 an geschiedenen Männern zweiundfünfzig und an geschiedenen Frauen hundertzwölf.[8]

Die Vorgänge um Else Jaffé und Otto Gross betrafen Weber aber nicht nur als Zeitgenossen, der Moralerwartungen hochhielt, die soeben noch verbindlich schienen und die er um so lieber hochhielt, als dies allmählich immer heroischer wurde. Nein, Weber war ganz einfach eifersüchtig. Und zwar war er eifersüchtig sowohl auf eine Person wie auf eine Situation. Eine außergewöhnlich anziehende Person, die sich seit Jahren ständig in seiner Nähe aufhielt, unternahm den Sprung aus der Ehe mit einem braven Kollegen und holte sich, wovon sie glaubte, dass es sie lebendiger machen würde – unbekümmert darum, wie das kommentiert werden würde. Sie verlor darüber aber nicht den Verstand, etwa indem sie den Vorträgen des Gurus, mit dem sie schlief, bedingungslos gefolgt wäre. Sondern sie mutete nur allen anderen übermütig zu, diese Freiheit hinzunehmen. Darin lag ein Motiv, das Max Weber, dem frühreifen und altklugen Kind, das sich Männlichkeitserwartungen aneignete, die es nicht in allen Punkten zu erfüllen vermochte, eingeleuchtet haben mag: Wenn die Liebe samt dem Begehren der Ehe vorangehen müssen, wo und wie lernt man sie eigentlich? Reicht Romanlektüre dafür aus? Diejenige Webers war allerdings ohnehin mehr auf historische Staatsaktionen fokussiert, aus Walter Scott ließ sich nicht viel für die Ehe gewinnen. Bordellbesuche wiederum lehrten nicht, wie Hingabe mit Achtung einhergehen kann. Also bleibt wenig anderes, als die Liebe, insbesondere die geschlechtliche, durch Ausprobieren zu lernen. Else Jaffé durchschlug durch Ehebruch diesen gordischen Knoten, der sich ergab, weil damals zugleich Liebesheirat, unberührter Eingang in die Ehe und Monogamie gefordert wurden – sie ergriff eine entsprechende Gelegenheit und entschloss sich, das sexuelle Lieben

eben nachträglich zu lernen. Es liegt auf der Hand, dass das für Max Weber, der zwischen Disziplin und Leidenschaft hin- und hergerissen war, eine Zumutung ersten Ranges war.

Weber verschafft sich im September 1907 Luft in einem ellenlangen Brief an Else Jaffé. Otto Gross hatte über sie einen Aufsatz für das «Archiv der Sozialwissenschaften» eingereicht. Weber sagt ihr ab, weil er andernfalls Herrn Dr. Gross eventuell verletzen würde. Er nennt ihn einen «Konfusionsrat», wirft ihm vor, wie andere Anhänger Sigmund Freuds den Boden der Forschung verlassen zu haben. «Kategorienfehler!», ruft Weber, wenn er Gross dabei ertappt, aus der Unbekömmlichkeit einer Norm auf ihre Ungültigkeit zu schließen. Wenn von Soldaten gefordert wird, Angst zu überwinden, wäre das nach Gross eine Verdrängung der Angst, also nervenethisch abzulehnen? Wenn Othello oder ein Ehemann oder Liebhaber seine Eifersucht abreagiere, ist das vom Standpunkt der «neuen» Sexualität aus auch zu empfehlen, weil nur Abreagieren die Nerven schont?

Weber hält hier Frau Jaffé indirekt den Herrn Jaffé vor, dem sie ja durchaus abverlange, gegen die neue nervenärztliche Ethik zu handeln. Else Jaffé musste allerdings entgehen, welche weitere Pointe in dieser Vorhaltung enthalten war. An seine Frau schreibt Weber nämlich, an der Stelle von Edgar Jaffé würde er eine Frau, die ihn nicht nur verlasse, sondern bloßstelle, «wohl schwerlich am Leben lassen» – um dann umgekehrt fortzusetzen, es sei für Edgar Jaffé am besten, «man schlüge ihn tot, wozu ich, auch in seinem Interesse, sofort bereit sein würde, wenn es nicht leider polizeilich untersagt wäre». Er hätte, so fährt er fort, beides allerdings nicht mit der nervlichen Bekömmlichkeit begründet, sondern mit der zu sühnenden Ehrverletzung. Von außen betrachtet, wäre es natürlich trotzdem schwer gewesen, ein eifersüchtiges Abreagieren von einer konsequenten Ethik der Würde zu unterscheiden.[9]

Man darf Weber getrost unterstellen, dass er zu diesem Zeitpunkt selbst begonnen hat, um Else Jaffé zu werben. Sie reizt ihn im doppelten Sinn dieses Wortes. «Ich habe eigens nochmals Schlafmittel gebraucht, um dies schreiben zu können», heißt es in seinem Brief, in dem er ihr seine Absage an Otto Gross übermittelt. Der Text ist auch deshalb eine rhetorische Meisterleistung, als Weber den Idealen des «Nervenprotz» Gross, der sich viel auf seinen unbürgerlichen Nonkonformismus und sein Heldentum zugutehielt, die spießbürgerlichsten Einstellungen nachweist und sich selbst auf diese Weise die Anbahnung weiterer Möglichkeiten offenhält. Die Sexualethik von Gross, die nur nach den hygienischen Folgen und den Gesundheitsopfern des Verhaltens frage, sei ein schäbiger Krämer-Idealismus, der darauf hinauslaufe, jedes Ideal im Stich zu lassen, sobald es etwas koste. Eine Heldenethik sehe anders aus. Auch die Psychoanalyse habe dem katholischen Ablasshandel nichts voraus: Was beispielsweise ethisch zu gewinnen sei, «wenn mir etwa irgendein sexueller Unfug, den meinetwegen ein Dienstmädchen mit mir getrieben hätte (Freud'sche Beispiele!) oder eine schmutzige Regung, die ich ‹verdrängt› und ‹vergessen› habe, repristiniert würde – das weiß ich nicht; denn ich gebe ja en bloc zu – und habe dabei gar nicht das Gefühl von etwas ‹Furchtbarem› –, daß schlechthin gar nichts ‹Menschliches› mir fremd ist und war, – im Prinzip erfahre ich also keinesfalls etwas Neues.» Freud'sche Beispiele! Weber verbindet ein Argument, das die neue Ethik schlechter als alt aussehen lässt, indem er ihr vorwirft, gerade keine «Moral der Vornehmheit» zu repräsentieren, mit der Mitteilung, ihm sei in diesen Dingen nichts fremd und sei es auch nie gewesen.[10]

Die Patenschaft, die er 1909 für den unehelichen Sohn Peter übernimmt, verbindet ihn Else Jaffé zusätzlich. Mit Marianne, die selbst Anzeichen einer Art Verliebtheit in Else Jaffé zeigt und die ihr jedenfalls gegen die eigenen Überzeugungen zuletzt nie etwas übel nehmen kann, spricht er vielfach über die Freundin. Weber regt sich sehr darüber auf, dass die Zusammenkünfte von Otto Gross mit Elses Schwester Frieda in Jaffés Villa stattfinden; nach damaligem Recht erfüllte das den Straftatbestand der Kuppelei. Wie leicht setze man sich da der Gnade oder Ungnade des Personals aus! Außerdem sei das Ehebruch, denn der englische Gatte von Frieda glaube ja nicht an die Theorien des Otto Gross, so wenig wie Else, die es ihm nur nicht sage, weil dann alles zu Ende wäre. Und sei denn «eine Hingabe ohne den Zwang der Liebe nicht ‹schmutzig›?» Man stellt fest, was Else an ihrem Chirurgen findet: das Problemlose – «er ist ja ein netter, guter Kerl». Das allein wird es nicht gewesen sein. Aber auch der Chirurg verschwindet im Frühling 1908 allmählich aus dem Blickfeld, er hat sich verlobt. Die Webers kommen überein, «daß die verantwortungslose Erotik des Sinnenglücks wertvolle Lebenskräfte zu steigern vermöchte», Max Weber aber vergleicht ihre Wirkung dann «mit der Wirkung einer schweren Krankheit, eines Typhus, der ebenfalls, wenn überwunden, einen Kräftezuwachs bringen könne». Man spürt förmlich, wie Weber sich an die Möglichkeit einer eigenen außerehelichen Leidenschaft heranargumentiert, denn wo liegt denn nun der Unterschied zur zwei Jahre zuvor noch verhöhnten Kraftbuchhaltung? Die Analogie zur Krankheit, die stärker mache, was sie nicht umzubringen vermöge, wirkt einigermaßen weit hergeholt, denn Krankheiten sucht außerhalb der Romane Thomas Manns ja niemand willentlich auf, anders als die Erotik des Sinnenglücks.[11]

Im Anschluss an die erwähnte Wiener Tagung des Vereins für Socialpolitik im September 1909, auf der Max Weber zusammen mit seinem Bruder Alfred gegen die Bürokratisierung der Gesellschaft und er selbst gegen die Werturteile in der Nationalökonomie vom Leder zog, kommt es dann zu einer Zuspitzung des Verhältnisses. Weber scheint erstmals seit dem Zusammenbruch im Vollbesitz seiner Kräfte. Er redet, greift an, reißt mit. Seine Frau fühlt sich geradezu erotisch angezogen, formuliert aber ihre Bewunderung nachträglich so, dass das ausbleibende gegenseitige Entflammen als Sieg ihrer Ehrfurcht über das Begehren erscheint.[12] Man kann nur ahnen, welche Hemmungen hier wechselseitig und abwechselnd dafür sorgten, dass sich die Eheleute nie zur Lust aneinander bereitfanden. Vielleicht war seiner Frau in diesem Moment aber auch deutlich geworden, dass Webers erwachende Vitalität sich schon auf eine Möglichkeit hinspannte, die jenseits seiner Ehe lag. Else Jaffé hatte ihm vorgeschlagen, von Wien aus nach Dubrovnik weiterzureisen.

Er flirtet mit ihr, man disponiert um, die Ehepaare Jaffé und Weber reisen gemeinsam nach Triest. Von dort aus fährt Marianne Weber, opferbereit, zurück nach Heidelberg, die Jaffés und Max Weber aber nach Venedig. Es ist wie unter Jugendlichen auf einer Studienfahrt, wenn zwei, die offiziell noch nichts verbindet, darauf warten, dass sie endlich allein sein können, zugleich aber schlecht ignorieren können, dass die anderen, die Dritten gerne dabeibleiben würden. Man will nicht heraus mit der Wahrheit, nicht zuletzt, weil man gar nicht weiß, worin sie besteht, also hält man alles in der Schwebe und hofft, durch Zögern und Warten Entscheidungen herbeiführen zu können, ohne riskieren zu müssen, durch eigene Eindeutigkeit das Gesicht zu verlieren.

Schließlich ist Weber in Venedig ein paar Stunden mit Else Jaffé allein. Sie erinnert das Gespräch so: «Er sieht mein Leben noch nicht abgeschlossen, spricht von der Möglichkeit und Zulässigkeit gelegentlicher ‹Abenteuer› – aber: ‹Nur einer geht nicht, mein Bruder.› Ich denke: ‹Du hast gut reden!›» Das meinte vermutlich: Du legst aus prinzipiellen Erwägungen fest, was geht und was nicht geht, aber wie soll die Person entscheiden, die das nicht prinzipiell, sondern konkret erlebt? Zu einem intimen Kontakt kommt es jedenfalls nicht. Sie will sich ihm nicht ganz unterwerfen, wie sie im November 1909 an Frieda Gross schreibt. Weber wiederum blickt zehn Jahre später auf diesen Moment als einen zurück, indem er das Leben an sich vorüberziehen sah und sich gewünscht hätte, «in jeder Hinsicht» zwanzig Jahre alt gewesen zu sein. Noch im Winter 1909 aber verliebt sich Else Jaffé und wird, zur Qual von Edgar Jaffé und zum Zorn Max Webers, im darauffolgenden Frühjahr die Geliebte – seines Bruders.[13]

NEUNZEHNTES KAPITEL

DIE SOZIOLOGIE DER MUSEN, MINA UND DAS KOMMA

Schönheit ist Tiefe der Fläche.
FRIEDRICH HEBBEL

Im Januar 1910 schreibt Else Jaffé an Alfred Weber, Max Weber habe mehr wahre Liebe für sie als er, Alfred, denn: «Du liebst vor allem das Leben und mich deshalb, weil ich es mit Dir liebe. – Und er hat so wenig.» Das muss man erst einmal fertigbringen: In einem einzigen Satz gleich drei nahestehende und in sie verliebte Menschen zu brüskieren – den mehr Liebenden, indem er leer ausgeht, den Erhörten, indem er als weniger liebend dasteht, schließlich die Freundin, weil sie dem Ersten so wenig von dem gibt, was ihm auch die Briefschreiberin verweigert. Diese Unabhängigkeit von Empathie verminderte aber ganz offenbar die Attraktivität ihrer Trägerin nicht. Wer liebt, für den liegt auch darin nur die Einsicht: Wenn sie das sagt, ist es etwas anderes.

Marianne Weber sorgt sich nach wie vor um ihr Wohlergehen, Alfred Weber wird ihr über sein ganzes Leben hinweg etwa sechzehntausend Seiten Briefe schreiben. Sein Bruder Max aber legt sich die Sache so zurecht, dass es für Else Jaffé «beinahe einerlei» sei, wen sie begehre – erst Gross, dann Gundolf, dann Salz, dann «etwas anders» bei Alfred, wo es «natürlich *nicht nur* rein sexuelle Spannung sei». Solche Erklärungsversuche, die man ernüchtert nennen mag, belegen aber keine nachlassende Anziehung: Man darf hier an den «Menschenfeind» Molières erinnern, dem die Einsicht wenig hilft, dass die Geliebte es nicht wert ist. Überdies müssten alle, die aus Webers Kritik an der Geliebten schließen, die Passion des Gelehrten habe nachgelassen, berücksichtigen, dass diese Kritik in Briefen an die Gattin ausgebreitet wird.[1]

Damit war das Liebesleben Max Webers jedoch nicht in Resignation und Aufgebrachtheit abgeschlossen, jener bei ihm ständig anzutreffenden paradoxen Gefühlsmischung. Er liebt Else Jaffé, sie weiß es, Edgar Jaffé weiß es, Marianne Weber weiß es, und indem es seine Frau weiß, weiß es auch seine Mutter: Marianne berichtete Helene Weber im Dezember 1909 beispielsweise, Max vertrage doch mehr an «weltlichen» Freuden als vermutet, könne sogar gehen, wenn er «Lust» habe, etwa um Else in ihrem Berghaus – gemeint war die Villa am Heidelberger Schlossberg – zu besuchen. *Lust* und *weltlich* hervorgehoben. Sie sieht ihn werben; bei ihr hatte er sich diese Mühe nicht gemacht.[2]

Gleichwohl überschreibt Marianne Weber das jetzt beginnende Kapitel ihrer Lebensbeschreibung des Gatten mit «Das schöne Leben». In dieser Überschrift fasst sie mehrere Vorgänge zusammen. Im Frühjahr 1910 ziehen die Webers – ihr Erbe macht es möglich – innerhalb Heidelbergs um und zusammen mit dem Ehepaar Troeltsch, das ein anderes Stockwerk belegt, in die alte Villa Fallenstein, das Haus mit dem wunderbaren Blick auf den Neckar und die Schlossruine auf der anderen Flussseite, in dem Helene Weber ihre Jugend verbracht hat. «Im Vorgarten heben noch die vom Vater gepflanzten ‹Götterbäume› – chinesische Eschen – ihre formvollendeten Kronen; gefiedertes Blattwerk mit hellgrünen Fruchtbüscheln ziert das ausdrucksvolle Geäst. Sie reichen jetzt bis zum Dach des Hauses. Hinten im Berggarten bedecken sich noch die dickstämmigen Katalpen allsommerlich mit grünsamtenen Schirmblättern und duftendem weißen Blütenschaum. Noch rauscht in der weiten, aus dem Berghang gehöhlten Grotte mit dem dichten Efeubehang die lustige Quelle – der Löwenbrunnen.»[3]

Das geräumige Idyll zieht Gäste an, ein ganzes Defilee an Intellektuellen und Studenten zieht unter Einnahme von Tee, Saft und Kuchen durch Haus und Garten: Die Sozialpolitikerin Marie Baum («nervös und seelisch müde»), die Ökonomiestudentin Marie Bernays (mit «nur mühsam in Schranken gehaltener Zärtlichkeit»), Ernst Bloch (mit «ungesellschaftlichen Manieren»), Hensel,

Gruhle, Gothein, Gundolf, Honigsheim, Lask, Lukács, Radbruch, Rickert, Salz, Simmel – «täglich Besuch, mindestens *eine* suchende Seele».[4] Einmal kamen innerhalb von acht Stunden sieben Besucher vorbei. Mehr Schulung in Personenkenntnis war damals vermutlich nirgendwo sonst zu erlangen – vorausgesetzt, man redete nicht dauernd selber –, denn nicht nur das Verhaltensspektrum hat sich erweitert, und es gibt alle möglichen Schicksale zu berichten. Die Frauen und ihre Professoren sind auch gesprächig geworden, nur wenige Themen müssen noch unbedingt vermieden werde. Fernab von Berlin kann man sogar über Politik reden, doch die Atmosphäre der Zeit legt eher Themen der Lebensführung nahe. Im schönen Leben der Rentiers, die ganz ihrer Berufung nachgehen können – sei es die Frauenbewegung, sei es das Privatgelehrtentum –, nimmt die Geselligkeit also einen wichtigen Platz ein. Max Weber und seine Frau bilden fortan das Zentrum eines dichtgeknüpften Netzwerks aus Diskussionen, Klatsch, Gedanken, Lektürehinweisen und Anekdoten.

Schließlich gibt es noch einen dritten Aspekt des schönen Lebens. Weber beschäftigt sich zunehmend mit ästhetischen Fragen. Aufgewachsen in der Welt des historischen Romans, dann des realistischen Erzählens und des naturalistischen Dramas, zitierte er bislang allenfalls einmal Werke der deutschen Klassik, vor allem Goethe, aber auch Shakespeare. Die Jugendbriefe zeigen trotz oder wegen des mehrjährigen Klavierunterrichts kein besonderes Interesse für Musik, und auch die bildende Kunst kommt dort nicht vor. Dass er seiner Frau anlässlich des Umzugs von Berlin nach Freiburg einen Zyklus von Radierungen Max Klingers schenkte, der unter dem Titel «Eva und die Zukunft» den biblischen Sündenfall mit erotischen Jugendstil-Tatmenschen illustriert, dokumentiert auch kein allzu anspruchsvolles Urteil.

Während der Italienreisen durch die Zeitschleuse der Jahre zwischen 1898 und 1903 hat sich das geändert. Nun wird zum Sonntagstee von den Gästen Arthur Schnitzler aufgeführt, begleitet von der Sorge, ob den ebenfalls anwesenden Großherzoginnen so viel Frivolität zuzumuten sei. Weber befasst sich eingehend mit der zeitgenössischen Lyrik, vor allem derjenigen Rainer Maria Rilkes und Stefan Georges, der auch in die Villa Fallenstein kommt. Bei seinem Parisbesuch vom September 1911 entdeckt Weber die Impressionisten und denkt daraufhin sogar an eine «alle Künste umfassende Soziologie», zu der auch eine Musiksoziologie gehören sollte. Wagner und Richard Strauss werden geradezu studiert. Und man wird den Eindruck nicht los, dass dieses zunehmende Interesse an Kunst mit der lebensphilosophischen Nachdenklichkeit zusammenhängt, die seine Liebeskomplikationen gesteigert hat. «Sie werden doch nicht behaupten, dass in der Erotik irgendein ‹Wert› verkörpert sei?» – «Aber sicher!» – «Welcher denn?» – «Schönheit!» Dieser Wortwechsel zwischen Weber und Else Jaffé soll sich 1908 bei einem Spaziergang in Heidelberg zugetragen haben. Weber sei erstaunt verstummt.[5] Für Weber zeichnet sich allmählich ab, was er später den Polytheismus der Wertsphären nennen wird: dass es Menschen gibt, die ihr Handeln ganz an einem einzigen Wertgesichtspunkt ausrichten, ganz einem «Dämon» dienen. Und dass es auch Menschen gibt, die versuchen, ganz für die Schönheit zu leben.

Die Affäre Jaffé ist unterdessen allerdings auch in ihren anderen Dimensionen fortgeschritten. Es kommt zu Arrangements. Edgar Jaffé nimmt einen Ruf nach München an, Else zieht mit den Kindern um, in der bayerischen Hauptstadt lebt man in zwei Wohnungen; Alfred Weber und Edgar Jaffé übernehmen die Kosten. Max Weber zürnt, findet das alles verlogen, sieht nicht ein, weshalb allen anderen zugemutet wird, die Scheinheiligkeit dieser Ehe und das gesellschaftlich «unmögliche» Zusammenleben der Unverheirateten zu decken. Was ihn aufbringt, ist Unentschiedenheit und das Festhalten am Schein, nur um in dessen trübem Licht die eigenen Interessen und den eigenen Lebenskomfort voranzubringen. «Die ethischen Werte», so schreibt er an seine Frau, «sind nicht allein in der Welt. Sie können Menschen, die in Schuld geraten sind, klein machen, wenn sie ‹Entsagung› fordern. Und sie können dann in unlösliche Conflikte führen, wo ein schuldloses Handeln unmöglich wird. Dann muß (ethischerweise) so gehandelt werden, daß die beteiligten

Menschen die möglichst geringsten Verluste an Menschenwürde, an Fähigkeit zur Güte und Liebe, zur Pflichterfüllung und Persönlichkeitswerth erleiden, und das ist oft eine schwere Rechnung.» Weber ging es also nicht um einen moralischen Rigorismus, für den immer das «Anständige» Vorfahrt vor dem Bedürfnis hat, er lehnte es nur ab, das Bedürfnis seinerseits zum Trumpf-Ass qua Natur zu erklären, das selbst Würdefragen und Fragen der Güte stets aus dem Feld schlägt, weil es jemand eben so will: Es gibt Werte und Interessen, die sich durch Wertarbeit veredeln, aber es gibt auch den Unwillen, dem Wert alles zu opfern. Und hier war es für ihn nicht einmal ein Wert, sondern nur eine Bequemlichkeit. Sieben Jahre lang weicht er nun oft seinem Bruder und ständig der Frau aus, an deren Unwille, seinen moralischen Standards und – «objektiv» gewendet – ihrem Wesen zu entsprechen, er leidet. Das geht mitunter so weit, dass er sich an Orten, wo ihre Wege sich kreuzen, verleugnen lässt.[6]

Vom Februar 1912 an erscheint ein Name in den Korrespondenzen der Webers immer öfter. Er sei mit Mina Tobler in der Johannespassion gewesen, schreibt Max Weber seiner Frau. Und nach dem Sonntagstreffen sei sie zum Abendessen geblieben. Und am Donnerstag komme sie auch. Sie ist überhaupt fast immer dabei. Im August 1912 begleitet sie die Webers auf einer Reise über Würzburg, Bamberg und Bayreuth nach München. Wer ist das?[7] Mina Tobler war eine Schweizer Pianistin, der Philosoph Emil Lask hatte sie im Sommer 1909 in Webers Kreis mitgebracht, damals war sie achtundzwanzig – also sechzehn Jahre jünger als Weber – und als Klavierlehrerin nach Heidelberg gekommen, weil ihr Bruder dort an der Universitätsklinik eine Stellung als Kinderarzt hatte. Über Hauskonzerte fand sie Zugang zum akademischen Milieu der Stadt. Zunächst war sie bis 1910 die Freundin des Germanisten Philipp Witkop, Lask trennt sich 1911 von ihr. Ihrer Mutter schreibt sie etwas später, sie begnüge sich nach wie vor gern mit den Männern anderer Frauen. Max Weber kauft ein Klavier, damit sie auch in seinem Haus gastieren kann.

Sie bewundert ihn als den intelligentesten Menschen seiner Zeit und fühlt sich durch das Urteil anderer bestätigt. Im Frühjahr 1911 verliebt sich Weber in sie, womöglich nachdem sie ihm Chopin vorgespielt hat. Der Vortrag, so schreibt er, sei wundervoll gewesen und Mina selbst auch «*physisch* so anmutig und resolut kräftig zugleich, daß es eine Freude war». Noch im Januar 1912 beklagt Marianne Weber, dass für ein so «liebes, harmonisch wohltuendes Wesen» kein Mann da sei, aber schon im Frühjahr kommt es fast täglich zu Begegnungen, und im Herbst desselben Jahres löst eine zu dritt besuchte Aufführung von «Tristan und Isolde» die Liebe endgültig aus. Mit Mina Tobler wird die Sexualität für Weber ästhetisch besänftigt, die Zartheit der Begierde vorgezogen. Sie verspricht keine Räusche, sondern ist einfach zur Stelle, um ihn zu lieben. «Ich hab's wieder gut gehabt», schreibt sie nach einem Besuch Webers. Sie steht auch in keinerlei Kontakt zu Lebensreform und Seelenrevolution. Vor allem aber: Max Weber muss ihr nichts beweisen, und sie erhebt, was entscheidend ist, keinen Anspruch, das ganze Leben mit ihr zu teilen. Die Gattin willigt ein. So wie an ihrem Totenbett einst Else Jaffé sitzen wird, so stirbt Mina Tobler in Mariannes Armen, die «Verehrungsgemeinschaft» war komplett. Im Leben hieß das, dass der Samstag als Tag der regelmäßigen Zusammenkunft mit Mina Tobler eingerichtet wird. Sie hat – zusammen mit seiner Frau – für Max Weber das schlechterdings Unwahrscheinliche verwirklicht: Bejahung ohne Heroismus. Kein großer Konflikt, keine letzten Stellungnahmen, keine dramatische Aktion.[8]

Die intellektuelle Wirkung, die sie auf ihn hatte, hängt mit dieser Begrenzung des Glücks zusammen. «Keiner von uns», erinnert sich der Theologe Hans von Schubert später an einen Vortrag in Webers Haus um 1912/13, «konnte die Einladung entziffern: ‹Soziologie der Musen›?? Was fällt ihm ein! Er setzte sich zu unserer maßlosen Überraschung ans Klavier, demonstrierte Stücke der Harmonielehre und kam von da aus zu den unerwartetsten Dingen. Etwas Unerhörteres, sagten wir hinterher, hat er noch nicht gemacht.»[9] Ein fabelhafter Lesefehler, denn über «Soziologie der Musik» wollte Weber sprechen. Das mit den Musen blieb im Hintergrund und als offene Frage für die Soziologie: Gibt es Musik ohne Musen, steht nicht im Hintergrund jeder leidenschaftlichen Befassung mit Kunst ein ähnlicher Impuls wie derjenige, der zur erotischen Liebe führt? Der Impuls, sich als Individuum wahrgenommen zu fühlen?

Mina Tobler führte Max Weber jedenfalls zur Musik, der stärksten Begrenzung von Leidenschaft, die man sich vorstellen kann. Begrenzung nicht im Sinne von Schwächung, sondern im Sinne von Eingrenzung auf ihr Gebiet. In seinen privaten Mitteilungen polemisiert Weber immer wieder gegen die Neigung, Kunst als religiöses Erlebnis zu verstehen. Im Fall von Wagners «Parsifal» beispielsweise befindet er es als Anmaßung, eine Aufführung entsprechend auf sich wirken lassen zu sollen: «Das ist einfach lächerlich.»[10] Wie sehr der «Tristan» hingegen den Zuhörer ins erotische Herz treffen kann, hätte er an sich selbst bestätigt. Die Musik verlangt Weber zufolge den Zuhörern nicht mehr und nicht weniger ab als die Reflexion über ihre Gefühle, sie berührt aber keine soziale Ordnung außer der intimsten. Von der Kunst wird so wenig wie von der Liebe auf die Religion, den Staat, die Moral geschlossen. Das Individuum lernt sich in ihr kennen, ist das nicht genug?

Weber macht bei seinen musiksoziologischen Studien, die er in diesen Jahren unter der Leitung von Mina Tobler beginnt, eine ähnliche Beobachtung. Das Christentum sei die einzige Schriftreligion, die keine kultischen Tänze kenne, weil es körperfeindlich sei. Das ermögliche «körperlose Musik», die nicht primär auf den Rhythmus, sondern auf Melodik eingestellt sei. Für Weber ist Musik die innerlichste aller Künste, die gerade dadurch in Konkurrenz zur Religion treten kann: Sie folgt einer Eigengesetzlichkeit, die alle Weltinhalte hinter sich lässt, keinerlei Wiedererkennen erlaubt, dabei aber wahrnehmbar ist, indem sie im Dienste von nichts anderem als ihrer eigenen Formdynamik und Schönheit steht. Vor diesem Hintergrund zeigt sich eine Pointe der berühmten Briefstelle, in der sich Weber 1909 als «religiös absolut ‹unmusikalisch›» erklärt – kurz darauf neigte er dazu, musikalisch religiös zu sein und der Musik eine «innerweltliche Erlösung vom Alltag» zuzutrauen.[11]

Eine Erlösung durch die Hochzeit von Schönheit und Rationalität. Webers Entwurf einer Musiksoziologie, die er andernorts auch als «empirische Musikgeschichte» bezeichnet hat, kommt ohne Werke, Gattungen, Stilepochen aus. Er beschäftigt sich ganz mit dem Tonsystem und der historischen Entwicklung seiner Eigengesetzlichkeit. Die elementaren Befunde der Musiksoziologie sind nämlich: Was wir hören, hängt nicht nur von der Beschaffenheit der Ohren und der «Physik» der Klangverhältnisse ab. Die Ohren sind erzogen worden, Töne nicht unabhängig zu hören, sondern als Elemente von Tonbeziehungen. Sobald einer erklingt, werden bestimmte andere erwartet. Jede ästhetische Welt ist so ein System, in dessen Zentrum die technischen Mittel zur Erfüllung bestimmter künstlerischer Absichten stehen. Es handelt sich für ihn dabei nicht um ein naturgegebenes System. Das zeige sich an den konstruktiven Leistungen: Die mathematisch, «pythagoreisch» erzeugten Intervalle weichen minimal, aber für das Gehör empfindlich von denen in reiner Stimmung ab. Die Rationalität allein führt nicht zu Schönheit, oder umgekehrt: Die Schönheit hat ihre eigene Rationalität.

Dass die Gesetze der Musik keine Naturgesetze sind, zeigt sich auch im weltgeschichtlichen Vergleich: Es gibt andere Klangwelten, die anderen Logiken als denen der europäischen Quinten und Oktaven folgen. Das führt Weber zu dem Befund, daß die weltweite Verbreitung des abendländischen Akkordsystems einer historischen Erklärung bedarf. Jene Verbreitung, würde Weber heute vielleicht sagen, kann man daran erkennen, dass in den westlichen Orchestern zahllose asiatische Violinistinnen sitzen, aber nur sehr wenige Europäer traditionelle asiatische Musik machen. Schon zu Webers Zeit waren die Musikethnologen in Sorge um «die letzten Spuren fremden Singens». Eine von Webers Autoritäten, Erich Moritz von Hornbostel, warnte ganz im Stil heutiger Ängste vor einer McDonaldisierung der Kultur: «Wir müssen retten, was zu retten ist, noch ehe zum Automobil und zur elektrischen Schnellbahn das lenkbare Luftschiff hinzugekommen ist, und ehe wir in ganz Afrika Tarabum-diäh und in der Südsee das schöne Lied vom kleinen Kohn hören.»[12]

Weshalb nun andere musikalische Kulturen zwar Elemente der westlichen aufweisen – Durdreiklang, Tonalität, Temperierung –, sie aber nicht zu einem so umfassenden System entwickeln, geht in Webers Text allerdings fast unter. Er arbeitet sich akribisch in die Harmonielehre und die unterschiedlichen historischen Tonsysteme ein, untersucht kulturvergleichend die Rolle der Melodie, bestimmter Intervalle und der Mehrstimmigkeit von Musik. Aber wo bleibt die Soziologie? Für Weber führen einerseits neue ästhetische, von rituell-religiösen Zwecken unabhängige Bedürfnisse zur Rationalisierung der Musik.[13] Das menschliche Ausdrucksbedürfnis erkundet seit der Renaissance systematisch, welche Möglichkeiten es hat. Zum anderen trägt die Notenschrift dazu bei, alle möglichen Verhältnisse zwischen Tönen besser erforschbar zu machen.

Für Weber heißt aber «Soziologie der Musik» und generell «Soziologie der Kunst» nicht in erster Linie, die inhaltliche Abhängigkeit der Kunstwerke von gesellschaftlichen Umständen nachzuweisen, so wie sich Werner Sombart allen Ernstes vorstellen konnte, dass die Lautstärke moderner Musik mit dem Großstadtlärm zusammenhänge. Auf diese robuste Zurechnung der Innenlautstärke auf die Außenlautstärke, mit der die Kunst im Grunde zum bloßen «Spiegel» der Gesellschaft degradiert wurde, antwortete Weber auf dem ersten Soziologentag gewitzt mit dem Hinweis auf die Lyrik Stefan Georges: Diese reagiere auf den zivilisatorischen Taumel der Großstadt gerade mit der Errichtung letzter, uneinnehmbarer Festungen gegen die Technik, was umgekehrt – Weber überließ es den Zuhörern, diesen Schluss zu ziehen – dazu zwänge, auch das Leise und das «Komm in den totgesagten Park und schau» auf die laute Umgebung des Parks zurückzuführen.[14]

Während Weber aber hier noch recht konventionell und Sombart ähnlich einer Soziologie der Musik die Aufgabe zuweist, Beziehungen zwischen dem «Geist» einer Musik und dem Lebenstempo und Lebensgefühl ihrer Entstehungszeit zu ermitteln, steckt für ihn kurze Zeit später die Gesellschaft nicht in den Inhalten, sondern in den rationalen Mitteln, die dem musikalischen Ausdruck zur Verfügung stehen. Die Art des Umgangs mit der Irrationalität, also mit der Tatsache, dass sich die Musik der Mathematik nicht ganz fügt, ist für ihn der Schlüssel zur Unterscheidung von Rationalitätskulturen.

In der abendländischen Rationalitätskultur zeigt die Geschichte der Musik für Weber beispielhaft, dass es keinen Gegensatz von Gefühl und Rationalität gibt, sondern nur eine ausdrucksadäquate Form von Rationalität, die ästhetische eben. Um 1910 beginnt sich der Gedanke einer Eigengesetzlichkeit der Entwicklung von «Wertsphären» immer stärker bei Weber durchzusetzen – und das heißt: Es gibt nicht bloß eine Rationalität, sondern viele, und ihnen ist nur gemeinsam, dass sie auf ihren jeweiligen Einsatzgebieten auf Berechenbarkeit und Effektbeherrschung abzielen. Auf die Musik angewandt, wäre Effektbeherrschung der Einsatz spezifischer Kompositionstechniken und Instrumente zur Hervorbringung bestimmter Klänge. Berechenbarkeit hingegen wäre die damit verknüpfte Erwartung bestimmter sozialer Wirkungen, etwa der Erregung bestimmter Gefühle durch den «Kirchenton», das Lied oder den Tristanakkord. Man kann vermuten, dass Mina Toblers wohltemperiertes Klavier Weber einen der wichtigsten Anstöße dazu gab, diesen Gedanken der Rationalität auch des scheinbar ganz Irrationalen zu fassen.

ZWANZIGSTES KAPITEL

EINE REIZBARE EXISTENZ? – AUFTRITTE, GERICHTSSZENEN, GELEHRTENSTREIT

Niemand wird beleidigt als von sich selbst.
«Die Raserey der Duelle», anonym 1764

Ist «die Zugehörigkeit zum konkreten Volke auch eine seelische Bereicherung?» Heute würde man nicht mehr so formulieren wie Paul Barth im Oktober 1912 beim Zweiten Deutschen Soziologentag. Anstelle von Seele und Volk würde man es vorziehen, von Identität, Wir-Gemeinschaften, Mentalität und «imagined communities» zu sprechen, und man würde die Frage nach der Bereicherung ausklammern. Einige, darunter Max Weber, hätten das auch damals besser gefunden. Schon deshalb, weil es gar nicht so einfach ist, sich jemanden vorzustellen, der nicht zu einem «konkreten Volke» gehört; selbst Staatenlose haben zumeist eine Nationalität. Barth, außerordentlicher Philosoph an der Universität Leipzig, hielt zum Oberthema der Tagung – «Nation und Nationalität» – damals in Berlin das erste Referat. Ein braver, soziologisch und auch sonst ziemlich unergiebiger Vortrag. Das vier Jahre zuvor erschienene Buch von Friedrich Meinecke «Weltbürgertum und Nationalstaat» war mit seiner Unterscheidung von Volk, Staatsnation und Kulturnation schon weiter. Barths Referat hatte sinnvolle Motive, handelte aber etwas beliebig von Zusammengehörigkeitsgefühlen, von Feindschaft und Exogamie, von frühen Staaten und Stammesgöttern, bis es bei der Unterscheidung von Vaterland und Weltbürgertum ankam – und Barth keinen Zweifel daran ließ, dass die Philosophie keinen Gegensatz zwischen Nationalität und Humanität sehe, weil gerade die Zugehörigkeit zu einem Volk eine Quelle des Altruismus sei: «Für die Menschheit vermögen sich nur wenige zu erwärmen. Denn die Menschheit ist viel weniger konkret als das Volk und die soziale Klasse.» Dann wollte sich Barth der Frage zuwenden, ob es für den Fortschritt besser sei, «wenn der Staat nicht national, sondern international wäre?» Der Tagungsband aber verzeichnet: «Hier wurde der Vortrag abgebrochen.»[1]

Die «Frankfurter Zeitung» berichtete tags darauf, Barth sei an dieser Stelle vom Vorsitzenden, Ferdinand Tönnies, darauf aufmerksam gemacht worden, die Mitglieder der Gesellschaft hätten Werturteile zu vermeiden. Das stand im Paragraphen 1 ihrer Statuten. Es folgte eine «lebhafte Unterbrechung». Barth will fortfahren, da ruft Max Weber ihm erregt zu: «Es ist strikte verboten, Sie dürfen nicht von Werturteilen sprechen!» Verlegenheit, von Werturteilen wollte Barth sowieso nicht sprechen, sondern in Werturteilen. Pause. Barth bricht erneut ab. Beifall. Übergang zur Diskussion. Weber scheint gekocht zu haben, beteiligt sich aber sofort mit einem langen Beitrag an der Debatte und zieht anderntags eine recht weitgehende und wie vorbereitet wirkende Konsequenz. «Auf diesem Punkte würde ich niemals ‹Maß› halten», lässt er in dem Schreiben wissen, in dem er wegen seiner unnachgiebigen Auslegung der Werturteilsenthaltsamkeit der Soziologengesellschaft seinen Austritt mitteilt.[2]

Arenawechsel. Zwei Jahre zuvor, am 3. Dezember 1910, erscheint im «Heidelberger Tageblatt» ein Leserbrief des örtlichen Privatdozenten der Philosophie Arnold Ruge. Der ehemalige Assistent von Wilhelm Windelband regt sich darin über die Frauenbewegung auf. Für ihn ist sie «allmählich ein Skandal, der nicht nur die wirklichen Frauen, sondern auch die Männer empört». Ruge unterscheidet noch zweimal zwischen wirklichen Frauen und den anderen, «die nicht Frauen sein können und nicht Mütter sein wollen», um schließlich noch konkreter zu werden, die Frauenbewegung setze sich zusammen «aus alten Mädchen, sterilen Frauen, Witwen und Jüdinnen». Mütter, er sagt es noch einmal, seien nicht dabei.[3] Ruges Anlass: Vier Tage zuvor hatte eine Versammlung des von Marianne Weber geleiteten Heidelberger Vereins «Frauenbildung – Frauenstudium» stattgefunden, bei der die Idee der sozialdemokratischen Frauenrechtlerin Lily Braun diskutiert wurde, in Mehrparteienhäusern Zentralküchen einzurichten, um die Entlastung sowohl der proletarischen wie der bürgerlichen Frauen von der Hausarbeit voranzutreiben.[4]

Die kinderlose Marianne Weber lacht zunächst mit ihrem Mann über die gehässigen Einlassungen des Doktor Ruge, den sie beide als streitsüchtigen Zeitgenossen kennen, lässt sich dann aber – Windelband habe Ruge den Rücken gestärkt, Teile der Heidelberger Männerwelt hätten Beifall gespendet – dazu drängen, eine Erklärung zu verlangen, wen er denn meine. Ruge teilt erneut als Leserzuschrift mit, er meine die Frauenbewegung insgesamt, niemanden Bestimmten, also nicht nur Heidelberger, aber gerade auch Heidelberger.[5] Darauf setzten Marianne und Max Weber ihrerseits einen Leserbrief auf, Ruge drücke sich um klare Worte, aus dem Sittenprediger ergieße sich ein unreifes Äußerungsbedürfnis zu Dingen, von denen ihm die Kenntnis fehle; «sofern Sie normal urteilsfähig sind», wird ihm mitgeteilt, müsse er zugeben, dass es sich um Schmähungen handele. Ruge repliziert, Weber verstecke sich hinter seiner Frau, um sich eine Duellforderung zu ersparen.

Jetzt nimmt die Sache endgültig Fahrt auf. Weber erklärt einerseits, seine Frau könne für sich selbst sprechen, ein Duell ändere und beweise im Übrigen nichts. «Sonst kommt man ja aus dem Pistolen-Knacken nie heraus», schreibt er abwiegelnd einem Journalisten, der Ruge schon einmal «Ohrfeigen angeboten» hat, als dieser beleidigend gegen seine Frau geworden war.[6] Andererseits aber will Weber recht haben. Ruge besteht seinerseits darauf, mit Weber zu streiten, klagt wegen Beleidigung, nimmt die Klage wieder zurück. Einige Zeit verstreicht, Ruge erklärt die Form seines Leserbriefs als zu scharf, nicht aber den Inhalt, und teilt mit, Webers krankhafter Überreizung halber den Streit beizulegen. Außerdem erklärt er, gerade auf die Veröffentlichung der Namen jener Frauen, die er gemeint habe, lege er großen Wert. «Es handelt sich jetzt», schreibt daraufhin Weber, «um keinerlei Unbesonnenheit mehr, sondern um ein Handeln, auf dem der physische Tod als Sühne oder – bei ‹Kindern› und ‹Narren› – etwas dem Entsprechendes steht.»[7]

Deutscher Professor im Ruhestand zersäbelt Privatdozenten der Philosophie wegen antifeministischem Leserbrief? Zeitungen aus Hamburg und Berlin, dann Mannheim und Dresden berichten nun unter Titeln wie «Alt Heidelberg, du Feine» ganz anders: Aus Heidelberger Universitätskreisen sei ihnen zugetragen worden, Weber weiche einer Duellforderung mit Verweis auf seinen Gesundheitszustand aus. Weber und Ruge dementieren das beide, aber es hilft nichts, die Berichte werden von anderen Zeitungen abgeschrieben, Weber verlangt eine Richtigstellung, bekommt sie unter Verweis auf die zuverlässigen, aber anonymen Quellen nicht, außerdem sei vielleicht dieses Detail falsch, meint die Redaktion der «Dresdner Neuesten Nachrichten», ansonsten sei am Bericht aber alles in Ordnung. Das Gegendarstellungs- und Unterlassungsrecht war noch nicht sehr entwickelt, und wer über den Hunderten von Seiten an Prozessmaterialien verzweifelt, die Weber erzeugt, mag sich damit trösten, dass sie den Gerichten Stoff zur juristischen Fortentwicklung des Themas geliefert haben. Denn Weber strengt nun seinerseits über Bande die Justiz an, indem er die Zeitung in zahlreichen Briefen und öffentlich beleidigt. Deren Chefredakteur klagt, kurz darauf auch ein Korrespondent, womit für Weber die erste Kontaktstelle feststeht. Das Ganze zieht sich nun schon zehn Monate hin. Weber schreibt fast keine anderen Briefe mehr. Vor Gericht verliert er zunächst und muss hundert Mark Strafe zahlen, die Kläger nur insgesamt fünfzig Mark, in einer Verhandlung der zweiten Instanz aber rutscht dem Korrespondenten der Name seines Informanten heraus, er sagt anstatt «Weber» einmal «Koch», und Weber kennt Koch.

Es handelt sich um einen Kollegen, Adolf Koch, außerordentlicher Professor für Zeitungswissenschaft und eine gequälte Existenz, der sich als junger Mann aus Liebeskummer eine Kugel in die Brust geschossen hatte, bittere Witze über das eigene Judentum riss, wissenschaftlich jedoch unauffällig blieb. Zwei Jahre zuvor hatte Weber ihn bei einer Enquête zur Materialbeschaffung für eine Soziologie des modernen Pressewesens übergangen, die er zusammen mit dem Leipziger Ökonomen Karl Bücher plante, obwohl er damals schon einem Kollegen schrieb, man solle das vielleicht nicht tun, Koch könne bei seinen guten Kontakten für schlechte Presse sorgen.

Jetzt vermutet Weber, Koch habe sich mit der Falschinformation, die er jenem Korrespondenten der «Dresdner Neuesten Nachrichten», einem seiner ehemaligen Schüler, zukommen ließ, für diese Nichtberücksichtigung rächen wollen. Weber hält ihm brieflich vor, nach Lage der Dinge nicht geeignet zu sein, an der Universität Journalisten auszubilden. Koch sieht sich in die Enge getrieben und reicht Klage gegen Weber ein, Weber triumphiert. Es war, «als ob der Niagara sich in einen Waschbottich stürze», beschrieb Karl Jaspers später den Prozess.[8] Weber dreht vor Gericht und den versammelten Universitätskreisen auf wie ein Volkstribun, wird berichtet. Koch kann nicht glaubhaft machen, dass er keine desinformierende Absicht verfolgte, es wird ein Zeuge nach dem anderen aufgeboten, der seinen Charakter ungünstig beleuchtet. Der widerwärtige Ruge ist längst vergessen, zumal er die Patronage des Philosophen Windelband genoss. Für Koch aber – arm, hässlich, Jude, Vertreter eines neumodischen Faches – verwendet sich so gut wie niemand, er bekommt vielmehr zusätzlich ein Disziplinarverfahren der Universität an den Hals. Am Ende wird ihm 1913 die Lehrbefugnis entzogen, weil er unrechtmäßigerweise für seine Kurse den Titel «Journalistisches Seminar» verwendet habe und wohl auch aus den Vorlesungsmitschriften bei einem Kollegen die eigenen Lehrveranstaltungen bestritt. Weber fällt spät ein, dass er es so weit nun auch nicht kommen lassen wollte. Mehr als wohlfeil aber wirken die abschließenden Worte, mit denen Marianne Weber den Vorgang versieht: «Die Gefährten trugen lange an der Einsicht, daß moralische Vernichtung unmenschlicher ist als physische.»[9]

In einer dritten Arena, in der wir Weber in jenen Jahren streiten sehen, kommt es nicht zu persönlichen Begegnungen. Es sind die schriftlichen Gefechte, die er mit den Kritikern seiner «Protestantischen Ethik» führt. 1907 öffnet er das «Archiv für Sozialwissenschaft und Sozialpolitik» für den Abdruck der Kritik des Philosophen Karl Fischer. Seine beigefügte Replik leitet Weber mit der Begründung ein, selbst missverständliche – er meint: missverstehende – Kritik könne zeigen, wo der Autor solchen Missverständnissen nicht genug vorgebeugt habe. Um dann aber an seinem Kritiker nicht ein einziges gutes Haar zu lassen – zu Recht. Schon der Vorwurf, wer den Katholiken Jakob Fugger als Beispiel für den Geist des Kapitalismus zitiere, könne diesen nicht «protestantisch» nennen, war absurd, weil Weber Fugger für das Gegenteil zitierte. Fischer argumentiert nicht allzu intelligent, auch wenn seine Frage, wie man denn entscheiden könne, ob die Calvinisten zu Kapitalisten wurden oder nicht vielmehr die Kapitalisten zu Calvinisten, in der Debatte um Webers These immer wieder auftauchen wird.

Viel durchdachter ist der Angriff des Historikers Felix Rachfahl, der damals an der Universität Gießen lehrte und ein Spezialist unter anderem für die Geschichte der Niederlande war. Rachfahl schickt seiner Kritik ein umfassendes und völlig unpolemisches Referat von Webers Gedankengang – und ähnlichen Motiven im Werk von Ernst Troeltsch – voraus. Dann aber bezweifelt er als Erstes, dass sich traditionalistische Bedarfsdeckung und kapitalistischer Erwerb um des Erwerbs willen empirisch überhaupt voneinander unterscheiden ließen: Den aufsteigenden Mittelschichten dürfte ein Gefühl für die Vorzüge besserer Lebenshaltung nicht fremd gewesen sein. Damit stellt Rachfahl die idealtypische Vorgehensweise Webers in Frage – die Isolation eines Motivs der wirtschaftlichen Tätigkeit, in diesem Fall des religiösen Erlösungszweifels. Wenn aber dieses Motiv auch bei kapitalistischen Unternehmern stets in Mischung mit dem Streben nach irdischen Belohnungen vorkomme – «Lebensgenuß, Sorge für die Familie, Streben nach Ehre, Macht, Wirksamkeit im Dienst des Nächsten und der Gesamtheit der Nation und der nationalen Wohlfahrt»–, was bleibe dann von der sehr spezifischen Begründung? Und Rachfahl entwickelt ferner schon den Einwand, den später Werner Sombart prominent vertreten wird: Wenn die kapitalistischen Produzenten so asketisch eingestellt waren, dann konnten sie ihre Kunden jedenfalls nicht unter ihresgleichen finden.[10] Weber selbst räumte ein, dass die asketischen Protestanten Luxus bekämpft hätten, aber die «solide Bequemlichkeit des bürgerlichen home» zu schätzen wussten. Hier sei die Grenze zwischen Komfort und der Bekämpfung von Überflüssigem als Handlungsmotiv praktisch kaum zu ziehen.[11] Für Rachfahl liegt der «kapitalistische Geist» durchaus in jenem Satz Fuggers, er «wollte gewinnen, dieweil er könnte». Denn das dokumentiere kein Motiv der traditionalen Bedarfsdeckung, sondern Erwerb um seiner selbst willen, frei jedoch von jeder Absicht, damit Bewährungszeichen zu setzen. «Woher weiß denn Weber, daß sich Fugger nicht seinem Berufe gegenüber innerlich verpflichtet fühlte, daß nicht auch ihm die Idee vorschwebte, der Mensch habe die Pflicht, seine Aufgabe treu und gewissenhaft zu erfüllen, vor die ihn das Leben nun einmal gestellt hätte?» Das sei zwar derselbe kapitalistische Geist, der auch im katholischen Flandern, unter den arminianischen Textilhändlern Hollands – der Arminianismus war eine Richtung im protestantischen Reformismus, der zufolge göttliche Erwählung durchaus von menschlichen Taten abhängig war – und unter indifferenten New Yorker Fabrikanten geherrscht habe, aber für Weber, so Rachfahl, war es «eben nicht der richtige kapitalistische Geist». Und umgekehrt projiziert Weber seiner Meinung nach in Calvin eine moderne Gesinnung hinein, die er nicht gehabt habe. Der vierhundertste Geburtstag des Genfer Reformators war 1909 gerade begangen worden, und was hatte man ihm bei dieser Gelegenheit nicht alles zugeschrieben – von den Menschenrechten und politischen Freiheiten bis zur holländischen Landschaftsmalerei – und nun auch noch den kapitalistischen Geist! Dabei war Calvin, auch das sagt Rachfahl in Richtung Max Webers, ein düsterer Theokrat, weit entfernt, die Trennung von Staat und Kirche zu betreiben, den Reichtum und die Blüte von Industrie- und Handelsstädten zu loben oder Individualismus und Gewissensfreiheit zuzulassen.[12]

Weber reagiert sofort gereizt. Die «Internationale Wochenschrift für Wissenschaft, Kunst und Technik», in der Rachfahls Kritik stand, hatte Ernst Troeltsch und nicht ihn zur Replik eingeladen. Unhöflich. Der Kritiker behandle ihn und Troeltsch als Kollektiv, um die angeblichen Fehler des einen auch dem anderen anrechnen zu können.[13] Wenig loyal. Außerdem: «Wer unsere beiderseitigen Aufsätze wirklich gelesen hat», «Kritiker von der Eigenart Rachfahls», «Was ist das aber für eine Art von ‹Historiker›, der», «Ich gestehe, dass ich eine solche Art von Diskussion für ziemlich wertlos halte und es ein etwas starkes Stück finde», Rachfahl «ein Schriftsteller», «künstlich und absichtsvoll angerichtete Konfusion», «Scheinkontroversen», «wie ich notgedrungen abermals wiederhole» und so weiter.[14] Zu Rachfahls Argumenten sagt Weber im Grunde nur, dass sie alle schon durch seine Studie hinfällig gemacht worden seien und ihm darum nichts bleibe, als sich zu wiederholen. Ihn bringt ersichtlich auf, dass seine anspruchsvolle methodische Konstruktion in eine Sachkontroverse über holländische Handelshäuser hineingezogen werden soll. Und er kann es nicht fassen, dass Rachfahl behauptet, eine rationalistisch geregelte Lebenshaltung sei gar keine Askese und die calvinistische Ethik längst nicht so rigoros gewesen, wie Weber seinen Lesern weismachen wolle.[15]

Doch nicht die sachlichen Differenzen sind es, die an diesem Streit am meisten auffallen, sondern der unausgeglichene Ton, der auf Weber zurückgeht. Nachdem Rachfahl auf Webers Replik geantwortet hat, den Anrempeleien Webers entgegnend, aber seine bleibenden Einwände noch einmal erläuternd, verliert Weber völlig die Haltung: Rachfahl wiederhole nur seine Rabulistik, anstatt ehrlich einzugestehen, dass er oberflächlich gelesen habe, und gebe peinlich wirkende Nichtaufrichtigkeit, Unfug, Plattitüden von sich. Für Weber ist Rachfahl zuletzt einfach eine impertinente, ehrlose und eigentlich nicht satisfaktionfähige Person, eine – Weber verwendet den Ausdruck gleich dreimal – «Klopffechter-Natur», also jemand, der gar nicht richtig kämpft, sondern nur mit einem Holzschwert Fechtfiguren vorführt, «und mit einem solchen spricht man, wenn überhaupt, in unverblümtem Deutsch».[16] Man kommt um den Eindruck nicht herum, Weber wollte ein Duell provozieren.

Es ließen sich noch viele solcher Streitszenen mit einem aufgebrachten und auf seine Gegenüber losgehenden Max Weber schildern. Den Beginn machte das Standgericht, das er über seinen Vater hielt. Im Anschluss an seine Antrittsvorlesung freut er sich über den Schock, den er dem Publikum durch seine brutale Diktion versetzt hat. Im «Verein für Socialpolitik» rechnen er und sein Bruder unter großem Aufsehen mit dem guten Ruf ab, dessen sich das preußische Beamtentum bei den Nationalökonomen und Staatswissenschaftlern erfreute. Gleich im Anschluss an das Gerichtsverfahren gegen Adolf Koch lässt Weber die Kritik des Kieler Wirtschaftswissenschaftlers Bernhard Harms an seiner seit 1908 geplanten Herausgabe des «Grundrisses der Sozialökonomie» eskalieren, bis es fast zum Duell kommt. Harms hatte gegenüber Webers Vetter Otto Baumgarten durchblicken lassen, er selbst hätte anstelle von Weber Herausgeber werden sollen. In einem Brief an Ferdinand Tönnies, den er als Bundesgenossen von Harms vermutet und darum mit ihm zeitweise bricht, äußert sich Weber empört über den Vorwurf, er ignoriere die Tradition des Verlags – dessen Ehre sei «absolut identisch mit meiner Ehre», es gehe um seinen «unbefleckten Ruf».[17] Er schickt Harms eine Duellforderung (Säbel!), zieht sie aber mit der Begründung, sein Blut sei inzwischen kalt geworden, in dem Moment wieder zurück, als der zwölf Jahre Jüngere annimmt, aber das Gefecht erst in den Osterferien abseits der studentischen Aufmerksamkeit austragen will. Daraufhin erklärt ein Kollege von Harms, Weber habe schwere Formfehler bei seinem Rückzug vom Duell gemacht – Felix Rachfahl!

Am Ende des Ersten Weltkriegs, und damit beenden wir unsere sehr unvollständige Sammlung, kündigt Weber schließlich an, den deutschen Kaiser so lange beleidigen zu wollen, bis der ihn verklage, worauf man dann alle möglichen Minister vorladen könne, um sie zu Aussagen über ihre Rolle im Krieg zu zwingen.

Rationalität, Spezialistentum, Wertfreiheit: Die prominentesten Begriffe, die mit Max Webers Werk verbunden sind, lassen nicht ahnen, dass sein Autor sich seit Beginn seiner wissenschaftlichen Laufbahn fast unablässig im Streit befand. In mitunter wütendem, oft verletzendem, stets hochrhetorischem Streit. Es liegt nahe, darin einen Ausdruck jener hohen Reizbarkeit zu sehen, die damals zur deutschen Kultur der Ehre gehörte. Sich nichts gefallen lassen, eine «Gesellschaft der Satisfaktionsfähigen» (Norbert Elias) zu bilden, immer bereit zum Zweikampf zu sein – ein ganzes System informeller Konventionen regelte, wer wen wodurch beleidigte. Als Weber dem Journalisten Friedrich Blanck den Fall Ruge aus seiner Sicht schildert, antwortet der zunächst, er bitte Weber «recht höflich, in Ihren Briefen an mich mißächtliche Bezeichnungen des Herrn Dr. Ruge zu unterlassen, weil, wie ich gestern erfuhr, Herrn Dr. Ruge's Braut eine Dame ist, welche ebenso wie ihr Bruder als Gast in unserem Hause verkehrt hat».[18] So umwegig konnten Fragen der Ehre aufkommen.

Doch es wäre vermutlich falsch, darin eine Art Habitus Webers, eine Disposition zum heiligen Zorn zu erkennen, den er an den altjüdischen Propheten so bewunderte. Denn eine solche Deutung gibt Webers ausgestellter Unbeherrschtheit zu viel Kredit. Im Privaten neigte er keineswegs zu spontanen Wutausbrüchen und erratischen Reaktionen; seine Selbstcharakterisierung aus Jugendzeiten, er habe kein besonders mitteilsames Wesen und behalte seine Gefühle lieber für sich, war auch für den Erwachsenen noch gültig. Bevor man sich ihn dermaßen unkontrolliert vorstellt, wie er in vielen dieser Konflikte wirkt, ist vorher noch eine bessere Erklärung zu suchen.

Dass Weber vor allem Anspielungen auf seine Krankheit und seine Ehe bis aufs Blut reizen, ist dabei nur ein Moment. Sowohl Ruge wie Harms hatten ihn für nur bedingt zurechnungsfähig erklärt, von krankhafter Zerfahrenheit und völliger Disziplinlosigkeit gesprochen. Aber die vielen Briefe, die er im Verlaufe dieser Konflikte schreibt, dienen nicht nur der Zornabfuhr. Dass er mit der Gattin zunächst über Ruge lachte, weist darauf hin, dass es die Öffentlichkeit ist, für die Weber seinen Zorn kultiviert.

Das gilt auch für die berühmteste aller seiner Streitigkeiten, den sogenannten «Werturteilsstreit», der sich im «Verein für Socialpolitik» von 1909 bis 1914 hinzog und die Forderungen betraf, die Weber schon an Paul Barth theatralisch exekutierte. Dass er diesen

Konflikt zuletzt als «Wert-Quasselei»[19] bezeichnete, lag schlicht daran, dass er alle Fragen, die hier interessant waren, für sich und lesbar auch für andere schon in seinen Methodenabhandlungen um 1904 herum geklärt hatte. Seine Beiträge zur Wissenschaftslehre stellt er fast pünktlich zu dem Zeitpunkt ein, als er beginnt, sich mit den Ökonomen darüber zu streiten. 1909, auf der Tagung des Vereins in Wien, hatte der Ökonom Eugen von Philippovich einen Vortrag gehalten, in dem er die Produktivität einer Volkswirtschaft «unter dem Gesichtspunkt der Wohlstandförderung» bemaß. Dagegen opponierten Werner Sombart und Max Weber: Wissenschaftlich ermittelbare Wohlstandskriterien gebe es nicht, die Werturteile, worum es sich beim Wohlstand handele, seien uneinheitlich, in dem Begriffe stecke «offensichtlich alle Ethik der Welt». Weber hat dem später eine kurze Bemerkung zur «materialen Rationalität» der Wirtschaft gewidmet, wonach «ethische, politische, utilitaristische, hedonische, ständische, egalitäre oder irgendwelche anderen Forderungen» an die Wirtschaft zu stellen auf schrankenlos viele Wertmaßstäbe zuführe.[20]

Die Funktion der Wirtschaft, hieß das, lässt sich ökonomisch und soziologisch vergleichsweise eindeutig beschreiben, aber die Beurteilung ihrer Leistungen hängt vom Standpunkt des Betrachters ab. Der Bau einer Kirche, meinte Sombart, wird vom Gläubigen als Wohlstandsförderung empfunden werden, vom Atheisten nicht. Für Weber war der Begriff der Produktivität deshalb ganz unbrauchbar. Er moniert aber nicht nur, dass solche Begriffe zwangsläufig manipulativ wirken. Er kritisiert auch, dass die Wissenschaft die politische Diskussion schwäche, wenn sie politische Forderungen in ihre Argumentation hineinnehme. Der Vorwurf geht also in beide Richtungen: Wissenschaftliche Werturteile verharmlosen die Entscheidungssituation und enthemmen, weil sie eben nicht durch Begriffsbildung, Logik, Empirie kontrolliert werden, die Rede vom Katheder herab.

Doch das alles war, wie erwähnt, längst gesagt. Wie kommt es also, dass in Webers Konflikten für den späteren Betrachter stets ein Moment des unnötigen, an den Haaren herbeigezogenen Streits mitschwingt, der sich an ganz unbedeutenden Gegnern auslässt, der völlig übermäßig und zugleich mit großer Beharrlichkeit betrieben wird? Es handelt sich hier um Auftritte, so wie auch das Gerichtsverfahren für Weber eine Möglichkeit war, eine große Szene vor Publikum zu machen. Im Briefwechsel über den Fall Koch ist er Anklage, Ermittlungsbehörde und Zweikämpfer in einer Person. In der Kontroverse mit Rachfahl diskutiert er nicht mit diesem, sondern redet über ihn. Norbert Elias hat in seinen «Studien über die Deutschen» darauf hingewiesen, dass die Rekrutierung der deutschen Elite zwischen 1817 und 1914 aus den Kreisen der satisfaktionsfähigen Gesellschaft die Strafverfolgung der rechtlich verbotenen Duelle blockierte. Um den Behörden ihre Untätigkeit zu erleichtern, seien die Zweikämpfe oft an schwer zugängliche Orte verlegt worden.[21] Der Geistesaristokrat hingegen verlegt den Ort seiner Zweikämpfe in die Öffentlichkeit, denn es geht bei ihnen gar nicht um die Durchsetzung einer Wahrheit. Dazu würden Publikationen völlig ausreichen. Weber, der keine Professur mehr innehatte, keine Schüler besaß, keinem Fach mehr angehörte, demonstrierte über solche öffentlichen Auftritte, wo in der Hierarchie der intellektuell Satisfaktionsfähigen er einzuordnen war. Es werden nicht Argumente, sondern Statusfragen geklärt. Darum die ständigen Rücktrittsdrohungen gegenüber Organisationen, als Zeitschriftenherausgeber, als politischer Berater: Der Konflikt ersetzte Weber die Karriere, er hat seine Zusammenstöße genossen. Darum auch ist er so begierig, den Schuldigen an den Weiterungen der Ruge-Affäre in die Finger zu bekommen, weil ihm bewusst wurde, dass er Streit nur in der Öffentlichkeit, aber nicht gegen die Öffentlichkeit gewinnen kann. Die Zeitungen berichten falsch, beklagt er sich, er schicke eine Berichtigung, die wird abgedruckt, aber mit irgendeinem Vorbehalt oder Zusatz, der wieder etwas am Einsender hängenbleiben lässt. Wenn der erneut reagiert, nimmt die Animosität zu, «und setzt man dieses Verfahren weiter fort, so gerät man mindestens in den Geruch, ein kleinlicher Querulant zu sein». Es greife so ein allgemeines Gefühl von «Hülflosigkeit gegenüber der Presse» um sich.[22] Max Weber wollte in der Öffentlichkeit nicht als kleiner Querulant dastehen, sondern mindestens als großer, der über alle Techniken der Selbsthilfe verfügte.

EINUNDZWANZIGSTES KAPITEL

HERRSCHAFTSZEITEN, WEIHEN-STEFAN UND DIE SOZIALDEMOKRATIE ALS ARMEE

> Vielleicht werden die Sozialdemokraten eines schönen Tages zum Kaiser gehen und ihm sagen: Majestät, wir haben alles fertig, um unsre Revolution zu machen. Es fehlen uns nur die Offiziere und Eure Majestät!
>
> DARIO PAPA

Was begründet Herrschaft? Diese Frage war entscheidend für einen Gelehrten, der sein Lebenswerk der Absicht widmete, dem eigenen Bürgertum die Grundlagen seiner politischen Wirksamkeit und einer nüchternen, wissenschaftlich informierten Vorstellung von der Moderne zu vermitteln. Weber allerdings fragte nicht nach philosophisch oder juristisch guten Gründen für Herrschaft, sondern nach wirksamen. Für ihn lag Herrschaft dann vor, wenn in einem sozialen Gebilde Befehle verlässlich Gehorsam finden. Kaum eine Herrschaft vermag sich dabei ausschließlich darauf zu verlassen, dass die Beherrschten gehorchen, um Konflikte zu vermeiden oder weil die Befehle ihren ökonomischen Interessen entsprechen. Weil es sich im Zweifelsfall um zumutungsreiche Befehle handelt, genügen zudem weder Gefühle der Sympathie für den Befehlsgeber noch ein «wertrationaler» Glaube daran, dass dieser im Namen einer gerechten Sache spricht. Denn es gibt kein Machtgebilde, das nicht auch Befehle geben muss, die solchen Gefühlen nicht widersprechen oder die in keinem Zusammenhang mit der «gerechten Sache» stehen. Gehorsam impliziert auch: Gehorsam gegenüber Wertverletzungen.

Soll die Herrschaft auch dann funktionieren, müssen die Gehorchenden daher überzeugt sein, dass diejenigen, von denen die Befehle kommen, auch solche Anweisungen geben dürfen, die ihnen persönlich unverständlich erscheinen oder gegen ihre Werte verstoßen. Für die Herren ist dieser «Legitimitätsglaube» hilfreich, andernfalls wären sie beständiger Unsicherheit ausgesetzt, ob ihnen nun tatsächlich gehorcht wird. Wer aber ständig seine Herrschaftslage kalkulieren müsste, wäre kein Herr mehr.

Die alte europäische Tradition der politischen Philosophie hatte Machtgebilde in erster Linie danach unterschieden, wie viele und welcher Herkunft diejenigen sind, die kollektiv verbindliche Entscheidungen fällen, und wie viele in diese Beschlüsse eingebunden sind: Monarchie, Aristokratie (Oligarchie), Demokratie. Weber kehrt die Blickrichtung um. Ihn interessieren viel mehr die Gründe derjenigen, die Entscheidungen hinnehmen, die sie nicht selbst gefällt haben. Ein «Minimum an Gehorchen*wollen*, also: *Interesse* (äußerem oder innerem) am Gehorchen, gehört zu jedem echten Herrschaftsverhältnis», heißt es in seinen «Soziologischen Grundbegriffen». Auf solche Akzeptanz sind nicht nur alle Machtgebilde angewiesen, die eine bestimmte Größe und einen bestimmten Grad an Arbeitsteilung erreichen wollen. Auch in kleinen Gruppen kann nicht ständig eine Vollversammlung einberufen werden, um fallweise nach Gründen zu suchen, die für alle akzeptabel sind.[1]

Welche Art von Gehorchenwollen, welche Herrschaftsform ordnet Weber seiner eigenen Epoche zu? Die Junker auf den ostelbischen Gütern wie die auf den Adel gestützte Monarchie selbst verkörperten für ihn ursprünglich das, was er «traditionale Herrschaft» nannte. Denn, stark abgekürzt gesprochen, weshalb gehorcht man einem Adeligen, einem Monarchen? Weil man (meist) seinem Vater auch schon gehorcht hat, weil also die Vorstellung besteht, dass manche zum Herrschen geboren sind. Ehemals hieß das auf den Rittergütern «Erbuntertänigkeit», doch auch nach deren rechtlicher Aufhebung zu Beginn des 19. Jahrhunderts dauerte das patriarchalische System fort, um erst allmählich durch kapitalistische Vertragsverhältnisse ersetzt zu werden: Aus Herren wurden eine Art Unternehmer. Eine Art, denn sie behandelten ihre Güter tatsächlich mehr als eine Quelle arbeitslosen Einkommens, einer

Rente. Um als Aristokratie im politischen Sinne des Wortes fungieren zu können, so Weber, brauche eine Schicht vor allem «eine ökonomisch sturmfreie Existenz. Ein Aristokrat muß, das ist ja die allerelementarste Vorbedingung, für den Staat leben können, nicht von ihm leben müssen.» Der Unternehmer hingegen sei unabkömmlich, zu sehr in die privatwirtschaftliche Konkurrenz eingespannt, um unabhängig Politik treiben zu können. Und man sähe ihm stets an, dass er sie für sich triebe – weshalb sollte man einem solchen «Herrn» politisch folgen? Damit war aber eine paradoxe Situation eingetreten: Die Schicht, die für Weber praktische Intelligenz und ökonomische Bedeutung verkörperte, hatte Besseres zu tun, als zu herrschen. Diejenige Schicht hingegen, deren Herrschaftsgrundlage längst im Schwinden war, hielt den Anschein aufrecht, man lebe nach wie vor in den alten Zeiten und «daß wer sich auf den Großgrundbesitz stützen könne, das platte Land hinter sich habe». Sie fungierte aber nicht als ökonomisch unabhängige und dadurch zur Politik fähige Aristokratie, sondern als Lobbyist ihrer eigenen wirtschaftlichen Interessen. Die Herrschaftsform im preußischen Staat war in den Augen Webers weder traditional noch aristokratisch, noch kapitalistisch, noch bürgerlich – sie war vielmehr «halb ‹cäsaristisch›, halb ‹patriarchalisch›, neuerdings überdies durch eine spießbürgerliche Furcht vor dem roten Gespenst verzerrt».[2]

Diese unklare Lage erschwerte in seinen Augen nicht nur eine entschlossene Industrialisierung Deutschlands. Sie verhinderte auch seine Demokratisierung und damit einen Schritt in die Richtung «legaler Legitimität» – zu einer Herrschaft also, der nicht von Untertanen gehorcht wird, die an ihrer hergebrachten Heiligkeit hängen, sondern von Staatsbürgern, die an ihr rationales Zustandekommen glauben. Rationale Herrschaft entscheidet für Weber regelmäßig und nicht erratisch, sie beruht auf Gesetzen und auf einer Verwaltung, die unpersönlich agiert, ihr Personal wird nicht nach Herkunft, sondern nach fachlicher Eignung rekrutiert. Letztlich hat Weber somit eine politische Ordnung vor Augen, in der Leistungen im Vordergrund stehen und Status nur insofern bedeutsam ist, als er eine Funktion erfüllt, also selbst eine sachliche Leistung erbringt. In Deutschland repräsentierte für ihn der berühmte preußische Beamtenapparat solche «rationale Herrschaft», der aber eingehängt war in ein politisches System, in dem nach wie vor tradierter Status den Ausschlag für politische Entscheidungen gab.

Webers Bemerkung, nur auf Trägheit und Egoismus lasse sich keine stabile Herrschaft gründen, zielte auf alle Epochen, sie lässt sich aber auch als Zeitkritik an dieser ihm speziell unerträglichen Mischform von Herrschaft lesen. In den Jahren nach 1909 beginnt er, seine Herrschaftssoziologie zu entwickeln, und wird sich klarer darüber, auf welchen alternativen Grundlagen der Gehorsam beruhen kann. Neben dem Gehorsam aufgrund des legalen Zustandekommens einer Ordnung ist dies – als dritte Form legitimer Herrschaft – der Gehorsam aufgrund außerordentlicher Qualitäten und Leistungen einer Person. Beide Herrschaftstypen, der Glaube an die «Maschinerie» rationaler Verwaltung und der Glaube an das Charisma persönlicher Befehlsgeber, stellen im Grunde gegensätzliche Möglichkeiten dar, kollektive Verbindlichkeit für Entscheidungen zu bewirken – und üben gerade deshalb auf Weber eine eigentümliche Faszination aus.

Der unter modernen Umständen merkwürdigste Fall von Herrschaft lässt sich dabei gut an einer im engeren Sinne ganz unpolitischen Gruppe illustrieren, mit der Weber in jenen Jahren in direktem Kontakt stand und deren Herr sogar in seinem Haus verkehrte. Herr Stefan George nämlich. Ein Lyriker als Herrscher? Herrschaft durch Gedichte oder durch persönliche Eigenschaften, die sich in Gedichten dokumentierten?

George, vier Jahre jünger als Weber, war in den beiden Jahrzehnten um 1900 zum Mittelpunkt eines Kreises von Anhängern geworden, die nicht nur seine Gedichte verehrten, deuteten und nachahmten.[3] Zu den Erwartungen seiner Kunst gehörte auch, dass man ihr das ganze Leben unterordne. Das haben Künstler aller Zeiten für sich in Anspruch genommen, teils ganz praktisch, teils in ihrer Selbstdarstellung, um das Prestige ihrer Produktion zu erhöhen. George geht aber noch einen großen Schritt weiter: Nicht nur der Dichter setzt sein Leben ein für sein Werk, hat keinen anderen Beruf, keine anderen Interessen, führt keine Ehe, liest keine Zeitung und gibt sich auch sonst kaum Nebentätigkeiten hin. Vielmehr hat sich auch der Leser diesem Vorbild unterzuordnen, wenn er dem Dichter und der Kunst überhaupt gerecht werden will. Denn der Weg zur Kunst führe nur über ihn, den überragenden Dichter. Das Leben für die Schönheit, hieß das, beginnt mit einer Unterwerfungserklärung. Im George-Kreis zirkulierten Vokabeln wie «Dienst» und «Opfer» und «Wiedergeburt» und «Staat». Der Meister kontrollierte, soweit es ihm möglich war, die Kommunikation unter seinen Anhängern, meist jungen Männern mit geistesaristokratischem Anspruch, er machte ihnen Vorschriften, was ihre Lebensführung anging, drohte widrigenfalls mit Liebesentzug, beschwor regelmäßig Krisen herauf und stieß Bannflüche aus. Sein Kreis war also nicht nur eine Künstler- und Intellektuellengruppe mit gemeinsamen ästhetischen Ansichten, sondern, wie Weber auf dem ersten Soziologentag 1910 unterstrich, eine Sekte.

Die Grundlage dessen bildete der überragende Eindruck, den Georges Lyrik machte. «Bei George», so schrieb Georg Simmel dazu, «scheint der Aggregatzustand des Gefühls, die ganze Existenzempfindung um die einzelnen Elemente, Worte, Gedanken des Gedichtes herum aus diesen selbst hervorzubrechen, statt ihnen durch die Gunst und Erhebung des Augenblicks anzufliegen.» Die Leser fanden hier nicht etwas Bekanntes, das so ausgedrückt wurde, wie es nur ein Dichter kann, sondern Gefühle, Stimmungen und Bedeutungen, von denen sie zuvor gar nicht wussten, dass es sie gab. Und auch «nicht weil der Künstler sie empfand, sondern weil sie dem Werke wahrnehmbar einwohnen, sind sie jetzt wesentlich».[4]

Genie als Befehlsressource: Um die Jahrhundertwende wurde aus dem ästhetischen Ereignis die Produktion eines geheimen Heldentums, geheim in dem paradoxen Sinn, den das Wort «Geheimdienst» hat. Denn das Geheimnis lebt selbstverständlich davon, einige an sich teilhaben zu lassen und allen anderen wenigstens mitzuteilen, dass ein Geheimnis besteht. George – «Ich kann mein leben nicht leben es sei denn in der vollkommenen äußern oberherrlichkeit» – sah sich als Herrscher, dem nachzufolgen einen Zugang zum schönen Leben öffnete, und fand Anhänger, die ihn darin bestätigten, sich als Beherrschbare anboten, seinen Launen und Vorschriften folgten und ihm ein ständiger Spiegel waren. Georges Erscheinung, die bis in Besuchsauftritte, Kleidung und Sprachgestus auch sorgsam einstudiert war, muss für manche Zeitgenossen unheimlich suggestiv gewesen sein. Suggestiv und unheimlich: «Von seinen Worten, den unscheinbar leisen / Geht eine Herrschaft aus und ein Verführen / Er macht die leere Luft begegnend kreisen / und er kann tödten, ohne zu berühren», heißt es in Hugo von Hofmannsthals Gedicht «Der Prophet», das auf Eindrücken des Jugendlichen von George beruht. Lyrik allein genügte dafür nicht. Sie wurde vielmehr als eine Botschaft mitgeteilt, die zuvor über eine persönliche Standleitung zum Göttlichen empfangen worden war.

Wieder beobachten wir, dass eine Lebenssphäre sich zum Schlüssel fürs Ganze erklärt. War es bei Otto Gross die Erotik, so soll bei George nun also die Kunst ein Reich der Erlösung sein, aber nicht, wie es Weber durchaus zu akzeptieren geneigt war, als wahrgenommene Kunst. Sondern als Dienst an einem Künstler. Das Medium war selbst die Botschaft, der Prophet die Religion: George. Nachdem er sowohl der Verführung zum dekadenten Salondichter wie zum subversiven, die Mitwelt offen schockierenden Bohemien ausweicht, stilisiert er sich als verfemter, aus der Zeit gefallener Ortloser, dessen Sehertum in keine bekannte Lebensform passt. «Der Alltag kann nichts mit ihm machen und er kann nichts mit ihm machen, er kann ihn nicht erheben und er kann ihn nicht als Nebensache unter sich bringen – sie stehen immer grotesk zueinander», schreibt Gertrud Simmel 1908.[5]

Auf diese demonstrative Außeralltäglichkeit des Dichters wendet Max Weber schon im Juni 1910 seinen Begriff des «Charismas» an: Gefolgschaft entsteht durch die Zuschreibung einer außeralltäglichen Gnadengabe. Webers unmittelbare Anschauung von George hinterließ bei ihm selbst dagegen durchaus einen gegenteiligen Eindruck. Nachdem er lange mit Simmel und dessen Gattin über den Dichter diskutiert hatte, besucht dieser im Herbst 1910 Heidelberg und kommt dabei auch in der Villa Fallenstein vorbei. Weber behält hiervon und nach weiteren Treffen vor allem die «Schlichtheit Georges im persönlichen Verkehr» in Erinnerung.[6]

Doch die Pointe der Herrschaftssoziologie Webers besteht ja gerade darin, dass man sie von den Beherrschten und ihrem Gehorsamsinteressen aus zu schreiben hat. So konnte es kaum verwundern, dass George ihm gegenüber nicht als Charismatiker auftrat: Dem virtuosen Herrscher ist klar, dass die gebieterische Geste denen, die sie nicht erwarten, grotesk erscheinen muss. Sollte George jemals ein Eisenbahnbillet gelöst haben, wird er es vermutlich auch nicht mit Herrschergeste getan haben. Der Charismatiker kann seine Begnadung eben nicht in jeder Situation unterbringen. Eisenbahnen sind in seiner Welt der Erlösung gar nicht vorgesehen – auch wenn sie ihn recht verlässlich zu den Jüngern bringen.

Charismatische Herrschaft heißt: Jemand gehorcht, weil er an die außeralltägliche, nach Maßstäben der Normalität nicht zu begreifende Sendung des Herrschers glaubt. Gesellschaftsgeschichtlich liegt es nahe, die Voraussetzung dafür in einem magischen Weltbild zu sehen. Das Konzept selbst muss Weber spätestens aus einer Kontroverse zwischen dem Kirchenrechtler Rudolph Sohm und dem Theologen Adolf von Harnack vertraut gewesen sein: Unter großer Anteilnahme des akademischen Publikums hatten sie darüber gestritten, auf welcher Autorität die Entscheidungsgewalt in frühchristlichen Gemeinden beruhte und ob das Urchristentum kirchliche Strukturen im Sinne einer rechtlichen Verfassung der Kirche besaß.[7] Während Harnack die These vertrat, die Kirche sei entstanden, als die frühen Theologen den ungläubigen Heiden das Christentum als «höchste und sicherste Philosophie» darlegen wollten und zu diesem Zweck Dogmen formulierten, erklärte Sohm, eines menschlichen Priestertums habe es anfangs gar nicht bedurft. Gehorsam und Gefolgschaft hätten sich vielmehr allein aufgrund der Wortgewalt, also des Charismas der jeweils Lehrenden, ergeben. Die Verwandlung des Urchristentums in eine «sichtbare Kirche» mit festen Strukturen gehe somit auf das Konto des Rechts und nicht der Philosophie. Harnacks Einwand, eine solche Gemeinschaft wäre strukturlos und entscheidungsunfähig gewesen, beantwortet Sohm mit der These, es habe in ihr durchaus Herrschaft gegeben, nämlich von Person zu Person, wobei sich der Träger des Charismas ständig zu bewähren hatte: Schlechte Amtsführung zeigte an, dass das Charisma fehle.[8]

Diese Konzeption kam Webers Bedürfnis entgegen, soziale Tatbestände aus Motiven und Weltbildern hervorgehen zu lassen, die sich nur infolge eigener Widersprüche und durch Widerstände ihrer Umwelt verwandeln.[9] Historisch stellt er sich das Charisma als eine Personalisierung der Magie vor. Gesellschaften mit geringer Kontrolle über ihre natürliche Umgebung neigen zu magischen Deutungen, wenn Unerklärliches geschieht: Krankheit und Heilung, Jagderfolge, Fruchtbarkeit und ihr Ausbleiben, die Freisetzung extremer Emotionen. Weber fasst den Ursprung der Religion «präanimistisch» auf, entsprechend der damals von Autoren wie Lucien Lévy-Bruhl und Robert Ranulph Marett entwickelten Theorie, wonach einfache Gesellschaften sich ihre Welt als von unsichtbaren und untereinander verbundenen Kräften durchwaltet vorstellen.[10] Zauberer, aber auch Kriegshelden, große Jäger oder auf einer späteren Stufe Häuptlinge sind dann Personen, die offenbar in der Lage sind, solche Kräfte in Ausnahmesituationen segensreich auf sich zu ziehen.

Der charismatische Befehlsgeber ist also eine Krisenfigur, ihm wird gefolgt, wenn andere Erklärungen versagen, ihm neigen diejenigen zu, die von überlieferten Alltagsordnungen und Regeln – «so haben wir es immer gemacht», «dafür gibt es eine technische Lösung», «dafür ist der Kollege zuständig» – nicht mehr überzeugt sind. Umgekehrt muss der charismatische Herrscher dafür sorgen, dass immer Krise (Krieg, Revolution, Verfolgung) ist und er sich darin ständig bewährt. Stefan George konnte die Krisen selbst herbeiführen, etwa indem er seine Gefolgschaft durch Liebesentzug,

Nachweis ihrer Unwürdigkeit oder neue Vorschriften in seelische Konflikte stürzte. Allerdings funktioniert das nur, was Weber zu übersehen geneigt war, wenn sich die Anhängerschaft gegenseitig selbst kontrolliert, Abweichungen meldet und die Anerkennung durch den Charismatiker für wichtiger hält als die Loyalitäten innerhalb der Gefolgschaftsgruppe.[11] Gelingt es dem Charismatiker nicht, sich durch permanente Bewährung in Krisen an der Herrschaft zu halten, so ist er gezwungen, sie zu institutionalisieren. Zum Beispiel, indem er behauptet, die Gottesgnade könne vererbt werden, oder indem man – wie in der katholischen Kirche nach der Beschreibung Rudolph Sohms – das Charisma von den konkreten Personen abzieht und die Autorität dem jeweiligen Amt zuweist: Dem Priester, wer immer er ist, soll Folge geleistet werden.

Man sieht daran, wie wichtig für Webers Soziologie die Unterscheidung von Alltag und Ausnahmesituation, Normalität und Krise geworden ist. Im Zuge der Kulturentwicklung verändern sich ihm zufolge die sozialen Krisen und entsprechend auch die Chancen charismatischer Herrschaft. Den zivilisationsgeschichtlich wichtigsten Moment sieht Weber dabei im Auftreten der jüdischen Propheten. Denn hier geschieht etwas Ungeheuerliches und völlig Paradoxes: Charismatiker polemisieren gegen ein magisches Weltbild und gegen die Anbetung der Natur und ihrer Götter. Die überirdische Instanz, von der die Propheten behaupten, ihre Sendung erhalten zu haben, ist keine diffuse Kraft, sondern ein Wortgott, der nicht einfach wirkt, sondern Texte gesendet, Gebote erlassen und Verträge geschlossen hat, die ihn selbst binden. Weber lässt jetzt die «Entzauberung» des magischen Bewusstseins nicht erst beim Übergang vom Katholizismus zum Protestantismus einsetzen, sondern viel früher – umso deutlicher arbeitet er aber heraus, dass dieser Prozess durch Religion selbst angestoßen wird. Durch einen engeren Begriff ihrer eigenen «Zuständigkeit» lässt sie anderen Handlungsfeldern – etwa der weltlichen Herrschaft – mehr Raum, eigene Rationalität zu entwickeln. Dieser Prozess ist aber nur möglich, weil sich die Religion selbst in ein Gerüst ethischer Prinzipien transformiert und sich ihre Anhänger das Gute nicht von einer Anpassung an die Welt versprechen, sondern vom Gehorsam gegenüber Gott.

An einer Stelle seiner religionssoziologischen Studie über das antike Judentum hält Weber fest, dass neue religiöse Bewegungen so gut wie nie in den hochentwickelten Zentren einer Kultur entstehen, in denen Rationalität und Tradition einleuchten, sondern der Charismatiker fast immer aus einer Peripherie kommt: die Propheten, Christus, Mohammed, Franziskus, Luther, Calvin.[12] Soll man an dieser Stelle fortsetzen: Hitler, Stalin? Und George? «Entzauberung» heißt nämlich nicht, dass es mit der Verbreitung des Monotheismus hinfort keine charismatische Herrschaft mehr geben konnte. Weder verdrängten Judentum und Christentum die Magie vollständig, noch war der Prozess der Entzauberung der Welt, wie Webers Texte manchmal nahelegen könnten, mit der puritanischen Verneinung aller Heilsmittel abgeschlossen. Charisma und Gehorsam verändern in der entzauberten Welt nur ihre Form. Zum Beispiel hat charismatische Herrschaft «von Person zu Person» seit jeher das Problem, dass der Charismatiker eben nur eine begrenzte Anzahl von Anhängern «persönlich» erreichen kann. Buchdruck und Massenmedien hingegen eröffnen nun neue Möglichkeiten «emotionaler Vergemeinschaftung».[13] Am wichtigsten aber war für einen modernen Charismatiker wie George, dass er seiner Gefolgschaft versprach, ihr durch Kunst und Gehorsam Erlösung vom Alltag zu verschaffen. Für Weber war der Dichter, den er auch «Weihen-Stefan» nannte, ein ästhetischer Asket, der das Kloster der Kunst verlassen habe, um nun Ansprüche auf die Welt zu erheben, dabei freilich eine Antwort auf die Frage «Erlösung wovon?» schuldig bleibe.

Der Charismatiker darf nie völlig explizit und sachlich werden. So auch dieser. Georges Programm war die negative Imitation dessen, was er überwinden wollte – er blieb aber eben darauf weiterhin angewiesen, um es verachten zu können und seinen Jüngern anzudrohen, sie im Fall des Ungehorsams wieder dorthin zu verstoßen: in eine von Politik, Recht, Wissenschaft und Wirtschaft geprägte Welt. Der moderne Charismatiker agiert, anders als der magische und der religiöse alter Zeiten, nicht in einer Gesellschaft, die unter Technologiemangel und undurchschauter Natur leidet. Vielmehr schart er eine Gefolgschaft um sich, die an der Moderne als einer Kontrollwelt leidet, die jeder «Größe» und «Seele» ermangelt. Er setzt Entzauberung geradezu voraus und baut in seine Selbstdarstellung ein, dass um ihn herum jene Herrschaftsform dominant ist, die Max Weber die legale Herrschaft kraft rationaler Legitimität nennt: formal, nicht intim, diszipliniert, nicht euphorisch, regelmäßig, nicht ekstatisch, organisiert, nicht spontan. Darum kann charismatische Herrschaft gerade in einer Welt, die ansonsten auf Legalität und Bürokratie beruht, einen besonderen Nimbus genießen. Alles Unbehagen an einer solchen Gesellschaft findet im Charismatiker das Versprechen verkörpert, dass es auch anders geht.

Weber war dieser Wunsch nicht fremd. Die moderne Gesellschaft beschreibt er als freudlos, erstarrt, von Pflicht erdrückt, kaltrational, voll stumpfer Alltäglichkeit. Die Bürokratie schien ihm die «formal rationalste Form der Herrschaftsausübung» und zugleich eine Bedrohung – nur den kapitalistischen Unternehmer hielt er für fähig, sich der «Unentrinnbarkeit der bureaukratischen rationalen Wissens-Herrschaft» entgegenzustellen.[14] In der Sphäre der Politik hingegen, so erschien es Weber, könne nur die persönliche Qualität einer politischen Führungsperson der Mechanisierung rein interessenpolitisch motivierter Abläufe etwas entgegensetzen.

Wie die politische Dynamik und das «stahlharte Gehäuse» zusammenhängen, darüber erfuhr Weber viel aus den Schriften eines jüngeren Kollegen, mit dem ihn viel verband: Robert Michels.[15] Zwölf Jahre jünger als Weber, stammte dieser «rheinische Römer», wie er sich selbst bezeichnete, ebenfalls aus einer Familie von Textilunternehmern, in seinem Fall einem der reichsten Häuser Kölns. Er war fern seines Elternhauses am Berliner Collège Français erzogen worden und hatte in diesen Jahren engen Kontakt zu Heinrich von Treitschke gehalten. Michels studierte Geschichte und Nationalökonomie, was ihn unter anderem nach Paris und Turin führte, und trat kurz nach der Jahrhundertwende aus Protest gegen die politische Rückständigkeit des Kaiserreichs sowohl in die Sozialistische Partei Italiens wie in die SPD ein, wissend, dass ihn dies die finanzielle Unterstützung seines Vaters kosten würde und er sich damit die akademische Karriere verbaute.

Michels teilte ein wichtiges Motiv mit Max Weber: die Empörung über ein Bürgertum, das seinen Frieden mit der politischen Pseudofeudalität gemacht hat. In der Analyse einer Verlobungsanzeige hat er das einmal schlagend vorgeführt. Wenn die Tochter eines reichen Kaufmanns sich mit einem Adeligen verlobe, stehe in der Anzeige «Die Verlobung ihrer Tochter Ella mit Herrn Rittergutsbesitzer A. auf Groß-J. bei R. beehren sich anzuzeigen M. N. und seine Frau Anna geborene T.» – der Bürger, der für seine Tochter anzeigt, während der Bräutigam die Verlobung selbst zur Anzeige bringt, nenne sich darin also weder einen Kaufmann noch einen «Millionenbesitzer», wohingegen der Bräutigam ebenfalls nicht angebe, was er tue, es stattdessen aber für ausreichend erachte mitzuteilen, wer er sei und was ihm gehöre. Ganz im Sinne Webers erkennt Michels darin ein Dokument der Scham, des mangelnden Ehrgefühls und der «politischen Rückgratlosigkeit des deutschen Bürgertums».[16]

Michels selbst führt ein bohemienhaftes Leben mit einem «Hang zu unbeaufsichtigter Erotik» – Weber schreibt ihm mahnende Briefe: «Sie reisen ‹zur Erholung› (!!) nach Paris?» –, den er in zahlreichen, oft in Journalen der Frauenbewegung publizierten Schriften zur «vergleichenden Liebeswissenschaft», der klassenspezifischen Sexualmoral und zur Ehe dokumentiert. «Erotische Streifzüge. Deutsche und italienische Liebesformen. Aus dem Pariser Liebesleben» lautete so ein Titel, der 1906 in der Zeitschrift «Mutterschutz» erschien. Sexualität, so das Leitmotiv dieser Abhandlungen mit eingebautem Stolz des Autors auf seinen Erfahrungsschatz, ist vom Mittel der Reproduktion zum Zweck geworden: «Das Eheweib, das dem sich ihr nähernden Manne die Frage vorlegt: Kommst du, um mit mir zu zeugen oder bloß, um mit mir zu sündigen? ist innerlich unrein – wenn auch vielleicht: gut christlich –, weil es, wenn es den Mann wirklich lieben würde, keinen Frevel darin erkennen könnte, mit ihm zu ‹sündigen›, im Falle jedoch, daß es ihn nicht liebte, nicht bereit sein dürfte, mit ihm zu ‹zeugen›.» Michels war also kein Otto Gross, dem es um die Auflösung von Moral und einen Angriff auf die Ehe ging, die er vielmehr als Liebesehe auch um der sexuellen Lust willen gegründet sah. «Natürlich mit Michels lange Gespräche über Erotik», schreibt Max Weber von einem Besuch.[17]

Nach einigen Jahren entfremdet sich Michels allerdings zusehends der Sozialdemokratie, der er vorwirft, sie sei wie die den Generalstreik scheuenden Gewerkschaften mehr an der Erhaltung und Pflege ihrer eigenen Strukturen als an der Verwirklichung ihres Programms interessiert. In bürokratischem und oligarchischem Geist verfolgten sie die Ziele einer Versicherungsgemeinschaft, wobei sie vor allem am Aufrücken ihrer Funktionäre in einflussreiche Positionen interessiert seien. Dass die Gesellschaft verändert werden sollte, sei aus dem Blick geraten. Michels Analyse der deutschen Sozialdemokratie und ihrer Arbeiterkultur mündet in der sarkastischen Bemerkung: «Skatklub bleibt Skatklub, auch wenn er sich ‹Skatklub Freiheit› nennt.»[18]

Aus dieser politischen Abscheu des antibürgerlichen Bohemiens und Intellektuellen gegenüber der proletarischen Anpassung an «deutsche» Gemütlichkeit und deutsche Bürokratie entwickelt sich die erste Organisationssoziologie in der Geschichte der deutschen Sozialwissenschaften. Ihre Formel lautet: Die Parteiorganisation als Mittel wird zur Parteiorganisation als Zweck. Ursprünglich motivieren ihre politischen Zwecke zur Mitgliedschaft, weswegen die Arbeit für die Partei auch nicht entlohnt wird. In dem Moment aber, in dem sie an Mitgliedern, Ressourcen und Macht gewinnt, verwandelt sie sich in eine Verwaltung – sie differenziert sich nun in Ausschüsse und Kommissionen und unterscheidet einfache Mitglieder von Berufsmitgliedern. Letztere werden auf diese Weise von Arbeitern zu Parteibeamten mit völlig eigenen Interessen und einem eigenen Funktionärsklassenbewusstsein. Der Wähler wird in der Massendemokratie schließlich zum eigentlichen «Klienten» der Partei und treibt ihre Entwicklung viel stärker voran als die Mitglieder. Michels zitiert den französischen Sozialisten Jean Jaurès, der über die deutsche Sozialdemokratie einmal sagte, für die SPD sei die soziale Revolution eine Sparbüchse, die man erst ganz mit Stimmen füllen müsse, bevor man sie öffnen dürfe.[19]

Max Weber erschienen manche der Schlussfolgerungen, die Michels aus seiner Analyse zog, zwar unausgereift, die These von der Bürokratisierung der repräsentativen Demokratie durch Parteiapparate aber baute er in seine politische Soziologie ein. Sie lieferte ihm eine Verbindung zwischen den Typen legitimer Herrschaft und einer Deutung der politischen Verhältnisse seiner Epoche. Wenn der Weg zur Macht über politische Parteien führt, dann zwingt das nicht nur den Großgrundbesitzer dazu, sich nach Prinzipien zu richten, die er ablehnt: Der Aristokrat wird in Abstimmungen und bürokratische Abläufe hineingezogen und ist gezwungen, taktisch zu denken und nach Mehrheiten zu suchen. Dem Revolutionär geht es genauso. Michels weist in diesem Zusammenhang auf einen wichtigen Punkt hin: Die demokratische Form täusche darüber hinweg, dass es sich im Kern um eine Oligarchie handele, eine Herrschaft der wenigen, die von ihrer ständischen Herkunft und Klassenbasis entfernt leben. Dieser Herrschaftstyp legaler Legitimität – beziehungsweise die bürokratische Herrschaft, die Weber damit gleichsetzte – ist in modernen Flächenstaaten unausweichlich. Man kann als Charismatiker, als Revolutionär oder Traditionalist gewählt werden, aber keinen Staat und keine Partei lenken.

Das schließt nicht aus, dass dem modernen Vorgesetzten charismatische Eigenschaften zugeschrieben werden: Auch der Parteiführer kann als politischer Jagdheld wahrgenommen werden, der aufgrund schwer definierbarer Eigenschaften Erfolge erzwingt, um anschließend die Beute unter den Seinen zu verteilen. Aber das ist Charisma, mit dem sich eine Gefolgschaft motivieren, nicht aber politische Herrschaft in einem Staat legitimieren lässt. Die Befehle müssen schließlich auch diejenigen hinnehmen, die den Charismatiker nicht gewählt haben und sein Charisma leugnen. Man muss also unterscheiden zwischen dem Befund Webers, das politische Handeln werde im Sinne eines «cäsaristischen» Moments der Massendemokratie stets von der überlegenen Manövrierfähigkeit kleiner führender Gruppen beherrscht[20] – und der Frage, worauf sich die Legitimität ihrer Handlungen gründet.

Allerdings wird Weber wenige Jahre später die Akzente selbst anders setzen. Hatte er den deutschen Bürgern lange Zeit vorgeworfen, sich in Feigheit vor der Demokratie Bismarcks Cäsarentum unterworfen zu haben, so behauptet er 1918, eine «cäsaristische Wendung der Führerauslese» sei unvermeidlich. Der politische Führer qualifiziere sich nicht länger durch Bewährung im Honoratiorenkreis, sondern durch Auftrittssicherheit gegenüber den Massen. Weber schwankt dabei sowohl in seiner Einschätzung dieses Befundes. Einerseits erkennt er in der Verehrung großer Männer eine Gefahr und baut darauf, dass gerade die Parteiapparate und die Parlamente dieser Emotionalisierung von Politik durch Demokratie sich entgegenstellen. Andererseits heißt es kurz darauf, das Beispiel Englands zeige, wie die Verwandlung der Parteien in Wahlmaschinen sie zu willfährigen Instrumenten in den Händen von Charismatikern und plebiszitären Herrschern mache.[21]

Weber wie Michels werden an dieser Stelle zum Opfer ihres Vokabulars. Sie verbinden den Begriff der Zweckrationalität mit einer Vorstellung von Herrschaft, die ausschließlich an Befehlskausalität orientiert ist. Die Spitze einer Organisation wählt danach einen Zweck und kann ihn durchsetzen, sofern sie über einen Kredit an Gehorsam verfügt. Herrschaft ist dann vonnöten, wenn das politische Handeln es mit sich bringt, dass sich die Zwecke ständig ändern und das im Vorhinein und ohne ständige Rückfragen (und notfalls ohne Konsens) akzeptiert werden muss. Im Extremfall liegt Herrschaft vor, wenn dem Beherrschten der eigene Tod befohlen werden kann. Michels hatte die Parteien, insbesondere die Sozialdemokratie seiner Zeit, ganz ausdrücklich als dem Militär ähnliche Organisationen beschrieben.[22] Doch selbst wenn man Armeen für das Urbild aller Organisation hält, ist die Vorstellung irrig, dass sie dann am erfolgreichsten sind, wenn sich der Wille des Oberbefehlshabers ohne Reibungsverluste nach unten durchsetzt: Rationalität ist schon deshalb etwas anderes, weil sie sich nicht in der Führungsspitze der Organisation konzentriert. Der Sachverstand ist verteilt, die Kommunikation fließt nicht nur von oben nach unten, von den Repräsentanten der Zwecke zu den Repräsentanten der Mittel. Die Führer werden selbst geführt, dem Amtschef ist es gleichgültig, wer unter seinem Gehorsam Minister ist; die Ressortleiter sehen das genauso in Bezug auf den Amtschef. Außerdem kann manches, was zur Rationalität der Organisation beiträgt, überhaupt nicht befohlen werden: Weber hat etwa davon gesprochen, dass nur bestimmte ständische Ehrvorstellungen die Bürokratie davor bewahren können, in «furchtbarer Korruption und gemeinem Banausentum» zu versinken.[23] Auch Ehrgefühl ist nicht befehlbar.

Weber denkt also nicht vom Alltag, sondern von seiner Infragestellung aus. Der Befehl ist nur ein Kriseninstrument, wenn die alltäglichen Mittel der Organisation versagen. Als persönlicher Test auf Loyalität ist er darum der charismatischen Herrschaft besonders affin, deren Wirkungsmacht aber genau dadurch begrenzt ist, dass sie alles persönlich nehmen muss, darum ständig befiehlt und den Untergebenen ständig mitteilt, dass sie ja auch gehen können. Solche sozialen Gebilde müssen, wenn sie stabil sein wollen, entweder die Option löschen, dass man sie leicht verlassen kann – dies ist bei Armeen, Sekten oder totalitären Parteien der Fall –, oder sie müssen sehr klein und intim bleiben, wie die Herrschaft des Herrn George.

ZWEIUNDZWANZIGSTES KAPITEL

RUSSLAND, DER SOZIALISMUS UND DIE ORGANISATIONSGESELLSCHAFT

> Denn wo ist da Freiheit, dachtest Du, wenn der Gehorsam mit Broten erkauft wird? Deine Antwort war, daß der Mensch nicht allein vom Brote lebe. Weißt Du aber, daß im Namen eben dieses Brotes der Geist der Erde sich gegen Dich erheben, sich mit Dir messen und Dich besiegen wird?
>
> FJODOR M. DOSTOJEWSKI

Max Webers Faszination für die Geschichte charismatischer Herrschaft ist nur vor dem Hintergrund seiner düsteren Zukunftsprognosen verständlich. Er fürchtet sich vor dem «Gehäuse jener Hörigkeit der Zukunft», der sich die Menschen vielleicht dereinst «wie die Fellachen im altägyptischen Staat» ohnmächtig zu fügen hätten, die moderne Gesellschaft erstarre an ihrer spezifischen Rationalität: In ihr siege die bewusste Entscheidung über die Tradition und die bürgerliche Leistungsethik über die feudale Herrschaft – und doch interpretiere sie am Ende beides als Entfremdung. Die neuen Fachleute seien zu außerordentlichen Problemlösungen fähig – und zugleich von «Betriebsblindheit» geschlagen und politisch passiv. Es entstünden Organisationen, die zu den eigentlichen gesellschaftlichen Akteuren aufstiegen, denen bis zur Erschließung ganzer Kontinente alles zuzutrauen sei – und mit ihnen Bürokratien, die jede individuelle Initiative hemmen. Man lasse sich «wie eine Schafherde» regieren, weil man die eigenen Sorgen ans Wohlergehen hängt – merke aber nicht, dass so eine moderne Form von Sklaventum entstehe, in dem die Beherrschten ihre Freiheit gegen technische Vorteile und materielle Interessen eingetauscht haben: «Fachmenschen ohne Geist, Genußmenschen ohne Herz».[1]

Einen Ausstieg aus dieser Zivilisation hielt Weber nicht für möglich. Er fragte stattdessen, welcher «Geist» den Kapitalismus und die Bürokratie beherrschen wird, wenn es nicht mehr derjenige der frühneuzeitlichen, antiautoritären, verzichtsbereiten religiösen Alltagsethik ist. Der Herrscher über Beamte und Angestellte kann vom soziologischen Typus her schließlich nicht selbst Beamter sein. Es war insofern wohl kein Zufall, dass die begabtesten Schüler Webers – von Robert Michels über Georg Lukács bis zu Carl Schmitt – sich nach 1918 politischen Extremen anschlossen, die charismatische Herrschaft mit den Vorzügen moderner Organisationsrationalität verbinden wollten: Michels dem italienischen Faschismus, Lukács der Sowjetherrschaft und Schmitt dem plebiszitären NS-Führerstaat.

Sie setzten dabei voraus, dass die bürgerliche Welt ohnehin im Einsturz begriffen war, durch ihre Widersprüche und Unwahrheiten an der eigenen Beseitigung arbeitete. Michels hatte schon in seiner Antrittsvorlesung vom Dezember 1908 das Zeitalter des Individualismus auf ökonomischem Gebiet als definitiv beendet erklärt: Die vom Kapitalismus vereinzelten Arbeiter hätten sich zwar gewerkschaftlich und genossenschaftlich organisiert, «die Befreiung aus der Herrschaft der Kapitalinhaber» sei ihnen aber nicht gelungen. Nach der Gründung sozialistischer Parteien wiederum habe man erkennen können, dass sich auch diese Organisationen nicht dem Gesetz der Verselbständigung von Führungscliquen (Oligarchien) gegenüber den Mitgliedern zu entziehen vermögen. Der Kapitalismus selbst hingegen nehme in Form von Unternehmerverbänden, Kartellen und Konzernen (Trusts) kooperative Formen an, womit er «den lebendigen Beweis für die Möglichkeit einer kooperativen Organisation der gesellschaftlichen Produktion unter Ausschluß der freien Konkurrenz zu liefern» scheine.[2]

Die Marxisten hatten für diesen historischen Übergang die am gründlichsten ausgearbeitete Theorie. «Unsere Epoche, die Epoche der Bourgeoisie», hieß es bereits im «Kommunistischen Manifest» – für Weber bei allem Dissens eine «wissenschaftliche Leistung ersten Ranges»[3] –, zeichne sich gegenüber stark gegliederten Gesellschaften dadurch aus, «daß sie die Klassengegensätze vereinfacht hat. Die ganze Gesellschaft spaltet sich mehr und mehr in zwei große feindliche Lager, in zwei große, einander direkt gegenüberstehende Klassen: Bourgeoisie und Proletariat.»[4] Von anderen Unterschieden lasse der Kapitalismus nicht mehr viel übrig: Politik, Kunst und Religion, Recht, Wissenschaft und Familie seien, nüchtern betrachtet, mehr oder weniger komplizierte Funktionen der ökonomischen Eigentumsordnung, sie folgten Klasseninteressen. Georg Lukács wird diese These weitertreiben und behaupten, all diese Sphären seien überhaupt nicht voneinander getrennt und folgten somit auch keinen eigenen Gesetzen – das sei bloß ein Schein, den der Kapitalismus hervorbringe. Wer ihn zerschlage, hieß das, der erkenne auch, dass die Gesellschaft durchaus als Einheit rational gestaltet werden könne.[5] In den berühmten Worten des «Kommunistischen Manifestes», die immer wieder zur Beschreibung der sozialen Durchschlagskraft der kapitalistischen Ökonomie aufgerufen werden: «Alles Ständische und Stehende verdampft, alles Heilige wird entweiht, und die Menschen sind endlich gezwungen, ihre Lebensstellung, ihre gegenseitigen Beziehungen mit nüchternem Auge anzusehen.»[6]

Nun, an Nüchternheit mochte sich Max Weber ungern von jemandem überbieten lassen, bei seiner Analyse der modernen Gesellschaft gelangte er allerdings zu einer ganz anderen Feststellung: Das Ständische und Stehende verdampfte eben nicht, so wenig wie eine Gesellschaft in eine rationale Organisationsform zu bringen war. Ersteres zeigte sich für Weber besonders deutlich in der Russischen Revolution von 1905. Welche Entwicklung das Land unter dem Einfluss «modernisierender» Kräfte wie des Kapitalismus durchlaufen würde, war lange Zeit völlig unklar geblieben, Forderungen nach Demokratie und Verfassungsstaatlichkeit waren bislang weitgehend wirkungslos verpufft. Nachdem Russland im Verlauf des Russisch-Japanischen Krieges eine Niederlage nach der anderen erlitten und von einer umfassenden Wirtschafts- und Hungerkrise ereilt worden war, kam es zu Jahresbeginn 1905 in mehreren russischen Städten zu Protestmärschen gegen die Obrigkeit, die gegen die Demonstrationszüge mit Waffengewalt vorgehen ließ. Es folgten Streiks, Meutereien, Aufstände, Pogrome und lokale Enteignungen samt entsprechenden Blutbädern und Militäraktionen, bis eine Erklärung des Zaren im Oktober 1905 bürgerliche Freiheitsrechte und ein Parlament zugestand.

Weber ist elektrisiert, ein Reich stürzt ein. Sieht man von seiner Forderung ab, die deutschen Grenzen für russische Wanderarbeiter zu schließen, hatte er sich bislang nicht mit Russland befasst, nun beginnt er sofort Russisch zu lernen, um russische Journale lesen zu können. Er «lebt sich völlig in die Seele und Kultur des russischen Volkes ein», so wird Marianne später berichten,[7] und plant Russlandreisen, die allerdings nie stattfinden werden. In Heidelberg steht er schon seit einiger Zeit in Kontakt zu russischen Studenten, die in der Märzgasse Nr. 4, wo sich die 1862 gegründete Russische Lesehalle befindet, regelmäßig die revolutionären Parteiungen und Konflikte ihrer Heimat nachstellen. Der einundzwanzigjährige Fedor Stepun beispielsweise, der damals bei Wilhelm Windelband studiert, hält 1905 in jener Lesehalle einen Vortrag über die «Ideenarmut der russischen Revolution». Er hält den Revolutionären in Petersburg vor, dass ihnen gegenüber den französischen von 1789 ein Bezug auf die avancierte Philosophie ihrer Zeit fehle: Sie schickten sich an, «ein neues Leben auf den provinziellen Hinterhöfen der längst überwundenen materialistischen Weltanschauung aufzubauen».[8] Weber sucht über den Juristen Bogdan Kistiakowski, einen Schüler Georg Simmels, den Kontakt zu Stepun, tauscht sich mit ihm über Tolstoi aus, liest den von ihm verehrten Religionsphilosophen Wladimir Solowjew.

Die russische Intelligenz genießt um diese Zeit ein ungeheures Prestige zivilisatorischer Dissidenz. Die Werke Tolstois und Dostojewskis liest man um 1900 als metaphysische Orakel zur Lage der modernen Gesellschaft, in denen die westliche Welt genauso wie die russische Despotie wie von außen betrachtet und abgelehnt werden.

War die Verneinung der bürgerlichen Existenz in den Romanen deutscher oder französischer Autoren ein Akt des bürgerlichen Individuums selbst, hatte Georg Lukács geschrieben, so zeichne sich in den Romanen Dostojewskis eine neue Welt ab, frei von aller Romantik, in der der Mensch als Mensch und weder als Gesellschaftswesen noch als isolierte Innerlichkeit vorkomme.[9] Das sollte heißen: als Träger letzter Entscheidungen, die er sich nicht von Konventionen abnehmen lasse. Der Großinquisitor, der in den «Brüdern Karamasow» Christus nach Hause schickt, weil seine Wiederkehr kirchlich gar nicht erwünscht sei; Raskolnikov, an dem in «Schuld und Sühne» durchgespielt wird, was Freiheit ist; die Anarchisten und Reaktionäre in den «Dämonen» – das alles waren Figuren mit unversöhnlichen Positionen, wie sie auch Weber imponieren mussten. Er kann sich vorstellen, über Tolstoi ein Buch zu schreiben,[10] und zitiert ihn mehrfach für eine Ethik letzter Konsequenz, die vollkommen unbekümmert um ihren weltlichen Erfolg ganz nach ihren Prämissen lebt, die zuletzt alle in einer mystisch aufgefassten, auf keinerlei Objekteigenschaften basierenden Nächstenliebe beruhen. Kurz: Russland ist noch völlig unberührt von jenem Prozess der «Versteinerung» und Mechanisierung, Berechenbarkeit, moralischer Anpassung und sozialer Angleichung aller Zivilisationen aneinander, der den Westen erfasst hatte.

Der politische Analytiker Weber empfand die völlig ungeklärte Situation eines Landes, das noch nicht in vollem Umfang dem Kapitalismus ausgesetzt war, als offene Frage an die Geschichte – Russlands weitere Entwicklung ließ sich weder geschichtsphilosophisch ableiten, noch war sie in ihrem Verlauf zwangsläufig. Von einer Reduktion der sozialen Interessen auf den Gegensatz von Kapital und Arbeit war in der Revolution von 1905 beispielsweise nichts zu bemerken. Die Bauern stellten die große Mehrheit der Bevölkerung, und was sie unter Agrarkommunismus verstanden, hatte weniger mit proletarischer Selbstermächtigung zu tun als mit «Hunger nach Land». Andererseits, so Weber, sei der Zusammenhang von Kapital und Liberalismus dort genau so locker wie der von Kleinbürgertum und liberalen Positionen, denn der russische Kleinbürger sei Antisemit. Die kulturellen Voraussetzungen für eine Wertschätzung der Demokratie schienen also nicht weniger fragwürdig als die Plausibilität der Idee, freie ökonomische Entfaltung führe zum wirtschaftlichen Wohl aller. Für Max Weber illustriert Russland um 1900, dass sich historische Sequenzen sozialen Wandels nicht einfach aufgrund gegebener Muster nachholen lassen und Demokratie wie Individualismus sich nicht einfach als Begleiterscheinungen der ökonomischen Entwicklung ergeben.[11] Der Hochkapitalismus stehe nicht in Wahlverwandtschaft zur Freiheit, deren europäischer Begriff sich an der überseeischen Expansion, dem frühkapitalistischen Mittelstand und der wissenschaftlichen Durchdringung des Lebens gebildet habe.

In Russland war keine dieser Voraussetzungen gegeben. Das Reich wurde mittels polizeilicher Repression und einer utilitaristischen Bürokratie regiert, worauf die Sozialrevolutionäre mit utopischen Gesellschaftsentwürfen und Attentaten reagierten. Allerdings konnten, wie Weber notiert, die pragmatischen Rationalisten in den staatlichen Bürokratien mitunter ebenso leicht ins sozialrevolutionäre Lager wechseln, wie sich radikale Studenten zu autoritären Beamten wandelten. Niemand könne momentan absehen, wen die Bauern dereinst einmal wählen würden, und auch die Interessen des Militärs seien gespalten, kämen die Offiziere doch aus Familien, auf deren Mitglieder zu schießen ihnen eventuell zugemutet werde. Gewerkschaften, Bauernlandbanken, anarchistische und gemäßigte Slawophile, «Kadetten», Eisenbahnangestellte und Gouverneure, Ministerkandidaten und tatsächliche Minister – sie alle sind in ein Gewühl verstrickt, das nicht einmal Vorhersagen für einen Monat erlaubt.

Weber schildert ein politisches Pandämonium, in dem Wut, geistige Stumpfheit, «verschmitzte Mongolentücke» und «wahrhaft mongolische Tücke» und «verschmitzteste Asiatentücke», «‹heilige› Selbstentsagung», Brutalität, «leidenschaftliche Eifersucht», Vermögens- und Besitzgier aller Beteiligten sowie eine maßlose

Selbstüberschätzung des Zaren zu den Antrieben gehörten. «Es ist ein unablässiges zähes Ringen, mit wilden Mordtaten und schonungslosen Willkürakten in einer Zahl, daß selbst diese Gräßlichkeiten schließlich zur Gewohnheit geworden sind», kein Freiheitskampf sei jemals unter so schwierigen Umständen geführt worden, alles sei hier eine Frage der Nerven.

Umso mehr stellt Weber seine Fähigkeit unter Beweis, die Übersicht zu behalten; er fühlt sich ganz in seinem Metier – der Analyse des taktischen Machtgeschehens – und macht sich begeistert daran, den liberalen Verfassungsentwurf für Russland zu kommentieren, mit dem man versucht, die Staatskrise einzudämmen, der Webers Meinung nach aber nur einem fassadenhaften und verlogenen Konstitutionalismus widerspiegelt. Hier waren viele von Webers Leitmotiven im Spiel: die Frage nach dem Schicksal des Bürgertums, hier in einer Gesellschaft, in der es eine minoritäre Schicht war; die Schlüsselstellung der Bauern beim Übergang zu einer kapitalistischen Wirtschaft; die Einsicht, dass revolutionär erfolgreich nur sein kann, wem die internationale Finanz – «die Börse begrüßte das erste Blut in den Straßen Moskaus mit einer Hausse»[12] – erlaubt, Staatsschulden zu machen; die Zersplitterung einer Gesellschaft in Gruppen mit antagonistischen Interessen, die paradoxe Koalitionen eingehen und nicht erkennen, welche Wirkungen ihr Handeln hat.[13]

Vor allem aber: Weber erprobt an Russland, was er wenig später für Deutschland vornehmen wird und wozu sich schon in seinen Jugendbriefen an Hermann Baumgarten die ersten Fingerübungen fanden – eine als «Chronik» abgefasste politische Zeitdiagnose, die alle relevanten Akteure enthalten soll sowie die strukturellen Voraussetzungen des politischen Gebildes, in dem sie sich bewegen, und ihre von Ideen geformten Interessen. Sein wichtigstes Motiv dabei: Sowohl im zerrissenen Russland wie im verkrusteten Deutschland, zu dem er deutliche Parallelen zieht, «drängt die Zeit, ‹zu wirken, so lange es Tag ist›». Denn Weber sieht den Geist liberalen Bürgertums fast nur noch in Erinnerungen an seine vergangene Größe repräsentiert. Daher die Begeisterung für die politischen und intellektuellen Krisen seiner Zeit: weil bürgerliche Subjektivität und individuelle Freiheit «durch sie und *nur durch sie*» auf sich selbst gestellt würden. Was in diesen Krisen nicht erobert werde, werde vielleicht niemals mehr erobert.[14]

Als Max Weber im Juni 1918 vor österreichischen Offizieren in Wien einen Vortrag mit dem Titel «Der Sozialismus» hält, ist der Zeiger der Weltuhr vorgerückt: Zu Beginn des Kriegsjahres 1917 hatten sich russische Soldaten geweigert, auf Demonstranten zu schießen, die der schlimmen Versorgungslage wegen auf die St. Petersburger Straßen gegangen waren. Im Februar kam es zu Arbeiteraufständen, im März dankte der Zar ab. In einer Art von Doppelrepräsentation regierten das Parlament und ein Arbeiterrat das Land. Im Oktober 1917 putschten die Bolschewisten. Wenige Monate vor dem Wiener Vortrag hatte Weber «Russlands Übergang zur Scheindemokratie» bereits sehr lakonisch kommentiert: Den Untergang des Zarentums habe die Eitelkeit des Monarchen herbeigeführt, dem es – Weber redet über Nikolaus II. so gut wie über Wilhelm II. – an Selbstbeherrschung, der Fähigkeit zu schweigen, Kenntnis und Sachlichkeit gefehlt habe. Den russischen Massen aber fehle im Unterschied zum russischen Bürgertum einstweilen die Kreditfähigkeit, eine Revolution ohne dessen Mitwirkung sei darum nicht tragfähig. Außerdem hätten sich die sozialistischen Arbeiter bislang überall, wo sie an die Regierung gekommen seien, «als bewußte Förderer der kapitalistischen Entwicklung» gezeigt, die sie ja in Beschäftigung bringe. Mit den Bauern, der Mehrheit des Volkes, verbinde sie dabei kaum etwas als gefühlsmäßige Solidarität. Die Bauern seien überdies an der Weltkriegsfront, wo sie die Reaktionäre bestimmt auch gerne halten würden, um Volksabstimmungen über die Zukunft des Landes zu verhindern. Zusammen mit dem Problem der Nationalitäten im russischen Imperium, die sich unter demokratischen Umständen sofort melden würden, um ihre Unabhängigkeit zu fordern, begrenzten all diese Tatbestände die Demokratie in Russland.[15]

Obwohl die russischen Arbeiter inzwischen gezeigt hatten, dass sie auch ohne das Bürgertum die Macht im Staat erobern konnten, zeichnet Weber vor den Offizieren in Wien ein vergleichsweise undramatisches Bild des Sozialismus. Der Sozialismus teile mit der Demokratie, auf die Weber die Offiziere vorbereiten möchte, die Tendenz zur Bürokratisierung aller politischen und ökonomischen Entscheidungen. Die Trennung des Arbeiters von den Produktionsmitteln, die die Sozialisten kritisieren, ist weder ein spezifisch wirtschaftlicher Sachverhalt – auch an Universitäten und beim Militär gehören die «Betriebsmittel» den Apparaten und nicht dem Einzelnen –, noch wird gerade der Sozialismus auf die Produktivitätsvorteile zentraler Bewirtschaftung verzichten wollen.

Weber denkt in Funktionen, ohne es so zu nennen: Wer etwas abschaffen möchte, muss erklären, wie die Leistung stattdessen erbracht werden soll. Wer beispielsweise den Unternehmerprofit abschaffen möchte, ruft nach Beamten, die an die Stelle der Unternehmer rücken müssen. Weshalb solle man sich aber vorstellen, dass diese Beamten arbeiterfreundlicher sind als Privateigentümer? Vor allem ist es für Weber eine Illusion zu glauben, im Krieg habe sich die Ausschaltung von wirtschaftlicher Konkurrenz um eines gemeinsamen Zieles willen bewährt, weshalb man dieses Prinzip auch im Frieden fortführen könne. Diese Illusion war gewissermaßen eine linke Lesart der «Ideen von 1914», die deutsche Organisation gegen westlichen Individualismus und die «Ideen von 1789» aufboten.[16] Der Versuch einer Verschmelzung von Staat und Wirtschaft, so gibt Weber zu bedenken, führe nicht zur Herrschaft des Staates über die Ökonomie, sondern zur Beherrschung des Staates durch die Ökonomie – seien doch die Industriebeamten den staatlichen Aufsehern fachlich haushoch überlegen. Die Arbeitervertreter im Parlament wiederum verträten die Interessen der Belegschaften, die auch im Sozialismus nicht identisch sind mit den Interessen der Eigentümer: Als Eigentümer müsse der Staat nämlich an niedrigen Löhnen interessiert sein, das Parlament dagegen an hohen. Der Unterschied zur Privatwirtschaft sei nur, dass gegen den Staat ein Streik nicht möglich sei. «Der Staat aber als solcher würde nun den Haß der Arbeiter, der heut den Unternehmern gilt, mit zu tragen haben.»[17]

Keine der Vorhersagen des «Kommunistischen Manifests» hat für Weber Bestand. Die Verelendung der Massen ist nicht eingetreten. Monopolbildung im Unternehmenssektor, sofern sie überhaupt stattfindet, hat nicht mehr Proletarier, sondern mehr Angestellte zur Folge, weil die Monopole riesige Verwaltungen von Filialen und Subunternehmen sind. Die Angestellten aber, weit entfernt, sich zwischen Kapital und Arbeit entscheiden zu wollen, entwickelten ihrerseits ein ständisches Bewusstsein. Nicht die Diktatur des Proletariats, sondern die Herrschaft der Verwaltungsstäbe droht, jedenfalls dann, wenn man Weber die Rückfrage erlässt, welche koordinierten «herrschaftlichen» Zwecke denn Beamte verfolgen sollten. Auch auf die marxistische Krisenerwartung setzt Weber nicht viel, denn er hält Wirtschaft und Politik für lernfähig. Auf periodische Krisen aufgrund ruinösen Wettbewerbs reagieren Zentralbank- und Wirtschaftspolitik sowie die Unternehmen durch Kartellbildung.

Doch die Stabilität des Kapitalismus ist nicht das wichtigste Argument Webers gegen diejenigen, die dessen Stunde geschlagen sehen. Vielmehr fragt er, was den Kapitalismus denn ersetzen soll. Wer soll die Macht in der Industrie übernehmen? Die Gewerkschaften oder die sozialistischen Parteien? Dass die Gewerkschaften nicht notwendigerweise sozialistischer Gesinnung sind, lag ebenso auf der Hand wie die Tatsache, dass der Sozialismus nicht vom Proletariat erdacht worden ist.[18] Berufspolitiker wiederum sind keine Klassengenossen der Arbeiter. Sollten also die Arbeiter selbst in diese Funktionen eintreten, weil Parteien und Gewerkschaften von Funktionären bestimmt werden, die ganz eigenen Interessengesichtspunkten folgen? Wenn jedoch den Arbeitern die Betriebsführung übertragen wird, handelt es sich dann um eine rational überlegene Betriebsführung? «Sie werden also, ob sie wollen oder nicht, auch ihrerseits auf Nichtarbeiter, auf Ideologen aus den Intellektuellenschichten angewiesen sein.»[19]

Damit schließt sich für Weber der Kreis, denn es waren ja Intellektuelle, die sich den Sozialismus ausgedacht und eschatologisch oder nationalistisch aufgeladen hatten. Indem er die «Romantik des Generalstreiks» und die «Romantik der revolutionären Hoffnungen» anspricht, wendet er sich, ohne Namen zu nennen, direkt seinen entlaufenen Schülern Robert Michels und Georg Lukács zu, die für ihn so intelligente wie typische Exponenten dieses politischen Ausweichens vor dem Alltag sind. Doch er macht im Blick auf die Intellektuellenpartei der Bolschewisten einen Vorbehalt: «Das große Experiment ist jetzt Rußland.»[20]

Wie also verhält es sich seinen Begriffen zufolge mit dem Kommunismus und Lenin? Für Weber ist Kommunismus außerhalb von Hausgemeinschaften, Familien und Klöstern[21] ein ziemlich unwahrscheinliches Konstrukt: weder der Anfang der Geschichte in einem urtümlichen Kollektiveigentum, aus dem sich das Privateigentum erst herauslöse, noch das Ende der Geschichte. Der Anfang nicht, weil Gemeinschaften, die alles teilen, nur unter sehr besonderen Umständen existieren – etwa als Krieger unter hohem Außendruck, der eine «Privatexistenz» unmöglich macht – und der Kommunismus überdies durch die Abwesenheit oder Zweitrangigkeit familiärer «Absonderungen» begünstigt wird. Auch der «Liebeskommunismus» charismatischer Gemeinden ist für ihn eine hoch voraussetzungsvolle und instabile Form. Wie der «Agrarkommunismus» russischer Feldgemeinschaften setze er der Rationalität enge Grenzen. Entweder schließe er dezentrales Handeln aus, was ihn unbeweglich macht, oder er lasse es zu, womit er in Gegensatz zu seinen Idealen gerät, denn das würde die Akzeptanz ungleich verteilter Ressourcen voraussetzen. In beiden Fällen komme hinzu, dass der Kommunismus von seinen Idealen her auch Hierarchie ablehne, denn die würde zur Konzentration von Verfügungsmacht über Eigentum an der Spitze führen. Wie also will er zu rationalen Entscheidungen kommen? Für Weber war das kommunistische Ideal so sehr gegen den Alltag formuliert, dass er seiner Verwirklichung als Ende der Geschichte von Kämpfen materieller Interessen keine großen Chancen einräumte.

Das prägte seine Einschätzung des Bolschewisten in der Russischen Revolution. Weber hielt Lenin und die Seinen für Literaten, utopische Putschisten ohne Klassenbasis. Weder im Interesse der Arbeiterschaft noch sonst einer sozialen Gruppe läge es, alle Stadien der kapitalistischen Entwicklung zu überspringen und mit allen anderen die Erträge ihrer Arbeit zu teilen. Die Kommunisten mit ihrem heißen Verstand und kalten Herzen erschienen Weber wie aus einem Roman Dostojewskis entsprungen. Dass sie mit ihrem Aufstand gegen den Alltag erfolgreich sein würden, glaubte er nicht: «Der Bolschewismus ist eine Militärdiktatur wie jede andere und wird auch zusammenbrechen wie jede andere.»[22] Der nur auf Waffen gestützten Diktatur fehle eben das typische Gehorchenwollen der von ihr Beherrschten. In Hinsicht auf die Dauerhaftigkeit der Revolution hat sich Weber gründlich getäuscht – aber woher kam dann die Legitimität des Sowjetregimes, das sich siebzig Jahre lang halten sollte?

Lenins Partei war keine Glaubensgemeinschaft, die sich um einen Führer gebildet hatte – man stritt vielmehr permanent über die richtige Linie, war durch Marx geradezu auf Kampf um die richtige Einsicht verpflichtet, und man wählte eine hierarchisch gegliederte Parteispitze.[23] Aber die Revolution hatte gleichwohl Züge einer Synthese von Außeralltäglichkeit und Alltag, insbesondere dann, wenn man Alltag, wie es Weber tat, mit der Wirtschaft und dem Erwerbsleben identifiziert.[24] Zumindest die Trägergruppen der Revolution gaben sich dem eschatologischen Gefühl hin, in eine Zeit vorgestoßen zu sein, die alles neu machen würde, weil nun beseitigt war, was ihnen zuvor das Ganze schien: der Kapitalismus. Dieses Gefühl enthielt Motive, die Weber schon am vorrevolutionären Russland beobachtet hatte. Die «typisch russische» Ablehnung einer Erfolgsethik passte zwar nicht zur marxistischen Theorie, die ja gerade die historische Fälligkeit der Revolution aus ihren Erfolgschancen ableiten wollte und sich insofern als «wissenschaftlicher Kommunismus» verstand. Aber zum «Geist» dieses Kommunismus gehörte für Weber jene «heilige Selbstentsagung», die das russische Volk mit der Fähigkeit ausgestattet habe, jäh «zwischen stürmischer Tatkraft und Ergebung in die Situation» zu wechseln.[25] Die einen kämpften rücksichtslos ums Recht, die anderen hielten sich an die Rückseite der unbedingten Pflichtenethik: «Widerstehe nicht dem Übel.» In dieser Kultur, so Weber, hätten es bürgerliche Positionen schwer, die auch Zonen der ethischen Indifferenz kennen und schätzen.

Dieser aktive wie passive Rigorismus kommt Diktaturen entgegen, und man darf sagen, dass Lenin ganz kühl mit dieser Mentalität zwischen messianischen Erwartungen und Fatalismus kalkulierte. Weber unterschätzte das, weil Intellektuelle für ihn zum einen eben «Literaten» und damit gerade keine Organisationsbegabungen waren. Zum anderen verkannte er die Eigenart einer bürokratischen Ordnung, deren Hauptmerkmal die Ausschaltung von Opposition war. Weber zufolge gehorchen wir in modernen Staaten politischen Weisungen, weil das Personal, das uns anweist, vorschriftsmäßig handelt und ordnungsgemäß in seine Position gekommen ist. Er thematisierte aber nicht, dass wir in der Regel weder über das eine noch das andere Bescheid wissen, sondern uns darauf verlassen, im Zweifelsfall vor Verwaltungsgerichten klagen, in der Öffentlichkeit Protest anmelden und in politischen Wahlen die Befehlsgeber aus dem Amt entfernen können. Erst vor diesem Hintergrund zeigt sich die Sowjetherrschaft: keine Verwaltungsgerichte, keine Pressefreiheit, kein institutionalisierter Machtwechsel.

Was also vermochte die Herrschaft der Kommunistischen Partei zu legitimieren, die ihren Namen nur noch als Erinnerung an ihre Vorgeschichte trug, weil es in ihrem Herrschaftsgebiet ja gar keine anderen Parteien mehr gab und sie politisch nicht «pars» (Teil), sondern «totum» (das Ganze) war? Stellt man sich ein ganzes Land als Organisation vor, leuchtet diese Ausschaltung von Opposition sofort ein. In Organisationen gibt es auch keine institutionalisierte Opposition, sondern nur eine informelle. Und an der Spitze der Organisation findet sich gegebenenfalls ein Chef, der das repräsentiert, was Weber im Zusammenhang der Französischen Revolution als die «charismatische Verklärung der ‹Vernunft›» bezeichnete.[26] Es musste eine Vernunft sein, die Einwände gegen sich schon in sich aufgenommen hatte und insofern keiner Opposition bedurfte. Und es musste eine Vernunft sein, die ein Bild der auswärtigen Unvernunft zu zeichnen vermochte, gegen die sie durchzusetzen war. Im sowjetischen Fall war das der imperialistische Kapitalismus, dessen drastische Züge ausreichen konnten, um im Inneren jeden Klageweg gegen den Staat zu versperren. Was wäre das auch, ein von Individuen angestrengter Gerichtsprozess gegen die Verwaltung der historischen Vernunft und die Funktionäre der Menschheit?

War diese Vorstellung, ein ganzes Land wie eine Organisation zu betrachten, nicht wiederum eine Literatenphantasie? Ja, aber eine wirksame, auch wenn die Wirkung nicht darin zu finden war, dass die Partei tatsächlich alles durchherrschte, plante, steuerte und nach der Zerschlagung des alten Staates «mit Hilfe einer neuen Maschine kommandiert».[27] Webers eigene Vorstellungen rationaler Herrschaft ähneln dem, was das Sowjetregime durchsetzte, sehr. Nur dass Weber das Fehlen der Erneuerungsimpulse bemängelt hätte, die von demokratischen Wahlen ausgehen und bürokratische Versteinerungen verhindern. Doch der bürokratische Selbstlauf und die Pfründenwirtschaft, die Effizienzverluste und Lernverweigerungen waren nicht das Schlimmste, was den Menschen in der Sowjetunion bevorstand.

DREIUNDZWANZIGSTES KAPITEL

WERTGÖTTER – DIE WIRTSCHAFTSETHIK DER WELTRELIGIONEN

> Am Tische des preußischen aufgeklärten Cultusministers Altenstein unterhielt man sich in den zwanziger Jahren des neunzehnten Jahrhunderts bisweilen, ob das Christenthum noch zwanzig oder fünfzig Jahre dauern werde.
>
> HEINRICH VON TREITSCHKE

Im Jahr 1909 wird die «Deutsche Gesellschaft für Soziologie» gegründet. Was Soziologie sein soll, ist selbstverständlich unklar. Die Gründungsmitglieder kommen aus allen möglichen Fächern, es sind vor allem Juristen, Nationalökonomen und Philosophen sowie Bevölkerungs- und Medizinstatistiker, aber auch der uns bereits bekannte Dr. Ploetz von der Rassenhygiene. Max Weber ist im Vorstand, er fungiert dort als «Rechner». Am Begrüßungsabend des Gründungskongresses im Oktober 1910 hält Georg Simmel einen Vortrag zur «Soziologie der Geselligkeit», dessen erste Sätze gleich eine Grundfrage ansprechen: Ist «Gesellschaft» bloß ein abstrakter Begriff, der die Handlungen der Individuen so zusammenfasst, wie ein Betrachter Bäume, Bäche, Häuser und Wiesen zu einer «Landschaft», wobei weder der Betrachter ein Element der Landschaft ist noch ihre Elemente etwas davon wissen, dass sie eine Landschaft bilden? Oder ist Gesellschaft nicht vielmehr etwas, das diese Elemente selbst hervorbringen, in ihrem «Miteinander, Füreinander, Ineinander, Gegeneinander, Durcheinander»?[1]

Simmels Frage war rhetorisch – er hatte sie mit demselben Beispiel der Landschaft zwei Jahre zuvor in einem Exkurs seiner «Soziologie» über das Problem «Wie ist Gesellschaft möglich?» schon beantwortet. Die Gesellschaft bedarf, hieß es dort, um eine Einheit zu sein, keines Betrachters, sie besteht selbst aus einer Unzahl von

Betrachtungen, da ihre Elemente «bewusst und synthetisch-aktiv sind».[2] Die Überzeugung Kants, dass die Verbindungen zwischen den Dingen erst von einem erkennenden Subjekt zustande gebracht werden, gelte für die Gesellschaft nicht. Die Frage, wie Gesellschaft möglich sei, ist darum für Simmel ganz anders zu beantworten als die, wie Natur oder Landschaft möglich ist. Dem Soziologen begegnet in der Gesellschaft keine unsortierte Menge an Daten, die erst geordnet werden müssen. Die sozialen Individuen haben ihm vielmehr einen Gutteil der Begriffsarbeit schon abgenommen, indem sie etwa eine Situation am Abend als Geselligkeit, als Spiel also, im Unterschied zum Tagungsernst erkennen und sich selbst entsprechend simplifizieren: ihre jeweilige Rolle spielen.

Max Weber trägt am Tag nach Simmels Eröffnungsreferat den Geschäftsbericht vor und erläutert die wissenschaftlichen Aufgaben, die sich die Gesellschaft gestellt hatte. Den größten Raum nimmt darin eine «Soziologie des Zeitungswesens» ein, und wie Weber von diesem Vorhaben berichtet, zeigt, dass er ein ganz anderes Verständnis von Soziologie hat. Solange man sich über den Inhalt dieses Begriffs nicht im Klaren sei, lässt er die Versammelten wissen, sei es besser, ganz konkreten Fragen nachzugehen. Setzte Simmel beim Selbstverständlichen an, beginnt Weber beim Bedeutsamen. Publizität ist im modernen Leben von immenser Bedeutung, die Existenz der Presse beeinflusst den Sinn des Parlamentarismus, sie vernichtet Karrieren, ermöglicht andere. Was wird publik gemacht und was nicht, welche «letzten Weltanschauungen» liegen solchen Entscheidungen zugrunde, wo hat die Presse Macht und wo keine, was heißt es für sie, zwei Kunden zu haben, die Zeitungskäufer und die Inserenten, gibt es Monopolisierungstendenzen im Pressewesen, was spricht für anonyme Artikel, was gegen sie, und was bietet die Presse eigentlich den Lesern: Information, Klischees oder Tendenz, und weshalb schätzen die Amerikaner mehr das erste, die Franzosen mehr das letzte? Weber stapelt Frage auf Frage, zum Beruf des Journalisten und zur Wirkung des Journalismus, zu nationalen Unterschieden und zu kulturellen Folgen, der «Prägung des modernen

Menschen». Während Soziologie für Simmel der Versuch ist, die Gesellschaft wiedererkennbar zu machen und aufzuschließen, wovon alle wissen, besteht ihre Aufgabe für Weber zunächst einmal in der Ermittlung unbekannter Tatsachen und der Beantwortung der Fragen: Wer macht was warum? Was wirkt auf wen warum?[3]

Auch den Soziologen schärft er dabei noch einmal ein, ihre eigenen Werte aus der wissenschaftlichen Forschung herauszuhalten. Er hält sich freilich selbst nicht an diese Maßgabe und lässt seine Wertungen auf eine fast raffinierte Art in seine Untersuchungen einfließen. Schon die Studien zur ostelbischen Landarbeit dienten mit ihren Vorwürfen an den Lobbyismus der ländlichen Kapitalisten dem «einen Wertgott», den er, Ernst Troeltsch zufolge, anbetete: der nationalen Kraft und Größe. In seiner Antrittsrede hatte Weber die Wirtschaftswissenschaft zum ökonomischen Nationalismus aufgerufen, was man nur sehr wohlwollend als Kampf gegen zu viel Ethik in der Ökonomie interpretieren kann – anstelle der Moralisierung erfolgte nun eben die Politisierung der Forschung. Am Ende seiner «Protestantischen Ethik» war er sich selbst ins Wort gefallen, um nicht «auf das Gebiet der Wert- und Glaubensurteile» zu geraten, auf dem er sich allerdings von Beginn an bewegte, schließlich wollte er dem asketisch unerzogenen deutschen Bürgertum mit diesem Text eine Lektion erteilen. Seine Bürokratieanalysen lassen sich in ihrer Dramatik gar nicht trennen von seiner politischen Kritik am preußischen Beamtenapparat. Und auf dem Soziologentag gibt er nun dem zweiten Arbeitsvorhaben der Gesellschaft, einer «Soziologie des Vereinswesens», die Aufgabe mit, an Gesangsvereinen zu überprüfen, ob ein «Mensch, der täglich gewohnt ist, gewaltige Empfindungen aus einer Brust durch seinen Kehlkopf herausströmen zu lassen, ohne irgendeine Beziehung zu seinem Handeln, ohne daß also die adäquate Abreaktion dieses ausgedrückten mächtigen Gefühls in entsprechend mächtigen Handlungen erfolgt», möglicherweise «sehr leicht ein ‹guter Staatsbürger› wird, im passiven Sinne des Wortes». Auch das klingt nicht nach einer wertfreien Gesangsvereinssoziologie.[4]

Max Weber hatte im Vergleich mit denen, die ihre Weltanschauung ungebremst vortrugen und die er dafür zurechtwies, einfach die größere Begabung, seine politischen und kulturellen Präferenzen für seine Befunde und Argumente nutzbar zu machen: Er verwendete sie als Katalysator, die Empirie und Begriff dazu brachten, miteinander auf bestimmte Weise zu reagieren. Als Weber 1913 über den Sinn der Wertfreiheit in den Sozialwissenschaften sprach, meinte er, nur eine «höchst triviale Forderung» zu erheben: Empirische Aussagen sind von Bewertungen freizuhalten.[5] Aber die Formulierung «Im politischen System des deutschen Kaiserreichs hatten Beamtennaturen und Lobbyisten die optimale Chance, zum herrschenden Typus zu werden», ist eben keine Aussage von der Art «X bringt Y hervor» und lässt das Werturteil nicht unberührt, ob die Beamtennaturen denn auch zum herrschenden Typus werden *sollen*.

Neben dem Tatsachenhunger und der Wertfreiheit ist schließlich der Rationalitätsbegriff das dritte auffällige Merkmal an Webers Soziologie. Ebenfalls 1913 veröffentlicht er seinen Aufsatz «Über einige Kategorien der verstehenden Soziologie». Darin bezeichnet er die Deutung von rationalem Handeln zwar nicht explizit als Ziel der Soziologie – man könnte sich ebenso darum bemühen, Gefühle und Stimmungen zu verstehen –, aber das rationale Handeln, das auf einen Zweck ausgerichtet ist und sich auf andere bezieht, stellt für Weber doch den Musterfall dar, zu dessen Verständnis soziologische Erklärungen benötigt werden. Sobald also die Zwecke oder Gesinnungen des Handelnden bekannt sind, fragt er danach, was in diesem Fall ein rationales Verhalten gewesen wäre. Eine Börsenpanik kann man nur nachvollziehen, wenn man weiß, welche Art von Verstand in ihr aussetzt. Die Kontrollinstanz Zweckrationalität ist sogar dann hilfreich, wenn «zweckirrationale Sinnbezogenheiten» untersucht werden: Zur Annahme, dass Gottes Ratschlüsse unerforschlich und eine Prüfung unseres Verstandes sind, kann sich ein Glaube genötigt sehen, dem das subjektiv zweckrationalere magische Denken «mit zunehmender Entzauberung der Welt» nicht mehr einleuchtet.[6]

Damit ist das Schlüsselwort gefallen, das Webers religionssoziologische Arbeit von nun an bestimmen wird: Entzauberung. In der «Protestantischen Ethik» von 1905 hatte er noch behauptet, die rationale Lebensführung, die Handlungen daraufhin prüft, ob sie zu letzten Zwecken passen, habe sich am traditionalen Handeln der Menschen abgearbeitet, um sie aus ihrer natürlichen Bequemlichkeit herauszureißen: Dem Geist, der vor allem Wille sein möchte, erscheint das Fleisch als Inbegriff der Schwäche. Doch wie steht es mit dem Geist, der vor allem Rationalität geworden ist? Seitdem Weber 1911 begonnen hat, sich mit den anderen Weltreligionen zu beschäftigen, sieht er im Handeln der asketischen Protestanten neue Motive wirken. Weniger Bequemlichkeit und Überlieferung haben sie bekämpfen wollen, sondern das magische Denken: Hier stand richtige gegen falsche Rationalität. Rationalität im Sinne tatsächlicher Weltbeherrschung entfaltet sich, wenn danach gefragt werden kann, ob Behauptungen sachlich richtig sind. Das setzt wiederum voraus, dass solche Fragen religiös zugelassen werden und es überhaupt denkbar ist, dass die Blitze nicht von Gott gesandt werden, um die Häuser von Sündern zu zerstören. Die größte Revolution von allen ist es, wenn jemand sozial erfolgreich verneint, dass eine Erlösungspraktik funktioniert.

Auf solche Überlegungen stieß Weber bei einem atemberaubend groß angelegten Versuch, alle Weltreligionen daraufhin zu untersuchen, welchen Beitrag sie zur Gesellschaftsentwicklung in ihrem Verbreitungsgebiet geleistet haben. Er erntet jetzt die Früchte der Fachkollegengemeinschaft mit den Religionswissenschaftlern im Eranos-Kreis. Von 1915 an veröffentlicht er Studien zu Konfuzianismus und Taoismus, Hinduismus und Buddhismus sowie zum antiken Judentum; alle anderen Forschungen, zum Islam, zum Urchristentum und zur mittelalterlichen Kirche, blieben Pläne.

Die Ausweitung seines Forschungsgebiets sollte gleich mehrere Aufgaben erfüllen, die sich ihm nach der «Vorarbeit» über die asketischen Protestanten und der Diskussion darüber aufgedrängt hatten. Zum einen wollte Weber dem Eindruck entgegentreten, er habe eine «idealistische» Geschichtsdeutung vorgelegt. Wenn er nun aber nicht nur an methodischen Absichtserklärungen gemessen werden wollte, musste er durch empirisch fundierte Studien nachweisen, ob und wie sich religiöse Weltbilder auf wirtschaftliche und soziale Strukturen ausgewirkt haben. Die Frage, ob Protestanten Kaufleute wurden oder Kaufleute Protestanten, war berechtigt, und Weber konnte sich ihr schlecht entziehen. Darum untersucht er nun an den Weltreligionen, welchen sozialen Gruppen und unter welchen politischen Herrschaftsumständen welche Art von Religiosität einleuchtete. Vor allem die Intellektuellen geraten in sein Blickfeld, und er fragt, weshalb sie mancherorts zu Propheten wurden und andernorts zu Mystikern oder weltflüchtigen Mönchen. Aus dem ökonomischen Kulturgeschichtler wird der Soziologe Weber.

Das zweite Desiderat, das die «Protestantische Ethik» hatte entstehen lassen, war das einer Gegenprobe. Wenn gezeigt werden konnte, dass sich in anderen Weltregionen keine spezifische Form antimagischer Religiosität entwickelt hat und dort nicht oder erst unter europäischem Einfluss eine moderne Wirtschaftstätigkeit entstand, wäre das ein starker Hinweis auf die Richtigkeit der 1905 aufgestellten These.

Darum versucht Weber jetzt unter Aufbietung eines immensen Materials an religionshistorischer Forschung, den großen Weltreligionen jeweils eine typische Trägerschicht zuzuordnen. Ausschlaggebend ist in jeder Religion für Weber dabei das Verhältnis der Priester zu den Laien, weil beide sich oft in ganz anderen Lebensumständen befinden, die Religion aber für beide Gruppen gleichermaßen gelten muss und zugleich die Sozialstruktur der Ungleichheit heiligen oder jedenfalls deuten soll. Aus dieser Spannung heraus entstehen komplexe Theologien und Ethiken. Wie sieht ein Glaube aus, der für Bauern und Städter gleichermaßen plausibel sein will, obwohl deren Lebensrhythmen und Kommunikationsformen so unterschiedlich sind? Leuchtet Kriegern Demut ein, was kann ein Soldat mit «Sünde» anfangen, kommen Adelige auf die Idee, nach der Herkunft des Bösen zu fragen?

Konfuzianisch denken Weber zufolge beispielsweise literarisch gebildete Beamte, «Mandarine», in einem zentralisierten Reich ohne lokale Autonomie, die als religiöse Laien eine Ethik der Anpassung an einen geheimnisvollen Kosmos favorisieren, weil das den Zorn der Geisterwelt vermeidet. Ruhe ist hier erste Verwaltungspflicht; der konfuzianische Glaube wird von Weber als eine naturfreundliche Beruhigungsethik interpretiert. Der Erlösungsgedanke fehle dieser Religion fast völlig, ebenso aber die Vorstellung «von der satanischen Macht des Bösen», mit welcher der Mensch zu ringen habe. Es geht diesem Menschen darum, in einer Welt übervoll mit Dämonen das Gleichgewicht zu bewahren, nicht um Alternativen. Mehr als recht und unrecht möchte der Konfuzianer, mehr als rein und unrein möchte der Taoist nicht unterscheiden. Das Leid entspringt nicht Bosheit, sondern Unzulänglichkeit oder im Taoismus Fehlern in der Handhabung von Astrologie, Geomantik, natürlicher Pharmazie. Weil der chinesische Beamte nach Selbstvervollkommnung durch harmonische Ausbildung seiner Fähigkeiten strebte, fehlte ihm die Bereitschaft, sich beruflich zu spezialisieren – eine solche Bereitschaft aber wäre für eine dynamische Wirtschaftsentwicklung notwendig gewesen. Zugleich fehlt jede Konkurrenz, es gibt keine autonomen Städte, keine Konkurrenz von Kirche und Staat, keine politische Konkurrenz von Nationen oder von Adel und Kaisertum. Selbst die religiösen Differenzen zwischen Konfuzianismus, Taoismus und Buddhismus führen nicht zu scharfen Konflikten; es hält sich der «praktische Rationalismus», der auf das Gegebene Rücksicht nimmt, um den Status quo zu erhalten. Unprotestantischer geht es nicht.[7]

Eine andere «Herrenschicht» trägt den Hinduismus: Gebildete ohne Amt, die zu Ritualexperten der Kastenstruktur selbst werden und sich so als eigene Kaste etablieren. Da die Kastenzugehörigkeit vererbt wird, können die Menschen nicht sozial aufsteigen, und weil die «magische Distanz» zwischen den Kasten kultiviert wird, kommt es nicht zu einer Verbrüderung der Religionsmitglieder im Kult. Hier liegt für Weber schon die entscheidende Differenz zur abendländischen Entwicklung. Die «Konzeptionsstunde» des Bürgertums sei die durch Paulus positiv sanktionierte Speisegemeinschaft zwischen Judenchristen und Heidenchristen gewesen. Hier war zum ersten Mal nicht Herkunft das Zulassungskriterium für den Kult, und es entstand eine gegen Stände und Ethnien indifferente «Freiheit» der Christenmenschen, die das «freiwillige Ghetto» zurückließen, das vom antiken Judentum Weber zufolge bezogen worden war. Sachlichkeit in der Lebensführung ist nur möglich, wenn Zusammenschlüsse möglich sind, die quer zu verwandtschaftlichen, beruflichen, kulturellen oder ethnischen Unterscheidungen stehen und wenn es ein religiöses Vokabular gibt, das Fremde «entfremdet» und solche Zusammenschlüsse nicht von vornherein als unrein, traditionswidrig, unsittlich qualifiziert. Was Weber in den amerikanischen Südstaaten als Rassismus anschaulich wurde – ständische Schranken, die den engeren Verkehr und vor allem die Heirat mit sozial Niedrigstehenden ausschließen –, das sah er im Kastenwesen geheiligt und magisch als Tabugrenze etabliert. Die intensive Christlichkeit der afroamerikanischen Bürger in den Vereinigten Staaten erscheint aus der Perspektive seiner Soziologie nicht als «Opium fürs Volk», um es in seiner Erniedrigung zu betäuben, sondern als selbstbewusstes Pochen auf der religiösen Illegitimität einer Existenz als ethnische Kaste.[8]

Der Reichtum und Folgenreichtum der Analysen Webers geht aus solchen kurzen Beispielen hervor. En passant lässt er in die Beschreibung der jeweiligen religiösen Systeme seine soziologischen Kategorien einfließen, hier den des Standes als einer Gemeinschaft, die von einer Vorstellung sozialer Ehre getragen ist, was mit gemeinsamen ökonomischen Interessen einhergehen kann, aber nicht muss. Es nützt dem Mitglied des niedrigeren Standes gegebenenfalls nichts, wohlhabender zu sein, die Tochter aus dem höheren tanzt trotzdem nicht mit ihm, und es wäre, bei ständischer Gleichheit, ein Fehler des Chefs, den Tisch zu wechseln, wenn ein Angestellter Platz nimmt.[9] Der Hinduismus ist für Weber die vollendete rituelle Veredelung einer Gesellschaft mit geburtsständischer Struktur. Das

Erlösungsbedürfnis wird in weltflüchtige, mystische Askese umgesetzt; wie sich das weltliche Geschehen auf die Erlösung auswirkt, ist für die äußerst dünne Schicht, die sich mit religiösen Fragen beschäftigt, hingegen uninteressant. Die Frage der Erlösung tritt nur dort in den Vordergrund, wo die Religion nicht primär von Oberschichten getragen wird. Der protestantische Bürger war so ein Fall, aber auch der urchristliche Handwerker – Angehörige von Mittelschichten also, denen es einleuchtet, ein Werkzeug Gottes zu sein, weil «Reinheit» für sie ohnehin nicht durchzuhalten ist. Für Bürger sind umgekehrt die Oberschichten und die Unterschichten mit Leuten besetzt, die nur an sich selbst denken. Religiös richtet sich derselbe Vorwurf an den Mystiker, der von Gaben lebt, und an den Ekstatiker, der am Montag fehlt.[10]

Reinhard Bendix, der eine der verständigsten Einführungen in das Werk Max Webers geschrieben hat, weist darin auf die ungewöhnliche Kombination von Mittelschicht und Heldentum hin, die Weber in Gestalt der asketischen Protestanten entgegentrat. Mittelschichten sind üblicherweise weder besonders sinnenfeindlich noch ausgesprochen kriegerisch eingestellt, und doch entwickelt das Handwerkertum Pflichtbegriffe, entfremdet sich ekstatischen Praktiken, schätzt die Aufstiegswirkungen von beständiger Lebensführung, kann sich mit Gottesvorstellungen anfreunden, die ausgleichende Gerechtigkeit vorsehen. Weber ist von dieser Kombination aus Alltagsorientierung und aggressivem moralischem Habitus fasziniert. Das alles macht die Religion für ihn aber nicht zum einfachen «Reflex» der sozialen Umstände ihrer Anhänger: Die religiösen Ideen steigen meist nicht aus der Masse der Gläubigen auf, sondern entwickeln sich aus Debatten in mitunter sehr heterogen zusammengesetzten Intellektuellenkreisen, deren Herkunft ebenso wirksam wird wie ihre Nähe oder Ferne zur politischen Macht. Seine Formulierung, Jahwe sei ein «Gott der Intellektuellen», mittels dessen die jüdischen Propheten hofften, fromme Plebejerschichten «züchten» zu können, ist hier besonders drastisch, um den religiösen Sonderfall des ethischen Monotheismus herauszustreichen.[11]

Wer Webers soziologischer Erzählung der Weltreligionen folgt, kommt gar nicht darum herum, nach ihrer Plausibilität für das eigene Leben zu fragen. Denn einerseits behandelt Weber ferne Welten, andererseits lassen sich mit seiner Methode, von wenigen Prämissen aus die Rationalität der jeweiligen Lebensentwürfe zu verdeutlichen, gleichwertige Lösungen desselben Problems vor Augen führen. In einer «Zwischenbetrachtung», die er 1915 in seine Aufsatzfolge zur Religionsgeschichte eingefügt hat, findet es sich am klarsten formuliert, welches Problem er meint. Wer überhaupt nur einen Text von Weber lesen will, sollte diesen wählen – die «Theorie der Stufen und Richtungen religiöser Weltablehnung». Denn hier extrahiert Weber die Erträge seiner Analysen endgültig zur Typenbildung, als wolle er auch dem zeitgenössischen Leser vorführen, welche prinzipiellen Einstellungen zur Tatsache denkbar sind, dass die Welt ein Jammertal ist. Dass sie eines ist, sieht Weber als weitgehend unumstritten an (nur in China sowie im «ungebrochenen Menschentum» der Antike und im «Laien-Katholizismus» werde dies in Frage gestellt), inwiefern sie es aber ist, stelle sich dem städtischen Handwerker anders dar als den Sprechern eines unterjochten Volkes oder einem Mönch. Doch dann, meint Weber, setzt ein Prozess systematisierender Deutung dieses Leidens ein, der als Monotheismus schließlich an Fahrt gewinnt, weil nun auf die moralischen Forderungen des einen Gottes geantwortet werden muss, zu dessen Wille und Schöpfung auch das Leiden selbst gehört. Die Geschichte ist das Gebiet der Inkonsequenz, für Weber aber nimmt sie unter dem Druck religiös durchgearbeiteter Weltbilder im Okzident eine Form an, in der verschiedene Sorten von Konsequenz in immer stärkeren Gegensatz zueinander geraten. Weber spielt das in der «Zwischenbetrachtung» an den Spannungen durch, die sich ergeben zwischen unbedingten religiösen Forderungen einerseits und den Forderungen der Verwandtschaftsloyalität, der ökonomischen Erfolgslogik, des politischen Gehorsams, des wissenschaftlichen Erkennens sowie der «innerweltlichen Erlösung» mittels Kunst und geschlechtlicher Liebe andererseits.[12]

Letzterer, der «größten irrationalen Lebensmacht», widmet Weber die ausführlichste Passage der Zwischenbetrachtung. In ihrer Entwicklung zur außeralltäglichen Sphäre löst sich der Sinngehalt der Liebe zunächst nur von der unbefangenen Reproduktion ab. Die Frau ist unter patriarchalischen Umständen dann Kriegstrophäe, Gegenstand der Minne zeremoniellen Vasallentums oder galanter Literatur. In der entzauberten Berufswelt der Moderne hingegen werde das erotische Verhältnis vor allem dann zum Repräsentanten von Außeralltäglichkeit, wenn es außerhalb der Ehe stattfinde. Passion erlöse aus «den kalten Skeletthänden rationaler Ordnungen ebenso» wie aus «der Stumpfheit des Alltags», durch Hingabe eines Einzelwesens an ein Einzelwesen, unbegründbar und ganz. Für die Erlösungsreligion ein gewissermaßen asozialer Vorgang, der den Menschen aus einem Mangel an Selbstbeherrschung an zufällige und sprachlose Impulse ausliefert, eine Parodie auf den Gottesdienst. Hier wird besonders deutlich, was Weber mit «Polytheismus der Wertsphären» meinte, die im Verlauf der Zivilisationsentwicklung an denjenigen, der ihren Sinn durchdenkt, immer ausschließlichere Forderungen stellen und zu Entscheidungen zwingen, wenn das Leben folgerichtig geführt werden soll. Doch wer kommt auf den Gedanken, dass sich ein Leben folgerichtig und ethisch führen lässt? Es ist kein Biographismus, wenn man darauf hinweist, dass Weber, wenn er von jener Spannung zwischen unbedingten Erwartungen spricht, auch persönlich weiß, wovon er redet.[13]

Damit hat Weber das Beweisprogramm seiner «Protestantischen Ethik» nicht nur ausgedehnt – räumlich, zeitlich und was die Kausalwirkung von sozialen Strukturen auf Ideen angeht. In seiner Vorbemerkung zu den «Gesammelten Aufsätzen zur Religionssoziologie», die er in seinem letzten Lebensjahr schreibt, umreißt er auch die sachliche Ausdehnung des Arguments.[14] Der Kapitalismus ist jetzt nur noch ein Beispiel, mit dessen Hilfe Weber den Leitbegriff seiner soziologischen Methode erläutert: Rationalität. Längst greift dieser Begriff weit über die Ökonomie hinaus. Die moderne Gesellschaft ist noch von ganz anderen Rationalitäten bestimmt als nur denen der Kostenrechnung, der spezialisierten Berufsausübung, des Fabrikwesens und der Marktbewirtschaftung samt dem Wertpapierhandel. Webers eigene Liste der weiteren Charakteristika der modernen europäischen Kulturwelt ist lang: eine mathematische Beweistechnik, naturwissenschaftliche Experimente, Chemie statt Alchemie, ein systematisches Recht, eine durchkonstruierte Harmonielehre, eine geometrisch und optisch informierte Malerei, eine flächendeckende Verwaltung mittels Berufsbeamten, ein Staat mit verfassungsrechtlich basierter Gesetzgebung.

Der Stolz, mit dem Weber Beispiele europäischer Einzigartigkeit anführt, hat mitunter zeittypische Webfehler. Ein Inder hätte auf die Feststellung, nur im Okzident habe es das Klavier gegeben, mit Nennung des einen oder anderen indisch singulären Instrumentes antworten können. Doch die Pointe seiner Skizze ist auch diesseits universalhistorischer Leistungsschau deutlich. Es ist «die Entstehung des abendländischen Bürgertums»,[15] das mehr als nur eine Wirtschaftsform trug, sondern sich Rationalitätsleistungen aneignete, die – wie das römische Recht, der mathematische Beweis, die gotische Gewölbekonstruktion oder die Harmonielehre – durchaus nichtbürgerlichen Ursprungs waren. Weder bei den Griechen noch bei den Römern noch im Mittelalter ging aus vorliegenden Rationalitätsressourcen eine ganze Kultur des Rationalismus hervor, die alle sozialen Gebiete gleichermaßen erfasste und unter Gesichtspunkten technischer Leistungssteigerung, Konkurrenz und Lernfähigkeit zur Bearbeitung freigab.

«Entzauberung» bedeutet in diesem Zusammenhang, dass die Religion nicht nur nichts dagegen hat, sondern sich selbst an diesem Prozess beteiligt. In der 1920 in die «Protestantische Ethik» eingefügten Formulierung bezeichnet Weber den asketischen Protestantismus nun nicht mehr als den Beginn der modernen bürgerlichen Lebensführung, sondern als ein Ende: «Jener große religionsgeschichtliche Prozeß der *Entzauberung* der Welt, welcher mit der altjüdischen Prophetie einsetzte und, im Verein mit dem hellenischen wissenschaftlichen Denken, alle *magischen* Mittel der

Heilssuche als Aberglaube und Frevel verwarf, fand hier seinen Abschluß.» Weber hält kaum damit zurück, von der letzten Erlösungsreligion zu sprechen, die schon gar keine Erlösung mehr in Aussicht stellt. Dass sich auch dagegen von den Rändern des Protestantismus her und im Herzen der von ihm bestimmten amerikanischen Welt seit dem Beginn des neunzehnten Jahrhunderts zahlreiche neue Religionen in einem «Second Awakening» gewendet haben, von den Mormonen bis zu den Pfingstbewegungen, stand ihm nicht vor Augen. Umgekehrt unterschätzte er den Umfang, in dem nach der Absage der jüdischen Propheten einerseits, der Puritaner andererseits an allen Aberglauben sich magisches Denken auch in ihrem Umkreis erhielt: Die Hexenprozesse von Salem fanden 1692 mitten in der neuenglischen, angeblich entzauberten Welt statt.[16]

Die Idealtypenbildung hatte also, wie es auch schon in der Frage der intimen Liebe bei den Puritanern zu sehen war, ihren Preis. Um ihren Beitrag zur Geschichte der Rationalität herauszuarbeiten, mussten die asketischen Sekten – und auch die jüdischen Propheten[17] – im Modell rationaler sein, als sie es in der historischen Wirklichkeit waren. Webers knappe Nebenbemerkung, die Entzauberung der Welt sei mit Hilfe des wissenschaftlichen Denkens geschehen, dokumentiert seine Ahnung, dass er der Religion womöglich zu viel auflud, wenn er sie als den weltgeschichtlichen Hauptleistungsträger in Sachen Magiebekämpfung beschrieb. Aber er verzichtete darauf, hier die Bedeutung von Descartes herauszustreichen – dessen calvinistischer Popularisator Balthasar Bekker unter dem Titel «Betoverde Weereld» eine der wirksamsten Kampfschriften gegen den Aberglauben verfasst hatte – oder diejenige Friedrich von Spees, der von katholischer Seite gegen die Hexenprozesse eintrat.[18] Das magische Weltbild wurde womöglich weniger durch das Misstrauen gegen sakrale Heilsmittel erschüttert, als vielmehr durch die Argumentation, dass es nur Denken und Materie gebe, aber keine Zwischenwesen, und durch die experimentelle Methode der Naturbeobachtung, wie sie etwa Benjamin Franklin bei der Erfindung des Blitzableiters praktizierte.

Der Hinweis darauf wäre allerdings weder originell gewesen, noch stand Weber offenbar der Sinn danach, den Beitrag von Jesuitenzöglingen wie Descartes zum Prozess der Entzauberung zu betonen. Auch das Kulturkämpfertum hatte seinen Preis. Denn die tatsächliche Religionsgeschichte hat sich selten zu der gleichen Eindeutigkeit entschlossen, die sich Intellektuelle wie Weber in den Konfessionsstreitigkeiten um so mehr zumuteten als für sie selber gar keine Konfession mehr auf dem Spiel stand. Max Webers Studien schmälert diese Feststellung jedoch keineswegs; irgendein blinder Fleck gehört zu jedem Sehen. Die «Wirtschaftsethik der Weltreligionen» ist vielleicht mehr als jede andere seiner Schriften ein erstaunliches Dokument dafür, was Tatsachenhunger und Rationalitätsunterstellung in historischen Untersuchungen auszurichten vermögen.

VIERUNDZWANZIGSTES KAPITEL

AN ETWAS STERBEN UND FÜR ETWAS STERBEN – MAX WEBER KOMMENTIERT DEN ERSTEN WELTKRIEG

> Je mehr Ursachen bei der Erregung eines Affektes zusammenwirken, desto größer ist er.
>
> BARUCH DE SPINOZA

Ich habe 13 Stunden Dienst im Lazarett, vielleicht komme ich doch in eine Festung oder so etwas: marschieren kann ich ja leider nicht und bin daher nicht an der Front zu brauchen – was einen doch hart ankommt. Denn einerlei, was der Erfolg ist, – dieser Krieg ist groß und wunderbar.» Dass der Krieg, der bald darauf der Erste Weltkrieg heißen wird, groß und wunderbar ist, wiederholt Max Weber am selben Augusttag des Jahres 1914 gegenüber seinem Verleger, Paul Siebeck, dem er zehn Tage später zum «Heldentod» seines Sohnes Robert kondolieren muß; dieser sei, schreibt ihm Weber, «für die Existenz unseres Staates und unserer Kultur in die Schranke getreten». Im Oktober ist der Krieg dann «bei aller Scheußlichkeit doch groß und wunderbar», es ist ein «heiliger Verteidigungskrieg» und der Geist der Truppen «von strahlender Herrlichkeit», beim Tod fürs Vaterland handelt es sich um «den schönsten Tod, den das Schicksal an uns, die wir alle sterben müssen, zu vergeben hat». Nur bei diesem Tod könne der Einzelne zu wissen glauben, dass er für etwas stirbt. Er kann es zu wissen glauben – das war immerhin sehr indirekt formuliert, sollte aber besagen, was Weber seit seinen Tolstoi-Lektüren oft wiederholt: dass das Sterben für den modernen Menschen lediglich unvermeidlich ist, doch niemals ein sinnvoller Abschluss des Lebens. «Die Gemeinschaft des im Felde stehenden Heeres» hingegen fühle sich «als eine Gemeinschaft bis zum Tode; die größte ihrer Art». Ein Jahr später fällt am Bug sein herzkranker Bruder Karl, der sich, vierundvierzigjährig und Professor der Architektur in Braunschweig, gegen den Rat der Ärzte mehrfach an die Front gemeldet hatte, und Weber tröstet die Mutter, «er fand den schönen Tod an der Stelle, wo es im Augenblick allein menschenwürdig ist zu stehen». Und in Galizien fällt Emil Lask, die überragende Hochbegabung unter den Heidelberger Philosophen, wozu Weber einfällt, dass es nicht ganz (!) sinnlos sei, wenn ein Mensch das, was er seine Schüler gelehrt habe – soll heißen: rücksichtslose Entschlossenheit als Merkmal wahrer Wertgeltung –, durch die Art seines Todes bewahre.[1]

Ob die Art eines solchen doch weitgehend sinnlosen Todes nicht umgekehrt Fragen an die Lehre aufwirft, die sie bewährt, war gewiss kein gebotenes Thema eines Briefes an Hinterbliebene. Doch man muss fürchten, dass sich Weber die Frage auch selbst versagt hat. Er sperrte sich der Erkenntnis, dass es mit der Menschenwürdigkeit der Front nicht weit her, in den Schützengräben «Größe» keine Größe und das Vaterland im Übrigen sehr weit weg ist. Seine Soziologie war überhaupt weitgehend interaktionsblind: Das Eigengewicht dessen, was sich unter Anwesenden zuträgt, gegenüber dem, was man nachher darüber erzählen kann, erschloss sich seiner Typenbildung selten. Weber selbst hatte noch keinen Menschen sterben sehen – und wird es auch während des gesamten Krieges nicht tun; er musste alles aus Briefen, Zeitungsberichten und Büchern entnehmen. Was er zum Ersten Weltkrieg bei dessen Ausbruch zu sagen hat, war also Literatur – Weber wäre jedoch vermutlich außer sich gewesen, hätte ihn jemand deshalb als Literaten bezeichnet. Der Nationalismus war die Art von Literatentum, die sich Weber zeit seines Lebens genehmigte. Immer wenn Einwände dagegen geäußert wurden, fragte er die national Unmusikalischen in ziemlich aggressiver Weise, ob sie denn zu einem reinen Pazifismus brüderlichkeitsethischer Weltfremdheit bereit seien. Entweder leben, wie es Tolstoi verlangt hat, oder unbedingter Patriotismus. «Wer auch nur einen Pfennig Renten bezieht, die andere – direkt oder indirekt – zahlen müssen, wer irgendein Gebrauchsgut besitzt oder ein Verzehrsgut verbraucht, an dem der Schweiß fremder, nicht eigener Arbeit klebt, der speist seine Existenz aus dem Getriebe jenes liebeleeren und erbarmungsfremden ökonomischen Kampfs ums Dasein» und führe ein Dasein, «dem irgendein erkennbarer ‹Sinn› wahrhaftig unendlich viel fremder» sei als eine Teilnahme am Krieg. Soll das ernsthaft heißen: Wer die gesellschaftliche Arbeitsteilung in Anspruch nimmt, verwirkt die Möglichkeit zur Kritik am Machtstaat? Und wer einer Nation angehört, ist verpflichtet, für sie als Ganzes zu haften? Im Begriff der «historischen Pflicht» zum Krieg geht das soziologische Licht aus, über die eigene Wertsetzung läßt sich nicht mehr diskutieren – anderen vorhalten, sie lebten nur halbherzig, geht aber schon.[2]

Empirisch heißt der Krieg für Weber, der sich sofort als Freiwilliger meldet, zunächst: Lazarettverwaltung als Premiere-Lieutenant der Reserve und «Disziplin-Offizier». Als Resümee dieses Dienstes schreibt er einen Bericht in den Vokabeln seiner Organisationssoziologie zum Übergang «einer rein dilettantischen freien zu einer geordneten bürokratischen Verwaltung». Alles musste improvisiert werden. Die Ordonnanzdienste wurden – der Krieg begann in den Sommerferien – zunächst von Schulkindern per Rad oder Straßenbahn ausgeführt, aber auch die Lazarette selbst waren auf Freiwillige angewiesen, die als Krankenpfleger einsprangen, und brauchten Spenden aus der Heidelberger Bevölkerung, um die Erstausstattung der Krankensäle zu gewährleisten. Weber selbst gibt Fortbildungskurse; es sind gewissermaßen seine ersten Lehrveranstaltungen seit 1898. Er rät dringend dazu, bei der Auswahl der Krankenschwestern nicht auf das typische deutsche «junge Mädchen» zurückzugreifen, das aus Begeisterung, Sentimentalität und unbewusstem Sensationsbedürfnis helfen wolle – es verweichliche die Kranken und sei «der Gefahr erheblicher Entgleisungen ausgesetzt». Das gelte auch für die Genesenden, die von Heidelberger Familien eingeladen und zum Alkoholgenuss verleitet, «zum Schwatzen und Renommieren provoziert» und zu Beschwerden über die Lazarette angeregt worden seien. Weber verhängt Strafen, wo er nur kann, macht sogar eine Eingabe ans Generalkommando: Er will den Rekonvaleszenten Wirtshausbesuche gesetzlich verbieten lassen und fügt gleich den Entwurf einer solchen Verordnung bei.[3] Was die Soldaten wohl mit Schnaps und bei den Mädchen vergessen wollten? Die Menschenwürdigkeit der Front wird es nicht gewesen sein.

Weber sah in dem europäischen Konflikt trotz seiner Rede von der Kulturverteidigung keinen Glaubenskrieg, keinen Zusammenstoß von Ideen und gesellschaftlichen Entwürfen, keinen «Krieg der Geister».[4] Werner Sombart hatte zwei Arten von «Volksseele» entdeckt, eine krämerische Gesinnung in England und eine heroische bei den Deutschen, die den Krieg im Geiste Nietzsches führten. Auf Sombarts Frage «Was weiß der Engländer von Freiheit?» hätte ihm Weber noch einmal die «Protestantische Ethik» in die Hand drücken können – aber da Sombart fand, die Reformation sei «made in Germany» und der englische Beitrag bestehe nur in deren Anpassung an Geschäftsinteressen, hätte das wenig genützt.[5] Georg Simmel wiederum meinte, man merke jetzt, vor dem Kriegsausbruch im «Nicht-Geschichtlichen» gelebt zu haben, in einer Art zeitloser Alltäglichkeit kleiner Veränderungen.[6] Ernst Troeltsch lief nach der Mobilmachung gleich ins Zentrum von Heidelberg und hielt eine patriotische Rede, wenig später beschwor er die «Ideen von 1914», die eine einige Nation geschaffen hätten, in der alle Klassenkämpfe und Interessendivergenzen vergessen seien. «Militarismus heißt schließlich, daß wir unser Heer nicht bloß aus Vernunftgründen schätzen und pflegen, sondern daß wir es lieben aus unwillkürlichem Zwange unseres Herzens.»[7] Es ist nicht ganz derselbe Troeltsch, der 1915 schreiben wird, die großen Kulturvölker – um Größe geht es ständig – seien «Individualisierungen der Vernunft und müssen sich gegenseitig gelten lassen», aber es ist auch kein ganz anderer, denn es waren die Deutschen, die wie Max Weber ständig behaupteten, fremde Mächte bestritten ihnen das Existenzrecht. Marianne Weber wiederum wird lyrisch, wenn sie an den Kriegsbeginn zurückdenkt, «die Stunde der Entselbstung, der gemeinsamen Entrückung in das

Ganze» mit dienender Ichvernichtungsbereitschaft und so weiter, und kommentiert die damalige Spendenbereitschaft der Bürger mit den Worten: «Es ist der Höhepunkt des Daseins.» Es waren aber die ersten jener «Letzten Tage der Menschheit» (Karl Kraus) und der Tiefpunkt der bildungsbürgerlichen Neigung zum Selbstbetrug. Aus der ersten Kriegsweihnacht berichtet sie von einer Ansprache Webers im Orgelton: Wer draußen bleibe, sei Saatgut der Zukunft.[8] Welche Zukunft, wurde nicht mitgeteilt. Der Krieg bringt bei Weber dasselbe verblasene Geschwätz hervor – es gehe darum, «dass nicht Senegalneger und Ghurkas, Russen und Sibiriaken unser Land betreten und unser Schicksal entscheiden» –, das er in wissenschaftlichen oder politischen Zusammenhängen sonst voller Ingrimm verfolgt hat.

Doch Webers Phrasen nehmen keine akademische Wendung, er bringt sie nicht in Buchform. Dummheit, darf man mit Paul Valéry über ihn sagen, war nicht seine Stärke. Er publiziert im ersten Kriegsjahr überhaupt keine einzige Zeile zum Geschehen, stattdessen treibt er die «Wirtschaftsethik der Weltreligionen» voran, deren erste Lieferungen zum Konfuzianismus jetzt in den Druck gehen sollen. Als die italienische Regierung das Bündnis mit Deutschland und Österreich aufkündigt und den Mittelmächten den Krieg erklärt, schreibt er in einem Brief, der Konflikt könne nun endlos dauern. Noch bevor sein Lazarettverwaltungsdienst im Oktober 1915 endet, bemüht er sich um eine Stelle als Berater in der deutschen Militärverwaltung in Brüssel und bietet sich in Berlin als Osteuropaexperte an – «Wer hätte vor Jahresfrist gedacht, dass wir ganz Polen und halb Litauen in der Hand haben würden? Es ist über alle Maßen großartig – und man ist ‹nicht dabei›.» Er schlägt vor, Polen und den baltischen Ländern die staatliche Unabhängigkeit zu verleihen, um sie als Pufferstaaten gegen Russland nutzen zu können. Seine Bewerbungen bleiben erfolglos, und Weber ist sichtlich schlechtester Laune. Robert Michels, der als italienischer Professor von der Mitherausgeberschaft des «Archivs» der Kriegslage wegen zurückgetreten war, wird von Weber angeherrscht, sich nicht zu Friedensbedingungen zu äußern. Als Michels in einer Schweizer Zeitung einen deutschlandkritischen Artikel unter der Überschrift «Von einem Deutschen» veröffentlicht, findet Weber, es könne sich einem der Magen umdrehen, und verwahrt sich gegen die «Beleidigung meines Landes durch einen Ausländer». Die wenig später erfolgte Aufkündigung der Freundschaft erscheint da nur noch als Formalie. Zugleich lässt Weber Werner Sombart wissen, der sich beschwert hatte, im «Archiv» kämen nur noch «die Stimmen der internationalen sozialdemokratischen Judenschaft zu Worte», dessen nationalistischer Furor überrasche ihn und sei inhaltlich durch nichts zu rechtfertigen. Aber hier unterbleiben hochfahrende Vorhaltungen, der Antisemitismus war offenbar weniger schlimm als die Kritik am Patriotenpathos.[9]

Doch worum wurde der Krieg aus Webers Sicht denn geführt? Seine ersten Kommentare dazu sind in einem ganz anderen Ton gehalten als seine privaten Mitteilungen: ein kurzer, unpubliziert gebliebener Beitrag zur Frage des Friedenschließens und ein Artikel über Bismarcks Außenpolitik. Schon im Winter 1915 findet Weber, die Zeit für einen Frieden sei gekommen – da aber die Diskussion über Kriegsziele verboten ist, kann er nur auf dem Umweg über zeithistorische Einlassungen argumentieren. Die Fortführung des Krieges lehnt Weber aus ökonomischen Gründen ab: Der Staat konsumiere mehr, als er investiere, die Nation entwöhne sich der produktiven Arbeit, die wirtschaftliche Übermacht gehe an Amerika über.[10] Und nun beginnt er, die geopolitischen Bedingungen zu analysieren, unter denen sich der Krieg beenden lässt. Das geht so: Ein Friede wäre nur möglich, wenn irgendeine große Macht ihre Aversionen gegen Deutschland verlieren würde, und da Russland nie aufhören werde, eine Gefahr darzustellen, bedürfe es der Entspannung im Westen. Um sie zu erreichen, sei von der Annexion Belgiens abzuraten, denn das Land habe eine Küste gen England und eine Südgrenze nach Frankreich, eine deutsche Expansion in diesem Gebiet würde nur England und Frankreich aneinanderschweißen. Die Besetzung Belgiens heißt Weber zwar gut, weil sich das formell neutrale Land einseitig zu den Westmächten geöffnet hatte, sie könne aber nur die Absicht haben, ein Pfand in der Hand zu behalten.

Dieselben Ableitungen findet man zum Elsass, zu Polen, zur Türkei, zu den Kolonien, zur «Tauchbootpolitik». Man sieht förmlich, wie sich Weber über eine Landkarte beugt, auf dem Tisch die Zeitungen, die über Frontverläufe, Verhandlungen und Verlautbarungen berichten. Wie Generäle auf Plantischen – und Hobbygeneräle auf Stammtischen – Truppenbewegungen nachstellen, um sich ein Bild von den Kräfteverschiebungen im Krieg zu machen, so zeichnet er eine Art Interessenlandkarte, auf der er dann die Wirkung politischer Vorschläge einzuschätzen versucht. Die «planlose Gefühlspolitik» der Kriegspropaganda geht ihm dabei zunehmend auf die Nerven.[11] Krieg ist für ihn nämlich nicht nur ein militärisches Kräftemessen, bei dem Ressourcenmacht, Finanzierungsfragen und geostrategische Positionen den Ausschlag geben, sondern ein Kampf, in den Erwartungen, Enttäuschungen, Ankündigungen, Ängste und Gesichtsverluste entscheidend hineinspielen. Und das Annexionsgeschrei erscheint ihm geeignet, den Krieg zu gewinnen, den Frieden aber zu verlieren. Oder noch schlimmer: beides. Der großmäulige Umgang mit der Frage des U-Boot-Kriegs, der Amerika in den Konflikt hineinzog, bringt Weber, der das hatte kommen sehen, zur Weißglut. Je länger der Krieg dauert, desto mehr entfremdet sich Weber der deutschen Politik, die er bald vor allem als töricht empfindet. Von Weihnachten 1915 an veröffentlicht Weber eine ganze Serie von Artikeln zu Kriegsfragen, die vor allem in der «Frankfurter Zeitung» erscheinen; in drei Jahren werden es am Ende gut zwei Dutzend im Umfang von rund dreihundert Buchseiten sein.

Weber variiert in seinen Aufsätzen dabei bis in die Formulierungen hinein immer wieder dieselben Themen, die er zuletzt fast auswendig herbeten kann – etwa als er auf Einladung des «Deutschen National-Ausschusses für einen ehrenvollen Frieden» im Spätsommer 1916 in Nürnberg eine Rede vor «Angehörigen der besseren Klassen» hält, wie die Lokalzeitung notierte.[12] Die Sequenz der

Argumente: Man stirbt daheim *an* etwas, aber draußen auf dem Schlachtfeld stirbt man *für* etwas. Allerdings nicht für die Ideen von 1914, sondern für die von 1917 – das Jahr, in dem seiner Meinung nach der Frieden zurückkehren wird. Kann er das wirklich meinen, dass der Krieg für das geführt wird, was im Frieden kommt? Hier mischt sich in Webers Kommentar sein eigener Wunsch, der Krieg möge letztlich die Demokratisierung Deutschlands vorantreiben, indem beispielsweise den aus dem Feld zurückkehrenden Soldaten unangesehen ihres Standes das volle Wahlrecht gegeben wird. Für das Wahlrecht allerdings ist niemand in den Krieg gezogen.

Was also heiligt für Weber die Mobilmachung vom August 1914? Die anderen, sagt er, kämpfen aus Angst und fürs Geschäft, die Deutschen aus schlichter Pflichterfüllung und um der Ehre willen. Als Machtstaat sei Deutschland gezwungen, sich zu behaupten, der Tatsache, dass es von anderen Weltmächten umringt ist – Russland, Frankreich, England qua Nordsee –, könne es nicht ausweichen. Der Aufteilung der Welt unter russischen Bürokraten, angelsächsischen Geschäftsleuten und französischen Rentiers konnte solch ein Staat, für Weber mehr aber noch: konnte eine solche Kultur wie die deutsche nicht einfach zuschauen. Zuletzt ist es für ihn alles eine zwingende Folge. Wenn 1848, dann 1866, wenn 1866, dann 1870/71, wenn 1871, dann 1914: Wenn Deutschland, dann ein einiges, wenn ein einiges, dann unter preußischer Führung, wenn unter preußischer Führung, dann ein Machtstaat und dann auch eine kriegerische Bewährung der Großmachtstellung in der Mitte Europas.

Es ist somit zuletzt gar nicht der Staat, für den der Krieg geführt wird, sondern die «nationale Kulturgemeinschaft», und die soll nun angeblich sogar Verantwortung vor der Nachwelt tragen: «Die Struktur eines Staates hat sich ausschließlich nach den sachlichen welt- und kulturpolitischen Aufgaben zu richten, vor welche sich die Nation gestellt sieht.» Inwiefern aber nun diese Kultur gefährdet war, führt Weber nirgendwo aus. Und welche kulturelle Aufgabe ist es überhaupt, die er Deutschland als Nation zuschreibt, wenn er formuliert, nicht die Dänen, Norweger oder Schweizer würden dereinst gefragt, was sie jener Aufteilung der Welt unter Russen, Engländern und Amerikanern entgegengesetzt hätten? War das wirklich derselbe Autor, der den Deutschen ständig die Mentalität anderer Völker vorgehalten und etwa dem Bürgertum die englischen Tugenden empfohlen hatte? Man sucht in Webers Schriften vergeblich nach Hinweisen darauf, was die Deutschen derart auszeichnete, dass sie geradezu gezwungen waren, in einen Weltkrieg einzutreten.[13]

In den Berichten, den die Nürnberger Zeitungen von Webers dortigem Vortrag brachten, fällt allerdings ein Satz, der in seinem Werk einzigartig dasteht. Die Gegner würden Deutschland vorwerfen, nicht mehr das Land Kants, sondern nur noch dasjenige Krupps zu sein. Man hielt sich damals wechselseitig die ökonomischen Interessen vor. Der französische Intellektuelle Leon Daudet, Mitgründer der faschistischen und deutschlandfeindlichen Action Française, hatte 1915 ein Buch «Contre l'esprit allemand. De Kant à Krupp» geschrieben, das hier – einbeschlossen: Mephistopheles, Schopenhauer, Moltke und Bismarck – sogar eine Kontinuität des unlateinischen Individualismus sah.[14] Max Weber hingegen meinte, die Deutschen nähmen den Vorwurf, Krupp statt Kant zu huldigen, gerne an. Weber wünscht sich, das Deutsche Reich möge nicht einfach ein Land sein, das von moralischen, historischen oder ästhetischen Idealen träumt: «Unser Bürgertum und die Volksbildung haben uns nicht unfähig gemacht, dem Tod ins Auge zu sehen. Es ist eine der Grundlehren dieses Krieges, daß unter gleichen Umständen die zivilisierten Heere den Barbarenheeren» – mit Letzteren meint Weber die russischen Truppen – «überlegen sind. Diese trostreiche Erfahrung des Krieges hat uns Hindenburg beschert, darum ist er der große Held des deutschen Volkes, des ersten Bildungsvolks der Erde.»[15] Das erste Bildungsvolk der Erde – meinte er dasjenige auf dem ersten Platz oder das historisch allererste? Und war das nur für die anwesenden Schulmänner und Honoratioren gesprochen, oder haben wir hier die Auskunft bekommen, die Webers Schriften verweigern? Sah er ein großmächtiges Deutschland an die spezifische Existenzform seiner Bildungselite gebunden? Unter den soziologischen Stichworten von «Wirtschaft und Gesellschaft», Webers soziologischem Lehrwerk, findet sich «Bildungsvolk» nicht.

Aber vom Bildungsvolk zur Politik im Weltkrieg war es weit. Weber dürfte mit diesem Kriegsgrund recht allein gestanden haben. Auf seine Umgebung machte er ohnehin den Eindruck eines schwierigen, die eigene intellektuelle Überlegenheit zu wenig verbergenden Zeitgenossen. Kontakte zu aktiven Politikern hat Weber damals nicht viele. Friedrich Naumanns Buch «Mitteleuropa», mit seinen sehr konkret ausgearbeiteten Vorschlägen, die großdeutschen Ideen in Gestalt einer Wirtschafts- und Zollunion zwischen Deutschland und Österreich-Ungarn wiederzubeleben,[16] lobt er öffentlich und folgt auch Naumanns Einladung, im «Arbeitsausschuß für Mitteleuropa» mitzuwirken; allerdings nur, weil ihn die Versuche irritieren, Polen in das Habsburgerimperium einzugliedern. Aber wenn Weber mit all seinen Vorschlägen, an der deutschen Politik im Krieg mitzuwirken, nur auf solchen Nebengleisen ohne Anschluss stand, dann lag das eben auch an seinem Unwillen zu begreifen, dass die «Gelehrtenpolitik» längst einer versunkenen Epoche angehörte und nicht einfach durch selbstzugeschriebene Expertise wieder zu erzwingen war. Wolfgang Mommsen hat das am Beispiel von Webers Versuchen illustriert, sich in der Polenfrage ins Spiel zu bringen. Die offizielle Politik interessiert sich so wenig für seine Vorschläge, dass sie ihm nicht einmal widerspricht. Weber erfährt den Stand ihrer Überlegungen nur aus dritter Hand und stets erst, wenn seine eigenen Ideen dadurch gegenstandslos geworden sind, weshalb ihm zuletzt immer nur bleibt, über die Pfuscher in Berlin zu schimpfen, mit der für den Gelehrten naheliegenden Erklärung, sie neideten ihm seine Intelligenz.[17]

So verschiebt sich sein Engagement auf die «Ideen von 1917», also das, was in Deutschland nach dem Krieg kommen würde. Das beginnt mit dem Wahlrecht. Die Kriegsteilnehmer, denen der Staat die Gleichheit vor dem Tod zumute, müssten ein gleiches Wahlrecht für alle bereits vorfinden, wenn sie von der Front zurückkehrten, denn es sei ihnen nicht zuzumuten, sich dieses erst erobern zu müssen. Für eine nach Einkommen, Stand oder Bildungspatent abgestufte politische Teilhabe gebe es keinen Grund, «an der Erhaltung der Weltstellung der Nation» durch Rationalisierung ihrer Wirtschaft seien die Arbeiter so gut wie die Unternehmer interessiert und beide täten jedenfalls mehr dafür als all jene, für die der Staat nur eine Pfründe oder Kasse sei. Weber will Wilhelm II., der im Krieg keine Parteien, sondern nur noch Deutsche kennen wollte, gewissermaßen dazu bringen, dann auch im Frieden keine Stände mehr zu kennen. Der Kampf um die nationale Einheit müsse auch nach Kriegsende fortgesetzt werden, andernfalls drohe die «Verösterreichung» Deutschlands durch Bürokratie, Faulheit, Begünstigung der Rentiersklassen. Der Krieg hatte eine lobbyistische Wirtschaft hervorgebracht. Das Gerede vom organischen Ständestaat überdeckte für Weber darum, dass die Verteilungskämpfe weiter andauerten. Überdies sei der historische Ständestaat gar kein Staat gewesen, sondern nur ein System von Privilegien.[18]

Nicht Aristokraten, sondern Advokaten seien heute am ehesten beruflich abkömmlich, formal geschult und für das Parlament durch rhetorische Fähigkeiten besonders geeignet. Im Zeitalter der Öffentlichkeit und Propaganda bemängelt Weber den «Mangel an Advokatenschulung» der deutschen Beamtenregierungen. Es gibt keinen vorbildlichen Kreis in Deutschland, die Offiziere sind es so wenig wie die Couleurstudenten, denen Weber «geistige Inzucht» und die Produktion «lackierter Plebejer» vorwirft, die sich nur einbilden, sich durch entschlossenes Trinken zu politischer Führung zu qualifizieren: «Von schlecht erzogenen Parvenüs will keiner regiert sein.» Kurz: Max Weber erklärt mitten im Krieg, den er als Kulturkrieg um der deutschen Nation willen bezeichnet, die Schichtungsgrundlage des deutschen Staates für obsolet und seine Eliten für unerträgliche, in Ritualismus ohne Erziehungswirkung großgewordene Angeber.[19]

Keine Gentlemen, keine Aristokraten, keine Patrizier und keine Bewohner der preußischen Tugendherberge: «Die Deutschen sind ein Plebejervolk – oder wenn man es lieber hört: ein bürgerliches Volk, und nur auf dieser Basis könnte eine spezifisch ‹deutsche

Form› wachsen.»[20] Das erste Bildungsvolk der Erde – ein Plebejervolk? Es liegt auf der Hand, dass dieser Widerspruch nur aufzulösen ist, wenn man annimmt, dass es auch für Weber zwei Deutschlands gab – eines, an dem er litt, und eines, für das zu leiden er sich verpflichtet fühlte. Gab es für ihn ein «Charisma der Nation»[21], das vollkommen unabhängig davon existiert, wer im entsprechenden Staat gerade herrscht, und das Verpflichtungen begründet?

In der Politik geht es ihm zufolge zuletzt weder um Freund und Feind noch um kollektive Entscheidungen, sondern um die Ehre: Der Politiker, der versagt, ist nicht ineffizient oder ohnmächtig gewesen, sondern ehrlos. Krieg führen heißt «für die Ehre, und das heißt einfach: für vom Schicksal verhängte geschichtliche Pflichten des eigenen Volkes» einstehen. «Die Ehre des Volkstums» habe es den Deutschen geboten, ein Machtstaat zu sein und es auf diesen Krieg ankommen zu lassen. Die Wahlrechtsänderung nach dem Krieg sei eine «Pflicht des politischen Anstands», das Heer habe «Macht und Ehre» der Krone verteidigt. Wer auf eine Schwächung des Reichs durch seine Parlamentarisierung hoffe, übersehe, dass keine Partei – soll heißen: auch nicht die Sozialdemokraten – «Deutschlands Interessen und Ehre» preisgeben könne, ohne sofort die Macht zu verlieren. Kurz zuvor lautet das Versatzstück, «daß der Krieg nicht einen Tag länger dauern wird, als für die Sicherung von Deutschlands nationaler Existenz und wirtschaftlich freien Entwicklung unbedingt erforderlich ist».[22] Wirtschaftliche Entwicklung ist also, politisch betrachtet und wenn man beide Sätze ineinander einsetzt, selbst eine Frage der Ehre und nicht des Konsums oder der Versorgung. Und die Ehre – Baumgartens «Männlichkeit» – wird am meisten durch das Zurückbleiben hinter Erwartungen gefährdet, die berechtigt sind. Ein «Herrenvolk» nennt Weber die Deutschen,[23] aber er ist sich nicht sicher, ob sie diesem Anspruch genügen können.

Festzuhalten ist dabei jedoch, dass das typische, obzwar für Weber nicht idealtypische junge Mädchen, das die sittliche Entgleisung nicht scheute, im Gedächtnis der Menschlichkeit einen festeren

Platz hat als die Vermutung, der Ehre des ersten Bildungsvolks der Erde sei durch Hineinlaufen in Sperrfeuer gedient gewesen. Wenn der interessante Punkt im Habitus eines Intellektuellen der ist, an dem er außer sich gerät, dann wird man denjenigen Max Webers dort berührt sehen, wo Würde als bloße Prätention erscheint und jemand die Gegenfrage stellt, was eigentlich mit der Würde passiert, wenn man Ehrlosigkeit dem Tod fürs Vaterland vorzieht.

FÜNFUNDZWANZIGSTES KAPITEL

DAS WARENHAUS DER WELTANSCHAUUNGEN – «WISSENSCHAFT ALS BERUF»

Dies vor allem: Sei dir selber treu,
Und daraus folgt, so wie die Nacht dem Tage,
Du kannst nicht falsch sein gegen irgendwen.
Polonius

Gegen Ende des Ersten Weltkriegs steht Max Weber im Zenit seiner publizistischen Wirksamkeit. Fast wöchentlich erscheinen in der «Frankfurter Zeitung» seine Kommentare zur politischen Lage. Einmal, im Juni 1917, wird das Blatt beschlagnahmt und unter «Präventivzensur» gestellt, weil Weber als eine Ursache der innenpolitischen Krise ausgemacht hatte, «daß irgendwelche subalternen Höflinge es nützlich und mit einer angeblich ‹monarchischen› Regierung vereinbar fanden, interne Erörterungen der hohen Politik in die Presse zu lancieren». Mit anderen Worten: Weber bezeichnete die öffentliche Bekanntgabe von Äußerungen Wilhelms II. als politisch unerträglich – nicht zuletzt, weil er diese Äußerungen selbst für töricht hielt. Damit wird man, sofern man es nicht schon ist, in einer Monarchie bekannt.[1]

Weber reist viel. Einst hat ihm davor gegraut, vor vielen Leuten zu sprechen, nun hält er ständig öffentliche Vorträge, er ist auftrittsicher geworden und spricht meistens nicht gegen ein besonderes Honorar, sondern für die Reisekosten: «Deutschlands weltpolitische Lage» (27. Oktober 1916) – «Die soziologischen Grundlagen der Entwicklung des Judentums» (24. Januar 1917) – «Was erwartet das deutsche Volk vom Verfassungs-Ausschuß des deutschen Reichstags?» (8. Juni 1917) – «Die Persönlichkeit und die Lebensordnungen» (29. September 1917) – «Probleme der Staatssoziologie» (25. Oktober 1917) – «Wissenschaft als Beruf» (7. November 1917) – «Demokratie und Aristokratie in Amerika» (23. März 1918). Manche dieser Vorträge – beispielsweise der über die amerikanische Demoaristokratie – sind eine Art «Best of» aus den Studien der zurückliegenden zwei Jahrzehnte und das Vergnügen, das Weber an ihnen wie an dem Eindruck hat, den sie regelmäßig auf die Zuhörer machen, war gewiss auch das Vergnügen daran, dass sich die intensiven Forschungen doch gelohnt haben.

Schließlich erinnern sich auch die Universitäten seiner. Im Sommer 1917 schlägt die Staatswissenschaftliche Fakultät der Universität München vor, Weber zum Nachfolger Lujo Brentanos zu berufen, der ihn in einem Gutachten als denjenigen Kandidaten bezeichnet hat, der nach vorherrschender Meinung seiner Kollegen «als der genialste aller dermaligen deutschen Nationalökonomen gilt». Angesichts des «leidenschaftlichen Wunsches» seiner Gattin, er möge wieder eine Professur bekleiden, sieht sich Weber «vor eine der schwierigsten Zwangslagen» gestellt, wie er Mina Tobler mitteilt – ein Umzug in die bayerische Hauptstadt würde ausschließen, an den Samstagen weiterhin die Geliebte zu besuchen. Die Sache zieht sich noch etwas hin, Weber gilt im Kultusministerium in München wie auch bei vielen bayerischen Zeitungen als zu links, zu exzentrisch, zu streitsüchtig. Man bietet Adolf Weber aus Breslau die Stelle an, einem Schüler Eberhard Gotheins, dem die Menschheit für die zunehmende Technokratie im Ersten Weltkrieg den schönen Begriff der «Gesamtverapparatisierung» verdankt, der aber ablehnt.

Neben dem Kampf um die Deutungshoheit über die kriegspolitische Lage engagiert sich Weber damals noch in einer anderen Konfliktzone. Der Krieg hat die wissenschaftliche und publizistische Intelligenz erheblich verunsichert, die letzten Zuckungen einer Gesellschaft, die sich strukturell als ständisch, kulturell als christlich und politisch als monarchisch verstand, sind zu beobachten, und schon lange streitet man, wodurch sie abgelöst werden würde. Die einen glauben, der Nationalstaat – konkret: die Abgrenzung gegen andere Nationalstaaten – werde die ständische Schichtung als sozialen Ordnungsfaktor ersetzen. Weber selbst neigt zuweilen dieser

Auffassung zu, die entscheidende Auskunft über einen sozialen Tatbestand sei zuletzt, in welchem Nationalstaat er anzufinden sei. Nur lassen sich Religion, Wissenschaft, aber auch die Wirtschaft längst nicht mehr durchweg unter nationale Prämissen bringen. Die deutsche Debatte über die Industrialisierung etwa hatte bereits gezeigt, dass man in einer Weltwirtschaft und nicht in einer Volkswirtschaft lebte. Es blieb zwar immer noch möglich, im angeblichen «Kampf ums Dasein» die eigene Nation hochzuhalten, aber das war dann eben ein Gesichtspunkt, der eher Pathos als Erkenntnis abwarf.

Für andere ist es der Sozialismus, der die alte Schichtungsordnung mit ihrer Dominanz der «guten Gesellschaft» aus Aristokratie und angelagerten Bürgereliten abräumen soll. Das beruht auf der Prognose eines unvermeidlichen Klassenkonflikts zweier Lager, des kapitalistischen und des proletarischen, der auf eine Revolution zuführe. Die aber war bislang ausgeblieben – vom ersten Auftauchen des «Gespenstes des Kommunismus», das Europa heimsuchen sollte, bis zur Oktoberrevolution waren schon siebzig Jahre vergangen, und in der Zwischenzeit war nicht zu erkennen gewesen, dass die «Anarchie der Warenwelt» oder die Verelendung ständig zunähme und sich daraus ein politischer Aufstand entwickeln würde. Auch die Oktoberrevolution blieb vorerst auf ein Land beschränkt. Stattdessen wuchsen die in diesem Szenario des historischen Endkonflikts gar nicht vorgesehenen Mittelschichten an: Angestellte, Beamte, Bürger ohne Bürgertumsemphase, «Durchschnittsmenschen», wie Alfred Weber gesagt hätte.

Schließlich – um aus den vielen Deutungskonkurrenzen der Vorkriegszeit nur noch eine weitere zu nennen – verbeißen sich auch die Konfessionen und ein aggressiver Atheismus, der selbst auch nichts anderes war als ein Glaube, ineinander, weil sie sich die Gesellschaft nur entweder christlich oder unchristlich vorstellen wollen. Das gesellschaftliche Feld, auf dem es gleichgültig ist, was einer glaubt, wird zwar immer größer, doch im Streit der Weltanschauungen war diese Indifferenz, das Desinteresse an den angebotenen Konflikten bislang gar nicht vorgesehen. Das Wort von Fritz Mauthner, arm dran sei, wer keine eigene Weltanschauung habe, gilt insofern allenfalls noch für Intellektuelle. Die aber trifft es. Man diskutiert umso erhitzter die Frage, ob Rom oder Athen vorzuziehen sei und ob Jesus sich mit Darwin und Zarathustra vereinbaren lässt, je weniger die Antwort eine Rolle spielt.

Seit der Jahrhundertwende hatte sich diese intellektuelle Situation allmählich verändert, mit dem Krieg, vor allem aber mit seinem Ende radikalisiert sie sich. Zum einen löst sich ein Teil der intellektuellen Zeitdiagnosen mehr und mehr von greifbaren Problemen der modernen Gesellschaft und wendet sich kulturellen Fragen und solchen der Selbstdeutung zu. Unter Berufung auf die Zukunft scheint allmählich fast jede Interpretation der Gegenwart möglich und vor allem jede Forderung an sie. Man verlangt die Rückkehr zu Mittelalter und Mystik, Mythos und paganem Leben, zum altem Judentum, zur Gnosis und Orthodoxie, und sucht die Erlösung wahlweise in indischer Heilgymnastik oder jugendbündischen Gemeinschaftserlebnissen. In Analogie zum Begriff «Ausdruckstanz» könnte man von einer zunehmenden «Ausdrucksintellektualität» sprechen, die nicht soziale Wirklichkeit, sondern exzentrische Vokabulare verarbeitet. Keine Epoche, die der Gegenwart nicht als maßgebend entgegengehalten würde, weswegen es zu ständigen Neo-Ismen kommt: Neuromantik, Neugotik, Neuheidentum und so weiter. Es herrscht die Diktatur des Antiquariats. Außerdem treten zunehmend alle Reformideen in Kombination: Sozialismus mit oder ohne Nation, Marxismus mit, aber auch ohne Klassenbewusstsein, «Der Beamte als Führer» wird beschworen, Naturmenschen auf der Basis östlicher Weisheitslehren treten auf, monistische Zarathustra-Predigten werden gehalten. Zugleich werden von jedem sozialen Gebiet aus Führungsansprüche erhoben: «Glaubt der Kunst!», rufen die einen, die anderen fordern radikale Gotteszuwendung bis zur Ablehnung des Religionsbegriffs, es wird behauptet, Staatlichkeit sei der Schlüssel zu allem, wieder andere entgegnen dem, die Wirtschaft sei das Schicksal, das Jahrhundert des Kindes und also der Pädagogik breche an oder die Wissenschaftler seien die Funktionäre der Menschheit.[2]

Max Weber bewegt sich in dieser Welt mit stark gemischten Gefühlen. Einerseits kommt er aus einer Schicht und einer intellektuellen Tradition, für die «Realismus» in Wissenschaft, Kunst und politischer Einstellung den Horizont bestimmt. Was genau realistisch war, blieb selbstverständlich auch hier umstritten, aber der Begriff selbst wurde weder für beliebig gehalten noch gar verachtet. Kenntnis der politischen, wirtschaftlichen und wissenschaftlichen Umstände bildete die Voraussetzung für zeitdiagnostische Engagements. Zunächst hatten dabei die Historiker die Führung, die nach 1870 allmählich von den Nationalökonomen und Staatswissenschaftlern abgelöst wurden. Man trieb «Gelehrtenpolitik» als Beitrag zur Gesellschaft, die man beschrieb, die Wissenschaft selbst wurde als ein solcher Beitrag, beispielsweise zur Lösung der «sozialen Frage», angesehen.[3]

Andererseits haben sich Wissenschaft und Politik, Wissenschaft und Religion, Wissenschaft und Kunst längst auseinanderentwickelt. Der Staat bedarf der Professoren wenig, und sie produzieren ihrerseits Einsichten, die nicht mehr in praktische Vorschläge münden. Die Erkenntnisse der Religionsgeschichte und -soziologie lassen sich nicht mehr im Glauben unterbringen, die ästhetischen Avantgarden verstehen sich nicht als Beitrag zur Kultur, sondern als deren Negation. An diesem Vorgang nimmt Weber leidenschaftlichen Anteil. Ihn beschäftigt die Frage, wie das politische Engagement, das intellektuelle Argument und die Zeitdiagnosen unter solchen Umständen noch zu informieren und zu disziplinieren vermögen, wenn sie sich nicht aus der Wissenschaft ergeben.

Diese Frage stellte sich insbesondere in Auseinandersetzung mit erkennbar «undisziplinierten», weltanschaulichen und «visionären» Beiträgen zum Diskurs der Bildungsbürger um 1900. Ende Mai 1917 fährt Weber zu einer Kulturtagung auf der thüringischen Burg Lauenstein. Hier versammeln sich auf Einladung des Verlegers Eugen Diederichs aus Jena sowie zweier Volksbildungsvereine und der «Vaterländischen Gesellschaft für Thüringen 1914» etwa sechzig Personen, die an solchen Zeitdiagnosen und neuen Aufbrüchen interessiert sind. Ernst Toller, der auch da war, erwähnt in seinen Erinnerungen die Schriftsteller Richard Dehmel und Walter von Molo sowie als Kollegen Webers Werner Sombart, Ferdinand Tönnies und Friedrich Meinecke: «Alle sind sie aus ihren Arbeitsstuben aufgescheucht worden, alle zweifeln sie an den Werten von gestern und heute.» Diederichs, der seinen Verlag 1896 in Florenz als einen «Versammlungsort moderner Geister» und der Buchkunst gegründet hatte, publizierte damals alles, was irgendwie nach Lebensreform aussah: die ästhetischen Ansichten des Jugendstil, Nietzsche, Ruskin und Tolstoi asiatische Weisheit, die gnostischen «Grundlagen der Weltanschauung einer edleren Kultur» und christliche Theosophie, aber auch Arbeiterliteratur. 1912 war bei ihm «Religion und Kultur» erschienen, jener Prager Vortrag Alfred Webers, in dem die Divergenzen der Brüder am deutlichsten hervorgetreten waren. Kurz: Eugen Diederichs war der Verleger aller Ausstiegsversprechen aus dem «stahlharten Gehäuse». «Dies ist kein Buch: was liegt an Büchern!», hat er mit Friedrich Nietzsche einmal die Reklame zu einem Werk überschrieben, das «ein aristokratisches Christentum» predigen, Tolstoi zum Individualismus führen und Christus als missverstandenen Gnostiker erweisen sollte – besser ist die Fusion, um nicht zu sagen: Konfusion der Ideen jener Jahre nicht zu umschreiben. Man publiziert Bücher, die keine sein wollen, und weil man natürlich selber weiß, dass die Parolen sich alle gegenseitig neutralisieren, wird desto dicker aufgetragen.[4]

Ein «Warenhaus der Weltanschauungen» soll Weber das Programm der Lauensteiner Veranstaltung genannt haben. Er diskutiert ganze Tage durch und lässt sich ausfragen, bis zur Erschöpfung: «Keine Nacht ohne starke Schlafmitteldosen, keine mehr als 4–5 Stunden Schlaf.»[5] Trotzdem sei es gut gewesen, dort zu sein, sagt er, nachdem er dem evangelischen Theologen Max Maurenbrecher entgegengetreten war, der die deutsche Nation aus dem Geist des alten Preußentums und gegen den westlichen Individualismus wieder erstarken lassen wollte. Maurenbrecher war ein ziemlich ein- und austretender Charakter, er war als Religionslehrer 1906 aus der evangelischen Kirche aus- und 1917 wieder eingetreten, hatte sich von den Nationalsozialen Friedrich Naumanns wieder entfernt und war im Gefolge Paul Göhres 1903 in die SPD ein- und 1916 wieder ausgetreten, um 1917 in der Deutschen Vaterlandspartei und beim Alldeutschen Verband zu landen, dem Weber in seinen frühen Jahren angehört hatte. Auf Lauenstein hielt er den Eröffnungsvortrag «Über die deutsche Staatsidee» – auf der Grundlage von Autoren des neunzehnten Jahrhunderts wollte er Nationalbewusstsein schaffen und sie dabei auf eine der kapitalistischen Mechanisierung entgegentretenden «Partei der Geistigen» stützen, die sich einer Art Staatskapitalismus verpflichtet wusste. Deutschland habe die Aufgabe, einen Staat zu schaffen, der «das irdische Gesicht des Absoluten verbildlichen» solle. Der Vortrag dauerte sage und schreibe vier Stunden, Weber dürfte gekocht haben, replizierte aber erst anderntags. Das Protokoll verzeichnet bis dahin einen freundlichen Meinungsaustausch, erst mit Webers Wortmeldung sei ein «tiefer Riß» durch die Tagung gegangen.

Weber nämlich bezeichnet das alles als romantische Gespinste. Das deutsche Reich sei ein Obrigkeitsstaat, das Volk habe keinen Einfluss auf die Willensbildung, das preußische Klassenwahlrecht müsse verschwinden, die Herrschaft der Beamten beendet, die Regierung parlamentarisiert und die staatlichen Einrichtungen demokratisiert werden. Der einst glühende Nationalist Weber gibt keinen Deut auf die Tagesphrase, die Deutschland vom «westlichen» Individualismus wesensmäßig getrennt sehen will. Der Weltkrieg ist für ihn kein Kampf von Weltanschauungen, sondern die Folge falscher Außenpolitik. Gegen die Mechanisierung des Lebens durch Bürokratie und wildwachsenden Kapitalismus helfe keine Klassikerlektüre. Wenn man den Materialismus wirksam bekämpfen wolle, brauche man ein funktionierendes, einflussreiches Parlament, in dem die Interessengruppen «aufeinandergehetzt» werden könnten, nicht zuletzt damit die Fähigsten nicht alle in die Wirtschaft abwandern. Die Abwendung der Intelligenz ins Unpolitische, sei es die Ökonomie, sei es das Phantasiereich der Kulturkritik, bringt ihn auf: «Nicht die Politik verdirbt den Charakter, sondern gewisse Charaktere verderben die Politik.»[6] Anstatt in großartigen Ideen zu schwelgen, müsse beim Staatswesen ein Neuanfang gemacht werden.

So oft, wie sich Weber in diesen Jahren an die studentische, intellektuelle Jugend gewendet hat, muss es ihm nicht nur darum zu tun gewesen sein, ihre Neigung zu politischen Phantasien auszukühlen. In der aufgeladenen Situation der Nachkriegszeit versuchte er auch, den Realitätssinn seiner eigenen Generation so zu überliefern, dass er nicht von vornherein in Gegensatz zu den politischen Leidenschaften geriet, die Weber als Antrieb für einen Auszug aus dem Spießbürgertum genoss. Er genoss sie auch ganz persönlich: Mehrfach findet sich das Motiv nachgeholter Jugend in seinen brieflichen Selbstäußerungen. Insofern wollte er gegenüber seinen Zuhörern nicht einfach nur den erwachsenen, abgeklärten, entsagungsvollen Ernst repräsentieren.

Kurz nach seiner zweiten Teilnahme an den zeitdiagnostischen Festspielen auf Burg Lauenstein hält Max Weber im November 1917 in München einen seiner berühmtesten Vorträge, den über «Wissenschaft als Beruf». Er folgte dabei einer Einladung «freier», also nicht in Korporationen organisierter Studenten. Deren Vortragsprogramm «Geistige Arbeit als Beruf» reagierte auf eine Beschwerde aus den eigenen Reihen, keine Gruppierung der Jugendbewegung – von den Anhängern Georges über den Wandervogel bis zu den Reformpädagogen – habe sich bislang mit der beruflichen Erwerbstätigkeit als Selbstzweck auseinandergesetzt, einem «Moloch» und verderbenden «Ungeheuer, das im Kerne unserer Welt hockt und nach allem, was jung ist seine aussaugenden Fangarme streckt». Das war nun exakt und bis ins gewählte Bild hinein die Beschreibung, die Alfred Weber 1910 vom Beamtentum und 1912 von der kapitalistischen Berufsarbeit gegeben hatte, jenem «ungeheuren Apparat, der die Menschen in sich aufsaugt», vor allem aber – das war die Pointe – die Eliten, die sich nicht wie die Arbeiterschaft ihren Ausgleich in der Freizeit holten, sondern zu Überidentifikation mit dem

Berufsleben neigten. Folgerichtig wies Alexander Schwab, Autor des Beitrags «Beruf und Jugend» in der expressionistischen Zeitschrift «Weiße Blätter», auch auf Alfred und Max Weber als «die einzigen Menschen unserer Zeit» hin, «die an sichtbarer Stelle etwas Wichtiges über den Beruf geäußert haben».[7]

Nur eben nicht dasselbe. Denn Max Weber hat selbstverständlich nicht die geringste Absicht, im Namen des Lebens und der Jugend gegen Berufsarbeit zu polemisieren. Im Gegenteil beschreibt er zunächst ganz kühl die organisatorischen Umstände, mit denen 1917 zu rechnen hat, wer sich entschließt, Wissenschaftler zu werden: die Zulassung zum Beruf, die Organisation der Berufsarbeit, die Karriere. Die universitäre Organisation schildert Weber dabei als eine merkwürdige Überlagerung verschiedener sozialer Einflüsse. Während sich ein Wissenschaftler in Deutschland als Privatdozent bis zum Erhalt einer Professur selbst zu finanzieren habe, werde im amerikanischen System der Assistent zwar schlecht, aber doch immerhin überhaupt von der Universität bezahlt – er schlüpfe in die Rolle eines Angestellten. In diesem «bürokratischen System», so Weber, liege die Zukunft der Wissenschaft. Zugleich beschreibt er die Universität, die dadurch Züge eines staatskapitalistischen Betriebes annehme, als eine «geistesaristokratische Angelegenheit», nämlich der wissenschaftlichen Schulung von Nachwuchs ohne Rücksicht darauf, wie beliebt dieser bei der Klientel ist. Zumindest in den Sozial- und Geisteswissenschaften bilden die Forscher aber auch eine Assoziation von Handwerkern, die ihre Arbeitsmittel, die Bibliothek, selbst besitzen. Die Kolleggelder wiederum, also die Zahlungen von Studenten für bestimmte Vorlesungen, die das Gehalt der Professoren ergänzten, stellen für Weber ein demokratisches Element dar. Alles in allem erscheint die Universität so als eine Aristodemobüroplutokratie.[8]

Dass Weber die Wissenschaftlerlaufbahn als einen «Hasard» bezeichnet, ein Glücksspiel also, verwundert nicht. Wenn ein Kandidat aus geistesaristokratischen Gründen, aber auch aufgrund bürokratischer und demokratischer Einwände sowie aus Mangel an plutokratischer Unterstützung scheitern kann – dann ist Scheitern gar nicht so unwahrscheinlich, vor allem wenn die Qualifikanten schneller zunehmen als die Stellen. Eine Statistik aus dem Jahr 1908 zählt für die deutschen und österreichischen Universitäten 1437 Lehrstuhlinhaber und 1324 Privatdozenten, wobei die Zahl der Anwärter auf einen Lehrstuhl immer stärker zunimmt; vor allem in großen Städten wie Berlin und Wien gibt es schon damals fast dreimal so viel Privatdozenten wie Ordinarien.[9] Allerdings muss man hinzufügen, dass Weber übertreibt, wenn er ausgerechnet seinen eigenen Weg zum Lehrstuhl als Beispiel heranzieht. Er selbst hatte es gewiss nicht «absoluten Zufälligkeiten zu verdanken»,[10] dass er in sehr jungen Jahren Ordinarius wurde. Zudem überwogen die Ordinariate in der Zeit, als er selbst Professor wurde, die Zahl der Privatdozenten noch um fast das Doppelte. Weber spricht demnach 1917 auch in einer Zeit, in der das Wachstum der Universitäten die Lage der Wissenschaft zu verändern begann.

Die Zufälligkeit der wissenschaftlichen Karriere wird für Weber noch gesteigert dadurch, dass an den Wissenschaftler zwei Anforderungen gestellt werden, die nicht zusammenhängen: die Produktion von Erkenntnisgewinn und die Ausbildung des Nachwuchses. Weber hält seine Rede zu einem Zeitpunkt, in dem die Universität längst nicht mehr durch die idealistische Formel der «Einheit von Forschung und Lehre» begriffen werden kann. Diese Formel diente bis weit ins neunzehnte Jahrhundert hinein dazu, den universitären Unterricht vom Vortrag nicht selbst durchdachten Wissens abzugrenzen und den selbst aktiven Forscher vom bloßen Leser, Sammler und Sortierer zu unterscheiden. Der akademische Lehrer übermittelt nicht nur Wissen, sondern vermittelt, wie es hervorgebracht wird. Tatsächlich aber, so Weber, gebe es hervorragende Forscher, die schlecht unterrichten – er nennt den Physiker Hermann von Helmholtz und den Historiker Leopold von Ranke –, es gebe mittelmäßige, die es sehr gut tun, es gebe den Fall von Professoren, die schlecht lehren und gar nicht forschen, und zu guter Letzt gebe es natürlich auch den Modellathleten, bei dem alles stimmt und sich wechselseitig verstärkt. Weil aber beide Gesichtspunkte – die «Frequenzkonkurrenz» der Universitäten um Studenten wie die Forschungsleistung im Urteil der Geistesaristokraten – bei der Personalauswahl eine Rolle spielen, kommt ein zusätzliches Moment von Unsicherheit in die Karrieren hinein.[11]

Indem er nun all die Schwierigkeiten aufgetürmt hat, überhaupt etwas in der Wissenschaft zu werden, lässt Weber den Wissenschaftler, der sich trotzdem dafür entscheidet – und es ist damals selbstverständlich nur an Männer gedacht –, ziemlich heroisch aussehen. Er muss, um einen Ruf anzustreben, einen «inneren Beruf» in sich verspüren, eine Berufung. Dass man in die Bibliothek oder ins Labor gehen könne wie andere ins Büro, bezieht Weber nicht in seine Überlegungen ein. Denn weshalb sollte man das tun, wenn das Leben im Büro viel sicherer, in der Firma viel einträglicher und die Karriere in beiden Fällen viel absehbarer ist? Doch wozu kann sich andererseits ein Wissenschaftler innerlich berufen sehen, wenn Wissenschaft unausweichlich Großbetrieb, Spezialisierung, ständiges Überholtwerden der eigenen Arbeit bedeutet? Weber gibt die Frage als Antwort aus: Eben darin muss er seine Leidenschaft finden, auf der Grundlage harter, oft mechanischer Arbeit an Texten oder Zahlenwerken zu kleinen Einsichten vorzudringen.

Denn alle historischen Antworten auf die Frage nach dem Sinn der Wissenschaft lehnt Weber für seine Gegenwart ab. Sie ist für ihn nicht mehr denkbar als Versuch, Gottes Schöpfungsplan auf die Spur zu kommen, sie führt den Einzelnen nicht zum wahren Sein, sie mehrt das Glück weder der Menschheit noch der Forscher. Hier kann man noch einen Gedanken des Philosophen Hans Blumenberg hinzufügen: Die moderne Wissenschaft lässt sich ab einem bestimmten Punkt ihrer Entwicklung auch nicht mehr als Aufklärung von schädlichen Vorurteilen über die Welt begreifen. Zu den meisten Fragen, denen sie nachgeht, gibt es außerhalb der Wissenschaft nämlich gar keine Vormeinungen, existiert kein Irrglaube, der zu zerstreuen wäre. Die Wissenschaft ist also auch nicht mehr polemisch auf das System religiöser oder anderer «unwissenschaftlicher» Behauptungen bezogen. Das aber bedeutet: Der «Zusammenhang von Wahrheit und Freiheit, der das Herzstück unserer Tradition unter Einschluß der biblischen ausmacht» und der im Schriftzug über der Freiburger Universität festgehalten ist, an der Weber seinen ersten Lehrstuhl hatte, «Die Wahrheit wird euch frei machen» (Joh. 8,32), hat sich aufgelöst.[12] Die wissenschaftliche Erkenntnisabsicht, sagt Weber damit, geht weit über alles hinaus, was sich Gott, dem Glück, dem gesellschaftlich Nützlichen oder der künstlerischen Erfüllung eines Menschen zuordnen lässt.

«Wir fühlen, daß, selbst wenn alle möglichen wissenschaftlichen Fragen beantwortet sind, unsere Lebensprobleme noch gar nicht berührt sind», schreibt zur selben Zeit, in der Weber sein heroisches Ethos einer Wissenschaft propagiert, die um ihrer selbst gewollt werden muss, der junge Wiener Philosoph Ludwig Wittgenstein. Weber formuliert dasselbe mit Bezug auf den Schriftsteller Leo Tolstoi: Die Wissenschaft, habe dieser befunden, «ist sinnlos, weil sie auf die allein für uns wichtige Frage: ‹Was sollen wir tun? Wie sollen wir leben?› keine Antwort gibt. Die Tatsache, daß sie diese Antwort nicht gibt, ist schlechthin unbestreitbar.»[13] Das war eine fast parallele Formulierung zweier Autoren, die sonst denkbar wenig verband, des österreichischen Ingenieurs mit logischen und sprachanalytischen Interessen, der ständig darauf aus war, ein Maximum an Außenseitertum zu verwirklichen, und des preußischen Gelehrten als Innenseiter des deutschen Bildungsbürgertums, der als nationalistischer Polyhistor mit dem Impuls zur politischen Dauereinmischung sich um die Begründung einer eigenen Art von Sozialwissenschaft bemühte.

Doch Wittgensteins Satz zeigt nicht nur, dass der Wissenschaftsglaube damals zerstob. Er war auch ein Dokument des philosophischen Hochmuts. Denn viele Lebensprobleme waren eben doch davon berührt, dass im neunzehnten Jahrhundert beispielsweise das Chloroform, die Röntgenstrahlung oder der Elektromotor wissenschaftlich möglich gemacht worden waren. Nur die philosophischen Grundfragen nicht, und umgekehrt sind es letzte Sinnfragen mehr als «unsere Lebensprobleme», die von den Erkenntnisfortschritten nicht beantwortet werden. Das Opfer der Spezialisierung war die Philosophie: Hundert Jahre lang hatte sie inbesondere in Deutschland den Sinn der Universität und der an ihr stattfindenden Forschung mit letzten Garantien versehen – als Königsdisziplin der Wissenschaft repräsentierte sie das Ganze, von dem die anderen Disziplinen nur Teile waren. Der Soziologe Louis Dumont hat auf diese Besonderheit des vormodernen Denkens aufmerksam gemacht, immer einen Teil eines Ganzen zugleich als dessen höherrangige Stellvertretung zu behandeln. Er spricht von «hierarchischer Opposition»[14]: Die Menschheit besteht aus Männern und Frauen – aber der Mann (Adam) repräsentiert «den» Menschen. Die Gesellschaft besteht aus Politik, Wirtschaft, Wissenschaft, Religion und so weiter – aber die Politik repräsentiert, von Aristoteles bis Hegel und Treitschke, die Einheit all dieser Gebiete. Die Wissenschaft besteht aus Disziplinen – aber die Philosophie ist zuständig für den Wahrheitsbegriff und damit für die Einheit der Wissenschaften. Jeder Spezialist und jede wissenschaftliche Disziplin finden unter dieser Denkvoraussetzung ihren Zugang zum Ganzen nur über die Philosophie.

Max Weber sprach unter der Voraussetzung, dass diese Hierarchie im System der wissenschaftlichen Disziplinen, wie es sich im neunzehnten Jahrhundert herausgebildet hatte, verloren gegangen war. Die Fächer hatten sich der Kontrolle durch die Grundbegriffe und Methoden der Philosophie entledigt, und wer wissenschaftliche Forschung betreiben wollte, brauchte diese nicht mehr an letzten Fragen auszurichten. Ein «Glaube» an die Wissenschaft war entbehrlich geworden. Allenfalls nach außen rechtfertigten die Wissenschaftler ihr Tun mit allgemeinverständlichem Pathos, weil ihrer Umwelt naturgemäß immer unverständlicher wurde, wonach sie da eigentlich forschten; intern konnte darauf hingegen ersatzlos verzichtet werden.[15] Theoretische Neugierde, die Weber als Motiv in seinem Vortrag nicht nennt, genügte. Webers eigene Antwort lautete etwas emphatischer: Wissenschaft intellektualisiert das Verhältnis zu ihren Gegenständen, das Motiv zu ihr liegt in ihrem Beitrag zur «Entzauberung» der Welt. Dabei bedeutet Entzauberung aber nicht nur Beherrschbarkeit und Berechenbarkeit, die für Weber das Stigma des Sinnlosigkeitsverdachtes an sich tragen. Außerdem würde beides gerade für Webers eigene historische und soziologische Forschungen ja gerade nicht gelten: Vergangenes kann seinem Begriff nach nicht beherrscht werden, und berechenbarer ist die Gesellschaft durch Webers Studien auch nicht geworden. Vielmehr gibt es einen Aspekt von «Entzauberung», der in den Schlusswendungen der Rede hinzutritt und durch Begriffe wie «Klärung» und «Illusionslosigkeit» erläutert werden kann. Es sind die entnarkotisierenden Wirkungen der Wissenschaft, die Weber den Studenten empfiehlt: Selbst diejenigen, die sich einer Weltanschauung, einer Religion oder einer Ideologie hingeben, profitieren von der Klärung der Sachfragen und der argumentativen Schlüssigkeit. «Wir können – und sollen ihnen auch sagen: [...] Ihr dient, bildlich geredet, diesem Gott *und kränkt jenen anderen,* wenn Ihr Euch für diese Stellungnahme entschließt. Denn ihr kommt notwendig zu diesen und diesen letzten inneren sinnhaften Konsequenzen, wenn Ihr Euch treu bleibt.»

So ist es zuletzt das Streben nach Folgerichtigkeit, das Weber noch demjenigen ansinnt, der sich für eine nicht weiter begründbare Haltung zur Welt entscheidet. Was daraus folgt, wenn man diesem oder jenem Gott, dieser oder jener Macht huldigt und wie sich die Huldigung zu den Tatsachen verhält, in dieser Frage steckt für Weber bereits jene Rationalität, die das Medium der Wissenschaft ist. Ihr Gegensatz sind nicht Religion oder Parteilichkeit, sondern jener Schwindel und Selbstbetrug, den er in seiner Epoche so verlässlich antraf. In Erinnerung an die Lauensteiner Debatten sagt er, die Intellektuellen hätten offenbar das Bedürfnis, «sich in ihrer Seele sozusagen mit garantiert echten, alten Sachen auszumöblieren, und sich dabei dann noch daran erinnern, daß dazu auch die Religion gehört hat, die sie nun einmal nicht haben, für die sie aber eine Art von spielerisch mit Heiligenbildchen aus aller Herren Länder möblierter Hauskapelle als Ersatz sich aufputzen oder ein

Surrogat schaffen in allerhand Arten des Erlebens, denen sie die Würde mystischen Heiligkeitsbesitzes zuschreiben und mit dem sie – auf dem Büchermarkt hausieren gehen.»[16] Während die Naturwissenschaften auf vielen Feldern also längst nicht mehr mit dem außerwissenschaftlichen Schwindel kämpften, sondern Fragen erforschten, die sie selber hervorgebracht hatten, war für Max Weber die Lage der Sozialwissenschaften eine andere. Sie mochten nicht Lebensprobleme lösen, aber Lebenslügen zu bekämpfen schien ihm ihr wichtigster Beitrag zur Kultur.

SECHSUNDZWANZIGSTES KAPITEL

DAS SCHAUSPIELHAUS DER GESINNUNGEN – «POLITIK ALS BERUF»

Das eigentümliche Schicksal der Welt, daß der erste, wirkliche Weltherrscher ein Professor ist. Wie sehr er Professor ist, sieht man aus der großen Dummheit, die er gemacht hat.

MAX WEBER ÜBER WOODROW WILSON

Im Café Landmann, gegenüber der Universität Wien, kommt es im Frühjahr 1918 zu einer Brüllerei, aber einer ganz einseitigen. Sie geht von Max Weber aus, der gerade in der österreichischen Hauptstadt lehrt, probeweise. Man möchte ihn dort dauerhaft binden, er ist aber eigentlich schon wieder auf dem Rückweg nach Deutschland, wo er seiner Meinung nach hingehört. Noch aber ist er in Wien und trifft sich, in Begleitung des Althistorikers Ludo Moritz Hartmann, der bald darauf erster Botschafter der Republik Österreich in Deutschland wird, in dem Café an der Ringstraße mit Joseph Schumpeter. Es soll um die Lehrstuhlnachfolge gehen. Schumpeter ist trotz seiner fünfunddreißig Jahre schon eine weltläufige Figur. Er hat in Wien, Berlin, London, Cambridge und Oxford studiert sowie in Kairo, Wien, Czernowitz und New York geforscht und gelehrt. Die österreichische Schule des analytischen marktwirtschaftlichen Modelldenkens hat in ihm einen Intellektuellen hervorgebracht, der alles recht schnell durchdringt und zugleich ebenso umgänglich wie praktisch denkt. Zum Streit zwischen abstrakter Theoriebildung und historischer Schule beispielsweise, der Weber Hunderte von Seiten kostete, bemerkt Schumpeter lapidar, beide Richtungen interessierten sich einfach für etwas anderes, und sowenig es eine historische Preistheorie gebe, so wenig habe die Grenznutzenschule etwas zur Organisation der Volkswirtschaft beizutragen. Seit 1911 unterrichtet Schumpeter

Volkswirtschaftslehre in Graz. Weber hält ihn für hochgeeignet, der Kandidat neige allenfalls in populären Vorträgen zu Paradoxien, eine Variante des *Morbus Sombart* also. Das Treffen hatte auf Bitten Webers der österreichische Bankier Felix Somary arrangiert, dem wir auch einen kurzen Bericht darüber verdanken.[1]

Das Gespräch im Café Landmann kam bald auf die Russische Revolution. Schumpeter findet erfreulich, dass nun der Sozialismus nicht mehr bloß diskutiert werde, sondern seine Lebensfähigkeit zu erweisen habe. Darüber regt sich Weber sehr auf. Der Kommunismus sei unter den russischen Entwicklungsumständen ein Verbrechen, es werde in menschlichem Elend und einer Katastrophe enden. «Kann schon sein», versetzt Schumpeter, «aber das wird für uns ein recht nettes Laboratorium.» Eines mit «gehäuften Menschenleichen» fährt Weber auf, der es vor nicht allzu langer Zeit noch berechtigt fand, dass Millionen für die jeweilige Ehre in Schützengräben starben. Der Nationalismus war offenbar unter den europäischen Entwicklungsumständen kein Verbrechen.

Somary ist von diesem Streit nicht überrascht. Er kennt Weber ausnehmend gut und bezeichnet ihn als «nervösen Stürmer», der immerfort kämpfe, «auch wenn es sich um kleinste lokale Dinge» handele. Schumpeter dagegen sei auf dem Wiener Theresianum, dem Gymnasium für künftige Diplomaten, dazu erzogen worden, über den Dingen zu stehen und nie persönlich zu werden, «alle Spielregeln und Ismen» zu beherrschen, aber keiner Richtung anzugehören. Somary also will ablenken und weist auf die Veränderungen der sozialen Entwicklung durch den Krieg hin. Nun wirft Weber Großbritannien die Abkehr vom Liberalismus vor. Schumpeter widerspricht. Weber wird «heftiger und lauter, Schumpeter sarkastischer und leiser». Die Kaffeehausbesucher unterbrechen ihre Schachpartien und hören zu. Bis Weber aufspringt und mit den Worten «Das ist nicht mehr auszuhalten!» auf die Ringstraße hinausstürzt. Hartmann bringt ihm den Hut nach und versucht vergebens, ihn zu beruhigen. Schumpeter schüttelt den Kopf: «Wie kann man nur so in einem Kaffeehaus brüllen.»

Wie soll man die Szene deuten? Ist Weber hier jemandem begegnet, der seinen «Dämon», nämlich die Wissenschaft, gewählt hat und nun aus dieser Perspektive zuschaut, wie andere, die ihre politischen Wertsetzungen gerade realisieren, dabei zurechtkommen? Zwei Jahrzehnte lang hat Weber über Ethik nachgedacht und zur Frage geschrieben, was es heißt, etwas aus Pflichtgefühl zu tun – und nicht aus Kalkül, Klugheit oder dem Streben nach Glück. Vor allem durch seine religionssoziologischen Studien ist er zu dem Schluss gekommen, dass es viele solcher einander widersprechenden Pflichtgefühle gibt. Salopp formuliert: Sonst gäbe es ja auch gar nicht mehrere Religionen und sakralisierte Gebotsordnungen, sondern nur eine.

Freilich verteilen sich die Religionen, so wie sich Weber die Welt um 1900 darstellt, zumeist auf verschiedene Kulturkreise; religiöse Konflikte thematisiert er daher kaum. In den gesellschaftlichen «Wertsphären» jedoch findet Weber die Pluralität strikter Normerwartungen wieder, und in erkennbarer Übertreibung behauptet er, diese Sphären richteten ebensolche strikte Verhaltenserwartungen an diejenigen, die ihnen mittels ihrer Berufsarbeit dienen wollen, wie die Religionen. Man kann dann nicht der Wissenschaft und dem Christentum, der Wirtschaft, der Familie und der Kunst, der Politik und der Moral zugleich und mit derselben Intensität dienen. Zwecksetzungen und Wertelisten sind Festlegungen für Opferbereitschaft. Hat Joseph Schumpeter im Café Landmann sein Gegenüber also einfach darauf hingewiesen, dass Max Weber sich selbst vor einer letzten Rangfrage seiner Wertsetzungen drückte, ob denn nun Wissenschaft oder Politik sein Beruf war? Denn nur der Politiker in Weber konnte sich über Schumpeters Abgeklärtheit aufregen, der Wissenschaftler hätte sie verständlich finden müssen. Zudem führt die Sozialwissenschaft keine Experimente durch, und wenn ihr die Geschichte nun ein solches Experiment in Gestalt einer Revolution anbietet, tut sie gut daran, kühl zu bleiben, um ihre Chancen auf Erkenntnisgewinn nutzen zu können.

Doch Weber bleibt natürlich nicht kühl. Die Gründe dafür sind vielfältig und liegen nicht nur in seinem Temperament. Zunächst ist die Revolution, anders als es noch zur Zeit von Webers Russlandschriften 1905 war, dort nicht nur vollzogen worden, sondern Mitteleuropa inzwischen nahe gerückt. Ein «Experiment», das man in Ruhe aus der Ferne betrachten kann, ist sie jedenfalls nicht mehr. Lange konnte er sich einen deutschen Sieg vorstellen, vom Frühjahr 1918 an nicht mehr: Zuerst hatten die Deutschen mit ihrem enthemmten U-Boot-Krieg die Vereinigten Staaten in den Krieg hineingezogen, dann mit dem nunmehr kommunistischen Russland einen Frieden zu Bedingungen geschlossen, die Weber zufolge allen anderen Gegnern verdeutlichten, dass mit diesen Deutschen kein verständiges Auskommen zu erzielen sei.

Zusammen mit Felix Somary hatte Weber im März 1916 eine Denkschrift gegen die Ausweitung des U-Boot-Kriegs an das Außenamt und die Fraktionsführer im Reichstag verschickt, die kurzzeitig Wirkung zu haben schien. Somary war mit Weber seit 1905 befreundet, als er mit ihm auf einer Tagung des «Vereins für Socialpolitik» eine Nacht hindurch über Zwangseintritte in Gewerkschaften diskutiert hatte. Er war Zeuge von Webers Wiener Polemik von 1909 gegen die Werturteile gewesen. Später fanden sich beide, Weber und Somary, in Friedrich Naumanns «Arbeitsausschuß für Mitteleuropa» wieder, an dem sich der Österreicher Somary begeistert beteiligte und den er auch finanzierte. Mit ihrer Denkschrift gegen den «totalen» U-Boot-Krieg, der keine neutralen Schiffe mehr kennen sollte, reagierten sie auf das Machtgetrommel der Admiralität, die im Verbund mit der Waffenindustrie seit 1915 eine rücksichtslosere Kriegsführung forderte. Sie zeige damit nicht nur, so Weber, dass sie unfähig sei, in militärisch schwierigen Situationen die Nerven zu behalten, sondern schüre zudem die Illusion der Leute an der Front, der Krieg sei auf diese Weise schneller zu beenden. Tatsächlich aber würde der Krieg durch die dann unabwendbare amerikanische Beteiligung in eine Länge gezogen, die Deutschland wirtschaftlich nicht durchstehen könne. Wenn das Reich nicht mehr bloß von der Londoner City, sondern auch von der New Yorker Börse abgeschnitten sei, müsse es seine Staatsfinanzen aus der Druckerpresse finanzieren, und damit verspiele es seine weltpolitische Zukunft.

Inflationierung des Geldes, Inflationierung der Gefühle – wir sehen Weber erneut Figuren auf Landkarten hin und her schieben. Den Anhängern des U-Boot-Kriegs rechnet er im Detail vor, wie viel Tonnage an Getreide, Gefrierfleisch, Konserven man von Großbritannien fernhalten müsste, damit das Land kapituliere. Ist der Ärmelkanal überhaupt abzusperren? Wie schnell könnten die dafür erforderlichen U-Boote denn hergestellt werden?[2] Weber vermisst aber nicht nur diese technisch-ökonomische Rationalität in der Debatte. Mindestens ebenso sehr bringt ihn der Eindruck auf, den die lauten Anhänger schneller Lösungen auf den Feind machen müssen: dass es nämlich die Mittelmächte offenbar nötig haben, mit aller Gewalt zu einer baldigen Entscheidung zu kommen, weil es ihnen an Kondition fehlt.

Die Denkschrift wird übersandt, Somary erinnert sich sogar, dass der Hamburger Reeder und Generaldirektor der Hapag Albert Ballin – der sich am 9. November 1918 als jüdischer Patriot aus Verzweiflung über das Ende der Monarchie das Leben nehmen wird – sie in den ersten Märztagen 1916 dem Kaiser übergeben hat. Den habe die angedeutete Aussicht aufgerüttelt, falsche Entscheidungen würden nach einem verlorenen Krieg der Monarchie als unverzeihlich zugerechnet. Doch die Pause im Drang zum unbegrenzten U-Boot-Krieg war nicht von Dauer.[3]

Nun also, ab dem Frühjahr 1918, steht Weber vor Augen, dass es zu einem tiefgreifenden Wandel kommen wird, aber auch, dass es womöglich einer sein wird, der revolutionäre Form annimmt. In seiner Freiburger Antrittsvorlesung hatte Weber 1895 formuliert, die Volkswirtschaftspolitik eines deutschen Staatswesens könne wie der Wertmaßstab des Theoretikers nur deutsch sein. 1913 erklärt er dann, «ausnahmslos jede» gesellschaftliche Ordnung sei «letztlich» auch daraufhin zu prüfen, welcher Art von Menschen sie die optimalen Chancen gebe, herrschend zu werden, indem sie bestimmte Absichten begünstige. Sonst sei die Untersuchung nicht erschöpfend. Weber findet nach wie vor, eine sozialwissenschaftliche Theorie sei unvollständig, wenn sie nicht auch die Basis für Wertungen liefert. Und wie die Szene mit Schumpeter zeigt, hält er auch 1918 noch Sozialwissenschaftler, die sich aufs Zuschauen beschränken und die Zeitgeschichte als Experiment betrachten, für verantwortungslos, im Wortsinne zum Davonlaufen.

Nach 1910 hatte Weber immer wieder ein Begriffspaar verwendet, das hier einschlägig ist und noch heute gern angerufen wird: Gesinnungs- und Verantwortungsethik. Erstere ist als «Panmoralismus» ganz ihren Wertgrundsätzen verpflichtet, lehnt Kompromisse ab und nimmt dafür jegliche Kosten in Kauf, die aus dem entsprechenden Handeln entstehen; im Grunde aber wird zwischen dem Handeln und seinen Wirkungen gar kein rationaler Zusammenhang gesehen. Die Gesinnung ist der Zweck, der die Mittel heiligt, die das (utopische) Ziel erreichen oder eben auch nicht. Die anarchistischen Revolutionäre waren neben den Urchristen das beste Beispiel dafür, freilich mit dem Unterschied, dass Letztere das baldige Ende aller Dinge erwarteten, Erstere hingegen angaben, eine neue Gesellschaft hervorzubringen zu wollen. Dem stellt Weber eine Orientierung an «Kultur» gegenüber, die eine Anpassung an politische, ökonomische und sonstige Bedingungen vorsieht. Kultur ist der Kompromiss von ethischen und sachlichen Forderungen. Wenn Ersteres – die radikale Nichtanpassung um der Werte willen – eine Gesinnungsethik ist und man Letzteres – die Kompromissbereitschaft um der Werte willen – eine Verantwortungsethik nennt, dann meint Verantwortung, dass der Handelnde bereit ist, für die Folgen seiner Entscheidungen geradezustehen und sein Handeln gegebenenfalls als gescheitert zu betrachten. Letztlich handeln Gesinnungsethiker in Bezug auf ihre Folgen ritualistisch, Verantwortungsethiker in Bezug auf Gesinnungen technisch.[4]

Für Weber gab es nur das eine oder das andere.[5] Schumpeter war für ihn jemand, der diese Unterscheidung nicht vollziehen wollte und damit auch die Entscheidung für eine der beiden Seiten ablehnte. Der Kollege war der Grenzfall einer ethisch indifferenten

Einstellung, denn er beteiligte sich ja nicht selber an der Russischen Revolution, um herauszufinden, ob sie funktionieren könne. Man könnte nun freilich die Indifferenz selbst als Parteinahme werten, etwa indem man sie als Unterlassung von Kritik deutet: In der Politik gilt der Satz Talleyrands, dass Nichtintervention eine Intervention zugunsten des Stärkeren ist. Aber liefe es nicht auf einen «Panpolitismus» hinaus, wenn man jeden, der keine Stellung einnimmt, der intellektuellen Begünstigung des Stärkeren bezichtigte? Wenn alles zuletzt auf Machtfragen hinauslaufen soll? Dann wäre ja auch schon die ganz normale Indifferenz etwa des Richters gegenüber den Folgen seiner Urteile oder des Wissenschaftlers gegenüber den Folgen seiner Erkenntnisse ein Mangel an Verantwortung. Webers Rede vom «Polytheismus der Werte», der jeden zu letzten Entscheidungen aufrufe, neigt dazu. Zwar gesteht er zu, dass sich jemand innerhalb des Kampfes der Götter gegen Politik entscheidet – und beispielsweise für Religion oder Wissenschaft oder Kunst. Aber der Kampf selbst ist für ihn politischer Natur, weil für ihn zuletzt Politik darüber entscheide, welche «Kultur», also welche Wertverwirklichungen in einem gegebenen Territorium möglich sind und unter welchen Umständen sie stattfinden.

Doch zurück zur Wirklichkeit. Weber war tief davon überzeugt gewesen, Deutschland beanspruche zu Recht den Status einer Weltmacht und dieser Status sei auch wünschenswert: Das dadurch mögliche Wirtschaftswachstum komme dem Bürgertum zugute und fördere damit letztlich die Liberalisierung des Landes. Nun steht er vor einem Desaster. Er spricht von der «Schande», die das Reich erlitten habe, kein Gesicht eines Volkes sei jemals so zerstört wie das des deutschen, er fürchtet Bürgerkrieg und Invasion, sieht den «qualvoll häßlichen Tod des alten Deutschland», glaubt aber trotzdem an dessen «Unverwüstlichkeit» und beschwört die Jahre nach der Niederlage gegen Napoleon 1807: «Das machen wir jetzt noch einmal.» Die Novemberrevolution, die 1918 von einer Kieler Matrosenrevolte gegen die dortige Militärverwaltung aus Deutschland ergreift, hält Weber für einen «tollen Mummenschanz», «einen ekelhaften mesquinen Karneval», «eine Art von Narkotikum» gegen den Ehrverlust.[6]

Ob dieser Verlust an Ehre, diese Schande in der Niederlage besteht oder nicht vielmehr im Gefälle zwischen ihrem Verlauf und dem vierjährigen Dauerbeschuss an Propaganda durch Unfähige, führt Weber nicht aus, aber man darf ihm diese Sicht zuschreiben. «Diese Verpöbelung der ganzen Welt ist ja unerträglich und ein Hohn auf die ‹Demokratie›» – er merkt, dass der Krieg nicht nur vornehme Haltungen freigesetzt hat, und konstatiert für sich selbst eine Zäsur in dem, was bislang die Kontinuität seines intellektuellen Lebens darstellte. «Schrecklich war der Einzug der Truppen hier», schreibt er von der Rückkehr einer Division von der Westfront nach Frankfurt und schildert die Szene, als beschriebe er ein Bild von James Ensor oder Otto Dix, «brausendes Hurrah stundenlang, dazu diese abgemergelten Gestalten mit den Stahlhelmen – Gespensterzug und Karneval zugleich: schauderhaft.» Weber hat wahrlich in kurzer Lebenszeit viele Rollen gespielt, viele Krisen und Richtungsänderungen durchgemacht. Er hat den Kapitalismus ins Zentrum seiner Studien gestellt, dann die soziologische Begriffsbildung und die Geschichte der Weltreligionen, schließlich die Analyse von Bürokratie und Rationalisierung im Rahmen einer Herrschafts-, Staats- und Rechtssoziologie. Sein wesentlicher Bezugspunkt aber blieb die ganze Zeit über das Idealbild von der pflichtbewussten bürgerlichen Elite in Deutschland, und an diesem Bild maß er die tatsächliche Lage seiner Schicht und des Reichs. Jetzt sieht er, dass die Verlogenheit größer war als die Anpassung, die er immer beklagte, und der Hass größer als die Großmäuligkeit, die ihm der größte Dorn im Auge war. Die Kapitulation lastet er zwar den Revolutionären an, aber er weiß, dass die Linke weder für die Niederlage selbst noch für den mentalen Zustand des Landes verantwortlich ist. Drei Millionen Tote, darunter beinahe eine Million Zivilisten, mehr als vier Millionen Verwundete, beinahe drei Millionen körperlich und psychisch Versehrte in Deutschland. Insgesamt siebzehn Millionen Tote, darunter beinahe acht Millionen Zivilisten, einundzwanzig

Millionen Verwundete. Es waren für Weber der politische Dilettant Wilhelm II. und eine gefügige Exekutive, die aus den Deutschen das «Pariavolk der Erde» gemacht hatten.[7]

Tatsächlich liegt in dieser Außenseiterrolle des Kaiserreichs der wesentliche Grund dafür, warum es nicht zu dem erhofften Verständigungsfrieden kommt. Kurt Eisner, der Ministerpräsident der Münchner Räterepublik, will deshalb die Alliierten milde stimmen und publiziert die Berichte des bayerischen Gesandten in Berlin vom Sommer 1914, aus denen sich ein Eingeständnis der deutschen Kriegsschuld herauslesen lässt; Weber ist außer sich, er hält dies für den falschen Weg. Eine Moralisierung der Friedensverhandlungen sei töricht und schade nur den deutschen Interessen. In Richtung der Alliierten warnt er davor, «Saarbrücken, Bozen, Reichenberg, Danzig und andere Orte» in die Hände fremder Völker zu spielen, denn das werde noch den radikalsten Arbeiter zum Chauvinisten machen. Auch die Versailler Verhandlungsdelegation selbst erscheint ihm an Würde zu ermangeln. Noch Ende November 1918 fürchtet er den Bürgerkrieg – oder erhofft ihn, denn dann würden aus Alliierten Besatzer, was wiederum einen nationalen Aufstand und insofern nationale Einigung bedeuten könnte. Weber redet sich in Partisanen-Phantasien hinein, redet von Schafott und Zuchthaus als den zu tragenden Kosten des Widerstands, malt sich und seinen Zuhörern aus, dass den ersten polnischen Beamten, der es wagen würde, Danzig zu betreten, eine Kugel treffe. Über die möglichen Folgen denkt er nicht nach. Man braucht ihn in dieser Zeit nur auf eine Bühne zu stellen und über das Thema «Nation» sprechen zu lassen, und es brennen bei ihm alle Sicherungen durch.

Dann wieder Abkühlung. Weber schaltete sich nun publizistisch in den Kampf die Staatsform ein. Ungeklärt ist beispielsweise die Frage der Einheit Deutschlands unter den revolutionären Umständen: Die bislang aristokratischen Regierungen der einzelnen Bundesstaaten waren im Bundesrat repräsentiert, der dem Reichstag gleichberechtigt gegenüberstand. Wie aber sollte man sich eine sowohl von Berlin wie von den Ländern aus regierte Nation vorstellen, wenn

Teile davon Räterepubliken sind, andere Großherzogtümer? Durch seine Publizistik im Krieg, die immer auf die Zukunft nach dem Krieg blickte, ist Weber auf diese Fragen jetzt gut vorbereitet. Eine Artikelfolge «Die Staatsform Deutschlands» vom November und Dezember 1918 macht ihn in diesem Bereich zum bevorzugten Ansprechpartner. Er wirkt am sogenannten «Preußischen Verfassungsausschuss» mit, dem ansonsten nur Ministerialräte und Politiker angehören, wie etwa der Staatsrechtler Hugo Preuß, als Staatssekretär des Inneren, Kurt Riezler fürs Auswärtige Amt, der Hamburger Senator Carl Petersen und Ludo Moritz Hartmann für Österreich, der Weber – man ist zwar nicht unter sich, aber unter seinesgleichen – auf offener Szene «pufft», als der ihn mit «Seine Excellenz» anspricht.[8] Weber rät zu einer föderalen Ordnung ohne Zerschlagung Preußens, zu einem Parlament mit Enquête-Recht – daran lag ihm viel, denn Weber erwartete sich davon eine Machtsteigerung des Parlaments gegenüber der Exekutive – und zu einem vom Volk gewählten Reichspräsidenten. In Letzterem sah er ein Mittel jener «Führerauslese» durch das Volk, die er sich als charismatisches Korrektiv in einem demokratischen Herrschaftssystem vorstellte, das im Übrigen auf Parteiorganisationen und Verwaltungen beruhen würde.

Es folgt nun die Zeit der politischen Reden, mit denen Weber zur Formation der bürgerlichen Kräfte beitragen möchte. Ein Auszug aus dem Terminkalender dreier Monate mit den Redetiteln: 4. November 1918 München: «Deutschlands politische Neuordnung», 1. Dezember Frankfurt: «Das neue Deutschland», 6. Dezember Wiesbaden: «Das neue Deutschland», 9. Dezember Hanau (fällt aus, denn Weber muss nach Berlin zu den Verfassungsberatungen), 16. Dezember Berlin: «Der Wiederaufbau der deutschen Wirtschaft», 20. Dezember Berlin: «Deutschlands Lage», 2. Januar 1919 Heidelberg: «Deutschlands Wiederaufrichtung», 4. Januar Karlsruhe: «Deutschlands Vergangenheit und Zukunft», 11. Januar Heidelberg: «Die kommende Reichsverfassung», 14. Januar Fürth: «Probleme der Neuordnung» (mit Handgreiflichkeiten im Publikum), 17. Januar Heidelberg: «Der freie Volksstaat».

Die Rede vom 1. Dezember in Frankfurt hält er auf Einladung eines liberalen Vereins vor siebentausend Zuhörern. Die Revolutionäre, gegen deren Zerstörungswerk an den alten Strukturen er nur einzuwenden hat, dass es nicht friedlich erfolgte, beschreibt Weber darin als weltfremde Leute, denen es an pragmatischem Verstand mangele, weswegen es in ihrer Exekutive wie im Taubenschlag zugehe – Illusionisten wechseln sich mit «grob materiellen Interessenten an der Futterkrippe» ab, die Produktion breche durch sogenannte Arbeiterbewegungen zusammen, es werde sinnloser Hass gegen die Unternehmer geschürt. Auf Maschinengewehren, will Weber sagen, kann man genauso wenig sitzen, wie man Utopien essen kann und in Massenversammlungen Arbeit findet. Die ausländischen Kredite, die Deutschland jetzt benötige, werde – «Die feindlichen Regierungen sind rein bürgerlich» – nur das Bürgertum erhalten, weder «Literaten» wie diejenigen in Kurt Eisners Münchner Räteregierung noch die Sprecher der Proletarier in Berlin.[9]

Nach dieser Rede wird Weber eine Kandidatur für die Nationalversammlung vorgeschlagen. Noch im Dezember 1918 tritt Weber nach einigem Zögern, weil er sich lange gegen die republikanische und für die monarchische Staatsform ausgesprochen hatte, der Deutschen Demokratischen Partei (DDP) bei. Deren Gründung hatte der Chefredakteur des «Berliner Tageblatts», Theodor Wolff, gerade angestoßen. Sie versammelte den «linken» Flügel der Nationalliberalen Partei, der eine Republik anstrebte (während sich jene, die sich für die Fortsetzung der Monarchie aussprachen, in Gustav Stresemanns «Deutsche Volkspartei» versammelten), sowie die Anhänger der Fortschrittlichen Volkspartei, zu denen Webers langjähriger politischer Weggefährte Friedrich Naumann, aber auch Hugo Preuß gehört hatten. Naumann wird ein halbes Jahr später der erste Vorsitzende der DDP, Preuß einer der maßgeblichen Autoren der Weimarer Verfassung. Weber versucht, Prinz Max von Baden für die Partei zu gewinnen, was aber misslingt, weil der Prinz sich nicht fürs Parlament geeignet hält. «Ich hasse instinktiv eine Ansammlung der Menschen, die sich mit dem Wort bekämpft», lässt er wissen, was ein sehr guter Beleg für den Epochenübergang zu einem Parlament ist, das der Exekutive nicht mehr gleichgültig sein kann.[10]

Weber selbst soll im Wahlkreis Hessen-Nassau Spitzenkandidat werden. Bei nur zwei Gegenstimmen unter Hunderten von anwesenden Mitgliedern – für Weber eine «spontane Führerwahl» – wird er an die Spitze einer Vorschlagsliste gesetzt. Allerdings war die lokale Parteiorganisation der DDP dabei übergangen worden. Weber, der sich praktisch schon für gewählt hält, kümmert sich nicht weiter darum, verzichtet darauf, seinen Wahlkreis zu besuchen und für sich zu werben – und fällt aus allen Wolken, als man dem Professor aus Heidelberg zuletzt nur einen aussichtslosen Listenplatz zuweist. Man kann Wolfgang J. Mommsens Fassungslosigkeit darüber verstehen, dass der Analytiker der Parteienbürokratie und große Beschwörer der Politik als Kampf einfach nur abgewartet und ernsthaft geglaubt hat, dass man ihn rufe und er nichts weiter dafür tun müsse, als mitreißende Reden zu halten. Doch Haltung und Herkunft siegen nicht über Professionalität.[11]

Damit endet Webers politische Karriere auch schon. Mitte April 1920 tritt er aus der DDP wieder aus. Zur Begründung schreibt er: «Der Politiker soll und *muß* Kompromisse schließen. Aber ich bin von Beruf: *Gelehrter.*» Und der Gelehrte dürfe keine Kompromisse schließen.[12] Aber gab es denn jemals eine politische Karriere Webers? Der Begriff der «Gelehrtenpolitik», den Friedrich Meinecke kurz nach seinem Tod auf ihn anwendet, hat ebenso wie der Titel «Politische Schriften», unter dem seine Kommentare zur Politik zusammengefasst worden sind, etwas leicht Irreführendes. Selbst da, wo sich Weber in der politischen Sphäre bewegt hat, etwa bei der Börsengesetzgebung, bei den Friedensverhandlungen in Versailles und im Vorfeld der Verfassungsgebung für die Weimarer Republik, hat er sich auf Beratung beschränkt; Politik im strikten Sinne hat Weber nie betrieben. Im strikten Sinne soll heißen: Er hat sich nie um Mehrheiten bemüht.

Von seiner Jugend an pflegte er vielmehr einen besonderen Demonstrationsstil, wenn er sich zur Politik äußerte. Schon seinen ersten Wahlgang, 1890, erklärt er nachträglich mehrfach zum persönlichen Ausrufezeichen, weil er, aus liberalem Hause stammend, konservativ gewählt habe. Schon bald merkt er aber, dass die Freikonservativen die Interessen des Großgrundbesitzes vertreten, und wendet sich nach einem Jahr von ihnen ab. Weil ihm eine Verbindung von nationaler Machtpolitik, Industrialisierung und Bearbeitung der sozialen Frage vorschwebt und weil seine Mutter entsprechend eingestellt ist, engagiert er sich dann im Evangelisch-sozialen Kongress, der gegen den Anspruch der Sozialdemokratie auf sozialpolitische Alleinvertretung der Industriearbeiterschaft gegründet worden war. Mit dem Kerngedanken dieses Debattenvereins, protestantische Nächstenliebe zur Grundlage einer patriarchalischen Wohlfahrtspflege zu machen, konnte Weber aber schon aus religiösem Desinteresse nichts anfangen.

Dort beginnt die lebenslange Freundschaft Webers mit Friedrich Naumann, ohne dass er deshalb aber je zu einem überzeugten Parteigänger der neuen Nationalliberalen geworden wäre. Auf der Gründungstagung von Naumanns Nationalsozialem Verein, Ende 1896 in Erfurt, warnt er die Versammelten vielmehr, sie machten sich zu «politischen Hampelmännern», wenn sie eine Partei der Mühseligen und Beladenen gründen wollten: Nur der Kampf um Macht und um die Dominanz einer Klasse führe zur Politik, nicht aber das Mitleid mit Machtlosen. Wieder schließt sich Weber einer Partei an, ohne ihr Programm zu bejahen. Wie sollte ein solches Programm auch aussehen? Er ist gegen den Einfluss der Junker, gegen die höfische Politik, gegen die passiven Altliberalen und gegen die Sozialdemokratie, die Marx «als Dogma in die Köpfe der Massen stempelt». Er will für ein machtbewusstes Bürgertum eintreten, glaubt aber nicht, dass es überhaupt existiert. 1893 tritt Weber dem Alldeutschen Verband bei, einer weiteren mit der Nutzung von Sprachrohren beschäftigten Einflussorganisation, die koloniale Weltmachtprogramme und vaterländisches Bewusstsein propagiert; er fühlt sich dort mit seinen Ansichten in der Polenfrage und der imperialen Aufgaben Deutschlands verstanden. Diesmal dauert es sechs Jahre, bis Weber aus Protest gegen zu agrarierfreundliche Ansichten auch diesen Verband wieder verlässt. Was im nationalen Interesse liegt, weiß er im Übrigen am besten, und einem anderen politischen Interesse als dem von ihm definierten will er nicht dienen. Von 1915 an wird Weber dann zum erklärten Gegner der Alldeutschen, die sich nach der Jahrhundertwende immer weiter radikalisiert hatten. Sozialdarwinistisch und rassistisch grundiert, vertreten sie als Vertreter einer Expansion des deutschen «Lebensraums» im Weltkrieg praktisch jede Position nationaler «Gefühlspolitik», die Weber für fatal hält.[13]

Kongress, Verein, Verband – Weber zieht es immer wieder in die Zonen der Grundsatzreden, der Programmentwürfe und der Demagogie. Wobei sein Demos, sein Volk, vor allem die Debattiereliten sind. Etwas unterschreiben, dem er nicht zustimmen kann, generalisierte Folgebereitschaft ist nicht seine Sache. Seine Gelehrtenpolitik besteht also einerseits aus sehr konkreten Vorschlägen in Form von Gutachten und Eingaben – von der ostelbischen Siedlungspolitik bis zum U-Boot-Krieg – und andererseits aus zeitdiagnostischen Analysen und mitreißenden Reden. Dass die jeweiligen Rollen nicht immer zueinanderpassten und noch weniger für eine politische Karriere ausreichten, erfuhr er immer dann, wenn er in die Nähe des tatsächlichen politischen Systems kam und Qualitäten wie Diplomatie, Taktik, Kompromissbereitschaft verlangt waren. Das ging ihm so sehr gegen den Strich, wie ihn die Politik selbst anzog. Man darf hier noch einmal an Hermann Baumgartens These erinnern, das Bürgertum sei dort besonders leistungsfähig, wo es eigensinnig einer Sache folge, für die Politik aber weniger geeignet, weil dort soziale Indirektheit gefragt sei und die Fähigkeit, in der Sache Abstriche zu machen – und, so darf man ergänzen, auch am eigenen Stolz. Als Aussage über die Unwahrscheinlichkeit bürgerlicher Berufspolitik war das falsch, als Aussage über Max Weber wäre es zutreffend gewesen.

Als sich alle Chancen auf einen Sitz im Reichstag zerschlagen hatten und Weber demonstrativ mitteilte, zu keinerlei Konzessionen an Parteihonoratioren bereit zu sein, hören die mitreißenden Reden langsam auf. Am 28. Januar 1919 jedoch spricht er in München zu

«Politik als Beruf». Eine Rede vor Studenten, die ihn nur mit der Drohung motivieren können, sonst Kurt Eisner in den Hörsaal zu bitten. Der Vortrag ist das Gegenstück zu «Wissenschaft als Beruf» und einer der meistzitierten Texte Webers überhaupt. Der fand den eigenen Vortrag allerdings nicht besonders gelungen. Auch manche Zuhörer, die vergleichen konnten, waren gegenüber «Wissenschaft als Beruf» enttäuscht.

Tatsächlich ist «Politik als Beruf» vor allem ein Auszug aus dem Manuskript, das später «Wirtschaft und Gesellschaft» heißen wird. Weber rekapituliert seine drei Idealtypen legitimer Herrschaft und stellt die These auf, der Gedanke des Berufs wurzele im persönlichen Charisma eines Führers, der für die ihm Folgenden eben zur Politik berufen sei. Um sich in der Machtsphäre zu halten, bedürfe es aber auch bezahlter und mit sozialer Ehre ausgestatteter Verwaltungsstäbe sowie Verwaltungsmittel. Anhand vieler Beispiele veranschaulicht er die Unterscheidung von «für die Politik leben» und «von der Politik leben». Weber erörtert kurz die Frage, wo die Macht eigentlich sitzt, oben beim Minister oder unten beim fachgeschulten Beamten – doch aus der Antwort, dass die Macht oben sitzt, weil nur von oben gedroht werden kann, Drohungen aber nicht alles bewirken können und Macht auf Information angewiesen ist, zieht er keine Schlüsse. Er dekliniert die Trägerschichten und Berufsgruppen durch, die spezifisch politische Rollen besetzen können – Kleriker, humanistische Literaten, der Hofadel, die englischen kleinen Landadeligen, die Advokaten –, und schließt einen Gang durch die Historie der politischen Parteien an.

Spätestens nach zwei Dritteln des Vortrags dürfte sich damals jeder Zuhörer gefragt haben, worauf Weber eigentlich hinauswill. Er wollte auf seinen Anfang hinaus, den Kontrast zwischen den Begriffen «Beruf» im Sinne von «Job» oder «Geschäft» und Beruf im Sinne von Berufung. Für Weber sind die historischen Beispiele nur Material, um den Mechanismus der «Führerauslese» zu bestimmen, der für ihn im Zentrum der Frage nach der Berufspolitik steht. Menschen, meint er, haben Führerqualitäten, Machtinstinkte,

Charisma. Werden diese Eigenschaften vom politischen Betrieb erkannt? Wie werden sie erkannt, und unter welchen Umständen wenden sich Menschen mit solchen Fähigkeiten überhaupt der Politik zu? Weber sorgt sich, dass die Zukunft durch reine Geschäftigkeit, Postenjägerei, Parteikonformismus geprägt wird. Machtlose Parlamente üben auf politisch Begabte keine Anziehungskraft aus. Das war für ihn die Fatalität des Kaiserreichs. Dementsprechend zeichnet er die unausweichliche Alternative einer Führerdemokratie mit ausführender Maschine und einer Herrschaft von Berufspolitikern ohne Berufung.

Doch seine Kritik bleibt abstrakt, denn er muss die «Begabung» zur Politik unabhängig von ihren jeweiligen Organisationsumständen definieren. Es gibt Menschen, so erklärt er nun, die ihre «Hand in die Speichen des Rades der Geschichte legen» dürfen, und die Frage ist für ihn bloß, ob der politische Betrieb sie zum Zuge kommen lässt. Weber spricht hier auch über sich selbst und entwirft das Charakterbild des idealen Politikers: passioniert, sachlich, uneitel. Wobei Sachlichkeit in diesem Zusammenhang nur bedeutet, einer Sache und nicht der Macht als solcher anzuhängen – «immer muss irgendein Glaube da sein». Was Weber ablehnt, ist politische «Unritterlichkeit», Rechthaberei, Nachkarten. Politik ist eine Frage der Ehre, weswegen es würdelos sei, nach einem Krieg die Frage aufzuwerfen, wer ihn begonnen habe, «wo doch die Struktur der Gesellschaft den Krieg erzeugte». Weber, der Soziologe, nach dessen Lehre es für alles soziale Handeln individuell zurechenbare Ursachen gibt, nimmt als Mitglied der unterlegenen Nation die Gesellschaft in Anspruch! Haben die Politiker nun der Geschichte in die Speichen gegriffen oder nicht? Dürfen sie sich Erfolge als persönliche Leistungen anrechnen lassen, während sie ihr Versagen mit dem Wirken anonymer Kräfte rechtfertigen können?

Webers Abrechnung mit der versuchten Revolution von 1918 läuft auf den Vorwurf an Politiker hinaus, unpolitisch zu sein, wenn sie Schuldfragen aufwerfen und naiv glauben, man könne in der Politik die Wahrheit zum Maßstab machen und der Gewalt entsagen.

Das ist, nüchtern betrachtet, richtig, auch wenn Weber die «Gesinnungsethiker», die in Kategorien der Schuld denken, hier nur auf der Linken erkennt. Es sollten bald ganz andere Sündenbockschlachtungen beginnen. Doch die Ethik der Ritterlichkeit, die er dem entgegensetzt, ist ihrerseits naiv. Millionen Tote – und Weber bietet an, dass sich die Konfliktparteien, nachdem der deutsche Militärdiktator, der Erste Generalquartiermeister Erich Ludendorff, liquidiert worden wäre, den Staub aus der Kleidung klopfen und zur Tagesordnung der Zukunft übergehen, weil Beschuldigungen unmännlich und in der Politik eben diabolische Mächte im Spiel sind? Wie wahrscheinlich war das? Der Politiker, schließt Webers Rede, müsse ein Held sein. Blickt man auf die Geschichte des zwanzigsten Jahrhunderts zurück, kommen Zweifel auf.

SIEBENUNDZWANZIGSTES KAPITEL

SPÄTE JUGEND UND BLUTIGER MASKENBALL – MAX WEBER UND DIE RÄTEREPUBLIK

Fire ever doth aspire,
And makes all like itself, turns all to fire,
But ends in ashes; which these cannot do,
For none of these is fuel, but fire too.
JOHN DONNE

Es fällt in einer Biographie nicht schwer, die Lebenszeit der beschriebenen Person in Abschnitte zu gliedern. Gewiss, auch das wirft Probleme auf – in Max Webers Fall beispielsweise die Frage, wann seine Jugend endete. Mit dem Beginn seines Studiums? Mit dessen Ende? Mit seiner Heirat, als er zu Hause auszog? Oder als er den ersten und letzten großen Konflikt mit seinem Vater hatte? Wofür man sich hier entscheidet, hängt vom Begriff der Jugend ab, aber auch davon, ob es im Leben der beschriebenen Person Mitteilungen wie die gibt, sie habe gar keine richtige Jugend gehabt. «Nur, eine ‹zweite› Jugend – und wo hatte ich je eine ‹erste›? – sieht halt besonders aus», schreibt Weber an die Geliebte, und anders als er es in seiner Wissenschaftslehre verkündet hat, ist das ein Moment, in dem die Wirklichkeit selbst erklärt, eine Struktur zu haben, die nicht «subjektiv» vom Biographen in sie hineingelegt werden muss.[1]

So steht es aber nicht mit allen Lebensphasen. Ob Umzüge, Liebschaften, Kriege eine Zäsur darstellen oder nicht, muss im Einzelfall entschieden werden. Für Einteilungen von Phasen im Werk von Max Weber gilt dasselbe, eine ganze Literatur beschäftigt sich damit. Doch mag sich der Eindruck aufdrängen, dass Leben und Werk nicht an denselben Stellen innehielten und eine andere Richtung nahmen. Seine politischen Positionen änderte er beispielsweise deutlich schneller und häufiger als seine wissenschaftlichen, allerdings war das für die Zeitgenossen auch unterschiedlich deutlich wahrnehmbar: Aus einer Partei oder Gruppierung, etwa dem Alldeutschen Verband, tritt man anders aus als aus einer wissenschaftlichen Lehrrichtung, etwa der Historischen Schule der Nationalökonomie. Denn das eine leuchtet als Entschluss ein, das andere hingegen ist schwierig nachzuvollziehen, weil es da keine formale Mitgliedschaft gibt, die sich aufkündigen ließe. Die Entfernung durch Erkenntnisgewinn kann man sich zumeist – und jedenfalls bei Max Weber – nur als allmählich erarbeitet vorstellen. Also besitzt auch hier die Einteilung von Kapiteln, die «Leben und Werk» enthalten, einen Freiheitsgrad.

Das gilt für ein einziges Kapitel nicht, das Kapitel vom Ende des Lebens. Es ist nicht das letzte Kapitel, denn Max Webers Werk wird nach seinem Tod so viel Nachwirkung haben, dass keine private Bibliothek dafür ausreicht. Und naturgemäß ist auch nicht das eigentliche, physische Ende dieses letzten Lebenskapitels problematisch.

Schwierig ist vielmehr, ob es sich überhaupt um ein letztes Kapitel handeln kann oder ob man es nicht vielmehr in zwei aufteilen muss. Denn Max Weber stirbt in den Anfang einer neuen Lebensperiode hinein. Schwierig ist aber auch, womit man dann diese beiden letzten Kapitel seines Lebens beginnen lassen soll, den Neubeginn und seinen Abbruch. Womit beginnt der letzte Lebensabschnitt eines Menschen, der weder sein Ende nahen sah noch in einen Krieg gezogen war, der seinen Tod immerhin wahrscheinlich gemacht hätte? Weber stirbt, wie er es selbst als das Schicksal aller modernen Menschen beschrieben hat, nicht «lebenssatt». Er wird aus dem Leben herausgerissen. Vierzehn Tage zuvor hatte er noch über «Allgemeine Staatslehre und Politik (Staatsoziologie)» gelesen, seinen Vortrag bei der Definition der politischen Partei abgebrochen und auf den nächsten Termin vertagt, nach Fronleichnam.

Also beginnt sein letzter Lebensabschnitt auch zu keinem genau bestimmten Zeitpunkt. Auf jeden Fall aber beginnt er an einem konkreten Ort: Die letzte große räumliche Bewegung Webers war sein Umzug nach München, wohin er im Sommersemester 1919 als Professor für Gesellschaftswissenschaft, Wirtschaftsgeschichte und Nationalökonomie kommt. Beinahe ein Vierteljahrhundert hatte er zuvor in Heidelberg gelebt, zuletzt seit 1896. Es war die Stadt, in der seine Mutter groß geworden war, in der seine Verwandtschaft eine Villa besaß, die er dann bezog, eine Stadt, in der alles Entscheidende in seinem Leben sich abgespielt hatte – Prominenz, Zusammenbruch, Gesundung, Konflikt, Liebschaft, publizistischer Erfolg, zentrale Geselligkeit. Selbst die Tatsache, dass Weber ein ungewöhnlich viel reisender Mensch war, hat die Bedeutung dieser Stadt für sein Leben eher gestärkt als geschwächt: Er kam ständig wieder in Heidelberg an, und es ist keine tiefsinnige Deutung, sondern entspricht dem Gefühl der historischen Beteiligten, dass Heidelberg im Muster der deutschen Universitätsstädte ein Weber vollkommen adäquate Stelle einnahm: Fern von Berlin und seinen Verlockungen, an einen gelehrten Einfluss auf die höfische Politik zu glauben, fern aber auch von den damaligen Verlockungen Schwabings, in Form einer antibürgerlichen und jedenfalls antipreußischen Boheme, aus der Elite elitär auszusteigen.

Dass Weber sich entschließt, dies alles zu verlassen, ist bemerkenswert. Vielleicht war es der Ruf an die Universität als solcher. Von Heidelberg hätte er selbstverständlich keinen erhalten können. Die ihm gemäße Sphäre hatte er verlassen, weil er sich den Anforderungen, die er dort an sich selbst stellte, nicht gewachsen fühlte: In Weber hatte der «freischwebende Intellektuelle» gegen den Gelehrtenpolitiker rebelliert (wenngleich sexuelle Qualen und physische Ohnmachten dabei ebenfalls hineinspielten). Von 1903 bis in den Ersten Weltkrieg hinein lebte er das Leben eines Rentiers, der seinen Haushalt vorwiegend aus Zinseinkommen bestreitet und von allen Pflichten freigesetzt ist. Im Sinne seiner eigenen Begriffe war das ein Fall von Aristokratie: Dafür bezahlt zu werden, der guten Gesellschaft als Ganzes zu dienen. So entstand sein Werk.

Aber Heidelberg war ohnehin allmählich von dem verlassen, was es zwischen 1900 und 1914 ausgemacht hatte. Die Politik hatte alles auseinandergetrieben. Webers freundschaftlich verbundene Schüler, Robert Michels und Georg Lukács, lagen mit ihm nicht nur über den Weltkrieg im Streit: Sie hatten seine Aufforderung an die intellektuellen Eliten, sich über ihre letzten Engagements, die «Dämonen», denen sie dienen wollten, klarzuwerden, auf ihre Weise aufgegriffen und waren Faschist und Kommunist geworden. Der Krieg hatte die Gesellschaft, die gerade erst begonnen hatte, sich auf neue Freiheiten einzustellen, verändert. Was zwischen 1900 und 1914 erdacht und gewissermaßen privat ausprobiert wurde, nahm jetzt politische Dimensionen an. Wo zuvor Avantgarde und Boheme waren, wurde jetzt Revolution und Reaktion, aktiv betriebener Umsturz, Gewalt. Das München, in das Weber kommt, ist nicht mehr von Schwabing aus zu begreifen. Und Weber selbst hat diese Transformation ebenfalls durchgemacht. Zu Beginn des Jahres 1919 ist er nicht mehr nur der überragende Gelehrte, der aus dem Denken des neunzehnten Jahrhunderts entlaufen war, um eine Theorie des gegenwärtigen Zeitalters in universalhistorischen Skizzen zu entwerfen, die vor allem von untergegangenen Welten handelten. Weber ist längst als exzentrische Autorität etabliert, eine informelle und auch offizielle Berühmtheit, mit vielen Gegnerschaften, aber fraglos eine «Größe». Er hat den ganzen Weltkrieg kommentiert, und er hat, ohne revolutionäre Ambitionen, den maroden Zustand der Monarchie offengelegt. Vor allem aber hat er zahllose Auftritte hinter sich. Wenn er nun in eine große Stadt geht, heißt das auch, dass er wirken will und den Pulverdampf nicht scheut. Er beobachtet an sich selbst Züge des Unkontrollierten und der Schauspielerei: «ein Demagoge, der ich ja geworden bin».[2] Und als er im März 1919 in München zusagt, weiß er, dass dort eine Räterepublik existiert.

Was ihn aber vor allem in die bayerische Hauptstadt zog, war eine andere Revolution. Max Weber hat eine «Herrin»: Else Jaffé. So spricht er sie Ende Dezember 1918 erstmals an. «Du bist es, der ich dienen werde», verspricht er, «und ginge es in den Abgrund der Hölle.» Auf den Fahrten nach Wien und zu einem Münchner Vortrag über «Deutschlands politische Neuordnung» hatte er die Freundin, mit der er den Kontakt abgebrochen hatte, im Frühjahr, Sommer und Herbst 1918 besucht. Else Jaffé, deren Mann inzwischen bayerischer Finanzminister der Räterepublik ist, notiert später «jene entscheidenden Tage Anfang November 1918».[3] Aber noch wird sie gesiezt, «geliebte Else» heißt es zum ersten Mal um den 20. Dezember 1918 herum, und ab Ende Januar 1919 folgt eine Formulierung von Hingabe der nächsten. Er erinnert sich an seine Kindheitslektüre «Ivanhoe» und einen Hirten darin: Wie dieser einen eisernen Halsring mit dem Namen Cedrics des Sachsenfürsten, so trage er nun einen unsichtbaren mit der Aufschrift «Else von Richth's Eigentum» um den Hals.[4] Noch bekommt auch Mina Tobler Liebesbriefe, als deren «Wasall» Weber sich schon bezeichnet hatte, aber Else wird versichert, es hänge von ihrer Großmut ab, dass Weber Mina noch geben dürfe, was er ihr noch geben könne. Der Leineweber gehöre der Freiin von Richthofen, erklärt er im Vokabular der mittelalterlichen Unterwerfungsgesten, es sei für ihn ein Fall von «absoluter Unterordnung», persönlicher «Leibeigenschaft» und so weiter. Zweimal unterzeichnet er mit «S.S.S.q.b.S.p.», der Kombination zweier spanischer Grußformeln, wonach der ergebene Diener auf Spanisch nicht die Hand, sondern die Füße küsst.[5] Weber umschreibt Else Jaffé mit einem ganzen Vokabular der Herrschaft, des Gehorsams, des souveränen Schaltens der Frau. Die Schülerin sei die Meisterin des Lehrers geworden, seine Gebieterin, sie habe ihn gebändigt und so weiter: Weber, der das Gehorchenwollen ins Zentrum seiner Herrschaftssoziologie gestellt hat, macht in seinen Liebesbriefen nun intensiven Gebrauch von dieser Semantik. Er liest mit ihr seine «Zwischenbetrachtung» zu den religionssoziologischen Aufsätzen und schlägt spaßeshalber vor, an der Stelle über Erotik eine Fußnote «Nach reiflicherem Studium des Thatbestandes verbessert» zu setzen.[6]

Wer aus solchen Formulierungen und daraus, dass «Deine Zähne auf meinem rechten Arm noch zu sehen» waren, schon schließt, Weber habe ein masochistisches Verlangen nach Unterwerfung gehabt, hat nicht nur die Lektüre der europäischen Liebesbriefliteratur noch vor sich. Er lässt auch alle Formulierungen über Schönheit und Glück beiseite, die jenes Vokabular der Ergebenheit begleiten. Weber beschreibt sich Else Jaffé gegenüber als jemanden, «der in so vielen Lagen ‹Masken› tragen musste», nicht imstande war, sich mitzuteilen, ständig besorgt war, sein Gesicht zu verlieren. In ihrer Gegenwart falle das von ihm ab, denn selbst «wenn man sich vor Dir schämt (und das tut man leicht), dann kann man das Dir sagen – und dann ist es vorbei und vergeben – das allein kann man *nur* so bei *Dir*».[7] Entscheidend an diesen Briefen ist nicht, was aus ihnen an Handlungen herausgedeutet werden mag, sondern dass Max Weber mit fünfundfünfzig Jahren die ersten passionierten Liebesbriefe seines Lebens schreibt, mitunter jeden Tag einen.

Die Herausgeber der Gesamtausgabe Webers haben sie vor kurzem nicht ohne die Vorbemerkung edieren wollen, diese intimen Briefe seien nicht für Dritte gedacht gewesen. «Da sie nun aber überliefert sind», könne eine Gesamtausgabe sie nicht ausschließen – und überdies «wurde aus ihnen schon mehrfach ausführlich zitiert».[8] Beides rechtfertigt natürlich keine Publikation, so wenig wie es rechtfertigen könnte, auch weiterhin aus ihnen zu zitieren. Dass die intimen Briefe nicht für Dritte gedacht waren, unterscheidet sie andererseits nicht von den vielen nichtintimen Briefen Webers. Briefe sind unter modernen Mitteilungsumständen selten für Dritte und nie für unbestimmte Dritte gedacht. Es ist also mehr eine Frage, welchen Gebrauch die Nachwelt von überlieferten Briefen macht, als ob sie überhaupt einen davon machen darf, die sich an den Intimitäten der Liebesbriefe Webers stellt. Er selbst übrigens gesteht Else 1918 ein, zehn Jahre zuvor ihre Briefe an Marianne gestohlen zu haben, um sie einzusehen.[9]

Wenn Weber nun Else als eine «wilde Katze» bezeichnet und «der trotzigen und elastischen Pracht ihrer Glieder» samt Seele, Güte und Verantwortlichkeit ihres Herzens die Reverenz erweist, mag dies vor allem diejenigen erstaunen, die den Autor zuvor jahrzehntelang zur Verkörperung mancher seiner Redensarten gemacht haben und nun um Abzüge in der A-Note für die sittlich abgerundete, asketische Persönlichkeit fürchten. Kammerdiener, sagt ein berühmtes Wort, kennen keine Helden, und manche Philosophen haben dem gehorsamst hinzugefügt, das liege an den Kammerdienern, nicht an den Helden. Biographisch betrachtet, liegt es hingegen mehr am Heldenbegriff, der manche Tatbestände ausschließt. Dabei müsste das gar nicht sein: Weshalb sollte ein intellektueller Held mit Bewunderung für puritanische Askese denn kein Verehrer von Wildkatzen mit trotzigen Gliedern sein? Wäre es da nicht zweckmäßiger, die Theorie der Lebensführung zu ergänzen, als sich vernehmlich zu räuspern oder am Schlüsselloch zu kleben, nur weil es den Helden kleiner zeigt? Es gibt Prominenz, die zu Lebzeiten kein Privatleben hat und an der sich nach ihrem Tod niemand mehr interessiert zeigt. Und es gibt solche, die erst nach dem Tod kein Privatleben mehr hat, weil sie zunächst in den Stand des Klassikers erhoben wird, um danach aus den Dokumenten tatsachennäher beschrieben zu werden.[10]

Doch wozu? Was liegt an der biographischen Wahrheit über einen Autor, dessen Werke unabhängig von ihr geprüft werden müssen? Zum Beispiel dies, dass sich an Weber exemplarisch zeigt, wie schwer und unter Umständen qualvoll es war, die passionierte Liebe in einer Epoche zu lernen, die sie erwartet und zugleich die Erfüllung dieser Erwartungen ganz unwahrscheinlich macht. Sie wird als Naturereignis erwartet, aber was, wenn es nicht stattfindet? Zugleich lässt sich vielleicht der Geschlechtsverkehr, aber nicht die Passion im Bordell lernen. Zugleich wird Monogamie erwartet. Zugleich übersteigert der Intellektuelle, jedenfalls dieser Intellektuelle, all diese Erwartungen durch Lektüre und Kunsterfahrung einerseits – Goethe, Wagner, George beispielsweise –, ethische Maximalanspannung andererseits. Von den physischen Hemmnissen, der Aufsicht durch Mutter und Ehefrau, den Krankheitszuständen ganz zu schweigen. Wie also Liebe in diesem über die Gefährtenehe hinausgehenden Sinne erlernen? Die Antwort gab offenbar der vorbehaltlose, unprüde, souveräne Charakter Else Jaffés. So zeigen diese Briefe, wie viel Abstand zwischen den «Masken» und dem liegt, was Weber nun am Horizont als andere Möglichkeit einer Lebensführung erkennt. Was sein Bekenntnis werttheoretisch bedeutet, er gehe mit ihr, weil er ihr gehöre, «in jeden Frevel und jedes Verbrechen»,[11] muss der Weber-Forschung als Frage danach überwiesen werden, ob es nicht doch möglich ist, durch Rollentrennung – der Wissenschaftler, der Politiker, der in Leidenschaft Entbrannte – polyvalent zu leben und mehreren Göttern beziehungsweise Göttinnen zu dienen, die überdies selber ein ganzes Rollenspektrum bieten: freies, stolzes Kind, jugendliche, mädchenhafte Mutter, reife, schöne Schwester, guter Kamerad, trautes Genoß, Geliebte, angebetete Göttertochter.[12] Es liegt auf der Hand, dass Weber es genießt, immer neue Formulierungen für das zu finden, was ihm erstmals widerfuhr.

Folgerichtig fragt er sich und sie, ob «aus dem ‹ethischen› ein ‹ästhetischer› Professor geworden» ist. *Right or wrong, my Else* – so, wie er zuvor *right or wrong, my country* sagte, das läse sich außerhalb eines Liebesbriefs wie eine Objektgesinnungsethik. Und zwar eine, die in einer Art informeller Korruption den älteren Letztwert überbietet: Er schlage Nürnberg oder München als Ort der deutschen Nationalversammlung vor, teilt er Else mit, weil er ihr dann näher wäre. Fast muss man bedauern, dass es so nicht gekommen ist und wir nicht von der «Münchner Republik» sprechen, weil Max Webers Geliebte dort wohnte.[13] Wie auch immer: Nicht das intime Detail – oder schlimmer noch: die Möglichkeit zu ungehemmten Schlussfolgerungen aus ihm – begründet ein Interesse an Webers Liebesbriefen, sondern die fällige Korrektur seines Bildes, dem sein Selbstbild zugrunde lag.

Im Frühjahr 1919 schreibt er an Mina Tobler: «Die Entscheidung *ist* inzwischen gefallen; ich habe die Berufung angenommen, und es müsste grade an reinen Zufälligkeiten oder einer neuen Revolte, die Alles umstürzt, scheitern, wenn sie *nicht* endgültig wäre.» Und er verbirgt auch nicht, dass damit ihr «goldener Himmel» im Dachgeschoss in der Heidelberger Bismarckstraße für ihn in unerreichbare Ferne rückt und von den gemeinsamen «Jahren der Schönheit» in der Vergangenheit gesprochen werden müsse: «Das wird nun nicht mehr so sein.»[14] Es waren genau die Jahre, in denen er nach dem Zerwürfnis über ihre Affäre mit Otto Gross und ihre Liebe zu Alfred Weber den Kontakt mit Else Jaffé unterbrochen hatte. In weiteren Abschiedsbriefen erklärt er sich seiner «Judith», wie er Mina Tobler nach einer Gestalt aus Gottfried Kellers Roman «Der grüne Heinrich» genannt hat, der seine Judith als eine von zwei Frauen schildert, zwischen denen sich der jugendliche Protagonist nicht entscheiden kann und über die im einunddreißigsten Kapitel des Romans Sätze fallen, an die Weber nicht nur einmal gedacht haben muss: «Durch diesen Verkehr war ich heimisch und vertraut bei ihr geworden, und indem ich immer an die junge Anna dachte, hielt ich mich gern bei der schönen Judith auf, weil ich in jener unbewußten Zeit ein Weib für das andere nahm und nicht im mindesten eine Untreue zu begehen glaubte, wenn ich im Anblicke der entfalteten vollen Frauengestalt behaglicher an die abwesende zarte Knospe dachte als anderswo, ja als in Gegenwart dieser selbst.»[15] Jetzt spricht Weber davon, dass er nichts mehr für sie hat als Dank für «so viel Glück und Schönheit auf Kosten Deines Reichtums», und von seinem «trotzigen und *verzagten* Herzen», das es ihm von Jugend an unfähig gemacht habe, anderen mitzuteilen, wie es um ihn steht, wenn ihm etwas Schönes genommen werde: «und dann erstarren meine Gesten zu eisiger Steifheit». Fast sein ganzes Leben lang sei ihm versagt geblieben, einen anderen Menschen froh zu machen, und schon zweieinhalb Jahre zuvor habe die Vorahnung dieser Trennung auf ihm gelastet.

Zweieinhalb Jahre zuvor, das war im Herbst 1916. Da hatte Weber Else Jaffé wiedergesehen, die zu seinem Münchner Vortrag über «Deutschlands weltpolitische Lage» gekommen war. «Er war wie gefroren und alles Leiden der Welt stand auf seinem Gesicht», schrieb sie an Alfred Weber. Sie söhnen sich aus, sprechen lange miteinander. Else Jaffé, die nie viel für Geheimnisse übrig hatte, schreibt das auch an Marianne Weber. Von da an besucht er die nach wie vor geliebte Frau in längeren Abständen. Doch es war, wie soll man sagen, ein komplexer Abschied von Mina Tobler. Noch im Juni 1919 auf der Rückkehr von Versailles schreibt er an die «liebste Judith», er komme heim zu ihr, in ihre Arme – und schreibt en passant, er habe nun die Champs-Élysées, Madeleine, Opéra «zum letzten Mal im Leben gesehen». Weber fühlt sich jetzt durch alle Belastungen «vorzeitig» alt – und zugleich erstmals jung, je nachdem, wem er schreibt.[16]

Else Jaffé halber also München, trotz eines unfassbar großzügigen Angebots aus Bonn, für ein Gehalt von – in heutige Kaufkraft umgerechnet – etwa hunderttausend Euro nur zwei Stunden in der Woche zu unterrichten. Auch eine Professur an der Handelshochschule Berlin, die hoch dotiert ist, schlägt er aus, obwohl es ökonomische Gründe sind, die ihn zurück an die Universität führen: Der Krieg hat die Vermögenswerte leiden lassen, Weber rechnet mit weiterer Inflation. Seine Frau bestärkt ihn darin, München soll es sein. Nach einem Dreivierteljahr werden sie dort wieder einen «jour» haben, aber schon die erste Gästeliste zeigt, wie groß die Ortsveränderung war: Kollegen, ein Orthopäde und liberale Politiker, ein Forstwissenschaftler und ein Strafverteidiger, außerdem Adelheid Furtwängler – die Mutter des Dirigenten –, sprudelnd von Leben und Gedanken, «leider soll sie ja Morphinistin sein». Gute Gesellschaft, aber keine Leute, die kommen, weil sie hören wollen, was Weber zu sagen hat. «Lämmerhüpfen» nennt er die Geselligkeiten einmal, bei denen auch Thomas Mann, wie dieser in seinem Tagebuch festhält, «dem vielgenannten Prof. Max Weber» begegnet. Einmal kommt Oswald Spengler zu Besuch. «Ein Großstadtmensch, fabelhaft klug über Kunst sprechend», notiert Weber, «*viel* angenehmer als sein Buch». Er meint damit den «Untergang des Abendlandes» von 1918, ein Buch, das seinen Autor sofort berühmt gemacht hatte, Weber zufolge aber den Leuten «die Freude an der schlichten Arbeit und die Ehrfurcht vor den Tatsachen verdirbt». Er sieht sich von Literaten und mäßig interessanten Spezialisten umgeben. München leuchtet nicht mehr, es flackert, wie ganz Deutschland – nicht nur der aus Spargründen eingestellten Straßen- und Geschäftsbeleuchtung wegen. Die Phantasie drängt zur Macht. Zunächst verläuft die deutsche «Revolution» allerdings fast überall weitgehend gewaltlos; bezeichenderweise wird Weber in Heidelberg als Reserveoffizier selbst Mitglied eines Arbeiter- und Soldatenrats. Dennoch zweifelt er, ob jetzt noch Gedanken, gar Forschungen gebraucht werden: «Unser Einer ist wahrlich eine höchst überflüssige Luxus-Existenz geworden, darüber darf man sich nichts vorreden und vorreden lassen.» Weber verwendet auch deshalb Worte wie Maskenball und Mummenschanz für die Revolution, weil alle Rollen durcheinandergeraten. Den aus der Sicht der hochadeligen Eliten «kleinen Juden» Edgar Jaffé sieht man beispielsweise, wie er eben diesen bayerischen Hochadel und seine Beamten auf die neue Republik vereidigt, was diese mit all dem Hass in ihren Herzen nur mit zusammengebissenen Zähnen über sich ergehen lassen. Webers Überzeugung, dass es in der Politik zuletzt nicht um Macht geht, sondern um mittels Macht durchgesetzte Anerkennung, findet hier reichen Stoff.[17]

Das Figurenkabinett, mit dem er es in diesen Tagen zu tun hat, ließ bei blutigem Ernst ohnehin nicht viele theatralische Wünsche offen. Mitte Mai hatte Weber, bevor er sich zu den Friedensverhandlungen nach Versailles begab, von Berlin aus an Erich Ludendorff geschrieben, den früheren Ersten Generalquartiermeister. Er wollte ihn dazu bewegen, sich als Erster und als Beispiel für alle Mitglieder des Generalstabs entsprechend der alliierten Forderung in amerikanische Kriegsgefangenschaft zu begeben. Weber hoffte, ihn bei seiner Ehre packen zu können: Man müsse dem Gegner das Argument aus der Hand nehmen, die Verantwortlichen ließen das Volk für die Taten ihrer Führer büßen.[18] Ludendorff jedoch dachte nicht im Traum daran, und weil Weber nach zwei Wochen immer noch keine Antwort erhalten hatte, machte er ihm am 30. Mai in Berlin persönlich die Aufwartung. «Ich sehe ihn noch vor mir, den Professor Weber», erinnert sich Ludendorff in seinen Memoiren 1941, «wie er mich in höchsten Tönen lobte, um mich zu gewinnen: ‹Exzellenz, krönen Sie das Große, was Sie Ihrem Volke geleistet haben, tun Sie etwas, was noch größer ist als der Heldentod fürs Vaterland. […] Die Feinde werden durch diese Opfer milder gestimmt, Ihr Tod wird das Volk retten.› Das waren recht seltsame Worte, und weil sie mir so unfaßlich waren, behielt ich sie.» Ludendorff meinte, in Webers Augen Hass zu sehen, aber vielleicht konnte er das von Verachtung nicht unterscheiden.

Die Aufzeichnungen, die der Jurist Richard Thoma und der Ökonom Emil Lederer nach Gesprächen mit Weber über diese Szene gemacht haben, sind noch aufschlussreicher. Ludendorff weigert sich danach, für die Nation einzustehen, denn das Volk sei eine Canaille, ein undankbares Gesindel, das ihm den Buckel herunterrutschen könne. Weber: Er habe der Nation diesen letzten Dienst noch zu erweisen. Ludendorff: Das sei noch nicht der letzte Dienst. Weber: «daß dann wohl die Bemerkungen über die Nation auch nicht so ernst gemeint seien». «Ludendorff: Na nun haben sie ja Ihre gepriesene Demokratie! Was ist jetzt besser geworden? Weber: Herr General, glauben Sie denn, daß ich die Schweinerei, die wir jetzt haben, für eine Demokratie halte. Ludendorff: Wenn Sie so reden, Herr Professor, dann können wir uns ja wohl mit einander verständigen. Weber: Aber glauben Sie denn, daß ich die Schweinerei, die wir vorher gehabt haben, für eine Monarchie gehalten habe?»[19] Touché.

Kurz darauf steht Weber vor dem anderen Extrem des Typenspektrums. Im Juli 1919 wird dem Schriftsteller Ernst Toller in München der Prozess wegen Hochverrats gemacht.[20] Er hatte sich in der Novemberrevolution Kurt Eisner angeschlossen, für die USPD bei den bayerischen Landtagswahlen kandidiert und gehörte nach der Ermordung Kurt Eisners im Februar 1919 zur Führung der ebenso tumultreichen wie kurzen zweiten Räterepublik, die im April gegen den vom Landtag gewählten sozialdemokratischen Ministerpräsidenten Johannes Hoffmann und seine Regierung ausgerufen wird. Als es zwischen den Anhängern der Räterepublik und Freikorpsangehörigen zu blutigen Kämpfen kommt, stehen Verbände der Münchner «Roten Armee» unter dem Kommando des Pazifisten Toller. Der Sechsundzwanzigjährige ist formell betrachtet inzwischen das Staatsoberhaupt dieser Republik und will im Unterschied zu den Kommunisten mit der nach Bamberg geflüchteten Regierung

Hoffmann verhandeln. Nachdem die Verhandlungen gescheitert sind, kommt es zu Massakern der Rechten und Geiselerschießungen der Linken, worauf die Rechte sich zu weiteren Gewaltexzessen legitimiert sieht. Die Räterepublik geht an der impliziten Koalition von Sozialdemokratie und Freikorps zugrunde und endet im Kugelhagel.

Anfang Mai wird Toller verhaftet und schließlich vor ein Standgericht gestellt. Kurz zuvor war der Kommunist Eugen Leviné, russischer Herkunft und Teilnehmer der dortigen Revolution von 1905, vom selben Richter wegen Hochverrats zum Tode verurteilt worden, weil man bei ihm – «Wir Kommunisten sind alle Tote auf Urlaub» – kalten Fanatismus und unter anderem anhand seiner Bejahung einer Geiselerschießung, aber auch aufgrund der bloßen Tatsache seiner Mitgliedschaft in der KPD eine «ehrlose Gesinnung» festgestellt hatte. Max Weber, bei dem Toller zu seiner Zeit als Student in Heidelberg Gast der sonntäglichen «jours» gewesen war, tritt nun in dessen Prozess als Zeuge auf, vom Gericht dabei in unfreiwilliger Ironie selbst als «Literat» eingestuft, und erklärt ihn zum Gesinnungsethiker, der aus rein ethischen Motiven heraus die Welt verbessern wolle – erfüllt von «absoluter Lauterkeit», aber ohne Rücksicht auf die Folgen.[21] In den Zeugenaussagen der Literaten Thomas Mann, Carl Hauptmann, Romain Rolland und Max Halbe erscheint Toller ebenfalls als ein gutwilliger Intellektueller, der sich in die Politik verirrt habe und keinen Hass gegen das Bürgertum in sich trage. Sogar der preußische Innenminister Wolfgang Heine, wahrlich kein linker Sozialdemokrat, setzt sich für Toller ein: Dieser habe in einem politischen Zustand agiert, in dem die Grenzen zwischen neuer Legalität und gewaltsamer Untergrabung der alten unklar gewesen seien, und zwar nicht durch Tollers Schuld.[22]

Der Ankläger denkt Webers Einordnung Tollers als Gesinnungsethiker weiter und interpretiert die daraus entspringende Politik als justiziabel: Wenn Toller sich ohne politische Kenntnis die Führerrolle angemaßt habe, dann sei eben das gewissenlos gewesen. Der Gesinnungsethiker ähnelt so demjenigen, der sich ohne Führerschein in ein Automobil setzt. Er handelt nicht «weltfremd» ohne Rücksicht auf Erfolg, vielmehr ist das Handeln selbst für ihn schon der Erfolg. Die Gesinnung kann ein mildernder Umstand sein, dazu muss sie sich aber in der Folgenabwägung von Handlungen wiederfinden. Auch Zwecke, heißt das soziologisch, sind nur Mittel, nämlich Mittel, um Handlungen zu bejahen. Wenn die Gesinnung selbst zum Mittel wird, kommt darum eine Theorie in Schwierigkeiten, die zwischen einem Handeln unterscheidet, das keine Rücksicht auf Folgen nimmt, und einem, das es tut. Denn Mittel und Zwecke sind, so gesehen, beides Handlungsfolgen.

Auch der Verteidiger Tollers bemerkt diese mögliche Folgerung aus Webers entlastend gemeinter Deutung und wertet sie unter Hinweis darauf ab, dass Webers Kenntnis des Angeklagten auf dessen Zeit vor dessen Studium beruhe.[23] Staatsanwalt und Verteidiger berühren hier einen unklaren Punkt bei Weber: Wer ohne Rücksicht auf Folgen handelt, macht sich in Bezug auf diese kein Gewissen. Darum ist es zuletzt wohl weniger die Ethik Tollers, die Weber respektieren konnte, sondern der weltveränderungswillige Held, von dem ihm noch das Abziehbild lieber war als der Typus Ludendorff: absolute Unlauterkeit der Absichten samt Heldenselbstdarstellung bei prinzipieller Weigerung, etwas zu riskieren, wenn es nicht dem eigenen Fortkommen dient. Das Gericht verurteilt Toller, dem keine «ehrlose Gesinnung» nachzuweisen sei, zu fünf Jahren Festungshaft, einer vergleichsweise milden Form des Freiheitsentzugs für politische Straftäter. Der «ehrlose» Leviné dagegen war bereits am Tag nach seiner Verurteilung hingerichtet worden.

Schließlich die dritte Szene aus Webers letztem Jahr, die ihn mit dem blutigen Karneval verband. Der Mörder des bayerischen Ministerpräsidenten Kurt Eisner war Anton Graf von Arco auf Valley, ein zweiundzwanzigjähriger rechtsradikaler Wirrkopf, der darunter litt, aus der im August 1918 in München gegründeten völkischen Thule-Gesellschaft ausgeschlossen worden zu sein. Thule, so bezeichneten die antiken Griechen eine Insel am nördlichsten Rand der ihnen bekannten Welt. Die Thule-Gesellschaft, die sich als ein

«Orden deutscher Art» verstand, entsprang den ziemlich komplizierten und nur in ihrem Antisemitismus eindeutigen Phantasien eines aggressiven germanophilen Literatentums, das sich an den verrücktesten Mythenkombinationen versuchte: Freimaurerei mit Theozoologie, Sufismus mit Reinkarnationslehre. Das Organ der Thule-Gesellschaft, der «Münchner Beobachter», ging 1920 als «Völkischer Beobachter» in die Regie der NSDAP über, die wenige Monate zuvor aus der im Januar 1919 entstandenen Deutschen Arbeiterpartei hervorgegangen war, zu deren Gründungsmitgliedern wiederum mehrere Thule-Mitglieder gehörten. Als Adolf Hitler am 12. September 1919 zum ersten Mal an einer ihrer winzigen Versammlungen teilnahm, sprach dort der Ingenieur Gottfried Feder zur Frage «Wie und mit welchen Mitteln beseitigt man den Kapitalismus?»[24] Bitterster Sarkasmus der Geschichte: Der Ausschlussgrund im Fall Arco war die jüdische Herkunft seiner Mutter, Emmy von Oppenheim. Der junge Graf wollte sich durch sein Attentat auf Eisner als besonders nordgermanisch beweisen.

Als dem Mörder im Januar 1920 das Todesurteil gesprochen wird, plädieren Studenten der Universität München in einer turbulenten Versammlung mehrheitlich für die Begnadigung ihres Kommilitonen: Viele sehen in Arco ihrerseits einen Gesinnungsethiker, der nicht aus gemeinen Motiven gehandelt habe. Nachdem die Strafe bereits am Tag nach der Verurteilung in eine mehrjährige Festungshaft umgewandelt worden ist, nimmt Weber an einer zweiten Studentenversammlung teil, in der über diese Entscheidung diskutiert wird. Der Rektor der Universität, der Mediziner Friedrich von Müller, kommentiert die Begnadigung Arcos gegenüber den Versammelten mit den Worten «Wir freuen uns mit Ihnen dessen, was geschehen» und vergleicht den Jurastudenten mit Wilhelm Tell. Weber will sich nicht in dieses «Wir» eingeschlossen sehen; er interpretiert die Begnadigung des Attentäters als Frage des Umgangs mit Ehre und macht dazu tags darauf vor Beginn seiner Vorlesung einige Bemerkungen. Er teile Arcos Ansicht, «daß Eisner Schande auf Schande über Deutschland gebracht hat», aber der bayerische

Ministerrat hätte nicht vor studentischen Demonstrationen zurückweichen dürfen: Graf Arco sei nun zu einer «Caféhaussehenswürdigkeit» degradiert worden, anstatt mit dem Tod zu büßen, wozu er bereit gewesen sei. «Damit wäre jenem Karneval, der mit dem stolzen Namen Revolution belegt worden ist, ein Grabstein gesetzt gewesen. So aber wird Eisner im Volke weiterleben, weil Arco weiterlebt! Das ist zum Nachteil des Landes.» Die Prahlerei der rechten Studenten, auch die Reichswehr sei mit ihnen solidarisch (sprich: sie billige den Mord an Eisner), kommentiert Weber wenig später, das seien ja schöne «Verschwörer», die «solche Sachen auch noch öffentlich *ausplaudern* müssen, um Applaus zu ernten!» Zur Wiederaufrichtung Deutschlands würde er sich «gewiß mit jeder Macht der Erde und sogar mit dem leibhaftigen Teufel verbünden», nur nicht «mit der Macht der Dummheit».[25] Weber wendet erneut die Technik der Rückbeleidigung an und nennt den Studenten, der die sozialistischen Kommilitonen eine «Bande» genannt hatte, seinerseits einen «Hundsfott». Der nimmt zwei Tage später die Beleidigung zurück, daraufhin Weber seine.

Webers Vorlesung aber lassen nationalistische Studenten, von denen ihn manche für einen Juden halten, in Johlen und Gepfeife untergehen. Er notiert, dass die akademische Stimmung extrem reaktionär und radikal antisemitisch geworden sei.[26] In Karlsruhe hatte der Studentenausschuss Ende 1919 die Berufung des Chemikers Max Mayer seiner jüdischen Herkunft wegen torpediert und zuletzt dem Forscher gedroht, man werde der Ablehnung Taten folgen lassen, sollte er den Ruf annehmen.[27] Der Weltkrieg und die politischen Revolten sowie ihre paramilitärische Bekämpfung haben die Mentalität auch der Studenten völlig verändert. Autorität hat jetzt, was sich gewaltsam durchsetzt. Während Weber auf der Burg Lauenstein und in «Wissenschaft als Beruf» noch dachte, wirklichkeitsvergessenen Romantikern entgegentreten zu sollen, war der Eskapismus längst giftig und wütend geworden und begann, sich zu organisieren. In Webers Typologie der Erlösungsprogramme war diese Zerstörungswut nicht vorgesehen, ebenso wenig wie der Gedanke, die Erlösung hänge davon ab, dass bestimmte Feinde vernichtet würden. Heute sind ihre religiösen Züge unübersehbar.

Es begegnet Weber jetzt also das Personal, das durch seine Verbrechen für eine «Schande» Deutschlands in einem Ausmaß sorgen wird, das Weber wie jedem anderen damals unvorstellbar gewesen wäre: Unter den Studenten der Universität München, die zuvor einem Freikorps angehört hatten, an der Niederschlagung der Räterepublik beteiligt waren oder als Mitglieder dem deutschvölkischen Schutz- und Trutzbund anhingen, waren beispielsweise die späteren nationalsozialistischen Führungsfiguren Rudolf Heß (Volkswirtschaft, Geschichte, Jurisprudenz), Hans Frank (Jurisprudenz) und Philipp Bouhler (Philosophie und Germanistik); Heinrich Himmler studiert 1919 an der Technischen Universität München. Sie alle sind Anfang zwanzig, man kann sie sich gut als jene Studenten vorstellen, die Weber niederpfeifen, als er sagt, dass Dummheit schlimmer ist als unpatriotisches Verhalten.

Weber hat sich – «Der Politik stehe ich jetzt ferner als je. Da ist, so lange ich noch zu leben habe, nichts zu machen, und damit ‹basta›.»[28] – in dieser Zeit wieder stärker der Forschung zugewandt. Sein Manuskript für den «Grundriß der Sozialökonomik», das nach seinem Tod unter dem Titel «Wirtschaft und Gesellschaft» erscheinen wird, wächst und wächst. Ihm hatte er bereits die Vorlesungen entnommen, die er 1918 in Wien hielt, und auch in München bestreitet er seine Lehrveranstaltungen aus diesem Text, die erste beispielsweise über «Die allgemeinen Kategorien der Gesellschaftswissenschaft».[29] Er versteht das Manuskript als Lehrbuch – für ein solches ist es allerdings recht umfangreich geraten. Es umfasst schließlich fast neunhundert Seiten, die so eng bedruckt sind, dass man genauso gut tausendfünfhundert Seiten daraus machen könnte – wer sich das als Einführung in die Soziologie aneignet, dürfte in seinem Studium nicht mehr zu viel anderem kommen. Die Vorlesungen selber sind ihm eine Last: Sie könnten weder im Schreibstil noch im Sprechstil gehalten werden, meint er, sondern im «Sprech-Schreibstil»,[30] schließlich sollen die Zuhörer mitschreiben. Webers wiederholte Ermahnung, die Politik gehöre nicht in den Hörsaal, resultiert auch aus dieser Kommunikationssituation. Vorlesungen sind Diktate, es war nicht vorgesehen, dass die Hörer Rückfragen stellen oder Einwände machen können. Aber Weber denkt bei seinem Lehrbuch der Soziologie auch gar nicht in erster Linie an die konkreten Studenten; er will mit seinem Buch den anderen Fächern den Sinn der Soziologie lehren. Der eigentümliche Titel seiner letzten Vorlesung macht es deutlich: Was bislang «Staatslehre» war, soll jetzt soziologisch rekonstruiert werden. Genauso gut hätte er seinem Manuskript Vorlesungen über «Geschichte der Religionen («Religionssoziologie») oder «Einführung ins Recht (Rechtssoziologie)» entnehmen können.

Im Wintersemester 1919/20 hatte er – «höchst unzufrieden»[31] damit und angeödet davon – vor fünfhundert Hörern sein letztes abgeschlossenes Kolleg gelesen, den «Abriß der universellen Sozial- und Wirtschaftsgeschichte». Aus seinen Notizen und studentischen Mitschriften wurde ein Text gewonnen, der trotz dieser Selbsteinschätzung erkennen lässt, dass neben Politik, Religion und Recht auch die Wirtschaft von Weber soziologisch neu erschlossen worden ist. Ihm mag es als bloße Wiederholung dessen vorgekommen sein, was er jahrzehntelang erforscht hatte, tatsächlich aber haben sich seine Gesichtspunkte in dieser Zeit deutlich verändert. Der Kapitalismus, das große Thema seiner ersten Werkepoche, wird hier noch einmal aufgenommen, und zwar nicht zuletzt deshalb, weil der Marxismus und seine Wirtschaftstheorie inzwischen eine neue, praktische Rolle spielen. Weber begnügt sich jetzt nicht mehr damit, das Gewicht mentaler, kultureller, motivationaler Faktoren für die Herausbildung der modernen Wirtschaft nachzuweisen, wie er das in der «Protestantischen Ethik» und der «Wirtschaftsethik der Weltreligionen» getan hat.[32]

Weber setzt mit der Frage ein, ob die Verfassung der ursprünglichen Agrarwirtschaft eine Frühform des Kommunismus dargestellt habe. Um diese Frage zu beantworten, stellt er den Studierenden die traditionelle germanische Feldeinteilung dar, mit den Höfen in der Mitte und konzentrischen Kreisen von Gartenland, Äckern, Weide («Allmende») und Wald darum herum – und vergleicht sie mit anderen historischen Frühformen der Landwirtschaft. Selbst in Seitenbemerkungen wie «Diese Feldeinteilung unterlag im Laufe der Zeit starker Verwirrung, da der Pflug (mit dem Streichbrett rechts!) die Neigung hatte, nach links auszuweichen» und so unregelmäßige Furchen zu graben, machte er den Zuhörern dabei deutlich, dass für ihn Gleichheit nichts Ursprüngliches, sondern etwas und zwar mühsam Hergestelltes ist: Die ungleichen Böden, die ungleichen Kinderzahlen, die zu ungleichem Erhalt der Grundstücke im Erbgang führen, die ungleiche Behandlung der Kinder, mit jüngeren Söhnen ohne Hof, die Arbeitsteilung mit dem Handwerk und dessen ungleiche Mobilität sind nur einige der Ursachen für die ständige Gleichheitsabweichung, die man im Begriff des Sozialen zusammenfassen kann. Webers Resümee: Es gibt keine einheitliche ursprüngliche Form der Ökonomie, man findet «allenthalben die stärksten Kontraste». Dasselbe gilt für den «geistvollen Irrtum» der sozialistischen Theorie, am Anfang habe in den Urhorden Promiskuität, also eine Art sexueller Kommunismus, geherrscht und erst das Vaterrecht habe zu Einehe, exogamem Frauenkauf und Prostitution geführt. Auch hier wendet er sich gegen die Vorstellung, alle sozialen Organisationen hätten notwendige Entwicklungsstufen durchlaufen und seien schon seit jeher an einigen wenigen Zwecken ausgerichtet. Sexualität, so betont Weber demgegenüber, stehe beispielsweise in Kontexten der Familienbildung, des Erbrechts, der magischen Orgiastik, der Dynastiebildung und so weiter.[33]

Diesen Denkstil, der die Wirtschaftsgeschichte nicht auf eine Formel bringen will, sondern als Resultat von Wirkungen sehr verschiedener sozialer Kräfte begreift, behält Weber in seiner ganzen Vorlesung bei. Das zeigt sich vor allem in ihrem letzten Teil, der die Entstehung des modernen Kapitalismus behandelt. Ihn definiert er als umfassende und alltägliche Bedarfsdeckung mittels Organisationen, die kostenrechnerische Buchführung – Weber spricht von «rationaler Kapitalrechnung» – um der Rentabilitätsermittlung willen betreiben und Bilanzen erstellen. So weit, so Sombart. Bemerkenswert allerdings, dass Weber nicht nur sagt, dies sei bloß dem Okzident eigen, sondern «auch hier erst seit der zweiten Hälfte des 19. Jahrhunderts das Gegebene».[34] Das erlaubt den Rückschluss, dass für ihn der «Geist» des Kapitalismus wie vielleicht der Geist jedes Handlungszusammenhanges etwas war, das überhaupt nur existent ist, wenn die entsprechenden Strukturen noch nicht durchgesetzt sind. Alles, was erwartbar ist und normal, bedarf keines Geistes.

Zu dieser flächendeckenden Existenz des Kapitalismus konnte es für Weber nur unter vielfältigen Voraussetzungen kommen: Privateigentum an Produktionsmitteln, Warenverkehr, der weder von ständischen Monopolen (Gewerbeverbote) noch durch ständische Konsumfestlegungen (Kaufverbote) beschränkt wurde, berechenbares Recht, freie Lohnarbeit und schließlich die Möglichkeit, Beteiligungen und Staatsanleihen zu erwerben, Geld zu kaufen, Vermögen zu bewerten. Zwar hält Weber an seiner These fest, der Kapitalismus habe nur dort entstehen können, wo auch eine bestimmte Art Menschen mit Bereitschaft zu rationaler Lebensführung existiert hätten. Aber die weiteren Bedingungen, die er nennt, sind nun erheblich. Von jeder einzelnen bemerkt er dabei, sie habe «als solche» nicht ausgereicht: In den europäischen Städten etwa hätten sich zwar Kunst, Wissenschaft, Theologie und Hochreligion, vor allem jedoch das merkantile Bürgertum entwickeln können, die Stadt als solche aber war als Herrschaftsgebilde schon wieder verblasst, als dem Kapitalismus der urbane Geist zugutekam. Das römische Recht habe zu einer einzigartigen Schulung der europäischen Juristen geführt, deren sich der «rationale Staat» bediente, aber als solches habe es gerade in England, wo die Wirtschaft Schwung aufnahm, keine Rolle gespielt. Und auch der Luxusbedarf der Höfe wirkte erst, als es zur «Demokratisierung des Luxus» kam, was für Weber «die entscheidende Wendung für den Kapitalismus» darstellt, ohne dass er den entsprechenden Mentalitätsübergang von der Askese zum Massenkonsum näher beleuchten und in seinem letzten Kapitel über die Entfaltung der kapitalistischen Gesinnung darauf zurückkommen würde.[35] Keines der Elemente, die zum Kapitalismus beitrugen, tat dies «als solches» – erst in ihrer Gesamtheit, heißt das, stellten sie eine ebenso erfolgreiche wie ganz unwahrscheinliche Kombination dar. Der Einwand gegen simple Geschichtsphilosophien liberaler oder marxistischer Machart lautet also nicht nur, dass sie Faktoren falsch gewichten – etwa zu «materialistisch» oder zu «optimistisch» –, sondern dass sie zu wenige Faktoren ins Kalkül ziehen.[36]

Was die kapitalistische Gesinnung angeht, so akzentuiert er jetzt, in seinem letzten Wort in dieser Angelegenheit, als entscheidende Errungenschaft der europäischen Entwicklung vor allem das Verschwinden des Unterschieds von wirtschaftlicher Binnen- und Außenmoral. Kapitalismus im Sinne berechenbaren Wirtschaftens nämlich könne sich nicht entwickeln, wenn er innerhalb von Gemeinschaften, die von Abgabepflichten und Tauschritualen geprägt sind, als unmoralisch gelte und es nach außen gegenüber Fremden keinerlei Hemmungen (gegen Wucher, Betrug) gebe. Weber setzt vielmehr voraus, dass man das Erwerbsverhalten auch auf Nahestehende – etwa Personen am selben Wohnort – ausdehnt und sie genau so sachlich behandelt wie Fernstehende.[37] Erst wenn es kein prinzipielles, religiös unterstütztes Misstrauen gegenüber unpersönlichen Beziehungen mehr gebe, könne sich die moderne, «kommerzialisierte» Wirtschaft entfalten. Dass der Protestantismus durch seine Aversion gegen magische Heilsmittel und privilegierte Erlösungszonen den Sonderstatus der Klostergemeinschaften und der klerikalen Ökonomie beseitigt hat, bedeutet für die Wirtschaft, dass sie ein Erbe antreten kann: «Der Mönch ist der erste in jener Epoche rational lebende Mensch, der methodisch und mit rationalen Mitteln ein Ziel anstrebt, das Jenseits.»[38] Die asketischen Sekten, die Weber zufolge von ihren Mitgliedern verlangten, sich wie weltliche Mönche zu verhalten, übertrugen damit den höchsten Standard moralischer Erwartungen in den Alltag, wodurch der moderne Unternehmer mit bestem Gewissen seinen Geschäften nachging und der freie Lohnarbeiter seine Indienstnahme durch die Industrie als ethische Pflicht interpretieren konnte. Während außerhalb des

Hörsaals der Karneval der sozialistischen Revolution in München gerade zu Ende geht und in Russland die Sowjetherrschaft um ihr Überleben kämpft, weist Weber in den letzten Sätzen seiner Vorlesung auf die Vorgeschichte dieser beiden Regime hin: Erst als die Vertröstung der Arbeiterklasse auf die ewige Seligkeit entfiel und der Kapitalismus sich auf die Begründung verlegte, er nutze allen, seien jene Spannungen innerhalb der Gesellschaft entstanden, «die seitdem noch ständig im Wachsen begriffen sind».[39] Weber enthält sich eines Urteils, ob jene Vertröstung angemessen war, aber man hört aus seiner Formulierung heraus, dass er eine Welt, die in Illusionen lebt, bejahen kann, solange es heroische Illusionen sind.

ACHTUNDZWANZIGSTES KAPITEL

DAS ENDE

Und je individueller also der Mensch ist, desto «sterblicher» ist er, denn das Einzige ist eben unvertretbar und sein Verschwinden ist deshalb umso definitiver, je mehr es einzig ist.

Georg Simmel

Die Vorlesungen über Wirtschaftsgeschichte, die Weber am 15. Oktober 1919 beginnen wollte, hatte er später als beabsichtigt aufgenommen. Am 14. Oktober war seine Mutter in Berlin gestorben. Die letzte Verbindung zu seiner Jugend ist nun aufgelöst, er notiert noch einmal, «diese Generation von deutscher Seele – denn dafür war sie repräsentativ – ist zu Ende», und er setzt hinzu: «für uns wenigstens».[1] In den Briefen hängt er ihr gedanklich nicht sehr nach, doch gerade das macht deutlich, wie sehr sich inzwischen seine Orientierungen verändert haben. Die Welt von 1884, als er für einige Jahre in das Elternhaus in Berlin zurückkehrte, ist untergegangen und viele Probleme, die ihn damals bewegten, ebenfalls. Paul Göhre, noch immer der einzige Duzfreund, ist inzwischen preußischer Staatssekretär. Weber hat ihn 1916 zuletzt gesehen und geschrieben: «Ja, auch mir ist alles von damals fabelhaft lebendig!»[2] In den Briefen der Jahre 1918 bis 1920 wird Göhre aber nicht einmal mehr erwähnt.

Friedrich Naumann, mit dem ihn seit den 1890er Jahren und bis zuletzt die nationalliberale Politik verband, stirbt Ende August 1919. Weber erfährt es aus den Zeitungen und kondoliert der Witwe unter anderem mit der Bewunderung dafür, «daß ein Mensch sich innerlich so selbst behauptete in einer Zeit, die für ihn nicht geschaffen war. Entweder kam er zu früh oder zu spät.»[3] Beides entspricht Webers Selbsteinschätzung: Das Bürgertum, als dessen intellektuelle Avantgarde er sich verstand, kam zu spät, indem es versäumte, sich den rationalen Machtstaat anzueignen und kulturell zu dominieren, und es kam zu früh, indem es Idealen anhing, die es mit der Brutalität der Verhältnisse, unter denen sie sich zu bewähren hatten, nicht aufnehmen konnten.

Ernst Troeltsch, um einen dritten, intellektuell ebenbürtigen Freund zu nennen, geht völlig eigene Wege; Weber hatte sich mit ihm 1916 überworfen. Damals war er dem Heidelberger Romanisten Eduard Schneegans beigesprungen, der als Elsässer noch während des Krieges nach Frankreich übersiedeln wollte, weil seine Kinder, zu rabiaten deutschen Nationalisten geworden, nicht mehr mit ihm sprachen. Troeltsch hingegen wollte Schneegans nicht einmal ohne soldatische Begleitung in einem Heidelberger Lazarett französische Verwundete besuchen lassen, was Weber chauvinistisch und ehrlos fand, woraufhin er im Streit Troeltsch aus seiner Wohnung warf. Danach herrschte zwischen ihnen fast nur noch Schweigen.[4]

Weber ist intellektuell einsam. Robert Michels und Georg Lukács haben sich politisch anders entschieden. Sombart ist kein ernsthafter Gesprächspartner mehr, sofern er es jemals war, denn er hat seiner Neigung zu Phrasen während des Krieges immer weiter nachgegeben. Und Simmel ist tot. Aus der Heidelberger Zeit bestehen kaum noch lebendige Kontakte, sieht man von denen zu Mina Tobler ab. Sein eigenes Leben steht quer zu seinen ethischen Ansprachen. Der Tumult um die Neuordnung Deutschlands hat alle Deutungen der okzidentalen Rationalitätsgeschichte übertönt, vor allem aber die Gelehrsamkeit als Berufseinstellung abgewertet. In einem Brief an Georg Lukács, der seit dem Ende der ungarischen Räterepublik, deren Volksbildungskommissar er war, im Wiener Exil lebt, weist Weber verbittert darauf hin, was das politische Engagement – seines, dasjenige Lukács, das Schumpeters, der ein paar Monate lang österreichischer Staatsekretär der Finanzen war und dabei vor allem seinen Ruf ruinierte – gekostet habe: die gemeinsamen zweifelsfreien Werte der Wissenschaft, ohne dass das Mindeste dabei herausgekommen sei oder die Aussicht bestehe, dass etwas dabei herauskommen werde, «jetzt wo alles für Jahrzehnte reaktionär wird».[5] Auch wissenschaftlich ist Weber vereinsamt; Soziologie betreibt er auf eigene Rechnung. Die geistige Welt, in der er groß wurde, und die geistige Welt, in deren Zentrum er für wenige Jahre stand, sie sind beide verschwunden.

An Ostern 1920 nimmt sich seine sechzehn Jahre jüngere Schwester, Lili Schäfer, im Alter von vierzig Jahren das Leben. Durch den Krieg verwitwet, lebte sie in der reformpädagogischen Odenwaldschule an der Bergstraße, wo ihre vier Kinder erzogen wurden. Zu dessen Leiter, Paul Geheeb, unterhielt sie einige Monate lang eine Liebesbeziehung. Alfred Weber, der sie zuletzt gesehen hatte und vor Ort ist, vermutet nach Gesprächen mit Geheeb und einer engen Freundin Lili Schäfers, dass seine Schwester zum Opfer eines Don Juan geworden ist, der das Vokabular der Liebespädagogik und der Lebensreform einsetzte, um Frauen und Mädchen ins Bett zu ziehen – und dann fallenzulassen. Fünf Jahre später wird Klaus Mann, ebenfalls ein Odenwaldschüler, in seiner Erzählung «Der Alte» den Missbrauch von Schülerinnen durch einen Schulleiter darstellen, in dessen Figur sich Geheeb gemeint sehen musste. Alfred Weber setzt bei den Ärzten als Todesursache einen «Unglücksfall» mit dem Gasherd durch, Max Weber versucht gegenüber Nahestehenden die Motivsuche zu unterbinden. Marianne Weber wird für die verwaisten Kinder zum Vormund, weshalb Weber schreiben kann «und so bin ich ‹Vater›».[6]

Im Sommersemester 1920 liest Max Weber vor mehr als fünfhundert Zuhörern «Allgemeine Staatslehre und Politik (Staatssoziologie)», viermal in der Woche jeweils eine Stunde, gibt ein zweistündiges Kolleg über «Sozialismus» und eines für ausgewählte Teilnehmer über «Soziologische wissenschaftliche Arbeiten». An Heinrich Rickert schreibt er kurz zuvor, als Grundbegriffe für die Staatssoziologie benötige man nicht viel mehr als die Typen des sozialen Handelns: einen, der sich an den geltenden Normen ausrichtet, einen weiteren, der emotional oder aus Gewohnheit erfolgt, und schließlich einen, der sich an Zwecken orientiert. Ersterer – die «Vorstellung von der Geltung einer ‹Ordnung›»[7] – samt Menschen, die dies mittels Führung und Verwaltung durchzusetzen versuchen, macht für Weber im Kern den Staat aus. Weber spricht davon, einer strikt individualistischen Methode zu folgen. «Der Staat ist im Sinne der Soziologie nichts als die Chance, daß bestimmte Arten spezifischen Handelns stattfinden, Handelns bestimmter einzelner Menschen. Sonst gar nichts. Seit Jahren lehre und schreibe ich das.»[8] Das lässt die Frage offen, inwiefern jenes Handeln tatsächlich individuell ist, wenn es zugleich als typisch bezeichnet und beispielsweise dem Amt zugeschrieben wird: Nicht der Mensch, sondern bestenfalls die Bundeskanzlerin handelt. Und ob man dieser etwas als Handeln zuschreibt, hängt wiederum nicht von ihren Aktionen allein ab, sondern von deren Interpretation im Kontext des Staates oder der Politik. Nicht einmal seine Zwecke entnimmt der politisch Handelnde sich selbst; er ist dazu auf die Existenz von Wertmustern, Entscheidungsstrukturen und Ressourcen angewiesen. Ein Akteur würde überdies in weiten Bereichen genauso handeln wie ein anderer, dieselbe Handlung könnte auch von jemandem anderes ausgeführt werden. «Handlungen sind Systeme», in denen der Handelnde nur ein Moment darstellt, sagt darum später der Soziologe Talcott Parsons, durch den Weber weltweite Bekanntheit erlangt, weil er von Parsons erstmals als Klassiker behandelt wird.

Doch um Webers «Individualismus» zu verstehen, muss man sehen, wogegen er sich richtete: nicht gegen eine Soziologie, die er noch gar nicht kennen konnte, sondern beispielsweise gegen die Vorstellung, beim Staat handele es sich um einen Organismus. Namentlich der Rechtshistoriker Otto von Gierke hatte die Ansicht vertreten, ein Staatsverband sei «gleich dem Individuum eine leiblich-geistige Lebenseinheit, die Wollen und das Gewollte in That umsetzen kann». Das ließ viel Raum für alle möglichen Projektionen, worin denn dieser «Wille» des Staates bestehe; Interessenten mussten dafür jedenfalls nicht benannt werden, und Entscheidungsprozesse brauchte man dafür auch nicht zu analysieren. Die andere Abgrenzung, die Weber vornimmt, ist inhaltlicher Natur: Seine Staatssoziologie sieht von Fragen des Staatsrechts weitgehend ab, um sich dem zuzuwenden, was man heute als politische Organisationen ansprechen würde. Wenn er betont, nur vom «rein empirischen typischen menschlichen Handeln» sprechen zu wollen, so setzt er sich damit also vor allem von einer Staatswissenschaft ab, die ihren Gegenstand schon für erschlossen hält, wenn sie Staatszwecke und Rechtsnormen ausgedeutet hat.[9]

Gerade in seinen Kommentaren zum Ersten Weltkrieg sowie zum Parlamentarismus in Deutschland hatte er den Staat in einer Art tagesaktuellen Soziologie als Spannungsfeld von Entscheidungsstrukturen und Interessengruppen im Kampf um Macht analysiert: Monarchie, Bürokratie, Parteien, Parlament, Militär. Zugleich beschäftigt ihn immer stärker die Frage, welche Herrschaftsform die Demokratie darstellt, denn Machtausübung, die auf Anerkennung des Herrschers durch die Beherrschten beruht, fiel in seiner Begrifflichkeit eigentlich unter den charismatischen Typ. Der Charismatiker jedoch wird nicht gewählt. Und den damaligen Reichskanzler Hermann Müller als charismatischen Herrscher zu bezeichnen wäre merkwürdig gewesen. Soll man wirklich von «Veralltäglichung des Charisma» sprechen, wenn Politiker auch nach Beliebtheitsgesichtspunkten aufgestellt werden? Schließlich betrifft das ohnehin nur ihre Wahl, nicht aber ihre Chance, danach auch Gehorsam zu finden. Und wird der demokratisch gewählte Politiker wirklich zum Diener der Beherrschten, wenn es kein imperatives, also inhaltlich gebundenes Mandat gibt oder wenn das politische Gebilde zu groß ist, als dass von unten Befehlswünsche nach oben ergehen können?

Weber hält sich in seiner Vorlesung an die Herrschaftssoziologie aus «Wirtschaft und Gesellschaft» und illustriert den Gedankengang durch Aktualitäten. Die Revolution von 1918 beispielsweise erläutert er den Studenten als Zusammenbruch aller drei Legitimitätsordnungen. Der Glaube an Legalität sei durch das «Hindenburg-Programm», die vollständige Mobilisierung der wirtschaftlichen Kräfte auf die Kriegsproduktion samt Schließung «kriegsunwichtiger Betriebe» und verbindliche Arbeitspflicht für alle, zerstört worden. «Wer an Recht glaubt, ist dumm» war die Reaktion. Die Tradition als Legitimitätsquelle wurde durch die militärische Gehorsamsverweigerung im Zuge der Matrosenrevolte bei Kriegsende zerstört. Und das charismatische Prestige der Führung brach in der Niederlage zusammen. Die staatliche Ordnung lebt also von einer Mischung von Legitimitätsmotiven. Moderne Herrschaft beruht auf dem Glauben an feste Regeln, die von Behörden ausgeführt werden und durch diese Verwaltung unpersönlich; als formale Herrschaft ist sie zugleich eine «Feindin der Willkür» und am Nützlichkeitsprinzip orientiert. Dem gegenüber stehen einerseits die Unternehmer, andererseits die modernen Parteiführer, die nun gewissermaßen politische Unternehmer sind. Ihnen wird als Personen gehorcht, sie bewähren sich durch Siege und Begünstigung der Anhänger – man sieht, dass es Weber hier um den Gehorsam der Parteimitglieder, nicht den der Wähler geht. Der letzte plebiszitäre Wahlcharismatiker ist für ihn William Gladstone, der zwischen 1868 und 1894 mehrfach britischer Premierminister war – in einer Demokratie, aber ohne Beteiligung der Massen. «Gladstone hat gar nicht nach dem Parlament gefragt, sondern sich gestützt auf die Organisation der Partei.»[10] In der repräsentativen Demokratie wähle der Untertan «keinen Diener», der ihn vertritt, «sondern einen Herrn». Was wiederum den Bürger, Weber verzichtet wohlweislich auf diesen dazu gar nicht passenden Begriff, in die Rolle des Beherrschten bringe. – Weber will Parteiendemokratie, Regierung, Verwaltung und Gesetzgebung mit den Begriffen der Herrschaftssoziologie in Übereinstimmung bringen, doch man hört es an dieser Stelle in seinem Kategorienapparat deutlich knirschen.

Hier aber, am Übergang zu den politischen Parteien, bricht die Vorlesung ab. Am 4. Juni 1920 fehlt Max Weber in der Sitzung der Staatswirtschaftlichen Fakultät krankheitshalber. In der Nacht von Fronleichnam, einem Donnerstag, hatte er Schüttelfrost, das Fieber stieg, fiel aber am Wochenende wieder, es wird Bronchitis diagnostiziert. Mit Else Jaffé bespricht er montags die Widmungen, die «Wirtschaft und Gesellschaft» sowie dem ersten Band seiner religionssoziologischen Aufsätze vorangestellt werden sollten: an seine Mutter und an seine Frau.

Am 9. Juni, er scheint sich wieder etwas erholt zu haben, schreibt Marianne Weber einen Brief an Else Jaffé, der eigentlich ein Liebesbrief an ihren Mann und sogar an beide ist. Man übertreibt nicht, wenn man ihn als einen der nobelsten Liebesbriefe bezeichnet, die je in deutscher Sprache geschrieben wurden. Max, heißt es darin, habe ihr damals die Wahl zwischen München und Bonn überlassen, sie habe sich für München entschieden, wissend, was das bedeuten würde. Sie hätte es sich nicht verzeihen können, «wenn ich Euch irgendeine Freude, die Euch wahrlich zukommt, verkümmern würde. Es war ja doch mein Stolz mir einbilden zu können, es sei bis jetzt nicht geschehen. Das Schicksal hat mich durch Max überreich begnadet – er selbst hat mir aus seiner Fülle und Kraft heraus jede Freude, die ich haben wollte, reichlich vergönnt.» Marianne Weber beschreibt ihre Beziehung beinahe als charismatisch.

Tatsächlich ist der Zusammenschluss, den sie zeit ihres Lebens mit den Frauen um Max Weber herum suchte – mit der Mutter, Mina Tobler, Else Jaffé, die alle auf verschiedene Weise als Mitgeliebte bezeichnet werden –, eine eigentümliche Zirkelbildung charismatischen Typs, in der sie stets bemüht war, alle diese Mitglieder der Verehrungsgemeinschaft untereinander zu integrieren. Für die charismatische Gemeinschaft ist es schließlich entscheidend, dass sich die Gefolgsleute einig sind und ihre Konkurrenz bezähmen – wie unwahrscheinlich, wenn es sich um eine erotische Geschlechtsgemeinschaft handelt! So bittet Marianne Weber nun Else Jaffé, die ihr nach ihm das Liebste auf der Welt sei, nur um eines: ihn nicht wissen zu lassen, dass seine Frau mitunter zweifle, die richtige Frau für ihn gewesen zu sein. Wobei Marianne nicht darum bittet, davon zu schweigen, weil ihr Mann von diesem Zweifel etwa nicht wusste, sondern weil er nicht wissen soll, dass es ihr – «welche Schwäche von mir» – ein Bedürfnis war, das seiner Geliebten mitzuteilen. Man kann diese Zeilen nicht ohne Bewunderung für eine Frau lesen, die bis zuletzt nie ganz die Sorge verließ, ihn verlieren zu können, und die doch fand, dass sie ihrer Liebe und dem darin eingeschlossenen Willen, den anderen glücklich zu machen, die herzensedelste Haltung schuldig war, die sich überhaupt denken lässt: «und vergiß niemals, daß ich eure Beziehung zutiefst bejahe und daß alles Gute in mir sich daran zu freuen vermag».[11]

Damit schloss sich ein Kreis, der bei näherer Betrachtung eigentlich eine Spirale war, weil ein Lebensmoment direkt über einem vorhergehenden zu liegen kam. In seinem Brautbrief von 1893 hatte Max Weber in pathetischem Stil die eigene Illusionslosigkeit, die gewiss zu allem passen mochte, nur nicht zu einer Verlobung, als Erwartung an seine Ehe formuliert: Sie sollte der Affektbeherrschung und als Festung gegen Krisen dienen. Die Botschaft dieses Briefes hat Tilman Allert in seiner glänzenden Analyse der Gefährtenehe völlig treffend in den einen Satz verdichtet: «Mach Dich auf etwas gefasst.»[12] Weber wertete, was ein Paar normalerweise füreinander anziehend macht, die Unvorhersehbarkeit des Begehrens und der durch es bewirkten Selbstentdeckungen in eine Zumutung um, der gegenüber standhaft zu bleiben sei.

Dem entspricht das Bild, das er mit seinem Werk von sich gezeichnet hat und das von der Literatur über ihn bestätigt wird: eine Person, die Rationalität, Nüchternheit, Wertungskontrolle sowie alltägliche Bewährung hochhält und zugleich schreibt «Sehnsucht ist die Grundnote meines Lebens», eine Person, die Musik als eine innerweltliche Erlösungsmöglichkeit bezeichnet und der «größten irrationalen Lebensmacht: der geschlechtlichen Liebe» als einer der wenigen Sphären huldigt, die es erlaube, der Stumpfheit des Alltags einer durchrationalisierten Welt zu entrinnen. In seine «Zwischenbetrachtung» von 1914 hatte Weber auch einen Abschnitt über das Spannungsverhältnis zwischen den Erlösungsreligionen und der Sexualität eingefügt. Ihm zufolge setzt sich die Religion im Zuge ihrer Ethisierung von den magischen Ekstasen in Orgiastik, Tanz, heiliger Prostitution wie von jeder Art Rausch ab. Unter dem Schirm höfischer Kultur und feudaler Ehrbegriffe sublimiert sich die Sexualität zum «(in der Theorie!)» enthaltsamen ritterlichen Frauendienst, in dem Männer erstmals als Diener einer bestimmten Frau erscheinen. Der unüberbietbare Partikularismus des «Du, nur du allein» erscheint den Erlösungsreligionen als Mystik am kreatürlichen Objekt und insofern einen Besitz an etwas Göttlichem behauptend, den sie nicht zugestehen können. Weltflüchtig tritt die erotische Beziehung, wie Weber sie darstellt, in Gegensatz zur ethisch rational reglementierten Ehe, in der Verantwortung füreinander die Erotik ablöst.[13]

Der Brief von Marianne Weber an Else Jaffé lässt diese Entgegensetzungen hinter sich. In ihm steht nicht Eros gegen Rationalität oder Leidenschaft gegen Verantwortung. Marianne Weber hatte keine Verantwortung zu übernehmen und erklärt sich auch nicht mittels solcher Vokabeln oder gar solcher, die Weber in der «Zwischenbetrachtung» an dieser Stelle einsetzt. Bei Weber heißt es, dass die Ehe das Liebesgefühl an die Verantwortung binde und mit fortschreitendem Alter «in dem Einander-Gewähren und Einander-schuldig-werden (im Sinne Goethes) etwas Eigenartiges und Höchstes liegen könne».[14] Aber Weber irrte signifikant, nicht Goethe hatte das gesagt. Zwar heißt es in Goethes Roman «Wahlverwandtschaften», den Weber hier zitiert: «Der menschliche Zustand ist so hoch in Leiden und Freuden gesetzt, daß gar nicht berechnet werden kann, was ein Paar Gatten einander schuldig werden. Es ist eine unendliche Schuld, die nur durch die Ewigkeit abgetragen werden kann. Unbequem mag es manchmal sein, das glaub ich wohl, und das ist eben recht. Sind wir nicht auch mit dem Gewissen verheiratet, das wir oft gerne los sein möchten, weil es unbequemer ist, als uns je ein Mann oder eine Frau werden könnte?»[15] Doch vom Einander-schuldig-Werden sprach dort nicht Goethe, der vielmehr seine Ansicht an die Erzählstimme delegiert, die alsbald fortfährt: «So sprach er lebhaft und hätte wohl noch lange fortgesprochen» – denn der jene Predigt bei Goethe hält, ist die geschwätzigste Figur des Romans, der alle Phrasen des bürgerlichen Sittlichkeitsgeredes in den Mund gelegt werden: der ehelose Pastor Mittler.[16]

Marianne Weber schuldete ihrem Mann also gewiss nicht, seine erotische Erfüllung mit einer anderen zu bejahen, denn das war, auch wenn sie ihr Beschenktsein durch das Leben mit ihm unterstreicht, nach Maßgabe aller Ehe- und Paarideale nicht zu verlangen. Es sind keine Begriffe des Rechts und der Schuld, die sie für sich oder für ihre Entscheidung in Anspruch nimmt. Die Selbstentdeckung, die sie Weber dankt, war die Liebe, die ihrer Ehe nicht vorausging, sondern in ihr wuchs. Wenn sie nun diese Selbstentdeckung auch ihm nicht verwehren wollte, dachte sie nur diese Liebe zu Ende. Darin war sie den tatsächlichen Puritanern viel näher als Webers Konstruktion von deren Moral. Dass die Frau dem Mann und er ihr zum Trost gegeben sei, führt sie nur über den Punkt hinaus, an dem er ohne die Beziehung zu Else Jaffé hätte «Mangel leiden» müssen. Unendlich traurig, dass sie dies in einem Moment mitteilt, in dem diejenigen, die sie liebt, von ihrer Großzügigkeit keinen weiteren Gebrauch mehr machen können.

Denn zwei Tage danach führt eine Lungenentzündung Webers zur Bewusstseintrübung. Er hat Fieberträume, phantasiert, er hält eine eingebildete Prüfung ab, diskutiert vielsprachig mit sich selbst, redet in Sentenzen: «Wir werden ja sehen, was nun kommt» und «Cato: Das Wahre ist die Wahrheit». Von der Geliebten und der Gattin kann er sich noch verabschieden, wenngleich die «paar Verse», die er Marianne noch sagen will, italienische sind und ihr unverständlich bleiben. Am späten Montagnachmittag des 14. Juni, während es in München gewittert, macht das Herz nicht mehr mit. Max Weber stirbt im Alter von sechsundfünfzig Jahren. Ein anstrengendes und geplagtes Leben, ein exzessives, unfassbar produktives, ernstes und konfliktreiches Leben war zu Ende. Fünf Jahre davon, die zwischen 1909 und 1914, hätte Weber vielleicht als zufriedene bezeichnet, anderthalb Jahre lang, die letzten, nahmen die Worte «Glück» und «schön» in seinen Briefen zu.

Zu den letzten, von ihm fiebrig herausgebrachten Worten gehörte auch die römische Rechtsformel «Ultra posse nemo obligatur». Das soll heißen, dass Verträge unwirksam sind, die etwas Unmögliches verlangen, und wird auf Deutsch gewöhnlich so wiedergegeben: Über das Können hinaus wird niemand verpflichtet.

Im Paragraphen 275 des Bürgerlichen Gesetzbuches liest sich es so: «Der Anspruch auf Leistung ist ausgeschlossen, soweit diese für den Schuldner oder für jedermann unmöglich ist.» Man muss diese Übersetzungen im Ohr haben, um zu ermessen, worin diejenige Webers abweicht. Denn in einem seiner Jugendbriefe hatte er einst den Rechtssatz, der eines seiner letzten Worte werden würde, seiner Mutter zitiert und ganz anders, ganz auf seine Art übersetzt: «Nur wenn man nicht mehr kann, darf man aufhören.»[17]

DER EDLE NIHILIST, SEINE WIRKUNGEN UND SEINE PROBLEME

Was bleibt? Die Frage drängt sich auf, wenn ein wissenschaftlicher Lebenslauf zu Ende geht, und im Fall Max Webers gilt dies im besonderen Maße. Denn die Frage gilt zunächst nicht seinen Erkenntnissen: Schon zu Beginn seines intellektuellen Weges hat Max Weber Fragen gestellt und seiner Arbeit zugrunde gelegt, von denen unklar ist, ob die Gesellschaft, in der er sich am Ende seines Lebens wiederfand, noch eine Antwort auf sie erlaubte. Weber fragte nach den Chancen des Bürgertums, politische Herrschaft auszuüben und seine Umwelt auch kulturell zu dominieren. Er war nicht Soziologe und stellte diese Frage aus beruflichem Interesse. Er wurde vielmehr durch diese Frage in etwas hineingezogen, was sich dann als Soziologie herausstellte. Fast möchte man sagen: Die Nebenfolgen seiner Absicht, diese Frage zu beantworten, und die Mittel, die er dazu entwickelte, sind von ihm geblieben, das Objekt seiner Studien aber hatte sich aufgelöst. Denn am Ende seines Lebens und des Ersten Weltkriegs war das deutsche Bürgertum, das diesen Krieg enthusiastisch als nationale Pflicht gefeiert hatte, nicht nur ökonomisch ausgezehrt. In seiner Folge trieben Teile der bürgerlichen politischen Kräfte in die Orientierungslosigkeit, andere ins Extreme. Die Wendung vieler ihrer Vertreter zum völkischen Denken und mancher anderer zum sowjetischen Kommunismus war dafür ebenso beispielhaft wie die Radikalisierung der Studenten, die Weber in direkter Konfrontation erfuhr.

Zugleich war der Gedanke, in der Nation den leitenden «Wert» der Sozialwissenschaft zu finden, noch haltloser geworden, als er es von Anfang an war. Der politische Adressat des Lebenswerkes von Max Weber war nun unbekannt verzogen. Niemals hätte Weber in der Art Stefan Georges ein «geheimes Deutschland» teils beschworen, teils zu sein behauptet, doch was das Verblassen seines Leitideals anging, war beider Lage vergleichbar. Wie George hatte sich Weber eine Nation vorgestellt, die es nicht gab – am Ende seines Lebens aber war ihm deutlich, dass es sie auch niemals geben würde.

Seine letzte abgeschlossene Vorlesung hatte Weber mit der Bemerkung beendet, mit dem «eisernen» Zeitalter der Industrialisierung habe eine neue Epoche begonnen, in der die Arbeiter nicht mehr glaubten, der Hauptlohn für ihre fromme, disziplinierte und anspruchsarme Lebensführung liege in der ewigen Seligkeit. Doch welche Epoche würde anbrechen, wenn die Bürger ihrerseits nicht mehr an die säkularen Ideale glaubten, die den Begriff des Bürgertums ausmachten: an die Überlegenheit «mittlerer», gemäßigter Einstellungen gegenüber Dualismen und radikalen Gegensätzen; an den Sinn, nach fernen Zielen zu streben, anstatt sich in der Gegenwart zu verlieren und nur dem Konsum zu frönen; an einen vernünftigen Geschichtsverlauf also im Gegensatz zum Glauben an rücksichtslose Abenteuer; an Arbeit anstatt an Raub und andere Formen des arbeitslosen Einkommens? Nicht, dass es nach 1918 keine Bürgerlichkeit im alten Sinne mehr gegeben hätte. Aber die Zweifel überwogen, ob ihre Denk- und Lebensform noch repräsentativ für die erwartete Zukunft waren. Weber, der 1895 mit einem Akt der intellektuellen Aggression auf die Szene bürgerlicher Selbstverständigung getreten war, steht fünfundzwanzig Jahre später mit dem Rücken zur Wand. Dass er in seinen religionssoziologischen wie in seinen politischen Schriften dazu neigte, dem Bürger und der rationalen Lebensführung heroische Attitüden zuzuschreiben (oder zu empfehlen), mag schon die Ahnung davon gewesen sein, dass sie es nötig hatten.

Dennoch erschöpft sich die Antwort darauf, was von Weber bleibt, nicht im Hinweis auf die Vergeblichkeiten seiner politischen Kämpfe und auf den «Niedergang der bürgerlichen Denk- und Lebensform».[1] Denn genauso gut kann man die Frage für falsch gestellt halten. Suggeriert doch «Was bleibt?», dass weniger bleibt, als vorher da war. Max Weber aber ist der Fall eines Autors, von dem nach seinem Tod mehr blieb, als er je geschrieben hatte. Sein Werk, das 1920 als Einheit nur sehr umrisshaft vorlag, wurde in gewisser Hinsicht immer größer, seine Argumente immer vielfältiger, seine Erkenntnisse immer mehr.

Von Niklas Luhmann gibt es die bissige Bemerkung, dass die Klassiker fettig und schwarz sind: fettig vom vielen Anfassen und schwarz vom Rauch der Opferkerzen. Er muss dabei an Max Weber gedacht haben. Denn es dürfte, was das Anfassen angeht, keinen zweiten Sozialwissenschaftler geben, über dessen Werk so viel geschrieben worden ist. Kein Quadratzentimeter seiner Schriften, der nicht vielfach umgegraben wurde, kein Gesichtspunkt, von dem aus er nicht betrachtet worden wäre. Es gibt Aufsätze über das Bild, das er von den Quäkern hatte, und darüber, wer seine Urgroßonkel waren, weshalb Holland in der «Protestantischen Ethik» kaum eine Rolle spielt, und über die Art, wie er Shakespeare zitierte, darüber, was er von Perikles, von Rainer Maria Rilke und vom Zionismus hielt und wie er den Begriff «Sättigung» verwendet hat: immerhin achtzehnmal in seinen Schriften. Es wird als Beitrag zur Aufklärung aller Umstände seines Lebens sogar diskutiert, ob Else Jaffé zuerst mit Otto Gross und dann mit Friedrich Voelcker eine Affäre hatte oder umgekehrt. Die Details, um die man sich so liebevoll kümmert, sind eben das: Details. Und Weber ist ein Klassiker, der fast beliebig weitere Erkundigungen zulässt: Max Weber und der Sport, Astrologie bei Max Weber, Max Weber und Emil Lask, die Herkunft der «Fachmenschen ohne Herz» bei Max Weber – es gibt noch viel, was nicht ermittelt, exzerpiert und neu angeordnet ist.

Doch wer wollte hier die Augenbrauen hochziehen? All das dokumentiert eine geisteswissenschaftliche Aufmerksamkeit, die nichts verloren geben will, was an berühmt gewordenen Texten, den Texten von Berühmtheiten und an den Berühmtheiten selber beobachtet werden kann. Einerseits können wir uns darum einen Begriff davon machen, was es heißen konnte, um 1900 ein Gelehrter zu sein, und was es hieß, genau dieser Gelehrte zu sein. Andererseits ist es dadurch unmöglich geworden, Max Weber zu kennen, denn es gibt immer einen, der einen Aspekt seiner Texte, seiner Karriere, seiner Lebensumwelt noch besser kennt und weiß, dass er 1913 etwas anderes gesagt hat als 1918, und immer eine, die noch mehr von dem gelesen hat, was die gelesen haben, die Weber gelesen hat. Es gibt immer etwas Wichtiges oder jedenfalls Interessantes, was man weglassen muss, damit die Landkarte nicht so groß wird wie das Gebiet selbst, vor allem aber: damit sie fertig wird. Die besten Kenner seines Werkes und dessen Entstehung – Stefan Breuer in Hamburg beispielsweise, Peter Ghosh in Oxford, Friedrich Wilhelm Graf in München, Lawrence Scaff in Detroit oder Hartmann Tyrell in Bielefeld – haben aus guten Gründen keine Gesamtdarstellungen Webers vorgelegt. «Die Geschichte des viktorianischen Zeitalters wird nie geschrieben werden» ist einmal gesagt worden, «wir wissen zu viel davon.» Das gilt so auch von Weber.[2]

Wie kam es zu dieser Berühmtheit, wie kam es zum vielen Anfassen? Die Antwort auf diese Frage ist selbst ein Stück Ideengeschichte und Soziologie der Wissenschaft. Denn die Bedeutung des Werkes von Max Weber liefert keine vollständige Antwort. Man kann nicht einfach sagen: Er wurde so berühmt, weil es so zutreffend war, was er schrieb. In derselben Epoche legten beispielsweise auch der Franzose Émile Durkheim und Georg Simmel ihre soziologischen Werke vor, die hinter denen Webers weder an Originalität und Durchdachtheit noch an Themenvielfalt zurückstehen – deutlich aber an Prominenz. Es ist also nicht so, dass Webers Werk einfach beeindruckender oder gar «richtiger» war als das seiner Zeitgenossen.

Eine sehr pragmatische Erklärung, weshalb es dennoch so unvergleichlich wirksam wurde, lautet, dass Max Weber mit Marianne Weber verheiratet war.[3] Ihr Einsatz, die Schriften ihres Gatten publik zu machen, zu ordnen und zu edieren, ist ein Fall immenser Nachsorge. Schon 1922 liegt die erste Ausgabe von «Wirtschaft und Gesellschaft» vor, 1926 folgt ihr «Lebensbild» Webers, die fast achtzig

Jahre lang die maßgebliche Biographie darstellte, 1937 bringt sie seine Jugendbriefe heraus, 1948 ihre Erinnerungen. Marianne Weber war vollkommen bewusst, an wessen Seite sie ihr Leben verbracht hatte, und ihre Energie, dieses Bewusstsein durch ihren Dienst an seinen Schriften auch öffentlich durchzusetzen, war groß. Wie viele Auslassungen und Beschönigungen im Umgang mit den Schriften und Briefen des Gatten ihr auch immer nachgewiesen werden können, sie war zweifellos eine bedeutende Nachlassverwalterin.

Dass sie 1921 zurück in die Villa Fallenstein zog und Else Jaffé, deren Mann 1921 gestorben war, 1925 ebenfalls dorthin heimkehrte, wo für sie alles begonnen hatte, dass beide zusammen mit Mina Tobler eine lebenslange Erinnerungsgemeinschaft bildeten, hielt den «Mythos von Heidelberg» wach. Schon als der Philosoph Hermann Glockner 1919 an die Ruperta Carola kam, die Heidelberger Universität, trat ihm die Stadt aus fast allen Gesprächen als der Ort entgegen, an dem Max Weber nicht mehr lebte. Vor allem aus den Gesprächen mit Karl Jaspers, dem Psychiater und Philosophen, den er zu Recht als einen Jünger Webers bezeichnet. Für Jaspers, der sich für Soziologie wenig interessierte, aber schon in seiner «Psychologie der Weltanschauungen» Webers Lehre von den Idealtypen mit der «Theorie in den Geisteswissenschaften» gleichgesetzt hatte, war Max Weber ein Philosoph und ein Modell intellektuellen Lebens, ein «lebendiges Gesetz», eine Instanz, «bei der in der vernünftigen Diskussion, die absolut zuverlässige, direkt nicht aussagbare Führung lag, aus deren tiefem Grunde die Einsicht in die Lage des Augenblicks und die Beurteilung von Ereignissen und Erkenntnissen sich ergab». Die ersten Opferkerzen werden angezündet, ein Charismatiker wird erinnert.[4]

Das allein jedoch hätte die Wirkung Webers nur auf einen kleinen Kreis begrenzt. Was darüber hinausführte, war paradoxerweise die Tatsache, dass niemand genau sagen konnte, worin die Bedeutung dieses Werkes genau bestand. Der gewaltige Torso seiner Schriften war für viele Deutungen offen. Dass Jaspers aus Weber einen Philosophen machen wollte, war erst der Anfang. Jahre später hat es der nach Amerika emigrierte politische Philosoph Leo Strauss genau umgekehrt gesehen: Für ihn war Weber der größte Vertreter jenes relativistischen Denkens, das die Möglichkeit von philosophischer Vernunft gerade verneine. Denn die Gleichrangigkeit aller Werte zu behaupten, deren Konflikt nicht durch Erkenntnis, sondern nur durch sozialen Kampf entschieden werden könne, führe zwangsläufig «zu der Ansicht, daß die Vernunft außerstande sei, zwischen dem Bösen, Gemeinen oder Unsinnigen und deren Gegenteil zu entscheiden». Was Weber ablehne, sei eigentlich nur ein Leben ohne Ideale, und diese Ethik laufe auf den Imperativ hinaus: «Du sollst etwas bevorzugen» – ein Sollen, wie Strauss nicht ohne Spott schreibt, «dessen Erfüllung durch das Sein vollauf gesichert ist», denn leben heißt etwas vorziehen. Dass Weber selbst die intellektuelle Aufrichtigkeit sowie die politische Ehre der angenehmen Selbsttäuschung und der bequemen Feigheit vorgezogen habe, mache ihn zum edlen Nihilisten, der aber die Auskunft verweigere, was ihm den Einblick in die Tugend verschafft habe.[5]

Solche gegensätzlichen Deutungen sind typisch für die Wirkungsgeschichte Webers. Heute gilt er beispielsweise vielen als Vater der «individualistischen» Methode in den Sozialwissenschaften, als Kämpfer gegen Kollektivbegriffe, der stets nach den Interessen und Weltbildern, also den Motiven einzelner Handelnder gefragt habe und sich nicht vormachen ließ, dass es so etwas wie «die Gesellschaft» gebe. Maßgeblich dafür ist seine Definition, Soziologie solle bei ihm heißen «eine Wissenschaft, welche soziales Handeln deutend verstehen und dadurch in seinem Ablauf und seinen Wirkungen ursächlich erklären will». Über diesen Satz und jenes «dadurch» nachdenken heißt sofort erstaunen, dass er niedergeschrieben werden konnte, als mit Sigmund Freud gerade eine noch großere Weltberühmtheit derselben Generation behauptete, die Motive der Handelnden – also das, was an ihren Aktionen verstehbar und «nacherlebbar» ist – seien gerade nicht die Ursachen ihres Handelns. Für Weber war das aber nur «ein Grenzfall der Sinndeutung».

Hat es die Soziologie also so gut wie immer mit manifesten Ursachen für soziales Handeln zu tun, die dem Bewusstsein der Akteure als solche zugänglich sind? Ist unbewusste Kausalität ein Sonderfall? Es gibt einen interessanten Brief Webers zu dieser Frage. 1913 hatte Weber an den befreundeten Psychiater Hans Gruhle geschrieben, auch das Symptom bei psychisch Kranken «bedeute» etwas: Es sei insofern im Unterschied zu «sinnlosen Assoziationen» das Dokument einer «sinnhaften Bezogenheit» des psychischen Geschehens. Gruhle hatte dem entgegengehalten, ein Symptom könne kein Zeichen für einen sinnhaften Zusammenhang zwischen der Psyche und einem Erlebnis sein, «wenn der Kranke erklärt, er habe den Sinn nie vollzogen». Tatsächlich bringt nach Freud der Träumer die Träume hervor, ohne sie zu verstehen. Ganz im Sinne einer strengen Fassung von Webers Kategorienlehre meint Gruhle, man könne den Kranken nur darin verstehen, worin er sich selbst verstehe, andernfalls bleibe nur die kausale Erklärung und Resignation des Verstehens gegenüber motivlosen Handlungen. Diese Kontroverse, in welchem Maße soziales Handeln als Träumen von Träumern mit ihnen selbst verborgenen Motiven deutbar ist, wird die Sozial- und Geisteswissenschaften im zwanzigsten Jahrhundert nicht mehr loswerden.[6]

Der individualistischen Lesart Webers, wonach an sozialen Handlungen der Akteur das ausschlaggebende Moment ist, steht diejenige eines Amerikaners entgegen, der 1925 nach Heidelberg kam, um dort Nationalökonomie zu studieren: Talcott Parsons. Dabei stößt er auf Webers Werke. Die «Protestantische Ethik» las er, wie er später schrieb, elektrisiert und wie eine Detektivgeschichte, in der er und seine Leute selbst vorkamen[7]: Parsons Vater, ein Jahr älter als Max Weber, war ein protestantischer Geistlicher nonkonformistischer Prägung und Englischprofessor, seine Mutter, genauso alt, war eine Frauenrechtlerin. Bereits zurückgekehrt in die Vereinigten Staaten, wird Parsons 1927 in Heidelberg über den Kapitalismusbegriff bei Sombart und Weber promoviert. Zehn Jahre darauf legt er das Buch vor, das Max Weber zum Grundlagenautor jeder Einführung in die Soziologie zuerst an amerikanischen Universitäten, dann an allen Universitäten der Welt machen wird, «The Structure of Social Action».

Darin referiert Parsons die Hauptwerke und wichtigsten Begriffe Webers zweihundert Seiten lang, um ihn zusammen mit anderen europäischen Autoren als Kronzeugen für die These aufzurufen, dass Nützlichkeitserwägungen keine ausreichende gedankliche Grundlage für die Analyse sozialen Handelns sind. Rationalität, das zeigt ihm Weber, hat Voraussetzungen, über die selbst nicht rational entschieden wird. Der Utilitarist, so Parsons, vermag nämlich nicht zu erklären, weshalb jemand in einer bestimmten Situation etwas für nützlich hält; er scheitere ja schon daran, überhaupt Zwecke und Mittel zu unterscheiden. Handlungen setzten nämlich nicht nur einen Akteur und seinen Hedonismus voraus, sondern auch kulturelle Normen, eine sozial definierte Handlungssituation und Handlungsziele, und diese würden selbst dann von sozialen Erwartungen bestimmt, wenn sie von ihnen abweichen: etwa durch Verbrechen, Innovation, Protest – oder durch den Entschluss zu kapitalistischer Berufsarbeit. Akteure mit Handlungsimpuls, beispielsweise Leute mit Erwerbstrieb, finden sich immer. Aber deren Bereitschaft weiterzuarbeiten, wenn ihre Bedürfnisse schon gedeckt sind, wird nicht allein durch ihre Entscheidung bestimmt. Hier spielen vielmehr kollektive Sinnvorgaben hinein, beispielsweise die Vorstellung, dass es ein Beweis für Rechtschaffenheit ist, vorhandene Mittel wie etwa Arbeitskräfte zu diesem Zwecke auszunutzen. In jeder Handlung treten für Parsons solche Voraussetzungen zusammen. Keine von ihnen, auch der Akteur nicht, kann deshalb als Ursache des Handelns angesprochen werden. Handlungen, lautet seine Schlussfolgerung, sind komplexe Gebilde, Systeme.[8]

Parsons unternahm also 1937 in einem welthistorischen Augenblick, als auf ein von Faschismen und Kommunismen dominiertes Europa politisch und intellektuell nicht viel zu geben war, den bemerkenswerten Versuch, seinen amerikanischen Landsleuten die Soziologie als europäische Idee ausschließlich an europäischen Autoren zu erläutern, deren gemeinsame Erbschaft nun anzutreten sei. Schon 1927 hatte der Ökonom Frank Knight die letzte Vorlesung Webers ins Englische übersetzt, es folgten die «Protestantische Ethik» 1930, die Wissenschaftslehre 1934/35 und die ersten vier Kapitel von «Wirtschaft und Gesellschaft» zwischen 1937/39. Außerdem führten zahlreiche Emigranten Weber im intellektuellen Gepäck mit sich in die USA. Die folgenden drei Jahrzehnte der amerikanischen Soziologie wurden die produktivsten in der gesamten Geschichte dieses Faches, das Fach selbst spielte in den Sozialwissenschaften eine Führungsrolle, die es seitdem nie wieder erlangt hat, und Max Weber war als sein wichtigster Grundlagenautor etabliert.

Parsons hatte 1937 auch schon einen weiteren Grund für die Wirkung Webers bezeichnet. Dessen Werk enthalte eine solche Masse an Material, das ein solches Spezialwissen oft hoch technischer Art auf den verschiedensten Gebieten voraussetze – man denkt an das römische Feldmesswesen, das indische Kastensystem oder die Musikgeschichte des pythagoreischen Kommas –, dass ein, wie Parsons schreibt, normales menschliches Wesen in große Schwierigkeiten gerate, diese Schriften als Ganzes einer kritischen Analyse zu unterziehen. Das führte zu einer Aufspaltung der Beschäftigung mit Weber in Theoretiker und Gelehrte, die ungezählte Einzelstudien zu «Weberproblemen» vorgelegt haben. Weber ist ein Themenlieferant erster Klasse: Im Unterschied zu Émile Durkheim, der auf einem schmalen Tatsachengebiet versuchte, aus wenigen Begriffen möglichst viel herauszuholen, hat er sich im Grunde für alles interessiert. Und anders als Georg Simmel suchte er überall den Anschluss an existierende Forschung und bereitete weitere vor. Sosehr ihn daher die kritischen Reaktionen auf seine «Protestantische Ethik» in Rage versetzten, sosehr waren schon sie ein Zeichen dafür, wie viele Ansatzpunkte Forscher ganz anderen Temperaments und Erkenntnisinteresses an seinen Behauptungen nehmen würden.

Nach 1945 kam der Reimport. Als in Deutschland so gut wie jede intellektuelle Tradition beargwöhnt werden musste, weil es von fast jeder eine nationalsozialistische Variante gegeben hatte, spielten die amerikanische Soziologie und mit ihr Max Weber eine besondere Rolle. Parsons selbst gehörte zu den Forschern, die Analysen zu den Gründen der deutschen Katastrophe verfasst und die amerikanische Besatzungspolitik beraten hatten. Die Soziologie stand im Ruf, nach zwölf Jahren des intellektuellen Wirklichkeitsverlustes als Wissenschaft von Tatsachen unmittelbar aufklärend zu wirken. Und mit Weber schien es eine nicht kompromittierte Figur der Vorkriegszeit zu geben, an die man anknüpfen konnte. Entsprechend geräuschvoll ging es zu, als der Historiker Wolfgang J. Mommsen 1959 in seiner Dissertation darauf hinwies, dass Weber zum Ende seines Lebens der plebiszitären Demokratie mit charismatischem Führer hatte etwas abgewinnen können und die Rede aufkam, bei Carl Schmitt, dem Theoretiker der Diktatur, der in Webers letztem Münchner Seminar gesessen und in der Gedenkschrift für Weber Teile seiner «Politischen Theologie» erstmals publiziert hatte, handele es sich womöglich um einen legitimen Spross Webers.

Dieses Spiel mit den Gegensätzen in Webers Werk sollte noch oft gespielt werden. Seine universalgeschichtlichen Analysen zur Sonderrolle der okzidentalen Zivilisation wurden in den fünfziger und sechziger Jahren in die sogenannte Modernisierungstheorie eingearbeitet: Dieses Konzept des sozialen Wandels beschrieb den Übergang von «traditionalen» zu «modernen» Gesellschaften als Entwicklung hin zu «westlichen» Errungenschaften. Gegen diese Vereinnahmung Webers protestierten diejenigen, die seine Kritik am Denken in «Entwicklungsstufen» kannten und sich seinen historischen Pessimismus zu eigen machten. Weber war normativ nicht der Zukunft, sondern der Vergangenheit zugewandt; ihm ging es nicht um Freiheitsgewinne, sondern um Freiheitsverluste in der Moderne. Die Sozialgeschichtsschreibung wiederum entdeckte nicht nur seine Soziologie der Klassen und Stände als eine Alternative zur marxistischen Theorie, sondern auch seine Polemik gegen den Demokratie-nachzügler Deutschland. Dem wiederum wurde der aggressive Nationalismus Webers entgegengehalten, der wie seine Bürokratiekritik und seine Kommentare zur Sozialdemokratie wenig geeignet ist, die Freude am bundesrepublikanischen Sozialstaatsmodell und einem rheinisch gebremsten Kapitalismus mit Argumenten zu versorgen.

Und so immer weiter: Weber als das Eine und sein Gegenteil. Auch das prädestiniert zum Klassiker, zumal wenn das Leben des Klassikers weitere Bewunderungsmotive liefert. Hatte er schon selbst der Kategorie des Helden einigen Spielraum in seinem Werk eingeräumt, so wurde er nun ebenfalls so beschrieben. Man sagte nicht, dass er sich widersprochen habe, man sagte, er sei zerrissen gewesen. Man sagte nicht, dass er oft maßlos übertrieb – seine Selbstbeschreibung als «Demagoge» hätte herangezogen werden können –, man schrieb es ihm gut, zu letzten Entscheidungen und zu bewusster Lebensführung aufgerufen zu haben. Man sagte auch nicht, dass seine eigene Lebensführung kaum als Beleg für letzte Entscheidungen, Schicksalswahl oder asketische Bürgerlichkeit dienen konnte, man behielt die Dokumente der Rollentrennung, die auch ihm möglich war, lieber für sich, so lange, wie es eben ging, und nannte seine Geliebte «Freundin», seine Sexualität «Beziehung», seine Wut «Ehrgefühl» und Abweichungen von der ethischen Pflicht, sofern es nur der Held selbst war, der abwich, «volles Menschentum». So viel zu den Opferkerzen.

Auch so entstand der Klassiker – durch ständiges Aufladen seines Lebens zum Vorbild. Zum Vorbild für ein wissenschaftliches Ethos, für eine gelehrte Existenz, die zugleich politisch engagiert ist, für «Leidenschaft und Augenmaß», für den Kampf um die Einheit einer Lebensführung und was dergleichen Formeln mehr sind. Aber es gibt kein vorbildliches Leben, es gibt nur vorbildliche Taten. Es existieren insofern auch keine Lebensläufe, die aus einem Prinzip heraus oder als Auseinandersetzung mit einem einzigen Problem gelebt werden. Eine Biographie als ganze ist darum kein Beleg für Wahrheiten, und sie zu erzählen hat unter anderem den Sinn, die Vorstellung zu zerstreuen, Größe bestehe in moralischer Souveränität oder tatsächlicher Herrschaft über den eigenen Lebenslauf. Max Webers Größe bestand, diesseits seiner intellektuellen Fähigkeiten und Leistungen, gewiss mehr darin, seinen Lebenskurs zu ändern, so schwer gerade ihm das fiel, als an einem Programm festzuhalten. Außerhalb von Festvorträgen und bei Tageslicht gibt es kein klassisches Leben.

Aber es gibt klassische Werke, denen die Formulierung von Problemen gelungen ist, die ihre eigenen Lösungen überdauern. Webers Frage nach dem Bürgertum stellt sich anders in einer Gesellschaft, die sich nicht primär durch die Analyse ihrer Schichtungsverhältnisse erschließen lässt. Die Kombination aus Großfamilie, Eigentum und Bildung samt einer politisch fassbaren Orientierung dieses Standes und einer «Kultur» ist heute eine Frage des Zufalls geworden. Die «Netzwerke», von denen viele meinen, sie beherrschten uns, sind solche von Funktionsstellen, von Angestellten, Lobbyisten, Unternehmern und Politikern – aber nicht die eines Standes oder einer Klasse. Diese Menschen gelangen durch die Organisationen, in denen sie arbeiten, in machtvolle Positionen – aber sie beherrschen diese Organisationen nicht. Man kann sich den Vorstandsvorsitzenden so wenig als Herrscher über eine ihm dienstbare Maschine vorstellen wie die Kanzlerin oder den Parteichef. Webers Vorstellung, die moderne Gesellschaft lasse sich über Organisationen berechenbar beeinflussen, ist uns gerade deshalb fremd geworden, weil er mit seinen Diagnosen unaufhaltsamer Spezialisierung recht behielt. Zugleich ist die Bürokratie – in manchen Zonen der Erde – tatsächlich auf Kosten der Legislative allgegenwärtig geworden, nur dass das «Gehäuse der Hörigkeit» weniger die Form eines Herrschaftsapparats besitzt als vielmehr eine von Gleichheits-, Sicherheits- und Reformversprechen getragene «Demobürokratie», als die sie Niklas Luhmann bezeichnet hat.

Das Bild der Gesellschaft als beherrschbares Räderwerk tritt uns allenfalls in den Phantasien der Internetökonomie entgegen, die den Mechanismus durch den Algorithmus ersetzt, ohne dadurch weniger metaphorisch geworden zu sein. Dasselbe gilt für den rationalen Kapitalismus, den rationalen Staat, das rationale Recht, die rationalisierte Kunst und die rationale Wissenschaft: «Rationalität» heißt in allen diesen Fällen weder dasselbe, noch geht aus den vielen Einzelrationalitäten eine des Ganzen hervor. Ein Beispiel? Für die Firmen ist es rational, zu möglichst geringen Kosten zu produzieren, was ihre Kunden befürworten, auch wenn sie zugleich diejenigen sind, die als Arbeitnehmer davon krank werden, was wiederum dem Gesundheitssystem – das unterdessen rationalerweise immer mehr Krankheiten und Medikamente entdeckt – und dem Staat Kosten verursacht, die beide teils der Wirtschaft, teils dem Bürger in Rechnung stellen, bei dem sie sich zugleich das Geld leihen, um diesen politisch rationalen, nämlich die Wiederwahl begünstigenden Kreislauf auszubauen. So geht es überall. Die Rationalität des einen Sektors ist die Kalamität des anderen. Nach Weltbeherrschung, die sich einem «okzidentalen Rationalismus» gutschreiben oder ankreiden ließe, sieht das nicht aus.

Und doch ist Webers Versuch, die moderne Gesellschaft als Ganzes analytisch zu beschreiben, mit Grundbegriffen, die für alle ihre Sektoren gelten, eine bleibende Aufgabe. Mögen seine vielen Argumente nach wie vor gelten oder nicht – hier liegt, was seine enormen Anstrengungen immer noch bewundernswert macht: im Versuch, gegenüber einer Gesellschaft, die das Gute wie das Böse steigert, die Berechenbarkeit und die Unberechenbarkeit, die Entzauberung und den Aberglauben, die Rationalitäten und die haltlosen Phantasien, gegenüber einer solchen Gesellschaft weder den Verstand zu verlieren noch sich in sicheres Spezialwissen und einen überschaubaren Wirkungskreis zu flüchten. An Webers Werk und an Webers Anstrengung ist nicht nur der Umfang dieser Aufgabe erkennbar. Max Weber hat auch exemplarisch gezeigt, mit welchen konkreten Schwierigkeiten in der Auseinandersetzung mit ihr gerechnet werden muss. Auf den Satz «Die toten Schriftsteller stehen uns so fern, weil wir so viel mehr wissen, als sie es taten» hat T. S. Eliot einmal lapidar geantwortet: «Exakt, und zwar sind sie es, was wir wissen.»[9]

ANMERKUNGEN

Einleitung

1 Simmel: Philosophie des Geldes, S. 669.
2 LB, S. 130. (Häufig zitierte Werke werden in den Anmerkungen mit Kürzeln wiedergegeben; diese werden im Literaturverzeichnis aufgeschlüsselt.)

Erstes Kapitel

1 «Der Nationalstaat und die Volkswirtschaftspolitik», in GSP, S. 20.
2 MWG II/6, S. 763; Guenther Roth kann aus dem Berliner Stadtarchiv ein Gehalt des Vaters von Max Weber in Höhe von zehntausendfünfhundert Mark belegen; FG, S. 515.
3 FG, S. 25 ff. und 57 ff.
4 LB, S. 27.
5 Schumacher: Auslandsreisen deutscher Unternehmer, S. 218, Anm. 1150.
6 FG, S. 252.
7 Vgl. Bosse: Bildungsrevolution, S. 47–160 und Stichweh: Zur Entstehung des modernen Systems wissenschaftlicher Disziplinen.
8 Vgl. Moretti: The Way of the World.
9 Vgl. hierzu und im Folgenden Fahrmeir: «Das Bürgertum des ‹bürgerlichen Jahrhunderts›. Fakt oder Fiktion?», S. 26 f.
10 Green: Else und Frieda, S. 225.

Zweites Kapitel

1 JB, S. 17.
2 Ebd., S. 15.
3 Ebd., S. 4.
4 Ebd., S. 21.
5 Ebd., S. 9.
6 LB, S. 69.
7 Hierfür und für das Folgende: Gröschel/Wrede: Ernst Curtius' «Griechische Kunstgeschichte», S. 68 ff.
8 Zit. nach ebd., S. 75.
9 Verhandlungen über Fragen des höheren Unterrichts, S. 71 f.
10 Scaff: Max Weber in America, S. 5.
11 JB, S. 22.
12 Boissier: Cicero und seine Freunde, S. 2.
13 Ebd., S. 6 f.

14 JB, S. 12 f., 26.
15 Hehn: Kulturpflanzen und Hausthiere, S. 2, 5, 8 f.
16 Ebd., S. 394, 398.
17 11. 10. 1879, JB, S. 29.
18 19. 1. 1879, ebd., S. 21.
19 LB, S. 38.
20 JB, S. 23.
21 10. 8. 1879, ebd., S. 27.
22 Zit. nach FG, S. 388.
23 Zit. nach ebd., S. 374, 381.
24 Baumgarten: «Der deutsche Liberalismus, S. 98.
25 10. 8. 1879, JB, S. 27
26 LB, S. 35.
27 9. 6. 1877, zit. nach FG, S. 505.
28 Zum Folgenden FG, S. 233 ff. und Boehlich: Der Hochverratsprozeß gegen Gervinus.
29 Zit. nach FG, S. 677 f.
30 MWG II/6, S. 763.
31 Helene Weber an Marianne Weber, Frühjahr 1910, zit. nach Meurer: Marianne Weber, S. 45.
32 FG, S. 265.
33 Zit. nach LB, S. 34.
34 Channing: «Likeness to God» (1828).
35 Vgl. Gehrmann: «Säuglingssterblichkeit in Deutschland im 19. Jahrhundert»; Gladstone, zit. nach Keynes: Annies Schatulle, S. 221; «bei Dingen», Zitat in Jalland: Death in the Victorian Family, S. 120.
36 17. 1. 1877, zit. nach FG, 273 f.
37 Meurer: Marianne Weber, S. 43.
38 An Marianne Schnitger, 2. 6. 1893, zit. nach ebd., S. 44.
39 An Marianne Schnitger, 28. 3. 1916, MWG II/9, S. 316.

Drittes Kapitel

1 Grimmige historische Ironie: Sein Sohn, Wolfgang Kapp, wurde zum Namensgeber des Putschversuchs gegen die Weimarer Republik vom März 1920.
2 LB, S. 521.
3 Kerr: Wo liegt Berlin?, S. 5.
4 Hegemann: Städtebau, S. 8, 16, 19.
5 Theodor Fontane an Georg Friedlaender, 21. Dezember 1884, in Fontane: Briefe an Georg Friedlaender, S. 12 f.
6 Lepsius: «Bürgertum als Gegenstand der Sozialgeschichte».

7 Treitschke: Die Gesellschaftswissenschaft, S. 26 f.
8 Koselleck: «Zur anthropologischen und semantischen Struktur der Bildung».
9 Burckhardt: Werke, S. 164 f.
10 Nipperdey: Deutsche Geschichte 1866–1918. Bd. I, S. 383 f.
11 Lepsius: «Das Bildungsbürgertum als ständische Vergesellschaftung», S. 305.
12 Treitschke: Die Zukunft des deutschen Gymnasiums, S. 3.
13 Wilamowitz-Moellendorff: Erinnerungen, S. 293.
14 MWG I/2, S. 2 f.
15 JB, S. 31.
16 Treitschke: Die Zukunft des deutschen Gymnasiums, S. 10.
17 An Hermann Baumgarten, 8. 11. 1884, JB, S. 141.
18 Baumgarten: «Der deutsche Liberalismus».
19 Ebd., S. 175.
20 MWG I/4-2, S. 731.
21 Vgl. Wagner: «Über deutsche und englische Nationalökonomie».
22 Baumgarten: «Der deutsche Liberalismus», S. 177.
23 «durchaus», ebd., S. 93 f.; «eingetreten», ebd., S. 211.
24 Ebd., S. 96
25 «Der Bürger», ebd., S. 95 f.; «dem Wahlbezirk», ebd., S. 97; «dem Buchstaben», ebd., S. 142.
26 Friedrich Engels an Karl Marx, 13. 4. 1866, MEW 31, S. 208; zu Cavour vgl. Baumgarten: «Der deutsche Liberalismus», S. 182.
27 «Diese adelige Scheinsouveränität», ebd., S. 100; «Rivalisieren», ebd., S. 112.
28 Schiera, Laboratorium der modernen Welt, S. 70 ff.
29 «Unsere Sache», zit. nach Meinecke: Drei Generationen deutscher Gelehrtenpolitik, S. 149; «Wissenschaftliche», Baumgarten: «Der deutsche Liberalismus», S. 153; «in der Theorie», ebd., S. 182.
30 Baumgarten: «Der deutsche Liberalismus», S. 214.
31 Baumgarten: «Der deutsche Liberalismus»; «jene erbärmliche», ebd. S. 77 f.; «Damit ein Mann», ebd. S. 92; «Wir krochen», ebd. S. 109; «Der Himmel», ebd. S. 191.

Viertes Kapitel

1 An Helene Weber, 4. 11. 1882, JB, S. 59 f.
2 «etwas äußerlich», an Helene Weber, 2. 5. 1882, JB, S. 58; «ein gemütlicher», an dies., 4. 7. 1882, JB, S. 41; zu «R. M.» vgl. Adressbuch der Ruprecht-Karls-Universität in Heidelberg. Sommer-Halbjahr 1882, Heidelberg 1882, S. 5 und von Reichlin-Meldegg: Familie Reichlin von Meldegg, S. 133 f.
3 Wegscheider: Erinnerungen, S. 31; «infolge», an Max Weber sen., 24. 4. 1882, JB, S. 37; «männliche Erziehung», LB, S. 72.

4 JB, S. 163.
5 Zit. nach Kirchhoff: Die Akademische Frau, S. 23 f.
6 http://digi.ub.uni-heidelberg.de/matrikel1872 [18.9.2013]
7 Vgl. das Adressbuch der Ruprecht-Karls-Universität.
8 MWG I/4, S. 731.
9 Twain: Bummel durch Europa, S. 33–38.
10 Dies alles bei Beck: «W. E. B. Du Bois in Germany».
11 Levsen, «Charakter statt Bildung?», S. 98 ff.
12 An Helene Weber, 17.6.1882, JB, S. 52.
13 An Ferdinand Toennies, 19.2.1909, MWG II/6, S. 65.
14 «aber die ersten», an Alfred Weber, 7.3.1886, JB, S. 206 ff.; dazu Hennis: Max Webers Wissenschaft vom Menschen, S. 190 f.; «Es ist», JB, S. 207; «von unten», Auerbach: Mimesis, S. 13 ff.; «ebenso», JB, S. 208.
15 Schweitzer: Leben-Jesu-Forschung, S. 620.
16 An Helene Weber, 15.12.1882, JB, S. 64 und an Max Weber sen., 12.2.1883, ebd., S. 68.
17 Über Kuno Fischer an Helene Weber, 17.6.1882, JB, S. 53; «das Bewusstsein», JB, S. 57.
18 «Stall- und Reitbahnexistenz», an Helene Weber, 22.10.1883, JB, S. 79; «millionenmalige», an dies., 19.1.1884, ebd., S. 90; «und was schließlich», WL, S. 589; «Heiliges», an dies., 6.2.1884, ebd., S. 95; «als wenn», an Helene Weber, 22.10.1883, ebd., S. 78.
19 «extremen» und «Unklarheit», an Helene Weber, 3.5.1884, JB, S. 111.
20 Vasili: La Société de Berlin; das Werk erlebte binnen eines Jahres zwölf Auflagen. Die deutsche Ausgabe ist vor wenigen Jahren neu aufgelegt worden: Kott, Hof und Gesellschaft in Berlin; vgl. die Briefe an Helene Weber, 19.1.1884, JB, S. 93 und an Max Weber sen., 23.2.1884, JB, S. 102; «Sie ist hübsch», Vasili: La Société de Berlin, S. 148; zum Pseudonym Hagemeister: «‹Alles nur Betrug und Lüge?›».
21 Vasili: La Société de Berlin, S. 49, 55 f.; «eine Fülle», 19.1.1884, JB, S. 93 f.: «in vieler Beziehung» und «man bei uns», 23.2.1884, ebd., S. 102 f.
22 Zum Parlament, Vasili: La Société de Berlin, S. 18 ff.; «unglücklicherweise», ebd., S. 24; «Der Deutsche», ebd., S. 83.
23 «Im ganzen», WL, S. 513 (1913); «jene fanatische», an Hermann Baumgarten, 3.11.1891, JB, S. 328; «in Interessentengruppen», ebd., S. 329.

Fünftes Kapitel

1 Max Weber an seinen Vater, 2.11.1885, JB, S. 183 f.
2 Wilamowitz-Moellendorff: Erinnerungen, S. 207.
3 LB, S. 121.

4 Gierke: Das Wesen der menschlichen Verbände, S. 4. Vgl. die Einleitung zu Webers Dissertation im Rahmen der Gesamtausgabe, MWG I/1, S. 19 ff.

5 An Emmy Baumgarten, 18. 2. 1892, S. 339.

6 Goldschmidt: Handbuch des Handelsrechts, S. 11.

7 Ebd., S. 71 f.

8 MWG I/1, S. 51–53 und S. 332. Vgl. dazu Webers nachgelassene Vorlesung von 1919/20: Wirtschaftsgeschichte. Abriß der universalen Sozial- und Wirtschaftsgeschichte, zum Partizipationsverhältnis S. 196–198 und zur Solidarhaftung S. 214–216.

9 An Hermann Baumgarten, 30. 7. 1889, JB, S. 312.

10 Wirtschaftsgeschichte, S. 215 f. Vgl. die entsprechenden Passagen in WuG, S. 228–230.

11 An Hermann Baumgarten, 30. 9. 1887, JB, S. 272 f.

12 MWG I/2, S. 187.

13 «nun endlich», an Emmy Baumgarten, 18. 2. 1892, JB, S. 338; zu den zeitgenössischen Rezension siehe MWG I/2, S. 44.

14 «Verbrechergegend», an Emmy Baumgarten, 17. 2. 1888, JB, S. 284; «wissenschaftliche Tätigkeit», an dies., 18. 2. 1892, JB, S. 339; «In den Übungen», an Hermann Baumgarten, 18. 4. 1892, JB, S. 343; «die Empfindung», an dens., 3. 1. 1891, JB, S. 330.

Sechstes Kapitel

1 Simmel: «Die Verwandtenehe».

2 So Krüger: Max und Marianne Weber, S. 17.

3 Hierfür und für das Folgende Luhmann: Liebe als Passion, S. 163 ff.

4 Fichte: Grundlage des Naturrechts, Band 2, S. 174.

5 Ebd., S. 168 f.

6 Finck: Romantic Love and Personal Beauty, S. 188.

7 LE, S. 28.

8 Ebd., S. 43.

9 Krüger: Max und Marianne Weber, S. 24.

10 LE, S. 42.

11 LB, S. 184.

12 Ebd., S. 185.

13 Ebd., S. 186.

14 An Emmy Baumgarten, Ostersonntag 1887, JB, S. 227.

15 LB, S. 185.

16 Ebd., S. 179.

17 Ebd., S. 185.

18 R, S. 87.

19 Göhre: Drei Monate Fabrikarbeiter und Handwerksbursche, S. 157, 212, 216.
20 Helene Weber an Nix, 22. 2. 1893, zit. nach FG, S. 543.
21 Meurer: Marianne Weber, S. 57 ff.
22 Marianne Weber: Tagebücher IV, S. 49, zit. nach Meurer: Marianne Weber; vgl. R, S. 78.
23 Ebd., S. 50 f.
24 Fichte: Grundlage des Naturrechts, S. 165.
25 Meurer: Marianne Weber, S. 60 ff. und LB, S. 187 ff.
26 22. 4. 1893, JB, S. 367.
27 Marianne Weber an Helene Weber, 9. 7. 1893, zit. nach Meurer: Marianne Weber, S. 68.
28 An Marianne Weber, 12. 5. 1893, zit. nach FG, S. 542.
29 Ebd., S. 543.
30 Ebd. und LB, S. 201.
31 Luhmann: Liebe als Passion, S. 172.
32 Krüger: Max und Marianne Weber, S. 44.

Siebtes Kapitel

1 JB, S. 326.
2 Ebd.
3 GARS, S. 4.
4 Marx/Engels: Manifest der Kommunistischen Partei, S. 6.
5 Wehler: Die Neue Umverteilung, S. 13.
6 MWG I/4, Einleitung, S. 9.
7 Ebd.
8 So Wagner: Grundlegung der allgemeinen und theoretischen Volkswirtschaftslehre; ders. Agrar- und Industriestaat.
9 Tennstedt: «Junker, Bürger, Soziologen», S. 11.
10 23. 8. 1888, JB, S. 308.
11 GASWG, S. 445 ff.
12 Weber: Die Verhältnisse der Landarbeiter, in MWG I/3.2, S. 34.
13 MWG I/3.2, S. 914.
14 GASWG, S. 450.
15 Vgl. Bendix: Max Weber, S. 24.
16 Kommunistisches Manifest, S. 5.
17 GASS, S. 256–322.
18 MWG I/5, S. 91 f.
19 Borchard: «Max Weber's Writings on the Bourse», S. 139–162.
20 Wagner: «Allgemeine und theoretische Volkswirtschaftslehre oder Sozialökonomie», S. 50.

21 Goldschmidt: Der Lucca-Pistoja-Actien-Streit, S. 105 ff.
22 GASS, S. 284.
23 MWG I/5, S. 8 f.
24 Vgl. Carlton: Future Markets, S. 245 und Lambert: The futures, S. 5 ff.
25 Mann: Buddenbrooks, S. 458 ff.
26 MWG I/5, S. 30.
27 GASS, S. 272.
28 Ebd., S. 279.
29 Ebd., S. 285.
30 JB, S. 326 f.
31 Borchardt: «Max Weber's Writings», S. 148.
32 Wagner: Grundlegung der politischen Ökonomie.
33 Roscher: «Zur Lehre vom Zusammenhange zwischen Nationalökonomie und Rechtswissenschaft», S. 90.
34 Ebd., S. 94.
35 Roscher: Ansichten der Volkswirtschaft, S. 35.
36 Gossen: Entwicklung der Gesetze des menschlichen Verkehrs, S. V.
37 Edgeworth: Mathematical Psychics, S. 9.
38 Hier und im Folgenden Goldschmidt: Universalgeschichte des Handelsrechts, S. 4 ff.
39 GASS, S. 321; vgl. MWG I/5, S. 612.

Achtes Kapitel

1 GPS, S. 12 (1894).
2 GARS, S. 517.
3 MWG I/8, S. 252 f.
4 GARS, S. 15 (Vorbemerkung).
5 «Die ‹Objektivität› sozialwissenschaftlicher und sozialpolitischer Erkenntnis», in WL, S. 167 f.
6 SSP, S. 395 (1905).
7 Vgl. GARS, S. 512 ff.
8 LB, S.112.
9 Brief an Marianne, zit. nach R, S. 206.
10 R, S. 213 f.
11 Marianne an Helene, zit. nach R, S. 207.
12 Hier und im Folgenden: LB, S. 217.
13 R, S. 209.
14 Marianne an Helene, zit. nach R, S. 209.
15 R, S. 211.
16 LB, S. 218.

17 An Helene Weber, 22. 1. 1894, zit. nach FG, S. 548.

18 LB, S. 208.

19 Ebd., S. 208 f.

20 Zit. nach Lindenlaub: Richtungskämpfe im Verein für Socialpolitik, S. 305.

21 An Helene Weber, 14. 4. 1898, zit. nach R, S. 254.

22 An Emmy Baumgarten, 20. 6. 1899, zit. nach ebd., S. 296.

23 LB, S. 197.

24 Otto Baumgarten an Emmy Baumgarten, 3. 10. 1887, zit. nach FG, S. 512 ff.

25 Zitat Weber sen. nach FG, S. 530; «Gerichtstag», LB, S. 243.

26 Green: Else und Frieda, S. 150.

27 FG, S. 527.

28 Siehe dazu ebd., Anm. 22.

29 R, S. 113.

30 Green, Else und Frieda, S. 165.

31 Ebd.

32 Vgl. Mitchell: Wear and Tear; Beard: American Nervousness; Mantegazza: Das nervöse Jahrhundert; Erb: Über die wachsende Nervosität unserer Zeit, Heidelberg 1893; Eulenburg: Nervosität unserer Zeit; Edwin Lancelot Ash: «Nervous Breakdown».

33 Beard: American Nervousness, S. VI und VIII.

34 Whytt: Observations, S. 1 ff.

35 LB, S. 252.

36 MWG II/5, S. 484.

37 Marianne Weber an Helene Weber, 28. 1. 1900, zit. nach R, S. 258.

38 An Willy Hellpach, 11. 8. 1908, zit. nach ebd., S. 443.

39 MWG, II/5, S. 511.

40 Beard: A Practical Treatise on Nervous Exhaustion, S. 177.

41 Ebd., S. 181.

42 Zur Gegensätzlichkeit im Nervenkonzept vgl. Radkau: Das Zeitalter der Nervosität, S. 27 ff.

43 MWG I/5, S. 408.

44 Marianne Weber an Helene Weber, 24. 3. 1903, R, S. 264.

45 Marianne Weber an Helene Weber, 18. 9. 1898, ebd., S. 274.

46 MWG: I/5, S. 42.

47 LB, S. 263.

48 Ebd., S. 250.

49 Jentsch: Die Laune, S. 14.

50 Marianne Weber an Max Weber, 19. 8. 1898 und an Helene Weber, 4. 9. 1898, zit. nach R, S. 273.

51 Marianne Weber an Helene Weber, 16. 1. 1903, zit. nach ebd., S. 276.

52 Marianne Weber an Helene Weber, 4. 9. 1898, zit. nach ebd., S. 280.
53 Karl Jaspers, Deutsches Literaturarchiv Marbach, Nr. 113, zit. nach ebd., S. 299.
54 Marianne Weber an Helene Weber, 29. 6. 1909, zit. nach ebd., S. 290.
55 Allbutt: «Neurasthenia».
56 Sehr instruktiv zur Geschichte des Neurasthenie-Konzepts Wessely: «History of postviral fatigue syndrome».
57 Menninger: «The abuse of rest in psychiatry».
58 Marianne Weber an Helene Weber, 11. 4. 1903, zit. nach R, S. 286.

Neuntes Kapitel

1 Marianne Weber an Helene Weber, 28. 1. 1900, zit. nach R, S. 258.
2 R, S. 254.
3 Marianne Weber an Helene Weber, 25. 5. 1900, zit. nach ebd., S. 357.
4 MWG, II/5, S. 238.
5 Marianne Weber an Helene Weber, 21. 4. 1903, zit. nach R, S. 355.
6 Zu Webers Zeit in Rom vgl. Schmitt: Max Webers Verständnis des Katholizismus, S. 92–134.
7 Barth: Roma Aeterna.
8 Heute ist dort das Hotel «Isa» untergebracht.
9 LB, S. 263.
10 An Hermann Baumgarten, 25. April 1887, JB, S. 234.
11 GARS I, S. 44f.
12 PE-K, S. 155.
13 WuG, S. 340.
14 Ebd., S. 697.
15 PE-K, S. 156.
16 R, S. 318.
17 PE II, Kritiken und Antikritiken, München 1968, S. 314.
18 PE-L/W, S. 80.
19 Schell: Der Katholicismus als Princip des Fortschritts, S. 9., zit. nach Schmitt: Max Webers Verständnis des Katholizismus, S. 120.
20 LB, S. 260.

Zehntes Kapitel

1 MWG II/5, S. 69.
2 WL, S. 226.
3 Ebd., S. 219–220.
4 «verfl ... Arbeit», Max Weber an Marianne Weber, 3. 1. 1903, LB, S. 274; «die Methodologie», WL, S. 217.

5 «Krankheitsbericht», WL, S. 216; der Hinweis auf die Metapher bei Tenbruck: «Methodologie Max Webers», S. 10 f. (dort «Krankenbericht»).
6 Schmoller: Volkswirtschaftslehre, S. 21.
7 Menger: Die Irrthümer des Historismus, «Die Fleischpreise», S. 38; «Typen», S. 17 f.; vgl. auch ders.: Methode der Socialwissenschaften, S. 41–65 und S. 73–81.
8 WL, S. 166.
9 Siehe hierzu und im Folgenden die Darstellung bei Tenbruck: «Methodologie Max Webers», S. 13–31.
10 WL, S. 177.
11 Ebd., S. 176.
12 Ebd., S. 180.
13 Meyer: «Theorie und Methodik der Geschichte», hier S. 44.
14 WL, S. 241–243.

Elftes Kapitel

1 Vgl. zum Folgenden stets die Darstellung in Friedrich Lengers fabelhafter Biographie: Werner Sombart, hier S. 116.
2 Sombart: Campagna, S. 7, 81, 117.
3 Sombart: «Friedrich Engels und die soziale Bewegung», S. 128.
4 MWG II/5, S. 173.
5 Sombart: Der moderne Kapitalismus, S. 92.
6 Ebd., S. 51.
7 Ebd., S. 196 f.
8 Simmel: Philosophie des Geldes, S. 13; die Parallele ist dem Sozialphilosophen Alfred Vierkandt in seiner Rezension von Sombarts Buch im «Archiv für die gesamte Psychologie» IV (1905) aufgefallen, vgl. Lenger: Werner Sombart, S. 128 f.; das zweite Zitat aus Simmel: Geschichtsphilosophie, S. 11 f.
9 Sombart: Der moderne Kapitalismus, S. 378 ff.
10 Ebd., S. 389.
11 Sombart: Händler und Helden.
12 Sombart: Der moderne Kapitalismus, S. 389.
13 Vgl. ebd., S. 394.
14 Ebd., S. 396.
15 R, S. 321.
16 Veblen, Rezension von: «Der moderne Kapitalismus», S. 304.
17 Simmel: Briefe, 1888–1911, S. 168 f., 237.
18 Ebd., S. 421 f., 623 f. sowie 658 f. für «zersetzend»; für die «Russen» S. 638 und Simmel: Briefe, 1912–1918, S. 247.
19 Dazu sehr klar Kieserling: «Simmels Sozialformenlehre».
20 Simmel: Philosophie des Geldes, S. 189.

21 Sombart: Der moderne Kapitalismus, S. 196; Simmel: Philosophie des Geldes, S. 409 ff., 431.

22 Für «kapitalistische Differenzierung» Simmel: Philosophie des Geldes, S. 631 f.; der Begriff «Kapitalismus» fällt ganz am Ende des Buches einmal, S. 685; über Geldlöhne S. 456 f.

23 GARS I, S. 4 f.

24 Simmel: Philosophie des Geldes, S. 612, 594 f., 605, 601, 613 (Simmel spricht von «berechneten» Menschen und setzt diesem Geistestypus Goethe, Carlyle und Nietzsche entgegen).

25 Ruskin: Unto this Last, S. 94. Vgl. Simmel: «Der Begriff und die Tragödie der Kultur» unter Hinweis auf Ruskin (S. 414). Zum Kunstwerk als Beispiel nichtspezialisierter Produktion, die den ganzen Menschen erfordere, ebd. und Simmel: Philosophie des Geldes, S. 630.

26 GARS I, S. 203.

27 Ebd., S. 651.

Zwölftes Kapitel

1 PE-L/W, S. 1.

2 «What else», Carlyle: On Heroes, Hero-Worship, and the Heroic in History, S. 157; «Was sich» und «der bürgerliche», Harnack: «Martin Luther», S. 157, 162; «Vertrauen» und «nicht als weltflüchtig», Ritschl: Geschichte des Pietismus, S. 39. Vgl. die Hinweise auf die zeitgenössische Deutung der Reformation bei Breuer: «Die Geburt der Moderne», besonders S. 33, 46 ff.

3 Treitschke: «Luther und die deutsche Nation», S. 141 f., 147 ff.

4 PE-L/W, S. 3.

5 Franklin: The Autobiography, S. 236–239; «Erwerb», PE-L/W, S. 15; Steinert: Max Webers unwiderlegliche Fehlkonstruktionen, S. 55–74, hier: S. 66.

6 Steinert: Max Webers unwiderlegliche Fehlkonstruktionen, S. 108–113.

7 «Erscheinungen», PE-L/W, S. 162 (Zusatz von 1920); «in streng», ebd., S. 25.

8 «Konfuzianismus», GARS I, S. 512–535. Auf die Beförderung des Idealtyps zur Weltreligion weisen die unübertroffenen Analysen und Quellenstudien zu Webers komplizierter Argumentation hin, die wir Ghosh: A Historian Reads Max Weber, hier vor allem S. 5–50, verdanken.

9 «Die tiefste Gemeinschaft», Dowden: Puritan and Anglican, S. 234. «Yet through what is most personal in each of us we come upon the common soul», ebd.; «any sanctity», Lankton Sanford: Studies and Illustrations of the Great Rebellion, S. 65; zur Gefahr der Unterordnung von Moral unter den Gnadenstand «Gefäß» und «Werkzeug», PE-L/W, S. 183, ein Zusatz von 1920.

10 «Präventiv», PE-L/W, S. 127 und GARS I, S. 169; «Der Zweck», Ritschl: Ge-

schichte des Pietismus, S. 15, dort S. 23 auch ein Vergleich der Lebensführungsideale von Luther und den Wiedertäufern; «schlug», PE-L/W, S. 120 f.

11 Vgl. Steinert: Max Webers unwiderlegliche Fehlkonstruktionen; Lehmann/Roth: Weber's Protestant Ethic, S. 211–294; Lehmann: «Die Weber-These im 20. Jahrhundert».

12 «aus patriarchalischen», PE-L/W, S. 9, Anm. 7.

13 Vgl. Schluchter: Religion und Lebensführung.

14 «Wunder-Kausalität», Troeltsch: Die Absolutheit des Christentums, S. 21; «eine religiöse Grundstimmung» und «die Leidsamkeit», Troeltsch: Gesammelte Schriften, Bd. 1, S. 601. Zum Verhältnis zwischen Troeltsch und Weber vgl. die Arbeiten von Friedrich Wilhelm Graf, etwa «Wertkonflikt oder Kultursynthese?», dort auch S. 273 das «Heidelberger Welterklärungslabor».

15 «privaten», Troeltsch: «Die englischen Moralisten», S. 391; «die harte», GPS, S. 25; «nüchtern», PE-L/W, S. 167 f. (Zusatz von 1920) und GARS I, S. 53 f.; an Adolf von Harnack, 5. 2. 1906, MWG II/5, S. 32 f.

16 «Für Bismarck», Overbeck: Werke und Nachlaß, Bd. 4, S. 77; «Sie sagen», Fontane: Der Stechlin, S. 292. Vgl. die Hinweise bei Breuer: «Die Geburt der Moderne».

17 «believing nation», Carlyle: On Heroes, S. 167; «We come now to the last form of Heroism; that which we call Kingship», ebd., S. 225; «we are all», ebd., S. 234.

Dreizehntes Kapitel

1 Die ganze Szene in dem, was die historischen Tatsachen und Einordnungen angeht, definitiven Buch über Webers Amerikareise, Scaff: Weber in America, S. 77 ff.

2 Münsterberg: Die Amerikaner, S. 1, 5.

3 Burckhardt: Weltgeschichtliche Betrachtungen, S. 68.

4 Stead: Americanization, S. 13, 65 ff.

5 Langbehn: Rembrandt als Erzieher, S. 112 f., 114.

6 Sombart: Warum gibt es, S. 17–24.

7 Lamprecht: Americana, S. 32 f.

8 LB, S. 295.

9 Lamprecht: Americana, S. 13.

10 LB, S. 305.

11 Scaff: Weber in America, S. 161.

12 Bericht vom 8. 9. 1904, zit. nach Scaff: Weber in America, S. 32.

13 GARS I, S. 185.

14 Turner: «Frontier in American History», S. 1–38.

15 Ebd., S. 4.

16 Turner: «The West and American Ideals», S. 293.

17 GARS I, S. 162 und PE-L/W, S. 119 f.
18 GARS I, S. 208.
19 Weber: «‹Kirchen› und ‹Sekten›»; vgl. PE-K, S. 319.
20 Scaff: Weber in America, S. 85.
21 Ebd., S. 90.
22 LB, S. 306.
23 Ebd., S. 574, vollständig bei Scaff: Weber in America, S. 41 f.
24 20. 9. 1904, zit. nach Scaff: Weber in America, S. 45.
25 Sinclair: The Jungle, S. 116.
26 Ghosh: A Historian Reads Max Weber, S. 103.
27 Das Manuskript, das unter dem wenig plakativen Titel «Deutsche Agrarprobleme in Vergangenheit und Gegenwart» auf Deutsch und vor sehr überschaubarem Publikum vorgetragen wurde, ist verloren gegangen. Lange existierte nur eine unbeholfene Übersetzung, bis der Oxforder Ideengeschichtler Peter Ghosh sie so minutiös durchgegangen ist, dass sich das Original nun deutlicher abzeichnet: Ghosh: «Max Weber on ‹The Rural Community›», S. 327–366 und ders.: «Capitalism and *Herrschaft*: Max Weber at St. Louis».
28 Ghosh: «Max Weber on ‹The Rural Community›», S. 344.
29 «Wahlrecht und Demokratie in Deutschland» (1917), in GPS, S. 284.
30 Siehe dazu Peter Ghosh: A Historian Reads Max Weber, S. 110–114.

Vierzehntes Kapitel

1 Du Bois: Darkwater, Kap. 1.
2 Beck: «W. E. B. Du Bois as a Study Abroad Student».
3 «Gutachten zum Werturteilsstreit», in Baumgarten: Max Weber, S. 127.
4 Ebd.
5 GPS, S. 2 ff.
6 Z. B. Haeckel: Welträtsel, S. 34; ders.: Lebenswunder. Gemeinverständliche Studien über biologische Philosophie, Leipzig 1904, S. 480, 483 f.; Eimer: Entstehung der Arten, S. 84 ff.; und mit einer «Application to the Human Race» Ward: «Neo-Darwinism and Neo-Lamarckism», S. 64 ff.; vgl. für einen Überblick Geulen: Wahlverwandte, S. 42 ff., 154 ff.
7 Hennis: Max Weber und Thukydides, S. 62 f.; Mommsen: Max Weber und die deutsche Politik, S. 45; Kaesler: Max Weber, S. 22; Schluchter: Religion und Lebensführung, Bd. 1, S. 31–34, 173–182.
8 Ploetz: Tüchtigkeit unserer Rasse, S. 61 f., 78 f., 130 f.
9 Voßler: Sprache als Schöpfung und Entwicklung, S. 94.
10 LB, S. 267.
11 «Taines Rasse ist nichts anderes als der alte ‹Volksgeist›», meint Wellek: Geschichte der Literaturkritik, S. 28.

12 Ward: «Neo-Darwinism and Neo-Lamarckism», S. 66.
13 Nietzsche: Anti-Darwin, S. 303 f.; der Hinweis auf diese Stelle bei Geulen: Wahlverwandte, S. 87 f.
14 MWG III/1, S. 352.
15 Ebd., S. 358.
16 Weismann: Über die Vererbung; ders.: Vererbungsfrage, S. 5, 51.
17 GARS I, S. 81.
18 WL, S. 167.
19 Hertz: Moderne Rassetheorien, S. 1.
20 WL, S. 167.
21 GARS I, S. 15 f.
22 GPS, S. 282 f.
23 Münsterberg: Die Amerikaner, S. 2, 52 ff.
24 Scaff: Weber in America, S. 109 f.
25 Du Bois: Souls of Black Folk, S. 50 f. («a people who voluntarily surrender such respect [...] are not worth civilizing»).
26 Ploetz: «Rasse und Gesellschaft», S. 10.
27 Hauptmann: Vor Sonnenaufgang, S. 103.
28 Chesterton: Heretics, Kap. X.
29 Lenger: Werner Sombart, S. 202 f.
30 SSP, S. 457.
31 Ebd., S. 458.
32 Ebd., S. 487.
33 Verhandlungen des Ersten Deutschen Soziologentages, Tübingen 1911, S. 164.
34 Hierzu Lenger: Werner Sombart, S. 203 f.
35 Sombart: Die Juden und das Wirtschaftsleben, S. 29; hierzu Lenger: Werner Sombart, S. 203 f. 6 f.: Werner Sombart, S. 203 f.
36 SSP, S. 490.

Fünfzehntes Kapitel

1 Fischer: Entstehung und Entwicklungsformen des Witzes, S. 91–97.
2 Wünsch: «Albrecht Dieterich», S. XXXIV.
3 Zur Verweildauer Jansen: «Liberalität der Universität Heidelberg», S. 517; zur Beruf- und Gewerbestruktur vgl. beispielsweise die Heidelberger Adressbücher von 1906 und 1907; zur Internationalität Sauerland: «Heidelberg als intellektuelles Zentrum», S. 12.
4 Max Weber: «Typologie der Städte», in WG, S. 727.
5 Der Begriff stammt von Camilla Jellinek, zit. nach von Essen: «Max Weber und die Kunst der Geselligkeit», S. 472.
6 Hettling: «Die Kleinstadt und das Geistesleben».

7 In der Heidelberger Zeitung vom 21. 1. 1905, zit. nach Hubert Treiber: «Der ‹Eranos›», S. 126, Anm. 213.

8 Simmel: «Die Großstädte und das Geistesleben».

9 Vgl. Jansen: «Liberalität der Universität Heidelberg», S. 523.

10 Park: «The City as a Social Laboratory», S. 18; ausgearbeitet ist diese stadtsoziologische These glänzend bei Fisher: To Dwell Among Friends.

11 Hierzu Treiber: «Der ‹Eranos›», sowie von Essen: «Max Weber und die Kunst der Geselligkeit», und Lepsius: «Der Eranos-Kreis».

12 LB, S. 240.

13 Eine bündige Fassung der Erträge von Deissmanns Studien findet sich in Deissmann: Urgeschichte des Christentums; Albrecht Dieterichs Aufsätze sind nach seinem frühen Tod im Jahr 1908 in ders.: Kleine Schriften versammelt worden, darin auch S. 288–311 der Vortrag «Über Wesen und Ziele der Volkskunde» (1902), der seine Forschungsmotive gut umreißt.

14 Gustav Radbruch verglich das damalige Heidelberg selbst mit einer Arche Noah, in der «von jeder Spielform geistiger Menschen ein Exemplar vertreten» gewesen sei, in ders.: Der innere Weg, S. 88.

15 Treiber: «Der ‹Eranos›», S. 82 f. und Adolf Deissmann: «Selbstdarstellung».

16 Gothein: Eberhard Gothein, S. 151.

17 LB, S. 358.

18 Weber habe «die damit», also mit der gesundheitlich bedingten Arbeitsunfähigkeit, «verbundene Entsagung in Tat und erzwungener Untätigkeit an sich selbst erfahren», meint Schluchter: Religion und Lebensmittel, S. 66.

19 Domaszewski: «Die Triumphstraße»; Dieterich: Mutter Erde, S. 94 f.

20 «Buch der Völker», Deissmann: Licht vom Osten, S. 96; «Weltgriechisch» und «Gymnasiumsgrieche», ebd., S. 38 f.; zur «unliterarischen» Form, ebd., S. 158 ff.; «Diese ganze literarische», ebd., S. 176.

21 Hierzu Küenzlen: «Unbekannte Quellen der Religionssoziologie Max Webers».

22 MWG II/6, S. 70. Weber mag das an Befunden wie «Die Kerze ist […] der Phallus des heiligen Geistes» (Dieterich: Mutter Erde, S. 114) nicht nur erkannt, sondern auch erfreulich gefunden haben.

23 WuG, S. 245–259.

24 Dieterich: Mutter Erde, S. 32.

25 PE-L/W, S. 178, 185, 192 und zum Weihnachtsfest S. 196.

26 Bücher: Arbeit und Rhythmus, S. 6.

27 PE-L/W, S. 79.

28 GARS I, S. 527.

29 «Im Gottesdienste», Deissmann: Licht vom Osten, S. 1; «daß es in einem einsamen», ebd., S. 301.

30 Marianne Weber an Helene Weber, 26. 6. 1908, zit. nach R, S. 464.

31 Zit. nach von Essen: «Max Weber und die Kunst der Geselligkeit», S. 473.

32 WuG, S. 742.

33 Treitschke: Politik. Zweiter Band, S. 188–194.

34 Bücher: Entstehung der Volkswirtschaft, S. 118 ff.

35 Den besten Überblick über eine von Weber aus gesehene Geschichte städtischer Herrschaft gibt derzeit Breuer: Max Webers tragische Soziologie, S. 149–266.

36 WuG, S. 156.

Sechzehntes Kapitel

1 Weber: «Der Beamte», hier S. 98 f. Weber war allerdings nur zeremoniell im Prüfungsverfahren Kafkas Doktorvater, eine Dissertation hat Kafka nicht verfasst. Zu seiner Vertrautheit mit Webers Aufsatz sowie zur Wahrscheinlichkeit, dass Kafka auch Gedanken Max Webers bekannt waren, vgl. Lange-Kirchheim: «Alfred Weber und Franz Kafka» und dies.: «Franz Kafka: ‹In der Strafkolonie› und Alfred Weber: ‹Der Beamte›».

2 SSP, S. 413.

3 An Helene Weber, 3. 5. 1884, JB, S. 113.

4 Alfred Weber an Max Weber, 2. 8. 1887; Max Weber an Alfred Weber, 5. 8. 1887, beide zit. nach Weber: Ausgewählter Briefwechsel, S. 45–49; «Predigten», an Emmy Baumgarten, 10. 4. 1887, JB, S. 227; «Beruf» und «Universität», an Alfred Weber, 2. 8. 1888, ebd., S. 304.

5 (1910) MWG II/6, S. 677.

6 Alfred Weber an Max Weber sen., 16. 2. 1889, Alfred Weber: Gesamtausgabe, Bd. 9, S. 81.

7 «evolutionistischer Soziolog» im Brief an Hans Delbrück, 13. 1. 1907, ebd., S. 557; zum Zivilisations- und Kulturbegriff Weber: «Der soziologische Kulturbegriff», S. 73.

8 An Emmy Baumgarten, 8. 5. 1887, JB, S. 238.

9 Mauthner: Wörterbuch der Philosophie, S. 579; «Umstülpung», in Max Weber: «‹Energetische› Kulturtheorien» (1909), in WL, S. 401; «Panzerschiffe», ebd., S. 416.

10 «Apostel», WL, S. 423; «Laus», ebd.

11 Alfred Weber: «Der Beamte», S. 99, 101.

12 «Methodologische Einleitung für die Erhebungen des Vereins für Sozialpolitik über Auslese und Anpassung (Berufswahlen und Berufsschicksal) der Arbeiterschaft der geschlossenen Großindustrie», SSP, S. 1–60, hier: S. 7 f., 14 f.

13 Taylor: Shop Management, S. 22.

14 Vgl. hierzu und im Folgenden Rabinbach: The Human Motor, S. 189–205 und Felsch: Laborlandschaften.

15 Mosso: Die Ermüdung, S. 321 f.

16 Kraepelin: Beinflussung, S. 233–258; ders.: Über geistige Arbeit; zum «Schlussantrieb» vgl. Rivers und Kraepelin: «Ermuedung und Erholung», S. 639 ff.

17 «Zur Psychophysik der industriellen Arbeit» (1909), in SSP, S. 112–119.

18 MWG II/6, S. 347; «Schwierigkeiten», MWG II/5, S. 675; Weber: «Das Berufsschicksal der Industriearbeiter», S. 346, 349, 361 und ders.: «Probleme der Arbeiterpsychologie», S. 452, 454.

19 «Bremsen», SSP, S. 126. Zur «modernen Werkstatt» siehe «Methodologische Einleitung für die Erhebungen des Vereins für Sozialpolitik über Auslese und Anpassung (Berufswahlen und Berufsschicksal) der Arbeiterschaft der geschlossenen Großindustrie», in SSP, S. 59 f.

20 LB, S. 420.

21 Weber: «Der Beamte», S. 99.

22 «bürokratische System», «Wissenschaft als Beruf» (1919), in WL, S. 583.

23 Wehler: Das deutsche Kaiserreich, S. 74; vgl. dazu auch Demm: Ein Liberaler, S. 113.

24 Zu «Apparat des heutigen Lebens», Weber: «Der Beamte», S. 109; «Titel», ebd., S. 110.

25 Gustav Schmoller an Arthur Spiethoff, 15. 10. 1909, zit. nach Nutzinger: «Nationalökonomie und Universalgeschichte», S. 69. Zu Webers Vortrag und den Repliken siehe Demm: Ein Liberaler, S. 113 f.

26 SSP, S. 414.

27 «zum Verzweifeln», zit. nach ebd.; «Parlament und Regierung im neugeordneten Deutschland. Zur politischen Kritik des Beamtentums und Parteiwesens» (1917), in GPS, S. 306–444. Vgl. dazu die Analysen von Mommsen: Max Weber und die deutsche Politik, S. 178–188.

28 «Wechsel der Hofmoden» (1905) in SSP, S. 400; «institutionelle Mächte» (1910) in Max Weber: Geschäftsbericht und Diskussionsreden auf dem ersten Deutschen Soziologentage in Frankfurt 1910, in SSP, S. 438; Zum Luthertum Brief an Adolf von Harnack, 5. 2. 1906, MWG II/5, S. 32 f.

29 Alfred Weber: «Religion und Kultur», S. 315–338 («Moloch» S. 333, die drei Apparate S. 334–336, «Durchschnittsmenschentum», S. 329).

30 Kafka: Das Schloß, fünftes Kapitel.

Siebzehntes Kapitel

1 GARS, S. 169–170.

2 Siehe hierzu und im Folgenden Leites: Puritanisches Gewissen und moderne Sexualität, S. 98–127, sowie Frye: «The Teachings of Classical Puritanism on Conjugal Love» mit dem Befund, für die Puritaner sei die Sexualität in der Ehe «die Krönung unserer Seligkeit» (S. 149).

3 Rogers: Matrimonial Honor, S. 156. Das Buch lag bereits 1634 vor, der Autor

galt seiner lebhaften Predigten wegen als «roaring boy» der Puritaner; «Vernichtung», GARS, S. 117.

4 Leites: Puritanisches Gewissen und moderne Sexualität, S. 11–35.

5 So Allert in seiner instruktiven familiensoziologischen Studie: «Max und Marianne Weber. Die Gefährtenehe», S. 224.

6 Marianne Weber an Helene Weber, Ende Juni 1907, zit. nach Meurer: Marianne Weber, S. 207; Jaspers bei R, S. 299 f.

7 Marianne Weber: «Sexual-ethische Prinzipienfragen», S. 41.

8 GARS, S. 169, Anm. 301.

9 «Zusammenstellung soziologischer Probleme», abgedruckt in Simmel: Briefe 1880–1911, S. 675 ff.; Bloch: Das Sexualleben unserer Zeit, 5. Kapitel «Die psychischen Sexualdifferenzen und die Frauenfrage (mit einem Anhange über die geschlechtliche Sensibilität des Weibes)», S. 71–93 («gebildeter Frauen» S. 90). «Wahrlich» zuerst ohne Titel erschienen in Die Fackel, Heft 227–228, 10. 6. 1907, S. 9 f.

10 LE, S. 376.

11 Bäumer: Die Frau in den Kulturbewegungen der Gegenwart, S. 5 f.

12 Simmel: «Philosophie der Geschlechter (Fragmente)», S. 79.

Achtzehntes Kapitel

1 Zur Vorlesung vgl. ihre Nachschrift in MWG III/5, S. 333–410; Max Weber an Gustav Schmoller, 12. 7. 1898, zit. nach Guenther Roths für das Folgende maßgeblicher Darstellung: Edgar Jaffé, Else von Richthofen and Their Children, S. 18; «Was ich hörte», in Jaffé: «Biographische Daten Alfred Webers», S. 186 f.

2 Jaffé: «Biographische Daten Alfred Webers», S. 187.

3 Roth: Edgar Jaffé, Else von Richthofen and Their Children, S. 27. Dass Else von Richthofen die jüdische Herkunft ihres Gatten etwas ausgemacht haben soll, wie Radkau in R, S. 489 vermutet, leuchtet angesichts ihres ersten Verlobten nicht ein. «In Wirklichkeit», Green: Else und Frieda, S. 45.

4 21. 12. 1904, zit. nach Roth: Edgar Jaffé, Else von Richthofen and Their Children.

5 «Die Psychologie des Unbewussten», in Otto Gross: «Zur Ueberwindung der kulturellen Krise», in Die Aktion, Nr. 14 (1913), S. 384–387 (384); «Zertrümmerung», in Otto Gross: «Anmerkungen zu einer neuen Ethik», in Die Aktion, Nr. 49 (1913), S. 1141–1143 (1142); «Dorf» bei dem ungarischen Kunstkritiker Szittya: Das Kuriositäten-Kabinet, S. 89; «Hauptstadt» bei dem Schweizer Arzt und Anarchisten Brupbacher: 60 Jahre Ketzer, S. 141. Die Hinweise darauf bei Dudek: Ein Leben im Schatten, S. 35.

6 «das demokratische Prinzip», zit. nach Green: Else und Frieda, S. 78; «Jetzt hat der Prophet», ebd., S. 86.

7 Edgar Salin, zit. nach Green: Else und Frieda, S. 193; «Niemand», zit. nach R, S. 491; «die Unbefangenheit», ebd., S. 547.

8 «Abstecher ins Alogische», vgl. Max Weber an Marianne Weber, 9.3.1908, MWG II/5, S. 446; Adreßbuch der Stadt Heidelberg für das Jahr 1912, S. XXXV.

9 «wohl schwerlich», MWG II/6, S. 482

10 «Ich habe eigens», LB, S. 384.

11 «Gnade u. Ungnade der Dienstboten», MWG II/5, S. 443; «eine Hingabe», ebd., S. 464; «er ist ja», ebd., S. 537; «Wir kamen überein», zit. nach R, S. 546.

12 LB, S. 419; R, S. 549.

13 «Er sieht mein Leben», Roth: Edgar Jaffé, Else von Richthofen and Their Children, S. 60; Else Jaffé an Frieda Gross, 28.11.1909, zit. nach ebd., S. 65 f.; «in jeder Hinsicht», MWG II/6, 7.9.1919.

Neunzehntes Kapitel

1 «Du liebst», Else Jaffé an Alfred Weber, 7.1.1910, zit. nach MWG II/6, S. 367; «beinah einerlei», Max Weber an Marianne Weber, 20.1.1910, MWG II/6, S. 373.

2 Marianne Weber an Helene Weber, 22.12.1909, zit. nach R, S. 553.

3 LB, S. 457 f.

4 Ebd., S. 462.

5 Green: Else und Frieda, S. 234.

6 Zum Ausweichen Webers vor Else Jaffé siehe MWG II/8, S. 186, 594, 597, 608; «Die ethischen Werte», LB, S. 391.

7 Vgl. dazu Lepsius: «Mina Tobler, die Freundin Max Webers»; R, S. 564–572.

8 «Auch physisch», MWG II/7, S. 130; «Ich hab's», zit. nach R, S. 568; «Verehrungsgemeinschaft», Lepisus: «Mina Tobler, die Freundin Max Webers», S. 77.

9 Zitiert bei Baumgarten: Max Weber, S. 483.

10 Max Weber an Helene Weber, 14.8.1912, MWG II/7, S. 643.

11 «körperlose Musik», mündliche Aussage Webers, festgehalten von Honigsheim: «Erinnerungen an Max Weber in Heidelberg, S. 248; GARS, S. 555 f.; «religiös absolut ‹unmusikalisch›», Brief an Ferdinand Toennies, 19.2.1909, MWG II/6, S. 63–66, hier S. 65.

12 Hornbostel: «Die Probleme der vergleichenden Musikwissenschaft», in Zeitschrift der Internationalen Musikgesellschaft 7 (1905/6), S. 85–97, hier S. 97, zit. nach Weber: «Die rationalen und soziologischen Grundlagen der Musik», in MWG I/14, S. 145–280, hier S. 150.

13 MWG I/14, S. 188.

14 Verhandlungen des Ersten Deutschen Soziologentages, Sombart: S. 73, und Weber: S. 98 f.

Zwanzigstes Kapitel

1 Barth: «Die Nationalität in ihrer soziologischen Bedeutung», S. 47 f.

2 MWG II /7-2, S. 709.

3 MWG II/6, S. 715. Ruge würde es noch weit bringen: Entzug der Lehrbefugnis wegen antisemitischer Verbalangriffe auf Universitätslehrer im Juli 1920, kurz danach Freikorpsmitglied, Bekanntschaft und gemeinsame Verlagsgründung mit Heinrich Himmler, 1933 im zweiten Versuch Aufnahme in die NSDAP, Archivrat in Karlsruhe, Abfassung einer Schrift über mittelalterliche Hexenprozesse als gemeinsame Verschwörung von katholischer Kirche und Judentum.

4 Braun: Frauenarbeit und Hauswirtschaft, Berlin 1901, S. 21. Vgl. Meurer: Marinne Weber, S. 282 f. Zum Ablauf Obst: Ein Heidelberger Professorenstreit; von Olenhusen: «Ehre, Ansehen, Frauenrechte»; und Weischenberg: Max Weber und die Entzauberung der Medien.

5 So fasst ihn Weber später zusammen, Max Weber an Friedrich Blanck, 13.12.1910, MWG II/6: S. 721 ff.; «sofern Sie», am selben Tag Max Weber an Arnold Ruge, ebd., S. 715 ff. (716).

6 An Friedrich Blanck, ebd., S. 746; «Ohrfeigen», MWG II/7-1, S. 48.

7 MWG II/6, S. 722.

8 Jaspers: Max Weber, S. 78.

9 «Volkstribun», zit. nach R, S. 639; «Die Gefährten», LB, S. 445.

10 PE-K, S. 81.

11 GARS I, S. 191; PE-K, S. 101.

12 PE-K, S. 107 f.

13 Und nicht etwa, weil Weber das Referat seiner Thesen beim Historikertag 1906 an Troeltsch abgetreten hatte, weil dieser die maßgebende Idee als theologischer Fachmann beherrsche, worauf Troeltsch sein Referat mit der Bemerkung einsetzte, Weber sei in jeder Hinsicht berufen gewesen, es zu halten.

14 PE-K, S. 149–187.

15 Ebd., S. 241.

16 Ebd., S. 324, 326.

17 MWG II/8, S. 126 ff.

18 MWG II/6, S. 721.

19 MWG II/8, S. 401.

20 Philippovich: «Über das Wesen der volkswirtschaftlichen Produktivität», S. 353; «offensichtlich», S. 416; «materialen», WG, S. 45.

21 Elias: Studien über die Deutschen, S. 71; vgl. WG, S. 186: «die Tatsache bleibt bestehen, daß die Zweikampfbereitschaft, trotz des Strafgesetzes, in Deutschland für den Offizier noch heute staatliche Rechtspflicht ist, weil staatliche Rechtsfolgen an ihr Fehlen geknüpft sind.»

22 MWG II/7-1, S. 349–351.

Einundzwanzigstes Kapitel

1 «Minimum», WG, S. 122.

2 «ökonomisch sturmfreie Existenz», Max Weber: «Wahlrecht und Demokratie in Deutschland» (1917), in GPS, S. 272; «daß wer», ders.: Die Lage der Landarbeiter im ostelbischen Deutschland (1892), in MWG I/3, S. 918; «halb ‹cäsaristisch›», ders.: «Stellungnahme zur Flottenumfrage der Allgemeinen Zeitung» (1898), in GPS, S. 31. Vgl. Torp: Max Weber und die preußischen Junker, S. 38–61.

3 Alles, was man derzeit über George und seinen Kreis als soziale Phänomene wissen muss, steht bei Breuer: Ästhetischer Fundamentalismus, Karlauf: Stefan George und Raulff: Kreis ohne Meister.

4 Simmel: «Stefan George», S. 26, 31. Vgl. für eine zeitgenössische Theorie der Gefühlsbestimmung durch ästhetische Werke Baensch: «Kunst und Gefühl», S. 1–28.

5 Zum Propheten als Inhalt der Religion vgl. Breuer: «Das Syndikat der Seelen», S. 338; «Der Alltag», Gertrud Simmel an Sophie Rickert, 28. 12. 1908, zit. nach Boehringer: Mein Bild von Stefan George, S. 86.

6 «Groteske», Max Weber an Dora Jellinek, 9. 6. 1910, MWG II/6, S. 559–563; «Schlichtheit», Max Weber an Marie Baum, 11. 11. 1910, ebd., S. 689.

7 Zur Debatte vgl. Sohm: «Wesen und Ursprung des Katholizismus»; von Harnack: Entstehung und Entwickelung der Kirchenverfassung und des Kirchenrechts. Einen guten Überblick gibt Kroll: «Max Webers Idealtypus der charismatischen Herrschaft».

8 Harnack: Dogmengeschichte, S. 85–95; Sohm: Kirchenrecht, S. 26 f., 209, 100; außerdem ders.: Kirchengeschichte im Grundriß, S. 26–34, eine besonders populär geschriebene Darstellung der reinen lutherischen Lehre.

9 Vgl. zu diesem «spiritualistischen bias» Breuer: Max Webers Herrschaftssoziologie, S. 20 f. sowie zur charismatischen Herrschaft S. 33–67.

10 Marrett: The threshold of religion; Lévy-Bruhl: Les fonctions mentales dans les sociétes inferieures.

11 Vgl. die klare Darstellung dieser und weiterer Fragen, die Weber unbeantwortet ließ, bei Blau: Exchange and Power in Social Life, S. 200–223.

12 GARS III, S. 220.

13 WuG, S. 141.

14 Ebd., S. 129.

15 Zur intellektuellen Entwicklung vgl. das Standardwerk Genett: Der Fremde im Kriege.

16 Michels: Die Grenzen der Geschlechtsmoral, S. 133–145 («Rückgratlosigkeit», ebd., S. 138).

17 «Sie reisen», an Robert Michels, 12. Mai 1909, MWG II/6, S. 124; «Hang»,

Michels: «Zur Soziologie der Bohème», S. 804; «vergleichende», ders.: Die Grenzen der Geschlechtsmoral. Prolegomena, Gedanken und Untersuchungen, München 1911, S. 33–54; «Das Eheweib», ebd., S. 177; «Natürlich», an Marianne Weber, 22. April 1911, MWG II/7-2, S. 200.

18 Hierzu ebd., S. 323–330; Michels: «Die deutsche Sozialdemokratie», S. 539.

19 Berufsmitglieder, ebd., S. 543; Jean Jaurès, in Robert Michels: «Die deutsche Sozialdemokratie im internationalen Verbande. Eine kritische Untersuchung», zit. nach ders.: Soziale Bewegungen zwischen Dynamik und Erstarrung, S. 152 f.

20 «Kontinuierlichkeit», WG, S. 669; «cäsaristischen», GPS, S. 348.

21 «puritanisch», GARS I, S. 99; «cäsaristische», GPS, S. 393; «Emotionalisierung» vgl. GPS, S. 404. Zu Webers veränderter Einschätzung vgl. Breuer: «Das Charisma des Führers», S. 144–175.

22 Für einen Katalog der Einwände gegen die Verklammerung von Zweckrationalität und Befehlsherrschaft vgl. Luhmann: «Zweck – Herrschaft – System», S. 91; Michels: Zur Soziologie des Parteiwesens in der modernen Demokratie.

23 GPS, S. 517.

Zweiundzwanzigstes Kapitel

1 «Gehäuse jener Hörigkeit der Zukunft», WuG, S. 835; «Verstaatlichung», GPS, S. 63; «wie eine Schafherde», ebd., S. 64; «Fachmenschen», GARS I, S. 204.

2 Michels: Probleme der Sozialphilosophie, S. 17–26, 38.

3 SSP, S. 504 f.

4 Marx/Engels: Kommunistisches Manifest (1848), S. 463.

5 Lukács: «Was ist orthodoxer Marxismus?», S. 39, 49–50.

6 Marx/Engels: Kommunistisches Manifest (1848), S. 465.

7 LB, S. 342.

8 Stepun: Vergangenes und Unvergängliches, S. 138.

9 Lukács: Theorie des Romans, S. 168 f.

10 LB, S. 474.

11 Max Weber: «Zur Lage der bürgerlichen Demokratie in Rußland», in GPS, S. 33–68, hier: S. 43, 63 f.

12 «Zur Lage», GPS, S. 56.

13 «verschmitzte», zit. nach Max Weber: «Russlands Übergang zum Scheinkonstitutionalismus», in GPS, S. 69–111, hier: S. 84; «wahrhaft», ebd., S. 107; «verschmitztester», ebd., S. 109; «heilige», GPS, S. 39; «leidenschaftliche», ebd., S. 98; «Es ist ein», ebd., S. 109.

14 «Chronik», GPS, S. 106; «drängt», ebd., S. 65; «durch sie», ebd.

15 «Russlands Übergang zur Scheindemokratie» (April 1917), in GPS, S. 197–215.

16 Repräsentativ dafür die Schriften des sozialdemokratischen Ökonomen Johann Plenge: Die Revolutionierung der Revolutionäre, Leipzig 1918, S. 33 ff., und Zur Vertiefung des Sozialismus, Leipzig 1919, vor allem S. 38–89.
17 «Der Sozialismus», SSP, S. 492–518; «Der Staat aber», ebd., S. 504.
18 Vgl. beispielsweise Kautsky: Die historische Leistung von Karl Marx, S. 27–30.
19 SSP, S. 513.
20 «Romantik» und «Das große Experiment», ebd., S. 514.
21 Webers Beispiel sind buddhistische Bettelmönchsgemeinschaften, WuG, S. 663.
22 MWG I/16, S. 365.
23 Siehe hierzu und im Folgenden Breuer: «Die Organisation als Held», S. 94–101.
24 GARS I, S. 261.
25 GPS, S. 39.
26 WuG, S. 726.
27 Lenin, Werke 25, S. 502, zit. nach Breuer: «Die Organisation als Held», S. 103.

Dreiundzwanzigstes Kapitel

1 Simmel: «Soziologie der Geselligkeit».
2 Simmel: Soziologie, S. 22.
3 Max Weber: «Geschäftsbericht», in Verhandlungen, S. 39–62.
4 «Wertgott», Troeltsch: Gesammelte Schriften, Bd. 3, S. 61; «auf das Gebiet», GARS I, S. 204; «Mensch», Verhandlungen, S. 57.
5 «Der Sinn der ‹Wertfreiheit› der soziologischen und ökonomischen Wissenschaften» (1918), WL, S. 489–540; «höchst triviale», ebd., S. 499.
6 WL, S. 433.
7 «von der satanischen», GARS I, S. 490; der «praktische Rationalismus», ebd., S. 440.
8 «Herrenschicht», GARS II, S. 16; «magische Distanz», ebd., S. 36; «Konzeptionsstunde», S. 40.
9 WG, S. 535.
10 GARS I, S. 539.
11 Bendix: Max Weber, S. 76; «züchten», GARS III, S. 238.
12 «Zwischenbetrachtung», GARS I, S. 536–573; «ungebrochenen Menschentums», ebd., S. 263.
13 «größten», GARS, S. 556; «den kalten», ebd., S. 561.
14 GARS I, S. 1–16.
15 «die Entstehung», ebd., S. 10.
16 «Jener große», ebd., S. 94 f.; «Second Awakening», vgl. Bloom: The American Religion; Butler: Awash in a Sea of Faith.
17 Vgl. die Hinweise auf Forschungen zur Magie im alten Israel bei Breuer: «Magie – Religion – Entzauberung», S. 29 ff.

18 Vgl. zur protestantischen Hexenlehre, Bekker und von Spee die Darstellung bei Kittsteiner: Die Stabilisierungsmoderne, S. 137–177.

Vierundzwanzigstes Kapitel

1 «Ich habe», Max Weber an Karl Oldenberg, 28.8.1914, MWG II/8, S. 782. Die weiteren Zitate ebd., S. 787 (an Siebeck), 799 (an Toennies); «Die Gemeinschaft», GARS I, S. 548, und Max Weber an Helene Weber, 4.9.1915, MWG II/9, S. 116. Zu Lask der Brief Webers vom 17.6.1915, ebd., S. 56 ff.

2 «Wer auch nur» und «historische Pflicht», in Weber: «Zwischen zwei Gesetzen», in GPS, S. 144

3 Alle Zitate aus Max Weber: «Abschließender Erfahrungsbericht über die Lazarettverwaltung», in MWG I/15, S. 32–48. Vgl. auch LB, S. 545–560.

4 Vgl. Kellermann (Hrsg.): Der Krieg der Geister.

5 Sombart: Händler und Helden, dort zum «Krieg Nietzsches» S. 53, zur englischen Freiheit S. 21 und zum Urheberrecht an der Reformation S. 49.

6 Simmel: «Deutschlands innere Wandlung», S. 13.

7 Troeltsch: Die Ideen von 1914, S. 48 f.; «Militarismus», ders.: Unser Volksheer, S. 16.

8 «die Stunde», LB, S. 526; «Es ist», ebd., S. 529; «Saatgut», ebd., S. 535 f.

9 «Senegalneger», an Robert Michels, 20.6.1915, MWG II/9, S. 66; vgl. GPS, S. 214. Ghurkas waren nepalesische Soldaten im Dienst Großbritanniens. «Wer hätte», an Mina Tobler, 30.8.1915, ebd., S. 113; «Beleidigung», an Michels, 9.9.1915, ebd., S. 135; an Sombart, 30.7.1915, ebd., S. 79–81.

10 An Friedrich Naumann, 2.11.1915, MWG II/9, S. 158.

11 GPS, S. 159.

12 MWG I/15, S. 648–689, hier 651.

13 «nationale», GPS, S. 174; «Die Struktur», ebd., S. 218; Aufteilung, ebd., S. 143.

14 Leon Daudet: Contre l'esprit allemand. De Kant à Krupp, Paris 1915, S. 39 ff.

15 MWG I/15, S. 667.

16 Naumann: Mitteleuropa.

17 Mommsen: Max Weber und die deutsche Politik 1890–1920, S. 222–241, vor allem S. 237, Anm. 2. Vgl. Webers Brief an Franz Eulenburg, 14.3.1916, MWG II/9, S. 340 f.

18 Wahlrecht und Demokratie in Deutschland (Dezember 1917), GPS, S. 246; «an der Erhaltung», ebd., S. 251; zum Ständestaat ebd., S. 263.

19 Alle Zitate ebd., S. 272–281.

20 Ebd., S. 284.

21 Breuer: «Das Charisma der Nation».

22 «für die Ehre», in «Zwischen zwei Gesetzen» (Februar 1916), in GPS, S. 144 f.; «Ehre des Volkstums», in «Deutschland unter den europäischen Welt-

mächten» (1916), in ebd., S. 176; «Pflicht», in «Ein Wahlrechtsnotgesetz des Reichs» (28.3.17), in ebd., S. 196; «Macht», ebd., S. 175; «Deutschlands», in «Die Lehren der deutschen Kanzlerkrisis» (7.9.1917), in ebd., S. 217; «daß der Krieg», in «Die siebente deutsche Kriegsanleihe» (18.9.1917), in ebd., S. 226.

23 «Wahlrecht und Demokratie in Deutschland», ebd., S. 291.

Fünfundzwanzigstes Kapitel

1 GPS, S. 363.

2 Fast willkürlich aus einem einzigen Jahrgang zur Illustration des «aufgeladenen» Zeitgeistes herausgegriffen: Oswald Spengler: Preußentum und Sozialismus, München 1919; Johann Plenge: Zur Vertiefung des Sozialismus, Leipzig 1919; Heinrich von Gleichen: «Der Beamte als Führer», in Der Spiegel. Beiträge zur sittlichen und künstlerischen Kultur 1 (1919/1920), Heft 4, 19–26; Karl Barth: Der Römerbrief, München 1919; Gustav Wyneken: Der Kampf für die Jugend, Jena 1919; Karl Jaspers: Psychologie der Weltanschauungen, Berlin 1919; Walther Rathenau: Die neue Gesellschaft, Berlin 1919; ders.: Der neue Staat, Berlin 1919; Lukács: «Was ist Orthodoxer Marxismus?» (1919); Carl Schmitt: Politische Romantik, Berlin 1919.

3 Meinecke: «Drei Generationen deutscher Gelehrtenpolitik». Der Hinweis auf Meinecke ebenso wie das folgende Zitat ist dem Buch von Schiera: Laboratorium der bürgerlichen Welt, S. 97 f. entnommen.

4 Toller: Eine Jugend in Deutschland, S. 57; Heidler: Der Verleger Eugen Diederichs und seine Welt, S. 48.

5 An Mina Tobler, 2.6.1917, MWG II/9, S. 655.

6 Toller: Eine Jugend in Deutschland, S. 57; Tagungsprotokoll in MWG I/15, S. 701–707; «Nicht die Politik», ebd., S. 707.

7 Schwab: «Beruf und Jugend», S. 104 f.; Alfred Weber: Religion und Kultur, S. 333. Vgl. durchgehend MWG I/17, S. 54 und Schluchter: «Handeln und Entsagen, S. 284 f.

8 Max Weber: «Wissenschaft als Beruf», in WL, S. 582–613, hier: S. 582–588.

9 Eulenburg: Der «akademische Nachwuchs», S. 8–13.

10 WL, S. 585.

11 Vgl. für eine Entwicklung der Prämissen einer Einheit von Forschung und Lehre die kurz vor Webers Studienzeit, im Jahr 1879, gehaltene Berliner Universitätsrede des Theologen und Philosophen Eduard Zeller: «Über akademisches Lehren und Lernen», S. 90, und für weitere Belege Stichweh: «Die Einheit von Lehre und Forschung»; «Frequenzkonkurrenz», WL, S. 586.

12 Blumenberg: Die Sorge geht über den Fluß, S. 75.

13 Wittgenstein: Tractatus logico-philosophicus, S. 85, Satz 6.52; WL, S. 598. Witt-

gensteins Traktat erscheint erst 1921, das Manuskript aber entsteht während des Ersten Weltkriegs und ist 1918 abgeschlossen.

14 Dumont: Homo Hierarchicus, S. 239–245.

15 Vgl. Stichweh: «Bildung, Individualität und die kulturelle Legitimation von Spezialisierung», S. 223.

16 «Wir können», WL, S. 608; «sich in ihrer Seele», ebd., S. 611.

Sechsundzwanzigstes Kapitel

1 Schumpeter: Das Wesen und der Hauptinhalt der theoretischen Nationalökonomie, S. 7; «Paradoxien», an Carl Grünberg, Juni 1918, MWG II/10-1, S. 178; zum Folgenden vgl. Somary: Erinnerungen, S. 170–172. In den Briefen Webers findet sich kein Echo dieser Begegnung.

2 GPS, S. 563 f.; Somary: Erinnerungen, S. 148.

3 GPS, S. 152; zu 1896, ebd., S. 29; Somary: Erinnerungen, S. 150 f. Lesenswert auch das gespenstische Gespräch Somarys mit dem Ersten Generalquartiermeister und faktischen Militärdiktator Erich Ludendorff aus dem Frühsommer 1917, in dem dieser mitteilt, Amerika werde «erst in Jahren eine wirkliche Armee haben» (S. 159).

4 GARS I, S. 553; GARS II, S. 193; WL, S. 505; GPS, S. 539; an Robert Michels, 4. 8. 1908, MWG I/5, S. 615 f.

5 Weitere Differenzierungen beider Typen von Ethik bei Schluchter: Religion und Lebensführung, S. 165–332.

6 «Schande», an Otto Crusius, 26. 12. 1918, MWG II/10-1, S. 380; «qualvoll», an Else Jaffé, 12. 11. 1918, ebd. S. 296; «Unverwüstlichkeit», an Otto Crusius, 26. 12. 1918, zit. nach LB, S. 649; «Das machen wir», an Otto Crusius, 24. 11. 1918, MWG II/10-1, S. 321; «toller Mumenschanz», an Mina Tobler, 15. 11. 1918, ebd. S. 307; «ein ekelhafter», an Hans Gruhle, 13. 12. 1918, ebd., S. 355; «eine Art Narkotikum», an Helene Weber, 19. 11. 1918, ebd., S. 310.

7 «Diese Verpöbelung», an Mina Tobler, 4. 12. 1918, MWG II/10-1, S. 337 f.; «Pariavolk», MWG I/15, S. 419.

8 An Marianne Weber, 10. 12. 1918, ebd., S. 351.

9 «der Putsch», an Mina Tobler, 4. 12. 1918, MWG II/10-1, S. 336; «grob materiellen», GPS, S. 485; «Die feindlichen», ebd., S. 484.

10 MWG II/10-1, S. 381.

11 Mommsen: Max Weber und die deutsche Politik, S. 301 f.

12 An Carl Petersen, 14. 4. 1920, MWG II/10-2, S. 986.

13 «politische Hampelmänner» und «Dogma», GPS, S. 26 f.; «Gefühlspolitik», ebd., S. 159.

Siebenundzwanzigstes Kapitel

1 Max Weber an Else Jaffé, 4.3.1919, MWG II/10-1, S. 500.
2 An Else Jaffé, 13.2.1919, ebd., S. 451.
3 Ebd., S. 26.
4 Das Bild des Halsrings erstmals am 14.1.1919, ebd., S. 391 f.; «Else v. Richth's», 26.2.1919, ebd., S. 484.
5 «Wasall», an Mina Tobler, 23.7.1917, MWG II/9, S. 720; «absolute Unterordnung», an Else Jaffé 18.6.1919, ebd., S. 649; «Leibeigenschaft» z.B. an Else Jaffé, 12.6.1919, MWG II/10-2, S. 640; «S.S.S.», ebd., 8.9.1919, S. 764 f., 9./10.9.1919, S. 765.
6 An Else Jaffé, 25.2.1919, ebd., S. 483.
7 «Deine Zähne», an Else Jaffé, September 1919, ebd., S. 765; «der in so vielen» und «wenn man sich vor Dir», 4.3.1919, ebd., S. 495.
8 Ebd., S. 21.
9 An Else Jaffé, 23.12.1919, ebd., S. 410.
10 «wilde Katze» etc., an Else Jaffé, 15.1.1919, MWG II/10-1, S. 398.
11 «in jeden Frevel», an Else Jaffé, 15.1.1919, ebd., S. 395.
12 An Else Jaffé, 8.9.1919, MWG II/10-2, S. 767.
13 «aus dem ‹ethischen›», an Mina Tobler, 7.3.1919, ebd., S. 512; zu München und Nürnberg, an Else Jaffé, 20.12.1918, ebd., S. 369.
14 An Mina Tobler, 15.3.1919, ebd., S. 520 ff.
15 Keller: Der grüne Heinrich (2. Fassung), in ders.: Gesammelte Werke, Bd. 1, S. 232 f.
16 «so viel», MWG II/10-1, S. 545; «Deutschlands Lage», GPS, S. 157–177; «Er war», MWG II/10-1, S. 24; «zum letzten Mal», an Mina Tobler, 1.6.1919, MWG II/10-2, S. 632; «vorzeitig», an Mina Tobler 10.6.1919, ebd., S. 638 und 15.7.1919, ebd., S. 687.
17 «leider soll sie ja», an Mina Tobler, 21.1.1920, ebd., S. 899; «Lämmerhüpfen», an Else Jaffé, 11.11.1919, ebd., S. 835 und Anm. 2; «Ein Großstadtmensch», an Mina Tobler, 3.3.1920, ebd., S. 943; «die Freude», an Mina Tobler, 3.1.1920, ebd., S. 877; «Unser Einer», an Else Jaffé, 12.11.1918, MWG II/10-1, S. 297; «kleinen Juden», an Mina Tobler, 15.11.1918, ebd., S. 307.
18 An Erich Ludendorff, 14.5.1919, ebd., S. 605–609.
19 Von «Ich sehe ihn noch vor mir» bis «daß dann wohl» alle Zitate aus «Eine Unterredung mit Erich Ludendorff», MWG I/16, S. 545–552.
20 Das Folgende nach Grossmann: Der Hochverräter Ernst Toller, und Frühwald/Spalek: Der Fall Toller.
21 «Zeugenaussage im Prozeß gegen Ernst Toller», MWG I/16, S. 489. Der «Literat» Weber dokumentiert in Frühwald/Spalek: Der Fall Toller, S. 80.
22 Wolfgang Heine an General Ernst von Oven, 7.6.1919, abgedruckt bei Gross-

mann: Der Hochverräter Ernst Toller, S. 19f. Der General hatte die militärischen Aktionen geleitet, die zur Niederschlagung der Münchner Räterepublik führten.

23 ebd., S. 36.

24 Dazu Kershaw: Hitler, S. 181–184, und Tyrell: Vom «Trommler» zum «Führer», S. 22.

25 «Sachliche (angeblich: ‹politische›) Bemerkungen am 19. 1.», MWG I/16, S. 273.

26 An József von Lukács, 9. 1. 1920, MWG II/10-2, S. 883.

27 MWG II/10-2, S. 920, Anm. 18.

28 An Mina Tobler, 3. 1. 1920, MWG II/10-2, S. 878.

29 Diesen Titel nur zum Nachdenken für all jene, die behaupten, Weber habe eine Soziologie ohne Gesellschaftsbegriff im Sinn gehabt. Wovon wäre dann diese Wissenschaft eine gewesen?

30 An Mina Tobler, MWG II/10-2, S. 879.

31 An Mina Tobler, 15. 1. 1920, ebd., S. 891 und an dies., 25. 10. 1919, ebd., S. 824 «Dinge, die mir nicht sehr liegen zur Zeit».

32 Darauf weist Collins: «Weber's Last Theory of Capitalism», S. 925–942, hin.

33 Weber: Wirtschaftsgeschichte, Berlin 2011, S. 43f., 58, 61–68.

34 Ebd., S. 251.

35 Die Formel, etwas sei «nicht als solches» die treibende Entwicklungskraft des Kapitalismus gewesen, findet sich ebd., S. 252. Für die Bedeutung der Wissenschaft, S. 275; für das römische Recht, S. 302; für den Erwerbstrieb, S. 313; «Demokratisierung des Luxus» und «entscheidende Wendung», S. 278. Weber nennt noch eine ganze Reihe weiterer Bedingungen, die den Kapitalismus gefördert hätten: den Kriegsbedarf der europäischen Fürsten (S. 277 und 312), die Bevölkerungsvermehrung und den Zufluss an Edelmetall aus Amerika (S. 311), das moderate Klima und die günstigen geographischen Gegebenheiten Europas (S. 312).

36 «Abgeneigtheit», ebd., S. 312.

37 «From tribal brotherhood to universal otherhood» lautet die Formel, die Benjamin Nelson im Untertitel seines Buches «The Idea of Usury» ausdrücklich im Anschluss an Weber geprägt hat.

38 Weber: Wirtschaftsgeschichte, S. 320.

39 Ebd., S. 324.

Achtundzwanzigstes Kapitel

1 An Mina Tobler, 14. 10. 1919, MWG II/10-2, S. 817.

2 An Marianne Weber, 10. 4. 1916, MWG II/9, S. 382.

3 An Magdalena Naumann, 27. 8. 1919, MWG II/10-2, S. 742.

4 An Heinrich Rickert, 11.1.1916, MWG II/9, S. 253f.
5 An Georg Lukács, Februar/März 1920, MWG II/10-2, S. 961f.
6 An Alwine Müller, 14.4.1920, ebd., S. 981.
7 An Heinrich Rickert, 26.4.1920, ebd., S. 1040.
8 An Robert Liefmann, 9.3.1920, ebd., S. 947.
9 von Gierke: Das Wesen der menschlichen Verbände, S. 12; «rein empirischen», an Hermann Kantorowicz, 28.12.1913, MWG II/8, S. 443.
10 Max Weber: «Allgemeine Staatslehre und Politik (Staatssoziologie)», in MWG III/7; «wer an Recht», S. 98f.; «Feindin der Willkür», S. 83; «Gladstone», S. 100; «keinen Diener», S. 116f.
11 Marianne Weber an Else Jaffé, 9.6.1920, MWG II/10-1, S. 31.
12 Allert: «Max und Marianne Weber», S. 223.
13 «Sehnsucht», Max Weber an Mina Tobler, 15.7.1919, MWG II/10-2, S. 688; «größten irrationalen», ebd., S. 556; «einzigartigen Sinn», ebd., S. 560; «kalten», ebd. I, S. 561.
14 Ebd., S. 563.
15 Goethe: Werke, S. 307.
16 Vgl. hierzu Benjamin: «Goethes Wahlverwandtschaften».
17 «Wir werden» und alle weiteren Zitate nach MWG II/10-1, S. 38; «Ultra posse», ebd., und an Helene Weber, 24.1.1886, JB, S. 199.

Wie entsteht ein Klassiker?

1 Kondylis: Der Niedergang der bürgerlichen Denk- und Lebensform.
2 Strachey: Eminent Victorians.
3 R, S. 831.
4 «Dienst», Marianne Weber an Else Jaffé, 6.5.1921, zit. nach Roth: Edgar Jaffé, Else von Richthofen and Their Children, S. 99; «Mythos von Heidelberg», Glockner: Heidelberger Bilderbuch, S. 100–114; Jaspers: Max Weber. Eine Gedenkrede, S. 39; «lebendiges Gesetz», Glockner: Heidelberger Bilderbuch, S. 110; «Theorie», Jaspers: Psychologie der Weltanschauungen, S. 68; «bei der», Jaspers: Philosophische Autobiographie, S. 38.
5 «zu der Ansicht», «Du sollst» und edler Nihilismus bei Leo Strauss: Natural Right and History, zit. nach der deutschen Ausgabe: Naturrecht und Geschichte, S. 44, 47, 50.
6 «eine Wissenschaft», WG, S. 1; «ein Grenzfall», WG, S. 4; an Hans Gruhle, 8.3.1913, MWG II/5, S. 112ff., dort auch der Hinweis auf Gruhles Habilitationsvortrag «Die Bedeutung des Symptoms in der Psychiatrie».
7 Scaff: Max Weber in America, S. 214; dort auch S. 211–252 ein Überblick der amerikanischen Wirkungsgeschichte Webers.
8 Parsons: The Structure of Social Action. Die zweibändige Ausgabe von 1968

unterstreicht Webers Bedeutung noch stärker: Band 1: Marshall, Pareto, Durkheim, Band 2: Weber.

9 Eliot: «Tradition and the Individual Talent», S. 46.

LITERATURVERZEICHNIS

Häufig zitierte Literatur

JB: Max Weber: Jugendbriefe, hrsg. von Marianne Weber, Tübingen o.J. [1937].

FG: Guenther Roth: Max Webers deutsch-englische Familiengeschichte 1850–1950, Tübingen 2001.

GARS: Gesammelte Aufsätze zur Religionssoziologie (überarbeitete Fassung der jeweils zu Lebzeiten erschienenen Werke).

Bd. 1: Konfuzianismus und Taoismus, Tübingen 1920 (Nachdruck 1988) GARS I.

Bd. 2: Hinduismus und Buddhismus, Tübingen 1921 (Nachdruck 1988) GARS II.

Bd. 3: Das antike Judentum, Tübingen 1921, (Nachdruck 1988) GARS III.

GASWG: Max Weber: Gesammelte Aufsätze zur Sozial- und Wirtschaftsgeschichte, Tübingen 1924 (ND 1988).

GPS: Max Weber: Gesammelte Politische Schriften, hrsg. von Johannes Winckelmann, Tübingen 1921 (ND 1988).

LB: Marianne Weber: Max Weber. Ein Lebensbild. Mit einer Einleitung von Guenther Roth, München 1989.

LE: Marianne Weber: Lebenserinnerungen, Bremen 1948.

MWG: Max-Weber-Gesamtausgabe, hrsg. von Horst Baier, M. Rainer Lepsius, Wolfgang J. Mommsen, 41 Bde., Tübingen 1984 ff.

PE-L/W: Max Weber: Die protestantische Ethik und der «Geist» des Kapitalismus. Textausgabe auf der Grundlage der ersten Fassung von 1904/05 mit einem Verzeichnis der wichtigsten Zusätze und Veränderungen aus der zweiten Fassung von 1920, hrsg. von Klaus Lichtblau und Johannes Weiss, Bodenheim 1993.

PE II: Max Weber: Die Protestantische Ethik II. Kritiken und Antikritiken, hrsg. von Johannes Winckelmann, Hamburg, Gütersloh 1968 ff.

PE-K: Max Weber: Die protestantische Ethik und der Geist des Kapitalismus. Vollständige Ausgabe, hrsg. und eingeleitet von Dirk Kaesler, München 2010.

R: Joachim Radkau: Max Weber. Die Leidenschaft des Denkens, München 2005.

SSP: Max Weber: Gesammelte Aufsätze zur Sozial- und Wirtschaftsgeschichte, Tübingen 1924 (ND 1988).

WL: Max Weber: Gesammelte Aufsätze zur Wissenschaftslehre, Tübingen 1922 (ND 1988).

WuG: Max Weber: Wirtschaft und Gesellschaft, Tübingen 1921/22 (Studienausgabe 1980).

Weitere zitierte Quellen und Literatur

Adressbuch der Ruprecht-Karls-Universität in Heidelberg, Sommer-Halbjahr 1882, Heidelberg 1882.

Thomas C. Allbutt: «Neurasthenia», in ders. (Hrsg.): A System of Medicine, Bd. 8, London 1899, S. 134–164.

Tillmann Allert: «Max und Marianne Weber. Die Gefährtenehe», in Treiber/Sauerland: Heidelberg im Schnittpunkt intellektueller Kreise, S. 210–241.

Edwin Lancelot Ash: «Nervous Breakdown. The Disease of our Age», Medical Times 37 (1909).

Ders.: The Problem of Nervous Breakdowns, London 1919.

Erich Auerbach: Mimesis. Dargestellte Wirklichkeit in der abendländischen Literatur (1946), Basel 2001.

Otto Baensch: «Kunst und Gefühl», Logos 12 (1923/24), S. 1–28.

Hans Barth: Roma Aeterna. Eine Wanderung durch Rom, Berlin o. J. (vermutlich 1907/1908).

Paul Barth: «Die Nationalität in ihrer soziologischen Bedeutung», in Verhandlungen des Zweiten Deutschen Soziologentags. Reden und Vorträge, Tübingen 1913, S. 21–48.

Gertrud Bäumer: Die Frau in den Kulturbewegungen der Gegenwart, Wiesbaden 1904.

Eduard Baumgarten: Max Weber. Werk und Person, Tübingen 1964.

Hermann Baumgarten: «Der deutsche Liberalismus. Eine Selbstkritik» (1866), in ders.: Historische und politische Reden und Aufsätze, hrsg. von Erich Marcks, Straßburg 1894.

George M. Beard: American Nervousness. Its Causes and Consequences. A Supplement to Nervous Exhaustion (Neurasthenia), New York 1881.

Hamilton Beck: «W. E. B. Du Bois as a Study Abroad Student in Germany, 1892–1894», in Frontiers, Bd. 2. 1. (1996), S. 45–63.

Reinhard Bendix: Max Weber. Das Werk – Darstellung, Analyse, Ergebnisse, München 1964.

Walter Benjamin: «Goethes Wahlverwandtschaften», in ders.: Gesammelte Werke, hrsg. von Rolf Tiedemann und Hermann Schweppenhäuser, Bd. 1, Frankfurt am Main 1972, S. 123–202.

Peter M. Blau: Exchange and Power in Social Life (1964), New Brunswick 2008.

Iwan Bloch: Das Sexualleben unserer Zeit in seinen Beziehungen zur modernen Kultur, Berlin 1908.

Harold Bloom: The American Religion. The Emergence of the Post-Christian Nation, New York 1992.

Hans Blumenberg: Die Sorge geht über den Fluß, Frankfurt am Main 1988.

Walter Boehlich (Hrsg.): Der Hochverratsprozeß gegen Gervinus, Frankfurt am Main 1967.

Robert Boehringer: Mein Bild von Stefan George, Düsseldorf 1968.

Gaston Boissier: Cicero und seine Freunde. Eine Studie über die römische Gesellschaft zu Cäsar's Zeit. Deutsch bearbeitet von Dr. Eduard Döhler, Leipzig 1869.

Knut Borchardt: «Max Weber's Writings on the Bourse: Puzzling Out a Forgotten Corpus», Max Weber Studies 2.2 (2002), S. 139–162.

Heinrich Bosse: Bildungsrevolution 1770–1830, Heidelberg 2012.

Lily Braun: Frauenarbeit und Hauswirtschaft, Berlin 1901.

Stefan Breuer: Ästhetischer Fundamentalismus. Stefan George und der deutsche Antimodernismus, Darmstadt 1995.

Ders.: «Das Charisma der Nation», in ders.: Bürokratie und Charisma. Zur Politischen Soziologie Max Webers, Darmstadt 1994, S. 110–143.

Ders.: «Das Charisma des Führers», in ders.: Bürokratie und Charisma. Zur politischen Soziologie Max Webers, Darmstadt 1994, S. 144–175.

Ders.: «Das Syndikat der Seelen. Stefan George und sein Kreis», in Treiber/Sauerland: Heidelberg im Schnittpunkt intellektueller Kreise, S. 328–375.

Ders.: «Die Geburt der Moderne aus dem Geist der Weltablehnung», in ders.: Max Webers tragische Soziologie. Aspekte und Perspektiven, Tübingen 2006, S. 33–62.

Ders.: «Die Organisation als Held. Der sowjetische Kommunismus und das Charisma der Vernunft», in ders.: Bürokratie und Charisma. Zur Politischen Soziologie Max Webers, Darmstadt 1994, S. 84–109.

Ders.: «Magie – Religion – Entzauberung», in ders.: Max Webers tragische Soziologie. Aspekte und Perspektiven, Tübingen 2006, S. 13–32.

Ders.: Max Webers Herrschaftssoziologie, Frankfurt am Main 1991.

Fritz Brupbacher: 60 Jahre Ketzer, Zürich-Leimbach 1935.

Karl Bücher: Arbeit und Rhythmus, Leipzig 1899.

Ders.: Die Entstehung der Volkswirtschaft. Vorträge und Versuche (1893), Tübingen 1910.

Jacob Burckhardt: Werke. Kritische Gesamtausgabe, Bd. 9, München 2008.

Ders.: Weltgeschichtliche Betrachtungen (1868), Berlin 1910.

Jon Butler: Awash in a Sea of Faith. Christianizing the American People, Cambridge Mass. 1990.

Dennis W. Carlton: Future Markets: Their purpose, their history, their growth, their successes and failures, in The Journal of Future Markets 4 (1984), S. 237–271.

W. E. Channing: «Likeness to God» (1828), http://www.americanunitarian.org/likeness.htm [18.9.2013].

Gilbert K. Chesterton: Heretics, London 1905.

Randall Collins: «Weber's Last Theory of Capitalism», American Sociological Review 45 (1980), S. 925–942.

Adolf Deissmann: Die Urgeschichte des Christentums im Lichte der Sprachforschung, Tübingen 1910.

Ders.: Licht vom Osten. Das Neue Testament und die neuentdeckten Texte der hellenistisch-römischen Welt, Tübingen 1908.

Ders.: «Selbstdarstellung», in Erich Stange (Hrsg.): Die Religionswissenschaft in Selbstdarstellungen, Bd. 1, Leipzig 1925, S. 43–78.

Ders.: Urgeschichte des Christentums, Tübingen 1910.

Eberhard Demm: Ein Liberaler in Kaiserreich und Republik. Der politische Weg Alfred Webers bis 1920, Boppard 1990.

Albrecht Dieterich: Kleine Schriften, Leipzig 1911.

Ders.: Mutter Erde. Ein Versuch über Volksreligion, Leipzig 1905.

Alfred von Domaszewski: «Die Triumphstraße auf dem Marsfelde», Archiv für Religionswissenschaft 12 (1909), S. 67–82.

Edward Dowden: Puritan and Anglican. Studies in Literature, London 1901.

W. E. B. Du Bois: Darkwater. Voices from within the veil, New York 1920.

Ders.: The Souls of Black Folk. Essays and Sketches, Chicago 1903.

Peter Dudek: Ein Leben im Schatten. Johannes und Hermann Nohl – zwei deutsche Karrieren im Kontrast, Bad Heilbrunn 2004.

Louis Dumont: Homo Hierarchicus. The Caste System and its Implications, Chicago 1980.

Francis Ysidro Edgeworth: Mathematical Psychics, London 1881.

Theodor Eimer: Die Entstehung der Arten auf Grund von Vererbung erworbener Eigenschaften nach Gesetzen organischen Wachsens. Ein Beitrag zur einheitlichen Auffassung der Lebewelt, Jena 1888.

Norbert Elias: Studien über die Deutschen. Machtkämpfe und Habitusentwicklung im 19. und 20. Jahrhundert, Frankfurt am Main 1992.

T. S. Eliot: «Tradition and the Individual Talent», in ders.: The Sacred Wood, London 1920, S. 47–59.

Wilhelm Erb: Über die wachsende Nervosität unserer Zeit, Heidelberg 1893.

Gesa von Essen: «Max Weber und die Kunst der Geselligkeit», in Treiber/Sauerland: Heidelberg im Schnittpunkt intellektueller Kreise, S. 462–484.

Albert Eulenburg: Die Nervosität unserer Zeit, in Die Zukunft IV (1896), S. 302–318.

Franz Eulenburg: Der «akademische Nachwuchs». Eine Untersuchung über die Lage der Extraordinarien und Privatdozenten, Leipzig 1908.

Andreas Fahrmeir: «Das Bürgertum des ‹bürgerlichen Jahrhunderts›. Fakt oder Fiktion?», in Heinz Bude u. a. (Hrsg.): Bürgerlichkeit ohne Bürgertum. In welchem Land leben wir?, München 2010, S. 23–32.

Philip Felsch: Laborlandschaften. Physiologische Alpenreisen im 19. Jahrhundert, Göttingen 2007.

Henry Theophilus Finck: Romantic Love and Personal Beauty. Their Development, Causal Relations, Historic and National Pecularities (1884), New York 1902.

Johann Gottlieb Fichte: Grundlage des Naturrechts nach den Prinzipien der Wissenschaftslehre (1796). Hrsg. mit Einleitung und mit Register von Manfred Zahn, Hamburg 1979.

Kuno Fischer: Über die Entstehung und Entwicklungsformen des Witzes. Zwei Vorträge in der Jenaer Rose, Heidelberg 1871.

Claude S. Fisher: To Dwell Among Friends. Personal Networks in Town and City, Chicago 1982.

Theodor Fontane: Briefe an Georg Friedlaender, hrsg. von Walter Hetteche, Frankfurt am Main 1994.

Ders.: Der Stechlin, Berlin 1899.

Benjamin Franklin: The Autobiography, Poor Richard's Almanac and Other Papers, New York 1902.

Wolfgang Frühwald/John M. Spalek (Hrsg.): Der Fall Toller. Kommentar und Materialien, München 1979.

Roland Mushat Frye: «The Teachings of Classical Puritanism on Conjugal Love», in Studies in the Renaissance II (1955), S. 148–159.

Uta Gerhardt: «Darwinismus und Soziologie – Zur Frühgeschichte eines langen Abschieds», in Michael Wink (Hrsg.): Vererbung und Milieu, Heidelberger Jahrbücher XLV (2001), S. 183–216.

Rolf Gehrmann: «Säuglingssterblichkeit in Deutschland im 19. Jahrhundert», in Comparative Population Studies 36 (2011), Heft 4, S. 807–838.

Timm Genett: Der Fremde im Kriege. Zur politischen Theorie und Biographie von Robert Michels 1876–1936, Berlin 2008.

Christian Geulen: Wahlverwandte. Rassendiskurs und Nationalismus im späten 19. Jahrhundert, Hamburg 2004.

Otto Gierke: Das Wesen der menschlichen Verbände, Berlin 1902.

Peter Ghosh: A Historian Reads Max Weber. Essays on the Protestant Ethic, Wiesbaden 2008.

Ders.: «Capitalism and *Herrschaft*: Max Weber at St. Louis», in ders.: A Historian Reads Max Weber. Essays on the Protestant Ethic, Wiesbaden 2008, S. 75–118.

Ders.: «Max Weber on ‹The Rural Community›», History of European Ideas 31 (2005), S. 327–366.

Paul Göhre: Drei Monate Fabrikarbeiter und Handwerksbursche. Eine praktische Studie, Leipzig 1891.

Hermann Glockner: Heidelberger Bilderbuch. Erinnerungen, Bonn 1969.

Johann Wolfgang von Goethe: Werke. Hamburger Ausgabe, Bd. 6, Romane und Novellen I: Die Wahlverwandtschaften, München 1990.

Levin Goldschmidt: Der Lucca-Pistoja-Actien-Streit. Handelsrechtliche Erörterungen, Frankfurt am Main 1859.

Ders.: Handbuch des Handelsrechts, Bd. 1/I/I: Universalgeschichte des Handelsrechts, Stuttgart 1891.

Hermann Heinrich Gossen: Entwicklung der Gesetze des menschlichen Verkehrs und der daraus fließenden Regeln für menschliches Handeln, Braunschweig 1854.

Marie Luise Gothein: Eberhard Gothein. Ein Lebensbild seinen Briefen nacherzählt, Stuttgart 1931.

Friedrich Wilhelm Graf: «Wertkonflikt oder Kultursynthese?», in ders. (Hrsg.): Asketischer Protestantismus und der ‹Geist› des modernen Kapitalismus. Max Weber und Ernst Troeltsch, Tübingen 2005, S. 257–279.

Martin Green: Else und Frieda. Die Richthofen-Schwestern, München 1996.

Sepp-Gustav Gröschel, Henning Wrede (Hrsg.): Ernst Curtius' «Griechische Kunstgeschichte» nach der Mitschrift Wilhelm Gurlitts im Winter 1864/65, Berlin 2010.

Stefan Grossmann: Der Hochverräter Ernst Toller. Die Geschichte eines Prozesses, Berlin 1919.

Hans Gruhle: «Die Bedeutung des Symptoms in der Psychiatrie», in Zeitschrift für die gesamte Neurologie und Psychiatrie 16 (1913), S. 465–486.

Ernst Haeckel: Die Welträtsel. Gemeinverständliche Studien über Monistische Philosophie, Bonn 1903.

Ders.: Lebenswunder. Gemeinverständliche Studien über biologische Philosophie, Leipzig 1904.

Michael Hagemeister: «‹Alles nur Betrug und Lüge?› Fakten und Fiktionen im Leben der Catherine Radziwill», in Kulturelle Grenzgänge. Festschrift für Christa Ebert zum 65. Geburtstag, hrsg. von Agnieszka Brockmann u. a., Berlin 2012, S. 289–300.

Adolf von Harnack: Dogmengeschichte, Freiburg 1893.

Ders.: Entstehung und Entwickelung der Kirchenverfassung und des Kirchenrechts in den ersten zwei Jahrhunderten nebst einer Kritik der Abhandlung R. Sohm's: «Wesen und Ursprung des Katholizismus» und Untersuchungen über «Evangelium», «Wort Gottes» und das Trinitarische Bekenntnis, Leipzig 1910.

Ders.: «Martin Luther in seiner Bedeutung für die Geschichte der Wissenschaft

und Bildung» (1888), in ders.: Reden und Aufsätze, Bd. 1, Gießen 1904, S. 141–169.
Gerhart Hauptmann: Vor Sonnenaufgang (1889/1892), Berlin 1902.
Werner Hegemann: Der Städtebau nach den Ergebnissen der allgemeinen Städtebauausstellung in Berlin, Berlin 1911.
Victor Hehn: Kulturpflanzen und Hausthiere in ihrem Übergang aus Asien nach Griechenland und Italien sowie in das übrige Europa. Historisch-linguistische Skizzen, Berlin 1883.
Irmgard Heidler: Der Verleger Eugen Diederichs und seine Welt. 1896–1930, Wiesbaden 1998.
Wilhelm Hennis: Max Webers Wissenschaft vom Menschen, Tübingen 1996.
Ders.: Max Weber und Thukydides. Nachträge zur Biographie des Werks, Tübingen 2003.
Friedrich Hertz: Moderne Rassetheorien, Leipzig 1904.
Manfred Hettling: «Die Kleinstadt und das Geistesleben. Individuum und Gesellschaft um 1800», in Hans-Werner Hahn/Dieter Hein (Hrsg.): Bürgerliche Werte um 1800. Entwurf, Vermittlung, Rezeption, Wien 2005, S. 273–290.
Paul Honigsheim: «Erinnerungen an Max Weber in Heidelberg», in René König/ Johannes Winckelmann (Hrsg.): Max Weber zum Gedächtnis, Köln 1985, S. 161–271.

Else Jaffé: «Biographische Daten Alfred Webers» (1919), in Eberhard Demm, (Hrsg.): Alfred Weber als Politiker und Gelehrter, Stuttgart 1986, S. 168–198.
Patricia Jalland: Death in the Victorian Family, Oxford 1996.
Christian Jansen: «Die Liberalität der Universität Heidelberg und ihre Grenzen», in Treiber/Sauerland: Heidelberg im Schnittpunkt intellektueller Kreise, S. 515–543.
Karl Jaspers: Max Weber. Eine Gedenkrede (1920), in ders.: Max Weber. Politiker, Forscher, Philosoph (1932), München 1988, S. 32–48.
Ders.: Philosophische Autobiographie, München 1978.
Ernst Jentsch: Die Laune. Eine ärztlich-psychologische Studie, Wiesbaden 1902.

Dirk Kaesler: Max Weber: Eine Einführung in Leben, Werk und Wirkung, Frankfurt am Main 2003.
Franz Kafka: Das Schloß, Frankfurt am Main 1982.
Thomas Karlauf: Stefan George. Die Entdeckung des Charisma, München 2007.
Karl Kautsky: Die historische Leistung von Karl Marx, Berlin 1908.
Gottfried Keller: Gesammelte Werke, Stuttgart 1903.
Hermann Kellermann (Hrsg.): Der Krieg der Geister. Eine Auslese deutscher und ausländischer Stimmen zum Weltkriege 1914, Dresden 1915.

Ian Kershaw: Hitler. 1889–1936, Stuttgart 1998.

John Maynard Keynes: The General Theory of Interest, Employment and Money, London 1936.

Randal Keynes: Annies Schatulle. Charles Darwin, seine Tochter und die natürliche Evolution, Berlin 2002.

Alfred Kerr: Wo liegt Berlin? Briefe aus der Reichshauptstadt, Berlin 1997.

Carl Peter Kheil: Benedetto Cotrugli Raugeo. Ein Beitrag zur Geschichte der Buchführung, Wien 1906.

Arthur Kirchhoff (Hrsg.): Die Akademische Frau. Gutachten hervorragender Universitätsprofessoren, Frauenlehrer und Schriftsteller über die Befähigung der Frau zum wissenschaftlichen Studium und Berufe, Berlin 1897.

André Kieserling: «Simmels Sozialformenlehre. Probleme eines Theorieprogramms», in Hartmann Tyrell u. a. (Hrsg.): Georg Simmels große «Soziologie». Eine kritische Sichtung nach hundert Jahren, Bielefeld 2011, S. 179–206.

Heinz Dieter Kittsteiner: Die Stabilisierungsmoderne. Deutschland und Europa 1618–1715, München 2010.

Panajotis Kondylis: Der Niedergang der bürgerlichen Denk- und Lebensform. Die liberale Moderne und die massendemokratische Postmoderne, Weinheim 1991.

Reinhart Koselleck: Zur anthropologischen und semantischen Struktur der Bildung», in ders.: Begriffsgeschichten. Studien zur Semantik und Pragmatik der politischen und sozialen Sprache, Frankfurt am Main 2006.

Anja Kott (Hrsg.): Hof und Gesellschaft in Berlin. Das Skandalbuch aus Frankreich von Graf Paul Vassili, Berlin 2006.

Emil Kraepelin: Über die Beinflussung einfacher psychischer Vorgänge durch einige Arzneimittel. Experimentelle Untersuchungen, Jena 1892.

Ders.: Über geistige Arbeit, Jena 1894.

Thomas Kroll: «Max Webers Idealtypus der charismatischen Herrschaft und die zeitgenössische Charisma-Debatte», in Edith Hanke/Wolfgang J. Mommsen (Hrsg.): Max Webers Herrschaftssoziologie. Studien zur Entstehung und Wirkung, Tübingen 2001, S. 47–72.

Christa Krüger: Max und Marianne Weber. Tag- und Nachtansichten einer Ehe, Zürich 2001.

Gottfried Küenzlen: «Unbekannte Quellen der Religionssoziologie Max Webers», Zeitschrift für Soziologie 7 (1978), Heft 3, S. 215–227.

Emily Lambert: The futures: The rise of the speculator and the world's biggest markets, New York 2011.

Karl Lamprecht: Americana. Reiseeindrücke, Betrachtungen, Geschichtliche Gesamtansicht, Freiburg 1906.

Julius Langbehn: Rembrandt als Erzieher (1890), Leipzig 1891.

Astrid Lange-Kirchheim: «Alfred Weber und Franz Kafka», in Eberhard Demm (Hrsg.): Alfred Weber als Politiker und Gelehrter, Stuttgart 1986, S. 113–149.

Dies.: «Franz Kafka: ‹In der Strafkolonie› und Alfred Weber: ‹Der Beamte›», in Germanisch-Romanische Monatsschrift. Neue Folge 27 (1977), S. 202–221.

John Lankton Sanford: Studies and Illustrations of the Great Rebellion, London 1858.

Hartmut Lehmann: «Die Weber-These im 20. Jahrhundert», in ders.: Die Entzauberung der Welt. Studien zu Themen von Max Weber, Göttingen 2009, S. 107–115.

Hartmut Lehmann/Guenther Roth (Hrsg.): Weber's Protestant Ethic. Origins, Evidence, Contexts, Cambridge 1993.

Edmund Leites: Puritanisches Gewissen und moderne Sexualität, Frankfurt am Main 1988, S. 98–127.

Friedrich Lenger: Werner Sombart. 1863–1941, München 1998.

M. Rainer Lepsius: «Bürgertum als Gegenstand der Sozialgeschichte», in ders.: Demokratie in Deutschland. Soziologisch-historische Konstellationsanalysen. Ausgewählte Aufsätze, Göttingen 1993, S. 289–302.

Ders.: «Das Bildungsbürgertum als ständische Vergesellschaftung», in ders.: Demokratie in Deutschland. Soziologisch-historische Konstellationsanalysen. Ausgewählte Aufsätze, Göttingen 1993, S. 303–314.

Ders.: «Der Eranos-Kreis Heidelberger Gelehrter 1904–1908», in Jahrbuch der Heidelberger Akademie der Wissenschaften für das Jahr 1983, Heidelberg 1984.

Ders.: «Mina Tobler, die Freundin Max Webers», in Bärbel Meurer (Hrsg.): Marianne Weber. Beiträge zu Werk und Person, Tübingen 2004, S. 77–89.

Sonja Levsen: «Charakter statt Bildung? Universitäten, Studenten und die Politik der Männlichkeit im späten 19. Jahrhundert», Jahrbuch für historische Bildungsforschung 13 (2007), S. 89–114.

Lucien Lévy-Bruhl: Les fonction mentales dans les sociétes inferieures, Paris 1910.

Dieter Lindenlaub: Richtungskämpfe im Verein für Socialpolitik, Wiesbaden 1967.

Niklas Luhmann: Liebe als Passion. Zur Codierung von Intimität, Frankfurt am Main 1994.

Ders.: «Zweck – Herrschaft – System. Grundbegriffe und Prämissen Max Webers», in ders.: Politische Planung. Aufsätze zur Soziologie von Politik und Verwaltung, Opladen 1971, S. 90–112.

Georg Lukács: Theorie des Romans, Berlin 1920.

Ders.: «Was ist orthodoxer Marxismus?» (1919), in ders.: Geschichte und Klassenbewußtsein. Studien über marxistische Dialektik, Berlin 1923, S. 35–54.

Thomas Mann: Buddenbrooks. Verfall einer Familie (1901), Frankfurt am Main 1981.

Karl Marx/Friedrich Engels: Manifest der Kommunistischen Partei, London 1848.

Paul (Paolo) Mantegazza: Das nervöse Jahrhundert, Leipzig 1888 (zuerst Florenz 1887).

Robert Ranulph Marett: The threshold of religion, London 1909.

Fritz Mauthner: Wörterbuch der Philosophie. Neue Beiträge zu einer Kritik der Sprache, Bd. 2, München 1910.

Friedrich Meinecke: Drei Generationen deutscher Gelehrtenpolitik: Friedrich Theodor Vischer – Gustav Schmoller – Max Weber» (1921), in ders.: Staat und Persönlichkeit, Berlin 1933.

Carl Menger: Die Irrthümer des Historismus in der deutschen Nationalökonomie, Wien 1884.

Ders.: Untersuchungen über die Methode der Socialwissenschaften und der Politischen Oekonomie insbesondere, Leipzig 1883.

Karl Menninger: «The abuse of rest in psychiatry». Journal of the American Medical Association 125 (1944), S. 1087–1092.

Bärbel Meurer: Marianne Weber. Leben und Werk, Tübingen 2010.

Eduard Meyer: «Zur Theorie und Methodik der Geschichte» (1902), in ders.: Kleine Schriften zur Geschichtstheorie und zur wirtschaftlichen und politischen Geschichte des Altertums, Halle 1910, S. 1–68.

Robert Michels: «Die deutsche Sozialdemokratie», Archiv für Sozialwissenschaft und Sozialpolitik XXIII, 2 (1906), S. 471–556.

Ders: Die Grenzen der Geschlechtsmoral. Prolegomena, Gedanken und Untersuchungen, München 1911.

Ders.: Probleme der Sozialphilosophie, Leipzig 1914.

Ders.: Soziale Bewegungen zwischen Dynamik und Erstarrung, hrsg. von Timm Genett, Berlin 2008.

Ders.: «Zur Soziologie der Bohème und ihrer Zusammenhänge mit dem geistigen Proletariat», Jahrbücher für Nationalökonomie und Geschichte 81 (1932), S. 801–816.

Ders.: Zur Soziologie des Parteiwesens in der modernen Demokratie. Untersuchungen über die oligarchischen Tendenzen des Gruppenlebens, Leipzig 1911, S. 40–44.

S. Weir Mitchell: Wear and Tear or Hints for the Overworked, Philadelphia 1871.

Robert von Mohl: «Ueber Buerokratie» (1846), in ders.: Staatsrecht, Völkerrecht und Politik. Monographien, Bd. 2, Tübingen 1862, S. 99–130.

Wolfgang J. Mommsen: Max Weber und die deutsche Politik 1890–1920, Tübingen 1959.

Franco Moretti: The Way of the World. The *Bildungsroman* in European Culture, London 2000.

Angelo Mosso: Die Ermüdung, Leipzig 1892.
Hugo Münsterberg: Die Amerikaner, Bd. 1: Das politische und wirtschaftliche Leben, Berlin 1904.

Friedrich Naumann: Mitteleuropa, Berlin 1915.
Benjamin Nelson: The Idea of Usury. From tribal brotherhood to universal otherhood, Princeton 1949.
Friedrich Nietzsche: Anti-Darwin, Kritische Studienausgabe, Bd. 13, München 1980.
Thomas Nipperdey: Deutsche Geschichte 1866–1918, Bd. I: Arbeitswelt und Bürgergeist, München 1998.
Hans Georg Nutzinger: «Zwischen Nationalökonomie und Universalgeschichte. Alfred Webers Versuch einer Integration der Sozialwissenschaften», in Heinz Rieter (Hrsg.): Studien zur Entwicklung der ökonomischen Theorie XV, Berlin 1996, S. 67–100.
Bernhard Obst: Ein Heidelberger Professorenstreit. Die Auseinandersetzung zwischen Adolf Koch und Max Weber 1910–1914, Köln 1987.
Albrecht Götz von Olenhusen: «Ehre, Ansehen, Frauenrechte – Max Weber als Prozessjurist», in Tiziana J. Chiusi u. a. (Hrsg.): Das Recht und seine historischen Grundlagen, Berlin 2008, S. 297–315.
Franz Overbeck: Werke und Nachlaß, Bd. 4: Kirchenlexicon, Stuttgart 1995.

Robert Ezra Park: «The City as a Social Laboratory» (1929), in Ralph H. Turner (Hrsg.): Robert Park on Social Control and Collective Behavior, Chicago 1971, S. 3–18.
Talcott Parsons: The Structure of Social Action. A Study in Social Theory with Special Reference to a Group of Recent European Writers, New York 1937.
Eugen von Philippovich: «Über das Wesen der volkswirtschaftlichen Produktivität und die Möglichkeit ihrer Messung», in Verhandlungen des Vereins für Socialpolitik in Wien, 1909, Leipzig 1910.
Ders.: Die Revolutionierung der Revolutionäre, Leipzig 1918.
Ders.: Zur Vertiefung des Sozialismus, Leipzig 1919.
Alfred Ploetz: «Die Begriffe Rasse und Gesellschaft und die davon abgeleiteten Disziplinen», in Archiv für Rassen- und Gesellschaftsbiologie 1 (1904), Heft 1.
Ders.: Die Tüchtigkeit unserer Rasse und der Schutz der Schwachen. Ein Versuch über Rassenhygiene und ihr Verhältnis zu den humanen Idealen, besonders zum Sozialismus, Berlin 1895.

Anson Rabinbach: The Human Motor. Energy, Fatigue, and the Origins of Modernity, Berkeley 1992.
Gustav Radbruch: Der innere Weg, Stuttgart 1951.

Joachim Radkau: Das Zeitalter der Nervosität. Deutschland zwischen Bismarck und Hitler, München 1998.

Ulrich Raulff: Kreis ohne Meister. Stefan Georges Nachleben, München 2009.

Hermann von Reichlin-Meldegg: Geschichte der Familie Reichlin von Meldegg, Regensburg 1881.

Albrecht Ritschl: Geschichte des Pietismus, Bd. 1: Der Pietismus in der reformierten Kirche, Bonn 1880.

W. H. R. Rivers/Emil Kraepelin: «Ueber Ermuedung und Erholung», in Emil Kraepelin (Hrsg.): Psychologische Arbeiten, Leipzig 1896, S. 627–678.

Daniel Rogers: Matrimonial Honor, or the mutuall crowne and comfort of godly, loyall, and chaste marriage, London 1642.

Wilhelm Roscher, Ansichten der Volkswirtschaft aus dem geschichtlichen Standpunkte, Bd. 1, Leipzig 1878.

Ders.: Grundriß zu Vorlesungen über die Staatswirthschaft. Nach geschichtlicher Methode, Göttingen 1843.

Guenther Roth: Edgar Jaffé, Else von Richthofen and Their Children. From German-Jewish assimilation through anti-Semitic persecution to American integration. A century of familiy correspondence 1880–1980, New York 2012.

John Ruskin: Unto this Last (1862), hrsg. von Susan Cunnington, New York 1920.

Karol Sauerland: «Heidelberg als intellektuelles Zentrum», in Treiber/ders.: Heidelberg im Schnittpunkt intellektueller Kreise, S. 12–30.

Lawrence Scaff: Max Weber in America, Chicago 2011.

Wolfgang Schluchter: «Handeln und Entsagen. Max Weber über Wissenschaft und Politik als Beruf», in Treiber/Sauerland: Heidelberg im Schnittpunkt intellektueller Kreise, S. 264–307.

Ders.: Religion und Lebensführung, Bd. 1: Studien zu Max Webers Kultur- und Werttheorie, Frankfurt am Main 1988.

Hermann Schell: Der Katholicismus Princip des Fortschritts, Würzburg 1897.

Pierangelo Schiera: Laboratorium der bürgerlichen Welt: Deutsche Wissenschaft im 19. Jahrhundert, Frankfurt am Main 1992.

Silke Schmitt: Max Webers Verständnis des Katholizismus. Eine werkbiographische Analyse nebst einem Exkurs zu Max Webers Romaufenthalt, Rom 2012.

Gustav Schmoller: Grundriß der Allgemeinen Volkswirtschaftslehre. Erster Teil, Leipzig 1908.

Theodor Schieder: Staatensystem als Vormacht der Welt. 1848–1918, Berlin 1977.

Martin Schumacher: Auslandsreisen deutscher Unternehmer 1750–1851, Köln 1968.

Joseph A. Schumpeter: Das Wesen und der Hauptinhalt der theoretischen Nationalökonomie, Leipzig 1908.

F. X. (Alexander) Schwab: «Beruf und Jugend», in Die Weißen Blätter. Eine Monatsschrift, 5 (1917), Heft 5, S. 97–113.
Albert Schweitzer: Geschichte der Leben-Jesu-Forschung (1906), Tübingen 1984.
Georg Simmel: «Der Begriff und die Tragödie der Kultur» (1918), Gesamtausgabe, Bd. 14, Frankfurt am Main 1996, S. 385–416.
Ders.: «Deutschlands innere Wandlung», in ders.: Der Krieg und die geistigen Entscheidungen, München 1917.
Ders.: «Die Großstädte und das Geistesleben» (1903), in ders.: Gesamtausgabe, Bd. 7/I, Frankfurt am Main 1995, S. 116–131.
Ders.: Probleme der Geschichtsphilosophie, Leipzig 1892.
Ders.: «Stefan George. Eine kunstphilosophische Studie» (1901), in ders.: Gesamtausgabe, Bd. 7/I, Frankfurt am Main 1995, S. 21–35.
Ders.: Soziologie. Untersuchungen über die Formen der Vergesellschaftung, Berlin 1908.
Ders.: «Soziologie der Geselligkeit», in Verhandlungen des Ersten Deutschen Soziologentages, Tübingen 1911, S. 1–16.
Ders.: Philosophie des Geldes, Frankfurt am Main 1989.
Ders.: «Philosophie der Geschlechter (Fragmente)», in ders.: Gesamtausgabe, Bd. 8/II, Frankfurt am Main 1993, S. 74–81.
Ders.: Gesamtausgabe, Bd. 22: Briefe 1880–1911, Bd. 23: Briefe 1912–1918, Frankfurt am Main 2005/2008
Upton Sinclair: The Jungle. The Uncensored Original Edition, Tucson 2003.
Rudolph Sohm: Kirchengeschichte im Grundriß (1887), Leipzig 1905.
Ders.: Kirchenrecht, Bd. 1, Leipzig 1892.
Ders.: «Wesen und Ursprung des Katholizismus», in Abhandlungen der philologisch-historischen Classe der Königlich-Sächsischen Akademie der Wissenschaften 27 (1909), S. 508–546.
Felix Somary: Erinnerungen aus meinem Leben, Zürich 1959.
Werner Sombart: Der moderne Kapitalismus, Bd. 1: Die Genesis des Kapitalismus, Leipzig 1902.
Ders.: Die römische Campagna: Eine sozialökonomische Studie, Leipzig 1888.
Ders.: Die Juden und das Wirtschaftsleben, Leipzig 1911.
Ders.: Händler und Helden. Patriotische Besinnungen, München/Leipzig 1915.
Ders.: Warum gibt es in den Vereinigten Staaten keinen Sozialismus, Tübingen 1906.
William Thomas Stead: The Americanization of the World. The Trend of the Twentieth Century, New York 1900.
Heinz Steinert: Max Webers unwiderlegliche Fehlkonstruktionen. Die protestantische Ethik und der Geist des Kapitalismus, Frankfurt am Main 2010.
Fedor Stepun: Vergangenes und Unvergängliches. Bd. 1, München 1946.
Rudolf Stichweh: «Bildung, Individualität und die kulturelle Legitimation von Spe-

zialisierung», in ders.: Wissenschaft, Universität, Professionen. Soziologische Analysen, Frankfurt am Main 1994, S. 207–222.

Ders.: «Die Einheit von Lehre und Forschung», in ders.: Wissenschaft, Universität, Professionen. Soziologische Analysen, Frankfurt am Main 1994, S. 228–245.

Ders.: Zur Entstehung des modernen Systems wissenschaftlicher Disziplinen. Physik in Deutschland 1740–1890, Frankfurt am Main 1984.

Lytton Strachey: Eminent Victorians. Cardinal Manning, Florence Nightingale, Dr. Arnold, General Gordon, New York 1918.

Leo Strauss: Naturrecht und Geschichte, Stuttgart 1956.

Emil Szittya: Das Kuriositäten-Kabinett, Konstanz 1923.

Frederick Winslow Taylor: Shop Management, New York 1912.

Friedrich Tenbruck: «Die Genesis der Methodologie Max Webers» (1959), in ders.: Das Werk Max Webers. Gesammelte Aufsätze zu Max Weber, Tübingen 1999, S. 1–58.

Florian Tennstedt. «Junker, Bürger, Soziologen. Kritisch-historische Anmerkungen zu einer historisch-kritischen Ausgabe der Werke Max Webers», in Soziologische Revue 9 (1986), S. 8–17.

Ernst Toller: Eine Jugend in Deutschland (1933), Reinbek 1963.

Cornelius Torp: Max Weber und die preußischen Junker, Tübingen 1998.

Hubert Treiber: «Der ‹Eranos› – Das Glanzstück im Heidelberger Mythenkranz», in Wolfgang Schluchter/Friedrich Wilhelm Graf (Hrsg.): Asketischer Protestantismus und der «Geist» des modernen Kapitalismus, Tübingen 2005, S. 75–154.

Ders./Karol Sauerland (Hrsg.): Heidelberg im Schnittpunkt intellektueller Kreise. Zur Topographie der «geistigen Geselligkeit» eines «Weltdorfes». 1850–1950, Opladen 1995.

Heinrich von Treitschke: Die Gesellschaftswissenschaft. Ein kritischer Versuch, Leipzig 1859.

Ders.: Die Zukunft des deutschen Gymnasiums, Leipzig 1890.

Ders.: «Luther und die deutsche Nation» (1883), in ders.: Ausgewählte Schriften, Bd. 1, Leipzig 1908, S. 136–158.

Ders.: Politik. Bd. 2, hrsg. von Max Cornicelius, Leipzig 1898.

Ernst Troeltsch: Die Absolutheit des Christentums und die Religionsgeschichte, Tübingen 1902.

Ders.: Die Bedeutung des Protestantismus für die Entstehung der modernen Welt, München 1911.

Ders.: Die Ideen von 1914, in ders.: Deutscher Geist und Westeuropa, Tübingen 1925, S. 31–58.

Ders.: Gesammelte Schriften. Bd. 3. Der Historismus und seine Probleme, Tübingen 1922.

Ders.: «Religionsphilosophie», in Wilhelm Windelband (Hrsg.), Die Philosophie im Beginn des zwanzigsten Jahrhunderts, Heidelberg 1904.
Ders.: Gesammelte Schriften. Erster Bd.: Die Soziallehren der christlichen Kirchen und Gruppen (1911), Tübingen 1923.
Ders.: Unser Volksheer. Rede, Heidelberg 1914.
Frederick Jackson Turner: «The Significance of the Frontier in American History» (1893), in ders.: The Frontier in American History, New York 1920, S. 1–38.
Ders.: «The West and American Ideals», in ders.: The Frontier in American History, New York 1920, S. 290–310.
Mark Twain: Bummel durch Europa (A Tramp Abroad, 1880), Köln 2009.
Albrecht Tyrell: Vom «Trommler» zum «Führer». Der Wandel von Hitlers Selbstverständnis zwischen 1919 und 1924 und die Entwicklung der NSDAP, München 1975.

Comte Paul Vasili: La Société de Berlin. Augmenté de lettres inédites, Paris 1884 (dt.: Hof und Gesellschaft in Berlin. Das Skandalbuch aus Frankreich von Graf Paul Vassili, hrsg. von Anja Knott, Berlin 2006).
Thorstein Veblen: Rezension von «Der moderne Kapitalismus», in Journal of Political Economy 11 (1903), S. 300–305.
Verhandlungen des Ersten Deutschen Soziologentags vom 19.–22. Oktober 1910. Reden und Vorträge, Tübingen 1911.
Verhandlungen über Fragen des höheren Unterrichts. Berlin 4.–17. Dezember 1890, Berlin 1891.
Karl Voßler: Sprache als Schöpfung und Entwicklung. Eine theoretische Untersuchung mit praktischen Beispielen, Heidelberg 1905.

Adolph Wagner: Agrar- und Industriestaat. Die Kehrseite des Industriestaats und die Rechtfertigung des agrarischen Zollschutzes mit besonderer Rücksicht auf die Bevölkerungsfrage, Jena 1902.
Ders.: Allgemeine und theoretische Volkswirtschaftslehre oder Sozialökonomie (Theoretische National-Ökonomie). Grundlegung und Ausführung in aphoristischer Form. Grundriss zu seiner diesbezüglichen Vorlesung, Berlin 1901.
Ders.: Grundlegung der allgemeinen und theoretischen Volkswirtschaftslehre, Leipzig 1892.
Ders.: Grundlegung der politischen Ökonomie, Zweiter Teil: Volkswirtschaft und Recht, besonders Vermögensrecht oder Freiheit und Eigentum in volkswirtschaftlicher Betrachtung, Buch 1–3, Leipzig 1894.
Ders.: «Industriestaat und Agrarstaat», in Die Zukunft 8 (1894), S. 437–451.
Ders.: «Über deutsche und englische Nationalökonomie», in Preußische Jahrbücher 73 (1893), S. 412–419.

Ders.: Vom Territorialstaat zur Weltmacht, Berlin 1900.
Lester Frank Ward: «Neo-Darwinism and Neo-Lamarckism», in Proceedings of the Biological Society 6 (1890/91), S. 11–71.
Alfred Weber: «Das Berufsschicksal der Industriearbeiter» (1912), in ders.: Gesamtausgabe, Bd. 8, Marburg 2000, S. 344–368.
Ders.: «Der Beamte» (1910), in ders.: Gesamtausgabe, Bd. 8, Marburg 2000, S. 98–117.
Ders.: «Der soziologische Kulturbegriff» (1912), in ders.: Gesamtausgabe, Bd. 8., Marburg 2000, S. 61–75.
Ders.: «Probleme der Arbeiterpsychologie» (1910), in Gesamtausgabe, Bd. 5, Marburg 2000, S. 448–457.
Ders.: «Religion und Kultur» (1912), in ders.: Gesamtausgabe, Bd. 8, Marburg 2000, S. 315–338.
Ders.: Gesamtausgabe, Bd. 9 und 10: Ausgewählter Briefwechsel, Marburg 2003.
Marianne Weber: «Sexual-ethische Prinzipienfragen», in dies.: Frauenfragen und Frauengedanken. Gesammelte Aufsätze, Tübingen 1919, S. 38–51.
Max Weber: «Geschäftsbericht», in Verhandlungen des Ersten Deutschen Soziologentags vom 19.–22. Oktober 1910. Reden und Vorträge, Tübingen 1911, S. 39–62.
Ders.: Wirtschaftsgeschichte. Abriß der universalen Sozial- und Wirtschaftsgeschichte (1923), Berlin 1991.
Ders.: «‹Kirchen› und ‹Sekten›», Frankfurter Zeitung, 50. Jg., Nr. 102, 15. 4. 1906.
Hans-Ulrich Wehler: Das deutsche Kaiserreich 1871–1918, Göttingen 1973.
Ders.: Die Neue Umverteilung. Soziale Ungleichheit in Deutschland, München 2013.
Siegfried Weischenberg: Max Weber und die Entzauberung der Medien. Theorie und Querelen – eine andere Fachgeschichte, Wiesbaden 2012, S. 134–148.
August Weismann: Neue Gedanken zur Vererbungsfrage. Eine Antwort auf Herbert Spencer, Jena 1895.
Ders.: Über die Vererbung, Jena 1883.
René Wellek: Geschichte der Literaturkritik 1750–1950, Bd. 3: Das späte neunzehnte Jahrhundert (1965), Berlin 1977.
Simon Wessely: «History of postviral fatigue syndrome», in British Medical Bulletin 47 (1991), S. 919–941.
Robert Whytt: Observations on the Nature, Causes, and Cure of those Disorders which have been commonly called Nervous Hypochondriac, or Hysteric, Edinburgh 1765.
Ulrich von Wilamowitz-Moellendorff: Erinnerungen. 1848–1914, Leipzig 1929.
Ludwig Wittgenstein: Tractatus logico-philosophicus, in ders.: Werkausgabe, Bd. 1, Frankfurt am Main 1995.

Richard Wünsch: «Albrecht Dieterich», Vorwort zu Albrecht Dieterich: Kleine Schriften, Leipzig 1911, S. VIII–XLII.

Eduard Zeller: «Über akademisches Lehren und Lernen», in ders.: Vorträge und Abhandlungen. Dritte Sammlung, Leipzig 1884, S. 84–107.

PERSONENREGISTER

BILDNACHWEIS

bpk: 1, 2, 5, 8 (Kunstbibliothek, SMB, Photothek Willy Römer/Willy Römer), 17 (Hermann Rückwardt), 22, 25 (Heinrich Hoffmann), 27

ullstein bild: 3 (Süddeutsche Zeitung Photo/Scherl), 4, 9 (Süddeutsche Zeitung Photo/Scherl), 10 (The Granger Collection), 11, 12 (The Granger Collection), 14 (The Granger Collection), 18 (Süddeutsche Zeitung Photo/Scherl), 20 (Nowosti), 21, 26 (The Granger Collection)

Kurpfälzisches Museum der Stadt Heidelberg: 6

Picture-alliance/akg-images: 13, 16, 19

Universitätsarchiv Heidelberg: 15 (Ed. Schultze, Heidelberg), 23 (Alfred Bischoff, Jena)

Haus der Geschichte Baden-Württemberg, Sammlung Leif Geiges: 24

FSC
www.fsc.org
MIX
Papier aus verantwortungsvollen Quellen
FSC® C083411

Das für dieses Buch verwendete FSC®-zertifizierte Papier
Schleipen Werkdruck liefert Cordier, Deutschland.